सामाजिक परिवर्तन एवं नियन्त्रण
SOCIAL CHANGE AND CONTROL

सामाजिक परिवर्तन एवं नियन्त्रण

SOCIAL CHANGE AND CONTROL

लेखक

ज्योति वर्मा

डिस्कवरी पब्लिशिंग हाउस

नई दिल्ली–110 002

प्रथम संस्करण: 2007
Reprint : 2012

ISBN: 978-93-5056-683-1

डिस्कवरी पब्लिशिंग हाउस
4831/24, अन्सारी रोड, दरियागंज
नई दिल्ली—110 002
दूरभाष—23279245
फैक्स—23253475
e-mail: dphbooks@rediffmail.com
dphtemp@indiatimes.com

मुद्रक
Dynamic Printers

प्राक्कथन

आज भारत तथा अन्य सभी देशो में समाजशास्त्र का एक महत्वपूर्ण स्थान है। स्नातक एवं स्नातकोत्तर स्तरों के अतिरिक्त यह विषय आई०ए०एस०, पी०सी०एस० स्तर की परिक्षाओं के लिए भी परिक्षार्थीयों के लिए एक लोकप्रिय विषय है। यह पुस्तक भारतीय समाज की पृष्ठभूमि पर लिखी गई है। यह पुस्तक विद्यार्थीयों को अविधारणाऐं समझाने मे सहायक सिद्ध होगी। यह पुस्तक बी०ए० प्रथम वर्ष के छात्रों के लिए विश्वविद्यालय अनुदान आयोग द्वारा निर्धारित नवीन पाठ्यक्रमानुसार लिखी गई है। इस पुस्तक में स्नातक स्तर पर समाजशास्त्र का, उसमे प्रयोग होने वाली प्रमुख अवधारणाओं का तथा उसके केन्द्रीय विषय–मानव समाज के विभिन्न पक्षों का प्रारिम्भक परिचय सरल व स्पष्ट भाषा में सजोया गया है। किसी भी विषय की परिचयात्कम पाठ्य पुस्तक पूर्णतः मौलिक नही हो सकती क्योकि उसका उदेश्य विद्यार्थीयों को उस विषय से सम्बन्धित मूल अवधारणाओं और इन अवधारणाओं के प्रणेता विधानों का परिचय देना होता है। हम उन समस्त विधानों के श्रेणी है जिनके विचार प्रत्यक्ष तथा अप्रत्यक्ष रूप मे इस पुस्तक को सार्थक रूप देने मे सहायक होते है। विभिन्न विश्वविद्यालयों मे समाजशास्त्र के अध्ययन मे लगे अपने विद्वान सहयोगी साथियों से विन्रम निवेदन है कि सदैव की भाँति हमारे इस प्रथम संस्करण का भी निष्पक्ष मूल्यांकन करे और अपने सुझावों से हमको अनुगृहित करें।

–लेखक

विषय-सूची

1

सामाजिक परिवर्तन
(Social Change)

प्रस्तावना (Introduction)

परिवर्तन अवश्यम्भावी है क्योंकि यह प्रकृति का नियम है। संसार में कोई भी पदार्थ ऐसा नहीं है जो स्थिर रहता हो। उसमें कुछ-न-कुछ परिवर्तन सदैव होता रहता है। प्रकृति में जड़ एवं चेतन अर्थात् प्रत्येक जीव एवं सभी प्रकार की वस्तुओं में निरन्तरता और गतिशीलता इसी के द्वारा सम्भव हो पाती है। अतएव, स्थिर समाज की कल्पना करना भी आज के युग में सम्भव नहीं है। समाज में सामंजस्य स्थापित करने के लिए भी परिवर्तन आवश्यक है। *मैकाइवर* एवं *पेज* (Maclver and Page) का कहना है कि, ''*समाज परिवर्तनशील तथा गत्यात्मक दोनों है।*''

प्रत्येक प्रकार के परिवर्तन को सामाजिक परिवर्तन नहीं कहा जाता। सामाजिक परिवर्तन मनुष्य एवं समूह अथवा एक समूह तथा दूसरे के पारस्परिक सम्बन्धों में होने वाला परिवर्तन है। वास्तव में, समाज से सम्बन्धित विभिन्न पहलुओं, सामाजिक संरचना, सामाजिक प्रकार्यों एवं सामाजिक संस्थाओं, घटनाओं और प्रक्रियाओं में होने वाले परिवर्तन को ही सामाजिक परिवर्तन कहा जाता है।

जैविक आवश्यकताएं यद्यपि एक-सी ही रहती हैं, तथापि उनकी सुन्तुष्टि के ढंग तथा सामाजिक आवश्यकताएं सदैव परिवर्तित होती रहती हैं। इस परिवर्तन के साथ ही सामाजिक प्रस्थिति और प्रकार्यों में भी परिवर्तन होता रहता है। अत: स्पष्ट है कि सामाजिक परिवर्तन भी एक स्वाभाविक प्रक्रिया है।

यदि हम समाज में सामंजस्य एवं निरन्तरता को बनाए चाहते हैं तो हमें यथा-स्थिति अपने व्यवहार को परिवर्तनशील बनाना ही होगा। समाज में होने वाले परिवर्तन इस बात के द्योतक हैं कि सामाजिक परिवर्तन की प्रक्रिया स्वाभाविक है। यदि ऐसा न होता तो मानव समाज की इतनी प्रगति सम्भव न होती और मानव

आज भी उसी आदिम अवस्था में होता जिसमें नग्न रहना और कच्चा मांस भक्षण करना ही उसे जीवन का मुख्य लक्ष्य था।

सामाजिक परिवर्तन का अर्थ एवं परिभाषा (Meaning and Definition of Social Change)

सामान्यत: सामाजिक परिवर्तन का तात्पर्य समाज में घटित होने वाले परिवर्तनों से है। प्रारम्भ में समाज-वैज्ञानिकों ने उद्‌विकास, प्रगति एवं सामाजिक परिवर्तनों में कोई भेद नहीं किया था और वे इन तीनों अवधारणाओं को प्रयोग एक ही अर्थ में करते थे। पहली बार सन् 1922 में ऑगबर्नन ने अपनी पुस्तक '*Social Change*' में इनमें पाये जाने वाले भेद को स्पष्ट किया। उनके बाद से समाजशास्त्रीय साहित्य में इन शब्दों का काफी प्रयोग हुआ है। कुछ विद्वानों ने सामाजिक ढांचे में होने वाले परिवर्तनों को सामाजिक कहा है तो कुछ ने सामाजिक संबंधों में होने वाले परिवर्तनों को हम सामाजिक परिवर्तन कहेंगे। सामाजिक परिवर्तन की अवधारणा को स्पष्टत: समझने के लिए हम विभिन्न विद्वानों द्वारा दी गयी कुछ परिभाषाओं का यहां उल्लेख करेंगे।

मैकाइवर एवं **पेज** के अनुसार, "समाजशास्त्री होने के नाते हमारी विशेष रुचि प्रत्यक्ष रूप से सामाजिक संबंधों में है। केवल इन सामाजिक संबंधों में होने वाले परिवर्तनों को ही हम सामाजिक परिवर्तन की व्याख्या शुद्ध समाजशास्त्रीय दृष्टिकोण से करते हैं और सामाजिक संबंधों में होने वाले परिवर्तनों को सामाजिक परिवर्तन की संज्ञा देते हैं क्योंकि समाज का ताना-बाना सामाजिक संबंधों से ही तो बुना हुआ है।

किंग्सले डेविस ने भी सामाजिक परिवर्तन की व्याख्या पूर्णत: समाजशास्त्रीय ढंग से की है। वे लिखते हैं, "सामाजिक परिवर्तन से कम केवल उन्हीं परिवर्तनों को समझते हैं जो सामाजिक संगठन अर्थात् समाज के ढांचे और प्रकार्यों में घटित होते हैं।" समाज की विभिन्न इकाइयां जैसे, संस्थाएं, समुदाय, समितियां, समूह एवं प्रस्थितियां, आदि मिलकर सामाजिक ढांचे का निर्माण करती हैं, इन इकाइयों के अलग-अलग प्रकार्य हैं सामाजिक ढांचा और उसकी इकाइयों के प्रकार्यों से सामाजिक संगठन का निर्माण होता है। इस सामाजिक संगठन में होने वाले परिवर्तन अर्थात् सामाजिक ढांचे और प्रकार्य अथवा इन दोनों में से किसी एक में होने वाले परिवर्तन को ही प्रो. डेविस सामाजिक परिवर्तन मानते हैं।

जेन्सन सामाजिक परिवर्तन की विस्तृत व्याख्या करते हैं। वे इसके अन्तर्गत मानव के व्यवहार एवं विचारों में होने वाले परिवर्तनों को भी सम्मिलित करते

हैं। उन्हीं के शब्दों में, ''सामाजिक परिवर्तन को लोगों के कार्य करते तथा विचार करने के तरीकों में होने वाले रूपान्तर के रूप में परिभाषित किया जा सकता है।''

गिन्सबर्ग, जॉनसन, रेमण्ड फर्थ, आदि विद्वानों ने सामाजिक ढांचे में परिवर्तन को ही सामाजिक परिवर्तन कहा है।

गिन्सबर्ग लिखते हैं, ''सामाजिक परिवर्तन से मेरा तात्पर्य सामाजिक ढांचे में परिवर्तन से है। उदाहरण के रूप में, समाज के आकार, उसके विभिन्न अंगों की बनावट या संतुलन अथवा उसके संगठन के प्रकारों में होने वाले परिवर्तन से है।''

जॉनसन के अनुसार, ''अपने मूल अर्थ में सामाजिक परिवर्तन का अर्थ सामाजिक ढांचे में परिवर्तन है।'' जॉनसन ने सामाजिक परिवर्तन को और अधिक स्पष्ट करते हुए सामाजिक मूल्यों, संस्थाओं और पुरस्कारों, व्यक्तियों तथा उनकी अभिवृत्तियों एवं योग्यताओं में होने वाले परिवर्तन को भी सामाजिक परिवर्तन कहते हैं।

बीटोमोर सामाजिक परिवर्तन के अन्तर्गत उन परिवर्तनों को भी सम्मिलित करते हैं जो सामाजिक संरचना, सामाजिक संस्थाओं अथवा उनके पारस्परिक संबंधों में घटित होते हैं।''

गिलिन एवं **गिलिन** का मत है कि लोग जीवन जीने के लिए कुछ रीतियां अथवा विधियां अपनाते हैं जो समाज द्वारा मान्य होती हैं। यदि इन विधियों में परिवर्तन आता है तो उसे सामाजिक परिवर्तन कहा जायेगा। गिलिन ने उन कारकों को भी उल्लेख किया है जो सामाजिक परिवर्तन के लिए उत्तरदायी हैं। उन्होंने सामाजिक परिवर्तन की अपनी परिभाषा सांस्कृतिक आधार पर की है।

उन्हीं के शब्दों में, ''सामाजिक परिवर्तन जीवन की स्वीकृत विधियों में होने वाले परिवर्तन से हुए हों या सांस्कृतिक साधनों, जनसंख्या की रचना या विचारधारा के परिवर्तन से या प्रसार से अथवा समूह के भीतर ही आविष्कारों के फलस्वरूप हुए हों।''

जोन्स ने सामाजिक परिवर्तन को और अधिक स्पष्ट करते हुए लिखा है, ''सामाजिक परिवर्तन वह शब्द है जो सामाजिक प्रक्रियाओं, सामाजिक प्रतिमानों, सामाजिक अन्त: क्रियाओं अथवा सामाजिक संगठन के किसी भाग में घटित होने वाले हेर-फेर या संशोधन के लिए प्रयुक्त किया जाता है।''

मैरिल तथा **एल्ड्रिज** का मत है कि मानव क्रियाओं (Human Actions) में होने वाले परिवर्तन सामाजिक परिवर्तन हैं। मानवीय क्रियाएं सदैव एक जैसी नहीं रहती हैं। हमारी क्रियाएं हमारे पूर्वजों की क्रियाओं से भिन्न हैं, यही नहीं बल्कि, बचपन, युवा अवस्था एवं वृद्धावस्था की क्रियाओं में भी भिन्नता पायी जाती है।

वे लिखते हैं, "जब मानव व्यवहार बदलाव की प्रक्रिया में होता है तब हम उसी को दूसरे रूप में इस प्रकार कहते हैं कि सामाजिक परिवर्तन हो रहा है।"

उपर्युक्त परिभाषाओं से स्पष्ट है कि सामाजिक परिवर्तन उन परिवर्तन को कहते हैं जो मानवीय संबंधों, व्यवहारों, संस्थाओं एवं प्रकार्यों में होते हैं। *सामाजिक परिवर्तन के अन्तर्गत निम्नांकित तथ्यों को सम्मिलित किया जाता है :*

(i) सामाजिक ढांचे एवं प्रकार्य में होने वाले परिवर्तन को सामाजिक परिवर्तन कहते हैं।

(ii) सामाजिक परिवर्तन का संबंध एक व्यक्ति अथवा कुछ व्यक्तियों के व्यवहारों, विश्वासों एवं मूल्यों में परिवर्तन से न होकर समाज के सभी अथवा अधिकांश लोगों की जीवन-विधि में परिवर्तन से है।

(iii) सामाजिक परिवर्तन का संबंध मानव के सामाजिक संबंधों में परिवर्तन से है।

सामाजिक परिवर्तन की अवधारणा
(Concept of Social Change)

मानव समाज भी उसी प्रकृति का अंग होने का कारण परिवर्तनशील है। समाज की इस परिवर्तनशील प्रकृति को स्वीकार करते हुए **मैकाइवर** लिखते हैं, "समाज परिवर्तनशील एवं गत्यात्मक है।" परिवर्तन प्रकृति का एक शाश्वत् एवं अटल नियम है। बहुत समय पूर्व ग्रीक विद्वान **हेरेक्लिटिस** ने भी कहा था, "सभी वस्तुएं परिवर्तन के बहाव में हैं।" उसके बाद भी इस बात पर बहुत विचार किया जाता रहा है कि मानव की क्रियाएं क्यों और कैसे परिवर्तित होती हैं ? समाज के वे क्या विशिष्टि स्वरूप हैं जो व्यवहार में परिवर्तन को प्रेरित करते हैं ? समाज में आविष्कार परिवर्तन कैसे लाते हैं एवं आविष्कार करने वालों की शारीरिक विशेषताएं क्या होती हैं? परिवर्तन को शीघ्र ग्रहण करने एवं ग्रहण न करने वालों की शरीर रचना में क्या भिन्नता होती है ? क्या परिवर्तन किसी निश्चित दिशा से गुजरता है ? यह दिशा रेखीय है या चक्रीय ? परिवर्तन के सन्दर्भ में इस प्रकार के अनेक प्रश्न उठाये गये तथा उनका उत्तर देने का प्रयास किया गया। मानव में परिवर्तन को समझने के प्रति जिज्ञासा पैदा हुई। उसने परिवर्तनों के कारणों को ढूंढ़ने, उनकी दिशा का पता लगाने और परिवर्तनों पर नियंत्रण पाने का प्रयास किया।

परिवर्तन क्यों और कैसे होते हैं, ये प्रश्न आज भी पूरी तरह हल नहीं हो पाये हैं। अंग्रेज **कवि लॉर्ड टेनिसन** का मत है कि 'प्राचीन क्रम में नये को स्थान देने के लिए परिवर्तन होता है।' **प्रो. ग्रीन** लिखते हैं, "सामाजिक परिवर्तन इसलिए

होता है क्योंकि प्रत्येक समाज संतुलन के निरंतर दौर से गुजर रहा है कुछ व्यक्ति एक संपूर्ण संतुलन की इच्छा रख सकते हैं तथा कुछ इसके लिए प्रयास भी करते हैं।'' सामाजिक परिवर्तन एक अवश्यम्भावी तथ्य है।

इसकी निश्चितता को प्रकट करते हुए **प्रो. डेविस** कहते हैं, ''हम स्थायित्व एवं सुरक्षा के लिए निरन्तर प्रयत्नशील हो सकते हैं, समाज के स्थायित्व का भ्रम चारों ओर फैलाया जा सकता है, निश्चयात्मक के प्रति खोज निरन्तर बनी रह सकती है, और विश्व अनन्त है—इस विषय में हमारा विश्वास दृढ़ हो सकता है, लेकिन यह तथ्य सदैव विद्यमान रहने वाला है कि विश्व के अन्य तत्वों की तरह समाज अपरिहार्य रूप से बिना किसी छूट के सदैव परिवर्तित होता रहता है।''

परिवर्तन क्या है (What is Change)

परिवर्तन का सामान्य तात्पर्य है—किसी क्रिया अथवा वस्तु की पहले की स्थिति में बदलाव आ जाना। परिवर्तन को स्पष्ट करते हुए **फिचर** लिखते हैं, ''संक्षेप में, परिवर्तन पहले की अवस्था या अस्तित्व के प्रकार में अन्तर को कहते हैं।'' परिवर्तन का संबंध प्रमुख रूप से तीन बातों से है—

(1) समय

(2) वस्तु, एवं

(3) भिन्नता।

(1) **समय** (Time)—परिवर्तन का समय से घनिष्ठ संबंध है। परिवर्तन को प्रकट करने के लिए हमारे पास कम-से-कम दो समय होने चाहिए। एक ही समय में परिवर्तन की चर्चा नहीं की जा सकती। उदाहरण के लिए, हम कहते हैं कि भारत वैदिक-काल की तुलना में वर्तमान समय में बहुत कुछ बदल गया है। समय के संदर्भ में ही परिवर्तन ज्ञात होता है। समय की अवधारणा को सम्मिलित किए बिना कोई भी परिवर्तन के बारे में सोच भी नहीं सकता।

(2) **वस्तु** (Object)—परिवर्तन का संबंध किसी-न-किसी विषय अथवा वस्तु से होता है। जब हम कहते हैं कि परिवर्तन किस वस्तु अथवा विषय में आ रहा है। बिना वस्तु को बताये हम परिवर्तन का अध्ययन नहीं कर सकते।

(3) **भिन्नता** (Variation)—विभिन्न समयों में यदि किसी वस्तु में भिन्नता नहीं आये तो परिवर्तन नहीं कहलायेगा। वस्तु के स्वरूप में यदि समय के साथ अन्तर न आये तो हम यही कहेंगे कि परिवर्तन नहीं हुआ है, अतः वस्तु

के रंग-रूप, आकार-प्रकार, संरचना, कार्य अथवा अन्य पक्षों में भिन्नता प्रकट होने पर ही हम परिवर्तन का अध्ययन कर सकते हैं।

इस प्रकार हम कह सकते हैं कि *किसी वस्तु में दो समय में दिखायी देने वाली भिन्नता ही परिवर्तन है*। परिवर्तन एक सार्वभौमिक प्रक्रिया है जो सभी कालों एवं स्थानों में घटित होती रहती है। परिवर्तन के कारण किसी वस्तु के समस्त ढांचे में परिवर्तन आ सकता है अथवा उसका कोई एक पक्ष ही बदल सकता है। परिवर्तन किसी भी दिशा में हो सकता है। परिवर्तन स्वतः आ सकता है अथवा जान-बूझकर योजनाबद्ध रूप से भी लाया जा सकता हैं। यह अच्छाई एवं बुराई की तरफ तथा तीव्र एवं मन्द किसी भी गति से हो सकता है।

सामाजिक परिवर्तन एवं सांस्कृतिक परिवर्तन (Social Change and Cultural Change)

सामाजिक परिवर्तन की अवधारणा को स्पष्टतः समझने के लिए इसका सांस्कृतिक परिवर्तन से अन्तर समझना आवश्यक है। अनेक विद्वानों ने सामाजिक एवं सांस्कृतिक परिवर्तन में कोई भेद नहीं किया है, वे इन्हें समाज अर्थों में ही प्रयुक्त करते हैं, इसलिए ही इन दोनों अवधारणाओं में भ्रम पैदा हो जाता है, जबकि वास्तव में ये दोनों दो पृथक्-पृथक् अवधारणाएं हैं। चूंकि 'समाज' और 'संस्कृति' दो भिन्न अवधारणाएं हैं, अतः सामाजिक एवं सांस्कृतिक परिवर्तन में भी अन्तर है।

भ्रान्ति के कारण (Causes of Confusion)

सामाजिक एवं सांस्कृतिक परिवर्तन में स्पष्ट अन्तर होते हुए भी इन्हें एक ही समझने का भ्रम इसलिए पैदा हो जाता है कि कई विद्वानों ने अपनी सामाजिक परिवर्तन की परिभाषा इतनी विस्तृत रूप में की है कि उन्होंने उसमें सांस्कृतिक परिवर्तन की अवधारणा को भी सम्मिलित कर लिया है। इन विद्वानों में मैरिल व एल्ड्रिज, गिलिन तथा डासन व गेटिस आदि प्रमुख हैं। हम इन परिभाषाओं का उल्लेख कर इस तथ्य को स्पष्ट करेंगे।

(1) **गिलिन एवं गिलिन की परिभाषा–गलिन** एवं **गिलिन** ने जीवन के स्वीकृत तौर-तरीकों में परिवर्तन को सामाजिक परिवर्तन कहा है। सामाजिक व सांस्कृतिक परविर्तन में भ्रम इसलिए पैदा होता है कि **हर्सकोविट्स** तथा **मैलिनोवस्की** जैसे मानवशास्त्रियों ने 'जीवन पद्धतियों एवं मानव क्रियाओं' की संस्कृति माना है। **मजूमदार** एवं **मदान** ने भी लोगों के जीने के ढंग को ही संस्कृति कहा है (Mode of life of a people is their culture)। अतः हमारे सामने यह समस्या है कि 'जीवन पद्धतियों एवं

मानव क्रियाओं में परिवर्तन' को सामाजिक परिवर्तन कहें या सांस्कृतिक परिवर्तन।

(2) **डासन** एवं **गेटिस की परिभाषा**–**डासन** एवं **गेटिस** ने भी सामाजिक एवं सांस्कृतिक परिवर्तन में कोई भेद नहीं किया है। ये लिखते हैं, "सांस्कृतिक परिवर्तन में कोई भेद नहीं किया है। वे लिखते हैं, "सांस्कृतिक परिवर्तन सामाजिक परिवर्तन ही है क्योंकि समस्त संस्कृति अपनी उत्पत्ति, अर्थ एवं प्रयोग में सामाजिक होती है" इस परिभाषा के दो अर्थ हो सकते हैं :

(i) सांस्कृतिक परिवर्तन सामाजिक परिवर्तन का ही एक अंग है और उसका पृथक् से कोई अस्तित्व नहीं है,

(ii) सामाजिक और सांस्कृतिक परिवर्तन समानार्थक एवं पर्यायवाची हैं, अतः इन दोनों में कोई अन्तर नहीं है और एक के स्थान पर दूसरे का प्रयोग किया जा सकता है। ये दोनों ही अर्थ त्रुटिपूर्ण हैं।

(3) **मैरिल** तथा **एल्ड्रिज की परिभाषा**–मैरिल एवं एल्ड्रिज ने अपनी परिभाषा में मानवीय क्रियाओं और व्यवहारों में परिवर्तन को सामाजिक परिवर्तन कहा है, जबकि मानव की क्रियाएं एवं व्यवहार संस्कृति का एक भाग है। अतः यह परिभाषा सामाजिक एवं सांस्कृतिक परिवर्तन के भेद को स्पष्ट करने की बजाय उसे उलझा देती है।

लेकिन सामाजिक एवं सांस्कृतिक परिवर्तन में पर्याप्त अन्तर है। समाज में होने वाले परिवर्तन को सामाजिक परिवर्तन कहते हैं जबकि संस्कृति में होने वाले परिवर्तन को सांस्कृतिक परिवर्तन। इन दोनों के अन्तर को समझने के लिए हमें *समाज एवं संस्कृति के बीच पाये जाने वाले अन्तर को समझना होगा।* समाज का निर्माण सामाजिक संबंधों से होता है जिनका निर्धारण व्यक्ति की सामाजिक प्रस्थिति एवं भूमिका द्वारा होता है। संस्कृति की अवधारणा को स्पष्ट करते हुए ऑगबर्न कहते हैं कि संस्कृति का निर्माण मानव निर्मित भौतिक एवं अभौतिक वस्तुओं एवं तथ्यों से होता है। इस प्रकार संस्कृति के भौतिक एवं अभौतिक दो पक्ष हैं। **भौतिक संस्कृति** में वे सारी वस्तुएं आती हैं जो मूर्त हैं, जिनका आकार-प्रकार होता है, जिन्हें हम देख और छू सकते हैं, उदाहरणार्थ, घड़ी, पेन, रेडियो, मोटर, रेल, मशीनें, पुस्तक, टेबल, बर्तन, आदि हजारों वस्तुएं हैं जिनका निर्माण मानव ने किया है। **अभौतिक संस्कृति** वह है जिसे हम न देख सकते हैं और न छू सकते हैं और न ही माप-तौल सकते हैं, वरन् महसूस मात्र कर सकते हैं, जैसे, कला, ज्ञान, विज्ञान, धर्म, दर्शन, प्रथाएं, जनरीतियां, लोकाचार, कानून, आदि ये सभी अभौतिक संस्कृति के भाग

हैं। *सामाजिक परिवर्तन का संबंध संस्कृति के अभौतिक पक्ष से है जबकि सांस्कृतिक परिवर्तन का संबंध संस्कृति के भौतिक एवं अभौतिक दोनों पक्षों से है।* इस प्रकार सामाजिक परिवर्तन सांस्कृतिक परिवर्तन का एक अंग है तथा सांस्कृतिक परिवर्तन सामाजिक परिवर्तन से अधिक व्यापक है। सामाजिक एवं सांस्कृतिक परिवर्तन को हम एक उदाहरण द्वारा प्रकट कर सकते हैं। औद्योगीकरण एवं यातायात के नवीन साधनों के प्रभाव के कारण भारत मे संयुक्त परिवार विघटित हो रहे हैं, उनके स्थान पर छोटे-छोटे परिवार बन रहे हैं, स्त्रियों की सामाजिक प्रस्थिति ऊंची उठी है, प्रचीन जाति-प्रथा के नियमों एवं छुआछूत में शिथिलता आयी है, श्रम संगठनों के कारण मालिक व मजदूरों के संबंधों में परिवर्तन हुआ है। वे सभी सामाजिक परिवर्तन हैं दूसरी ओर सांस्कृतिक परिवर्तनों का क्षेत्र बहुत विस्तृत है। यातायात के लिए बैलगाड़ी के स्थान पर रेल, वायुयान और जहाज का प्रयोग, मकान की नयी डिजाइन, कपड़े की नयी फैशन, केश-विन्यास के नये रूप, गृह-सज्जा के नये तरीके, हथकरघों के स्थान पर मशीनों द्वारा कपड़े का उत्पादन, हिप्पीवाद का उदय, श्रम-कल्याण के कानूनों का निर्माण, सड़क के नियम सभी सांस्कृतिक परिवर्तन के उदाहरण हैं।

सामाजिक एवं सांस्कृतिक परिवर्तन के बीच पाये जाने वाले भेद कई विद्वानों द्वारा स्पष्ट किये गये हैं। इस संदर्भ में डेविस लिखते हैं, *सामाजिक परिवर्तन से हमारा अभिप्राय केवल उन परिवर्तनों से है जो सामाजिक संगठन में होते हैं अर्थात् समाज की संरचना एवं समाज के कार्यों में होने वाले परिवर्तनों से है। सांस्कृतिक परिवर्तन में वे सब परिवर्तन में वे सब परिवर्तन शामिल होते हैं जो संस्कृति की किसी भी शाखा में होते हैं, जैसे कला, विज्ञान, साहित्य, दर्शन, फैशन, कानून, आदि में तथा सामाजिक संगठन के रूपों और नियमों में होने वाले परिवर्तन।* इस प्रकार सांस्कृतिक परिवर्तन की परिधि सामाजिक परिवर्तन की अपेक्षा कहीं अधिक विस्तृत होती है।

पारसन्स ने सामाजिक व सांस्कृतिक परिवर्तन के भेद को स्पष्ट करते हुए लिखा है कि *सांस्कृतिक परिवर्तन का संबंध केवल विभिन्न मूल्यों, विचारों और प्रतीकात्मक अर्थपूर्ण व्यवस्थाओं में परिवर्तन से है जबकि सामाजिक परिवर्तन का संबंध व्यक्ति और समाज के बीच होने वाली अन्त:क्रियाओं में परिवर्तन से है।* इसमें भेद स्पष्ट करते हुए मैकाइवर एवं पेज लिखते हैं ''*सामाजिक परिवर्तन सांस्कृतिक परिवर्तन से भिन्न हैं.... एक समाजशास्त्री होने के नाते हमारा प्रत्यक्ष संबंध सामाजिक संबंधों से ही है। केवल सामाजिक संबंधों में होने वाले परिवर्तनों को ही सामाजिक परिवर्तन कहेंगे*। विचारधारा, शासन पद्धति, प्रौद्योगिकी, आदि में परिवर्तन सांस्कृतिक

परिवर्तन है। कला, धर्म साहित्य, केश-विन्यास, कपड़े का फैशन, फर्नीचर एवं मकान की डिजाइनों में परिवर्तन, कार का नया मॉडल, आदि सभी सांस्कृतिक परिवर्तन के उदाहरण हैं। सामाजिक संबंधों, सामाजिक ढांचे एवं प्रकार्यों में होने वाला परिवर्तन सामाजिक परिवर्तन है।

सांस्कृतिक परिवर्तन विशेष रूप से भौतिक संस्कृति में परिवर्तन की गति, सामाजिक परिवर्तन की अपेक्षा तीव्र होती है, जैसे–टेबल, कुर्सी, वस्त्रों की डिजाइन, आदि में मानव के विचारों, प्रथाओं, मूल्यों एवं आदर्शों की तुलना में शीघ्र परिवर्तन आते हैं। सामाजिक एवं सांस्कृतिक परिवर्तन के बीच पाये जाने वाले इस अन्तर का यह अर्थ नहीं लिया जाना चाहिए कि दोनों में कोई संबंध नहीं है वरन् वास्तविकता यह है कि दोनों ही एक-दूसरे को प्रभावित करते हैं। संस्कृति में परिवर्तन होने पर सामाजिक परिवर्तन भी होते हैं। उदाहरणार्थ, औद्योगीकरण के कारण जाति-प्रथा एवं संयुक्त परिवार प्रथा में परिवर्तन आया है। इसी प्रकार सामाजिक परिवर्तन सांस्कृतिक परिवर्तन को भी जन्म देते हैं।

सामाजिक एवं सांस्कृतिक परिवर्तन के बीच पाये जाने वाले अन्तर को हम इस प्रकार प्रकट कर सकते हैं :

(1) सामाजिक परिवर्तन के फलस्वरूप सांस्कृतिक परिवर्तन आवश्यक रूप से उत्पन्न होता है, परन्तु सांस्कृतिक परिवर्तन के परिणामस्वरूप, सामाजिक परिवर्तन का उत्पन्न होना अनिवार्य नहीं है, यद्यपि ऐसा हो सकता है।

(2) सामाजिक परिवर्तन प्राकृतिक कारणों तथा जान-बूझकर किया गये प्रयत्नों—दोनों के कारण उत्पन्न हो सकते हैं, जबकि सांस्कृतिक परिवर्तन नियोजित एवं सचेत प्रयत्नों के कारण उत्पन्न होते हैं।

(3) सामाजिक परिवर्तन की गति सांस्कृतिक परिवर्तन की अपेक्षा कुछ तेज होती है क्योंकि नये आविष्कारों के कारण सामाजिक सामाजिक संबंधों, समाज-व्यवस्था एवं सामाजिक ढांचे में परिवर्तन शीघ्र उत्पन्न हो जाते हैं, जबकि संस्कृति के विभिन्न अंगों और विशेष रूप से अभौतिक संस्कृति जैसे, धर्म, नैतिकता, प्रथाओं, मूल्यों एवं विश्वासों में परिवर्तन धीमी गति से आते हैं।

(4) सामाजिक एवं सांस्कृतिक परिवर्तन में संबंध अंग और संपूर्णता का है। सामाजिक परिवर्तन सांस्कृतिक परवर्तिन का ही एक अंग है।

(5) सामाजिक परिवर्तन के कारण सामाजिक ढांचे में परिवर्तन आता है, जबकि सांस्कृतिक परिवर्तन में संस्कृति के विभिन्न पक्षों में।

(6) सामाजिक परिवर्तन का संबंध सामाजिक संबंधों में होने वाले परिवर्तनों से है, जबकि सांस्कृतिक परिवर्तन का संबंध संस्कृति के भौतिक एवं अभौतिक पक्षों में होने वाले परिवर्तनों से।

(7) सामाजिक परिवर्तन की अपेक्षा सांस्कृतिक परिवर्तन की परिधि कहीं अधिक विस्तृत है।

स्पष्ट है कि सामाजिक एवं सांस्कृतिक परिवर्तन दोनों ही भिन्न प्रकार के परिवर्तन हैं फिर भी इन दोनों में घनिष्ठ संबंध हैं और दोनों ही प्रत्यक्ष या परोक्ष रूप में एक-दूसरे को प्रभावित करते हैं।

सामाजिक परिवर्तन की प्रक्रियाएं अथवा ढंग (Processes or Modes of Social Change)

सामाजिक परिवर्तन एक तटस्थ शब्द है जो समाज में आने वाले बदलाव को विभिन्न कालों के संदर्भ में सूचित करता है। जब हम यह कहते हैं कि समाज में परिवर्तन हो रहा है तो इससे परिवर्तन की दिशा, नियम, सिद्धांत या निरंतरता प्रकट नहीं होती। मैकाइवर एवं पेज, हरबर्ट स्पेन्सर, हॉबहाउस एवं सोरोकिन, आदि ने सामाजिक परिवर्तन की विभिन्न प्रक्रियाओं एवं ढंगों का उल्लेख किया है और विभिन्न समाजशास्त्रीय अवधारणाओं को जन्म दिया है। इन अवधारणाओं में प्रक्रिया (Process), आन्दोलन (Movement), वृद्धि (Growth), उद्‌विकास (Evolution), विकास (Development), अवनति (Regress), प्रगति (Progress), क्रान्ति (Revolution), अनुकूलन (Adaptation), आदि प्रमुख हैं।

यथार्थ और मूल्यों के रूप में निरन्तरता और परिवर्तन (Continuity and Change in The Form of Reality and Value)

निरन्तरता और परिवर्तन सामान्यतः प्रत्येक समाज की वास्तविकता है। किसी भी समाज या सामाजिक संरचना को हम स्थिर रूप में नहीं देख सकते, क्योंकि स्थिरता तो जड़ता की सूचक है और परिवर्तन प्रगति या विकास का सूचक है। इसका यह तात्पर्य नहीं है कि परिवर्तन के परिणाम सदैव लाभप्रद ही होते हों, हानिप्रद परिणाम भी कभी-कभी सामने आते हैं। किसी भी समाज के इतिहास को यदि हम लम्बे काल-क्रम की दृष्टि से उठाकर देखें तो पाएंगे कि उसमें एक निरन्तरता पाई जाती है। उदाहरण के रूप में हम भारतीय समाज और संस्कृति को ले सकते हैं। यहां किसी समय वर्णाश्रम व्यवस्था पाई जाती थी। यहां धार्मिक दृष्टि से विचार करने पर हम देखते हैं कि यहां वेदों, उपनिषदों, पुराणों, रामायण महाभारत, गीता, और अनेक अन्य धर्म-ग्रन्थों का महत्व पाया जाता है। इन्होंने धार्मिक परम्पराओं

की निरंतरता को बनाए रखने में योग दिया। आज भी ये ग्रन्थ लाखों करोड़ों भारतीयों के जीवन को प्रभावित करते हैं और किसी न किसी रूप में समाज को व्यवस्थित बनाए रखने और सामाजिक नियंत्रण को स्थापित करने में योग देते हैं। जाति-व्यवस्था ने भी सदियों से भारतीय समाज में महत्वपूर्ण भूमिका निभाई है और यही बात संयुक्त परिवार के संबंध में भी सही है।

यद्यपि भारत एक विभिन्नता युक्त समाज है, लेकिन उसके बावजूद भी यहां एकरूपता के दर्शन होते हैं भारतीय संस्कृति की यह प्रमुख विशेषता है कि यहां धार्मिक सहिष्णुता पाई जाती है। अलग-अलग मत-मतान्तरों को यहां सहन किया जाता है। हम कह सकते हैं कि निरन्तरता यहां यथार्थ रूप में दिखाई पड़ती है। एक मूल्य के रूप में भी इसका महत्व बराबर बना हुआ है। यही बात सामाजिक परिवर्तन की दृष्टि से भी सही है। परिवर्तन सृष्टि का सामान्य नियम है जिसको कोई रोक नहीं सकता और इसके अभाव में प्रगति और विकास की कल्पना भी नहीं की जा सकती।

यदि भारतीय समाज व्यवस्था पर हम ऐतिहासिक दृष्टि से विचार करें तो यह स्पष्टतः ज्ञात होगा कि यहां के सामाजिक विचारकों, चिन्तकों और मनीषियों ने निरन्तरता और परिवर्तन दोनों की वास्तिविकता को स्वीकार किया। काल और देश के अनुसार परिस्थितियां बदलती हैं और उन परिस्थितियों के बदलने पर समाज-व्यवस्था के विभिन्न घटकों में परिवर्तन लाना आवश्यक होता है। यदि ये परिवर्तन समय पर नहीं लाए जाते तो समाज के लोगों की विभिन्न प्रकार की आवश्यकताओं की पूर्ति करना संभव नहीं होता। यहां हमें इस बात को भी ध्यान में रखना है कि प्रत्येक समाज-व्यवस्था या सामाजिक संरचना अपने आप में स्थायित्व की भी कुछ प्रवृत्ति लेकर चलती है।

यदि किसी भी रूप में स्थायित्व नहीं होगा और समाज-व्यवस्था तेजी के साथ बदलती जाएगी तो लोग शीघ्रता से अनुकूलन नहीं कर पाएंगे। ऐसी दशा में विघटन की भी संभावना रहेगी। अतः यह आवश्यक है कि समाज-व्यवस्था में नवीन परिस्थितियों के अनुरूप अपने आप को ढालने का गुण हो। परंतु परिवर्तन इतने शीघ्रगामी भी नहीं होने चाहिए अथवा समाज-व्यवस्था ऐसी नहीं होनी चाहिए कि वह परिवर्तन को हर समय स्वीकार करने के लिए तैयार हो। कहने का तात्पर्य यह है कि समाज-व्यवस्था की निरंतरता भी बनी रहनी चाहिए और उसमें अंतर्जात और बाह्य कारणों से होने वाले परिवर्तनों को स्वीकार करने की क्षमता भी होनी चाहिए। भारतीच समाज की यह विशेषता है कि इसने परिस्थितियों के बदलने के साथ-साथ अपने आपको परिवर्तित किया है और आज हम नियोजित परिवर्तन की

दिशा में आगे बढ़ रहे हैं। यद्यपि कहीं-कहीं प्रशासन संबंधी कुछ कमियों तथा लोगों के रीति-रिवाजों को ध्यान में नहीं रखने के कारण विरोध भी हुआ है।

सामाजिक परिवर्तन के चक्रीय सिद्धांत (Cyclical Theories of Social Change)

चक्रीय सिद्धान्तकारों का मत है कि समाज में परिवर्तन का एक चक्र चलता है। हम जहां से प्रारम्भ होते हैं, घूम-फिरकर पुनः वहीं पहुंच जाते हैं। इस प्रकार के विचारों की प्रेरणा विद्वानों को संभवतः प्रकृति से मिली होगी। प्रकृति में हम देखते हैं कि ऋतु का एक चक्र चलता है और सर्दी, गर्मी एवं वर्षा की ऋतुएं एक के बाद एक पुनः पुनः आती हैं। इसी प्रकार से रात के बाद दिन एवं दिन के बाद रात का चक्र भी चलता रहता है। प्राणी भी जन्म और मृत्यु के दौर से गुजरते हैं। हम जन्म लेते हैं, युवा होते हैं, वृद्ध होते हैं और मर जाते हैं। मरकर फिर जन्म लेते हैं, और पुनः वही क्रम दोहराते हैं। परिवर्तन के इस चक्र को कई विद्वानों ने सामज पर भी लागू किया और कहा कि परिवार समाज और सभ्यताएँ उत्थान और पतन के चक्र से गुजरते हैं। इसकी पुष्टि के लिए उन्होंने विश्व की अनेक सभ्यताओं का उल्लेख किया और कहा कि इतिहास इस बात का साक्षी है कि जो सभ्यताएँ आज फल-फूल रही हैं और प्रगति के उच्च शिखर पर हैं, वे कभी आदिम और पिछड़ी अवस्था में थीं और आज जो सभ्यताएँ नष्टप्राय दिखायी दे रही हैं, भूतकाल में वे विश्व की श्रेष्ठ सभ्यताएँ रह चुकी हैं। इस प्रकार चक्रीय सिद्धांतकार सामाजिक परिवर्तन को जीवन-चक्र के रूप में देखते हैं। चक्रीय सिद्धांतकारों में स्पेंगलर, टॉयनबी, पैरेटो एवं सोरोकिन प्रमुख हैं। हम यहाँ उनके सिद्धांतों का उल्लेख करेंगे।

टॉयनबी का सिद्धांत (Theory of Toynbee)

अर्नाल्ड जे. टॉयनबी एक अंग्रेज इतिहासकार थे। उन्होंने विश्व की 21 सभ्यताओं का अध्ययन किया तथा अपनी पुस्तक '*A Study of History*' में सामाजिक परिवर्तन का अपना सिद्धांत प्रस्तुत किया। विभिन्न सभ्यताओं का अध्ययन करके आपने सभ्यताओं के विकास का एक सामान्य प्रतिमान ढूँढ़ा और सिद्धांत का निर्माण किया। टॉयनबी के सिद्धांत को **'चुनौती एवं प्रत्युत्तर का सिद्धांत'** (Challenge and Response Theory of Social Change) भी कहते हैं वे कहते हैं कि प्रत्येक सभ्यता को प्रारंभ में प्रकृति एवं मानव द्वारा चुनौती दी जाती है। इस चुनौती का सामना करने के लिए व्यक्ति को अनुकूलन की आवश्यकता होती है, व्यक्ति इस चुनौती के प्रत्युत्तर में भी सभ्यता व संस्कृति का निर्माण करता है। इसके बाद भौगोलिक

चुनौतियों के स्थान पर सामाजिक चुनौतियाँ दी जाती हैं। ये चुनौतियाँ समाज की भीतरी समस्याओं के रूप में अथवा बाहरी समाजों द्वारा दी जाती हैं। जो समाज इन चुनौतियों का सामना सफलतापूर्वक कर लेता है, वह जीवित रहता है ओर जो ऐसा नहीं कर सकता, वह नष्ट हो जाता है। इस प्रकार एक समाज निर्माण एवं विनाश तथा संगठन एवं विघटन के दौर से गुजरता है।

सिन्धु व नील नदी की घाटियों में ऐसा ही हुआ है। प्राकृतिक पर्यावरण ने वहाँ के लोगों को चुनौती दी जिसका प्रत्युत्तर उन्होंने निर्माण के द्वारा दिया। सिंध व मिस्र की सभ्यताएँ भी इसी प्रकार विकसित हुईं। गंगा व वोल्गा नदी ने भी ऐसी चुनौती दी, किन्तु इसका समुचित प्रत्युत्तर वहाँ के लोगों ने नहीं दिया। अत: वहाँ सभ्यताएँ नहीं पनपीं।

समालोचना–टॉयनबी का सिद्धांत वैज्ञानिकता से दूर एक दार्शनिक सिद्धांत प्रतीत होता है, किन्तु टॉयनबी स्पेंग्लर की तुलना में अधिक आशावादी हैं। उन्होंने परिवर्तन की समाजशास्त्रीय व्याख्या करने का प्रयास किया।

सोरोकिन का सांस्कृतिक गतिशीलता का सिद्धांत (Sorokin's Theory of Cultural Dynamics)

सोरोकिन ने अपनी पुस्तक '*Social and Cultural Dynamics*' में सामाजिक परिवर्तन का सांस्कृतिक गतिशीलता का सिद्धांत प्रस्तुत किया। उन्होंने मार्क्स, पैरेटो एवं वेबलिन के परिवर्तन सबंधी सिद्धांतों की आलोचना की। उनका मत है कि सामाजिक परिवर्तन उतार-चढ़ाव के रूप में घड़ी के पेण्डुलम की भाँति एक स्थिति से दूसरी स्थिति के बीच होता रहता है। उन्होंने प्रमुख रूप से दूसरी स्थिति के बीच होता रहता है। उन्होंने प्रमुख रूप से दो संस्कृतियों–भावात्मक एवं चेतनात्मक का उल्लेख किया। प्रत्येक समाज संस्कृति की इन दो धुरियों के बीच घूमता रहता है अर्थात् चेतमात्मक से भावात्मक की ओर तथा भावात्मक से चेतनात्मक की ओर आता-जाता रहता है। एक स्थिति से दूसरी स्थिति में जाने के दौरान मध्य में एक स्थिति ऐसी भी होती है जिसमें चेतनात्मक एवं भावात्मक संस्कृति का मिश्रण होता है। इसे सोरोकिन आदर्शात्मक संस्कृति कहते हैं। विभिन्न संस्कृतियों के दौर से गुजरने पर समाज में भी परिवर्तन आता है। इन तीनों प्रकार की संस्कृतियों की विशेषताओं का हम यहाँ संक्षेप में उल्लेख करेंगे :

(a) **चेतनात्मक संस्कृति** (Sensate Culture)–चेतनात्मक संस्कृति को हम भौतिक संस्कृति भी कहते हैं। इस संस्कृति का संबंध मानव चेतना अथवा इन्द्रियों से होता है अर्थात् इसका ज्ञान हम देखकर, सूँघकर एवं छूकर कर

सकते हैं। ऐसी संस्कृति में ऐन्द्रिक आवश्यकताओं अब इच्छाओं की पूर्ति पर अधिक जोर दिया जाता है। इस संस्कृति में वैज्ञानिक आविष्कारों, प्रौद्योगिकी, भौतिक वस्तुओं एवं विलास की वस्तुओं का अधिक महत्व होता है। इसमें धर्म, नैतिकता, प्रथा, परम्परा एवं ईश्वर, आदि को अधिक महत्व नहीं दिया जाता है। व्यक्ति एवं सामूहिक पक्ष भी चेतनात्मक संस्कृति के रंग में रंगे होते हैं। पश्चिमी समाज चेतनात्मक संस्कृति का उदाहरण है।

(b) **भावात्मक संस्कृति** (Ideational Culture)–यह चेतनात्मक संस्कृतिक के बिल्कुल विपरीत होती है। इसका संबंध भावना, ईश्वर, धर्म, आत्मा व नैतिकता से होता है। यह संस्कृति आध्यात्मवादी संस्कृति कही जा सकती है। इसमें इन्द्रिय सुख के स्थान पर आध्यात्मिक उन्नति, मोक्ष एवं ईश्वर प्राप्ति को अधिक महत्व दिया जाता है। सभी वस्तुओं को ईश्वर कृपा का फल माना जाता है। विचार, आदर्श, कला, साहित्य, दर्शन एवं कानून सभी में धर्म ईश्वर की प्रमुखता पायी जाती है, प्रथा और परम्परा पर अधिक बल दिया जाता है। इव संस्कृति में प्रौद्योगिकी एवं विज्ञान पिछड़ जाता है।

(c) **आदर्शात्मक संस्कृति** (Ideal Culture)–यह संस्कृति चेतनात्मक एवं भावात्मक दोनों का मिश्रण होती है, अतः इसमें दोनों की विशेषताएँ पायी जाती हैं। इसमें धर्म एवं विज्ञान, भौतिक एवं आध्यात्मिक सुख दोनों का सन्तुलन रूप पाया जाता है। सोरोकिन इस प्रकार की संस्कृति को ही उत्तम मानते हैं। इसलिए इसे वे आदर्शात्मक संस्कृति कहते हैं।

सोरोकिन का मत है कि विश्व की सभी संस्कृतियाँ चेतनात्मक से भावात्मक के झूले में झूलती रहती हैं। प्रत्येक संस्कृति अपनी चरम सीमा पर पहुँचकर पुनः दूसरे प्रकार की संस्कृति की ओर लौट जाती है। जैसा कि उपरोक्त चित्र से प्रकट होता है कि चेतनात्मक एवं भावात्मक संस्कृतियाँ परिवर्तन की केवल सीमाएँ हैं, समाज में अधिकांश समय तो आदर्शवादी संस्कृति ही प्रचलित रहती है। **संस्कृति में यह परिवर्तन क्यों होता है** ? इसका कारण सोरोकिन ने प्राकृतिक नियम एवं संस्कृति के आन्तरिक कारण माने हें क्योंकि परिवर्तन प्रकृति का नियम है, अतः संस्कृति भी इसी नियम के कारण परिवर्तित होती है। इसके अतिरिक्त, संस्कृति की आंतरिक परिस्थितियाँ भी उसमें परिवर्तन के लिए उत्तरदायी हैं। सोरोकिन ने कहा है कि बीसवीं सदी की पश्चिमी सभ्यता चेतनात्मक संस्कृति की चरम समीा पर पहुँच गयी है, अब वह पुनः भावात्मक संस्कृति की ओर लौट जायेगी। चूँकि संस्कृति का समाज से घनिष्ठ संबंध है, अतः जब संस्कृति में परिवर्तन होता है। तो समाज में भी परिवर्तन आता है।

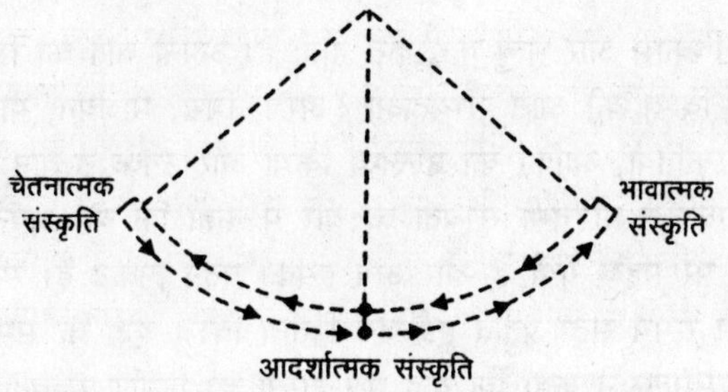

चित्र 1.1 : सोरोकिन द्वारा प्रस्तुत सामाजिक परिवर्तन का क्रम।

समालोचना–सोरोकिन ने अपने सिद्धांत को वैज्ञानिक बनाने का प्रयत्न किया है, फिर भी उसमें कई कमियाँ हैं, जैसे–

(1) ऐतिहासिक प्रमाणों के आधार पर इस बात को सिद्ध करना संभव नहीं है कि सभी समाज एक प्रकार की संस्कृति से दूसरे प्रकार की संस्कृति के बीच परिवर्तन के दौर से गुजरते हैं।

(2) सोरोकिन सांस्कृतिक परिवर्तन के कारकों को भी स्पष्ट करने में असमर्थ रहे हैं। यह कह देना कि परिवर्तन प्राकृतिक कारणों से होते हैं एक वैज्ञानिक के लिए पर्याप्त नहीं है।

(3) संस्कृति को एक अवस्था से दूसरी अवस्था तक पहुँचने में इतना लम्बा समय लग जाता हे कि इस आधार पर सामाजिक परिवर्तन की प्रकृति को प्रकट करना मुश्किल है।

स्पेंग्लर का सिद्धांत (Theory of Oswald Spengler)

सामाजिक परिवर्तन के बारे में जर्मन विद्वान **ओस्वाल्ड स्पेंग्लर** ने 1918 में अपनी पुस्तक '*The Decline of the West*' में अपना चक्रीय सिद्धांत प्रस्तुत किया। इस पुस्तक में उन्होंने सामाजिक परिवर्तन के उद्‌विकासीय सिद्धांतों की आलोचना की और कहा कि परिवर्तन के उद्‌विकासीय सिद्धांतों की आलोचना की और कहा कि परिवर्तन कभी भी एक **सीधी रेखा** (Straight Line) में नहीं होता है। स्पेंग्लर का मत है कि सामाजिक परिवतन का एक चक्र चलता है, हम जहाँ से प्रारंभ होते हैं, घूम-फिरकर पुनः वहीं पहुँच जाते हैं। जैसे–मनुष्य जन्म लेता है, युवा होता है, वृद्ध होता है और मर जाता है तथा फिर जन्म लेता है। यही चक्र मानव समाज एवं सभ्यताओं में भी पाया जाता है। मानव की सभ्यता एवं संस्कृति भी उत्थान और पतन, निर्माण और विनाश के चक्र से गुजरती हैं। वे भी मानव शरीर

की तरह जन्म, विकास और मृत्यु का प्राप्त होती हैं। अपनी बात को सिद्ध करने के लिए आपने विश्व की आठ सभ्यताओं (अरब, मिस्र, मेजियन, माया, रूसी एवं पश्चिमी संस्कृतियों, आदि) का उल्लेख किया और उनके उत्थान एवं पतन को दर्शाया। स्पेंग्लर ने पश्चिमी सभ्यता के बारे में कहा कि यह अपने विकास की चरम सीमा पर पहुँच गयी है और अब इसका पतन निकट है। स्पेंग्लर की भविष्यवाणी उस समय सत्य प्रतीत हुई जब द्वितीय विश्व-युद्ध के समय जर्मनी का पतन हुआ। स्पेंग्लर ने कहा कि युद्ध एवं शस्त्रों का निर्माण सभ्यता के पतन के सूचक हैं। उनका मत है कि भविष्य में, पश्चिमी समाजों का आज जो दबदबा है, समाप्त हो जायेगा और उनकी संपन्नता एवं शक्ति नष्ट हो जायेगी। आपने कहा कि दूसरी एशिया के देश जो अब तक पिछड़े हुए थे, कमजोर एवं सुस्त थे, अपनी आर्थिक एवं सैनिक शक्ति के कारण प्रगति एवं निर्माण के पथ पर बढ़ेंगे। वे पश्चिमी समाजों के लिए एक चुनौती बन जायेंगे। इस प्रकार पश्चिम एवं एशिया के समाजों के उदाहरणों द्वारा स्पेंग्लर ने सामाजिक परिवर्तन की चक्रीय प्रवृत्ति को स्पष्ट किया है।

समालोचना–स्पेंग्लर के इस सिद्धान्त ने बहुत समय तक लोगों को अपनी ओर आकर्षित किया, किन्तु इसे पूरी तरह स्वीकार नहीं किया जा सकता हैं। स्पेंग्लर ने संस्कृति एवं सभ्यता की तुलना सावयव से की है जिसे आज कोई स्वीकार नहीं करता। आने ऐतिहासिक तथ्यों को तोड़-मरोड़ अपने पक्ष की पुष्टि की तथा काल्पनिक आधार पर युद्धों से पश्चिमी समाज के विनाश की घोषणा की। स्पेंग्लर ने यह भी नहीं बताया कि किसी सभ्यता, समाज व संस्कृति का अन्तिम बिन्दु कौन-सा है जिसके बाद ह्रास प्रारम्भ हो जाता है। आपका यह कहना भी कि पश्चिमी समाज विकास के चरम स्वरूप को प्राप्त कर चुका है, त्रुटिपूर्ण है क्योंकि अब भी उसके विकास का कार्य जारी है। स्पेंग्लर के सिद्धांतों को हम पूर्णत: वैज्ञानिक नहीं मान सकते। उनके सिद्धांत से उनका निराशावाद प्रकट होता है।

पैरेटो का सिद्धांत (Theory of Pareto)

विल्फ्रेड पैरेटो ने सामाजिक परिवर्तन का चक्रीय सिद्धांत जिसे **अभिजात वर्ग के परिभ्रमण का सिद्धांत** (Theory of Circulation of Elites) कहते हैं, का प्रतिपादन अपनी पुस्तक '*Mind and Society*' में किया। उन्होंने सामाजिक परिवर्तन को वर्ग व्यवस्था में होने वाले चक्रीय परिवर्तनों के आधार पर समझाया है। उनका मत है कि प्रत्येक समाज में हमें दो वर्ग दिखायी देते हैं : उच्च या अभिताज वर्ग तथा निम्न वर्ग। ये दोनों वर्ग स्थिर नहीं हैं वरन् इनमें परिवर्तन का चक्रीय क्रम पाया जाता हैं। निम्न वर्ग के व्यक्ति अपने गुणों एवं कुशलता में वृद्धि करके अभिजात

वर्ग (Elite Class) में सम्मिलित हो जाते हैं अभिजात वर्ग के लोगों की कुशलता एवं योग्यता में धीरे-धीरे ह्रास होने लगता है और वे अपने गुणों को खो देते हैं तथा भ्रष्ट हो जाते हैं। इस प्रकार वे निम्न वर्ग की ओर बढ़ते हैं। उच्च या अभिजात वर्ग में उनके रिक्त स्थान को भरने के लिए, निम्न वर्ग में जो व्यक्ति बुद्धिमान, चरित्रवान, कुशल, योग्य एवं साहसी होते हैं, ऊपर की ओर जाते हैं। इस प्रकार उच्च वर्ग में से निम्न वर्ग में तथा निम्न वर्ग से उच्च वर्ग में जाने की प्रक्रिया चलती रहती है। इस चक्रीय गति के कारण सामाजिक संरचना में भी परिवर्तन आ सकता है। चूँकि यह परिवर्तन एक चक्रीय गति में होता है, इसलिए इसे सामाजिक परिवर्तन का 'चक्रीय' अथवा 'अभिजात वर्ग के परिभ्रमण का सिद्धांत' कहते हैं। पैरेटो ने सामाजिक परिवर्तन के चक्रीय सिद्धांत का उल्लेख राजनीतिक, आर्थिक एवं आदर्शात्मक तीनों क्षेत्रों में किया है।

राजनीतिक क्षेत्र में हमें दो प्रकार के व्यक्ति दिखायी देते हैं–शेर तथा लोमड़ियाँ। 'शेर' लोगों का आदर्शवादी लक्ष्यों में दृढ़ विश्वास होता है जिन्हें प्राप्त करने के लिए वे शक्ति का सहारा लेते हैं और 'शेर' वे लोग हैं जो सत्ता में होते हैं चूंकि 'शेर' लोग शक्ति का प्रयोग करते हैं, अत: समाज में भयंकर प्रतिक्रिया हो सकती है, अत: वे कूटनीति का सहारा लेते हैं और शेर से अपने को 'लोमड़ियों' में बदल देते हैं तथा लोमड़ियों की तरह चालाकी से शासन चलाते हैं एवं सत्ता में बने रहते हैं, किन्तु निम्न वर्ग में भी कुछ लोमड़ियाँ होती हैं जो सत्ता को हथियाने की फिराक में होती हैं। एक समय ऐसाा आता है कि उच्च वर्ग की लोमड़ियों से सत्ता निम्न वर्ग की लोमड़ियों के हाथ में आ जाती है। ऐसी स्थिति में सत्ता परिवर्तन के कारण राजनीतिक व्यवस्था एवं संगठन में भी परविर्तन आता है। पैरेटो का मत है कि सभी समाजों में शासन के लिए तर्क के स्थान पर शक्ति का प्रयोग अधिक होता है। शासन करने वाले लोगों में जब बल का प्रयोग अधिक होता है। शासन करने वाले लागों में जब बल का प्रयोग करने की इच्छा व शक्ति कमजोर हो जाती है तब वे शक्ति के स्थान पर लोमड़ियों की तरह चालाकी से काम लेते हैं। शासित वर्ग की लोमड़ियाँ उनसे अधिक चतुर होती हैं, अत: वे उच्च वर्ग की लोमड़ियों से सत्ता छीन लेती हैं। अत: जब शासक बदलते हैं एवं सत्ता परिवर्तित होती है तो समाज में भी परिवर्तन आता है।

आर्थिक क्षेत्र में पैरेटो ने दो वर्गों–सट्टेबाज (Speculators) तथा निश्चित आय वर्ग (Rentiers) का उल्लेख किया है। पहले वर्ग के लोगों की आय अनिश्चित होती है–कभी कम तथा कभी ज्यादा। इस वर्ग के लोग अपनी बुद्धि के द्वारा धन कमाते हैं। इसके विपरीत, दूसरे वर्ग की आय निश्चित होती है। प्रथम वर्ग के

लोग आविष्कारक, उद्योगपति एवं कुशल व्यवसायी होते हैं, किन्तु इस वर्ग के लोग अपने हितों की रक्षा के लिए शक्ति एवं चालाकी का प्रयोग करते हैं, भ्रष्ट तरीके अपनाते हैं। इस कारण उनका पतन हो जाता है और उनका स्थान दूसरे वर्ग के ऐसे लोग ले लेते हैं जो ईमानदार होते हैं। इस वर्ग में परिवर्तन के साथ-साथ समाज की अर्थव्यवस्था में भी परिवर्तन आता है।

आदर्शात्मक क्षेत्र में भी दो प्रकार के व्यक्ति पाये जाते हैं–विश्वासवादी एवं अविश्वासी। कभी समाज में विश्वासवादियों का प्रभुत्व होता है, किन्तु जब वे रूढ़िवादी हो जाते हैं तो उनका पतन हो जाता है और उनका स्थान दूसरे वर्ग के लोग ले लेते हैं।

समालोचना–पैरेटो ने अपने चक्रीय सिद्धांत को व्यवस्थित एवं बुद्धिमत्तापूर्ण ढंग से प्रस्तुत किया है फिर भी आप उन कारणों को स्पष्ट करने में असमर्थ रहे हैं जो वर्गों की स्थिति को परिवर्तित करते हैं।

सामाजिक परिवर्तन के उद्विकासीय एवं रेखीय सिद्धांत (Evolutionary and Linear Theories of Social Change)

सामाजिक परिवर्तन के रेखीय सिद्धांतकार उद्विकासवादियों से प्रभावित थे। वे इस मत को नहीं मानते कि परिवर्तन चक्रीय गति से होता है वरन् उनका मत है कि परिवर्तन सदैव एक सीधी रेखा में नीचे से ऊपर की ओर विभिन्न चरणों में होता है। उद्विकासीय एवं रेखीय सिद्धांतकारों में कॉम्टे, स्पेन्सर, हॉबहाउस, आदि प्रमुख हैं। कॉम्टे समाज के उद्विकासीय रूप को तीन स्तरों (धार्मिक से वैज्ञानिक तक), स्पेन्सर चार स्तरों (शिकारी से आद्योगिक तक), तथा मार्क्स पाँच स्तरों (आदिम साम्यवादी से आधुनिक साम्यवादी तक) के रूप में मानते हैं। मार्क्स एवं वेबलिन सामाजिक परिवर्तन के रेखीय क्रम को तो प्रस्तुत करते ही हैं, किन्तु ये दोनों ही आर्थिक एवं प्रौद्योगिक कारकों को अधिक महत्व देते हैं, अत: इनके सिद्धांतों को निर्धारणवादी सिद्धांत (Deterministic Theories) भी कहते हैं। हम यहाँ रेखीय एवं उद्विकासीय सिद्धांतों का उल्लेख करेंगे।

स्पेन्सर का सिद्धांत (Spencer's Theory)

स्पेन्सर ने भी सामाजिक परिवर्तन का उद्विकासीय सिद्धांत प्रस्तुत किया। आपने सामाजिक परिवर्तन को प्राकृतिक प्रवरण (Natural Selection) के आधार पर प्रकट किया है। स्पेन्सर डार्विन के उद्विकास से प्रभावित थे। डार्विन ने जीवों के उद्विकास का सिद्धांत प्रतिपादित किया जिसे स्पेन्सर ने समाज पर भी लागू किया। डार्विन का मत था कि जीवों में अस्तित्व के लिए संघर्ष (Struggle for Existence) माया

जाता है। इस संघर्ष में वे ही प्राणी बचे रहते हैं जो शक्तिशाली होते हैं और प्रकृति से अनुकूलन कर लेते हैं, कमजोर इस संघर्ष में समाप्त हो जाते हैं (Survival of the fittest and elimination of the unfit) चूँकि प्रकृति भी ऐसे जीवों का वरण करती है जो योग्य एवं सक्षम होते हैं, अत: इस सिद्धांत को **'प्राकृतिक प्रवरण का सिद्धांत'** कहते हैं।

चूँकि मनुष्य एक सामाजिक प्राणी है, अत: उसके प्रवरण अथवा जन्म और मृत्यु-दर पर सामाजिक कारकों; जैसे-प्रथाओं, मूल्यों एवं आदर्शों का भी प्रत्यक्ष एवं अप्रत्यक्ष प्रभाव पड़ता है। इस प्रवरण में श्रेष्ठ मनुष्य ही बचे रहते हैं जो समाज का निर्माण करते हैं और उसमें परिवर्तन लाते हैं। प्रत्येक नयी पीढ़ी पुरानी पीढ़ी से ज्ञान और विज्ञान के क्षेत्र में अधिक उन्नत होती है और समाज को आगे की ओर बढ़ाती है, इस प्रकार समाज क्रमश: आगे बढ़ता और परिवर्तित होता जाता है। इस प्रकार स्पेन्सर सामाजिक परिवर्तन के लिए अप्राकृतिक एवं सामाजिक प्रवरण को आधार मानते हैं।

स्पेन्सर के अतिरिक्त जैविकीय कारकों को सामाजिक परिवर्तन के लिए उत्तरदायी मानने वालों में गोबिन्यू व लापोज, आदि भी प्रमुख हैं। इन विद्वानों की मान्यता है कि समाज का निर्माण और प्रगति उन लोगों द्वारा संभव है जो प्रजातीय दृष्टि से श्रेष्ठ होते हैं। जब किसी समाज में प्रजातीय दृष्टि से हीन व्यक्ति होते हैं। जब किसी समाज में प्रजातीय दृष्टि से हीन व्यक्ति होते हैं तो वह समाज पतन की ओर जाता है और जब उसमें शारीरिक व मानसिक दृष्टि से श्रेष्ठ व्यक्ति होते हैं तो वह समाज प्रगति करता है।

स्पेन्सर व जीववादियों के सिद्धांत की अनेक विद्वानों ने यह कहकर आलोचना की कि मानव समाज पर प्राकृतिक प्रवरण को लागू नहीं किया जा सकता। इन्होंने परिवर्तन के अन्य सिद्धांतों की अवहेलना की है।

थॉर्सटीन वेबलिन का सिद्धांत (Theory of Thorstein Veblen)

वेबलिन सामाजिक परिवर्तन के लिए प्रौद्योगिक दशाओं को उत्तरदायी मानते हैं। उनका मत है कि प्रौद्योगिकी दशाएँ प्रत्यक्ष रूप से सामाजिक परिवर्तन के लिए उत्तरदायी मानते हैं। उनका मत है कि प्रौद्योगिक दशाएँ प्रत्यक्ष रूप से सामाजिक परिवर्तन के लिए उत्तरदायी हैं। इसलिए उनके सिद्धांत को **'प्रौद्योगिक निर्णयवाद'** कहा जाता है। वेबलिन ने मानवीय विशेषताओं को दो भागों में विभाजित किया है-

(i) **स्थिर विशेषताएँ**-जिनका संबंध मानव की मूलप्रवृत्तियों और प्रेरणाओं से है जिनमें बहुत कम परिवर्तन होता है।

(ii) **परिवर्तनशील विशेषताएँ,** जैसे–आदतें, विचार, मनोवृत्तियाँ, आदि। सामाजिक परिवर्तन का संबंध मानव की इन दूसरी विशेषताओं से है, विशेष रूप से मानव की विचार करने की आदतों से। वेबलिन का सिद्धांत इस प्रकार है :

मनुष्य अपनी आदतों द्वारा नियंत्रित होता है और वह उनका दास है। वे आदतें किस प्रकार की होंगी, यह मानव के भौतिक पर्यावरण पर निर्भर है, भौतिक पर्यावरण में भी विशेषकर प्रौद्योगिकी पर। जब भौतिक पर्यावरण अर्थात् प्रौद्योगिकी में परिवर्तन आता है तो मानव की आदतें भी बदलती हैं। मानव की आदतों का निर्माण कैसे होता है ? इसका उत्तर देते हुए वेबलिन कहते हैं कि मानव जिस प्रकार के कार्य तथा प्रविधि द्वारा अपना जीवनयापन करता है, उसी प्रकार की उसकी आदतें एवं मनोवृत्तियाँ होती हैं जीवनयापन के लिए मनुष्य जिस प्रकार की प्रविधि को अपनाता है, अपनी आदतों को भी वह उसके अनुकूल ढालता है। ये आदतें व्यक्ति को एक निश्चित प्रकार का जीवन व्यतीत करने को बाध्य करती हैं और उसके द्वारा किया जाने वाला कर्या उसके विचारों को प्रभावित करता है। मानव जिस प्रकार का कार्य करता है, वैसा ही सोचता भी है। उदाहरण के लिए, सैनिक, कृषक, डॉक्टर, इंजीनियर, आदि जिस प्रकार का कार्य करते हैं उनके विचार एवं आदतें भी वैसी ही हो जाती हैं। मनुष्य जीवनयापन के लिए कौन–सा कार्य करेगा, यह उसके भौतिक पर्यावरण पर निर्भर है। भौतिक पर्यावरण मानव के कार्य को एवं कार्य मानव के विचारों एवं आदतों को निश्चित करता है। उदाहरण के लिए, कृषि युग में मानव जीवनयापन के लिए एक विशेष प्रौद्योगिकी को काम में लाता था, उसी के अनुसार उसका भौतिक पर्यावरण भी बना हुआ था कृषि कार्य के आधार पर ही मानव की आदत एवं मनोवृत्तियाँ बनी हुई थीं, किन्तु जब मशीनों का आविष्कार हुआ तो मानव का भौतिक पर्यावरण बदला, प्रौद्योगिकी बदली, काम की प्रकृति बदली और उसके साथ–साथ मानव की आदत एवं मनोवृत्तियाँ बनी हुई थीं, किन्तु जब मशीनों का आविष्कार हुआ तो मानव का भौतिक पर्यावरण बदला, प्रौद्योगिकी बदली, काम की प्रकृति बदली और उसके साथ–साथ मानव की आदतों एवं मनोवृत्तियों में भी परिवर्तन आया।

आदतें ही धीरे-धीरे स्थापित एवं सुदृढ़ होकर संस्थाओं का रूप ग्रहण करती है। संस्थाएँ ही सामाजिक ढाँचे का निर्माण करती हैं। अत: जब आदतों में परिवर्तन होता है तो सामाजिक संस्थाओं एवं ढाँचे में भी परिवर्तन आता है जिसे हम सामाजिक परिवर्तन कहते हैं। संक्षेप में, वेबलिन के विचारों को हम इस प्रकार प्रकट कर सकते हैं–मानव अपनी आदतों द्वारा नियंत्रित होता है, आदतों का निर्माण भौतिक

पर्यावरण एवं प्रौद्योगिकी के अनुसार होता है, आदतों का निर्माण भौतिक पर्यावरण एवं प्रौद्योगिकी के अनुसार होता है, आदतें ही सामाजिक संस्थाओं का निर्माण करती हैं एवं सामाजिक संस्थाएँ सामाजिक ढाँचे का। अत: जब प्रौद्योगिकी एवं भौतिक पर्यावरण में परिवर्तन होता है तो मानव की आदतों, संस्थाओं एवं सामाजिक ढाँचे में भी परिवर्तन आता है। सामाजिक संरचना में परिवर्तन ही सामाजिक परिवर्तन है। इस प्रकार वेबलिन सामाजिक परिवर्तन को नवीन प्रविधियों एवं प्रौद्योगिकी कारकों से जनित मानते हैं। इसलिए ही उन्हें प्रौद्योगिकीय कारकों से जनित मानते हैं। इसलिए ही उन्हें प्रौद्योगिक निश्चयवादी कहा जाता है। वेबलिन भौतिक पर्यावरण में परिवर्तन को एक स्वाभाविक घटना मानते हैं।

समालोचना–वेबलिन के सिद्धांत में भी लगभग वही कमियाँ हैं जो मार्क्स के सिद्धांत में हैं क्योंकि उन्होंने भी मार्क्स की तरह प्रौद्योगिकी को ही सामाजिक परिवर्तन का कारक माना है।

(1) वेबलिन का सिद्धांत भी उसी प्रकार से एकपक्षीय है जिस प्रकार से अन्य कारकवादियों या निर्धारणवादियों के सिद्धांत। सामाजिक परिवर्तन किसी एक कारक का प्रतिफल न होकर कई कारकों का परिणाम है। यह एक जटिल प्रक्रिया है जिसे वेबलिन ने अति सरल रूप में प्रस्तुत किया है।

(2) वेबलिन ने मानव को अपनी आदतों द्वारा नियंत्रित प्राणी माना है, लेकिन यह सही नहीं है। मानव आदत के बजाय अपने विवेक से अधिक नियंत्रित होता है।

(3) प्रौद्योगिक परिवर्तन से ही सामाजिक परिवर्तन आता है, यह कहना उचित नहीं है क्योंकि कभी–कभी भौतिक पर्यावरण बिल्कुल नहीं बदलता फिर भी नैतिक, धार्मिक एवं अन्य कारकों के कारण समाज में परिवर्तन आ जाता है।

कार्ल मार्क्स का सिद्धांत (Theory of Karl Marx)

कार्ल मार्क्स ने सामाजिक परिवर्तन को प्राद्योगिक एवं आर्थिक कारकों से जनित माना है। अत: उनके सिद्धांत को आर्थिक निर्धारणवाद (Economic Determinism) अथवा सामाजिक परिवर्तन का प्रौद्योगिक सिद्धांत (Technological Theory of Social Change) कहा जाता है। मार्क्स का सिद्धांत वर्तमान समय में सर्वाधिक महत्वपूर्ण एवं क्रांतिकारी सिद्धांत वर्तमान समय में सर्वाधिक महत्वपूर्ण एवं क्रांतिकारी सिद्धांत माना जाता है। उन्होंने इतिहास की भौतिक व्याख्या की और कहा कि मानव इतिहास में अब तक जो परिवर्तन हुए हैं, वे उत्पादन प्रणाली (Mode of Production)

में परिवर्तन के कारण ही हुए हैं। उनका मत है कि जनसंख्या, भौगोलिक परिस्थितियों एवं अन्य कारणों का मानव के जीवन पर प्रभाव तो पड़ता है, किन्तु वे परिवर्तन के निर्णायक कारक नहीं हैं। निर्णायक कारक तो आर्थिक कारक अर्थात् उत्पादन प्रणाली ही है।

मार्क्स ने अपने सिद्धांत को स्पष्ट करते हुए लिखा है कि मनुष्य को जीवित रहने के लिए कुछ भौतिक मूल्यों (जैसे–रोटी, कपड़ा, निवास, आदि) की आवश्यकता होती है। इन मूल्यों या आवश्यकताओं को जुटाने के लिए मानव को उत्पादन करना होता है। उत्पादन करने के लिए उत्पादन के साधनों (Means of Production) की आवश्यकता होती है। जिन साधनों के द्वारा व्यक्ति उत्पादन करता है, उन्हों प्रौद्योगिकी कहते हैं। प्रौद्योगिकी में छोटे-छोटे औजार तथा बड़ी-बड़ी मशीनें सम्मिलित हैं। प्रौद्योगिकी में जब परिवर्तन आता है तो उत्पादन प्रणाली में भी परिवर्तन आता है। मार्क्स का मत है कि मानव अपनी आवश्यकताओं की पूर्ति के लिए किसी-न-किसी उत्पादन प्रणाली (Mode of Production) को अपनाता है। उत्पादन प्रणाली दो पक्षों से मिलकर बनी होती है,

एक, उत्पादन के उपकरण या प्रौद्योगिकी, श्रमिक, उत्पादन का अनुभव एवं श्रम-कौशल और

दूसरा, उत्पादन के संबंध। किसी भी वस्तु के उत्पादन के लिए हमें औजार, श्रम, अनुभव एवं कुशलता की आवश्यकता होती है।

साथ ही जो लोग उत्पादन के कार्य में लगे होते हैं, उनके बीच कुछ आर्थिक संबंध भी पैदा हो जाते हैं; जैसे–किसान कृषि क्षेत्र में उत्पादन करने के दौरान मजदूरों, सुनार, लुहार एवं उसके द्वारा उत्पादन करने के दौरान मजदूरों, सुनार, लुहार एवं उसके द्वारा उत्पादित वस्तु के खरीदारों से संबंध बनाता है। जब उत्पादन प्रणाली में परिवर्तन होता है तो समाज में भी परिवर्तन आता हैं उत्पादन प्रणाली की यह विशेषता है कि यह किसी भी अवस्था में स्थिर नहीं रहती, सदैव बदलती रहती है। उत्पादन प्रणाली समाज का मूल है और उसी पर समाज की सामाजिक, सांस्कृतिक, धार्मिक-राजनीतिक संरचनाएँ, विश्वास, कला, साहित्य, प्रथाएँ, विज्ञान एवं दर्शन टिके हुए हैं जिस प्रकार की उत्पादन प्रणाली होती हैं समाज की **'अधिसंरचना'** (Super-structure) अर्थात् ऊपरी संरचना जिसमें धर्म, प्रथाएँ, राजनीति, साहित्य, कला, विज्ञान एवं संस्कृति आदि आते हैं, भी उसी प्रकार की बन जाती है। जब उत्पादन प्रणाली बदलती है तो समाज की ऊपरी संरचना में भी परिवर्तन आता है और समाज की संस्थाएँ बदलती हैं तथा सामाजिक परिवर्तन घटित होता हे। मार्क्स का कहना है कि जब हाथ की चक्की से उत्पादन किया जाता था तो एक

विशेष प्रकार का समाज था और आज जब बिजली की चक्की है तो दूसरे प्रकार का समाज है जो पहले प्रकार के समाज से भिन्न है।

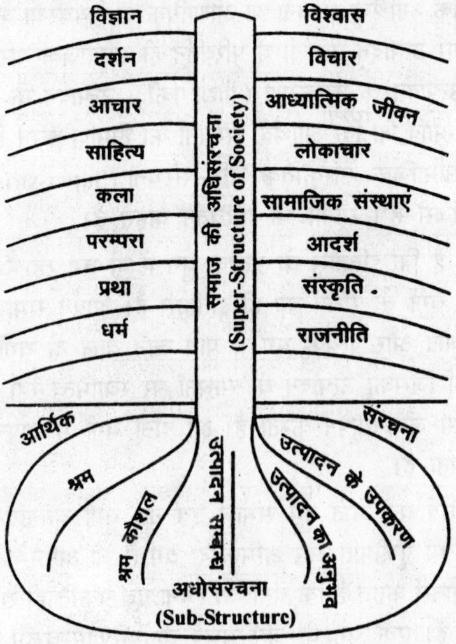

चित्र 1.2 : उत्पादन प्रणाली।

इसी प्रकार कृषि का कार्य जब हल एवं बैलों की सहायता से तथा उत्पादन का कार्य कुटीर उद्योगों में छोटे-छोटे औजारों से किया जाता था तो एक विशेष प्रकार का समाज, संस्कृति, धर्म एवं राजनीति थी और आज जबकि कृषि में ट्रैक्टर एवं वैज्ञानिक साधनों का प्रयोग तथा बड़ी-बड़ी मशीनों एवं कारखानों द्वारा औद्योगिक उत्पादन हो रहा है तो एक भिन्न प्रकार का समाज पाया जाता है। इन दोनों अवस्थाओं की राजनीति, धर्म, संस्कृति, कला, साहित्य, दर्शन, प्रथा, नैतिकता एवं लोकाचारों में बहुत अंतर है। अतः स्पष्ट है कि उत्पादन प्रणाली में परिवर्तन होने पर ही समाज में परिवर्तन आता है। आज के युग में पूँजीपति व श्रमिकों में जो संबंध पाये जाते हैं वे कृषि युग के भूस्वामियों एवं मजदूरों के संबंधों से इसीलिए भिन्न हैं।

मार्क्स का मत है कि उत्पादन के संबंधों के संपूर्ण योग से ही समाज की आर्थिक संरचना (Economic Structure) का निर्माण होता है। उदाहरण के लिए, कृषि युग में जमींदारों, कृषकों एवं कृषि-श्रमिकों के बीच पाये जाने वाले संबंधों

से एक विशेष प्रकार की आर्थिक संरचना का निर्माण हुआ जिसे हम कृषि अर्थव्यवस्था कहते हैं। वर्तमान समय में पूँजीपतियों, कारखाने के स्वामियों एवं श्रमिकों के संबंधों से मिलकर बनने वाली आर्थिक संरचना कृषि युग की आर्थिक संरचना से भिन्न है, इसे हम औद्योगिक आर्थिक संरचना या औद्योगिक अर्थव्यवस्था कहते हैं। संक्षेप में, मार्क्स के अनुसार उत्पादन प्रणाली में परिवर्तन ही सामाजिक परिवर्तन के लिए उत्तरदायी है। जब उत्पादन के उपकरणों (प्रौद्योगिकी), उत्पादन के कौशल, ज्ञान, उत्पादन के संबंध, आदि जो कि आर्थिक संरचना का निर्माण करते हैं, में परिवर्तन आता है तो संपूर्ण सामाजिक-सांस्कृतिक अधि-संरचना (Super-structure) में भी परिवर्तन आता है जिसे हम सामाजिक परिवर्तन कहते हैं।

मार्क्स का मत है कि इतिहास के प्रत्येक युग में दो वर्ग रहे हैं मानव समाज का इतिहास इन दो वर्गों के संघर्ष का ही इतिहास है। आपने समाज के विकास को पाँच युगों में बांटा और प्रत्येक युग में पाये जाने वाले दो वर्गों का उल्लेख किया। एक वह वर्ग जिसका उत्पादन के साधनों पर स्वामित्व रहा है और दूसरा वह जो श्रम क द्वारा जीवनयापन करता है। इन दोनों वर्गों में अपने-अपने हितों को लेकर संघर्ष होता है।

प्रत्येक वर्ग-संघर्ष का अन्त नये समाज एवं नये वर्गों के उदय के रूप में हुआ है। वर्तमान में भी पूँजीपति और श्रमिक दो वर्ग हैं जो अपने-अपने हितों को लेकर संघर्षरत हैं। मार्क्स कहते हैं कि वर्गों की रचना एवं प्रकृति ही समाज व्यवस्था का निर्धारण करती है। एक युग के वर्ग-संघर्ष के परिणामस्वरूप नये वर्गों का जन्म होता है जो नई समाज व्यवस्था को जन्म देता है। इस प्रकार वर्ग-संघर्ष एवं उसके परिणामस्वरूप नये वर्गों के जन्म के कारण ही समाज में परिवर्तन होते हैं। इस तरह मार्क्स ने सामाजिक परिवर्तन में वर्ग-संघर्ष की भूमिका को भी महत्वपूर्ण माना है।

समालोचना

(1) मार्क्स द्वारा प्रयुक्त शब्दों; जैसे आर्थिक कारक, उत्पादन की शक्तियाँ तथा संबंध, आर्थिक सुधार, प्रौद्योगिकी आदि की स्पष्टत: व्याख्या नहीं की गयी है। कुछ विद्वान समें केवल आर्थिक प्रविधियों को ही सम्मिलित करते हैं जबकि एन्जिल एवं सेलिगमैन आदि ने उत्पादन से संबंधित सभी दशाओं को आर्थिक कारकों के अंतर्गत सम्मिलित किया है।

(2) मार्क्स ने वर्ग-संघर्ष पर अधिक जोर दिया है, किन्तु समाज की नींव संघर्ष पर नहीं वरन् सहयोग पर आधारित है।

(3) मार्क्स ने सामाजिक परिवर्तन के लिए केवल एक ही कारक-आर्थिक कारक (उत्पादन प्रणाली) को उत्तरदायी मानकर परिवर्तन के अन्य कारकों की अवहेलना की है। सामाजिक, धार्मिक, भौगोलिक एवं जनसंख्यात्मक कारकों का भी सामाजिक परिवर्तन में महत्वपूर्ण हाथ होता है और स्वयं आर्थिक कारक भी अन्य कारकों से प्रभावित होते हैं।

(4) मार्क्स कहते हैं कि सामाजिक परिवर्तन प्रौद्योगिकी, आर्थिक संबंध एवं आर्थिक संरचना में परिवर्तन के कारण आते हैं, किन्तु वे यह स्पष्ट करने में असमर्थ रहे हैं कि प्रौद्योगिकी, आदि में परिवर्तन क्यों होता है या उसे परिवर्तित करने वाले कौन-से कारक हैं ?

इस प्रकार हम देखते हैं कि मार्क्स ने सामाजिक परिवर्तन के सिद्धांत को वैज्ञानिक आधार प्रदान करने का पूरा प्रयास किया है फिर भी आपने आर्थिक कारकों पर आवश्यकता से अधिक बल दिया। मानव केवल अपनी आर्थिक आवश्यकताओं को पूरा करने वाला पुतला मात्र ही नहीं है। **मैक्स बेबर** ने मार्क्स के सिद्धांत की आलोचना की है। वे आर्थिक कारकों के स्थान पर धर्म को सामाजिक परिवर्तन का आधार मानते हैं।

कॉम्टे का सिद्धांत (Theory of Auguste Comte)

कॉम्टे ने सामाजिक परिवर्तन का संबंध मानव के बौद्धिक विकास से जोड़ा है। उन्होंने बौद्धिक विकास एवं सामाजिक परिवर्तन के तीन स्तर माने हैं :

(i) धार्मिक स्तर (Theological Stage);

(ii) तात्विक स्तर (Metaphysical Stage);

(iii) वैज्ञानिक स्तर (Positive Stage)।

धार्मिक स्तर समाज की प्राथमिक अवस्था थी जिसमें मानव प्रत्येक घटना को ईश्वर एवं धर्म के संदर्भ में समझने का प्रयत्न करता था। विश्व की सभी क्रियाओं का आधार धर्म और ईश्वर को ही माना गया। उस समय अलग-अलग स्थानों पर धर्म के विभिन्न रूप; जैसे बहुदेववाद, एकदेववाद अथवा प्रकृति-पूजा प्रचलित थे।

सामाजिक विकास का द्वितीय स्तर **तात्विक स्तर** है जिसमें मानव घटनाओं की व्याख्या उनके गुणों के आधार पर करता थां इस अवस्था में मानव का अलौकिक शक्ति को ही समस्त घटनाओं की व्याख्या उनके गुणों के आधार पर करता था। इस अवस्था में मानव का अलौकिक शक्ति में विश्वास कम हुआ और प्राणियों

में विद्यमान अमूर्त शक्ति को ही समस्त घटनाओं के लिए उत्तरदायी माना गया। सामाजिक विकास का तीसरा स्तर वैज्ञानिक स्तर है जो कि वर्तमान में विद्यमान है।

वैज्ञानिक स्तर में मानव सांसारिक घटनाओं की व्याख्या धर्म, ईश्वर एवं अलौकिक शक्ति के आधार पर नहीं करता वरन् वैज्ञानिक नियमों एवं तर्क के आधार पर करता है। वह कार्य और कारण के सह-संबंधों को ज्ञात कर नियमों एवं सिद्धांतों का प्रतिपादन करता है, मानव घटनाओं का अवलोकन कर उनकी तार्किक एवं वैज्ञानिक व्याख्या करके सत्य तक पहुँचने का प्रयास करता है। इस प्रकार चिन्तन के विकास के साथ-साथ सामाजिक संरचना, संगठन एवं व्यवस्थाओं का भी विकास एवं परिवर्तन हुआ है।

समालोचना–नि:सन्देह समाज में होने वाले परिवर्तनों की एक योजनाबद्ध एवं क्रमबद्ध व्याख्या कॉम्टे का सराहनीय प्रयास है, किन्तु उनके इस सिद्धांत को पूरी तरह सही नहीं माना जा सकता। उन्होंने मानव चिन्तन और सामाजिक विकास के जिन तीन स्तरों का उल्लेख किया है उन स्तरों से विश्व के सभी समाज गुजरे हों, यह आवश्यक नहीं है। ये स्तर किसी समाज में पहले व किसी में बाद में अथवा दो स्तर साथ-साथ भी चल सकते हैं।

सामाजिक परिवर्तन की विशेषताएं (Characteristics of Social Change)

विभिन्न परिभाषाओं के आधार पर सामाजिक परिवर्तन की निम्नलिखित प्रमुख विशेषताएं स्पष्ट होती हैं–

(1) **सामाजिक परिवर्तन की गति असमान तथा तुलनात्मक है**–सामाजिक परिवर्तन स्वाभाविक है तथा समयानुकूल होता रहता है। मानव स्वभाव प्रत्येक क्षण नवीनता चाहता है। परिवर्तन प्रकृति का नियम है तथा अवश्यम्भावी है। यह किसी की इच्छा अथवा अनिच्छा पर निर्भर नहीं होता यद्यपि आधुनिक युग में इसे नियोजित किया जा सकता है। अत: हम कह सकते हैं कि सामाजिक परिवर्तन स्वाभाविक और अवश्यम्भावी है। यद्यपि सामाजिक परिवर्तन सभी समाजों में पाया जाता है फिर भी सभी समाजों में इसकी गति असमान होती है। आदिम एवं पूर्वी देशों के समाजों ती तुलना में आधुनिक एवं पश्चिमी समाजों में परिवर्तन तीव्र गति से होता हैं यही नहीं, बल्कि एक ही समाज के विभिन्न अंगों में भी परिवर्तन की गति में असमानता पयी जाती है। भारत में ग्रामीण समाजों की तुलना में नगरों में परिवर्तन शीघ्र आते हैं। परिवर्तन लाने वाले कारक अन्य समाजों

में परिवर्तन उत्पन्न करते वाले कारकों से भिन्न होते हैं। हम सामाजिक परिवर्तन की गति का अनुमान विभिन्न समाजों की परस्पर तुलना करके ही लगा सकते हैं। परिवर्तन का देश, काल एवं परिस्थितियों से भी घनिष्ठ संबंध हैं। एक की तुलना में दूसरे देश में, एक समय की तुलना में दूसरे समय में तथा एक परिस्थिति की तुलना में वैदिक काल, अंग्रेजों के काल एवं आधुनिक काल में परिवर्तन समान गति से नहीं हुए हैं क्योंकि इन युगों की परिस्थितियों एवं परिवर्तनों के कारणों में बहुत अन्तर पाया जाता है।

(2) **सामाजिक परिवर्तन की प्रकृति सामाजिक होती है**–सामाजिक परिवर्तन का सम्बन्ध व्यक्ति-विशेष अथवा समूह-विशेष से न होकर पूर्ण समाज के जीवन से होता है। यह व्यक्तिवादी नहीं वरन् समष्टिवादी होता है, इसीलिए परिवर्तन का प्रभाव सामान्यतः सम्पूर्ण समाज पर पड़ता है। इसका अर्थ यह है सामाजिक परिवर्तन का संबंध किसी व्यक्ति के विशेष समूह, विशेष संस्था, जाति एवं प्रजाति तथा समिति में होने वाले परिवर्तन से नहीं है। इस प्रकार का परिवर्तन तो व्यक्तिवादी प्रकृति का होता है जबकि सामाजिक परिवर्तन का संबंध सम्पूर्ण समुदाय एवं समाज में होने वाले परिवर्तनों से है। इस प्रकार सामाजिक परिवर्तन की प्रकृति सामाजिक है न कि वैयक्तिक। समाज की किसी एक इकाई में होने वाले परिवर्तनों को सामाजिक परिवर्तन नहीं कहा जा सकता।

(3) **सामाजिक परिवर्तन एक सार्वभौमिक घटना है**–संसार में कोई भी ऐसा समाज नहीं है जहां परिवर्तन न होता रहता हो और जो पूर्णतः स्थिर हो। परिवर्तन प्रति क्षण होता रहता है। यह सम्भव है कि किसी समाज में परिवर्तन की गति तीव्र हो तो और कहीं धीमी, किन्तु परिवर्तन होता सब जगह है, चाहे उसके स्वरूप में कितनी भी भिन्नता क्यों न हो। विश्व में कोई भी दो समाज पूर्णतः एक से नहीं हैं, अतः परिवर्तन कभी भी पूर्णतः एक जैसे नहीं हो सकते। रोबर्ट बीरस्टीड (Robert Bierstedt) ने कहा है कि, "किन्हीं भी दो समाजों का इतिहास एक समान नहीं होता, किन्हीं भी दो समाजों की संस्कृति एक-जैसी नहीं होती, कोई भी एक-दूसरे का प्रतिरूप नहीं है। इसका तात्पर्य यह है कि सामाजिक परिवर्तन एक सर्वव्यापी घटना है, यह सभी समाजों एवं सभी कालों में होता रहता है। मानव समाज के उत्पत्ति काल से लेकर आज तक इसमें अनेक परिवर्तन हुए हैं और आगे भी होते रहेंगे। मानव इतिहास में कोई भी ऐसा समाज नहीं नहीं रहा

जो परिवर्तन के दौर से गुजरा न हो और पूर्णतः स्थिर व स्थायी हो। कोई भी समाज परिवर्तन का अपवाद नहीं है। यह अवश्य संभव है कि विभिन्न कालों एव समाजों में परिवर्तन की प्रकृति, गति एवं स्वरूप में अन्तर हो। परिवर्तन की सार्वभौमिकता को प्रकट करते हुए **बीस्टीड** कहते हैं, ''कोई भी दो समाज पूर्णतः समान नहीं हैं। उनके इतिहास और संस्कृति में इतनी भिन्नता पायी जाती है कि किसी को भी दूसरे का प्रतिरूप (Replica) नहीं कह सकते।'' कुछ आदिम समाजों में परिवर्तन की गति इतनी धीमी रही है कि कई विद्वान तो यह तक कहने की भूल कर बैठे कि उनमें परिवर्तन नहीं होता है। पश्चिमी देशों के लोग पूर्व के देशों को परिवर्तनशील समाज की संज्ञा देते हैं, किन्तु यह उनका भ्रम है। परिवर्तन तो एक शाश्वत् नियम है जिससे कोई समाज अछूता नहीं रहा है।

(4) **सामाजिक परिवर्तन अवश्यम्भावी एवं स्वाभाविकं है**—प्रत्येक समाज में हमें अनिवार्य रूप से परिवर्तन दिखायी देता है और यह एक स्वाभाविक घटना है। परिवर्तन प्रकृति का नियम है और समाज भी प्रकृति का एक अंग होने के कारण परिवर्तन से कैसे बच सकता है। कई बार हम परिवर्तन का विरोध करते हैं, परविर्तन के प्रति अनिच्छा प्रकट करते हैं, फिर भी परिवर्तन को रोक नहीं सकते। कभी ये परिवर्तन जान-बूझकर नियोजित रूप में लाये जाते हैं तो कभी स्वतः ही उत्पन्न होते हैं। मानव की आवश्यकताओं, इच्छाओं एवं परिस्थितियों में परिवर्तन होने पर समाज में भी परिवर्तन होता है। मानव बदल हुई स्थिति में अनुकूल करने के लिए कभी-कभी तो परिवर्तन का इन्तज़ार तक करता है।

(5) **सामाजिक परिवर्तन की भविष्यवाणी नहीं की जा सकती**—सामाजिक परिवर्तन के बारे में निश्चित रूप से पूर्वानुमान लगाना कठिन हैं अतः उसके बारे में भविष्यवाणी नहीं की जा सकती। यह कहना कठिन है कि औद्योगीकरण एवं नगरीकरण के कारण भारत में जाति-प्रथा, संयुक्त परिवार प्रणाली एवं विवाह में कौन-कौन से परिवर्तन आयेंगे। यह बताना भी कठिन है कि आगे चलकर लोगों क विचारों, विश्वासों, मूल्यों, आदर्शों, आदि में किस प्रकार के परिवर्तन आयेंगे। इसका यह तात्पर्य नहीं है कि हम सामाजिक परिवर्तन का कोई नियम ही नहीं है ही नहीं है। इसका सिर्फ यही अर्थ है कि कई बार आकस्मिक कारणों से भी परिवर्तन होते हैं जिनके बारे में सोचा भी नहीं जा सकता। उदाहरणार्थ, हम जानते हैं कि

औद्योगीकरण एवं नगरीकरण भविष्य में जाति-प्रथा एवं संयुक्त परिवार को विघटित कर देंगे, अपराधों में वृद्धि होगी तथा शिक्षा एवं नवीन कानूनों के प्रभाव के कारण भारत में अस्पृश्यता कम और धीरे-धीरे समाप्त हो जायेगी। फिर भी किस प्रकार के परिवर्तन आयेंगे और उनका स्वरूप क्या होगा–इसके बारे में निश्चतता से कुछ भी नहीं कहा जा सकता।

(6) **सामाजिक परिवर्तन एक जटिल तथ्य है**–चूंकि सामाजिक परिवर्तन का संबंध गुणात्मक परिवर्तनों से है, जिनकी कि माप-तौल संभव नहीं है, अत: यह एक जटिल तथ्य है। हम किसी भौतिक वस्तु अथवा भौतिक संस्कृति में होने वाले परिवर्तनों को मीटर, गज या किलोग्राम की भाषा में माप नहीं सकते। अत: सरलता से ऐसे परिवर्तन का रूप भी समझ में नहीं आता। सामाजिक परिवर्तन में वृद्धि के साथ-साथ उसकी जटिलता में भी वृद्धि होती जाती है।

बिलबर्ट मूर ने आधुनिक समाजों में सामाजिक परिवर्तन की निम्नांकित विशेषताओं का उल्लेख किया है :

(1) स्वाभाविक ढंग से एवं सामान्य गति से जो परिवर्तन होते हैं, उनका प्रभाव हमारे विचारों तथा सामाजिक संरचना पर अधिक पड़ता है।

(2) सामाजिक परिवर्तन के संबंध में अनुमान लगाया जा सकता है, किन्तु उसके बारे में निश्चित रूप से कुछ नहीं कहा जा सकता।

(3) आधुनिक समाजों में सामाजिक परिवर्तन न तो मनमाने ढंग से किया जाता है और नहीं उसे प्राकृतिक नियमों पर स्वतंत्र व असंगठित छोड़ दिया जाता है। साधारणत: प्रत्येक समाज में सामाजिक नियोजन के द्वारा इसे नियन्त्रित कर इच्छित उद्देश्यों की पूर्ति की दिशा में क्रियाशील बनाया जाता है।

(4) सामाजिक परिवर्तन गुणात्मक होता है अर्थात् सामाजिक परिवर्तन के अन्तर्गत एक स्थिति दूसरी स्थिति को परिवर्तित करती है और यह क्रम तब तक चलता रहता है जब तक इसके अच्छे या बुरे प्रभावों से सम्पूर्ण समाज परिचित नहीं हो जाता।

(5) सामाजिक परिवर्तन एक अपवाद नहीं वरन् अनिवार्य नियम है। इसका तात्पर्य यह नहीं कि सामाजिक परिवर्तन के अन्तर्गत सामाजिक संरचना के सभी तत्व पूर्णरूप से बदल जाते हैं, अपितु इसका अर्थ यह है कि सामाजिक संरचना के किसी-न-किसी अंग में परिवर्तन अवश्य होता है। सामाजिक पुनर्निर्माण की अवधि में इसकी गति सबसे अधिक रहती है।

(6) पहले के समाजों की तुलना में आधुनिक समाजों में परिवर्तन अधिक होते हैं और उन परिवर्तनों को आज हम अधिक रूप में देख भी सकते हैं।

(7) यद्यपि परिवर्तन का फैलाव सामाजिक जीवन के सभी क्षेत्रों में देखा जा सकता है, फिर भी विचारों और संस्थाओं में परिवर्तन की जो गति है, उससे कहीं तेज गति भौतिक वस्तुओं के क्षेत्र में देखने को मिलती है।

सामाजिक परिवर्तन के विभिन्न प्रतिमान (Patterns of Social Change)

सामाजिक परिवर्तन निरन्तर, पूर्व कथन करने में इतना कठिन और अनेक मुखी है कि यदि हम उसे ठीक से समझना चाहते हैं तो हमें उसकी व्यवस्था का पता लगाना होगा। विभिन्न क्षेत्रों में एक विशिष्ट ढंग का परिवर्तन देखने को मिलता है। **मैकाइवर** तथा **पेज** ने इस दृष्टि से सामाजिक परिवर्तन के तीन प्रमुख प्रतिमानों का उल्लेख किया है :

प्रथम प्रतिमान–परिवर्तन का एक प्रतिमान यह है कि कई बार परिवर्तन यकायक हमारे सामाने प्रकट होते हैं। इस श्रेणी में हम आविष्कारों से उत्पन्न परिवर्तनों को रख सकते हैं। इस प्रकार के परिवर्तन एक बार उत्पन्न होते हैं, फिर भी वे आगे और भी परिवर्तन उत्पन्न करते रहते हैं क्योंकि इन आविष्कारों में समय-समय पर कई लोगों द्वारा सुधार किये जाते हैं। रेडियो, टेलीफोन, वायुयान और मोटर, आदि के आविष्कारों के कारण उत्पन्न परिवर्तन केवल आकस्मिक नहीं वरन् गुणात्मक रूप से अनेक परिवर्तनों को जन्म देने वाले भी हैं।

ये परिवर्तन तब तक होते रहते हैं जब तक कि किसी अच्छे एवं नवीन उपकरण का आविष्कार नहीं हो जाता। इस प्रकार के परिवर्तन को **रेखीय परिवर्तन** (Linear Change) कहते हैं क्योंकि ऐसे परिवर्तन की दिशा एक सीधी रेखा के रूप में होती है। प्रौद्योगिकी में परिवर्तन इसी प्रकार के परिवर्तन का स्पष्ट उदाहरण है। यही बात ज्ञान एवं विज्ञान के क्षेत्र में होने वाले परिवर्तनों के लिए भी सही है। इस प्रकार के परिवर्तन को यदि हम एक रेखाचित्र द्वारा प्रकट करें तो इसकी प्रकृति सदैव एक दिशा में ऊपर जाती हुई प्रकट होती है।

द्वितीय प्रतिमान–परिवर्तन का दूसरा प्रतिमान वह है जिसमें कुछ समय तक तो परिवर्तन ऊपर की ओर अथवा प्रगति की ओर होता है, किन्तु थोड़े समय बाद वह पुनः ह्रास की ओर अथवा नीचे की ओर हो सकता है। अन्य शब्दों में, परिवर्तन का दूसरा प्रतिमान वह है जिसमें परिवर्तन पहले ऊपर वाला अथवा तरंगीय (Wavelike) परिवर्तन कह सकते हैं। इस प्रकार के परिवर्तन के कई उदाहरण दिये जा सकते हैं, जैसे, जनसंख्या संबंधी परिवर्तन एवं आर्थिक क्रियाओं में होने वाले परिवर्तन। हम देखते हैं कि राष्ट्रीय एवं अन्तर्राष्ट्रीय व्यापार उन्नत और अवनत होते रहते हैं। व्यापारिक क्रियाएं अन्ततः विकसित और अवनत होती रहती हैं। इस प्रकार प्रथम प्रकार के परिवर्तन में जहां इस बात की निश्चितता नहीं होती। सोरोकिन की मान्यता है कि सामाजिक परिवर्तन संस्कृति में उतार-चढ़ाव आने के कारण होता है।

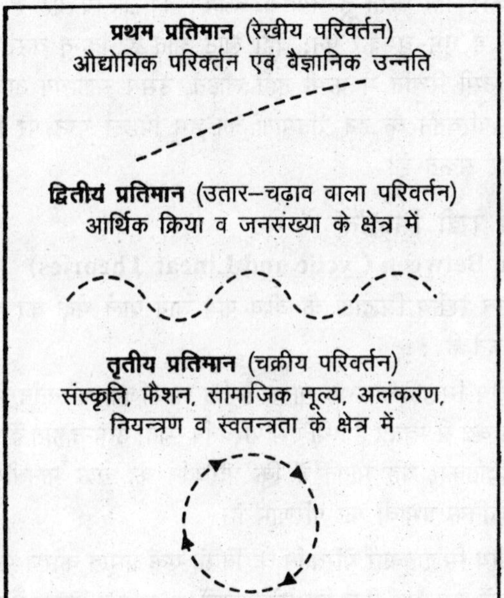

चित्र 1.3 : परिवर्तन के तीन प्रतिमान।

तृतीय प्रतिमान–दूसरे प्रकार के परिवर्तन के कुछ समान ही तृतीय प्रकार का परिवर्तन है। इस प्रकार के परिवर्तन को हम **चक्रीय परिवर्तन** (Cycle Change) कह सकते हैं। कई विद्वानों की यह मान्यता है कि परिवर्तन का एक चक्र चलता है। इसे स्पष्ट करने के लिए वे प्रकृति से उदाहरण देते हैं। ऋतु चक्र में हम देखते हैं कि सर्दी, गर्मी एवं वर्षा का एक चक्रीय क्रम पाया जाता है। मनुष्य में भी जन्म, बाल्यावस्था, यौवन एवं मुत्यु का चक्र देखने को मिलता है। कई विद्वानों की मान्यता है कि समाज एवं सभ्यताएं भी इसी प्रतिमानों का अनुगमन करती हैं। मानव क्रियाओं, व्यवहारों, राजनीतिक आन्दोलनों एवं जनसंख्या के सुविस्तृत परिवर्तनों में भी यही

प्रतिमान देखने को मिलता है। फैशन, सांस्कृतिक आन्दोलन, अलंकरण, सज्जा, सामाजिक मूल्य लोकाचार, नियंत्रण एवं स्वतंत्रता, आदि के क्षेत्र में भी परिवर्तन का यही प्रतिमान माया जाता है। हम फैशन, प्रथा व लोकाचार को अपनाते हैं, कभी उसे तोड़ देते हैं तो कभी फिर अपना लेते हैं। कभी कठोर नियंत्रण पर जोर देते हैं, फिर स्वतंत्रता पर, तो फिर नियंत्रण पर। इस प्रकार समाज में परिवर्तन एक चक्र की तरह घटित होते रहते हैं, किन्तु आज कई विद्वान चक्रीय परिवर्तन की बात को स्वीकार नहीं करते हैं क्योंकि चक्रीय का तात्पर्य यह है कि हम जहां से प्रारम्भ होते हैं घूम-घूमकर पुनः वहीं लौट आते हैं, किन्तु वास्तविकता यह है कि पुनः हम उसी स्थिति में कभी नहीं लौटते, उसमें संशोधन अवश्य हो जाता है। सामाजिक परिवर्तन के इन प्रतिमानों को हम पिछले पृष्ठ पर दिये गए चित्र द्वारा प्रकट कर सकते हैं।

चक्रीय तथा रेखी सिद्धांतों में भेद
(Distnction Between Cyclic and Linear Theories)

चक्रीय एवं रेखीय सिद्धांतों के बीच पाये जाने वाले भेदों को हम इस प्रकार प्रकट कर सकते हैं :

(1) रेखीय सिद्धांतकार यह मानते हैं कि सामाजिक परिवर्तन मानवीय प्रयत्न व इच्छा से स्वतंत्र है तथा ऐसे परिवर्तन स्वतः उत्पन्न होते हैं जबकि चक्रीय सिद्धांतकार यह मानते हैं कि परिवर्तन का चक्र मानवीय प्रयत्नों एवं प्राकृतिक प्रभावों का परिणाम है।

(2) रेखीय सिद्धांतकार परिवर्तन के किसी एक प्रमुख कारण पर अधिक बल देते हैं, इस अर्थ में वे निर्धारणवादियों के अधिक निकट हैं जबकि चक्रीय सिद्धांतकार परिवर्तन को अनेक कारकों का प्रतिफल मानते हैं, और साथ ही कहते हैं कि परिवर्तन प्रकृति का नियम है। अतः यह स्वतः ही घटित होता रहता है।

(3) चक्रीय सिद्धांत के अनुसार परिवर्तन का एक चक्र चलता है। हम जहां से प्रारम्भ होते हैं, घमू-फिरकर पुनः उसी स्थिति में आ जाते हैं जबकि रेखीय सिद्धांत यह विश्वास करता है कि परिवर्तन एक सीधी रेखा में होता है। हम क्रमशः आगे बढ़ते जाते हैं और जिस चरण को हम त्याग चुके होते हैं, पुनः वहां कभी नहीं लौटते हैं।

(4) चक्रीय सिद्धांत में परिवर्तन उच्चता से निम्नता और निम्नता से उच्चता कं ओर होता है, किन्तु रेखीय सिद्धांत यह विश्वास करता है कि परिवर्तन

सदैव निम्नता से उच्चता की ओर तथा अपूर्णता से पूर्णता की ओर होता है।

(5) चक्रीय सिद्धांत के अनुसार परिवर्तन का चक्र तेज व मन्द दोनों ही हो सकता है जबकि रेखीय सिद्धांत परिवर्तन की मन्द गति में विश्वास करता है।

(6) रेखीय सिद्धांतकार यह मानते हैं कि परिवर्तन के चरण एवं क्रम विश्व के सभी समाजों में एकसमान ही रहते हैं; जैसे शिकारी अवस्था, पशुचारण अवस्था, कृषि अवस्था और औद्योगिक अवस्था सभी समाजों में आती हैं। दूसरी ओर चक्रीय सिद्धांतकारों की मान्यता है कि विभिन्न सामाजिक संगठनों व संरचनाओं की सामाजिक परिवर्तन की प्रक्रिया एवं प्रकृति में अंतर पाया जाता है।

(7) रेखीय सिद्धांत चक्रीय सिद्धांत की अपेक्षा उद्विकासवादियों से अधिक प्रभावित है।

(8) चक्रीय सिद्धांतकारों ने परिवर्तन के चक्र को ऐतिहासिक एवं अनुभवसिद्ध प्रमाणों के आधार पर प्रकट करने का प्रयास किया है, जबकि रेखीय सिद्धांतकारों ने रेखीय परिवर्तन को एक सैद्धान्तिक जामा पहनाया है।

सामाजिक परिवर्तन के अन्य सिद्धांत (Other Theories of Social Change)

उपर्युक्त सिद्धांतों के अतिरिक्त सामाजिक परिवर्तन के कुछ अन्य सिद्धांत भी हैं जिनका हम यहां संक्षेप में उल्लेख करेंगे। *माल्थस ने सामाजिक परिवर्तन के लिए जनसंख्या वृद्धि का सिद्धांत प्रस्तुत किया।*

उनका मत है कि मानव समाज में खाद्य-पदार्थों के उत्पादन की तुलना में जनसंख्या वृद्धि तीव्र गति से होती है। जनसंख्या वृद्धि ज्यामितिक प्रकार से अर्थात् 1, 2, 4, 8, 16, 32, 64, आदि के क्रम में होती है। उसकी तुलना में खाद्य-सामग्री की वृद्धि अंकगणितीय प्रकार से अर्थात् 1, 2, 3, 4, 5, 6, 7, आदि के क्रम में होती है। फलस्वरूप, एक समय ऐसा आता है जब जनसंख्या के लिए खाद्य-पदार्थों का अभाव हो होता है। यदि बढ़ती जनसंख्या पर रोक नहीं लगायी जाती है तो किसी भी देश की जनसंख्या 25 वर्षों में दुगनी हो जाती है। जब जनसंख्या बढ़ती है या घटती है तो समाज में परिवर्तन घटित होते हैं।

सैडलर ने भी जनसंख्या संबंधी सिद्धांत का समर्थन किया और जनसंख्या वृद्धि का संबंध मानव की सुख-समृद्धि एवं पारस्परिक संबंधों से जोड़ा है। वे यह मानते हैं कि मानव के विकास के साथ-साथ उसकी संतानोत्पति की क्षमता में कमी

आयी है और सुख-समृद्धि में वृद्धि हुई हैं ये सभी बातें सामाजिक परिवर्तन के लिए भी उत्तरदायी हैं। **थॉमस** ने सामाजिक परिवर्तन के लिए विभिन्न संस्कृतियों के मिश्रण एवं सात्मीकरण को उत्तरदायी माना है।

मैक्स वेबर ने. अपनी पुस्तक 'दी प्रोटेस्टेण्ट एथिक एण्ड दी स्पिरिट ऑफ कैपिटलिज्म' में धर्म को ही सामाजिक परिवर्तन के लिए उत्तरदायी माना। उनका मत है जब यूरोप में रोमन कैथोलिक धर्म था तो एक दूसरे प्रकार का समाज था, किन्तु जब **प्रोटेस्टैण्ड धर्म** आया तो आधुनिक पूंजीवादी समाज की नींव पड़ी।

उन्होंने विश्व के छ: महान् धर्मों (हिन्दू, ईसाई, इस्लाम, चीनी, आदि) का अध्ययन करके बताया कि केवल प्रोटेस्टैण्ट धर्म में ही वे बातें मौजूद थीं जो आधुनिक पूंजीवाद का जन्म दे सकती थीं। उनका मत है कि प्रत्येक धर्म के आचरण के नियम पाये जाते हैं जो लोगों के विचारों एवं व्यवहारों को तय करते हैं। अत: जब धर्म बदलता है तो समाज में भी परिवर्तन आता है।

धर्म को वे परिवर्तन लाने वाला 'चल' (Variable) मानते हैं। प्रोटेस्टैण्ड धर्म की आर्थिक आचार-संहिता में कुछ तत्व इस प्रकार बताये गये हैं : ईमानदारी सबसे अच्छी नीति है, एक पैसा बचाना एक पैसा कमाना है, समय ही धन है, पैसा पैसे को पैदा करता है, जल्दी सोना और जल्दी जागना मनुष्य को स्वस्थ, अमीर और बुद्धिमान बनाता है, कार्य ही पूजा है, इत्यादि। इन सभी आचार नियमों ने प्रोटेस्टैण्ड मतपवलम्बियों के जीवन एवं व्यवहार को प्रभावित किया और आधुनिक पूंजीवाद को जन्म दिया जिससे कि समाज-व्यवस्था ही बदल गयी। वेबर के सिद्धांत की भी कई आलोचनाएं की जाती हैं। वे यह स्पष्ट नहीं कर सके कि स्वयं धर्म में परिवर्तन क्यों आता है।

ऑगबर्न ने अपनी पुस्तक '*Social Change*' में 1922 **में सामाजिक परिवर्तन के 'सांस्कृतिक विलम्बना' नामक सिद्धांत का प्रतिपादन किया।** उन्होंने संस्कृति को दो भागों में बांटा—भौतिक एवं अभौतिक संस्कृति। भौतिक संस्कृति के अन्तर्गत हम हजारों भौतिक वस्तुओं, जैसे वायुयान, रेल, पंखा, घड़ी बर्तन, फर्नीचर, वस्त्र, पुस्तकें, आदि को ले सकते हैं। अभौतिक संस्कृति में धर्म, कला, दर्शन, ज्ञान, विज्ञान, विश्वास, साहित्य, आदि को गिन सकते हैं। ऑगबर्न की मान्यता है कि पिछले कुछ वर्षों में दोनों ही संस्कृतियों में बहुत विकास हुआ है। उनका मत है कि अभौतिक संस्कृति की तुलना में भौतिक संस्कृति तीव्र गति से बदलती है। इस कारण भौतिक संस्कृति आगे बढ़ जाती है और अभौतिक संस्कृति उससे पिछड़

जाती है। *भौतिक संस्कृति का आगे बढ़ जाना व अभौतिक संस्कृति का पीछे रह जाना ही 'सांस्कृतिक पिछड़न या सांस्कृतिक विलम्बन' कहलाता है।* यह दशा संस्कृति में असन्तुलन की दशा है। इस असन्तुलन को समाप्त कने के लिए सामंजस्य तथा अनुकूलन का प्रयत्न किया जाता है, इस दौरान समाज में भी परिवर्तन होते हैं। इसी प्रकार से जब इन दो संस्कृतियों में असन्तुलन पैदा होता है तो समाज पर भी उसका प्रभाव पड़ता है, उसमें भी परिवर्तन आते हैं। ऑगबर्न के इस सिद्धांत की विस्तार में व्याख्या सामाजिक परिवर्तन के सांस्कृतिक कारकों के अन्तर्गत की गयी है।

2

सामाजिक परिवर्तन के कारक
(Factors of Social Change)

उद्‌विकास (Evolution)

उद्‌विकास निरन्तर होने वाली एक प्रक्रिया है। किसी सीधी एवं सरल वस्तु का कुछ नियिचत स्तरों से गुजरकर जटिल अवस्था में पहुंचना ही उद्‌विकास है। यह सामाजिक परिवर्तन का ही एक स्वरूप है। उद्‌विकास के सिद्धान्त के प्रतिपादक डार्विन (Darwin) हैं जिन्होंने शरीर में होने वाले जैविक परिवर्तनों के लिए इस प्रक्रिया को लागू किया। मानवशास्त्र एवं समाजशास्त्र में इसे हरबर्ट स्पेन्सर, मॉर्गन तथा टॉयलर जैसे विद्वानों ने समाज के सन्दर्भ में इस सिद्धान्त को लागू किया है। समाजशास्त्र में उद्‌विकास की अवधारणा प्राणीशास्त्र से ग्रहण की गयी है। डार्विन ने जीवों की उत्पत्ति के बारे में अपना उद्‌विकासीय सिद्धांत प्रतिपादित किया और कहा कि जीवों का उद्‌विकास सरलता से जटिलता तथा समानता से भिन्नता की ओर हुआ हैं स्पेन्सर व मॉर्गन जैसे समाज-वैज्ञानिकों ने उद्‌विकासीय विचारों को समाज व संस्कृति पर भी लागू किया और कहा कि इनका भी जीवों की भांति उद्‌विकास हुआ है।

उद्‌विकास अंग्रेजी भाषा के 'Evolution' शब्द का हिन्दी रूपान्तर है जिसे लैटिन भाषा के शब्द 'Evolution' से लिया गया है जिसका अर्थ है विकास अथवा किसी वस्तु का आन्तरिक विकास। यह निश्चित स्तरों में होने वाला परिवर्तन है। प्रमुख विद्वानों ने इसकी परिभाषां निम्नवर्णित प्रकार से दी हैं-

(1) मैकाइवर एवं पेज (Maclver and Page) के अनुसार-"उद्‌विकास परिवर्तन का एक क्रम है जो बदलने वाले पदार्थ की प्रकृति से सम्बन्धित अंगों की विविधता को स्पष्ट करता है, जिसके अन्तर्गत पदार्थ में छिपी शक्तियां वास्तविक रूप धारण करती है।"

(2) ऑगबर्न एवं निमकॉफ (Ogburn and Nimkoff) के अनुसार-"उद्विकास एक निश्चित दिशा में होने वाला परिवर्तन मात्र है।"

(3) स्पेन्सर (Spencer) के अनुसार-"उद्विकास किसी पदार्थ की वह समन्वित गति है जिससे वह अपेक्षाकृत अधिक अनिश्चित असम्बद्ध एकरूपता से निश्चित सम्बद्ध विजातीयता में परिवर्तित होता है।"

(4) जिन्सबर्ग (Ginsberg) के अनुसार-"यह धारणा कि उद्विकास एक सरल स्थिति से जटिल स्थिति की ओर होने वाला परिवर्तन है एक गम्भीर विवाद का विषय है तथा रहा है।"

उद्विकास में विश्वास रखने वाले लोगों का कहना है कि परिवर्तन समाज की आन्तरिक शक्तियों के विकास के कारण होता है। समाज में ही वे आधारभूत क्षमताएं (Potentialities) निहित होती हैं जो प्रस्फुटित एवं विकसित होती रहती हैं और इन्हीं के कारण समाज में परिवर्तन होता रहता है। *मैकाइवर* एवं *पेज* के अनुसार, "परिवर्तन स्वयं पदार्थ में निहित शक्तियों की कार्यशीलता के कारण होता है।"

सामाजिक परिवर्तन एक तटस्थ प्रक्रिया है यह अच्छाई व बुराई को प्रकट नहीं करती। जब हम इसमें दिशा, परिवर्तन का क्रम, सामाजिक मूल्य, गुण एवं मात्रा, आदि का समावेश करते हैं तो परिवर्तन की अनेक प्रक्रियाओं की अवधारणाओं जैसे, वृद्धि, अनुकूलन, विकास, उद्विकास, प्रगति, अवनति, क्रान्ति, आदि का बोध होता है।

अनेक बार इन विभिन्न अवधारणाओं का प्रयोग समान अर्थों में किया जाता है। साधारण व्यक्ति की नहीं, वरन् अनेक समाज-वैज्ञानिक भी इस प्रकार की भूल कर बैठे हैं और इनमें अंतर करने में असमर्थ रहे हैं। समाजशास्त्र के जनक **ऑगस्ट कॉम्टे** भी उद्विकास, प्रगति और विकास में स्पष्ट भेद नहीं कर पाये थे। **हॉबहाउस** ने विकास और प्रगति का एक ही अर्थ में प्रयोग किया। हॉबहाउस जिस परिवर्तन को विकास की संज्ञा देते हैं, आधुनिक समाजशास्त्री उसे प्रगति कहते हैं। स्पेन्सर, लैस्टर वार्ड, मार्क्स तथा गिडिंग्स जैसे प्रसिद्ध समाजशास्त्रियों की रचनाओं में भी इन शब्दों के प्रयोग में स्पष्टता नहीं आ पायी। इतना अवश्य है कि सामाजिक परिवर्तन की ये सभी प्रक्रियाएं तार्किक दृष्टि से एक-दूसरे से संबंध होते हुए भी भिन्न प्रकार की स्थिति की सूचक हैं। अतः इनके संबंध में स्पष्ट जानकारी प्राप्त कर लेना आवश्यक है। हम यहां उद्विकास, प्रगति, विकास और क्रान्ति की अवधारणाओं का उल्लेख करेंगे।

उद्विकास का अर्थ एवं परिभाषा
(Meaning and Definition of Evolution)

किसी भी वस्तु के बाहर की ओर फैलने को उद्विकास कहते हैं, किन्तु वैज्ञानिक दृष्टि से उद्विकास का यह अर्थ अपूर्ण है। वैज्ञानिक अर्थ में उद्विकास एक ऐसी प्रक्रिया है जिसमें एक सीधी-सादी सरल वस्तु या सावयव (Organism) क्रमिक परिवर्तन के कारण जटिल रूप धारण कर लेता है। उदाहरण के लिए, एक बीच का अंकुरित होकर वृक्ष का रूप धारण कर लेना या एक कोष्ठ (Cell) का मानव शिशु के रूप में परिवर्तित हो जाना उद्विकास है। इस प्रकार जब किसी वस्तु के गुण, ढांचे व कार्य में एक निश्चित दिशा की ओर निरन्तर परिवर्तन हो तो उसे हम उद्विकास कहेंगे। उद्विकास को हम एक सूत्र द्वारा इस प्रकार प्रकट कर सकते हैं :

उद्विकास = निरन्तर परिवर्तन + निश्चित दिशा + गुणात्मक अंतर + ढांचे व कार्य में भिन्नता।

उद्विकास के अर्थ को स्पष्ट करते हुए स्पेन्सर लिखते हैं, "उद्विकास कुछ तत्वों का एकीकरण तथा उससे संबंधित वह गति है जिसके दौरान कोई तत्व एक अनिश्चित तथा असंबद्ध समानता से निश्चित और संबंद्ध भिन्नता में बदल जाता है।" इस प्रकार उद्विकास में किसी वस्तु में परिवर्तन समता से विषमता की ओर होता है, इससे वस्तु की जटिलता में वृद्धि होती है।

मैकाइवर एवं **पेज** लिखते हैं, "जब परिवर्तन में निरन्तरता ही नहीं होती वरन् परिवर्तन की एक दिशा भी होती है, तो ऐसे परिवर्तन से हमारा तात्पर्य उद्विकास से होता है।" मैकाइवर ने उद्विकास को आंतरिक शक्तियों द्वारा होंने वाला परिवर्तन कहा है।

ऑगबर्न एवं **निमकॉफ** ने भी उद्विकास को 'एक निश्चत दिशा में होने वाला परिवर्तन' माना है।

इन परिभाषाओं से स्पष्ट है कि *उद्विकास किसी एक विशेष दिशा में होने वाला वह परिवर्तन है जो वस्तु की आंतरिक शक्तियों के परिणामस्वरूप पैदा होता है तथा इससे वस्तु की जटिलता में वृद्धि होती है।*

उद्विकास की विशेषताएं (Characteristics of Evolution)

उद्विकास की अवधारणा को उसकी विशेषताओं के आधार पर और अधिक स्पष्ट किया जा सकता है :

(1) **उद्विकास विभेदीकरण की एक प्रक्रिया है**–उद्विकास के दौरान जीव अथवा समाज के विभिन्न अंगों में विभिन्नता पैदा होती है। वस्तु के अंग या शाखाएं धीरे-धीरे स्पष्ट एवं पृथक् होती जाती हैं।

(2) उद्विकास एक सार्वभौमिक प्रक्रिया है, अर्थात् यह सभी स्थानों व कालों में पायी जाती है।

(3) **उद्विकास के चरणों की पुनरावृत्ति नहीं होती है**–जिस चरण को छोड़ दिया गया है, पुनः उसे प्राप्त नहीं किया जा सकता, जैसे एक बालक युवा होने के बाद पुनः बालक की अवस्था प्राप्त नहीं कर सकता।

(4) **उद्विकास एक निश्चत दिशा में होने वाला परिवर्तन है**–यद्यपि, यह निश्चित नहीं होता कि यह दिशा क्या होगी।

(5) **उद्विकास वस्तु की आंतरिक वृद्धि** के कारण होता है।

(6) **उद्विकास के दौरान वस्तु या समाज में गुणात्मक परिवर्तन होता है** न कि संख्यात्मक।

(7) **उद्विकास सदैव सरलता से जटिलता की ओर होता है**–प्रारम्भ में किसी वस्तु या प्राणी के अंग घुले-मिले एवं धुंधले होते हैं, धीरे-धीरे उनमें अंतर स्पष्ट होने लगता है, वे पृथक् हो जाते हैं तथा उनका स्वरूप भी निश्चित हो जाता है। उदाहरण के लिए, प्रारम्भ में भ्रूण एक मास का पिंड होता है, धीरे-धीरे उसके हाथ, पांव, कान, नाक, आंख, आदि दिखाई देने लगते हैं।

(8) **उद्विकास निरंतर एवं धीमी गति से परिवर्तन की एक प्रक्रिया है**–उद्विकास में परिवर्तन निरंतर होता है, किन्तु यह इतनी धीमी गति से होता है कि परिवर्तन को देख पाना संभव नहीं होता।

(9) **उद्विकास एक मूल्य-रहित प्रक्रिया है,** अर्थात् प्रगति की तरह इसका संबंध अच्छाई-बुराई से नहीं होता।

(10) **उद्विकास कुछ निश्चित चरणों एवं क्रम में होने वाला परिवर्तन है**–अर्थात् प्रथम चरण के बाद द्वितीय एवं द्वितीय के बाद बाद तृतीय चरण आता है। ऐसा नहीं हो सकता कि प्रथम के बाद तृतीय चरण और द्वितीय चरण आये। उदाहरण के रूप में, एक बच्चा पहले युवा फिर वृद्ध न कि पहले वृद्ध और फिर युवा।

डार्विन का उद्विकासीय सिद्धांत (Darwin's Theory of Evolution)

सामाजिक उद्विकास का सिद्धांत डार्विन के उद्विकासवाद पर आधारित है। अतः डार्विन के उद्विकासीय विचारों को जान लेना आवश्यक है। अब तक यह

धारणा चली आ रही थी कि पेड़, पौधों एवं जीव-जंतुओं की सृष्टि ईश्वर ने की है, किन्तु डार्विन ने अपने लम्बे समय के अध्ययन के बाद यह निष्कर्ष दिया कि प्राणियों का उद्‌विकास सरलता से जटिलता एवं समानता से भिन्नता की ओर हुआ है। प्रारम्भ में पृथ्वी पर कोई जीव नहीं थे। विभिन्न रासायनिक क्रियाओं के कारण जीव का जन्म हुआ। प्रारम्भ में जीव एककोषीय थे। धीरे-धीरे उनकी शरीर रचना में परिवर्तन हुआ, उनमें भिन्नता आती गयी और विभिन्न अंग पृथक हुए।

डार्विन का मत है कि प्रारम्भ में जीव बहुत सरल कोटि का होता है, उसके विभिन्न अंग इतने घुले-मिले होते हैं कि उन्हें स्पष्टता से न तो पहचाचना जा सकता है और नही पृथक् किया जा सकता है। विभिन्न अंगों में अनिश्चिता संबंद्धता होती है, किन्तु धीरे-धीरे इनमें परिवर्तन होने लगता है, उसके विभिन्न अंग स्पष्ट एवं अलग होने लगते हैं तथा उसके स्वरूप में भी स्पष्टता आने लगती है। उदाहरण के लिए, एक बीच प्रारम्भ में सरल व अस्पष्ट रूप लिये हुए होता है। धीरे-धीरे समय में परिवर्तन होता है और जड़, तना तथा पत्तियां पृथक् व स्पष्ट होने लगते हैं। इसी प्रकार से प्रारम्भ में एक भ्रूण मांस का एक पिण्ड होता है, धीरे-धीरे उसमें हाथ, पांव, नाक, कान, आंख, सिर, आदि पृथक् व स्पष्ट दिखाई देने लगते हैं। उद्‌विकास का यह प्रथम चरण है जिसमें सरलता, अस्पष्टता एवं अभिन्नता धीरे-धीरे जटिलता, स्पष्टता एवं संबंद्धता में बदल जाती हैं।

जीव के उद्‌विकास के दूसरे चरण में विभिन्न अंग अलग-अलग कार्य करने लगते हैं, उनमें श्रम-विभाजन पैदा हो जाता है, जैसे, जड़ें भोजन प्राप्त करने, तना पेड़ को खड़ा रखने एवं पत्तियां हवा व धूप ग्रहण करने का कार्य करती हैं। प्राणियों के विभिन्न अंग जैसे, हाथ, पांव, नाक कान, आंख अपने-अपने निर्धारित कार्य करने लगते हैं। अंगों के पृथक् व स्पष्ट होने पर भी उनमें परस्पर-निर्भरता एवं संबंद्धता बनी रहती है। एक अंग पर पड़ने वाला प्रभाव दूसरे को भी प्रभावित करता है, जैसे, पेट खराब होने पर उसका असर दूसरे अंगों पर भी पड़ता है। उद्‌विकास की यह प्रक्रिया निरंतर एवं धीमी गति से विभिन्न चरणों में होती है। अतः नया रूप सामने आने पर ही परिवर्तन ज्ञात हो पाता है। उद्‌विकास के दौरान वस्तु के आंतरिक गुणों में भी परिवर्तन आ जाता है।

सामाजिक उद्‌विकास (Social Evolution)

डार्विन के उद्‌विकासीय सिद्धांत को समाज पर लागू करने का श्रेय अंग्रेज समाजशास्त्री हरबर्ट स्पेन्सर को है। उन्होंने अपनी पुस्तक '*Principles of Sociology*' में समाज और सावयव में समानता स्थापित कर सामाजिक उद्‌विकास की अवधारणा

का निरूपण किया। स्पेन्सर का मत है कि जिस प्रकार से जीवों का विकास समानता से भिन्नता व सरलता से जटिलता की ओर हुआ है, उसी प्रकार से समाज का विकास भी सरलता व समानता से जटिलता व भिन्नता की ओर हुआ है। प्रारम्भिक समाजों में विभिन्न अंग अस्पष्ट थे और उनके कार्य घुले-मिले हुए थे।

यह स्थिति अनिश्चिता की थी, किन्तु धीरे-धीरे समाज में परिवर्तन हुआ, समाज के विभिन्न संगठन एवं संस्थाएं पृथक्-पृथक् दिखायी देने लगीं, उनमें कार्य-विभाजन पैदा हुआ और विशेषीकरण पनपा। उदाहरण के लिए, प्रारम्भ में सामाजिक, आर्थिक, धार्मिक, राजनीतिक एवं सांस्कृतिक कार्य किसी एक ही संगठन व संस्था से संबंध थे। धीरे-धीरे इन कार्यों को करने वाले अलग-अलग संगठन व संस्थाएं बनीं। इससे समाज में जटिलता व भिन्नता की वृद्धि हुई, साथ ही विभिन्न संस्थाओं की पारस्परिक-निर्भरता भी बढ़ीं **स्पेन्सर** लिखते हैं, "प्रारम्भ में कोई सामाजिक संगठन अस्पष्ट होता है। धीरे-धीरे उसमें विकास अधिक स्पष्ट होता चला जाता है।

प्रथाओं में स्थायित्व आ जाने से वे कानून का रूप धारण कर लेती हैं। इसी प्रकार से समूह की सामाजिक संस्थाएं प्रारंभ में एक-दूसरे से मिली हुई-सी लगती हैं, किन्तु कालान्तर में वे एक-दूसरे से अलग होकर स्पष्ट दिखाई देने लगती हैं।" आदि समाजों में हमें विभिन्न संस्थाओं का अभाव दिखायी देता है और उनमें प्रकार्यात्मक विभेदीकरण भी नहीं होता है, किन्तु जब नवीन परिवर्तनों के कारण उनमें श्रम-विभाजन और विशेषीकरण पनपता है तो वह औद्योगिक एवं जटिल समाज में परिवर्तित हो जाता है जिसमें अनेक भिन्नताएं पैदा हो जाती हैं, किन्तु जटिल समाज की विभिन्न संस्थाओं और संगठनों में पारस्परिक निर्भरता भी पायी जाती है क्योंकि एक संगठन एक ही प्रकार का कार्य कर पाता है, अत: अन्य कार्यों के लिए दूसरे संगठनों पर निर्भर होना पड़ता है। उद्‌विकास की यह प्रक्रिया धार्मिक, आर्थिक, राजनीतिक, पारिवारिक एवं सामाजिक, सांस्कृतिक सभी क्षेत्रों में दिखाई देती है।

हम यहां समाज व संस्कृति के क्षेत्र में सामाजिक उद्‌विकास का उल्लेख करेंगे।

समाज व संस्कृति का उद्‌विकास (Evolution of Society and Culture)

मॉर्गन (Morgan) ने मानव समाज के उद्‌विकास के तीन स्तर–जंगली अवस्था, बर्बर अवस्था तथा सभ्यता की अवस्था माने हैं तथा प्रत्येक स्तर को निम्न, मध्य एवं उच्च स्तरों में बांटा है। हम यहां मॉर्गन द्वारा बताये गये सामाजिक उद्‌विकास के विभिन्न स्तरों का उल्लेख करेंगे।

(1) **बर्बर अवस्था** (Barbarian Stage)–इस अवस्था में मानव का सामाजिक जीवन पहले की अपेक्षा अधिक उन्नत था। इसके भी निम्नांकित तीन उप-स्तर हैं।

(अ) **बर्बर अवस्था का निम्न स्तर**–इस अवस्था में मानव ने बर्तनों का निर्माण करना जान लिया था। अब मानव का जीवन पहले की अपेक्षा अधिक स्थिर था यद्यपि, झुण्ड अब भी घुमन्तु जीवन ही व्यतीत करते थे। इस अवस्था में संपत्ति की अवधारणा का उदय हुआ। एक समूह हथियार, स्त्रियां तथा बर्तन प्राप्त करने के लिए दूसरे समूह पर आक्रमण करता था। परिवार का स्वरूप कुछ स्पष्ट हुआ, किन्तु यौन संबंधों की स्वतंत्रता के कारण पितृत्व का निर्धारण अब भी कठिन था।

(ब) **बर्बर अवस्था का मध्य स्तर**–इस अवस्था में मानव ने पशुपालन एवं कृषि कार्य प्रारंभ किया। पशुओं को लेकर चारे की खोज में मानव इधर-उधर भटकता फिरता था। कुद लोगों ने बीच बोकर पेड़ उगाना भी सीख लिया था, वे अब स्थिर निवास बनाकर कृषि करने लगे थे। इस समय व्यक्तिगत संपत्ति की धारणा पनपी और सामाजिक स्थिति का निर्धारण संपत्ति के आधार पर भी होने लगा था। इसी समय वस्तु विनिमय भी होने लगा। यौन संबंधों में निश्चितता आने के कारण परिवार का स्वरूप भी स्पष्ट होने लगा था। परिवार में स्त्रियों की स्थिति महत्वपूर्ण हो गयी थी।

(स) **बर्बर अवस्था का उच्च स्तर**–इस अवस्था में मानव ने लोहे को गलाकर उससे औजार बनाना प्रारंभ कर दिया था। उसने लोहे के अनेक नोंकदार एवं तीखे हथियार तथा औजारों का निर्माण किया। इस अवस्था में यौन भेद पर आधारित स्त्री-पुरुषों के बीच श्रम-विभाजन पनपा। स्त्रियां घरेलू कार्य एवं पुरुष बाह्य कार्य करते थे। इस समय स्त्रियों को संपत्ति मान लिया गया था। छोटे-छोटे गणराज्यों की स्थापना भी इसी युग में हुई। धातुओं के प्रयोग के कारण ही इस युग को 'धातु युग' के नाम से भी पुकारा जाता है।

(2) **जंगली अवस्था** (Savage Stage)–मानव के सामाजिक जीवन की यह प्रथम अवस्था थी। इस समय मानव का जीवन संघर्षपूर्ण एवं कष्टमय था। मानव इतिहास में यह काल सबसे लम्बा था। सामाजिक परिवर्तन एवं

दशाओं की दृष्टि से इस काल को मॉर्गन ने निम्नांकित तीन उप-भागों में बांटा है :

(अ) जंगली अवस्था का निम्न स्तर–इस अवस्था में मानव भोजन एवं निवास की खोज में घुमक्कड़ जीवन व्यतीत करता था। वह कन्दमूल-फल तथा कच्चा मांस खाता था और पत्तों व छालों से तन ढकता था। इस समय उसे यौन संबध स्थापित करने की पूर्ण स्वच्छंदता थी, मानव पेड़ों पर व गुफाओं में रात्रि व्यतीत करता था। मानव का यह जीवन किसी भी दृष्टि से पशुओं से श्रेष्ठ नहीं कहा जा सकता।

(ब) जंगली अवस्था का उच्च स्तर–इस अवस्था का प्रारंभ उस समय हुआ जब मानव ने तीर व धनुष का आविष्कार किया। इस अवस्था में मानव ने पारिवारिक जीवन की नींव रखी, किन्तु परिवार के सदस्यों में परस्पर यौन संबंध स्थापित करने के कोई निश्चित नियम नहीं थे। इस युग में मानव समूह परस्पर सामूहिक रूप से संघर्ष भी करने लगे। मानव ने पत्थर के हथियार एवं औजारों का भी इस अवस्था में निर्माण कर लिया था।

(3) **सभ्यता की अवस्था** (Civilized Stage)–सामाजिक विकास का यह अंतिम चरण है। इसके भी निम्नांकित तीन उप-स्तर हैं :

(अ) सभ्यता की निम्न अवस्था–इस अवस्था का प्रारम्भ लेखन कार्य से हुआ। भाषा के प्रयोग एवं पढ़ने-लिखने के कारण संस्कृति का संचालन सरल हो गया। इस अवस्था में यौन संबंधों का नियमन होने के कारण पारिवारिक जीवन स्थिर व स्पष्ट हो गया था। इसी समय नगर बसाये गये। नगरीय सभ्यता का उदय, व्यापार एवं वाणिज्य का विस्तार, कला व शिल्पकला का विस्तार इस अवस्था की प्रमुख विशेषताएं हैं।

(ब) सभ्य अवस्था का मध्यम स्तर–इस युग में सामाजिक, आर्थिक एवं राजनीतिक संगठनों में व्यवस्था आयी। इसी समय श्रम-विभाजन एवं विशेषीकरण पनपा, राज्य के कार्यक्षेत्र का विकास हुआ, सरकार एवं कानून का विस्तार हुआ तथा मानव जीवन में सुरक्षा बढ़ी।

(स) **सभ्यता का उच्च स्तर**–मॉर्गन इस स्तर का प्रारम्भ 19वीं सदी के उत्तरार्द्ध से मानते हैं जब औद्योगीकरण के कारण आधुनिक जटिल एवं नगरीय सभ्यता का उदय हुआ। इस युग में मशीनों की सहायता से बड़े पैमाने पर उत्पादन होने लगा, संपत्ति का संचय बढ़ा, श्रम-विभाजन एवं विशेषीकरण का विस्तार हुआ। व्यक्तिगत संपत्ति की भावना व एकाधिकार ने पूंजीवादी व्यवस्था को जन्म दिया। वर्ग-संघर्ष ने जोर पकड़ा, साम्यवादी विचारों ने जन्म लिया और संपत्ति के समान वितरण पर बल दिया गया। प्रजातंत्रात्मक शासन-व्यवस्था को व्यापक समर्थन मिला। राज्य को एक कल्याणकारी संस्था के रूप में स्वीकार किया गया। राज्य के अधिकारों में वृद्धि हुई, नागरिकों की सुख-सुविधा की व्यवस्था करना राज्य का कर्तव्य माना गया। इस युग में अनेक भौतिक व अभौतिक आविष्कार हुए तथा कला, धर्म, दर्शन, ज्ञान, विज्ञान सभी में अभूतपूर्व प्रगति हुई। मानव ने अंतरिक्ष में प्रवेश किया और आज भी वह प्रगति के पथ पर अग्रसर है।

आर्थिक जीवन का उद्विकास (Evolution of Economic Life)

मानव के आर्थिक जीवन का उद्विकास निम्नांकित चार स्तरों से हुआ है :

(1) **प्रौद्योगिक स्तर** (Technological Stage)–इस युग में मानव ने मशीनों एवं विज्ञान के सहारे उत्पादन के अनेक यंत्रों का निर्माण किया। उत्पादन में मानव व पशु शक्ति के स्थान पर जड़-शक्ति (कोयला, पेट्रोल, बिजली) का प्रयोग प्रारंभ हुआ और उत्पादन बड़े पैमाने पर तीव्र गति से होने लगा। बड़े-बड़े कारखानों व फैक्टरियों की नींव रखी गयी। अन्तर्राष्ट्रीय व्यापार एवं आर्थिक सहयोग बढ़ा। वर्तमान में हम इसी अवस्था में हैं।

(2) **शिकार करने व भोजन एकत्रित करने का स्तर** (Hunting and Food Gathering Stage)–मानव आर्थिक जीवन के प्रारंभिक स्तर में शिकार करके, मछली मारकर तथा जंगलों से कन्दमूल, फल, पत्ते, शाक, सब्जियां, जड़ें व छालें, आदि एकत्रित कर अपना जीवनयापन करता था। पेट भरने के लिए वह भोजन की तलाश में विभिन्न स्थानों पर भटकता फिरता था। यह जीवन सामाजिक व आर्थिक दृष्टि से बहुत अनिश्चित था।

(3) **चरागाह स्तर** (Pastoral Stage)–मानव ने जब देखा कि पशुओं को मारने के बजाय यदि उनका पालन-पोषण किया जाये तो वह जीवनयापन के

लिए अधिक साधन प्राप्त कर सकता है, अत: उसने पशुओं को पालना शुरू किया। वह पशुओं से प्राप्त दूध, मांस, खाल, बाल, ऊन व हड्डियों से अपना जीवनयापन करने लगा। पशुओं से वह बोझा ढोने व सवारी का काम भी लेने लगा। मानव के जीवन में इस समय कुछ स्थिरता आयी क्योंकि जब तक एक स्थान पर चारे व पानी की व्यवस्था होती, वह वहीं रहता, घास समाप्त होने पर अन्यत्र चला जाता।

(4) **कृषि स्तर** (Agriculture Stage)–इस अवस्था में मानव ने बीच बोकर पेड़ उगाना व कृषि कार्य प्रारंभ कर दिया था। वह फल-फूल व सब्जियां पैदा करने व बाग लगाने लग गया था। चूंकि कृषि के लिए एक स्थान पर लम्बे समय तक रहना होता है, अत: इस समय मानव के जीवन में स्थिरता आयी और वह झौंपड़े तथा गांव बनाकर रहने लगा। भूमि को संपत्ति माना गया तथा इस समय वस्तु-विनिमय की प्रथा का भी प्रचलन हुआ।

पारिवारिक जीवन का उद्विकास (Evolution of Family Life)

बैकोफन तथा मॉर्गन ने परिवार के उद्विकासीयम को प्रस्तुत किया है। बैकोफन का मत है कि प्राथमिक अवस्था में पारिवारिक जीवन अनिश्चि एवं शिथिल था, उस समय कामाचार की स्थिति थी, अत: पितृत्व अनिश्चित था। धीरे-धीरे इस अवस्था में परिवर्तन आया और बहुपति-विवाही परिवारों की स्थापना हुई। जब जीवनयापन के साधनों में वृद्धि हुई तो बहुपत्नी-विवाही परिवारों का उदय हुआ।

सभ्यता व संस्कृति के विकास के साथ-साथ विवाह एवं परिवार से संबंधित विचारों में क्रांतिकारी परिवर्तन हुए, स्त्री-पुरुष के समान अधिकारों की धारणा विकसित हुई तथा एक-विवाही परिवारों की स्थापना हुई लुईस मार्गन ने परिवार के उद्विकास के निम्नांकित पांच स्तरों का उल्लेख किया है।

(1) **सिण्डेस्मियन परिवार** (Syndasmian Family)–इस प्रकार के परिवार में एक व्यक्ति का विवाह एक स्त्री से होता था, परंतु वह परिवार में विवाहित सभी स्त्रियों से यौन-संबंध रख सकता था।

(2) **पितृसत्तात्मक परिवार** (Patriarchal Family)–इस अवस्था में परिवार पर पुरुष का आधिपत्य था। वह एक से अधिक पत्नियां रख सकता था। स्त्री की तुलना में उसके अधिकार अधिक थे।

(3) **समरक्त परिवार** (Consanguine Family)–प्रारंभिक अवस्था में यौन संबंध स्थापित करने के कोई नियम नहीं थे, यहां तक कि भाई-बहनों

में भी परस्पर यौन संबंध हो जाते थे। इसलिए ऐसे परिवारों को समरक्त परिवार कहा गया।

(4) **एक-विवाही परिवार** (Monogamous Family)–उद्विकासीय क्रम में यह अंतिम स्तर है जो वर्तमान में अधिकांश समाजों में चल रहा है। इसमें एक पुरुष एक समय में एक ही स्त्री से विवाह करता है। यह स्त्री पुरुष की समानता पर आधारित है।

(5) **समूह परिवार** (Punaluan Family)–इस प्रकार के परिवार में एक परिवार के सभी भाइयों का विवाह दूसरे परिवार की सभी बहनों से होता था। इसमें प्रत्येक व्यक्ति सभी स्त्रियों का पति था तथा प्रत्येक स्त्री सभी पुरुषों की पत्नी।

कला का उद्विकास (Evolution of Art)

एच.सी.हेड्डन ने कला का उद्विकास प्राकृतिक, प्रतीकात्मक व ज्यामितिक स्तर से माना है। प्रारंभ में मानव प्राकृतिक दृश्यों को ज्यों-का-त्यों चित्रित करता था फिर उसने प्रतीकों के माध्यम से वस्तुओं को चित्रित किया और उसके बाद रेखाओं के माध्यम से कला का प्रदर्शन किया।

धर्म का उद्विकास (Evolution of Religion)

टायलर ने धर्म का उद्विकास बहुदेववाद से एकदेववाद की ओर माना है। प्रारंभ में मानव ने प्रत्येक प्राकृतिक शक्ति के पीछे एक देवता की कल्पना की, इससे बहुदेववाद का जन्म हुआ और कई देवी-देवताओं की पूजा व आराधना की जाने लगी। आज यह धारणा प्रचलित है कि ईश्वर एक ही है, उसके नाम व स्वरूप अलग-अलग हैं।

सामाजिक उद्विकास की वास्तिविकता (समालोचना) (Criticism or Reality of Social Evolution)

उद्विकासवादियों ने सामाजिक उद्विकास को क्रमबद्ध रूप में प्रस्तुत किया है, किन्तु अनेक विद्वानों ने इसकी आलोचना की है :

(1) **गिन्सबर्ग** का मत है कि यह धारणा कि उद्विकास एक सरल स्थिति में जटिल स्थिति की ओर होने वाला परिवर्तन है, एक गम्भीर विवाद का विषय है क्योंकि यह आवश्यक नहीं कि प्रत्येक परिवर्तन के साथ सामाजिक जीवन जटिल होगा ही। मानव अपने ज्ञान एवं विज्ञान के सहारे जटिलता को सरल बनाने का प्रयत्न क़रता है।

(2) उद्विकासवादियों की अध्ययन पद्धति भी दोषपूर्ण है, वे आरामतलब वैज्ञानिक थे। प्रत्यक्ष अवलोकन के स्थान पर उन्होंने अनुमान एवं यात्रियों के वर्णन को ही सही माना।

(3) *उद्विकासवादियों का यह कहना सत्य नहीं है कि सभी समाजों का उद्विकास एक ही प्रक्रिया द्वारा हुआ है।* सभी समाजों पर एक-सा नियम लागू करना ठीक नहीं है। प्रत्येक समाज अलग-अलग परिस्थितियों की देन होता है। अत: समाजों का उद्विकास एक ही प्रक्रिया से मानना तर्कसंगत नहीं है।

(4) उदविकासवादियों ने प्रत्येक समाज के उद्विकास के समान स्तर माने हैं जो कि सही नहीं है। यह भी हो सकता है कि किसी समाज में कई चरण पहले व कोई बाद में या दो स्तर साथ-साथ भी चल सकते हैं।

(5) **गोल्डन वीजर** का मत है कि उद्विकासवादियों ने प्रसार के महत्व को भुला दिया है।

(6) **नाडेल** का मत है कि उद्विकास उन अवधारणाओं में से है जिनको प्रयोग द्वारा सिद्ध नहीं किया जा सकता। उद्विकास के कोई स्पष्ट नियम नहीं हैं।

(7) **ऑगबर्न** उद्विकास की अवधारणा को अधिक महत्वपूर्ण नहीं मानते। वे लिखते हैं, "उद्विकास ने वंशानुक्रम के नियम की उपलब्धि के प्रयास, सामाजिक संस्थाओं के विकास एवं परिवर्तन तथा चयन में थोड़े-से सार्थक और महत्वपूर्ण परिमाण प्रस्तुत किये हैं।"

(8) उद्विकासवादियों ने आविष्कार के महत्व को भुला दिया है, सामाजिक उद्विकास स्वत: कम ही होता है, आविष्कार उसे गति प्रदान करते हैं।

(9) **मैकाइवर** एवं **पेज** का मत है कि समाज का उद्विकास जीवों की भांति नहीं होता है। सामाजिक उद्विकास में मानव का प्रयत्न महत्वपूर्ण होता है जबकि जीवों के उद्विकास में प्राकृतिक शक्तियाँ ही सब कुछ होती हैं।

(10) उद्विकास आन्तरिक शक्तियों के कारण होता है, किन्तु वे आन्तरिक शक्तियाँ कौन-सी हैं, जो इसके लिए उत्तरदायी हैं, उन शक्तियों का उल्लेख उद्विकासवादियों ने नहीं किया।

उपर्युक्त कमियों के बावजूद भी उद्विकास की अवधारणा ने समाज एवं संस्कृति में होने वाले परिवर्तनों का अध्ययन करने में महत्वपूर्ण योग दिया है। **मैकाइवर** कहते हैं, "विभिन्न अवस्थाओं को एक-दूसरे से पृथक करने में इस सिद्धान्त ने महत्वपूर्ण योग दिया है।' यह सिद्धात्त यह भी स्पष्ट करता है कि समाज कोई

आकस्मिक घटना नहीं है, वरन् यह लम्बे एवं क्रमिक उद्विकास का परिणाम है। किन्तु समकालीन समाज-वैज्ञानिकों ने सामाजिक परिवर्तनों का अध्ययन उद्विकासीय ढंग से करना लगभग त्याग दिया है। इसमें एक कठिनाई ऐतिहासिक प्रमाण जुटाने की भी है।

सामाजिक उद्विकास के कारक (Factors of Social Evolution)

ऑगबर्न ने सामाजिक उद्विकास के निम्नांकित चार कारकों का उल्लेख किया है :

(1) **सामंजस्य** (Adjustment) : विभिन्न समाजों में तथा अपने ही समाज में विभिन्न संगठनों, समूहों एवं संस्थाओं के बीच सामंजस्य बढ़ने पर भी परिवर्तन शीघ्र आते हैं क्योंकि एक अंग में परिवर्तन दूसरे में परिवर्तन पैदा करता है।

(2) **आविष्कार** (Invention) : समाज में सर्वाधिक परिवर्तन आविष्कार के कारण होते हैं। आविष्कार हैं। आविष्कार मानसिक योग्यता, माँग और अन्य सांस्कृतिक तत्वों पर आधारित होते हैं। इन तीनों की उपलब्धि जितनी अधिक होगी, उस समाज में उतने ही अधिक आविष्कार होंगे और वे परिवर्तन भी उत्पन्न करेंगे।

(3) **प्रसार** (Diffusion) : एक समाज द्वारा किये गये आविष्कार का प्रसार जब दूसरे समाज में भी होता है तो सामाजिक विकास एवं व्यापक एवं शीघ्र होते हैं।

(4) **संचय** (Accumulation) : किसी सांस्कृतिक के तत्वों का ज्यों-ज्यों संचय बढ़ता जाता है, तथा इससे आविष्कार के अवसर भी बढ़ जाते हैं।

उद्विकास के स्वरूप (Forms of Evolution)

उद्विकासवादियों के उद्विकास के तीन प्रमुख स्वरूपों का उल्लेख किया है—समरेखीय, बहुरेखीय तथा चक्रीय या पैराबोलिक।

(1) **चक्रीय या पैराबोलिक उद्विकास** (Cyclic or Parabolic Evolution)— इस प्रकार के उद्विकास में विश्वास करने वाले विद्वानों का मत है कि उद्विकास एक चक्र मे रूप में एक घड़ी के पेण्डुलम की तरह कभी इधर कभी उधर या उतार-चढ़ाव के क्रम में होता है। उद्विकास के सम्बन्धित यह मत सबसे बाद में आया। अतः इन्हें नव-उद्विकासवादी कहा जाता है। **लेसली वाइट** इस प्रकार के विचारकों में प्रमुख हैं। उनका मत है कि उद्विकास एक सीधी रेखा में न होकर अनुव्रत वक्र रेखा

(Parabolic Curve) के रूप में होता है। पैराबोला का तात्पर्य घोड़े के खुर में ठोकी जाने वाली नाल से है जिसकी आकृति कोष्ठक में दिये गये चित्र के समान होती है।

(2) **समरेखीय उद्विकास** (Unilinear Evolution): प्रारम्भिक उद्विकास-वादियों की मान्यता थी कि समाज का उद्विकास एक सीधी रेखा में एक निश्चित क्रम में हुआ है। विश्व के सभी समाज और संस्कृतियाँ कुछ निश्चित स्तरों से होकर गुजरती हैं और उनमें विकास का एक ही नियम रहा है। विभिन्न स्थानों पर समान रूप से उद्विकास का कारण मानव की मानसिक एकता (Psychic Unity of Mankind) है। इसका अर्थ है–यदि मनुष्यों को समान पर्यावरण मिले तो वे समान रूप से सोचेंगे। यही कारण है कि विभिन्न स्थानों पर समान रूप से सोचेंगे। यही कारण है कि विभिन्न स्थानों पर समान आविष्कार (Parallel Invention) हुए हैं। समरेखीय उद्विकास को मानने वाले विद्वानों में मॉर्गन, कॉम्ट, बैकोफन, टायलर, हेड्डन, लेविब्रुहल, आदि प्रमुख हैं। समरेखीय उद्विकासवादी समाज, संस्कृति, धर्म, आर्थिक जीवन, परिवार, विवाह, कला एवं भाषा, आदि के विकास के कुछ निश्चित स्तरों व क्रम का उल्लेख करते हैं। उदाहरण के लिए, मॉर्गन समाज का विकास जंगली अवस्था, बर्बर अवस्था व सभ्य अवस्था से मानते हैं। मॉर्गन ने परिवार के उद्विकास के पांच स्तरों–समरक्त परिवार, समूह परिवार, सिंडेस्मियन परिवार, पितृसत्तात्मक परिवार तथा एक-विवाही परिवार का उल्लेख किया है। टायलर धर्म का उद्विकास बहुदेववाद से एकदेववाद की ओर मानते हैं। आर्थिक जीवन का विकास शिकारी, पशुपालन, कृषि एवं प्रौद्योगिक अवस्थाओं से हुआ है। कला का उद्विकास प्राकृतिक, प्रतीकात्मक एवं ज्यामितीय स्तरों से हुआ है। कोई भी समाज या संस्कृतिक उद्विकास के किस स्तर पर है, इसका मूल्यांकन पर आधार पर किया जाना चाहिए कि वे किस अवस्था को पार कर चुके हैं ?

(3) **बहुरेखीय उद्विकास** (Multilinear Evolution)–**जूलियन स्टीवर्ड** ने उद्विकास के समरेखीय सिद्धान्त के स्थान पर बहुरेखीय सिद्धान्त प्रस्तुत किया। उनकी मान्यता है कि विश्व के सभी समाज और संस्कृतियाँ उद्विकास के समान स्तरों से नहीं गुजरे हैं वरन् भिन्न-भिन्न क्षेत्रों में भिन्न-भिन्न क्रम रहा है।

स्टीवर्ड ने पेरन, मैसो अमरीका, मैसोपोटामिया, मिस्त्र और चीन की संस्कृतियों और समाजों का अध्ययन करने पर बताया कि ये सभी विभिन्न

क्रमों से उद्विकसित होकर समान अवस्थाओं में पहुँची हैं। बहुरेखीय उद्विकासवादियों का मत है कि उद्विकास का कोई एक ही क्रम न होकर अनेक क्रम हैं। उदाहरण के लिए, कृषि व औद्योगिक अवस्था को प्राप्त कर सकता है। परिवार बहुपति विवाही, बहुपत्नी विवाही, समूह विवाही से एक-विवाही की स्थिति में पहुँच सकता है। इस प्रकार बहुरेखीय उद्विकासवाद का जन्म समरेखीय उद्विकासवाद की आलोचना के रूप में हुआ।

इसके अनुसार कोई भी सामाजिक संस्था एक विशिष्ट रूप में प्रारम्भ होती है, धीरे-धीरे वह इसके विपरीत दिशा की ओर विकसित होती है और आगे चलकर पुनः अपने मूल रूप की ओर मुड़ जाती है, किन्तु एक नये और उच्च रूप में। इसके कुछ उदाहरण भी दिये गये हैं जैसा प्रारम्भ में सामूहिक सम्पत्ति पायी जाती थी, धीरे-धीरे व्यक्तिगत सम्पत्ति का महत्व बढ़ा और आज पुनः राज्य के द्वारा सम्पत्ति पर सामूहिक अधिकार की धारणा पनपी है। इसी प्रकार से प्रारम्भ में मानव वस्त्रों के अभाव में नंगा रहता था। एक समय ऐसा आया, जब वह पूरे शरीर को वस्त्र से ढकता था और पुनः फैशन के नाम पर कम-से-कम वस्त्र पहनने लगा है। इसी प्रकार से प्रारम्भ में यौन अनाचार की स्थिति थी, फिर एक-विवाह का प्रचलन हुआ और आज पुनः यौन स्वतन्त्रता की दलील दी जाने लगी है। पैराबोला के रूप में उद्विकास को हम नीचे दिये गये चित्र द्वारा प्रकट कर सकते हैं।

तृतीय स्तर

1. राज्य के द्वारा सम्पत्ति पर सामूहिक अधिकार
2. नग्नतावाद एक शारीरिक सांस्कृतिक आन्दोलन के रूप में
3. यौन स्वच्छन्दता की तर्क द्वारा पुष्टि

द्वितीय स्तर

1. संपत्ति पर व्यक्तिगत अधिकार
2. सारे शरीर पर वस्त्र धारण करना
3. एक-विवाह

प्रथम स्तर

1. संपत्ति पर सामूहिक अधिकार

2. वस्त्रों का अभाव
3. यौन अनाचार

सामाजिक उद्‌विकास एवं सामाजिक परिवर्तन
(Social Evolution and Social Change)

सामाजिक उद्‌विकास एवं सामाजिक परिवर्तन के अर्थ और परिभाषा पूर्व में किया जा चुका है। सामाजिक परिवर्तन एक तटस्थ शब्द है तो अच्छाई, बुराई अथवा किसी दिशा या परिवर्तन के गुण व मात्रा, आदि का बोध नहीं कराता है जबकि उद्‌विकास एक ऐसा परिवर्तन है जिसमें दिशा, क्रम, गुण, आदि निश्चित होते हैं। इस अर्थ में सामाजिक परिवर्तन एवं सामाजिक उद्‌विकास के भेद को हम इस प्रकार प्रकट कर सकते हैं :

(1) सामाजिक उद्‌विकास की प्रक्रिया धीमी एवं निरन्तर होती है जबकि सामाजिक परिवर्तन की प्रक्रिया धीमी, तेज, निरन्तर एवं रुक-रुककर किसी रूप में हो सकती है।

(2) सामाजिक उद्‌विकास में गुणात्मक परिवर्तन होते हैं जबकि सामाजिक परिवर्तन में गुणात्मक एवं संख्यात्मक दोनों ही प्रकार के परिवर्तन सम्मिलित हैं।

(3) सामाजिक परिवर्तन सामाजिक ढांचे व कार्य अथवा दोनों में से किसी एक पथ में से किसी एक पथ में भी हो सकता है जबकि सामाजिक उद्‌विकास में समाज के ढांचे एवं कार्य दोनों में परिवर्तन आता है।

(4) सामाजिक उद्‌विकास के चरणों की पुनरावृत्ति नहीं होती जबकि सामाजिक परिवर्तन में इस प्रकार का कोई नियम नहीं है, सामाजिक परिवर्तन नयी दिशा में जाकर पुनः उसी स्थिति की ओर लौट सकता है।

(5) सामाजिक परिवर्तन की कोई निश्चित दिशा नहीं होती, यह ऊपर-नीचे ओग पीछे किसी भी दिशा में हो सकता है जबकि सामाजिक उद्‌विकास की एक दिशा निर्धारित है, यह सदैव सरलता से जटिलता, समानता से भिन्नता की ओर होता है।

(6) सामाजिक परिवर्तन समाज की आन्तरिक एवं बाह्य दोनों ही शक्तियों के कारण आ सकता है जबकि सामाजिक उद्‌विकास समाज की आन्तरिक शक्तियों के कारण होता है।

(7) सामाजिक उद्‌विकास में श्रम-विभाजन और विशेषीकरण बढ़ जाता है जबतिक सामाजिक परिवर्तन में ऐसा होना आवश्यक नहीं है।

(8) सामाजिक उद्विकास के लिए कुछ स्तर एवं क्रम निर्धारित किये गये हैं जबकि सामाजिक परिवर्तन की कोई दिशा, क्रम व स्तर निश्चित नहीं हैं।

(9) सामाजिक परिवर्तन एक व्यापक प्रक्रिया है और उद्विकास उसका एक ढंग या स्वरूप है। इस अर्थ में प्रत्येक उद्विकास परिवर्तन है, किन्तु प्रत्येक परिवर्तन उद्विकास नहीं है।

प्रगति (Progress)

समाज में परिवर्तन की प्रक्रिया निरन्तर विविध रूपों में होती रहती है। कुछ परिवर्तन धीरे-धीरे निरन्तर कुछ निश्चित लक्ष्यों की ओर स्वयं होते रहते हैं। इस प्रकार के परिवर्तन को सामाजिक उद्विकास कहा जाता है। जब परिवर्तन इच्छित एवं मान्यता प्राप्त दिशा में होता है तो उसे हम प्रगति कहते हैं। कुछ परिवर्तन समाज में अचानक होते हैं। जिन्हें क्रान्ति कहा जाता है। इसी प्रकार निर्धारित लक्ष्यों की ओर सुनियोजित रूप से आगे बढ़ते हुए जात परिवर्तन मानव द्वारा सम्पन्न किए जाते हैं उन्हें प्रगति कहा जाता है। पाश्चात्य देशों में प्रगति का मापदण्ड भौतिक उन्नति माना जाता है। इसके विपरीत, अपने देश भारत में वैदिक युग में आध्यात्मिक उन्नति समझा जाता था।

आधुनिक भारत में प्रगति की यह धारणा बदल रही है तथा समाज का एक बड़ा भाग आध्यात्मिक उन्नति के स्थान पर भौतिक उन्नति की ओर आकर्षित हो रहा है। प्रगति सामाजिक परिवर्तन का एक विशेष ढंग या प्रकिया है जिसमें वांछित लक्ष्यों को प्राप्त करने के लिए सचेत प्रयत्न किये जाते हैं। प्रगति के बारे में ऑगस्ट से लेकर आधुनिक समाजशास्त्रियों ने अपने विभिन्न मत व्यक्त किये हैं, किन्तु इसकी कोई एक सर्वमान्य वैज्ञानिक व्याख्या नहीं की जा सकी है। विभिन्न गुणों के आधार पर प्रगति को भिन्न-भिन्न रूपों में परिभाषित किया गया है। प्राचीन समय में आध्यात्मिक लक्ष्यों को प्राप्त करने को प्रगति को भिन्न-भिन्न रूपों में परिभाषित किया गया है। प्राचीन समय में आध्यात्मिक लक्ष्यों को प्राप्त करने को प्रगति माना जाता था, किन्तु वर्तमान में भौतिक लक्ष्यों की प्राप्ति एवं सुख-सुविधाओं में वृद्धि को ही प्रगति माना गया है। प्रगति का सामाजिक मूल्यों से घनिष्ठ प्रगति माना गया है।

सामाजिक प्रगति का अर्थ एवं परिभाषा
(Meaning and Definition of Social Progress)

प्रगति में भी परिवर्तन निहित है, किन्तु यह परिवर्तन नियोजित एवं सामाजिक मूल्यों के अनुरूप होता है। अंग्रेजी का 'Progress' शब्द लैटिन भाषा के 'Progredior'

से बना है जिसका अर्थ है 'To step forward' अर्थात् आगे बढ़ना प्रगति कहलाता है। लक्ष्य, स्थान व समाजों के अनुसार प्रगति की धारणा में परिवर्तन पाया जाता है। एक समय में जिसे प्रगति कहा जाता है, दूसरे समय में उसी स्थिति को अवनति कहा जा सकता है।

प्रगति को विभिन्न विद्वानों ने निम्न प्रकार से परिभाषित किया है :

लेस्टर वार्ड के अनुसार, "प्रगति वह है जो मानवीय सुख में वृद्धि करती है।"

हॉर्लेल हार्ट के अनुसार, "सामाजिक प्रगति सामाजिक ढांचे में वे परिवर्तन हैं जो कि मानवीय कार्यों को मुक्त करें, प्रेरणा और सुविधा प्रदान करें तथा उसे संगठित करें।"

ऑगबर्न एवं **निनकॉफ** के अनुसार, "प्रगति का अर्थ होता है—अच्छाई के लिए परिवर्तन और इसलिए प्रगति में मूल्य-निर्धारण होता है।"

लम्ले के अनुसार, "प्रगति एक परिवर्तन है लेकिन यह इच्छित अथवा मान्यता प्राप्त दिशा में होने वाला परिवर्तन है, किसी भी दिशा में होने वाला परिवर्तन नहीं है।"

हॉबहाउस के अनुसार, "प्रगति का तात्पर्य सामाजिक जीवन में ऐसे गुणों की वृद्धि होना है जिन्हें वे अपने में आत्मसात कर सकें तथा उनके सामाजिक मूल्यों को विवेकपूर्ण बना सकें।"

गुरविच तथा **मूर** के अनुसार, "प्रगति स्वीकृत मूल्यों के सन्दर्भ में इच्छित मूल्यों की ओर बढ़ना है।"

गिन्सबर्ग के अनुसार, "प्रगति का अर्थ उस दिशा में होने वाला विकास है जो सामाजिक मूल्यों का विवेकयुक्त हल प्रस्तुत करता हो।"

उपर्युक्त परिभाषाओं से स्पष्ट है कि *प्रगति समाज द्वारा स्वीकृत मूल्यों की ओर परिवर्तन है जिसमें मानव सुख एवं कल्याण में वृद्धि होती है।*

सामाजिक प्रगति की विशेषताएँ
(Charactersitics of Social Progress)

सामाजिक प्रगति की अवधारणा को अधिक स्पष्टत: समझने के लिए हम यहाँ उसकी विशेषताओं का उल्लेख करेंगे :

(1) **प्रगति सामूहिक जीवन से संबंधित होती है**—प्रगति का संबंध किसी व्यक्ति विशेष के मूल्य-से लाभ न होकर सामूहिक लाभ एवं मूल्यों से है।

(2) **प्रगति स्वचालित नहीं होती है**—प्रगति कभी स्वत: नहीं होती है वरन् उसके लिए सचेत एवं नियोजित प्रयत्न करने पड़ते हैं। उदाहरण के लिए, ग्रामीण प्रगति के लिए समन्वित ग्रामीण विकास योजनाएं बनायी गयीं।

(3) **प्रगति वांछित दिशा में परिवर्तन है**—किसी भी दिशा में परिवर्तन को प्रगति नहीं कहते हैं वरन् सामाजिक मूल्यों के अनुरूप तथा वांछित लक्ष्यों की ओर होने वाला परिवर्तन ही प्रगति है।

(4) **प्रगति तुलनात्मक है**—प्रगति की अवधारणा तुलनात्मक है अर्थात् समय और स्थान के अनुसार यह बदलती रहती है। एक समाज में जनसंख्या की वृद्धि प्रगति मानी जा सकती है तो दूसरे समाज में नहीं।

(5) **प्रगति का संबंध केवल मनुष्यों से है**—प्रगति की चर्चा हम केवल मानव समाज में ही कर सकते हैं क्योंकि मूल्य की अवधारणा उन्हीं में पायी जाती है, पशुओं में नहीं।

(6) **प्रगति मूल्यों पर आधारित है**—सामाजिक प्रगति का घनिष्ठ संबंध सामाजिक मूल्यों से हैं सामाजिक मूल्य ही किसी दशा को अच्छा या बुरा बताते हैं अत: जिन लक्ष्यों को सामाजिक मूल्यों द्वारा उचित ठहराया जाता है उसे सामाजिक प्रगति कहा जाता है।

(7) **प्रगति में लाभ अधिक एवं हानि कम होती है।**

(8) **प्रगति की धारणा परिवर्तनशील है**—इसका संबंध सामाजिक मूल्यों से है और सामाजिक मूल्य स्थिर नहीं होते वरन् समय के साथ परिवर्तित होते रहते हैं। भारत में ही कभी आध्यात्मिक लक्ष्यों की पूर्ति को प्रगति माना जाता था जबकि वर्तमान में भौतिक लक्ष्यों की अधिकाधिक पूर्ति को प्रगति कहा जाता है।

सामाजिक प्रगति के मापदण्ड (Tests of Social Progress)

प्रश्न यह उठता है कि हम सामाजिक प्रगति को कैसे मापें और यह कहें कि अमुक परिवर्तन प्रगति है। इस संदर्भ में विभिन्न विचारकों ने सामजिक प्रगति के विभिन्न मापदण्ड माने हैं। अर्थशास्त्री **पीगू** आर्थिक कल्याण को तो अन्य अर्थशास्त्री उद्योग, उत्पादन, व्यापार एवं वाणिज्य, जीवन-स्तर, आय, आदि में वृद्धि को प्रगति मानते हैं। सुखवादी दार्शनिकों के अनुसार अधिकांश लोगों का अधिकांश सुख ही प्रगति है। धर्माशास्त्री एवं नीतिशास्त्रियों के अनुसार आध्यात्मिक उन्नति एवं नैतिक गुणों में वृद्धि ही प्रगति है। जीवनशास्त्री रक्त की शुद्धता, दीर्घायु, स्वास्थ्य में वृद्धि, आदि को प्रगति मानते हैं। साहित्यकार सुन्दर साहित्यिक रचनाओं को, तो कलाकार कला की उन्नति को प्रगति मानते हैं। वैज्ञानिक विभिन्न प्रकार के नवीन आविष्कारों की वृद्धि को प्रगति की कसौटी मानते हैं। स्पष्ट है कि प्रगति के बारे में विद्वानों में कोई एकमत नहीं है।

बोगार्डस ने प्रगति के चौदह मापदण्डों का उल्लेख इस प्रकार किया है–

(1) व्यापार और उद्योग में जनता के अधिकारों में वृद्धि,

(2) सामाजिक दुर्घटनाओं, बीमारियों, बेकारी और मृत्यु के विरुद्ध सामाजिक बीमे की सुविधाओं में वृद्धि,

(3) समाज में अधिकांश लोगों के जीवन-स्तर में वृद्धि,

(4) सरकार और जनता के बीच पारस्परिक सहयोग की मात्रा में अधिकाधिक वृद्धि,

(5) कला का अधिकाधिक प्रसार,

(6) सार्वजनकि हित के लिए प्राकृतिक स्रोतों का लाभकारी उपयोग,

(7) शारीरिक व मानसिक दृष्टि से अधिक स्वस्थ व्यक्तियों का होना,

(8) स्वस्थ वातावरण में वृद्धि,

(9) मनोरंजन के उपयोगी साधनों में वृद्धि,

(10) मानव में धार्मिक एवं आध्यात्मिक पक्षों का विशेष विकास,

(11) व्यावसायिक, बौद्धिक और कल्याणकारी शिक्षा का विस्तार,

(12) सहयोगी एवं सहकारी जीवन में वृद्धि।

(13) पारिवारिक संगठन की मात्रा में वृद्धि,

(14) रचनात्मक कार्यों के लिए व्यक्तियों को अधिक-से-अधिक अवसर प्राप्त होने की सुविधाएं,

हॉर्नेल हार्ट के अनुसार सामाजिक प्रगति के मापदण्ड इस प्रकार हैं :

(1) अवकाश का अधिक समय।

(2) आयु का अधिक होना

(3) मानसिक स्वास्थ्य,

टॉड ने संपत्ति, स्वास्थ्य, जनसंख्या, व्यवस्था, स्थायित्व तथा अवसरों की वृद्धि को प्रगति के मापदण्ड माना है।

डिजाइन ने सामाजिक प्रगति के निम्नांकित मापदण्डों का उल्लेख किया है–

(1) अच्छे संगीत, कविता, चित्रकारी और अन्य कलात्मक वस्तुओं की रुचि में वृद्धि,

(2) व्यावसायिक, बौद्धिक तथा कल्याणकारी शिक्षा का प्रसार,

(3) जनता में मिल-जुलकर काम करने की भावना में वृद्धि।

(4) प्राकृतिक साधनों का संरक्षण और उनका सबकी भलाई के लिए उपयोग,

(5) शारीरिक व मानसिक दृष्टि से दुर्बल लोगों की संख्या में कमी,

(6) अधिकांश लोगों के जीवन में धार्मिक एवं आध्यात्मिक पक्ष का विकास,

(7) अस्वस्थ पर्यावरण, अस्वास्थ्यकर मकानों, असन्तोषजनक सफाई और संक्रामक रोगों का अभाव,

(8) स्वस्थ और संपन्न परिवारों एवं बच्चों की संख्या में वृद्धि,

(9) हानिकारक मनोरंजन में कमी व स्वस्थ मनोरंजन में वृद्धि,

(10) सामाजिक बीमा का अधिकतम प्रसार,

(11) अधिकतम लोगों के लिए अच्छी आमदनी, पौष्टिक भोजन, स्वास्थ्यप्रद मनोरंजन, आदि की व्यवस्था,

(12) सरकार एवं जनता में अधिकाधिक सहयोग,

(13) रचनात्मक कार्यों के लिए अधिक अवसर,

(14) उद्योग और व्यापार में मजदूर, पूंजीपति तथा जन-साधारण का मिला-जुला अधिकार,

हॉबहाउस ने समुदाय की प्रगति के लिए उचित जनसंख्या, कार्यकुशलता, स्वतंत्रता तथा पारस्पिरिक सेवा की प्रवृत्ति को आवश्यक कसौटी माना है। विभिन्न विद्वानों द्वारो प्रगति के अनेक मापदण्डों का उल्लेख किया गया है, किन्तु यह आवश्यक नहीं है कि वे सभी एक साथ प्राप्त किये जायें। सभी मापदण्डों को प्राप्त करना भी कठिन है। अत: जो समाज इनमें से जितने मापदण्डों को प्राप्त कर लेता है वह उतना ही प्रगतिशील माना जाता है।

सामाजिक प्रगति में सहायक दशाएं
(Conditions Helpful to Social Progress)

(2) **कार्य में विश्वास** (Belief in Action)–सामाजिक प्रगति के लिए यह आवश्यक है कि लोगों में धार्मिक नियतिवाद एवं भाग्यवाद के स्थान पर स्वयं की शक्ति एवं कार्य में विश्वास हो। जब लोग सब कुछ ईश्वर की मर्जी पर छोड़ देते हैं और स्वयं प्रयास नहीं करते तो वे प्रगति नहीं कर सकते।

(2) **नैतिक चरित्र** (Moral Character)–नैतिक चरित्र ही सामाजिक प्रगति की कुंजी है। जहां के लोग भ्रष्ट, अन्यायी एवं अनैतिक हों, वे कोई प्रगति

नहीं कर सकते। दो महायुद्धों में बर्बाद होने के बावजूद भी जापान ने अत्यधिक प्रगति की है। इसका कारण जापानियों का नैतिक एवं राष्ट्रीय चरित्र ही है। भारत की सामाजिक प्रगति में नैतिक एवं राष्ट्रीय चरित्र का अभाव सबसे बड़ी बाधा है।

(3) **शिक्षा का उच्च स्तर** (High Standard of Education)–शिक्षा मानव के ज्ञान का द्वार खोलती है। शिक्षा के द्वारा व्यक्ति को नवीन वस्तुओं तथा स्थितियों का ज्ञान होता है। शिक्षा के अभाव में न तो आविष्कार ही संभव है और न ही प्रगति। शिक्षा ही वैचारिक विकास के लिए उत्तरदायी है और वही लोगों में प्रगति के प्रति चेतना उत्पन्न करती है।

(4) **प्रौद्योगिक एवं वैज्ञानिक प्रगति** (Technological and Scientific Development)–सामाजिक प्रगति के लिए विज्ञान का विकास एवं प्रौद्योगिक उन्नति भी आवश्यक हैं मशीनों के प्रयोग से बड़ी मात्रा में और तीव्र गति से उत्पादन होता है, वाणिज्य और व्यापार में भी वृद्धि होती है। इसके परिणामस्वरूप किसी समाज की आर्थिक दशा में सुधार होता है जो प्रगति के लिए आवश्यक पृष्ठिभूमि है। यही नहीं, बल्कि किसी समाज की प्रगति के लिए यातायात एवं संचार के नवीन साधनों, रेल, मोटर, वायुयान, रेडियो, टेलीविजन, टेलीफोन, समाचार-पत्रों, आदि का विकास भी आवश्यक है जिससे ज्ञान की वृद्धि होती है और सामाजिक प्रगति संभव हो पाती है।

(5) **नवीन आविष्कार** (New Inventions) –नवीन आविष्कार के सहारे मानवीय समस्याओं का समाधान किया जाता है और मानवीय सुख-सुविधाओं में वृद्धि की जाती हें इस प्रकार आविष्कार प्रगति की संभावनाओं में वृद्धि करते हैं।

(6) **आदर्श जनसंख्या और स्वास्थ्य**–कोई भी समाज ऐसी स्थिति में ही प्रगति कर सकता है जब उसके सदस्यों की संख्या आदर्श हो तथा वे शारीरिक औ मानसिक दृष्टि से स्वस्थ्य हों। अधिक जनसंख्या बेकारी, गरीबी, भुखमरी, अकाल, महामारी एवं प्राकृतिक विपदाएं लाती हैं। ऐसी स्थिति में सामाजिक प्रगति की आशा धूमिल हो जाती है। इसी प्रकार से यदि लोगों का स्वास्थ्य ठीक नहीं है और लोग शारीरिक और मानसिक दृष्टि से कमजोर हैं तो वे लोग काम नहीं कर पायेंगे और सामाजिक प्रगति में अपना कोई योगदान नहीं दे पायेंगे।

(7) **अनुकूल भौगोलिक पर्यावरण** (Vavourable Geographical Environment)–सामाजिक प्रगति के लिए अनुकूल भौगोलिक पर्यावरण भी आवश्यक है। जिस देश में प्राकृतिक स्रोतों, खनिज पदार्थों, लोहा, चांदी, सोना, कोयला, यूरेनियम, पेट्रोलियम, आदि की बहुलता होती है वह अधिक प्रगति कर सकता हे। इसी प्रकार से जिन स्थनों का भौगोलिक पर्यावरण अनुकूल होता है वहां के समाज ही प्रगति कर पाते हैं। रेकिगस्तानी, पहाड़ी, दलदली एवं बर्फीले स्थान के वासियों को प्रगति के लिए अधिक संघर्ष करना होता है। इसी प्रकार से जहां अत्यधिक गर्मी और अत्यधिक सर्दी पड़ती है वहां पर भी सामाजिक प्रगति के अवसर कम होते हैं। अत: सामाजिक प्रगति के लिए आदर्श भौगोलिक परिस्थितियां होनी चाहिए।

(8) **सामाजिक सुरक्षा** (Social Security)–जिस समाज में लोगों को सुरक्षा प्राप्त होती है उसके प्रगति करने के अवसर भी अधिक होते हैं। जीवन की सुरक्षा एवं उच्च पद प्राप्त करने के अवसरों की उपलब्धि लोगों में आत्म-विश्वास पैदा करती है। जिस समाज में जाति-पाति का भेद-भाव, छुआछूत एवं शोषण का अभाव हो, वह प्रगति करने की अधिक क्षमता रखता है।

(9) **स्वतंत्रता एवं समानता** (Liberty and Equality)–स्वतंत्र देश गुलाम देश की अपेक्षा अधिक प्रगति कर सकता है क्योंकि स्वतंत्रता लोगों में उत्तर-दायित्व की भावना पैदा करती है, उनमें आत्मविश्वास और सम्मान के विचार जाग्रत करती है। इसी प्रकार से अवसर की समानता भी लोगों में आशा और विश्वास को उत्पन्न करती है।

(10) **योग्य नेतृत्व** (Able Leadership)–जिस देश के नेता समाज के लिए त्याग और बलिदान के लिए तत्पर रहते हों और सामाजिक हितों को अपने हितों से अधिक प्राथमिकता देते हों, ऐसा समाज ही प्रगति कर पाता है। योग्य नेता ही समाज को सही दिशा-निर्देश दे सकते हैं।

(11) **राजनीतिक स्थिरता** (Political Stability)–सामाजिक प्रगति के लिए देश में राजनीतिक स्थिरता या स्थिर सरकार आवश्यक है। जब सरकारें जल्दी-जल्दी बदलती हों या राजनीतिक उपद्रव और क्रांतियां होती हों तो समाज में भय, आतंक और निराशा का वातावरण पाया जाता है। ऐसी स्थिति में समाज प्रगति नहीं कर सकता। स्थिर शासन में ही प्रगति के लिए योनजनाबद्ध प्रयास संभव है। इसी प्रकार सामाजिक प्रगति के लिए

युद्ध का अभाव एवं मधुर अन्तर्राष्ट्रीय संबंधों का होना भी आवश्यक है।

(12) **आत्म-विश्वास** (Self-Confidence)–सामाजिक प्रगति के लिए समाज के लोगों में यह आत्म-विश्वास होना आवश्यक है कि वे प्रगति कर सकते हैं। आत्म-विश्वास के अभाव में कोई भी समाज प्रगति नहीं कर सकता।

(13) **न्यूनतम आवश्यकताओं की पूर्ति** (Fulfilment If Minimum Requirements)–किसी भी समाज की प्रगति के लिए यह आवश्यक है कि उसके लिए सदस्यों को भोजन, वस्त्र और मकान की सुविधाएं उपलब्ध हों। इनके अभाव में सदस्यों का अस्तित्व बना रहना संभव नहीं हो पायेगा। भूखे और नंगे व्यक्ति से प्रगति की आशा नहीं की जा सकती।

सामाजिक प्रगति एवं सामाजिक परिवर्तन
(Social Progress and Social Change)

सामाजिक प्रगति भी सामाजिक परिवर्तन है। सामाजिक परिवर्तन की अनेक प्रक्रियाएं एवं ढंग हैं, उनमें सामाजिक उद्‌विकास, प्रगति, विकास एवं क्रान्ति, आदि प्रमुख हैं। इस संदर्भ में यह प्रश्न किया जाता है कि *क्या प्रत्येक परिवर्तन प्रगति है?* (Is every change progess ?) इस प्रश्न का हमारा उत्तर नकारात्मक होगा अर्थात् हम *प्रत्येक परिवर्तन को प्रगति नहीं कर सकते।* परिवर्तन तो एक तटस्थ प्रक्रिया है, यह अच्छाई व बुराई किसी भी दिशा में हो सकता है, किन्तु जब वह समाज द्वारा निर्धारित मूल्यों की ओर होता है तो उसे हम प्रगति कहेंगे अन्यथा नहीं, किसी परिवर्तन को प्रगति कहें या नहीं, इसके लिए हमें परिवर्तन के प्रभावों एवं परिणामों को भी देखना होगा। यदि सामाजिक परिवर्तन निर्धारित लक्ष्यों की ओर है, समाज के लिए लाभप्रद एवं कल्याणकारी है, मानवीय सुख-सुविधाओं में वृद्धि करता है तो उसे हम प्रगति कहेंगे, दूसरे अर्थों में, जो परिवर्तन प्रगति की कसौटियां या मापदण्डों के अनुरूप होता है, उसे ही प्रगति कहा जायेगा अन्यथा नहीं। सामाजिक प्रगति एवं परिवर्तन में निम्नांकित भेदों द्वारा यह बात और अधिक स्पष्ट हो जायेगी।

(1) सामाजिक प्रगति का संबंध सामाजिक मूल्यों से है। यह एक नैतिक अवधारणा है जबकि सामाजिक परिवर्तन नैतिक दृष्टि से एक तटस्थ है जिसका सामाजिक मूल्यों से कोई संबंध नहीं है।

(2) सामाजिक प्रगति स्वचालित नहीं होती, उसके लिए प्रयास करने होते हैं जबकि सामाजिक परिवर्तन स्वचालित एवं नियोजित दोनों ही हो सकता है।

(3) सामाजिक प्रगति में समाज को लाभ होता है जबकि सामाजिक परिवर्तन से लाभ एवं हानि दोनों ही हो सकते हैं।

(4) सामाजिक प्रगति में उद्देश्य निश्चित होता है, उसी की ओर बढ़ना प्रगति कहलाता है जबकि सामाजिक परिवर्तन का कोई लक्ष्य नहीं होता।

(5) सामाजिक प्रगति की दिशा निश्चित होती है जबकि सामाजिक परिवर्तन की कोई दिशा तय नहीं है, यह किसी भी दिशा में हो सकता है।

(6) प्रगति का संबंध केवल मानवीय समाज से है जबकि परिवर्तन का संबंध अन्य समाजों से भी है।

विकास (Development)

ऑक्सफोर्ड इंग्लिश डिक्शनरी में विकास को "एक क्रमिक उन्मूलन (A Gradual Unfolding), किसी भी वस्तु की अधिकतम जानकारी, जीवाणु का विकास" आदि के अर्थ में बताया गया है। उदाहरणार्थ, एक बच्चे द्वारा युवा अवस्था को प्राप्त करने पर उसके शारीरिक एवं मानसिक परिवर्तन को विकास कहेंगे। इसी प्रकार शरीर में बीमारी की बढ़ोत्तरी को भी विकास कहेंगे, कन्तु विकास का यह अर्थ सामाजिक विकास से भिन्न है।

पूर्व में हमने उद्विकास को एक ऐसे परिवर्तन के रूप में परिभाषित किया है जिसमें एक सीधी-सादी सरल वस्तु सावयव विभेदीकृत होकर जटिल रूप धारण कर लेती है यह उद्विकास जब सामाजिक मूल्यों के अनुरूप तथा अच्छाई की ओर होता है तो उसे प्रगति कहते हैं, किन्तु विकास परिवर्तन की एक ऐसी प्रक्रिया है जिसमें विभेदीकरण की वृद्धि होती है तथा यह सदैव ऊपर की ओर होता है। विकास का संबंध सामाजिक मूल्यों से नहीं है। अतः यह अच्छाई और बुराई दोनों ही ओर हो सकता है। यह तो एक अवस्था से दूसरी अवस्था में परिवर्तन की गति को प्रकट करता है। सामाजिक जीवन के उदाहरण द्वारा हम इसे और अच्छी तरह समझ सकते हैं। मानव का सामाजिक जीवन परिवर्तनशील है और वह एक अवस्था से दूसरी अवस्था में बदलता रहा है।

यह बदलाव व परिवर्तन अच्छा हुआ या बुरा, हम इसका मूल्यांकन विकास में नहीं करते। विकास में अच्छाई व बुराई दोनों ही हो सकती हैं। उदाहरण के लिए, मानव ने शिकारी, पशुचारण व कृषि अवस्था से आज की औद्योगिक अवस्था तक विकास की एक लम्बी यात्रा तय की है। प्रत्येक अवस्था के अपने गुण व दोष, लाभ व हानि, अच्छाई तथा बुराई है। जिनका मूल्यांकन विकास में नहीं किया जाता वरन् विकास का संबंध तो मानव जीवन में उत्तरोत्तर परिवर्तन एवं एक अवस्था से दूसरी अवस्था की ओर आगे बढ़ने से ही है।

हॉबहाउस ने सामाजिक विकास के चार मापदण्डों की व्याख्या की है। वे कहते हैं कि किसी भी समुदाय को तब विकसित कहा जाना चाहिए जब उसकी मात्रा, कार्यक्षमता, स्वतंत्रता और सेवा की पारस्परिकता में वृद्धि होती है। समुदाय की **मात्रा** में वृद्धि का अर्थ है जनसंख्या में बढ़ोत्तरी, शक्ति का उत्पादन और क्रियाओं का विस्तार, **कार्यक्षमता** में वृद्धि का तात्पर्य है किसी उद्देश्य की पूर्ति हेतु कार्यों का विभाजन कर उनमें सहयोग के प्रत्येक सदस्य को कार्य करने व विचार व्यक्त करने का अधिकार दिया जाना, **सेवा की पारस्परिकता** से तात्पर्य है लोगों में पारस्परिक सहयोग एवं सेवा की भावना में वृद्धि होना।

विकास के इन मापदण्डों के आधार पर ही हॉबहाउस ने 'पूर्ण विकास' एवं 'आंशिक विकास' में भेद स्पष्ट किया है। पूर्ण विकास में विकास के सभी मापदण्डों की पूर्ति नैतिक आवश्यकताओं की पूर्ति की सीमा तक हो जाती है और उनमें पारस्परिक सामंजस्य बना रहता है।

आंशिक विकास उसे कहेंगे जिसमें इन चारों मापदण्डों में कोई एक या दो तो संतुष्टि की सीमा तक पहुंच जायें और अन्य नहीं पहुंचें। इस प्रकार हॉबहाउस विकास के लिए उपर्युक्त चारों मापदण्डों की समन्वित रूप से संतुष्टि आवश्यक मानते हैं।

बोटोमोर कहते हैं कि अनेक नवीन समाजशास्त्रीय रचनाओं में विकास शब्द का एक प्रयोग ग्रामीण एवं कृषि-प्रधान तथा औद्योगीकृत समाजों में भेद प्रकट करने के लिए किया गया है। विकास शब्द के द्वारा इन दानों प्रकार के समाजों में पाये जाने आय के अंतर तथा ग्रामीण एवं कृषि-प्रधान समाज के औद्योगीकृत हो जोने की प्रक्रिया को प्रकट किया जाता है। इस प्रकार विकास शब्द का प्रयोग नवीन विचारधारा में दो विशेषताओं को बताने के लिए किया गया है–

(1) वर्तमान समय में देखे जाने वाले विशिष्ट प्रकार के परिवर्तनों की चर्चा के लिए, तथा

(2) उन आर्थिक परिवर्तनों के लिए जिन्हें नापा एवं पहचाना जा सके।

इस अर्थ में यदि मानव ज्ञान में वृद्धि कर नवीन आविष्कारों द्वारा प्रकृति पर नियंत्रण बढ़ाने में सफल होता है तो निश्चय ही वह विकास कहलायेगा। विकास का तुलनात्मक एवं ऐतिहासिक अर्थ में प्रयोग अनेक लेखकों ने किया है। एक महत्वपूर्ण नवीन गोष्ठी 'दी चैलेंज ऑफ डवलपमेण्ट' में विकास शब्द का प्रयोग कम आय वाले देशों में हो रहे औद्योगीकरण और उसी के तुलना पश्चिमी देशों में हो रहे औद्योगीकरण से करने के संदर्भ में किया है।

इस प्रकार हम देखते हैं कि आधुनिक समय में विकास शब्द का प्रयोग अधिकांशत: आर्थिक अर्थों में किया गया है। प्रति व्यक्ति आय में वृद्धि, श्रम-विभाजन एवं विशेषीकरण में वृद्धि, बाजारों का विस्तार, उत्पादन एवं उद्योगों में वृद्धि, पूंजी निर्मा में वृद्धि, प्राकृतिक स्रोतों का अधिकाधिक नियंत्रण आर्थिक एवं औद्योगिक क्षेत्र में होने वाले कुछ विशिष्ट परिवर्तनों तक ही सीमित कर देना उचित नहीं है। यह धर्म, प्रथाओं, परिवार, राजनीति, संस्कृति, आदि अनेक क्षेत्रों में प्रयुक्त किया जा सकता है। सामाजिक संरचनाओं, मूल्यों, मनोवृत्तियों एवं विचारों में परिवर्तन एवं वृद्धि होती है। इस प्रकार सामाजिक विकास में व्यक्ति की स्वतंत्रता, पारस्परिक सहयोग एवं नैतिकता की भावना तथा समुदाय की आय एवं संपत्ति में वृद्धि होती है। इस प्रकार आर्थिक विकास सामाजिक विकास का ही एक अंग है जिसे विभिन्न आधारों पर मापना सरल है।

उपर्युक्त विवेचन के आधार पर हम कह सकते हैं *कि सामाजिक विकास समाज का विकासोन्मुख परिवर्तन है जिसमें निश्चित उद्देश्यों की पूर्ति के लिए नियन्त्रित एवं जागरूक प्रयत्न किये जाते हैं।*

सामाजिक उद्विकास एवं सामाजिक विकास
(Social Evolution and Social Development)

कई बार सामाजिक उद्विकास एवं विकास को समान ही समझ लिया जाता है, किन्तु इन दोनों में निम्नांकित अन्तर हैं :

(1) उद्विकास एक स्वत: चालित एवं अचेतन प्रक्रिया है जबकि विकास के लिए प्रयत्न किये जाते हैं और यह एक जागरूक प्रक्रिया है।

(2) उद्विकास कुछ निश्चित नियमों से व क्रमों द्वारा घटित होता है जो सभी समयों एवं समाजों में समान रूप से होता है जबकि विकास के नियम व क्रम तय नहीं है और हर समाज में इसके क्रम भी भिन्न-भिन्न हैं।

(3) उद्विकास का सम्बन्ध मानव के सम्पूर्ण सामाजिक जीवन से है जबकि विकास सामाजिक जीवन के कुछ ही पक्षों में सम्भव है। इस प्रकार उद्विकास विकास की तुलना में एक व्यापक प्रक्रिया है।

(4) विकास सदैव ऊर्ध्वगामी (Upward) होता है जबकि उद्विकास किसी भी दिशा में हो सकता है। यह ऊपर एवं नीचे किसी भी दिशा में हो सकता है।

(5) विकास में परिवर्तन पूर्व-नियोजित ढंग से लाये जाते हैं जबकि उद्विकास में मानव का कोई हस्तक्षेप नहीं होता, वह स्वत: ही होता है।

(6) उद्‌विकास एक मूल्य-रहित और तटस्थ अवधारणा है, यह अच्छाई व बुराई को प्रकट नहीं करती जबकि विकास में कुछ सीमा तक मूल्य जुड़े होते हैं। अत: यह तटस्थ प्रक्रिया न होकर प्रगति के अधिक नजदीक है।

सामाजिक विकास तथा सामाजिक प्रगति (Social Development and Social Progress)

सामाजिक विकास एवं सामाजिक प्रगति का भी एक ही अर्थ में प्रयोग करने की भूल अनेक विद्वानों ने की है। उदाहरण के लिए, **हॉबहाउस** लिखते हैं, "विकास से मेरा तात्पर्य किसी भी प्रकार की प्रगति से है।" इस प्रकार की भूल का कारण शायद इन दोनों में पायी जाने वाली कुछ समानताएं हैं; जैसे–

(1) दोनों ही मूल्यों पर आधारित अवधारणाएं हैं,

(2) दोनों ही गुणात्मक परिवर्तन को प्रकट करती हैं, तथा

(3) दोनों में ही सचेत एवं जागरूक प्रयत्न करने होते हैं।

इन समानताओं के बावजूद भी *इन दोनों में निम्न अन्तर हैं :*

(1) प्रगति इच्छित लक्ष्यों की ओर होने वाला परिवर्तन है, किन्तु विकास की कोई निश्चित दिशा नहीं है।

(2) प्रगति की अवधारणा परिवर्तनशील है, सामाजिक मूल्यों में परिवर्तन के साथ-साथ प्रगति की अवधारणा भी बदलती रहती है जबकि विकास की अवधारणा बहुत कुछ स्थायी है।

(3) विकास एक स्वाभाविक प्रक्रिया है जबकि प्रगति के लिए सचेत रूप से प्रयत्न किये जाते हैं।

(4) विकास एवं सार्वभौमिक प्रक्रिया है जबकि प्रगति की अवधारणा प्रत्येक समाज में अलग-अलग होती है।

(5) विकास साधन है जबकि प्रगति साध्य। विकास के प्रयत्नों से ही प्रगति से ही प्रगति आती है। बिना विकास के प्रगति नहीं आ सकती जबकि प्रगति का बिना भी विकास सम्भव है।

(6) विकास का अधिकांश सम्बन्ध भौतिक संस्कृति से है जबकि प्रगति का अभौतिक संस्कृति से।

(7) प्रगति की तुलना में विकास की माप सरल है क्योंकि इसका सम्बन्ध भौतिक वस्तुओं से अधिक है।

(8) प्रगति में परिवर्तन का क्षेत्र सीमित है जबकि विकास में व्यापक है।

क्रान्ति (Revolution)

उद्विकास, प्रगति एवं विकास की ही भांति क्रान्ति भी परिवर्तन का एक विशेष रूप है। क्रान्ति में परिवर्तन का क्रम तीव्र हो जाता है। क्रान्ति एक सामूहिक क्रिया है जिसमें पुरानी व्यवस्था के स्थान पर नयी व्यवस्था स्थापित की जाती है। क्रान्ति में पुराने अभिजातों का स्थान नवीन अभिजात एवं नेता ग्रहण कर लेते हैं। क्रान्ति में प्राचीन संस्थाओं के स्थान पर नवीन संस्थाओं की स्थापना की जाती है। क्रान्ति के इसी अर्थ को प्रकट करते हुए **पार्क** कहते हैं, "एक क्रान्ति एक सामूहिक आन्दोलन होता है जिसका उद्देश्य वर्तमान समाज-व्यवस्था को नष्ट करके लोकाचारों को परिवर्तित करना होता है।"

थियोडोरसन का मत है कि "क्रान्ति में सामाजिक नेतृत्व में विशाल पैमाने पर परिवर्तन आते हैं और नवीन शासक वर्ग की इच्छा के अनुसार सामाजिक संरचना का पुनर्निर्माण किया जाता है, किन्तु संस्कृति के सभी पक्षों में तुरन्त परिवर्तन नहीं किये जाते। जब क्रान्ति को समाज की शक्ति संरचना में परिवर्तन के रूप में परिभाषित किया जाता है तो इसका अर्थ होता है कि नवीन हित समूह नये परिवर्तन ला रहे हैं। वे क्रान्ति को समाज में मौलिक परिवर्तन के रूप में मानते हैं।"

सामान्यत: क्रान्ति का अर्थ समाज में अचानक घटित होने वाले परिवर्तन से लिया जाता है। कई व्यक्ति क्रान्ति का तात्पर्य राजनीतिक सत्ता में होने वाले आकस्मिक एवं अप्रत्याशित परिवर्तनों एवं राजनीतिक विकल्प से लेते हैं। ये लोग क्रान्ति की अवधारणा में रक्तपात, नर-संहार एवं हिंसा को भी जोड़ते हैं। उदाहरण के लिए, फ्रांस, रूस और चीन की राज्य-क्रान्ति में हिंसा एवं नरसंहार हुआ था, किन्तु क्रान्ति केवल राजनीतिक सत्ता के परिवर्तन तक ही सीमित नहीं होती है। धार्मिक, आर्थिक एवं रक्तपात का होना आवश्यक नहीं है। उदाहरण के लिए, औद्योगिक क्रान्ति के परिणामस्वरूप, भारतीय समाज में तीव्र गति से परिवर्तन हो रहे हैं किन्तु उसमें हिंसा व नरसंहार का सहारा नहीं लिया गया है। क्रान्ति तो परिवर्तन की वह स्थिति है जिसमें तीव्र एवं अप्रत्याशित होते हैं। अचानक एवं आकस्मिक सत्ता परिवर्तन को राजनीतिक क्रान्ति कहा जाता है। उद्योगों में मशीनों द्वारा तीव्र गति से बड़ी मात्रा में उत्पादन को औद्योगिक क्रान्ति अथवा आर्थिक क्रान्ति के नाम से पुकारा जाता है। धार्मिक प्रथाओं, मूल्यों एवं आदर्शों में परिवर्तन अथवा एक धर्म के स्थान पर दूसरे धर्म की स्थापना को धार्मिक क्रान्ति कहते हैं। जब सम्पूर्ण समाज की संरचना, संस्थाओं, समूहों, मूल्यों, आदर्शों, आदि में आमूल-चूल परिवर्तन आते हैं तो उसे सामाजिक क्रान्ति के नाम से जाना जाता है।

क्रान्ति का अर्थ एवं परिभाषा
(Meaning and Definition of Revolution)

क्रान्ति ऐसे परिवर्तनों को कहते हैं जो अचानक घटित होते हैं और जिनके परिणाम भी अप्रत्याशित होते हैं। क्रान्ति के परिणामस्वरूप समाज के नेतृत्व एवं संरचना में आमूल-चूल परिवर्तन आ जाते हैं।

क्रान्ति का परिभाषित करते हुए **बोगार्डस** लिखते हैं, "सामाजिक क्रान्ति असद्भावना तथा रक्तपात की कीमत पर शक्तिशाली विप्लव पैदा करके अच्छे व बुरे दोनों प्रकार के मूल्यों को उखाड़ फेंकती है तथा विस्तृत सामाजिक पुनर्गठन की मांग करती है।"

किम्बाल यंग के अनुसार, "क्रान्ति एक ऐसा आकस्मिक सामाजिक परिवर्तन है जो साधारणतः वर्तमान राजनीतिक व्यवस्था को बलपूर्वक उलट देने से घटित होता है और जिसके फलस्वरूप, सामाजिक तथा कानूनी नियन्त्रण के नये स्वरूपों की स्थापना होती है।"

क्रेन ब्रिण्टन के अनुसार, "समाजशास्त्रीय रूप से सामाजिक क्रान्ति का अर्थ वर्तमान सामाजिक संरचना के अन्तर्गत व्यक्तियों की मनोवृत्तियों की मनोवृत्तियों और सामाजिक मूल्यों में इस प्रकार का परिवर्तन हो जाना है कि वे उसको नये दृष्टिकोण से देखना प्रारम्भ कर दें।"

सिंगमण्ड न्यूमैन लिखते हैं, "क्रान्ति राजनीतिक संगठन, सामाजिक संरचना, आर्थिक सम्पत्ति पर नियन्त्रण तथा सामाजिक व्यवस्था की प्रमुख काल्पनिक अवधारणा में होने वाले व्यापक तथा आमूल-चूल परिवर्तन को कहते हैं, इस प्रकार क्रान्ति विकास की निरन्तरता को तोड़ देती है।"

फेयरचाइल्ड समाज में होने वाले अचानक परिवर्तनों को क्रान्ति कहते हैं। **सोरोकिन** का मत है कि जब समाज में सामाजिक लक्ष्यों एवं मूल्यों में अत्यधिक गड़बड़ी, अस्थिरता और अनिश्चिता पैदा हो जाती हो और इसके परिंणामस्वरूप समाज में अशान्ति तथा समाज व सांस्कृतिक व्यवस्था पैदा हो जाती हो तो उसे क्रान्ति कहते हैं।

उपर्युक्त सम्पूर्ण विवेचन के आधार पर *सामाजिक क्रान्ति की निम्नांकित विशेषताएं प्रकट होती हैं:*

(1) सामान्यतः राजनीतिक क्रान्ति का सूत्रपात नीचे के तबके के द्वारा होता है। पैरेटो का मत है कि जब उच्च वर्ग भ्रष्ट हो जाता है तो निम्न वर्ग के शक्तिशाली व्यक्ति उसका स्थान ले लेते हैं।

(2) क्रान्ति के कारण समाज तथा उसके विभिन्न पक्षों में आमूल-चूल परिवर्तन आ जाता है।

(3) क्रान्ति में परिवर्तन की गति तीव्र होती है, उद्‌विकास की भांति धीमी नहीं।

(4) क्रान्ति एक ऐसा परिवर्तन है जिसके लिए सचेत एंव जागरूक प्रयत्न किये जाते हैं, यह स्वत: नहीं आती है।

(5) क्रान्ति एवं सामूहिक क्रिया है न कि व्यक्तिगत। इस अर्थ में क्रान्ति के लिए अनेक व्यक्तियों द्वारा सामूहिक रूप से प्रयास किये जाते हैं।

(6) क्रान्ति सामाजिक परिवर्तन का एक ढंग या प्रकार है। यह एक ऐसा परिवर्तन है जो निरन्तर नहीं होता वरन् आकस्मिक रूप से घटित होता है।

(7) क्रान्ति के कारण सामाजिक नेतृत्व में परिवर्तन आ जाता है, पुराने नेताओं एवं अभिजातों का स्थान नये नेता एवं अभिजात ग्रहण कर लेते हैं।

(8) क्रान्ति का क्षेत्र व्यापक है, यह सामाजिक, धार्मिक, राजनीतिक, आर्थिक, सांस्कृतिक, आदि किसी भी क्षेत्र में घटित हो सकती है।

(9) क्रान्ति के परिणाम अप्रत्याशित होते हैं। किसी भी क्रान्ति के परिणामों के बारे में निश्चित रूप से यह नहीं कहा जा सकता कि उसके केवल अमुक परिणाम ही निकलेंगे।

(10) क्रान्ति लाभदायक भी हो सकती है और हानिप्रद भी। क्रान्ति के कारण कुछ पक्षों को लाभ होता है तो कुछ को हानि।

(11) क्रान्ति से कई बार हिंसा का बोध होता है, किन्तु क्रान्ति के कारण हिंसा होगी ही, यह आवश्यक नहीं है। कई बार हिंसा के द्वारा सत्ता परिवर्तन कर क्रान्ति लायी जाती है तो कई बार प्रजातन्त्र में 'मत' (Vote) के आधार पर ही अहिंसात्मक तरीकों से सत्ता परिवर्तन कर क्रान्ति लायी जाती है।

(12) क्रान्ति का उद्‌देश्य वर्तमान समाज-व्यवस्था के स्थान पर नयी समाज-व्यवस्था की स्थापना करना होता है न कि उसमें सुधार। सुधारवादियों एवं क्रान्तिकारियों में यही अन्तर है कि सुधारवादी पुरानी समाज-व्यवस्था की बुराइयों को दूर कर उसे ही बनाये रखना चाहते हैं जबकि क्रान्तिकारी पुरानी समाज-व्यवस्था की कमियों के कारण उसे उखाड़कर नयी समाज-व्यवस्था की स्थापना करना चाहते हैं।

(13) क्रान्ति का जन्म सामाजिक असन्तोष के कारण होता है। जब समाज में असन्तोष बढ़ता जाता है और उसको दूर करने का प्रयत्न नहीं किया जाता है तो क्रान्ति जन्म लेती है।

क्या क्रान्ति के लिए हिंसा आवश्यक है
(Is Violence a Must for Revolution)

क्रान्ति के सन्दर्भ में यह प्रश्न किया जाता है कि क्या क्रान्ति के लिए हिंसा आवश्यक है अथवा क्या हिंसा से क्रान्ति लायी जा सकती है ? इस प्रश्न के उत्तर सकारात्मक और नकारात्मक दोनों ही हैं। कई बार क्रान्ति लाने के लिए हिंसा अनिवार्य हो जाती है। जब क्रान्ति का उद्देश्य सामाजिक, आर्थिक व राजनीतिक परिवर्तन लाना हो, जब सत्ताधारी लोग अपने स्वार्थों में डूबे हुए हों और वे जनहि के कार्यों के प्रति उदासीन हों तथा नवीन परिवर्तनों का विरोध करते हों और सत्ता नहीं त्यागना चाहते हों तो ऐसी स्थिति में सत्ता परिवर्तन के लिए हिंसा आवश्यक हो जाती है और यह सामाजिक हित में भी होती है। अनेक विद्वान जैसे, डी. टॉकविले, कार्ल मार्क्स, लेनिन, स्टालिन एवं माओत्से तुंग तथा अनेक अन्य साम्यवादी विचारक क्रान्ति के प्रारम्भिक स्तर पर हिंसा को आवश्यक मानते हैं क्योंकि सत्ता से चिपके लोगों को हटाने का कोई और तरीका नहीं है, किन्तु दूसरी ओर कुछ विचारकों का मत है कि सैद्धान्तिक दृष्टि से हिंसा क्रान्ति का आवश्यक अंग नहीं है। प्रजातन्त्र में अहिंसक विधियों से ही सत्ता परिवर्तन होता है और समाज में क्रान्तिकारी परिवर्तन किये जाते हैं। क्रान्ति की विभिन्न परिभाषाओं से भी स्पष्ट है कि हिंसा क्रान्ति की विभिन्न परिभाषाओं से भी स्पष्ट है कि हिंसा क्रान्ति का आवश्यक अंग नहीं नहीं है, किन्तु जब व्यावहारिक पक्ष पर दृष्टिपात करते हैं तो देखते हैं कि क्रान्ति के लिए हिंसा अथवा भय आवश्यक है। लोगों को पूंजीपतियों के आर्थिक शोषण से बचाने एवं आततायी शासकों से मुक्ति दिलाने के लिए आतंक एवं हिंसा का सहारा लेना ही होता है।

क्रान्ति के कारण (Causes of Revolution)

प्रश्न उठता है कि वे कौन-सी दशाएं या कारक हैं जो क्रान्ति को जन्म देते हैं? इस सन्दर्भ में **फ्रायड** व उसके समर्थकों का मत है कि क्रान्तियाँ मानव की दमित इच्छा की मुक्ति का परिणाम हैं। जब लोगों की इच्छाओं का दमन होता है तो वे मुक्ति पाने के लिए क्रान्ति को जन्म देती हैं।

लीबां (LeBon) का मत है कि निम्न वर्ग के लोगों मे पाशविक प्रवृत्तियाँ अधिक होती हैं, वे उच्च वर्ग की सत्ता छीनने के लिए ही क्रान्ति करते हैं।

गॉटशाक ने क्रान्ति के तीन कारणों का उल्लेख किया है–

(1) **सफलता की आशा**–क्रान्ति के लिए भी आवश्यक है कि साहसी नेतृत्व हो जो लोगों को सफल होने की आशा बंधाये।

(2) **परिवर्तन की मांग**–परिवर्तन की माँग तब आती है जब आर्थिक एवं राजनीतिक शक्तियों द्वारा कुप्रशासन किया जाता है अथवा जब जनमत नयी नियन्त्रण व्यवस्था की आवश्यकता महसूस करता है।

(3) **नियन्त्रणकारी समूह की कमजोरी में विश्वास**–क्रान्ति के लिए लोगों को सत्ताधारी समूहों की कमजोरियों की जानकारी आवश्यक है। लोगों को यह विश्वास होना चाहिए कि सत्ताधारी अब सड़ चुके हैं, वे अपने आप में विभाजित हैं वे किसी भी प्रकार के संकट का मुकाबला नहीं कर सकते। सभी क्रान्तियों के जीवन इतिहास में इन कारणों को ढूंढ़ा जा सकता है।

इलियट तथा **मैरिल** ने क्रान्ति के निम्न तीन प्रमुख कारणों का उल्लेख किया है :

(1) **सांस्कृतिक कारक** (Cultural Factors)–सांस्कृतिक कारक भी क्रान्ति के लिए उत्तरदायी हैं। क्रान्ति का जन्म सर्वप्रथम मानव के मस्तिष्क में होता है। अत: जब विश्वासों, मूल्यों एवं मनोवृत्तियों में परिवर्तन होता है तो क्रान्ति के लिए वातावरण बनता है। जब लोगों को नयी विचारधारा से परिचित कराया जाता है तो उनमें यह विश्वास पैदा होता है कि नयी समाज-व्यवस्था में उनका जीवन अधिक आनन्दमय होगा। अत: वे नयी विचारधारा के अनुसार समाज की रचना के लिए क्रान्ति कर बैठते हैं। जब समाज में नयी आविष्कार होते हैं तो सामाजिक पर्यावरण में परिवर्तन आने लगता है, किन्तु प्राचीन संस्थाएं एवं संगठन समय के साथ बदलने में असमर्थ होते हैं, वे नवीनता का विरोध करते हैं और नयी आवश्यकताओं की पूर्ति नहीं कर पाते। अत: नवीन वातावरण से अनुकूलन करने के लिए पुरानी समाज-व्यवस्था को भी क्रान्ति द्वारा बदलना होता है।

(2) **मनोवैज्ञानिक कारक** (Psychological Factors)–मानसिक असन्तोष क्रान्ति का प्रमुख रहा है। जब लोगों की आकांक्षाओं, भावनाओं तथा इच्छाओं का दमन किया जाता हो और उनकी अभिव्यक्ति के उचित अवसर उपलब्ध न हों तब भी समाज में क्रान्ति के अवसर मौजूद रहते हैं।

(3) **सामाजिक कारक** (Social Factors)–जब सामाजिक संरचना एवं संगठन में अव्यवस्था पैदा हो जाती है, अथवा वे समय के साथ अनुकूलन करने में असमर्थ होते हैं तब भी लोगों में असन्तोष पैदा हो जाता है और वे सड़ी-गली व रूढ़िवादी समाज-व्यवस्था को बदलने के लिए क्रान्ति का सहारा लेते हैं।

(4) **सुरक्षात्मक तनाव** (Security Tensions)—समाज-व्यवस्था में प्रत्येक व्यक्ति को सुरक्षा प्राप्त होती है। उसे यह विश्वास होता है कि उसके हितों की रक्षा की जायेगी, किन्तु जब व्यक्ति समाज-व्यवस्था में असुरक्षा महसूस करने लगते हैं तो वे उसे व्यवस्था को ही बदलने के लिए प्रयत्न करते हैं और उसके स्थान पर ऐसी नयी व्यवस्था की स्थापना के लिए संघर्ष करते हैं जिसमें उन्हें सुरक्षा प्राप्त हो।

(5) **स्वतन्त्रता से सम्बन्धित तनाव** (Freedom Tensions)—स्वतन्त्र रहने की भावना ने लोगों को सदैव की क्रान्ति के लिए प्ररित किया है। जब लोगों की स्वतन्त्रता का हनन किया जाता है, उन अनुचित नियन्त्रण लादे जाते हैं, उनका दमन किया जाता है तो लोग स्वतन्त्र होने के लिए क्रान्ति का सहारा लेते हैं। आजादी के लिए संघर्ष क्रान्ति का मूल मन्त्र रहा है। फ्रांस की राज्य-क्रान्ति में भी स्वतन्त्रता, समानता एवं बन्धुत्व का नारा दिया गया था।

(6) **स्तरीकरण सम्बन्धी तनाव** (Stratification Tensions)—प्रत्येक समाज में एक संस्तरण की व्यवस्था पायी जाती है जिसमें लोगों को उच्चता व निम्नता के क्रम में रखा जाता है, किन्तु समाज में ऐसी व्यवस्था भी की जाती है कि योग्य व्यक्ति उच्च पदों को हासिल कर सकें। जिस समाज में गतिशीलता का अभाव होता है, संस्तरण में कठोरता होती है और लोगों को अपनी प्रस्थिति परिवर्तित करने के अवसर प्राप्त नहीं होते हैं, वहाँ भी क्रान्ति की सम्भावना अधिक होती है। लोग दमन एवं शोषण से मुक्ति पाने एवं गतिशीलता के लिए सम्पूर्ण समाज-व्यवस्था को ही बदलना चाहते हैं जिसके परिणामस्वरूप क्रान्ति आती है।

क्रान्ति के कुछ अन्य कारण इस प्रकार है :

(7) **युद्ध** (War)—युद्ध के कारण समाज में ऐसी स्थिति पैदा हो जाती है कि उससे मुक्ति पाने के लिए समाज मे आमूल-चूल परिवर्तन की आवश्यकता महसूस होने लगती है। युद्धकाल क्रान्तियों के लिए उपयुक्त अवसर प्रदान करता है। रूस, तुर्की, ऑस्ट्रिया, हंगरी, जर्मनी तथा बुल्गारिया, आदि अनेक देशों में युद्धकाल में ही क्रान्तियाँ हुई थीं।

(8) **जनसंख्यात्मक कारक** (Demographic Factors)—जब किसी देश की जनसंख्या में तीव्र गति से वृद्धि अथवा ह्रास होता है तो अनेक परिवर्तन घटित होते हैं। परिवार, विवाह, प्रथाओं, लोकाचारों, सामाजिक आदर्शों

एवं मूल्यों में भी परिवर्तन की आवश्यकता महसूस की जाने लगती है जिसके परिणामस्वरूप क्रान्ति द्वारा सम्पूर्ण सामाजिक व्यवस्था को ही बदलने के प्रयत्न किये जाते हैं।

(9) **आर्थिक कारक** (Economic Factors)–अनेक सामाजिक क्रान्तियों में आर्थिक कारक प्रमुख रहे हैं। मार्क्स आर्थिक विषमता को क्रान्ति का प्रमुख कारण मानते हैं। वे कहते हैं कि समाज में प्रमुख रूप से दो वर्ग पाये जाते हैं–पूंजीपति एवं श्रमिक वर्ग। इन दोनों के बीच गहरी आर्थिक खाई होती है। पूंजीपति श्रमिक वर्ग के आर्थिक शोषण पर ही पनपता है। श्रमिक वर्ग इस शोषण से मुक्ति पाने के लिए संघर्ष करता है, फलस्वरूप, क्रान्ति जन्म लेती है।

(10) **राजनीतिक कारक** (Political Factors)–राजनीतिक कारक भी क्रान्ति के मूल आधार रहे हैं। जब सत्ता भ्रष्ट हो जाती है और वह जनता के हितों का ध्यान नहीं रखती और अपने ही स्वार्थ में लिप्त हो जाती है। तो समाज में शोषण और समस्याएं बढ़ती जाती हैं। परिणामस्वरूप जन-असन्तोष फूट पड़ता है और लोग ऐसी सत्ता को उखाड़ फेंकने के लिए क्रान्ति कर बैठते हैं। तब सत्ताधारी अन्यायी, आततायी एवं क्रूर हों तब भी क्रान्तियाँ जन्म लेती हैं। विदेशी सत्ता से मुक्ति पाने के लिए भी क्रान्ति की जाती है।

क्रान्ति के परिणाम (Consequences of Revolution)

क्रान्ति के विभिन्न परिणाम निम्नलिखित हैं :

(1) **सत्ता परिवर्तन**–क्रान्ति का एक प्रमुख उद्देश्य सत्ता परिवर्तन होता है। जब किसी अक्षम एवं बुरी सत्ता को उखाड़ फेंका जाता है तब तो उचित है, किन्तु कई बार मात्र सत्ता हथियाने की दृष्टि से भी सैनिक क्रान्तियाँ होती है। ऐसी क्रान्ति में हत्या, खून-खराबा व हिंसा का खुलकर प्रयोग होता है, इससे समाज में आतंक एवं भय व्याप्त हो जाता है।

(2) **विघटन**–क्रान्ति के कारण समाज में वैयक्तिक एवं सामाजिक दोनों की प्रकार का विघटन पैदा होता है। क्रान्ति के बाद समाज में नयी व्यवस्था जन्म लेती है जो व्यक्ति के व्यवहार पर नये प्रकार के नियन्त्रण लादती है। चूंकि व्यक्ति पुरानी व्यवस्था में ढ़ले होते हैं, अत: वे नयी व्यवस्था का विरोध करते हैं। व्यक्ति मन में नयी व्यवस्था के प्रति तनाव एवं असन्तोष महसूस करते हैं जिससे व्यक्तियों के विघटन की स्थिति पैदा हो जाती है।

क्रान्ति में पुरानी, अच्छी व बुरी सभी व्यवस्थाओं को नष्ट कर दिया जाता है और उनके स्थान पर नयी संस्थाओं, संगठनों, मूल्यों एवं आदर्शों की स्थापना की जाती है जिनसे एकदम सामंजस्य स्थापित करना लोगों के लिए असम्भव होता है। क्रान्ति में हिंसा का सहारा भी लिया जाता है जिससे समाज में कटुता, बैर और तनाव पैदा होता है और लोगों के सहयोगी सम्बन्ध नष्ट हो जाते हैं। नवीन सत्ताधारियों द्वारा भी क्रान्ति-विरोधी लोगों का दमन किया जाता है। इन सभी कारणों से समाज में विघटन की स्थिति पैदा हो जाती है।

(3) **जन-धन की हानि**–क्रान्ति के दौरान क्रान्ति चाहने वाले एवं उसके विरोधी दोनों पक्षों में संघर्ष एवं मारकाट होती है, रक्तपात एवं हिंसा की स्थिति बन जाती है, इससे दोषी व निर्दोष सभी को जान से हाथ धोना पड़ता है। क्रान्ति में होने वाली जनहानि से समाज की शारीरिक व बौद्धिक श्रमशक्ति में कमी हो जाती है जिसका प्रभाव निर्माण के कार्यों पर भी पड़ता है। यही नहीं, क्रान्ति के दौरान तोड़-फोड़ व आगजनी के कारण व्यक्तिगत एवं राष्ट्रीय सम्पत्ति नष्ट हो जाती है जिससे समाज को आर्थिक हानि भी उठानी पड़ती है।

(4) **अपराधों में वृद्धि**–क्रान्ति के दौरान यौन व्यवहार सम्बन्धी नियमों की भी अवहेलना की जाने लगती है जिससे यौन अपराध बढ़ जाते हैं। वेश्यावृत्ति एवं बलात्कार की दर भी बढ़ जाती है और समाज में व्यभिचार फैल जाता है। कामुक लोगों को अपनी इच्छाओं की पूर्ति का मौका मिल जाता है। फ्रांस एवं रूस की राज्य-क्रान्ति के दौरान वहाँ यौन व्यभिचार एवं वेश्यावृत्ति की दर अत्यधिक बढ़ गयी थी।

(5) **पारिवारिक विघटन**–क्रान्ति के कारण कई परिवार नष्ट हो जाते हैं। हिंसा के कारण कई परिवारों के कमाने वाले सदस्य हो जाते हैं। हिंसा के कारण कई परिवारों के कमाने वाले सदस्य मौत के घाट उतार दिये जाते हैं। जिससे स्त्रियाँ विधवा एवं बच्चे अनाथ हो जाते हैं। भरण-पोषण के लिए स्त्रियां वेश्यावृत्ति व बच्चे अपराध का सहारा लेने लगते हैं। परिवार का परम्परागत व्यवसाय भी जब नष्ट हो जाता है तो सदस्यों का भरण-पोषण कठिन हो जाता है और परिवार दरिद्र हो जाता है। ऐसी दशा में परिवार के सदस्यों के पारस्परिक सम्बन्धों में तनाव एवं असन्तोष पैदा हो जाता है जिसका परिणाम होता है पारिवारिक विघटन।

(6) **आर्थिक असुरक्षा**–क्रान्ति के समय समाज में लूट-पाट, चोरी व डकैती का बोलबाला हो जाता है और समाज-विरोधी व्यक्ति अव्यवस्था की स्थिति का लाभ उठाकर शोषण करते हैं। समाज में आर्थिक अपराध बढ़ जाते हैं, लोगों के सम्पत्ति के अधिकार छीन लिये जाते हैं और उनकी सम्पत्ति हथिया ली जाती है। ऐसी स्थिति में भरण-पोषण करना भी कठिन हो जाता है। हिंसा व तोड़-फोड़ के कारण व्यापार एवं उत्पादन भी ठप्प हो जाता है, इससे भी आर्थिक दशा बिगड़ने लगती है।

(7) **धर्म के प्रभाव का ह्रास**–क्रान्तिकारी लोग धर्म को क्रान्ति में बाधक मानते हैं, अतः वे उसे नष्ट करना चाहते हैं। धार्मिक विनाश के कारण समाज में अनियन्त्रण बढ़ जाता है क्योंकि कई बार हम धर्म एवं ईश्वर के भय के कारण ही नियन्त्रित आचरण करते हैं। इस प्रकार क्रान्ति धर्म पर गहरा आघात पहुँचाती है।

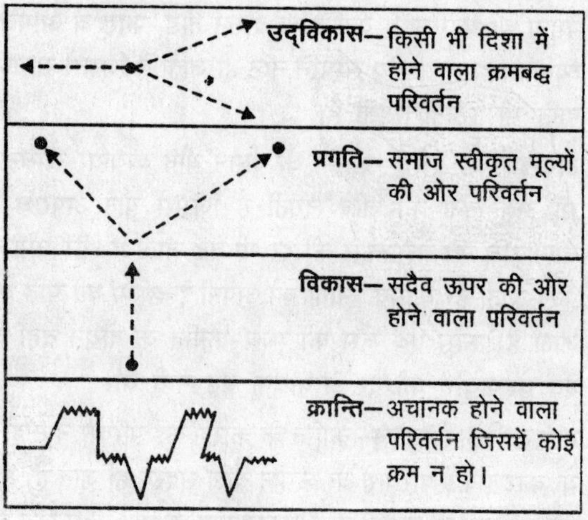

चित्र 2.1 : सामाजिक उद्विकास, प्रगति, विकास और क्रान्ति।

सोरोकिन ने क्रान्ति से बेचने के लिए चार उपायों का उल्लेख किया है–

(1) सुधार-कार्यक्रम वैधानिक एवं संवैधानिक ढांचे के दायरे में लागू किये जायें। क्रान्तियों व युद्धों को रोकने के लिए रचनात्मक एवं यथार्थवादी व्यवस्थाओं की स्थापना आवश्यक है।

(2) सुधार कार्यक्रम सदैव मानव स्वभाव एवं मानवीय भावनाओं को ध्यान में रखकर बनाये जाय।

(3) किसी भी सुधार-कार्यक्रम को बड़े पैमाने पर लागू करने से पूर्व उसे छोटे पैमाने पर लागू करके उसका परीक्षण कर लिया जाय।

(4) सुधार कार्यक्रम बनाने से पूर्व उस समाज के लोगों की आवश्यकताओं, स्वभाव एवं भावनाओं का वैज्ञानिक अध्ययन किया जाय।

सामाजिक उद्विकास, प्रगति, विकास और क्रान्ति को हम निम्न चित्र द्वारा व्यक्त कर सकते हैं :

सामाजिक परिवर्तन के कारक (Factors of Social Change)

सामाजिक परिवर्तन एक जटिल प्रक्रिया है, जिसके अनेक कारक हो सकते हैं। सामाजिक परिवर्तन का बिना किसी कारक के क्रियाशील होना असम्भव है परन्तु यह भी सत्य है कि किसी एक कारक से समाज में परिवर्तन होना मुश्किल है। प्रत्येक घटना के पीछे कोई न कोई कारण अवश्य होता है। सामाजिक परिवर्तन भी किसी-न-किसी कारक का ही परिणाम है। सामाजिक परिवर्तन को समझने के लिए हमें उन कारकों अथवा कारणों को भी जानना होगा जो परिवर्तन के लिए उत्तरदायी हैं। एक रोमन कवि **लुक्रेटिस** का कथन है कि "वह व्यक्ति सबसे सुखी है जो वस्तुओं के कारण को ज़ान लेता है।" विभिन्न विद्वानों ने सामाजिक परिवर्तन के लिए विभिन्न कारकों को उत्तरदायी माना है, जैसे, मार्क्स ने आर्थिक कारक को, कॉस्ट ने बौद्धिक विकास को, स्पेन्सर ने विभेदीकरण की सार्वभौमिक प्रक्रिया को वेबर ने धर्म को, सोरोकिन ने संस्कृति को तथा **ऑगबर्न** ने सांस्कृतिक पिछड़न को। वास्तविकता यह है कि सामाजिक परिवर्तन के लिए कोई एक या कुछ कारक ही उत्तरदायी नहीं हैं वरन् यह अनेक कारकों के सामूहिक प्रभावों से घटित होता है। इस सन्दर्भ में **रोज** लिखते हैं, "सम्भवत: सामाजिक परिवर्तन का कोई कारण अथवा कारणों की एक श्रृंखला सभी समाजों में सभी परिवर्तनों के लिए उत्तरदायी नहीं है और न सिर्फ एक क़ारण ही किसी एक परिवर्तन के लिए उत्तरदायी है।"

हम यहाँ सामाजिक परिवर्तन के विभिन्न कारकों का उल्लेख करेंगे :

प्राकृतिक या भौगोलिक कारक
(Natural or Geographical Factors)

सामाजशास्त्र में हम भौतिक, भौगोलिक या प्राकृतिक पर्यावरण में अन्तर नहीं करते। जब कोई भी परिवर्तन हमारे भौतिक या भौगोलिक पर्यावरण में होता है तो उसका प्रभाव हमारे समाज पर भी पड़ता है। भौतिक पर्यावरण; यथा पृथ्वी की बनावट, उसका धरातल, समुद्र तल से ऊंचाई, पर्वत, चटटानें, नदियां, झरने तथा पहाड़, वन, झील, जलवायु, मौसम तथा रेगिस्तान इत्यादि मानव जीवन को

प्रभावित करते हैं। आचार-विचार से लेकर रहन-सहन तक तथा समाज की अवनति और उन्नति पर इसका प्रभाव परिलक्षित होता है। अकाल, तुफान, पहाड़ गिरना, बाढ़ आना इत्यादि भौगोलिक कारक समाज में निराश्रयता, भुखमरी, चरित्र भ्रष्टता, अपराध, भिक्षावृत्ति आदि के जन्मदाता होते हैं। *बकल तथा हटिंगटन (Buckle and Huntington)* ने भी स्पष्ट किया है कि प्राकृतिक अवस्था के अनुसार ही मनुष्य की कल्पना या भौतिक विकास सम्भव होता है। समाजशास्त्र में भौगोलिक सम्प्रदाय भी पाया जाता है।

यह उन लोगों का सम्प्रदाय है जो मानव जीवन के हर पहलू की व्याख्या करने में भौगोलिक कारक को प्रमुख और निर्णायक मानते हैं। इस समूह के नेता हटिंगटन का कथन है कि जलवायु में होने वाले परिवर्तन हमारे स्वास्थ्य, हमारी मानसिक एवं शारीरिक क्षमता एवं कुशलता तथा उससे पैदा होने वाली हमारी संस्कृति एवं सभ्यता को प्रभावित एवं परिवर्तित करते हैं। प्राकृतिक या भौगोलिक कारकों के अन्तर्गत हम उन सभी प्राकृतिक वस्तुओं एवं शक्तियों को सम्मिलित करते हैं, जैसे–जंगल, पहाड़, वर्षा, ऋतुएं, पृथ्वी, आकाश, चांद-तारे, झरने, नदी, मौसम, समुद्र, भूकम्प, बाढ़ अकाल, अनावृष्टि, अतिवृष्टि, आदि। ये सभी मिलकर प्राकृतिक या भौगोलिक पर्यावरण का निर्माण करते हैं। प्राकृतिक पर्यावरण करता रहता है। मानव ने प्रकृति पर विजय पाने का प्रयास किया है। फिर भी वह प्राकृतिक शक्तियों के प्रभाव से बच नहीं पाया है। भूकम्प बाढ़, ज्वालामुखी का फूट पड़ना, अकाल और महामारी समाज को नष्ट कर देते हैं, लोग शरण के लिए एक स्थान से दूसरे स्थान पर जाते हैं लोग शरण के लिए स्थान से दूसरे स्थान पर जाते हैं। 1962 ई. में ईरान में आये भूकम्प, 1976 में ग्वाटेमाला में आया भूकम्प, 1970 में आन्ध्र में, 1975 में बिहार व उत्तर प्रदेश में आयी बाढ़ ने तथा जनवरी 2001 में गुजरात में आए भूकम्प ने सब कुछ तहस-नहस कर दिया।

कई मानव भूगोलवेत्ता जैसे **बकल** तथा **हंटिगटन,** आदि की तो मान्यता है कि जलवायु की सभ्यता के विकास एवं विनाश के लिए उत्तरदायी है। मानव का विकास प्राकृतिक परिस्थितियों पर निर्भर है। जहाँ प्रकृति के भंयकर रूप जैसे, बाढ़, अकाल, भूकम्प, आदि देखने को मिलते हैं, वहाँ मानव प्रकृति के सम्मुख नत-मस्तक हो जाता है, प्राकृतिक शक्तियों की पूजा करने लगता है, धर्म एवं ईश्वर को मानने लगता है। जहाँ प्रकृति शान्त होती है, वहाँ के लोग निर्माण का कार्य करते हैं, प्रगति करते हैं और विज्ञान की उन्नति सम्भव हो पाती है। प्राकृतिक विपदाओं के कारण राजधानियाँ बदल दी जाती हैं तथा गाँव एवं वैवाहिक सम्बन्ध बनते हैं, लोग नयी संस्कृति व सभ्यता से परिचित होते हैं तथा अपने को भी नयी संस्कृति

के रंग में रंग लेते हैं। वे नये स्थान की प्रथाओं, रीति-रिवाजों, मूल्यों एवं आदर्शों को ग्रहण कर लेते हैं तथा अपने को भी नयी संस्कृति एवं सामाजिक संरचना में परिवर्तन आ जाता है। जब प्राकृतिक विपदाएं नहीं आती हैं तो लोग आनन्द एवं सुख से जीवन व्यतीत करते हैं, त्यौहार एवं उत्सव मनाते हैं। जिससे कि सामाजिक सहयोग एवं एकता बढ़ती है तथा सामाजिक व्यवस्था सुचारु रूप से चलती है। **जूलियन हक्सले** का मत है कि जलवायु और भूमि का मानवीय सम्बन्धों से घनिष्ठ सम्बन्ध है। प्राकृतिक एवं भौगोलिक कारक हमारे स्वास्थ्य, मानसिक एवं शारीरिक क्षमता, संस्कृति एवं सभ्यता, खान-पान, फैशन, वस्त्र, भोजन एवं मकान की बनावट तथा आर्थिक, सामाजिक, धार्मिक एवं राजनीतिक संरचना को प्रभावित करते हैं।

सामाजिक परिवर्तन के जनसंख्यात्मक कारक (Demographic Factors of Social Change)

सामाजिक परिवर्तन लाने में जनसंख्यात्मक कारक भी महत्वपूर्ण भूमिका निभाते हैं। किसी देश की जनसंख्या, जन्म-दर, मृत्यु-दर, आवास-प्रवास, लिंग अनुपात, बालक, युवा तथा वृद्धों की संख्या, आदि सामाजिक संरचना, सामाजिक संगठन तथा अर्थव्यवस्था को प्रभावित करते हैं। परिवार एवं विवाह का स्वरूप, गरीबी, बेकारी, समृद्धि, परिवार नियोजन, जन्म निरोध सम्बन्धी सरकार की नीति, आदि सभी पर जनसंख्यात्मक कारकों का प्रभाव पड़ता है। जनसंख्या के आधार पर ही उस देश की सामाजिक संरचना ज्ञात की जा सकती है।

पिछड़े राष्ट्रों की बढ़ती हुई जनसंख्या ने वहाँ की आर्थिक विकास की गति को प्रभावित किया है, वहाँ श्रम शक्ति बेकार हुई है, असन्तोष बढ़ा है तथा अपराध और तोड़-फोड़ की कार्यवाहियाँ हुई हैं। किसी देश के भविष्य का निर्माण करने तथा उसे खुशहाल बनाने में वहाँ की जनसंख्या का बहुत बड़ा योगदान होता हैं जनसंख्या की कमी व अधिकता उत्पादन, आर्थिक विकास, राजनीतिक सम्बन्ध व नियोजित परिवर्तन के नियमों को निर्धारित करने के साथ-साथ सरकार व सामाजिक नीति को भी प्रभावित करते हैं।

जनसंख्यात्मक कारक से तात्पर्य जनसंख्या के आकार, घनत्व, गठन, रचना व गतिशीलता से है। जनसंख्यात्मक कारक को परिभाषित करते हुए **सोरोकिन** लिखते हैं, *"जनसंख्यात्मक कारक का तात्पर्य जनसंख्या के आकार तथा घनत्व में वृद्धि तथा ह्रास से है।"* इस प्रकार जनसंख्यात्मक कारकों में हम जनसंख्या के गुणात्मक पक्षों (Qualitative Aspects) का अध्ययन न करके उसके सांख्यिकीय पक्षों (Auantitative Aspects) जैसे, जन्म-दर, मृत्यु-दर आवास-प्रवास की दर,

वृद्धि एवं ह्रास की दर, स्त्री-पुरुषों का अनुपात, आयु अनुपात, आदि का अध्ययन करते हैं। हमारा उद्देश्य यहाँ इस बात को स्पष्ट करना है कि जनसंख्यात्मक कारक सामाजिक परिवर्तन लाने में क्या भूमिका निभाते हैं ?

1. जनसंख्या के आकार का प्रभाव
(Effect of the Size of the Population)

जनसंख्या का आकार भी समाज को प्रभावित करता है। समाज का जीवन-स्तर, गरीबी, बेकारी, अशिक्षा, स्वास्थ्य एवं अनेक अन्य सामाजिक समस्याओं का जनसंख्या के आकार से घनिष्ठ सम्बन्ध है। हमारे सामाजिक मूल्य, आदर्श, मनोवृत्तियाँ, जीवनयापन के ढंग से सभी कुछ जनसंख्या के आकार पर ही निर्भर हैं। राजनीतिक व सैनिक दृष्टि से भी जनसंख्या का आकार महत्वपूर्ण है। जिन देशों में जनसंख्या अधिक होती है वे राष्ट्र शक्तिशाली माने जाते हैं, चीन इसका उदाहरण है और जहाँ जनसंख्या कम होती है वे राष्ट्र कमजोर समझे जाते हैं। इसी प्रकार जिन देशों की जनसंख्या कम है वहाँ के लोगों का जीवन-स्तर अपेक्षाकृत ऊँचा होता है। ऑस्ट्रेलिया, न्यूजीलैण्ड, कनाडा और अमेरिका के लोगों का जीवन-स्तर चीन व भारत के लोगों से कई गुना ऊँचा है क्योंकि वहाँ की जनसंख्या कम है। ग्राम और नगर का भेद भी जनसंख्या के आधार पर ही निर्भर है। जनसंख्या के आकार को निम्नांकित दो कारक प्रभावित करते हैं :

(1) जन्म-दर तथा मृत्यु-दर,

(2) आप्रवास एवं उत्प्रवास।

(1) **जन्म-दर तथा मृत्यु-दर** (Birth Rate and Death Rate)–जन्म-दर और मृत्यु-दर जनसंख्या के आकार को प्रभावित करते हैं। जब किसी देश में मृत्य-दर की अपेक्षा जन्म-दर अधिक होती है तो जनसंख्या में वृद्धि होती हैं इसके विपरीत स्थिति में जनसंख्या घटती है। जब जन्म-दर और मृत्यु-दर में कमी होती है या संतुलन होता है तो उस देश की जनसंख्या में स्थिरता पायी जाती है। जिन देशों में जनाधिक्य होता है वहां इस प्रकार की प्रथाएं एवं रीति-रिवाज पाये जाते हैं जिनके द्वारा एवं अक्षम लोगों को मार देने की प्रथा को स्वीकृति प्राप्त होती है, गर्भपात की छूट होती है तथा जन्म निरोध एवं परिवार नियोजन पर अधिक जोर दिया जाता है। ऐसे देशों में छोटे परिवार पर बल दिया जाता है। उदाहरण के लिए, भारत में जनाधिक्य होने के कारण परिवार नियोजन कार्यक्रम को तीव्र गति से लागू किया गया है। साथ ही गर्भपात संबंधी नियमों में भी उदारता बरती गयी है। गर्भ

निरोध के लिए सरकार द्वारा मुफ्त एवं सस्ते साधनों जैसे, निरोध, लूप, गर्भ निरोधक गोलियां, आदि का वितरण किया जाता है तथा स्त्री–पुरुषों के बन्ध्याकरण के ऑपरेशन की सुविधाएं जुटायी जाती हैं। इसके विपरीत, जिन देशों में जनसंख्या कम होती है वहां स्त्रियों की सामाजिक प्रतिष्ठा ऊंची होती है और जन्म–निरोध, परिवार–नियोजन तथा गर्भपात के विपरीत धारणाएं पायी जाती हैं। साथ ही वहां जन्म दर को बढ़ाने के लिए प्रोत्साहन दिया जाता है। द्वितीय विश्व–युद्ध में रूस और जर्मनी की बहुत अधिक जन–हानि हुई,

अतः वहां इस प्रकार के नियम बनाये गये व प्रोत्साहन दिये गये जिससे कि जनसंख्या में वृद्धि हो सके।

(2) **आप्रवास एवं उत्प्रवास** (Immigration and Emigration)–*जनसंख्या की गतिशीलता* (Population Mobility) भी सामाजिक परिवर्तन के लिए उत्तरदायी है। जब किसी देश में विदेश से आकर बसने वालों की संख्या अधिक होती है तो वहां जनसंख्या में वृद्धि होती है और यदि किसी देश के लोग अधिक संख्या में विदेशों में जाकर रहने लगते हैं, तो उस देश की जनसंख्या घटने लगती है। विदेशों से अपने देश में जनसंख्या के आने को **आप्रवास** (Immigration) तथा अपने देश से विदेशों में जनसंख्या के निष्क्रमण को **उत्प्रवास** (Emigration) कहते हैं जनसंख्या की गतिशीलता भी दो प्रकार की हो सकती है–दैनिक व कुछ समय के लिए तथा स्थायी रूप से। बड़े–बड़े शहरों में नित्य प्रति खानों, कारखानों व कार्यालयों में काम करने के लिए लोग आस–पास के क्षेत्रों से आते हैं। यात्रा, आदि के लिए भी लोग इधर–उधर गमन करते हैं। कुछ लोग स्थायी रूप से भी बाढ़, भूकम्प, युद्ध एवं अन्य कारणों से एक स्थान से दूसरे स्थान पर जाकर बस जाते हैं।

आप्रवास एवं उत्प्रवास के कारण विभिन्न संस्कृतियों के व्यक्ति संपर्क में आते हैं। वे एक–दूसरे के विचारों, भाषा, प्रथाओं, रीति–रिवाजों, कला, ज्ञान, आविष्कार, खान–पान, पहनावा, रहन–सहन, धर्म, आदि से परिचित होते हैं। संपर्क के कारण एक संस्कृति दूसरी संस्कृति को प्रभावित करती है। जनसंख्या की गतिशीलता विघटन को भी जन्म देती है। आधुनिक समय में यातायात की सुविधा के कारण गतिशीलता में बहुत अधिक वृद्धि हुई है।

2. जनसंख्या की बनावट एवं सामाजिक परिवर्तन
(Composition of Population and Social Change)

जनसंख्या की बनावट का सामाजिक परिवर्तन पर प्रभाव पड़ता है। जनसंख्या की बनावट को तय करने में लिंग, अनुपात, आयु, वैवाहिक संबंध, व्यवसाय, प्रजाति एवं राष्ट्रीयता, आदि का विशेष महत्व है। जब इन कारकों में परिवर्तन होता है तो समाज में भी परिवर्तन आते हैं। हम यहां इनमें से कुछ कारकों का उल्लेख करेंगे।

(क) **लिंग** (Sex)–समाज में स्त्री-पुरुषों का अनुपात भी सामाजिक परिवर्तन को प्रभावित करता है। जिन समाजों में पुरुषों की तुलना में स्त्रियों की संख्या अधिक होती है, उनमें स्त्रियों की सामाजिक स्थिति निम्न होती है और वहां बहु-पत्नी प्रथा का प्रचलन होता है। दूसरी ओर जहां पर स्त्रियों की तुलना में पुरुषों की संख्या अधिक होती है, वहां बहुपति प्रथा का प्रचलन होता है तथा कन्या-मूल्य की प्रथा पायी जाती है और पत्नी प्राप्त करने हेतु पुरुषों में प्रतियोगिता होती है। परिणामस्वरूप, स्त्रियों को अच्छे पति मिल पाते हैं जिन समाजों में पुरुषों की अधिकता होती है, वहां परिवार व समाज में पुरुषों का प्रभुत्व भी पाया जाता है। जब किसी समाज के लिंग अनुपात में अंतर आता है तब भी उस समाज में परिवर्तन घटित होते हैं।

(ख) **आयु** (Age)–यदि किसी देश में वृद्ध लोगों की तुलना में युवक और बच्चे अधिक हैं तो वहां परिवर्तन को शीघ्र स्वीकार किया जायेगा, क्योंकि वृद्ध व्यक्ति रूढ़िवादी एवं परिवर्तन विरोधी होते हैं तथा प्रथाओं के कठोर पालन पर बल देते हैं। अधिक आयु के लोगों की संख्या के अधिक होने पर सैनिक दृष्टि से वह समाज कमजोर होता है। युवा लोगों की अधिकता होने पर वह देश और समाज नवीन आविष्कार करने में सक्षम होता है। वहां के लोगों की कार्य-शक्ति अधिक होती है। इसलिए वे निर्माण कार्य करने में सक्षम होते हैं। ऐसे समाज में सामाजिक, आर्थिक, राजनैतिक क्रांतियां आने के अवसर अधिक रहते हैं, किन्तु दूसरी ओर जनसंख्या में युवा लोगों का अधिक अनुपात होने पर अनुभवहीन लोगों की संख्या भी बढ़ जाती है। अनुभव के अभाव में समाज में कई त्रुटियां होने की संभावना रहती है। इस प्रकार हम देखते हैं कि आयु संरचना सामाजिक परिवर्तन लाने में एक महत्वपूर्ण कारक है। **लैण्डिस** ने भी लिखा है, *''अत्यधिक मात्रा में आयु संरचना जनसंख्या के सामाजिक कार्य निश्चित करती है।''*

(ग) **वैवाहिक स्तर** (Marital Status)–विवाह समाज की एक प्रमुख सामाजिक संस्था है। स्त्री–पुरुषों का वैवाहिक स्तर भी सामाजिक परिवर्तन के लिए महत्वपूर्ण कारक है। जिन समाजों में पुरुषों की संख्या अधिक पायी जाती है वहां बहुपति प्रथा और जिनमें स्त्रियों की संख्या अधिक पायी जाती है वहां बहुपत्नी प्रथा पायी जाती है। इसी प्रकार से बाल–विवाह एवं विलम्ब–विवाह की प्रथाएं भी सामाजिक परिवर्तन के लिए उत्तरदायी हैं। जहां बाल–विवाह का प्रचलन होता है वहां परिवार का निर्माण शीघ्र होता है तथा कम उम्र में ही व्यक्ति पर जिम्मेदारियों आ जाती हैं। व्यक्ति का मानसिक विकास और शिक्षा का कार्य रुक जाता है, कमजोर और रुग्ण संतानें पैदा होती हैं। इससे समाज में मृत्यु–दर बढ़ जाती है। ऐसे विवाहों से उत्पन्न संतानें शारीरिक एवं मानसिक रूप से निर्माण एवं परिवर्तन का कार्य करने में अक्षम होती हैं। दूसरी ओर विलम्ब–विवाह से उत्पन्न संतानें शारीरिक एवं मानसिक दृष्टि से सक्षम होती हैं। किन्तु कभी–कभी विलम्ब–विवाह अनैतिक व्यवहारों को जन्म देने के लिए भी उत्तरदायी होते हैं।

इसी तरह से समाज में विधवाओं और विधुरों की संख्या एवं जनसंख्या का सामाजिक और मानसिक स्वास्थ्य भी सामाजिक परिवर्तन लाने में योग देते हैं। यदि किसी समाज में जनाधिक्य है तो उसके अग्रांकित सामाजिक परिणाम होते हैं :

(1) **जीवन-स्तर**–जनसंख्या बढ़ने पर लोगों का जीवन-स्तर गिरता है।

(2) **परम्परा और रीति-रिवाज पर प्रभाव**–यदि किसी देश में अधिक जनसंख्या है तो वहां संतति-निरोध, परिवार-नियोजन एवं कानूनी रूप से गर्भपात को उचित ठहराने के प्रयास किये जाते हैं।

(3) **सामाजिक समस्याएं**–अधिक जनसंख्या होने पर समाज में अशिक्षा, गरीबी, बेकारी, भिक्षावृत्ति, कुपोषण, अपर्याप्त आवास, गंदी बस्तियां, चिकित्सा, यातायात, प्रशासन, मजदूर, समस्या, आदि से संबंधित अनेक समस्याएं पनपती हैं। महंगाई, बीमारी, अकाल एवं दुर्घटनाएं भी बढ़ती हैं।

3. जनसंख्या व आर्थिक परिवर्तन (Population and Economic Change)

यदि किसी देश में जनसंख्या में वृद्धि होती है तो जनशक्ति में भी वृद्धि होती है। फलस्वरूप, मजदूर सस्ते हो जाते हैं और सस्ती वस्तुएं उत्पादित की जा सकती हैं, किन्तु दूसरी ओर जनसंख्या के बढ़ने पर अधिक वस्तुओं की आवश्यकता होती है। अतः उत्पादन में वृद्धि करने के लिए नये–नये आविष्कार करने पड़ते हैं। अधिक

जनसंख्या कभी-कभी राष्ट्रीय आय बढ़ाने में सहायक होती है तो कभी इसके विपरीत प्रभाव भी पड़ते हैं, जैसे भारत में जनसंख्या वृद्धि ने आर्थिक समृद्धि को ठेसें पहुंचायी है, जबकि रूस में आर्थिक समृद्धि के लिए जनसंख्या वृद्धि को आवश्यक माना है।

4. सामाजिक संगठन एवं जनसंख्या (Social Organization and Population)

जब किसी देश में जनसंख्या के घनत्व और आकार में वृद्धि होती है तो नगरीकरण बढ़ता है, विशेषीकरण और श्रम-विभाजन में वृद्धि होती है, परिवार और विवाह के विभिन्न स्वरूप अस्तित्व में आते हैं। संयुक्त परिवार और एकाकी (नाभिक) परिवार की रचना पर जनसंख्या की कमी और अधिकता का भी प्रभाव पड़ता है।

5. राजनीति और जनसंख्या (Politics and Population)

राजतंत्र, प्रजातंत्र, समाजवाद, साम्यवाद, पूंजीवाद, आदि पर जनसंख्या के आकार का काफी प्रभाव पड़ता है। किसी देश की जनसंख्या के बढ़ने पर उसकी सैनिक शक्ति में वृद्धि होती है। ऐसे देश उपनिवेशवाद और साम्राज्यवाद को बढ़ावा देते हैं। दास-प्रथा और सामन्तवाद भी जनाधिक्य के ही परिणाम हैं।

6. युद्ध में जनसंख्या (War and Population)

कई विद्वानों ने इस बात को स्पष्ट किया है कि अधिक जनसंख्या युद्धों को जन्म देती है। पिछले दो महायुद्ध इस बात के प्रमाण हैं। जनाधिक्य होने पर अधिकाधिक आर्थिक साधनों की आवश्यकता होती है जिसे प्राप्त करने के लिए दूसरे देशों से युद्ध करना होता है।

7. क्रांति एवं जनसंख्या (Revolution and Population)

जब किसी देश में तीव्र गति से जनसंख्या की वृद्धि होती है अथवा ह्रास होता है तो यह स्थिति क्रांति के लिए उत्तरदायी होती है क्योंकि इसके कारण समाज में सामाजिक, आर्थिक व राजनीतिक उतार-चढ़ाव आते हैं, निम्न वर्ग व उच्च वर्ग में उथल-पुथल होती है। जनाधिक्य होने पर लोगों को पर्याप्त आर्थिक सुविधाएं नहीं मिल पातीं। अत: उनके मन में शासन के प्रति विरोध एवं विद्रोह पैदा होता है। संघर्ष की स्थिति पैदा होती है और लोग क्रांति और परिवर्तन के लिए प्रयत्नशील हो जाते हैं। **कार्ली** (Karli) क्रांति के लिए जनसंख्या वृद्धि को प्रमुख रूप में उत्तरदायी मानते हैं।

8. जनसंख्या और वैचारिक परिवर्तन (Population and Ideological Change)

जनसंख्या के आकार और घनत्व में परिवर्तन होने पर लोगों के विचारों में भी परिवर्तन आता है। जब जनसंख्या में गतिशीलता होती है तो समाज में समानता,

प्रजातंत्र, सहिष्णुता और सांस्कृतिक समन्वय के विचार पनपते हैं। गतिशीलता का अभाव संकीर्णता को जन्म देता है।

9. सामाजिक प्रगति और जनसंख्या (Social Progress and Population)

विभिन्न जनसंख्याशास्त्रियों ने सामाजिक प्रगति और विनाश का संबंध जन-संख्यात्मक कारकों से जोड़ा है। जब किसी स्थान की जनसंख्या में बहुत अधिक वृद्धि होती है तो उसका अंतिम परिणाम विनाश के रूप में होता है। इसी प्रकार यदि जनसंख्या उत्तरोत्तर घटती जाती है तब भी सामाजिक विनाश के अवसर बढ़ते हैं। इसीलिए समुचित सामाजिक, आर्थिक, औद्योगिक, साहित्यक एवं कलात्मक प्रगति के लिए यह आवश्यक है कि देश में संतुलन जनसंख्या हो।

सामाजिक परिवर्तन के प्रौद्योगिकीय कारक (Technological Factors of Social Change)

आज के युग में प्रौद्योगिकी सामाजिक परिवर्तन का एक अत्यंत महत्वपूर्ण कारक है। यदि यह कहा जाय कि पिछले करीब पांच सौ वर्षों में जितने परिवर्तन हुए हैं, उनके पीछे सबसे प्रमुख काकरा प्रौद्योगिकी (Technology) है तो इसमें किसी प्रकार की कोई अतिशयोक्ति नहीं है। यह वास्तविकता है। विज्ञान के क्षेत्र में होने वाली प्रगति ने अनेक आविष्कारों को जन्म दिया है। आविष्कारों से यंत्रीकरण (Mechanization) बढ़ा है और यंत्रीकरण के फलस्वरूप उत्पादन की प्रणाली में क्रांतिकारी परिवर्तन हुए हैं। जैसे ही उत्पादन की प्रणाली बदलती है, उसके साथ-ही-साथ सामाजिक संबंधों, प्रस्थितियों और भूमिकाओं, सामाजिक व्यवस्था और सामाजिक संरचना में बदलाव आता हे। यही तो सामाजिक परिवर्तन है। रेडियो, टेलीविजन, सिनेमा, यातायात और संचार के नवीन साधनों तथा बिजली, पहिये, अणुशक्ति, आदि के आविष्कार ने जीवन के विभिन्नि क्षेत्रों में महत्वपूर्ण परिवर्तन लाने में योग दिया है। इन्होंने जहां जीवन की सुख-सुविधाओं का बढ़ाने में योग दिया है, वहीं अनेक श्रम-समस्याएं और नगरीय जीवन से संबंधित कई समस्याएं उत्पन्न हुई हैं। नवीन प्रौद्योगिकी ने न केवल पाश्चात्य देशों को बल्कि एशियाई देशों और भारत को काफी सीमा तक, प्रभावित किया है। इस देश में संयुक्त परिवार, विवाह, जाति और ग्रामीण समुदाय नवीन प्रौद्योगिकी के कारण काफी प्रभावित हुए हैं। लोगों की मनोवृत्तियों, विश्वासों और मूल्यों में परिवर्तन आया हैं अब लोग धर्म और जाति के बन्धनों से धीरे-धीरे मुक्त होते जा रहे हैं। औद्योगीकरण और नगरीकरण ने जाति-पांति के भेद-भाव और अस्पृश्यता को कम करने में योग दिया है। वर्तमान में नवीन प्रौद्योगिकी के कारण स्त्रियों की आर्थिक स्वतंत्रता में वृद्धि

और उनके अधिकार बढ़े हैं। समाज में युवा पीढ़ी के अधिकारों और शक्ति में भी वृद्धि हुई है। अब प्रदत्त के बजाय अर्जित प्रस्थिति का महत्व बढ़ता जा रहा है। सामाजिक परिवर्तन में प्रौद्योगिकीय कारकों की भूमिका को सविस्तार समझने के लिए यहां सर्वप्रथम प्रौद्योगिकी के अर्थ को जान लेना आवश्यक है।

तकनीकी (प्रौद्योगिकी) क्या है (What is Technology)

प्रौद्योगिकी के अंतर्गत उन प्रविधियों को लिया जाता है जो हमें भौतिक लक्ष्यों को प्राप्त करने में सहायता प्रदान करती हैं। प्रविधि में विभिन्न प्रकार के उपकरण तथा मानवीय ज्ञान आता है। प्रौद्योगिकी का तात्पर्य आधुनिक युग में तीव्र गति से होने वाले यंत्रीकरण से नहीं है। प्रौद्योगिकी तो प्रत्येक युग और समाज में रही है। चाहे कोई समाज सरल हो या जटिल, चाहे वह सभ्य समाज हो या असभ्य, चाहे वह परंपरागत समाज हो या आधुनिक, प्रत्येक की अपनी एक प्रौद्योगिकी होती है जो लोगों की विभिन्न आवश्यकताओं की पूर्ति में योग देती है।

कार्ल मार्क्स ने प्रौद्योगिकी का अर्थ स्पष्ट करते हुए लिखा है, ''प्रौद्योगिकी प्रकृति के साथ मनुष्य के व्यवहार करने के ढंग एवं उत्पादन की उस प्रक्रिया को बतलाती है जिसके द्वारा मनुष्य जीवित रहता है तथा अपने सामाजिक संबंधों और मानसिक धारणाओं के स्वरूप को निर्धारित करता है। इस परिभाषा से ज्ञात होता है कि प्रौद्योगिकी एक प्रविधि है जो मनुष्य की विभिन्न आवश्यकताओं की पूर्ति में योग देती है और इसी के आधार पर सामाजिक संबंधों का स्वरूप निश्चित होता है।

प्रो. सरन ने प्रौद्योगिकी को परिभाषित करते हुए लिखा है, ''किसी उद्देश्य या उद्देश्य या उद्देश्यों की पूतिग हेतु अप्रत्यक्ष तथा उच्च श्रेणी के साधनों की व्यवस्था प्रौद्योगिकी है। इस परिभाषा को समझाने की दृष्टि से प्रो. सरन ने कुछ उदाहरण दिये हैं। आपने बताया है कि यदि मकान बनाना हमारा उद्देश्य है तो मकान बनाने के लिए काम में ली जाने वाली सामग्री इसका प्रत्यक्ष साधन हुई। इसका अप्रत्यक्ष साधन मकान बनाने में प्रयुक्त सामग्री को बनाने वाले उपकरण तथा मकान-निर्माण की काला प्रौद्योगिकी हुई। इसी प्रकार यदि हमारा उद्देश्य लिखना है तो फाउण्टेन पेन इसका प्रत्यक्ष साधन ही प्रौद्योगिकी हैं। इसके अंतर्गत किसी उद्देश्य की पूर्ति के अप्रत्यक्ष साधन और निर्माण की कला आते हैं।

लेपियर के अनुसार, ''प्रौद्योगिकी का अर्थ उन विधियों, ज्ञानों तथा दक्षताओं से है जिनकी सहायता से मनुष्य भौतिक और जैविकीय तथ्यों को नियंत्रित करता और उपयोग में लाता है। इस परिभाषा से पता चलता है कि प्रौद्योगिकी की सहायता

से भौतिक और जैविकीय तथ्यों को नियंत्रित किया जाता है और आवश्यकताओं की पूर्ति की जाती है। अन्य शब्दों में, प्रौद्योगिकी वह प्रविधि है जो मानवीय उद्देश्य की पूर्ति में योग देती है। **ऑगबर्न** ने लिखा है कि प्रौद्योगिकी का तात्पर्य किसी भी प्रतिवि से है। सके अंतर्गत विभिन्न प्रकार के उपकरण एवं ज्ञान की शाखाएं आती हैं जितनके आधार पर निर्माण-कला विकसित होती है। प्रौद्योगिकी का संबंध भौतिक संस्कृति और औद्योगिक कलाओं से है।

मैकाइवर तथा **पेज** ने बताया है कि प्रौद्योगिकी में होने वाले परिवर्तनों को हम सुगमता से देख सकते हैं। प्रौद्योगिकी एक ही दिशा में आगे बढ़ती जाती है, अत: लंबी अवधि तक प्रौद्योगिकी के समाज पर निरंतर पड़ने वाले प्रभाव का पता लगा सकते हैं। साथ ही प्रौद्योगिकी मूर्त, माप-योग्य तथा प्रदर्शन योग्य है और इसलिए प्रौद्योगिकी के समाज पर पड़ने वाले प्रभाव का अध्ययन किया जा सकता है।

प्राणीशास्त्रीय (जैविकीय) कारक (Biological Factors)

प्राणीशास्त्रीय या जैविकीय कारकों से तात्पर्य उन कारकों से है जो हमें अपने माता-पिता द्वारा वंशानुसंक्रमण से प्राप्त होते हैं। प्राणीशास्त्रीय कारक जनसंख्या के प्रकार को निर्धारित करते हैं। हमारा कद एवं शारीरिक गठन, आदि सभी पर भी प्राणीशास्त्रीय कारकों का प्रभाव पड़ता है। उदाहरण के लिए, किसी समाज में पुरुषों की मृत्यु-दर अधिक है तो वहाँ विधवाओं की वृद्धि होगी एवं विधवा-विवाह की समस्या पैदा होगी तथा स्त्री की सामाजिक प्रस्थिति एवं बच्चों की शिक्षा-दीक्षा एवं समाजीकरण भी प्रभावित होगा। दुर्बल एवं कमजोर शारीरिक एवं मानसिक क्षमता वाले लोग आविष्कार एवं निर्माण का कार्य नहीं कर पायेंगे, अत: आविष्कारों के कारण होने वाले परिवर्तन नहीं होंगे। इसकी तुलना में योग्य व्यक्ति नव-निर्माण एवं आविष्कार के द्वारा समाज में परिवर्तन लाने में सक्षम होंगे। किसी समाज में पुरुषों की तुलना में स्त्रियाँ अधिक होने पर बहुपत्नी-विवाह प्रथा तथा स्त्रियों की कमी होने पर बहुपति प्रथा दोनों की समान संख्या होने पर एक-विवाह प्रथा का प्रचलन होगा। सामान्यत: यह माना जाता है कि अन्तर्जातीय एवं अर्न्तप्रजातीय विवाह से प्रतिभाशाली सन्तानें पैदा होती हैं जो आविष्कारों द्वारा नवीन परिवर्तन लाने में सक्षम होती हैं। प्रजातीय मिश्रण संस्कृति, सामाजिक मूल्यों एवं नैतिकता को प्रभावित करता है। **डार्विन** सामाजिक परिवर्तन के लिए जैविकीय कारकों को महत्वपूर्ण मानते हैं। **पेरेटो** का भी मत है कि जब किसी समाज में प्रजातीय एवं प्राणीशास्त्रीय दृष्टि से श्रेष्ठ लोग होते हैं तो वह समाज प्रगति करता है, ऐसा न होने पर समाज की अवनति होती है।

तकनीकी (प्रौद्योगिकी) एवं सामाजिक परिवर्तन
(Technology and Social Change)

प्रौद्योगिक या प्रौद्योगिकीय कारक और सामाजिक परिवर्तन के बीच गहरा सम्बन्ध पाया जाता है। वर्तमान में विभिन्न समाजों में तेजी से होने वाले परिवर्तनों का मूल कारण नवीन प्रविधियों, नवीन आविष्कारों तथा उत्पादन के नये तरीकों का विकास है। स्वयं **मैकाइवर** और **पेज** ने कहा कि हमारे युग की सर्वाधिक महत्वपूर्ण घटना पूँजीवाद नहीं है बल्कि यन्त्रीकरण (Mechanization) है, जिसका आधुनिक पूँजीवाद केवल एक उपफल या गौण उत्पादन है। अब हमें अनुभव हो रहा है कि इस यन्त्रीकरण ने हमारे जीवन के तरीकों और यहाँ तक कि विचारों तक को भी काफी कुछ बदल दिया है। बआज नवीन प्रौद्योगिक ने सामाजिक सम्बन्धों, प्रस्थितियों और भूमिकाओं तथा समग्र रूप में सामाजिक संरचना को बदलने में महत्वपूर्ण योग दिया है। *यहाँ हम प्रौद्योगिकीय कारकों और सामाजिक परिवर्तन के सम्बन्ध पर विचार करेंगे* तथा यह जानने का प्रयत्न करेंगे कि प्रौद्योगिकीय कारक किस प्रकार जीवन के विभिन्न क्षेत्रों में परिवर्तन लाने में योग देते हैं।

(1) **कृषि क्षेत्र में नवीन प्रविधियां एवं सामाजिक परिवर्तन**–कृषि क्षेत्र में नवीन प्रविधियों का प्रयोग एक ऐसा प्रौद्योगिकीय कारक है जिसने जीवन में अनेक परिवर्तन लाने में योग दिया है। पशुओं की नस्ल, उर्वरकों के प्रयोग, बीजों की किस्म तथा श्रम बचाने की मशीनों सम्बन्धी मामलों में सुधार हो जाने से कृषि–उत्पादन में मात्रा एवं गुण दोनों ही दृष्टि हुई है। सिंचाई के उन्नत साधनों ने भी कृषि–उत्पादन बढ़ाने में काफी योग दिया है। इसका प्रभाव न केवल आर्थिक जीवन पर बल्कि सामाजिक जीवन पर भी पड़ा है। पहले कृषि–कार्यों के ठीक सामाजिक जीवन पर भी पड़ा है। पहले कृषि–कार्यों के ठीक से संचालन के लिए अन्य व्यक्तियों से सहयोग की आवश्यकता पड़ती थी जिससे ग्रामीणों में सामूहिकता का महत्व बना हुआ था। अब श्रम की बचत करने वाली मशीनों के प्रयोग से व्यक्ति को कृषि कार्यों में अन्य व्यक्तियों के सहयोग की आवश्यकता नहीं पड़ती। इससे सामूहिकता की बजाय व्यक्तिवाद का महत्व बढ़ा है। साथ ही मशीनों के प्रयोग से कृषि कार्यों में कम व्यक्तियों की आवश्यकता ने संयुक्त के बजाय नाभिक परिवारों के महत्व को बढ़ाया है। खेतों पर व्यक्तियों की आवश्यकता ने लोगों को काम की तलाश में नगरों की ओर बढ़ने के लिए प्ररित किया है कि उनके सामने नये–नये बाजार खोजने की समस्या उत्पन्न हो गयी। अब नवीन प्रविधियों ने सामाजिक सम्बन्धों,

लोगों के दृष्टिकोणों और मनोवृत्तियों को काफी कुछ बदल दिया है। अब ग्रामीण क्षेत्रों में सम्बन्धों में घनिष्ठता और आत्मीयता के बजाय औपचारिकता और कृत्रिमता बढ़तीर जा रही है। कृषि-उत्पादन के बढ़ने से ग्रामीण क्षेत्रों में लोगों की आय में वृद्धि हुई है और उनके रहन-सहन का स्तर ऊंचा उठा है। इस प्रकार कृषि की नवीन प्रविधियों ने ग्रामीणों के जीवन को अनेक रूपों में प्रभावित किया है।

(2) **यन्त्रीकरण एवं सामाजिक परिवर्तन**–आज के विज्ञान एवं प्रौद्योगिकी के इस युग में आविष्कारों व खोजों का विशेष महत्व है। वर्तमान में प्रेम, पहिया, भाप इंजन, जहाज, मोटर कार, वायुयान, ट्रैक्टर, टेलीविजन, बिजली, टाइपराइटर, कप्यूटर, गनपाउडर, अणु बम, आदि के आविष्कार ने जीवन के विभिन्न क्षेत्रों में आमूल परिवर्तन ला दिये हैं। *मैकाइवर का कहना है कि भाप के इंजन के आविष्कार ने मानव के सामाजिक व राजनीतिक जीवन को इतना प्रभावित किया है जितनी स्वयं उसके आविष्कार ने भी कल्पना नहीं की होगी।* ऑगबर्न ने रेडियों के आविष्कार के कारण उत्पन्न 150 परिवर्तनों का उल्लेख किया है। **स्पाइसर** (Spicer) ने अनेक ऐसे अध्ययनों का उल्लेख किया है जिनसे यह पता चलता है कि छोटे यन्त्रों के प्रयोग से ही मानवीय सम्बन्धों में विस्तृत एवं अनपेक्षित परिवर्तन हुए हैं। कार में स्वचालित यन्त्र (Self-Starter) के लग जाने से ही कई सामाजिक परिवर्तन हुए हैं। इससे स्त्रियों की स्वतन्त्रता बढ़ी, अब उनके लिए कार चलाना आसान हो गया, वे क्लब जाने लगीं, उनकी गतिशीलता मे वृद्धि हुई और इसका प्रभाव उनके पारिवारिक जीवन पर भी पड़ा। भारत में नये कारखानों के खुलने और मशीनों की सहायता से उत्पादन होने से लोगों को विभिन्न स्थानों पर काम करने हेतु जाना पड़ा, विभिन्न स्थानों पर काम करने हेतु जाना पड़ा, विभिन्न जातियों के लोगों को साथ-साथ काम करना पड़ा। इससे जाति-प्रथा एवं संयुक्त परिवार प्रणाली का विघटन हुआ, छुआछूत कम हुई, वर्ग-व्यवस्था पनपी तथा स्त्रियों की स्वतन्त्रता में वृद्धि हुई। **ममफोर्ड** ने आधुनिक युग के निर्माण में यन्त्रीकरण को महत्वपूर्ण माना है। यन्त्रीकरण ने मानव की जीवन-विधि एवं विचार-पद्धति को ही बदल दिया है। आधुनिक पूंजीवादी व्यवस्था तथा औद्योगीकरण व नगरीकरण के लिए प्रौद्योगिकी ही उत्तरदायी है। औद्योगीकरण एवं पूंजीवादी व्यवस्था के कारण ग्रामीण समुदायों में परिवर्तन हुआ, नगरों में घनी एवं गन्दी बस्तियों का विस्तार हुआ तथा जीवन

यन्त्रवत् हो गया। सामाजिक सम्बन्धों में औपचारिकता पनपी, अपराधों में वृद्धि हुई, श्रम-विभाजन एवं विशेषीकरण बढ़ा। श्रम-समस्याएं एवं संघर्ष बढ़े दुर्घटनाओं तथा बीमारियों में वृद्धि हुई तथा जीवन के प्रति भौतिक दृष्टिकोण पनपा।

यन्त्रीकरण के परिणामस्वरूप अनेक सामाजिक परिवर्तन हुए हैं। मनुष्य ने मशीनों के साथ अनुकूलन करने का प्रयत्न किया है और प्रयत्न के फलस्वरूप जीवन के विभिन्न क्षेत्रों में कई प्रकार के परिवर्तन आये हैं। सभी प्रकार के कामों में विशेषीकरण बढ़ा है, काम करने का समय निश्चित हुआ है, जीवन के सामान्य सुख में वृद्धि हुई है, रहन-सहन का स्तर ऊंचा उठा है, प्रतिस्पर्द्धा बढ़ी है, पुराने ढंग से काम करने एवं उत्पादन करने के तरीकों का महत्व घटा है, पुरान ढंग की कारीगरी के स्थान पर नयी कारीगरी या शिल्प का विकास हुआ है। साथ ही जटिल प्रकार के आर्थिक सम्बन्ध बने और राजनीतिक नियन्त्रण बढ़ा है। इन सब परिवर्तनों के अतिरिक्त अनेक नवीन वर्गों का उदय हुआ है, जनरीतियों, प्रथाओं एवं पड़ोस का महत्व घटा है। सयुक्त परिवार और जाति का अब उतना महत्व नहीं रहा है जितना कुछ समय पहले तक था। वर्तमान में यन्त्रीकरण के कारण समान व्यवसाय में लगे लोगों का संगठित होने का अवसर मिला है, अनेक संघ और समितियाँ बनी हैं जिनके माध्यम से लोग अपने हितों की सुरक्षा चाहते हैं। लोगों में धन या शक्ति प्राप्त करने की होड़ लगी है। पूंजीवाद का प्रसार हुआ है। नगरीय जीवन के तौर-तरीकों का ग्रामीण जीवन पर प्रभाव एवं प्रभुत्व है।

(3) **यन्त्रीकरण तथा सामाजिक मूल्यों में परिवर्तन**–यन्त्रीकरण ने सामाजिक मूल्यों को परिवर्तित करने में योग दिया है। सामाजिक मूल्यों का हमारे जीवन में विशेष महत्व होता है और हम अपने व्यवहार को उन्हीं के अनुरूप ढालने का प्रयत्न करते हैं। वर्तमान में व्यक्तिगत सम्पत्ति एवं शक्ति का महत्व बढ़ा है एवं सामूहिकता के मूल्य कमजोर पड़े हैं। अब धन और राजनीतिक शक्ति के बढ़ने हुए प्रभात एवं महत्व के कारण उन लोगों को समाज में ज्यादा सम्मान या प्रतिष्ठा दी जाती है जो धनी हैं, बड़े व्यापारी या उद्योगपति हैं, राजनेता या प्रशासक हैं। अब चारित्रिक गुणों को पहले जितना महत्व नहीं दिया जाता है। अब सुशिक्षित, गुणी चरित्रवान और समाज-सेवा तथा धार्मिक कार्यों में लगे लोगों का उतना महत्व नहीं रहा जितना उन व्यक्तियों का जो काफी धन कमा लेते हैं या किसी भी प्रकार

से सत्ता में आ जाते हैं। यन्त्रीकरण ने प्रदत्त के बजाय अर्जित गुणों के महत्व को बढ़ाने में योग दिया है। यन्त्रीकरण ने विभिन्न व्यक्तियों और समूहों की पारस्परिक निर्भरता को कम करके व्यक्तिवादिता और संकुचित दृष्टिकोण को पनपाने में मदद दी है। अब व्यक्ति दूसरों की उतनी चिन्ता नहीं करता जितनी स्वयं की करता है। वह न तो परम्परावादी ही रहा है और न ही प्रगतिशील बल्कि असरवादी बन गया है जो कि किसी--न-किसी प्रकार अपनी स्वार्थ-सिद्धि को ही अपने जीवन का परम धर्म मान बैठा है। इन प्रकार यन्त्रीकरण ने सामाजिक मूल्यों को बदलकर सामाजिक परिवर्तन के लिए मार्ग तैयार किया है।

(4) **संचार के उन्नत साधन एवं सामाजिक परिवर्तन**–संचार जो कि एक प्रभावशाली प्रौद्योगिकीय कारक है, के नवीन उन्नत साधनों के विकास के अनेक जटिल सामाजिक परिवर्तनों को जन्म दिया है। संचार की अनेक प्रविधियाँ हैं जिनमें से तार, टेलीफोन, मोबाइल, फैक्स, ई-मेल, रेडियो, टेलीविजन, आदि प्रमुख हैं। संचार ही तो सामाजिक सम्बन्धों का आधार है। जब तक व्यक्तियों के बीच संचार नहीं होगा, सामाजिक सम्बन्धों का आधार है। जब तक व्यक्तियों के बीच संचार नहीं होगा, सामाजिक सम्बन्धों को भी प्रभावित किया है। अब रेडियो की सहायता से कोई भी बात, सूचना या विचार कुछ ही क्षणों में लाखों-करोड़ों व्यक्तियों तक पहुँचाने जा सकते हैं। रेडियो और टेलीविजन के परिवार के सदस्यों को साथ बैठकर अवकाश का समय बिताने को प्रेरित किया है। इससे सदस्यों को अपने मनोरंजन के लिए इधर-उधर भटकना नहीं पड़ता और साथ ही उनके परिवारिक सम्बन्धों में दृढ़ता आयी है। संचार के नवीन एवं उन्नत साधनों के विकास ने जीवन को काफी गतिशील बना दिया है। अब इन उन्नत साधनों के फलस्वरूप स्थानीय दूरी कम हुई है तथा साथ ही ग्रामीण और नगरीय जीवन का भेद कुछ कम हुआ है। संचार के विभिन्न साधनों के माध्यम से भिन्न-भिन्न सांस्कृतिक समूह के लोगों को एक-दूसरे को समझने का मौका मिला है जिसके परिणामस्वरूप उनमें सांस्कृतिक दूरी कम हुई है, सात्मीकरण हुआ है। संचार के विकसित साधनों के फलस्वरूप ही बड़े आकार के राजनीतिक दल बनने लगे और प्रजातान्त्रिक विचारों का प्रचार होने लगा है।

(5) **अुण-शक्ति पर नियन्त्रण एवं सामाजिक परिवर्तन** (Contral Over Atomic Energy and Social Change)–मानव के उद्देश्यों अथवा

विभिन्न आवश्यकताओं की पूर्ति में अणु-शक्ति का प्रयोग एक युग-प्रवर्तक खोज (Epochmaking discovery) है। आधुनिक विज्ञान की अन्य खोजों के समान अणु-शक्ति का प्रयोग भी रचनात्मक एवं विनाशक दोनों ही प्रकार के कार्यों के लिए किया जा सकता है। **मैकाइवर** और **पेज** ने बताया है कि युद्ध के अभिकर्ता की समाप्ति की पूर्व-सूचना देता है। शान्ति के अभिकर्ता के रूप में वह समृद्धि का अभूतपूर्व युग ला सकता है। जहाँ अणु-शक्ति का प्रयोग मानव की सुख-समृद्ध को बढ़ाने और जीवन-स्तर को ऊंचा उठाने में किया जा सकता है, वहीं इसका प्रयोग मानव और उसकी कृतियों का नष्ट करने के लिए भी किया जा सकता है। जैसे-जैसे जीवन के विभिन्न क्षेत्रों में अणु-शक्ति का उपयोग बढ़ता जायेगा उसके साथ ही सामाजिक परिवर्तन की गति की तीव्र होती जायेगी।

(6) **उत्पादन प्रणाली और सामाजिक परिवर्तन**–उत्पादन प्रणाली भी एक प्रमुख प्रौद्योगिकीय कारक है जिसने समय-समय पर सामाजिक सम्बन्धों और सामाजिक संरचना को काफी कुछ बदला है। पहले जब मशीनों का आविष्कार नहीं हुआ था तब लोग अपने हाथ से काम करते थे और परिवार की उत्पादन की इकाई था। ऐसी स्थिति में परिवार के सभी सदस्यों के हित एवं रुचियाँ समान थीं और सम्बन्धों में घनिष्ठता थी। उस समय छोटे पैमाने पर उत्पादन होने से औद्योगिक समस्याएं नही थीं, श्रम समस्याएं नहीं थीं। लोग अपने घरों पर उत्पादित वस्तुओं को अन्य व्यक्तियों को उनके द्वारा उत्पादित वस्तुओं को अन्य व्यक्तियों को उनके द्वारा उत्पादित वस्तुओं के बदले में देकर अपनी सेवाओं का भी आदान-प्रदान करते थे। इससे ग्रामीण समुदायों में एकता और दृढ़ता बनी हुई थी, लेकिन अब उत्पादन प्रणाली बदल गयी है।

वर्तमान में नगरीय क्षेत्रों में बड़े पैमाने पर फैक्टरियों में मशीनों की सहायता से उत्पादन होने लगा है। अब हाथ से काम करने का महत्व कम हुआ है और मशीनें चलाने वाले प्रशिक्षित व्यक्तियों का महत्व बढ़ा है। श्रम-विभाजन और विशेषीकरण अधिक हुआ है। बैंकों और बड़ी-बड़ी व्यापारिक संस्थाओं की स्थापना हुई है। प्रतिस्पर्द्धा और प्रचार का महत्व बढ़ा है। विशाल नगरों की स्थापना हुई है और श्रम समस्याएं और नगरीकरण से समस्याएं उत्पन्न हुई हैं। मशीनों के इस युग में लोगों का जीवन भी यन्त्रवत हो गया है और सामाजिक सम्बन्धों में औपचारिकता बढ़ी है।

प्राथमिक सम्बन्धों और समूहों के बजाय द्वैतीयक सम्बन्धों और समूहों का महत्व बढ़ा है। उत्पादन की नवीन प्रणाली ने सामाजिक, आर्थिक, राजनीतिक और यहाँ तक कि सांस्कृतिक जीवन तक को भी बहुत कुछ बदल दिया है। इस नयी प्रणाली ने विभिन्न सामाजिक रूपों में प्रभावित किया है और सामाजिक परिवर्तन की गति को तेज किया है।

सामाजिक परिवर्तन के अवरोधक कारक (Resistance to Social Change)

कुछ कारक सामाजिक परिवर्तन को उत्पन्न करते हैं तो दूसरी ओर कुछ परिस्थितियाँ एवं कारक ऐसे हैं जो परिवर्तन के मार्ग में बाधा उपस्थित करते हैं। परिवर्तन के बाधक तत्वों का हम यहाँ उल्लेख करेंगे :

(1) **अज्ञान** (Ignorance)–नवीन परिवर्तनों के लाभों से अपरिचित होने तथा अशिक्षा के कारण भी परिवर्तनों का विरोध किया जाता है। ग्रामीण लोगों के सामने जब सामुदायिक विकास योजना रखी गयी तो अज्ञानता के कारण उन्होंने नवीन परिवर्तनों के प्रति कोई रुचि नहीं दिखायी।

(2) **आर्थिक लागत** (Economic Cost)–जब नवीन परिवर्तन को अपनाना आर्थिक दृष्टि से बड़ा महंगा होता है, तब भी उसका विरोध किया जाता है। कृषि से बड़ा महंगा होता है,. तब भी उसका विरोध किया जाता है। कृषि के वैज्ञानिक साधनों एवं उत्पादन में औद्योगिक प्रणाली एवं मशीनीकरण न अपनाने का एक कारण यह है कि नवीन यन्त्रों एवं मशीनों को खरीदने के लिए लोगों के पास धन का अभाव है। इस प्रकार परिवर्तन की लागत अधिक होने पर भी उसके मार्ग में बाधा पैदा होती है।

(3) **परम्परा के प्रति स्वामिभक्ति** (Loyalty to Tradition)–समाज के लोग परम्पराओं का पालन करना अपना नैतिक दायित्व समझते है। परम्पराएं चूंकि एक लम्बे समय के अनुभव का परिणाम होती हैं तथा उनकी उपयोगिता सिद्ध हो चुकी होती है, अतः लोग परम्पराओं को छोड़ना नहीं चाहते। परम्पराओं के पालन करने का अर्थ पूर्वजों का सम्मान करना भी है। यही कारण है कि अनेक दोष होने के बावजूद भी भारतीय लोग जाति, संयुक्त परिवार एवं अनेक धार्मिक परम्पराओं का पालन आज भी कर रहे हैं और नवीनता के प्रति कुछ उदासीन हैं।

(4) **जड़ता** (Inertia)–जब लोग यथास्थिति बनाये (Status quo) बनाये रखना चाहते हैं एवं परिवर्तन के प्रति उदासीन होते हैं तो परिवर्तन का कार्य रुक

जाता है। परिवर्तन उसी स्थिति में तीव्रता से होते हैं जब लोग स्वयं परिवर्तन की इच्छा रखते हों।

(5) **सन्देहात्मक दृष्टिकोण** (Suspicious Outlook)–व्यक्ति की यह एक सामन्य प्रकृति है कि वह नवीनता का खतरा मोल लेना नहीं चाहता और जिस मार्ग पर चल रहा है, उसी पर चलते रहना ठीक समझता है। नयी परिस्थितियाँ उसके लिए लाभदायक व सुखकर ही होंगी, इस बात में उसे सन्देह होता है। अत: वह परिवर्तन को शंका व सन्देह की दृष्टि से देखता है। भारतीय किसानों को ही जब कृषि के नवीन यन्त्रों, उन्नत खाद एवं बीजों से परिचित कराया गया तो उन्होंने इन्हें शीघ्र स्वीकार नहीं किया, वरन् नवीनताओं के प्रति उनके मन में सन्देह बना रहा। जब तक उनके सन्देह का निवारण नहीं हो गया तब तक उन्होंने परिवर्तन को स्वीकार नहीं किया।

(6) **निहित स्वार्थ** (Vested Interests)–जिन लोगों का पुरानी व्यवस्था में हित सुरक्षित होता है, वे भी परिवर्तन का विरोध करते हैं। उदाहरण के लिए, मजदूर लोग कारखाने में अभिनवकरण (Rationalization) एवं कम्प्यूटर लगाने का विरोध करते हैं क्योंकि अभिनवकरण में ऐसी मशीनों का प्रयोग किया जाता है जिसमें कम श्रम से अधिक उत्पादन होता है। अभिनवीकरण एवं कम्प्यूटर के कारण श्रमिकों की छंटनी विरोध करते है और उनमें बेकारी फैलती है, अत: वे इसका विरोध करते हैं। उद्योगपति अपने हितों की पूर्ति के कारण ही श्रम–कल्याण कानूनों का विरोध करते हैं। जागीरदारों ने जागीरदारी उन्मूलन अधिनियम का विरोध भी इसलिए ही किया था कि इससे उनके हितों को चोट पहुँचती थी।

तकनीकी (प्रौद्योगिकी) के प्रत्यक्ष एवं अप्रत्यक्ष प्रभाव (Direct and Indirect Effects of Technology)

प्रौद्योगिकी या प्रौद्योगिकीय परिवर्तन के परिणामस्वरूप विभिन्न क्षेत्रों में अनेक परिवर्तन आते हैं जिनमें से कुछ इसके प्रत्यक्ष प्रभाव या परिणाम और कुछ अप्रत्यक्ष प्रभाव या परिणाम कहे जा सकते हैं। प्रत्यक्ष प्रभाव वे हैं जो प्रौद्योगिकीय परिवर्तन के परिणामस्वरूप अनिवार्यत: और शीघ्र ही समाज में परिवर्तन लाते हैं। ये परिवर्तन स्पष्ट: मालूम पड़ते हैं। अप्रत्यक्ष प्रभाव वे हैं जो समाज में प्रौद्योगिकीय परिवर्तन के फलस्वरूप अप्रत्यक्ष तरीके से परिवर्तन लाते हैं। ये परिवर्तन प्रौद्योगिकीय परिवर्तन के फलस्वरूप उत्पन्न परिवर्तनों के माध्यम से आते हैं।

प्रौद्योगिकीय परिवर्तन के प्रत्यक्ष प्रभाव निम्नलिखित हैं :

(1) **ग्रामीण क्षेत्रों में नगरीय विशेषताओं का फैलाव**–अधिकांशतः मानव दो प्रकार के समुदायों में निवास करता है, या तो नगरीय समुदायों में या ग्रामीण समुदायों में। ये दोनों ही प्रकार के समुदाय सामाजिक जीवन के दो भिन्न-भिन्न रूप प्रस्तुत करते हैं। आज प्रौद्योगिकी के कारण नगरीय क्षेत्रों में सामाजिक परिवर्तन की प्रक्रिया तीव्र है। इसका प्रभाव ग्रामीण क्षेत्रों और जीवन पर भी पड़ता हें वर्तमान में बहुत-से मजदूर काम करने ग्रामों से नगरों में आते हैं जहां नवीन पर्यावरण से अनुकूलन करने के प्रयत्न-स्वरूप उनके विश्वासों, मूल्यों आदतों एवं आचरणें में काफी परिवर्तन आता हैं वे इन नवीनताओं को ग्रामीण क्षेत्रों में पहुंचाते हैं। यातायात और संचार के साधनों के बढ़ने से नगरीय विशेषताओं का ग्रामों में प्रचार और प्रसार होता जा रहा है। जब ग्रामों के लोग भी उन भौतिक उपकरणों का प्रयोग करने लगे हैं जो जीवन की सुख-सुविधाओं को बढ़ाने में योग देते हैं, जैसे, बिजली, पंखा, हीटर, रेडियो, ट्रांजिस्टर, टेपरिकार्डर, टेलीविजन, आदि का स्पष्ट है कि ग्रामीण और नगरीय जीवन का अंतर धीरे-धीरे कम होता जा रहा है।

(2) **श्रम-विभाजन एवं कार्यों का विशेषकीरण**–प्रौद्योगिकीय परिवर्तन के फलस्वरूप अब उत्पादन बड़े पैमाने पर विशालकाय कारखानों में होने लगा। इन कारखानों में अलग-अलग व्यक्तियों में अलग-अलग प्रकार के कार्य बांटे गये क्योंकि विभिन्न कार्यों के ठीक प्रकार से सम्पादन के लिए भिन्न-भिन्न योग्यता और प्रशिक्षण वाले व्यक्तियों की आवश्यकता होती है। एक ही प्रकार का कार्य लम्बे समय तक करते रहने के कारण व्यक्तियों को उस कार्य से सम्बन्धित विशेष ज्ञान प्राप्त करने में सहायता मिली। इस प्रकार श्रम-विभाजन के साथ-साथ विशेषीकरण भी बढ़ा। अब विभिन्न कार्यों को ठीक से पूरा करने के लिए विशेष प्रशिक्षण की व्यवस्था भी की गयी।

(3) **श्रमिक संगठनों का निर्माण**–उत्पादन के क्षेत्र में नवीन प्रविधियों के काम में लिये जाने के पहले तक सामान्यतः किसी प्रकार की कोई श्रम-समस्याएं नहीं थीं लोग अपने घरों पर हाथ से काम करते और वस्तुओं को निर्माण करते थे। अब कारखानों में मशीनों की सहायता से काम किया जाने लगा। इसके परिणामस्वरूप कारीगर मजदूरों के रूप में बदल गये।

अब कार्य के घण्टे, तनख्वाह, कार्य की दशाएं, आदि निश्चित किये गये। मिल मालिक अपने मुनाफे को बढ़ाने के लिए मजदूरों से अधिक काम लेने और कम-से-कम वेतन देने का प्रयत्न करने लगे। परिणामस्वरूप शोषण के विरुद्ध मजदूरों ने मिल मालिकों और सरकार के सम्मुख समय-समय पर अनेक मांगें रखीं जिनके परिणामस्वरूप धीरे-धीरे इनकी आर्थिक स्थिति में सुधार होता गया। इनमें वर्ग चेतना का विकास हुआ जिसके परिणामस्वरूप समाज-व्यवस्था में क्रान्तिकारी परिवर्तन तक हुए।

(4) **नगरीकरण**–जब उत्पादन फैक्टरी प्रणाली द्वारा होने लगा तो ग्रामों से बहुत-से लोग कार्य की तलाश में नगरों में आने लगे। अनेक कारणों से कारखानों के नगरीय क्षेत्रों में स्थापित होने से अनेक ग्रामवासी इन खानों में काम करने के लिए नगरों में आकर बसने लगे। परिणामस्वरूप नगरों की जनसंख्या तेजी के साथ बढ़ती गयी। जनसंख्या के तीव्र गति से बढ़ने के कारण अनेक नगरीय समस्याएं उत्पन्न हुई, जैसे, गन्दी बस्तियों की समस्या। नगरों के भी-भाड़युक्त वातावरण में व्यक्ति अकेलापन महसूस करने लगा। यहाँ यह कहा जा सकता है कि औद्योगिकरण के फलस्वरूप नगरीकरण की प्रक्रिया तेज हुई और इन दोनों ने सामाजिक जीवन को अगणित रूपों में प्रभावित कर सामाजिक परिवर्तन लाने में योग दिया है।

(5) **गतिशीलता का बढ़ना**–प्रौद्योगिकीय परिवर्तन ने स्थानीय और सामाजिक दोनों ही प्रकार की गतिशीलता को बढ़ाने में महत्वपूर्ण भूमिका निभाई है। स्थानीय गतिशीलता का अर्थ एक स्थान से दूसरे स्थान पर जाने की प्रवत्ति का बढ़ना है। सामाजिक गतिशीलता का अर्थ एक सामाजिक स्थिति से दूसरी सामाजिक स्थिति प्राप्त कर लेना है, एक समूह या वर्ग से दूसरे समूह या वर्ग में पहुँच जाना है। वर्तमान में नवीन प्रौद्योगिकी के कारण आवागमन और संचार के साधनों का बड़ी तेजी के साथ विकास हुआ है। लोग विभिन्न स्थानों, समूहों, वर्गों, व्यवसायों, आदि के सम्बन्ध में जानने लगे हैं। वे विभिन्न लोगों और भिन्न-भिन्न संस्कृतियों से परिचित होने लगे हैं। परिणामस्वरूप अपने समूह और संस्कृति को ही सर्वश्रेष्ठ मानने की प्रवृत्ति कम हुई है। अब अपनी योग्यता और साधनों को बढ़ाकर अपनी वर्गीय स्थिति को बदलने के अवसर भी लोगों को मिले हैं। स्पष्ट है कि प्रौद्योगिकी ने गतिशीलता को बढ़ाने में योग दिया है।

(6) **सामाजिक सम्बन्धों में परिवर्तन**–प्रौद्योगिकी के परिणामस्वरूप सामाजिक सम्बन्धों की दृष्टि से बहुत कुछ परिवर्तन आये हैं और सम्बन्धों मे जटिलता

बढ़ी है। पहले व्यक्ति प्रमुखत: अपने परिवार के वयस्कों, कुछ रिश्तेदारों और ग्रामीण समुदाय के कुछ अन्य लोगों से ही सम्बन्धित था, परन्तु अब व्यक्ति के सम्बन्धों का काफी विस्तार हुआ है। अब उसे शिक्षा के लिए स्कूल पर, आजीविका के लिए किसी कारखाने, दफ्तर या व्यापारिक संस्थान पर निर्भर रहना पड़ता है। अपने मनोरंजन के लिए भी वह किसी क्लब, सोसायटी या मण्डल का सदस्य बनता है। आज के विशेषीकरण के इस युग में सभी समितियों या वैकल्पित समूहों की संख्या काफी बढ़ गयी है और व्यक्ति अपनी विभिन्न आवश्यकताओं की पूर्ति के लिए इनमें सब कुछ का सदस्य बन जाता है। परिणामस्वरूप, उसके सम्बन्धों का क्षेत्र विस्तृत हो जाता है। वर्तमान में घनिष्ठ, आमने-सामने के और अनौपचारिक सम्बन्धों के बजाय कार्यात्मक, अप्रत्यक्ष तथा औपचारिक सम्बन्ध अधिक बनते जा रहे हैं।

प्रौद्योगिक परिवर्तन के अप्रत्यक्ष प्रभाव इस प्रकार हैं :

(1) **पारिवारिक जीवन में परिवर्तन**–प्रौद्योगिकीय परिवर्तन ने विवाह और परिवार के क्षेत्र में अनेक महत्वपूर्ण परिवर्तनों का सूत्रपात किया है। नवीन प्रौद्योगिकी ने व्यक्तिवादिता को बढ़ाया है और सामूहिकता के महत्व को कम किया है। अब व्यक्ति स्वयं के स्वार्थ के दृष्टिकोण से अधिक सोचने लगा है। साथ ही लोग ग्रामों में अपने संयुक्त परिवार को छोड़कर नगरों में आकर बसने लगे हैं वहां मकानों की कमी तथा व्यक्विादी और स्वार्थी मनोवृत्ति ने उन्हें नाभिक परिवारों में रहने के लिए प्रेरित किया है। परिवारों का आकार भी पहले से कुछ छोटा हुआ है। परिवार नियोजन की नवीन प्रविधियों ने परिवार के आकार को छोटा करने में योग दिया है। वर्तमान में परिवार के बहुत-से कार्य परिवार से छिनकर अन्य समितियों में चले गये हैं। नवीन प्रौद्योगिकी ने स्त्रियों के कार्यों को हल्का किया है। अब वे प्रेशर-कुकर, गैस, बिजली और अनेक श्रम-बचत उपकरणों को काम में लेकर अपने समय को बचाने लगी हैं स्त्री-शिक्षा और रोजगार के अवसर भी बढ़े हैं। अब वे फैक्टरियों, दफ्तरों, स्कूलों और विभिन्न व्यवसायों में पुरुषों के समान काम करने और आर्थिक रूप से स्वतंत्र होने लगी हैं वे अ ब अपने अधिकारों के प्रति जागरूक हैं। इस सारी स्थिति ने स्त्रियों की सामाजिक स्थिति को सुधारने में योग दिया है। प्रौद्योगिकीय परिवर्तनों का प्रभाव विवाह संस्था पर भी पड़ा है। अब प्रेम-विवाह, विलम्ब-विवाह, अन्तर्जातीय विवाह भी होने लगे हैं। इसके अलावा, नवीन प्रौद्योगिकी ने

पारिवारिक संबंधों में परिवर्तन लाकर तनाव और विवाह-विच्छेदों की संख्या बढ़ाने में योग दिया है।

(2) **प्रतिस्पर्द्धा का बढ़ना**–नवीन प्रौद्योगिकी ने जहां श्रम-विभाजन और विशेषीकरण बढ़ाया है वहां साथ ही प्रतिस्पर्द्धा में भी अभूतपूर्व वृद्धि की है। आज के औद्योगीकरण के इस युग में प्रतिस्पर्द्धा का महत्व सर्वत्र बढ़ा है। आज शिक्षा, नौकरियों और व्यापार के विभिन्न क्षेत्रों में प्रतिस्पर्द्धा दिखायी पड़ती है। एक उद्योगपति और दूसरे उद्योगपति में आज गला-काट प्रतिस्पर्द्धा (Cut-Throat Competition) पायी जाती है। प्रतिस्पर्द्धा के बढ़ने से जहां अनेक लाभ हैं वहां इसके कुछ दुष्परिणाम भी हैं। इसके परिणामस्वरूप कई बार उत्पादन आवश्यकता से अधिक हो जाता है, व्यापार में बाधा पड़ती है और लोग आर्थिक अपराध तक करने लगते हैं। बढ़ती हुई प्रतिस्पर्द्धा मे आर्थिक सबंधों के साथ-साथ सामाजिक संबंधों के क्षेत्र को अंतराष्ट्रीय बना दिया है। बढ़ती हुई प्रतिस्पर्द्धा ने सामूहिक महत्व को कम करने और व्यक्तिवादिता को बढ़ाने में योग दिया है।

(3) **विभिन्न वर्गों का उदय**–प्रौद्योगिकी ने नवीन आर्थिक वर्गों के निर्माण द्वारा सामाजिक संरचना को बदलने में महत्वपूर्ण भूमिका निभायी है। नवीन प्रौद्योगिकी ने कुछ साधन-संपन्न लोगों को बड़े-बड़े कारखानों का मालिक बनाकर अधिक धन कमाने और पूंजीपति बनने के अवसर प्रदान किये हैं। दूसरी ओर इसी प्रौद्योगिकी ने लाखों-करोड़ों लोगों को इन्हीं कारखानों में मजदूरों के रूप में कार्य करने को बाध्य किया हैं परिणामस्वरूप, पूंजीपति और मजदूर वर्गों का निर्माण हुआ। साथ ही इन दोनों के मध्य एक और वर्ग का उदय हुआ है जिसे मध्यम वर्ग कहा जाता है जिसकी आय के स्रोत श्रमिक वर्ग से कुछ अधिक हैं और जो व्यापार, व्यवसाय, पेशों और विभिन्न नौकरियों में लगे हुए हैं। इस वर्ग के लोगों की सामाजिक प्रतिष्ठा श्रमिक वर्ग से कुछ ऊंची होती है। नवीन प्रौद्योगिकी ने भारतीय समाज में जाति-व्यवस्था के प्रभाव को कम करने और वर्गों के महत्व को बढ़ाने में योग दिया है।

(4) **बेकारी का बढ़ना**–नवीन प्रौद्योगिकी के अंतर्गत श्रम की बचन करने वाली मशीनों का आविष्कार हुआ है। एक मशीन कुछ ही घण्टों में इतना काम कर सकती है, जितना एक व्यक्ति महीनों तक काम करके भी नहीं करता। परिणामस्वरूप, नवीन प्रौद्योगिकी ने कुटीर उद्योग-धंधों को चौपट कर

बेकारी को बढ़ाने में योग दिया है, बेकारी अपने आप में एक ऐसी आथ्रिक और सामाजिक समस्या है जो व्यक्ति और परिवार के जीवन को विघटित कर देती है। जब समाज में विघटित व्यक्तियों और परिवारों की संख्या बढ़ती है तो इसका प्रभाव संपूर्ण सामाजिक व्यवस्था पर पड़ता है और समाज का जीवन अस्त-व्यस्त हो जाता है, लेकिन हमें यहां इतना अवश्य ध्यान रखना है कि नवीन प्रौद्योगिकी सदैव ही बेकारी को बढ़ाने में योग नहीं देती।

(5) **धार्मिक जीवन में परिवर्तन**—नवीन प्रौद्योगिकी ने ज्ञान-विज्ञान, तर्क और विवेक के महत्व को बढ़ाकर धर्म के रूढ़िवादी पक्ष को कमजोर करने में योग दिया है। अब आज का व्यक्ति धार्मिक अंधविश्वासों को अधिक महत्त्व नहीं देता है। आज धर्म के उदारतावादी और मानवतावादी पक्ष पर अधिक जोर दिया जाने लगा है। अब व्यक्ति धार्मिक कर्मकाण्डों में उतना विश्वास नहीं करता जितना पहले करता था। नवीन प्रौद्योगिकी ने विभिन्न धर्मों के लोगों को एक-दूसरे के संपर्क में आने का अवसर दिया है। परिणामस्वरूप लोगों की विभिन्न धर्मों में रुचि बढ़ी है। आज धर्म के क्षेत्र में संकीर्णताएं कुछ कम हुई हैं और सहिष्णुता बढ़ी है।

(6) **सामाजिक जीवन में परिवर्तन**—नवीन प्रौद्योगिकी ने व्यक्ति के मूल्यों, विश्वासों, आदर्शों, आदि को परिवर्तित कर उसे जीवन के प्रति नवीन दृष्टिकोण अपनाने के लिए बाध्य किया है। अब व्यक्ति सामुदायिक के बजाय व्यक्तिवादी जीवन में अधिक रुचि लेने लगा है। नगरों में बसने वाले बहुत-से व्यक्तियों को अपने स्त्री-बच्चों को गांव में ही छोड़कर नगरों में गंदी बस्तियों में अकेले रहने को विवश होना पड़ता है। यह स्थिति कई बार यौन-अनैतिकता पनपाने में योग देती है ऐसे लोगों में मद्यपान, वेश्यावृत्ति और जुआखोरी की आदत भी पनप जाती है। नवीन प्रौद्योगिकी ने जाति-व्यवस्था पर आधारित परम्परागत स्थिर भारतीय समाज को आधुनिकीकरण की ओर बढ़ने के लिए प्रेरित किया है। अब लोग जाति-पांति की अधिक चिंता नहीं करते। स्पष्ट है कि प्रौद्योगिकी ने स्थिर समाज को गतिशील समाज और परंपरागत समाज को आधुनिक समाज में बदलने में योग दिया है।

स्पष्ट है कि प्रौद्योगिक कारकों ने सामाजिक परिवर्तन लाने में महत्वपूर्ण भूमिका निभायी है।

सामाजिक परिवर्तन के सांस्कृतिक कारक
(Cultural Factors of Social Change)

सामाजिक परिवर्तन के विभिन्न कारकों में सांस्कृतिक कारकों का विशेष महत्व है। इसका प्रमुख कारण यह है कि संस्कृति व्यक्ति के विश्वासों, मूल्यों, विचारों, आदतों एवं व्यवहारों को बहुत कुछ सीमा तक प्रभावित करती है। अन्य शब्दों में, संस्कृति व्यक्ति के समाजीकरण और व्यक्तित्व के निर्माण में अपूर्व योग देती है। जैसे ही किसी संस्कृति में परिवर्तन आता है, जैसे ही सांस्कृतिक तत्व बदलते हैं, वैसे ही व्यक्तियों की आदतों और व्यवहारों में परिवर्तन आता है। इस परिवर्तन के साथ-साथ सामाजिक सबंधों, व्यवहारों, प्रस्थितियों और भूमिकाओं तथा समग्र रूप में सामाजिक संरचना (Social Structure) में बदलाव आता है। यही बदलाव सामाजिक परिवर्तन है और इसका कारण है–संस्कृति के विभिन्न तत्वों में होने वाला परिवर्तन या सांस्कृतिक कारक। यहां सामाजिक परिवर्तन के सांस्कृतिक कारकों की विवेचना करने के पूर्व संक्षेप में संस्कृति को समझ लेना भी आवश्यक है।

संस्कृति शब्द का प्रयोग अनेक अर्थों में किया गया है। **मजूमदार** और **मदान** लोगों के जीवन जीने के ढंग को ही संस्कृति मानते हैं। **टायलर** के अनुसार, ''संस्कृति व समग्र जटिलता है जिसमें ज्ञान, विश्वास, कला, आचार, कानून, प्रथा और एसी अन्य क्षमताओं एवं आदतों का समावेश है जो मनुष्य समाज का एक सदस्य होने के नाते प्राप्त करता है।'' **टायलर** की इस परिभाषा में स्पष्ट किया गया है कि संस्कृति सामाजिक विरासत (Social Heritage) है, समाज द्वारा मानव को दिया हुआ उपहार है। संस्कृति जीवन की संपूर्ण विधि (Total way of life) है तथा मानसिक, सामाजिक एवं भौतिक साधन हैं जिससे कि जीवन विधि बनी हुई है।

पिडिंगटन के अनुसार, ''संस्कृति उन भौतिक तथा बौद्धिक साधनों और उपकरणों का संपूर्ण योग है जिनके द्वारा मानव अपनी प्राणीशास्त्रीय तथा सामाजिक आवश्यकताओं की संतुष्टि तथा अपने पर्यावरण से अनुकूलन करता है।'' **हरकोविट्स** संस्कृति को ''पर्यावरण का मानव-निर्मित भाग कहते हैं।'' **हॉबल** के अनुसार, ''संस्कृति सीखे हुए व्यवहार प्रतिमानों का कुल योग है जो किसी समाज के सदस्यों की विशेषता है जो कि प्राणीशास्त्रीय विरासत का परिणाम नहीं है।'' हॉबल की इस परिभाषा से स्पष्ट है कि संस्कृति सीखी जाती है। अत: वह एक पीढ़ी से दूसरी पीढ़ी को हस्तान्तरित की जाती है।

उपर्युक्त परिभाषाओं से स्पष्ट है कि संस्कृति की कोई भी एक सर्वमान्य परिभाषा नहीं है। संस्कृति शब्द इतना जटिल और विस्तृत है कि उसकी एक सर्वमान्य परिभाषा

देना एक कठिन कार्य है। फिर भी हम संस्कृति को सार रूप में इस प्रकार समझा सकते हैं : *वास्तव में एक समाज-विशेष के संपूर्ण व्यवहार-प्रतिमानों अथवा समग्र जीवन-विधि को संस्कृति के नाम से पुकारा जा सकता है। संस्कृति के अंतर्गत विचार तथा व्यवहार के सभी प्रकार आ जाते हैं जो संचारात्मक अंत: क्रिया के द्वारा व्यक्तियों को प्राप्त होते हैं अर्थात् मानव बोलने, हाव-भाव से तथा उदाहरण से इन्हें प्राप्त करता है, न कि वंशानुक्रमण द्वारा। अपनी आवश्यकताओं की पूर्ति हेतु मनुष्य ने जिन भौतिक एवं अभौतिक वस्तुओं का निर्माण अथवा विकास किया है, वे सब संस्कृति के अंतर्गत आती हैं।*

सांस्कृतिक कारक और सामाजिक परिवर्तन
(Cultural Factors and Social Change)

संस्कृति या सांस्कृतिक कारकों और सामाजिक परिवर्तनों के बीच गहरा संबंध पाया जाता है। संस्कृति जिसके अंतर्गत धर्म, प्रथा, संस्थाएं, रूढ़ियां, मूल्य, आदर्श, विश्वास, आदि आते हैं, लोगों के बीच होने वाली अंत:क्रिया और सामाजिक संबंधों को अनेक रूपों में प्रभावित करती है। संस्कृति के आधार पर ही यह निर्धारित होता है कि कौन किसके साथ कैसे संबंध स्थापित करेगा और इस संबंध के आधार पर कैसा व्यवहार करेगा। परिवार के विभिन्न सदस्यों के बीच किस प्रकार के संबंध होंगे और वे एक-दूसरे के साथ कैसा व्यवहार करेंगे। यह संस्कृति द्वारा ही तो निश्चित होता है। संस्कृति के अंतर्गत आने वाला धर्म सामाजिक परिवर्तन की दिशा निश्चित करता है। संस्कृति का भौतिक पक्ष आदतों के परिवर्तन में और अभौतिक पक्ष व्यवहार के परिवर्तन में योग देता है। जब किसी समूह के लोगों की आदतें और व्यवहार बदलते हैं तो सामाजिक परिवर्तन आता है। संस्कृति, आर्थिक, राजनीतिक, सामाजिक और प्रौद्योगिकीय क्षेत्र में परिवर्तन लाकर सामाजिक परिवर्तन में योग देती है।

(1) *समाज-विशेष के सांस्कृतिक पर्यावरण और सामाजिक संगठन एवं सामाजिक संरचना के बीच घनिष्ठ संबंध पाया जाता है।* हिन्दुओं और मुसलमानों तथा ईसाइयों की सामाजिक संरचना में काफी भिन्नता पायी जाती है और इस भिन्नता का एक मुख्य कारण इन समाजों के सांस्कृतिक पर्यावरण का अंतर है। जहां हिन्दुओं में गोत्र और सप्रवर बहिर्विवाह की प्रथा पायी जाती है, वहां मुसलमानो में कुछ अति निकट के रक्त-संबंधियों को छोड़कर शेष के साथ वैवाहिक संबंध स्थापित किये जा सकते हैं। इसी प्रकार हिन्दुओं में विवाह को एक धार्मिक संस्कार और मुसलमानों

में सामाजिक समझौता माना जाता है। परिवार के क्षेत्र में भी विभिन्न सांस्कृतिक समूहों में भिन्नता देखने को मिलती है। उदाहरण के रूप में, हिन्दुओं में विशेषत: संयुक्त परिवार का तो ईसाइयों में नाभिक परिवार का प्रचलन रहा है। किसी सांस्कृतिक समूह में मातृसत्तात्मक तो किसी में पितृसत्तात्मक परिवार पाये जाते हैं। कहीं पुरुषों की सामाजिक स्थिति स्त्रियों से ऊंची है तो कहीं इसके विपरीत स्त्रियों की स्थिति पुरुषों से ऊंची है। हिन्दुओं में पायी जाने वाली जाति-प्रथा का एक प्रमुख कारण हिन्दू संस्कृति है, हिन्दुओं की धार्मिक मान्यताएं हैं। यहां जाति-प्रथा के पाये जाने का और तने लम्बे समय तक अनेक रूपों में लोगों के जीवन को प्रभावित करने का एक प्रमुख कारण यहां की संस्कृति है। वर्तमान में पाश्चात्य सभ्यता और संस्कृति के प्रभाव और बढ़ती हुई शिक्षा, मानवतावादी और उदारवादी मूल्यों के प्रसार तथा विज्ञान के व्यापक प्रभाव से यहां की सांस्कृतिक विशेषताओं में कुछ अंतर आया है। अब स्वतंत्रता, समानता और बंधुत्व के भाव पनपने लगे हैं, प्रजातांत्रिक मूल्यों का प्रभाव पड़ा है, लोग तार्किक दृष्टिकोण अपनाने लगे हैं सांस्कृतिक पर्यावरण में होने वाले इस परिवर्तन का प्रभाव भारतीय जाति-व्यवस्था और संपूर्ण सामाजिक जीवन पर स्पष्टत: दिखायी पड़ता है।

(2) *आर्थिक जीवन में होने वाले अनेक परिवर्तनों के लिए संस्कृति उत्तरदायी है।* भारतीय संस्कृति में आध्यात्मवाद पर विशेष जोर दिया गया है जिसके परिणामस्वरूप बहुत-से लोग आर्थिक प्रगति के प्रति कुछ उदासीन रहे हैं। यहां उतनी आर्थिक प्रगति नहीं हो पायी जितनी अमरीका में हो सकी हैं इसका एक प्रमुख कारण यह है कि वहां की संस्कृति में भौतिक उन्नति को काफी महत्व दिया जाता है।

मैक्स वेबर ने धर्म, जो कि संस्कृति का एक अंग है और आर्थिक जीवन के बीच गहरा संबंध दर्शाया है। आपने बताया कि जिन देशों में प्रोटेस्टेण्ट धर्म के अनुयायी हैं, वहां पूंजीवाद का विकास हो सका; जैसे, हॉलैण्ड, इंगलैण्ड, अमेरिका, आदि में। इसका कारण यह है कि प्रोटेस्टेण्ट धर्म की आचार-संहिता ही कुछ इस प्रकार की है कि उसके अनुरूप आचरण या व्यवहार करते पर पूंजीवाद का विकास स्वाभाविक है। इसके विपरीत, इटली, स्पेन, आदि देशों में पूंजीवाद का विकास नहीं होने का प्रमुख कारण वहां कैथोलिक धर्म के अनुयायियों का होना है। इस धर्म की

आचार-संहिता में कुछ ऐसी बातें हैं जो पूंजीवादी व्यवस्था के विकास में सहायक नहीं है। इससे ज्ञात होता है कि सांस्कृतिक कारक आर्थिक जीवन को काफी कुछ प्रभावित करता है।

(3) *सांस्कृतिक कारकों का समाज-विशेष के राजनीतिक संगठन पर भी काफी प्रभाव पड़ता है।* किस समाज में प्रजातंत्र होगा, किस में कुलीनतंत्र या राजतंत्र होगा, कहां समाजवादी या साम्यवादी व्यवस्था को बढ़ाा मिलेगा, यह बहुत-कुछ समाज-विशेष के सांस्कृतिक पर्यावरण पर निर्भर करेगा। जैसे-जैसे किसी समाज का सांस्कृतिक पर्यावरण बदलता है, उसके साथ-ही-साथ लोगों के मूल्यों, विश्वासों और विचारों में भी परिवर्तन आता है जो राजनीतिक संगठन के स्वरूप को निर्धारित करता है। साथ ही किसी देश में कैसे कानून बनाये हैं, किस प्रकार की समाज सुधार योजनाएं हाथ में ली जायेंगी, समाज के कमजोर वर्गों के लिए क्या कुछ किया जायेगा, यह बहुत कुछ सांस्कृतिक पर्यावरण पर निर्भर करता है। स्वतंत्रता प्राप्ति के पश्चात् भारतीयों के मूल्यों और विश्वासों में अनेक कारणों से कई परिवर्तन आये हैं और इनका प्रभाव लोकसभा द्वारा समय-समय पर पारित किये गये विवाह और परिवार से संबंधित अधिनियमों पर स्पष्टत: दिखायी पड़ता है।

(4) *आर्थिक जीवन में होने वाले अनेक परिवर्तनों के लिए संस्कृति उत्तरदायी है।* भारतीय संस्कृति में आध्यात्मवाद पर विशेष जोर दिया गया है जिसके परिणामस्वरूप बहुत-से लोग आर्थिक प्रगति के प्रति कुछ उदासीन रहे हैं। यहां उतनी आर्थिक प्रगति नहीं हो पायी जितनी अमरीका में हो सकी हैं इसका एक प्रमुख कारण यह है कि वहां की संस्कृति में भौतिक उन्नति को काफी महत्व दिया जाता है। मैक्स वेबर ने धर्म, जो कि संस्कृति का एक अंग है और आर्थिक जीवन के बीच गहरा संबंध दर्शाया है। आपने बताया कि जिन देशों में प्रोटेस्टेण्ट धर्म के अनुयायी हैं, वहां पूंजीवाद का विकास हो सका; जैसे, हॉलैण्ड, इंगलैण्ड, अमेरिका, आदि में। इसका कारण यह है कि प्रोटेस्टेण्ट धर्म की आचार-संहिता ही कुछ इस प्रकार की है कि उसके अनुरूप आचरण या व्यवहार करते पर पूंजीवाद का विकास स्वाभाविक है। इसके विपरीत, इटली, स्पेन, आदि देशों में पूंजीवाद का विकास नहीं होने का प्रमुख कारण वहां कैथोलिक धर्म के अनुयायियों का होना है। इस धर्म की आचार-संहिता में कुछ ऐसी बातें हैं जो पंजीवादी

व्यवस्था के विकास में सहायक नहीं है। इससे ज्ञात होता है कि सांस्कृतिक कारक आर्थिक जीवन को काफी कुछ प्रभावित करता है।

सांस्कृतिक विलम्बना या पिछड़न का सिद्धांत (Theory of Cultural Lag)

ऑगबर्न ने सांस्कृतिक विलम्बना या सांस्कृतिक पिछड़न की उपकल्पना के माध्यम से सामाजिक परिवर्तन में सांस्कृतिक कारकों की भूमिका को समझाने को प्रयत्न किया है। अंग्रेजी के 'Lag' शब्द का अर्थ है–लंगड़ाना या एक वस्तु का दूसरी से पीछे रह जाना अथवा एक वस्तु का दूसरी वस्तु के साथ आगे बढ़ने में विलम्ब या देर करना। ऑगबर्न ने सांस्कृतिक विलम्बना की अवधारणा का प्रयोग लगभग इन्हीं अर्थों में किया है। ऑगबर्न ने अपनी पुस्तक '*Social Change*' में 1922 में सामाजिक परिवर्तन के 'सांस्कृतिक विलम्बना' नामक सिद्धांत का प्रतिपादन किया। उन्होंने संस्कृति को दो भागों में बांटा–**भौतिक एवं अभौतिक संस्कृति।** भौतिक संस्कृति के अंतर्गत हजारों भौतिक वस्तुएं जैसे, वायुयान, रेल, पंखा, घड़ी, बर्तन, फर्नीचर, वस्त्र, पुस्तकें, आदि आते हैं। अभौतिक संस्कृति में प्रथाएं, परम्पराएं, धर्म दर्शन, ज्ञान, विज्ञान, कानून, संस्थाएं, कला, विश्वास, आदि आते हैं। ऑगबर्न की मान्यता है कि पिछले कुछ वर्षों में दोनों ही संस्कृतियों में बहुत विकास हुआ है। उनका मत है कि अभौतिक संस्कृति की तुलना में भौतिक संस्कृति तीव्र गति से बदलती हैं पिछले कुछ वर्षों में आविष्कारों के कारण भौतिक संस्कृति आगे बढ़ गयी और उससे संबंधित या उस पर निर्भर अभौतिक संस्कृति में परिवर्तन की गति मंद रही, इस स्थिति को ही ऑगबर्न सांस्कृतिक पिछड़न कहते हैं। अभौतिक संस्कृति में परिवर्तन होने में पर्याप्त समय लगता हे। यह समय कितना लगेगा और अभौतिक संस्कृति भौतिक संस्कृति से कितना पिछड़ जायेगी, यह अभौतिक संस्कृति की प्रकृति पर निर्भर करता है। यह पिछड़न कई वर्षों तक भी रह सकती है जिससे संस्कृति में अव्यवस्था उत्पन्न हो जाती है।

सांस्कृतिक विलम्बना को स्पष्ट करते हुए **फेयरचाइल्ड** लिखते हैं, ''संस्कृति के अन्त:संबंधित अथवा अन्योन्याश्रित दो भागों के परिवर्तन की गति में समकालीनता के अभाव को 'सांस्कृतिक पिछड़न' कहा जायेगा जिससे संस्कृति में अव्यवस्था या कुसमायोजन (Maladjustment) उत्पन्न हो जाता है।''

इस परिभाषा से स्पष्ट है *कि भौतिक संस्कृति का आगे बढ़ जाना व अभौतिक का पीछे रह जाना ही 'सांस्कृतिक पिछड़न या सांस्कृतिक विलम्बन' कहलाता है।* यह दशा संस्कृति में असंतुलन की दशा है। इस असंतुलन को समाप्त करने के

लिए सामंजस्य तथा अनुकूलन का प्रयत्न किया जाता है, इस दौरान समाज में भी परिवर्तन होते हैं। इस प्रकार से जब इन दो संस्कृतियों में असंतुलन पैदा होता है तो समाज पर भी उसका प्रभाव पड़ता है, उसमें भी परिवर्तन आते हैं।

ऑगबर्न लिखते हैं, ''आधुनिक संस्कृति के विभिन्न भाग समान गति से परिवर्तित नहीं हो रहे हैं। कुछ भागों में दूसरों की अपेक्षा अधिक तीव्र गति से परिवर्तन हो रहे हैं और चूंकि संस्कृति के सभी भाग एक-दूसरे पर निर्भर और एक-दूसरे से संबंधित हैं, अत: संस्कृति के एक भाग में होने वाले तीव्र परिवर्तन से दूसरे भागों में भी अभियोजन (Readjustment) की आवश्यकता होती है।'' स्पष्ट है कि भौतिक संस्कृति अभौतिक संस्कृति की तुलना में शीघ्र परिवर्तित होती है। इससे एक संस्कृति (भौतिक) आगे बढ़ जाती है तथा दूसरी (अभौतिक) पिछड़ जाती है। उदाहरण के रूप में, वर्तमान समय में मशीनों एवं कल-पुर्जों का विकास खूब हुआ, किन्तु उसी गति से अभौतिक संस्कृति के तत्वों जैसे-धर्म, साहित्य, दर्शन व कला का विकास नहीं हुआ है। परिणामस्वरूप, अभौतिक संस्कृति पिछड़ गयी है।

सांस्कृतिक पिछड़न को स्पष्ट करने के लिए **ऑगबर्न** ने कई उदाहरण दिये हैं, जैसे वर्तमान समय में वैज्ञानिक प्रगति के कारण मशीनीकरण एवं औद्योगीकरण में प्रगति हुई है, अनेक नये व्यवसाय पनपे हैं, किन्तु उनकी तुलना में श्रम-कल्याण के नियमों एवं संस्थाओं का विकास धीमी गति से हुआ है। इसी प्रकार से सड़क यातायात तो बढ़ा है। किन्तु सड़क के नियम बाद में बने, कृषि करने के नवीन यंत्रों एवं साधनों का विकास तो हुआ है पर भूमि सुधार के कानून तो देर से बने हैं। इस प्रकार भौतिक और अभौतिक संस्कृति में असंतुलन पैदा हो गया है और उनमें अनुकूलन नहीं हो पाया है।

लम्बे ने सांस्कृतिक पिछड़न को स्पष्ट करते हुए लिखा है। कि ऐसा मालूम पड़ता है कि बहुत-से पैदल चने वाले व्यक्ति या सेना की एक टुकड़ी कदम मिलाकर नहीं चल रही हो या एक संगीत समूह में कुछ लोग पिछले वर्ष का और कुछ पिछली शताब्दी का अथवा और अधिक प्राचीन काल का सांस्कृतिक संगीत बजा रहे हों। इस प्रकार ऑगबर्न ने यह सिद्ध करने का प्रयत्न किया है कि सांस्कृतिक परिवर्तन सामाजिक परिवर्तन को जन्म देते हैं।

सांस्कृतिक विलम्बना सिद्धांत की आलोचना
(Critisism of Cutlural Lag Theory)

ऑगबर्न का सिद्धांत सामाजिक परिवर्तन को स्पष्ट करने में बहुत-कुछ उपयुक्त

साबित हुआ है, फिर भी उसकी कुछ कमियां हैं। विभिन्न विद्वानों ने इसकी आलोचना इस प्रकार की है :

(1) भौतिक संस्कृति के परिवर्तन में कम समय लगता है, यह कहना भी सही नहीं है। पूंजीपति अपने हितों की रक्षा के लिए प्राय: ऐसे भौतिक परिवर्तनों का विरोध करते हैं जिनसे उनके आर्थिक हितों को चोट लगती हो।

(2) मैकाइवर का मत है कि पिछड़न भौतिक संस्कृति में ही नहीं होती वरन् एक ही प्रकार की संस्कृति के विभिन्न पक्षों में भी होती है। मैकाइवर ने इन स्थितियों को प्रकट करने के लिए 'प्रौद्योगिक विलम्बना', 'प्रौद्योगिक विरोध' तथा 'सांस्कृतिक संघर्ष' जैसी अवधारणाओं का प्रयोग किया है।

(3) **ऑगबर्न** के इस सिद्धांत का आधार पश्चिमी समाजों में औद्योगीकरण के कारण उत्पन्न परिवर्तन रहे हैं। अत: अप्रत्यक्ष रूप से वे औद्योगीकरण को ही सामाजिक परिवर्तन का एकमात्र कारण मानते हैं, जो कि त्रुटिपूर्ण है।

(4) **सदरलैण्ड** एवं **वुडवर्ड** का मत है कि ऑगबर्न ने सामाजिक परिवर्तन को बहुत ही सरल तरीके से प्रस्तुत किया है। फिर भी यह कहना कि सदा भौतिक संस्कृति में ही पहले परिवर्तन होता है और अभौतिक में बाद में, त्रुटिपूर्ण है।

(5) भौतिक व अभौतिक संस्कृतियां जब भिन्न-भिन्न हैं तो उनके परिवर्तन की गति भी भिन्न ही होगी, अत: उनकी तुलना उचित प्रतीत नहीं होती।

(6) भौतिक व अभौतिक संस्कृति में होने वाले परिवर्तनों को मापने के लिए हमारे पास कोई सर्वमान्य पैमाना नहीं है जिसके आधार पर यह कहा जा सके कि एक संस्कृति आगे बढ़ गयी है और दूसरी पीछे रह गयी है।

(7) **सोरोकिन** का मत है कि यह जरूरी नहीं कि संस्कृति में परिवर्तन समाज में भी परिवर्तन लाये। कभी-कभी इसका उलटा भी होता है। भौतिक संस्कृति में परिवर्तन आविष्कारों के कारण होता है और आविष्कार विचार, ज्ञान तथा विज्ञान पर निर्भर करते हैं जो अभौतिक संस्कृति है। जहाज, वायुयान या रॉकेट बनाने का विचार पहले आता है और इनका निर्माण बाद में होता है। इस प्रकार भौतिक संस्कृति के संदर्भ में विचार पहले बदलते हैं ओर उनका मूर्तरूप बाद में प्रकट होता है।

राजनीतिक तथा सैनिक कारक (Political and Military Factors)

बीरस्टीड कहते हैं कि ''कई लेखकों के अनुसार सामाजिक परिवर्तन युद्धों, छुटपुट लड़ाइयों तथा राजवंशों की विजय और पराजय और महायुद्धों की कहानी

है।'' वास्तव में, कुछ समय पूर्व तक इतिहास का लेखन कार्य सैन्य शक्ति के आधार पर किया जाता था, इसी प्रकार से समाज एवं सामाजिक परिवर्तन के बारे में भी सैन्य सिद्धांत (Military Theory) पाया जाता है। इस सिद्धांत वालों का मत है कि आविष्कार, दार्शनिक एवं धार्मिक नेता, आदि सामाजिक मंच पर छोटे नेता हैं, परिवर्तन रूपी नाटक के असली अभिनेता तो सैन्य शक्ति धारण करने वाले व्यक्ति हैं। इस दृष्टि से इतिहास के युद्धों के संदर्भ में ही समझा जाना चाहिए और इन युद्धों की कहानियां ही सामाजिक परिवर्तन की कहानी है। यदि मैराथन (Marathon) की लड़ाई में स्पार्टा ने एथेन्सवासियों को हरा दिया होता, यदि हिटलर इंगलिश चैनल को पार करने में सफल हो गया होता तो सैनिक ससिद्धांत के अनुसार सभ्यता का क्रम कुछ और ही होता। यदि हम परिवर्तन की इस व्याख्या को स्वीकार करें तो इतिहास थल और जल सेनाओं के संघर्षों और उनके उतार-चढ़ाव की कहानी है। युद्ध भी समाज में अनेक परिवर्तन लाते हैं। युद्ध के कारण कई लोग शरणार्थी बन जाते हैं और उन्हें नये स्थान पर जाकर बसना तथा वहां की संस्कृति के अनुरूप ढलना होता है। युद्ध के कारण सामाजिक एवं राजनीतिक व्यवस्था तहस-नहस हो जाती है, कई स्त्रियां विधवा एवं बच्चे अनाथ हो जाते हैं तथा परिवार नष्ट हो जाते हैं, वेश्यावृत्ति एवं अपराध पनपते हैं। इस प्रकार युद्ध एवं सैनिक शक्ति सामाजिक परिवर्तन में महत्वपूर्ण भूमिका निभाते हैं।

राजनीतिक कारक भी सामाजिक परिवर्तन लाने में महत्वपूर्ण भूमिका निभाते हैं। यद्यपि सैनिक व राजनीतिक कारकों को पृथक् करना कठिन है क्योंकि क्रांतियां और युद्ध राजनीतिक तथ्य हैं जिनसे इतिहास भरा पड़ा है। ऐसा माना जाता है कि इतिहास भूतकालीन राजनीति है और राजनीति वर्तमान इतिहास है (History is past politics, Politics is present history), इतिहास को कभी शासक वंशों एवं शासकों की कहानी माना जाता है। इन राजवंशों में होने वाले परिवर्तनों का प्रभाव उनके द्वारा शासित समाजों पर भी पड़ता था। सत्ता एवं सरकार के बदलने पर समाज में भी अनेक परिवर्तन आते हैं। राजनीतिक दलों की अपनी-अपनी सामाजिक आर्थिक, धार्मिक एवं राजनीति नीतियां होती हैं। एक दल के स्थान पर दूसरा दल सत्ता में आता है तो समाज भी परिवर्तन आता है। भारत में ही अंग्रेजों के सत्ता छोड़कर जाने के बाद भारत सरकार ने अनेक सुधार किए हैं। बैंकों का राष्ट्रीयकरण किया गया, छुआछूत की समाप्ति व ग्रामीण विकास के लिए प्रयत्न हुए, जागीरदारी प्रथा एव दास-प्रथा को समाप्त किया गया, राजाओं के प्रीवीपर्स एवं विशेषाधिकार समाप्ति कर दिए गए। इस प्रकार राजनीतिक कारक भी सामाजिक परिवर्तन लाने में महत्वपूर्ण भूमिका निभाते हैं।

मनोवैज्ञानिक कारक (Psychological Factors)

चूंकि समस्त मानव समाज एवं संस्कृति मानव के मस्तिष्क की उपज है, अत: सामाजिक संबंधों में परिवर्तन भी मानव मस्तिष्क में परिवर्तन के कारण होते हैं। मानव में जिज्ञासा की प्रवृत्ति पायी जाती है। इस प्रवृत्ति ने ही मानव को आविष्कार करने एवं अज्ञात को खोजने की प्रेरणा दी। मानव ने अनेक ऐसे आविष्कार किये जिन्होंने उसके जीवन को ही बदल दिया। जिज्ञासा के कारण ही वह चंद्रमा पर पहुंचा, समुद्र की गहराई तक गया और दूर देशों की यात्रा की। मानव मस्तिष्क नवीनता चाहता है, एक ही स्थिति से उत्पन्न ऊब से मुक्ति पाने के लिए ही मानव ने नये फैशन को जन्म दिया। मानसिक असंतोष एवं संघर्ष सामाजिक संबंधों को प्रभावित करते हैं। पारिवारिक विघटन एवं विवाह विच्छेद का कारण परिवार के सदस्यों तथा पति-पत्नी का मानसिक अनुकूलन हो पाना भी है। मानसिक एवं सामाजिक तनाव, संबंधों को तोड़ देते हैं तथा लोगों में नैराश्य पैदा करते हैं। ये हत्या, आत्महत्या तथा अपराध के लिए भी उत्तरदायी हैं।

महान् लोगों की भूमिका (The Role of Greatmen)

इतिहास में सामाजिक परिवर्तन की राजनीतिक व्याख्या महान् लोगों के सन्दर्भ में की गयी है। ऐसा कहा जाता है कि इतिहास कभी भी महान् लोगों के प्रभाव से विमुक्त नहीं रहा है। **पेरेटो** का भी मत है कि **इतिहास अभिजन वर्ग की कब्र है** (History is the grave-yard of elites)। कारलाइल (Carlyel) तथा नित्शे (Nietzsche) ने भी महापुरुषों के योगदान को नकारा नहीं है। इतिहास महापुरुषों की जीवानी ही तो है औ समाज में जितने भी आन्दोलन हुए हैं, उनके पीछे कोई-न-कोई प्रतिभा अवश्य रही है। हिटलर, मुसोलिनी, च्यांग-काई-शेक, चर्चिल, रुजवेल्ट, गाँधी, आदि महापुरुषों ने समाज को परिवर्तित करने में अपनी-अपनी महत्वपूर्ण भूमिका निभायी है। यह सच है कि महान् व्यक्तियों का सामाजिक घटनाओं को नया मोड़ देने, नयी दिशा देने तथा सामाजिक बुराइयों एवं कुप्रथाओं को समाप्त करने में महत्वपूर्ण योगदान होता हैं अछूतोद्धार के लिए तथा आजादी के संघर्ष के लिए महात्मा गाँधी की भूमिका अविस्मरणीय है। भारत की विदेश नीति में तटस्थता पं. नेहरू की देन है। राजा राममोहन राय, ईश्वरचन्द्र विद्यासागर, केशवचन्द्र सेन, स्वामी विवेकानन्द, रामकृष्ण परमहंस, स्वामी दयानन्द सरस्वती, आदि महापुरुषों ने भारतीय समाज में सुधार के अनेक प्रयत्न किये। श्रीमती गाँधी का नेतृत्व भी चमत्कारिक रहा है, आपने भी अपने 'बीस-सूत्रीय कार्यक्रम एवं गरीबी हटाओ' कार्यक्रमों के द्वारा भारतीय समाज में परिवर्तन एवं सुधार के प्रयास किये।

वास्तव में, सामाजिक परिवर्तन एक जटिल तथ्य है। इसकी व्याख्या किसी एक ही कारक के आधार पर नहीं की जा सकती। अनके कारकों के योग से ही समाज में न परिवर्तन घटित होते हैं। किसी एक समाज में कुछ विशिष्ट कारक परिवर्तन लाते हैं तो दूसरे समाज में परिवर्तन के भिन्न कारक हो सकते हैं। कभी कोई कारक विशेष मुख्य हो सकता है तो अन्य कारक सहायक।

सामाजिक परिवर्तन ने आर्थिक कारक (Economic Factors of Social Change)

जिस प्रकार शरीर के सभी अंग मिलकर शारीरिक संरचना का निर्माण करते हैं, उसी भांति आर्थिक ढांचे अथवा आर्थिक संरचना का निर्माण कई कारक मिलकर करते हैं। इन आर्थिक कारकों के अंतर्गत उपभोग, उत्पत्ति, विनिमय, वितरण व आर्थिक नीति को सम्मिलित किया गया है। *वस्तुत: वे आर्थिक कारक क्या हैं और वे किस तरह से सामाजिक परिवर्तन में महत्वपूर्ण एवं प्रभावी भूमिका निभाते हैं, इसे समझाने का हम यहां प्रयास करेंगे।*

(1) **आर्थिक नीतियां** (Economic Policies)–उत्पादन, उपभोग व वितरण को व्यवस्थित बनाये रखने हेतु आर्थिक नीतियों का निर्धारण किया जाता है। यदि ये नीतियां राज्य के हस्तक्षेप द्वारा लागू की जाती हैं तो राज्य समाज के सभी व्यक्तियों की आवश्यक आवश्यकताओं को जुटाने का प्रयास करता है, परंतु राज्य का हस्तक्षेत्र न होने पर उत्पादन के साधनों पर कुछ लोगों का एकाधिकार हो जाता है और सामाजिक व्यवस्था भी इससे प्रभावित होती है। स्वतंत्रता-प्राप्ति के बाद भारत की व जार शासन से मुक्त होने के बाद रूस की आर्थिक नीतियों में परिवर्तन हुआ, फलस्वरूप वहां अनेक सामाजिक परिबर्तन घटित हुए हैं।

(2) **श्रम विभाजन** (Division of Labour)–उत्पादन का कार्य केवल एक ही व्यक्ति द्वारा नहीं हो सकता वरन् उसके लिए अनेक व्यक्तियों के सहयोग की आवश्यकता होती है। विशाल पैमाने पर उत्पादन के लिए भी यह आवश्यक है कि कार्य का विभाजन किया जाय और कार्य को छोटे-छोटे भागों में बांटा जाय। इसे ही हम श्रम-विभाजन कहते हैं। यह श्रम-विभाजन औद्योगीकरण का परिणाम है जिसने विशेषीकरण को बढ़ावा दिया। इस प्रकार आज के युग में श्रम-विभाजन व विशेषीकरण ने पारस्परिक निर्भरता की स्थिति उत्पन्न की है। एक कार्य अथवा एक प्रकार के उत्पादन हेतु उत्पादनकर्ता को कई लोगों पर निर्भर रहना पड़ता है। दुर्खीम

ने श्रम-विभाजन के आधार पर दो प्रकार के समाजों का उल्लेख किया है। एक **यांत्रिक एकता पर आधारित समाज** जो कि सरल व संगठित होता है जिसमें प्रत्येक व्यक्ति अपनी आवश्यकताओं की पूर्ति स्वयं कर लेता है। दूसरा **सावयवी एकता पर आधारित समाज** जिसकी प्रकृति जटिल होती है तथा जिसमें अधिकाधिक विशेषीकरण एवं पारस्परिक निर्भरता तथा विविधता पायी जाती है। श्रम-विभाजन एवं विशेषीकरण में वृद्धि ने भी सामज में अनेक परिवर्तन उत्पन्न किये हैं। आज सभी क्षेत्रों में हमें विशेषीकरण व श्रम-विभाजन देखने को मिलता है।

(3) **उपभोग की प्रकृति** (Nature of Consumption)–मानव अनन्त इच्छाओं का स्वामी है। मनुष्य की एक इच्छा के पूर्ण होने से पूर्व ही दूसरी इच्छा उत्पन्न हो जाती है। फलस्वरूप वह अपनी इच्छाओं की पूर्ति में लगा रहता है। स्वभाव से भी मनुष्य परिवर्तनशील है और अपनी इच्छा की पूर्ति हेतु वह एक ही इच्छा के कई विकल्प ढूंढ़ लेता है, जैसे गृहिणी प्रतिदिन एक ही प्रकार की सब्जी-रोटी न बनाकर उनमें परिवर्तन करती रहती है और तरह-तरह के व्यंजन बनाकर अपनी सुरुचि व योग्यता का परिचय देती है। यद्यपि व्यंजनों के उपयोग का उद्देश्य क्षुधा पूर्ति ही है, परंतु मनुष्य अपने स्वभाव के कारण उसमें परिवर्तन चाहता है। इसीलिए वह प्रतिदिन अपने खान-पान एवं रहन-सहन में परिवर्तन करता रहता है। अब प्रश्न यह उठता है कि क्या मनुष्य को इन इच्छाओं की पूर्ति हेतु सभी साधन उपलब्ध हो जाते हैं ? जब समाज के अधिकांश व्यक्ति उपभोग के साधनों व सुविधाओं को सामान्यता जुटा लेते हें तो जीवन स्तर सामान्य होता है व सामाजिक परिवर्तन की गति भी सामान्य होती है, परंतु समाज के अधिकांश व्यक्ति जब उपभोग के साधनों को नहीं जुटा पाते हें तो जीवन-स्तर गिर जाता है और निम्न जीवन-स्तर परिवर्तन की गति में अवरोध उत्पन्न करता है, परंतु यह स्थिति शीघ्र ही आमूलचूल परिवर्तन का कारण भी बन जाती है। जीवन-स्तर ऊंचा होने पर सामाजिक परिवर्तन तीव्र गति से होता है और व्यक्ति अपनी स्वार्थ पूति हेतु पुरानी मान्यताओं, प्रथाओं और अतार्किक व्यवहारों को त्याग देते हैं। आर्थिक स्थिति में तीव्रगामी परिवर्तन सामाजिक स्तरीकरण को भी प्रभावित करता है तथा सामाजिक स्तरीकरण में परिवर्तन सामाजिक परिवर्तन ही है।

(4) **वितरण की व्यवस्था** (Distribution System)–वितरण की व्यवस्था से तात्पर्य है उत्पादित वस्तुओं का समाज के सदस्यों में विभाजन। प्रत्येक

समाज में अलग-अलग ढंग से आर्थिक व भौतिक साधनों का वितरण किया जाता हैं कहीं पर राज्य द्वारा यह वितरण किया जाता है तो कहीं पर स्वतंत्र वितरण व्यवस्था पायी जाती है। यदि सभी व्यक्तियों को समाज में अपनी आवश्यक आवश्यकताओं की पूर्ति हेतु सभी साधन उपलब्ध हो जायें तो शायद कोई आर्थिक समस्या ही नहीं रहे, परंतु समाज में कुछ को तो अधिकाधिक सुविधा उपलब्ध हो जाती है जबकि कुछ लोग आवश्यक आवश्यकताएं भी पूरी नहीं कर पाते। इस प्रकार प्रत्येक समाज में व्यक्तियों को कुछ आर्थिक समस्याओं का सामना करना ही पड़ता है। व्यक्ति इन समस्याओं का समाधान विभिन्न तरीकों से करते हैं जो सामाजिक परिवर्तन की प्रक्रिया को भी प्रभावित करते हैं। धन, संपत्ति एवं साधनों के असमान वितरण के कारण ही समाज में एकाधिकार व पूंजीवादी व्यवस्था जन्म लेती है। पूंजीवाद का विरोध करने के लिए ही साम्यवाद व समाजवाद की नींव रखी गयी जो संपत्ति के समान वितरण पर जोर देते हैं। पूंजीवाद व समाजवाद वितरण की भिन्न-भिन्न प्रकार की व्यवस्था पर आधारित हैं। इस प्रकार जब एक प्रकार की वितरण व्यवस्था का स्थान दूसरे प्रकार की वितरण व्यवस्था ले लेती है तो समाज में परिवर्तन घटित होते हैं।

(5) **औद्योगीकरण** (Industrialization)–औद्योगीकरण का तात्पर्य मशीनों द्वारा तीव्र पैमाने पर उत्पादन से है। वर्तमान में औद्योगीकरण के परिणाम-स्वरूप नगरीकरण, विशेषीकरण एवं श्रम-विभाजन पनपा है, खान-पान व रहन-सहन में परिवर्तन हुआ है, छुआछूत व जाति-पांति के भेदभाव में कमी आयी है, शिक्षा का प्रसार हुआ है, रूढ़िवादिता व अंधविश्वासों में कमी हुई है। तार्किक व्यवहार में नये विश्वास पनपे हैं, स्त्रियों में शिक्षा का प्रसार हुआ है और उनकी सामाजिक प्रतिष्ठा बढ़ी है। औद्योगीकरण के कारण अंतर्राष्ट्रीय संबंधों व व्यापार में वृद्धि हुई है। इन सभी परिवर्तनों ने सामाजिक व्यवस्था को झकझोर दिया और परिणामस्वरूप, उसमें परिवर्तन की नवीन प्रवृत्तियां उत्पन्न हुई हैं।

(6) **आर्थिक प्रतिस्पर्द्धा** (Economic Competition)–आर्थिक प्रतिस्पर्द्धा स्वतंत्र हो अथवा नियंत्रित, प्रत्यक्ष हो अथवा अप्रत्यक्ष, सामाजिक परिवर्तन को अवश्य प्रभावित करती है। आर्थिक प्रतिस्पर्द्धा में सफलता नये-नये आविष्कारों को जन्म देती है तो असफलता संघर्ष, तनाव व कुण्ठा की द्योतक है। वैसे आर्थिक प्रतिस्पर्द्धा का अधिकतर संबंध संघर्षों से ही लिया

जाता है। आधुनिक युग में आर्थिक प्रतिस्पर्द्धा के परिणामस्वरूप मिल-मालिकों व मजदूरों के बीच संघर्ष पनपे हैं, तालाबंदी, हड़तालें व तोड़-फोड़ में वृद्धि हुई है। मजदूरों के हितों की रक्षा के लिए नवीन कानून बने हें एवं अनेक कल्याणकारी कार्य प्रारंभ किये गये हैं। इन सभी स्थितियों ने समाज में भी परिवर्तन उत्पन्न किये हें। उत्पादन, उपभोग, वितरण, श्रम-विभाजन, आर्थिक प्रतिस्पर्द्धा, आदि सामाजिक परिवर्तन में महत्वपूर्ण भूमिका निभाते हैं।

(7) **उत्पादन का स्वरूप** (Mode of Production)–मार्क्स के अनुसार उत्पादन के तरीकों में परिवर्तन होने पर आर्थिक संबंधों में भी परिवर्तन आते हैं जो सभी सामाजिक संस्थाओं को प्रभावित करते हैं। मार्क्स ने बताया कि यदि उत्पादन के साधनों को उनका पूर्ण प्रतिफल प्राप्त हो जाता है तो समाज-व्यवस्था संगठित होती है, परंतु ऐसा नहीं है। उत्पादन के साधनों पर कुछ लोगों का एकाधिकार हो जाता हैं परिणामस्वरूप असंतोष की स्थिति उत्पन्न होती है जो क्रान्ति के लिए उत्तरदायी होती है। मार्क्स के अनुसार, जैसा उत्पादन का स्वरूप होगा वैसा ही सामाजिक ढांचा भी होगा। लघु उत्पादन कम सामाजिक गतिशीलता का द्योतक है तो बड़े पैमाने पर उत्पादन अधिक गतिशीलता का। यदि जीवनयापन का मुख्य व्यवसाय कृषि है तो सामजिक व्यवस्था पर भूमिपतियों का एकाधिकार होगा और यदि उद्योग धंधों द्वारा जीवनयापन किया जाता है तो बड़े-बड़े उद्योगपतियों व पूंजीपतियों का समाज में प्रभुत्व होगा। इस प्रकार उत्पादन का स्वरूप सामाजिक व्यवस्था को प्रभावित व परिवर्तित करता है। मार्क्स की मान्यता है कि जब उत्पादन प्रणाली में परिवर्तन आता है तो समाज में भी परिवर्तन आता है। मार्क्स के परिवर्तन संबंधी सिद्धांत का हम आगे उल्लेख करेंगे।

वैचारिक कारक (The Ideological Factors)

विचार एवं विचारधाराएं भी सामाजिक परिवर्तन लाने में महत्वपूर्ण भूमिका निभाते हैं। किसी समस्या के हल के लिए समाजशास्त्री नवीन विचार प्रस्तुत करते हैं मार्क्स ने यह विचार दिया कि सांस्कृतिक पिरामिड के मूल में आर्थिक कारक ही हैं तथा सामाजिक व राजनीतिक संगठन, कला, साहित्य, विज्ञान, दर्शन, धर्म सभी ऊपरी संरचनाएं पर पिरामिड की मूल संरचना (आर्थिक) पर ही निर्भर हैं। **मैक्स वेबर** ने भी आर्थिक कारकों के महत्व को स्वीकार किया, किन्तु उन्हें अधिक महत्व नहीं दिया हैं। मार्क्स एवं वेबर के विचार परस्पर विरोधी हैं। मार्क्स के विचारों

से प्रभावित होकर ही आज विश्व दो खेमों में बंटा हुआ है–एक तरफ पूंजीवादी राष्ट्र हैं तो दूसरी तरफ साम्यवादी राष्ट्र। वैचारिक परिवर्तन लाता है। एक विचारधारा को मानने वाले राजनीतिक दल के स्थान पर जब दूसरी विचारधारा को मानने वाला राजनीतिक दल सरकार बनाता है तो समाज में कई नये परिवर्तन दृष्टिगोचर होते हैं।

आर्थिक कारक और सामाजिक परिवर्तन (Economic Factors and Social Change)

आर्थिक कारक सामाजिक संस्थाओं, व्यवस्थाओं व संगठनों को प्रभावित करके भी सामाजिक परिवर्तन लाने में सहायक होते हैं। अब हम इसी पक्ष पर विचार करेंगे।

(1) **आर्थिक कारक व जनसंख्या के शारीरिक एवं मानसिक लक्षण**–धन की कमी व अधिकता का व्यक्ति के शारीरिक एवं मानसिक लक्षणों से घनिष्ठ संबंध है। आर्थिक स्थिति उच्च होगी तो, व्यक्ति को स्वास्थ्यप्रद भोजन एवं अच्छा मकान व शिक्षा उपलब्ध होगी जो उसे मानसिक तनावों से भी मुक्त रखेंगे, परंतु धनाभाव के कारण व्यक्ति स्वास्थ्यप्रद भोजन, मकान, शिक्षा व अन्य सुविधाओं के उपलब्ध न होने पर मानसिक तनावों व संघर्षों से ग्रस्त रहेगा, उसकी शारीरिक व मानसिक क्षमता का ह्रास होगा। ऐसे व्यक्तियों की संतानें भी शारीरिक रूप से दुर्बल, क्षीण व छोटे कद की होंगी। गरीबी लोगों को अपराध तक करने का बाध्य करती है।

(2) **आर्थिक कारक और अपराध एवं आत्महत्या**–यदि व्यक्ति को अपने उपभोग की वस्तुएं, शिक्षा व रोजगार के अवसर प्राप्त हो जाये तो वह साधारणत: अपराध नहीं करेगा, परंतु निर्धनता के कारण व्यक्ति अपने नैतिक मूल्यों को त्याग कर अनैतिक कार्य करने को विवश हो जाता है। निम्न आर्थिक स्थिति व उच्च जीवन-स्तर की लालसा व्यक्ति को व्यभिचार, जुआ, कालाबाजारी, चोरी, डकैती, वेश्यावृत्ति, रिश्वत, गबन, जालसाजी, आदि के लिए प्रेरित करती है। इस प्रकार गरीबी अपराधों को बढ़ाती है।

विलियम बोंजर तथा फोरेन सारी डी. वर्सी ने अपने अध्ययन में पाया कि अधिकांश अपराधियों ने गरीबी एवं निम्न आर्थिक स्थिति के कारण अपराध किया। गरीबी से तंग आने पर, व्यापार में घाटा लगने पर, दिवालिया होने पर अथवा अपराध करते हुए रंगे हाथों पकड़े जाने पर व्यक्ति आत्महत्या भी करते हैं। कई बार आर्थिक समृद्धि भी वेश्यावृत्ति, मद्यपान, जुआखोरी एवं अन्य समस्याओं को जन्म देती है।

(3) **आर्थिक कारक व सामाजिक संस्थाएं**–आर्थिक कारक सामाजिक संस्थाओं में भी परिवर्तन लाते हैं। भारत में औद्योगीकरण व नगरीकरण के परिणामस्वरूप संयुक्त परिवार व्यवस्था का विघटन हुआ, जाति-पांति के भेदभाव, छुआछूत, आदि समाप्त हुए, शिक्षा का प्रसार हुआ, स्त्रियों को रोजगार के अवसर प्राप्त हुए, अंतर्राजीय विवाह, प्रेम-विवाह, विधवा पुनर्विवाह, आदि प्रारंभ हुए हैं, जाति संबंधी प्रतिबंध शिथिल हुए हैं, व्यवसाय में परिवर्तन आया है, ग्रामीणों में शिक्षा का प्रसार हुआ है, जनसंख्या की गतिशीलता बढ़ी है तथा बैंकों की स्थापना हुई है। अब मुकदमों के लिए न्यायालयों के दरवाजे खटखटाये जाने लगे हैं। वर्तमान में पुराने रीति-रिवाजों व मान्यताओं का प्रभाव कम हुआ है, मनोरंजन का व्यापारीकरण हुआ है। इसी प्रकार से जब आर्थिक उतार-चढ़ाव व तेजी-मंदी आती है तो उसका भी सामाजिक संस्थाओं पर प्रभाव पड़ता है। आर्थिक समृद्धि एवं खुशहाली के समय विवाह एवं जन्म-दर में वृद्धि होती है जिससे परिवार का आकार बड़ा हो जाता है। दूसरी ओर आर्थिक मंदी के समय विवाहों की संख्या एवं जन्म-दर गिर जाती है, परिवार का आकार छोटा हो जाता है और तलाक की दर बढ़ जाती है, इस प्रकार आर्थिक परिस्थितियां परिवार एवं विवाह की संस्था को प्रभावित करती हैं। वर्तमान में नयी आर्थिक दशाओं के कारण परिवारा के अनेक कार्य अन्य संस्थाओं ने हथिया लिये हैं, ग्राम-पंचायतों का विघटन हुआ है, जजमानी प्रथा समाप्त हुई है और मुद्रा अर्थव्यवस्था प्रारंभ हुई है। स्पष्ट है कि जब आर्थिक परिस्थियां बदलती हैं तो वे सामाजिक संस्थाओं पर प्रत्यक्ष रूप से प्रहार करती हैं।

(4) **आर्थिक कारक एवं राजनीतिक व्यवस्था**–राजनीतिक व्यवस्था का मूल आधार धन ही है। राज्य का निर्माण समाज में धन का असमान वितरण व एकाधिकार रोकने हेतु ही हुआ है। राज्य के कानून, संविधान, योजनाएं, नियम, आदि आर्थिक कारकों से ही प्रेरित होते हैं। यहां तक कि चुनाव लड़ने व विधायक एवं सांसद बनने हेतु भी धन की आवश्यकता होती है। राजनीतिक संगठनों का कार्य उनके क्षेत्र के लोगों तक सभी सुविधाओं को पहुंचाना व लोगों की समस्या को हल करना होता है। राज्य कानूनों व योजनाओं द्वारा इस प्रकार की व्यवस्था करने का प्रयत्न करता है जिससे कि राज्य के सभी लोगों की आवश्यक आवश्यकताओं की पूर्ति हो सके। बैंकों की स्थापना, आवश्यक वस्तुओं का उचित वितरण, इनकम टैक्स

लागू करने, बांध व नहरों का निर्माण, अंतर्राष्ट्रीय व्यापार, आर्थिक सुरक्षा, पिछड़ी जाति व वर्गों का उत्थान, शोषण से मुक्ति की व्यवस्था, आदि के कार्य राज्य द्वारा ही किये जाते हैं, परंतु फिर भी राज्य में कुछ ऐसे पूंजीपति अवश्य मिल जाते हैं जो अपने धन के बलबूते पर राजनीतिक संगठनों व राज सत्ता में अपना प्रभुत्व रखते हैं। जब किसी देश की आर्थिक स्थिति खराब होने लगती है तो आर्थिक विषमता चरम सीमा पर पहुंच जाती है, शोषण बढ़ जाता है और लोगों की आवश्यकताओं की पूर्ति कठिन हो जाती है, तब सत्ता भी पलट जाती है, क्रांति आती है और साम्यवाद के प्रसार के अवसर बढ़ जाते हें। समृद्धि काल में पूंजीवादी व्यवस्था फलती–फूलती है।

(5) **आर्थिक कारक व जन्म-दर एवं मानसिक लक्षण**–यदि समाज में अधिकांश व्यक्तियों का जीवन–स्तर उच्च है और व्यक्तियों की आवश्यकताओं की पूर्ति आसानी से हो जाती है तो ऐसे समाज में संतानोत्पत्ति व जन्म–दर बढ़ जाती है क्योंकि संतानों का पालन–पोषण करना सरल हो जाता है, परंतु निम्न जीवन–स्तर होने पर मृत्यु दर बढ़ जाती है क्योंकि लोग संतानों का लालन–पालन व चिकित्सा कराने तथा बीमारी की रोकथाम करने में असमर्थ होते हैं। उचित भोजन, स्वास्थ्य व चिकित्सा के अभाव में मृत्यु–दर बढ़ जाती है। इस प्रकार जनसंख्या के आकार को तय करने में आर्थिक कारक महत्वपूर्ण भूमिका निभाते हैं।

(6) **आर्थिक कारक और धार्मिक संस्थाएं**–विज्ञान की प्रगति तथा नये–नये आविष्कारों ने आर्थिक समृद्धि प्रदान की है जिसके परिणामस्वरूप धार्मिक संस्थाएं प्रभावित हुई हैं। वैज्ञानिक आविष्कारों ने धर्म की महिमा को कम किया है। अब विज्ञान ने सिद्ध कर दिया है कि मनुष्य की उत्पत्ति, सूरज, चांद, तारे, वर्षा, सर्दी, गर्मी, आदि सभी प्राकृतिक तथ्य हैं। अब व्यक्ति ईश्वर की अपेक्षा धन की अधिक पूजा करता है। समाज के बहुत–से लोग अब धार्मिक उपासना व रीति–रिवाजों को ढोंग व ढकोसना मानते हैं। आज समाज में व्यक्ति की स्थिति उसकी आर्थिक स्थिति के आधार पर तय होती है। समाज धनी व्यक्तियों को ही सम्मान देता है व अधिकांश व्यक्ति उसी को अपना आदर्श मानते हैं और उसके अनुरूप बनने का प्रयत्न करते हैं। वर्तमान में आर्थिक समृद्धि के साथ–साथ धर्म एवं ईश्वर में आस्था कम हुई है, नास्तिकता बढ़ी है। इस प्रकार आर्थिक समृद्धि धार्मिक ह्रास को जन्म देती है।

(7) **आर्थिक कारक व स्थानान्तरण**–अकाल, बाढ़, सूखा, उत्पादन के साधनों का अभाव व रोजगार की कमी, आदि के समय व्यक्ति स्थानान्रण करने के लिए प्रेरित होते हैं और ऐसे स्थानों की ओर जाते हैं जो आर्थिक दृष्टि से समृद्धि हों। इसका कारण यह है कि प्रत्येक व्यक्ति को रोटी, कपड़ा और मकान की आवश्यकता होती है। औद्योगीकरण व अधिक धन की प्राप्ति की लालसा ने व्यक्ति को गतिशील बनाया है। वह अपनी जन्म-भूमि को छोड़कर ऐसे स्थानों पर जाकर भी बस जाने को तैयार हो जाता है जहां वह अधिक धन कमा सके। स्थानान्तरण के कारण जनसंख्या विभिन्न संस्कृतियां के व्यक्ति संपर्क में आते हैं, एक-दूसरे के सांस्कृतिक तत्व, भाषा, खान-पान, वेश-भूषा, आदि को ग्रहण करते हैं। इससे उनके सामाजिक जीवन में परिवर्तन आते हैं। स्थानान्तरण के कारण कभी-कभी संघर्ष पैदा होता है। स्पष्ट है कि आर्थिक परिस्थितियां जनसंख्या के स्थानान्तरण को प्रेरित करती हैं और स्थानांतरण से सामाजिक परिवर्तन घटित होते हैं।

सामाजिक परिवर्तन के अन्तर्जात और बहिर्जात स्त्रोत (Indogenous and Exogenous Sources to Social Change)

परिवर्तन प्रकृति का एक शाश्वत नियम है। 190 वर्षों के अंग्रेजी शासनकाल के दौरान भारतीय समाज में अनेक सांस्कृतिक एवं सामाजिक परिवर्तन हुए। इन परिवर्तनों को समझाने के लिए समाजशास्त्रियों ने अनेक अवधारणाओं का भी उपयोग किया, जैसे प्रो. एम.एन. श्रीनिवास ने संस्कृतीकरण व पश्चिमीकरण नामक अवधारणाओं का प्रयोग किया। रॉबर्ट रेडफील्ड ने लघु व वृहद् परम्पराओं की अवधारणा प्रस्तुत की। अनेक अन्य विद्वानों ने आधुनिकीकरण की प्रक्रिया का उल्लेख किया। इन प्रक्रियाओं के माध्यम से सांस्कृतिक परिवर्तन तो हुए ही, साथ ही इन्होंने संरचनात्मक परिवर्तनों की ओर भी समाज को आगे बढ़ाया। जहाँ संस्कृतीकरण की प्रक्रिया ने निम्न जातीय समूहों को अपनी सामाजिक प्रस्थिति को ऊंचा उठाने के लिए उच्च जातीय समूहों की जीवन विधि अपनाने के लिए प्रेरित किया, वहीं पश्चिमीकरण की प्रक्रिया के फलस्वरूप कुछ ऐसे परिणाम सामने आए जिनकी वजह से संरचनात्मक परिवर्तन भी होने लगे। डॉ॰ योगेन्द्र सिंह ने लिखा है कि मानवतावाद तथा बुद्धिवाद पर जोर पश्चिमीकरण का एक अंग है जिसने भारत में संस्थागत और सामाजिक सुधारों का सिलसिला प्रारम्भ कर दिया। वैज्ञानिक औद्योगिक एवं शिक्षण संस्थाओं की स्थापना, राष्ट्रीयता का उदय, देश में नवीन राजनैतिक संस्कृति और नेतृत्व सब के सब पश्चिमीकरण के परिणाम हैं।

पश्चिमीकरण के अनेक आदर्श हो सकते हैं, उसमें यूरोपीय देश, अमेरिका तथा रूसी आदर्श भी हैं। भारत में सामाजिक और सांस्कृतिक परिवर्तन के विश्लेषण में पश्चिमीकरण का पश्चिमी आदर्श सबसे महत्वपूर्ण है यद्यपि 1947 से अमेरिकी और रूसी आदर्श भी काफी सार्थक होते जा रहे हैं। अंग्रेजों ने ही भारत को नई प्रौद्योगिकी, औद्योगीकरण, मशीनीकरण, यातायात और संचार के नवीन साधनों, उदारवादी शिक्षा, प्रेम, नई न्याय व्यवस्था, फौज तथा पुलिस, नगरीकरण, नवीन विज्ञान एवं आविष्कार, मानवतावाद, व्यक्तिवाद, लौकिकीकरण, आधुनिकीकरण, समानता तथा स्वतन्त्रता और आधुनिक प्रजातन्त्र से अवगत कराया। परिवर्तन की इन शक्तियों के कारण भारतीयों के खान-पान, रहन-सहन, प्रथाओं, रीति-रिवाजों, संस्थाओं, धर्म, कला, संगीत, साहित्य शिक्षा, आदर्शों, मूल्यों, विश्वासों आदि में अनेक परिवर्तन आए। वर्तमान में भारत तेजी से आधुनिकीरण की दिशा में आगे बढ़ रहा है। विश्व का इतिहास उठाकर देखें, तो हमें ज्ञात होगा कि सभी सभ्यताएं सांस्कृतिक संगठन के प्राथमिक स्तर से प्रारम्भ होती हैं तथा समय बीतने के साथ न केवल अपनी आन्तरिक शक्ति के कारण फलती-फूलती हैं बल्कि अन्य सभ्यताओं के साथ सम्पर्क से अर्थात् बहिर्जात प्रक्रिया से विभेदीकृत होती हैं। इस परिवर्तन की दिशा लोक या कृषक सांस्कृतिक संरचना से नगरीय सांस्कृतिक संरचना की ओर होती हैं। अन्तिम अवस्था में संस्कृति का सार्वभौमिक प्रतिमान निर्मित होता है और ऐसा विभिन्न संस्कृतियों के बीच सम्पर्क के कारण सम्भव होता है।

उपर्युक्त विश्लेषण से स्पष्ट है कि सामाजिक परिवर्तन के लिए प्रमुखतया दो प्रकार के कारक या स्रोत उत्तरदायी हैं–

(1) अन्तर्जात स्रोत,

(2) बहिर्जात स्रोत।

संस्कृतीकरण की प्रक्रिया तथा लघु एवं वृहद परम्पराओं के बीच अन्त:क्रिया, शिक्षा का प्रचार-प्रसार तथा भूमि सुधार आदि परिवर्तन सामाजिक परिवर्तन के अन्तर्जात स्रोत के अन्तर्गत आते हैं। पश्चिम का प्रभाव भारतीय समाज के विभिन्न घटकों पर स्पष्टतया नजर आता है जिसका उल्लेख पूर्व में किया जा चुका है। इसमें न केवल रहन-सहन या जीवन की विधि में परिवर्तन आया, बल्कि मूल्यों, विश्वासों और विचारधाराओं में भी परिवर्तन आया। राजनैतिक दृष्टि से प्रजातन्त्रीकरण हुआ, वयस्क मताधिकार का अधिकार मिला, औद्योगिकरण, नगरीकरण की प्रक्रियाएं तीव्र हुई। बढ़ती हुई शिक्षा और आरक्षण की नीति के कारण समाज के निम्न वर्ग के लोगों को ऊपर उठने का मौका मिला तथा सामाजिक गतिशीलता में वृद्धि हुई। लोगों को शक्ति, सत्ता और धन अर्जित कर अपनी प्रस्थिति को ऊंचा उठाने का

मौका मिला। मूलतः ये सब कुछ पश्चिम यूरोपीय देशों और रूसी आदर्शों से प्रेरित होने से ही सम्भव हो सका। इस्लाम ने भी भारतीय समाज पर अपना प्रभाव डाला। निम्न जाति के बहुत से लोगों ने अपनी प्रस्थिति को ऊंचा उठाने की आकांक्षा में तथा कुछ अन्य कारणों के परिणामस्वरूप अपना धर्म परिवर्तन कर लिया। वे हिन्दू से मुसलमान बन गए। इन सब कारणों से भारतीय समाज में अनेक परिवर्तन हुए। अन्य सभ्यताओं और संस्कृतियों विशेषतः पश्चिमी व इस्लाम का प्रभाव सामाजिक परिवर्तन के बहिर्जात स्रोत के रूप में प्रमुख हैं।

उपर्युक्त कारकों के अतिरिक्त जब लोगों में *नवीन मूल्यों एवं मनोवृत्तियों का विकास न हो पाये* तथा परिवर्तन के लिए *आवश्यक संरक्षण एवं उचित पुरस्कार का अभाव* हो तब भी सामाजिक परिवर्तन रुक जाता है। *आदत एवं नवीनता के प्रति भय तथा भूतकाल के प्रति सम्मान*, आदि के कारण भी सामाजिक परिवर्तन का विरोध किया जाता है।

3

आधुनिकीकरण और संस्कृतीकरण
(Modernization and Sanskritization)

प्रस्तावना (Introduction)

परम्परात्मक समाजों में होने वाले परिवर्तनों या आद्यौगीकरण के कारण पश्चिमी समाजों में आये परिवर्तनों को समझने तथा दोनों मे भिन्नता को प्रकट करने के लिए विद्वानों ने आधुनिकीकरण की अवधारणा को जन्म दिया। एक तरफ उन्होंने परम्परागत समाज को रखा और दूसरी तरफ आधुनिक समाज को। इस प्रकार उन्होंने परम्परात्मक बनाम आधुनिकता (Tradition *versus* Modernity) को जन्म दिया। इसके साथ ही जब पाश्चात्य विद्वान उपनिवेशों एवं विकासशील देशों में होने वाले परिवर्तनों की चर्चा करते हैं तो वे आधुनिकीकरण की अवधारणा का सहारा लेते हैं।

कुछ लोगों ने आधुनिकीकरण को एक प्रक्रिया (Process) रूप में माना है तो कुछ ने एक प्रतिफल (Product) के रूप में। आइजनस्टैड ने इसे एक प्रक्रिया मानते हुए लिखा है, ऐतिहासिक दृष्टि से आधुनिकीकरण उस प्रकार की सामाजिक, आर्थिक एवं राजनीतिक व्यवस्थाओं की ओर परिवर्तन की प्रक्रिया है जोकि सत्रहवीं से उन्नीसवीं शताब्दी तक पश्चिमी यूरोप तथा उत्तरी अमेरिका में और बीसवीं शताब्दी तक दक्षिणी अमरीकी, एशियाई व अफ्रीकी देशों में विकसित हुई।'' **श्रीनिवास** के अनुसार, आधुनिकीकरण की प्रक्रिया किसी एक ही दिशा या क्षेत्र में होने वाले परिवर्तन को प्रकट नहीं करती वरन् यह एक बहु-दिशा वाली प्रक्रिया (Multi-dimensional Process) है। साथ ही यह किसी भी प्रकार के मूलों से बंधी हुई नहीं है (Value free), परन्तु कभी-कभी इसका अर्थ अच्छाई और अच्छित परिवर्तन से लिया जाता है। उदाहरण के लिए, जब कोई यह कहता है कि सामाजिक, आर्थिक और धार्मिक संस्थाओं का आधुनिकीकरण हो रहा है, तब उसका उद्देश्य आलोचना करना नहीं है, वरन अच्छाई बताना है।

आधुनिकीकरण : परिभाषा एवं अर्थ
(Modernization : Definition and Meaning)

अब तक विभिन्न विद्वानों ने आधुनिकीकरण पर बहुत कुछ लिखा है और इसे अनेक रूपों में परिभाषित किया है। यहां हम कुछ विद्वानों द्वारा प्रस्तुत परिभाषाओं एवं विचारों का उल्लेख करेंगे :

मैरियन जे. लेवी (Marrion J. Levy) ने आधुनिकीकरण को प्रौद्योगिक वृद्धि (Technological growth) के रूप में परिभाषित किया है, "मेरी आधुनिकीकरण की परिभाषा शक्ति के जड़ स्रोतों (Inanimate souces of power) और प्रयत्न के प्रभाव को बढ़ाने के लिए उपकरणों के प्रयोग पर आधारित है। मैं इस दो तत्वों में से प्रत्येक का सातत्व (Continuum) का आधार मानता हूं।" उपरोक्त परिभाषा से स्पष्ट है कि लेवी ने शक्ति के जड़ स्रोत जैसे, पेट्रोल, डीजल, कोयला, जल-विद्युत् तथा अणु-शक्ति और यन्त्रों के प्रयोग को आधुनिकीकरण के आधार के रूप में माना है। किसी समाज विशेष को कितना आधुनिक कहा जायेगा, यह इस बात पर निर्भर करता है कि वहां जड़ शक्ति तथा यन्त्रों का कितना प्रयोग हुआ है।

डॉ.योगेन्द्र सिंह (Dr. Yogendra Singh) ने बताया है कि साधारणत: आधुनिक होने का अर्थ फैशनेबल से लिया जाता है (To be modern is to be fashionable)।

वे आधुनिकीकरण को एक सांस्कृतिक प्रत्यय मानते हैं जिसमें तार्किक अभिवृत्ति, सार्वभौम दृष्टिकोण, परानुभूति, वैज्ञानिक विश्व दृष्टि, मानवता, प्रौद्योगिक प्रगति, आदि सम्मिलित हैं

(Modernization includes rational attitude, universalistic viewpoint, empathy, scientific world view, humanity, technological advancement, etc.)

डॉ. सिंह आधुनिकीकरण पर किसी एक ही नृजातीय समूह (Ethnic group) या सांस्कृतिक समूह (Cultural group) का स्वामित्व नहीं मानते वरन् सम्पूर्ण मानव समाज का अधिकार मानते हैं।

डेनियल लर्नर (Daniel Lerner) ने अपनी पुस्तक *'The Passing of a Traditional Society : Modernizing the Middle East'* में आधुनिकीकरण का पश्चिमी मॉडल स्वीकार किया है। वे आधुनिकीकरण में निहित निम्न विशेषताओं का उल्लेख करते हैं।

(1) बढ़ता हुआ नगरीकरण (Increasing Urbanization)

(2) बढ़ती हुई साक्षरता (Increasing Literacy)

(3) बढ़ती हुई साक्षरता

विभिन्न साधनों जैसे, समाचार-पत्रों, पुस्तकों, रेडियो, आदि के प्रयोग द्वारा शिक्षित लोगों के अर्थ पूर्ण विचार-विनिमय में सहभागिता को बढ़ाती है (Increasing literacy tends to increased participation of literate people in a meaningful discourse through various media, like newspapers, books, radio and so on.)

(4) इन सभी से मनुष्य की क्षमता में वृद्धि होती है, राष्ट्र का आर्थिक लाभ होता है जो प्रति व्यक्ति आय को बढ़ाने में योग देता है (Economic development of the country helps to increase per capita income)।

(5) राजनीतिक जीवन की विशेषताओं को उन्नयन करने में सहायता देता है (It helps in improving the qualities of political life)।

लर्नर उपर्युक्त विशेषताओं की शक्ति, तरुणाई, निपुणता तथा तार्किकता (Power, youth, skill and rationality) के रूप में व्यक्त करते हैं। वे आधुनिकीकरण को प्रमुखत: मस्तिष्क की एक स्थिति के रूप में स्वीकार करते हैं, प्रगति की अपेक्षा, वृद्धि की ओर झुकाव तथा परिवर्तन के अनुरूप अपने को ढालने की तत्परता के रूप में मानते हैं (Modernity is primarily a state of mind, expectation of progress, propensity to growth, readiness to adopt ourself to change)। परानुभूति (empath) भी आधुनिकीकरण का एक मुख्य तत्व है जिसमें अन्य लोगों के सुख:दुख में भाग लेने और संकट के समय उनको सहायता देने की प्रवृत्ति बढ़ती है।

आइजनस्टैड (Eisenstadt) ने अपनी पुस्तक '*Modernization: Protest and Change*' (1966) में विभिन्न क्षेत्रों में आधुनिकीकरण को निम्न प्रकार से व्यक्त किया है :

(1) **आर्थिक क्षेत्र में**–प्रौद्योगिकी का उच्च स्तर।

(2) **राजनीतिक क्षेत्र में**–समूह में शक्ति का प्रसार तथा सभी वयस्कों को शक्ति प्रदान करना (मताधिकार द्वारा) एवं संचार के साधनों द्वारा प्रजातंत्र में भाग लेना।

(3) **सांस्कृतिक क्षेत्र में**–विभिन्न समाजों के साथ अनुकूलन की क्षमता में वृद्धि तथा दूसरे लोगों की परिस्थितियों के प्रति परानुभूति (Empathy) में वृद्धि।

(4) **संरचना के क्षेत्र में**—सभी संगठनो के आकार का बढ़ना, उनमें जटिलता एवं विभेदीकरण की दृष्टि से वृद्धि।

(5) **पारिस्थितिकीय क्षेत्र में** (Ecological Field)—नगरीकरण की वृद्धि।

डॉ. एम.एन. श्रीनिवास (M. N. Srinivas) ने '*Modernization : A Few Queries*' (1969) में आधुनिकीकरण के संबंध में अपने विचार व्यक्त किये हैं: आप आधुनिकीकरण को एक तटस्थ शब्द नहीं मानते। आपके अनुसार आधुनिकीकरण को एक तटस्थ शब्द नहीं मानते। आपके अनुसार आधुनिकीकरण का अर्थ अधिकांशतः 'अच्छाई' से लिया जाता है।

किसी भी पश्चिमी देश के प्रत्यक्ष या परोक्ष संपर्क के कारण किसी गैर-पश्चिमी देश में होने वाली परिवर्तनों के लिए प्रचलित शब्द आधुनिकीकरण है। आप आधुनिकीकरण में निम्नलिखित बातों को सम्मिलित करते हैं : बढ़ा हुआ नगरीकरण, साक्षरता का प्रसार, प्रति व्यक्ति आय में वृद्धि, वयस्क मताधिकार तथा तर्क का विकास।

डॉ. श्रीनिवास ने आधुनिकीकरण के तीन प्रमुख क्षेत्र बताये हैं :

(1) भौतिक संस्कृति या क्षेत्र (इसमें तकनीकी भी सम्मिलित की जाती है);

(2) सामाजिक संस्थाओं का क्षेत्र; और

(3) ज्ञान, मूल्य एवं मनोवृत्तियों का क्षेत्र।

ऊपरी तौर पर तो ये तीनों क्षेत्र भिन्न-भिन्न मालूम पड़ते हैं, परन्तु ये परस्पर संबंधित हैं। एक क्षेत्र में होने वाले परिवर्तन दूसरे क्षेत्र को भी प्रभावित करते हैं।

ए. आर. देसाई (A. R. Desai) आधुनिकीकरण का प्रयोग केवल सामाजिक क्षेत्र तक ही सीमित नहीं बल्कि जीवन के सभी पहलुओं तक विस्तृत मानते हैं।

बौद्धिक क्षेत्र में आधुनिकीकरण का अर्थ तर्क-शक्ति का बढ़ना है। भौतिक व सामाजिक घटनाओं की तार्किक व्याख्या की जाती है। ईश्वर को आधार मानकर किसी भी घटना को स्वीकार नहीं किया जाता। धर्मनिरपेक्ष तार्किकता का ही परिणाम है जिसके फलस्वरूप अलौकिक जगत के स्थान पर इस दुनिया का (This worldly) दृष्टिकोण पनपता है।

सामाजिक क्षेत्र में

(अ) सामाजिक गतिशीलता बढ़ती है। पुरानी सामाजिक, आर्थिक, राजनीतिक तथा मनोवैज्ञानिक धारणाओं को तोड़ कर व्यक्ति नये प्रकार के व्यवहार को अपनाने को प्रस्तुत होता है।

(ब) सामाजिक संरचना में परिवर्तन—व्यकित के व्यावसायिक एवं राजनीतिक कार्यों में परिवर्तन आता है, प्रदत्त के स्थान पर अर्जित पदों का महत्व बढ़ता है।

आर्थिक क्षेत्र में

(अ) उत्पादन, वितरण, यातायात तथा संचार, आदि में पशु और मानव शक्ति के स्थान पर जड़-शक्ति का प्रयोग करना।

(ब) आर्थिक क्रियाओं का परम्परात्मक स्वरूप से पृथक्करण।

(स) मशीन, तकनीकी एवं औजारों का प्रयोग।

(द) उच्च तकनीकी के प्रभाव के कारण उद्योग, व्यवसाय, व्यापार, आदि में वृद्धि।

(य) आर्थिक कार्यों में विशेषीकरण का बढ़ना, साथ ही उत्पादन, उपभोग व बाजार में वृद्धि।

(र) अर्थव्यवस्था में उत्पादन तथा उपभोग में वृद्धि।

(ल) बढ़ता हुआ औद्योगीकरण जिस हम आर्थिक आधुनिकीकरण की मुख्य विशेषता कह सकते हैं।

राजनीतिक क्षेत्र में

(अ) सार्वभौमिक सत्ता की वैधता (Legitimation) अलौकिक शक्ति से प्राप्त न होकर नागरिकों द्वारा प्राप्त होती है।

(ब) राजनीतिक शक्ति का लोगों में वयस्क मताधिकार के आधार पर हस्तान्तरण।

(स) समाज की केन्द्रीय कानूनी, प्रशासकीय तथा राजनीतिक संस्थाओं का विस्तार एवं प्रसार।

(द) प्रशासकों द्वारा जनता की भलाई की नीति अपनाना।

परिस्थितिकीय क्षेत्र में

(अ) शिक्षा का विस्तार तथा विशेष प्रकार की शिक्षा देने वाली संस्थाओं में वृद्धि।

(ब) नये सांस्कृतिक दृष्टिकोण का विकास जो उन्नति व सुधार, योग्यता, सुख, अनुभव व क्षमता पर जोर दे।

(स) सभी प्रकार के समाजों के साथ समायोजन करने की धारणा का विकास, रुचि का बढ़ना, दूसरे लोगों के प्रति परानुभूति का बढ़ना, दूसरों का सम्मान

करना, ज्ञान व तकनीकी में विश्वास पैदा होना तथा व्यक्ति को उसके कार्य का प्रतिफल मिलना और मानवतावाद में विश्वास।

(द) समाज द्वारा ऐसी संस्थाओं और योग्यताओं का विकास करना जिससे कि लगातार बदलती हुई मांगों और समस्याओं से समायोजन किया जा सके।

इस प्रकार श्री देसाई ने आधुनिकीकरण को एक विस्तृत क्षेत्र के सन्दर्भ में देखा है जिसमें समाज व संस्कृति के सभी पहलू आ जाते हैं।

भारत में आधुनिकीकरण : समाजशास्त्रियों की दृष्टि में (Modernization in India : Sociologists' View)

डॉ. एस. सी. दुबे की विचार—दुबे का मत है कि भारत में परम्परा और आधुनिकता विरोधाभास के रूप में मौजूद है। हमने विकास की योजनाएं बनायी हैं और यह पाया है कि परम्पराएं उनमें बाधक सिद्ध हुईं। जातीयता व साम्प्रदायिकता ने राष्ट्रीय दृष्टिकोण में रोड़ा पैदा किया हैं धर्म-निरपेक्षता के मार्ग में पवित्रता और अपवित्रता की प्राचीन धारणा बाधक रही है। विवके के विकास में धर्म और धार्मिक संस्कार तथा कर्मकाण्ड बाधक हैं। प्रदत्त व अर्जित पदों का तालमेल नहीं बैठ पाया है। परम्परा प्रदत्त पदों को चाहती है तो आधुनिकता अर्जित पदों की पुष्टि करती है। आधुनिकता तटस्थता चाहती है तो परम्परा भावात्मकता। हिन्दुओं के प्राचीन धर्म के सिद्धान्त, संस्तरण, खण्डात्मकता, परलोकवाद, पवित्रता-अपर्वित्रता की धारणा, पुरुषों की प्रधानता तथा कौटुम्बिकता, आदि को आधुनिकीकरण के लिए त्यागना होगा, कर्तव्यनिष्ठा और अनुशासन को अपनाना होगा।

दुबे ने भारत के आधुनिकीकरण में कई बाधाओं का भी उल्लेख किया है। आज का भारत परम्परा और आधुनिकता की दुविधा में फंस गया है। उसके सामने एक द्वन्द्व है कि वह किस सीमा तक परम्परा को छोड़े एवं किस सीमा तक आधुनिकता को अपनाये।

72.2 प्रतिशत लोग जो गांवों में रहते हैं, परम्परावादी हैं और गांव में आज भी कई परम्पराएं ऋग्वेद काल से चली आ रही हैं, दूसरी ओर गांव आधुनिकता से बिल्कुल अछूते भी नहीं हैं। यातायात, रेल, मोटर, सड़क, संचार, रेडियो, समाचार-पत्र, शिक्षा, प्रशासन, सामुदायिक योजनाएं, आदि ने वहां आधुनिकीकरण की प्रक्रिया को बढ़ावा दयिा है। गांवों में भौतिक और सांस्कृतिक परिवर्तन ही नहीं हो रहे हैं, वरन् नये मूल्य, संबंध व आकांक्षाएं भी पनप रहे हैं। वर्तमान में गांव समय के साथ-साथ चल रहे हैं तथा अब वे रूढ़िवादिता के गढ़ नहीं रहे हैं। उन्हें भी परिवर्तन की हवा लगी है, अब उन्हें हम स्थिर और जड़ नहीं कह सकते।

गांवों की समाज-व्यवस्था भाई-चारा, जाति एवं स्थानीयता पर आधारित थी। परिवार वंश एवं जाति से जुड़ा हुआ था, परन्तु अब उसका स्वरूप बदला है। वास्तव में देखें तो परम्परात्मक व समसामयिक ग्राम व्यवस्था में एकरूपता व स्थिरता दिखाई देती है, परन्तु उसके विभिन्न अंगों को सजीव करने वाले आधारभूत सिद्धान्तों में दूरगामी परिवर्तन हुए हैं और वे नया रूप ग्रहण कर रहे हैं। डॉ. दुबे ने परिवार, जाति, स्थानीयता, धर्म, आदि के सन्दर्भ में भी आधुनिकीकरण का उल्लेख किया है। परिवार में व्यक्तिवाद उभर रहा है, जबकि पहले सामूहिकता को महत्व दिया जाता है। अब समूह में लिंग, आयु व संबंध के आधार पर अधिकार का निर्धारण न होकर योग्यता, अनुभव तथा ज्ञान के आधार पर होता है। संयुक्त परिवार के सदस्यों के पारस्परिक संबंध बदले हैं, स्त्रियों का परिवार में महत्व बढ़ा है। जाति के क्षेत्र में विवाह, व्यवसाय, संस्तरण, कर्मकाण्ड व पवित्रता की धारणा में परिवर्तन हुआ है, अन्तर्विवाह (Endogamy) की धारणा यद्यपि अभी भी दृढ़ है।

जातियों में छुआछूत को कम करने के आन्दोलन हुए हैं तथा नगरों में विभिन्न जातियों के मेलजोल के अवसर बढ़े हैं। गांवों में भी जजमानी प्रथा व व्यवसाय में परिवर्तन हुए हैं। राजनीति में अन्तर्जातीय समझौते हुए हैं। अल्पसंख्यक उच्च जातियों के पास सत्ता और शक्ति है। साथ ही वे बहुसंख्यक निम्न जातियों के दबाव के सामने झुकी हैं और उनसे समझौते भी किये हैं जातियों की पारस्परिक दूरी कम हुई है। जातियां नये रूप में संगठित हो रही हैं तथा उनके स्थानीय, प्रान्तीय और राष्ट्रीय संगठन हो रही हैं तथा उनके स्थानीय, प्रान्तीय और राष्ट्रीय संगठित हो रही हैं तथा उनके स्थानीय, प्रान्तीय और राष्ट्रीय संगठन बने हैं। धार्मिक विश्वास के क्षेत्र में भी परिवर्तन हुए हैं। कर्मकाण्ड व भाग्यवादिता में विश्वास कम हुआ है एवं नास्तिकता बढ़ी है। नयी शिक्षा-प्रणाली, नयी अर्थव्यवस्था, प्रशासन, सामुदायिक विकास योजना, नगरीकरण, औद्योगीकरण, यातायात व संचार, प्रेस, अखबार तथा नये सामाजिक एवं धार्मिक आन्दोलनों ने उपरोक्त परिवर्तनों को संजोया है।

इस प्रकार **डॉ. दुबे** के अनसुार भारतीय गांव आज भी परम्परा व आधुनिकता के दो ध्रुवों के बीच सहमा हुआ खड़ा है और अनिश्चय की स्थिति में है। एक ओर अतीत का आकर्षण है तो दूसरी ओर प्रगति की अनिवार्यता। बदले हुए जीवन के आयाम में परम्परा से सुरक्षा नहीं मिल पायी है। अतः वह नये अधिकार बोध व आकांक्षाओं के नये क्षितिज को छूना चाहता है, परन्तु हम कह सकते हैं कि परम्परा और आधुनिकता के बीच केवल गांव ही नहीं सम्पूर्ण देश सहमा हुआ खड़ा है।

डॉ. योगेश अटल के विचार–डॉ. अटल की मान्यता है कि भारत में परम्परा व आधुनिकता साथ-साथ चल रही है। वे इसे परिवारों के उदाहरण द्वारा इस प्रकार स्पष्ट करते हैं कि नयी शिक्षा और नये व्यवसाय के कारण लोग शहरों में आकर रहते हैं तथा यहां उसकी परविार व्यवस्था में भी परिवर्तन आते हैं। स्थानीय दूरी ने पारिवारिक दूरी अधिक नहीं बढ़ायी है और सदस्यगण विवाह, त्यौहार, उत्सव, जन्म, मृत्यु और छुट्टियों के अवसर पर मिलते हैं। विवाह पर खर्च चाहे केन्द्रीय परिवार करे, परन्तु विवाह निमन्त्रण पत्रिका (कुमकुम पत्रिका) पर पितृवंशीय कुल के बुजुर्ग के नाम अंकित रहते हैं। करों ने भी परिवार के ढांचे को बदला है। आयकर के कारण दुकानों के खाते अलग-अलग सदस्यों के नाम से चलते हैं। वे मकान और भूमि का बंटवारा कर देते हैं। घर और कार्यालय की परिस्थितियां भिन्न-भिन्न हैं ऑफिस से लौटकर नयी पोशाक के साथ ही आधुनिकता को भी लोग खूंटी पर टांग देते हैं और धोती पहनकर भोजन करते हैं। इस बात का उल्लेख **आन्द्रेबिताई** ने अपनी पुस्तक '*Caste, Class and Power*' में किया है। स्त्रियां घर में परम्परात्मक हैं तो दूसरी ओर आधुनिक प्रसाधनों जैसे, गैस का चूल्हा, प्रेसर-कुकर का प्रयोग, चप्पल पहने खड़े-खड़े खाना बनाना, पार्टियों व होटलों में जाना, स्त्रियों द्वारा नौकरी करना, मम्मी-पापा, आदि शब्दों का प्रयोग, अंग्रेजी भाषा के शब्दों का प्रयोग तथा प्रेम-विवाह की आंकाक्षाएं, आदि परम्परा और आधुनिकता का मिश्रित रूप प्रकट करते हैं।

रूडोल्फ एवं **रूडोल्फ के विचार**–रूडोल्फ एवं रूडोल्फ का मत है कि अंग्रेजों ने भारत में आधुनिकीकरण की नींव रखीं उन्होंने भारत को नयी अर्थव्यवस्था और राजनीतिक एकता दी। प्रेस व नयी शिक्षा प्रणाली ने भारत में नये शिक्षित वर्ग को जन्म दिया। नवीन प्रविधियों, सिंचाई के साधनों तथा यातयात की वर्तमान सुविधाओं ने कृषि में क्रान्ति ला दी। गांवों की पृथकता व जड़ता सड़कों ने समान्त कर दी। रेल यातायात ने उद्योगों को जन्म दिया जिससे परम्परात्मक जाति-व्यवस्था पर आधारित समाज-व्यवस्था में कई परिवर्तन आये। एक तरफ जाति ने प्राचीन ग्राम्य व्यवस्था को बनाये रखा तो दूसरी तरफ प्रजातंत्र को भी। भारत में राजनीति व जाति के संबंध तीन रूपों में देखने को मिलते हैं :

(1) **उदग्र गतिशीलता** (Vertical Mobility)—इसमें उच्च जाति के और प्रभावशाली योग निम्न जातियों का सहारा परम्परात्मक वफादारी व अर्थव्यवस्था के नाम पर लेते हैं।

(2) **क्षैतिज गतिशीलता** (Horizontal Mobility) के अन्तर्गत प्रत्येक जाति ने अपने जातीय संगठन बनाये हैं और अपने सदस्यों के सामाजिक, आर्थिक

एवं राजनीतिक हितों को प्रोत्साहन दिया है। नये जातीय संगठनों का नेतृत्व नवीन एवं शिक्षित पीढ़ी के हाथ में है जो जनतांत्रिक विचारों से ओत-प्रोत हैं और जिसमें परम्परात्मक आधुनिक विशेषताओं का सम्मिश्रण है।

(3) **विभेदमूलक गतिशीलता** (Differential Mobility) के अन्तर्गत राजनीतिक दल प्रत्यक्ष या अप्रत्यक्ष रूप से बहुमत पाने के लिए मतदाताओं से प्रार्थना करते हैं। इसके लिए वे जाति का सहारा भी लेते हैं। उम्मीदवारों का चुनाव करते समय राजनीतिक दल क्षेत्र की जातीय स्थिति को भी ध्यान में रखते हैं।

रूडोल्फ ने भारत में कानून व न्याय-व्यवस्था के आधुनिकीकरण का भी उल्लेख किया है। कानून का शासन (Rule of Law) एवं वर्तमान न्याय-व्यवस्था भारत को अंग्रेजों की महान् देन है। इससे पूर्व देश में शासन छोटी-छोटी प्रथाओं तथा सामन्तों की सनक से चलता था। अंग्रेजों के समय में ही पहली बार सम्पूर्ण भारत एक ही प्रकार के कानून व न्याय-व्यवस्था द्वरा प्रशासित हुआ। आज हम ग्राम पंचायत स्तर से राष्ट्रीय स्तर तक न्यायालय की व्यवस्था देख सकते हैं।

अंग्रेजों के समय में ही बाल-विवाह, विधवा पुनर्विवाह, स्त्री सम्पत्ति अधिकार, उत्तराधिकार एवं सती-प्रथा निरोधक कानून बने जिन्होंने परम्परात्मक व्यवस्था को आधुनिकता का पुट प्रदान किया। इतना अवश्य है कि सिद्धान्त और व्यवहार में तो फिर भी अन्तर बना रहा और गांवों में तो न्याय का कार्य जाति पंचायत व बड़े बुजुर्ग ही करते रहे।

आधुनिकीकरण के फलस्वरूप भारत ने जहां प्रगति की है वहीं इसके कई दुष्परिणाम भी निकले हैं। भारत में नये-नये उद्योगों की स्थापना एवं नगरीकरण के फलस्वरूप गन्दी बस्तियों की समस्याएं बढ़ी हैं, प्रदूषण बढ़ा है, विभिन्न प्रकार के रोगों में वृद्धि हुई है, बेकारी एवं गरीबी घटने के बजाय बढ़ी है। देश में नैतिक मूल्यों का ह्रास हुआ है तथा भौतिकता की दौड़ के कारण लोग येन-केन प्रकारेण धन संचय करने की सोचते हैं, इससे भ्रष्टाचार में वृद्धि हुई है। नशीले पदार्थों एवं मादक द्रव्यों का प्रयोग बढ़ रहा है। भारत का आधुनिकीकरण करने के लिए भारत सरकार ने उदारीकरण की नीति अपनायी है, इससे भारत में बहुराष्ट्रीय कम्पनियां अपने उद्योग स्थापित कर रही हैं, इससे भारत के कुटी उद्योग समाप्त हुए हैं एवं भातीय उद्यमी हतोत्साहित हुए हैं, देश का पैसा विदेशों में जा रहा है। प्रजातंत्र मजबूत तो हुआ है, किन्तु उसमें जातिवाद, प्रान्तवाद और भाषावाद हावी है। संचार के माध्यमों का प्रचार-प्रसार हुआ है, किन्तु टी.वी. के अनेक दुष्प्रभाव भी पड़े

हैं। अत: आवश्यकता इस बात की है कि आधुनिकीकरण के लाभदायक पक्षों को अपनाया जाए तथा अनुपयोगी पक्षों से प्रयत्नपूर्वक बचा जाए।

आधुनिकीकरण एवं पश्चिमीकरण (Modernisation and Westernisation)

आधुनिकीकरण व पश्चिमीकरण को कुछ विद्वानों ने समानार्थी अवधारणाओं के रूप में प्रयोग किया है। आधुनिकीकरण से उनका अर्थ पश्चिमी देशों में होने वाले सामाजिक, आर्थिक, राजनैतिक या सांस्कृतिक परिवर्तनों की ओर बढ़ने से है तथा पश्चिम के देश इंग्लैण्ड, अमेरिका, फ्रांस, आदि भी उनके मॉडल रहे हैं, जैसा कि हमने पहले बैनडिक्स और आइजनस्टैड की परिभाषा में देखा था। कई विद्वानों ने इस अवधारणा का प्रयोग पश्चिमी और गैर-पश्चिमी समाजों की तुलना में किया है। इसका कारण यह रहा है कि पश्चिमी देशों के उपनिवेश एशिया, अफ्रीका तथा आस्ट्रेलिया महाद्वीपों के देश रहे हैं तथा मध्य और पूर्व के देश पश्चिमी देशों से औद्योगिक, तकनीकी, नवीन राजनैतिक, सामाजिक और सांस्कृतिक क्षेत्रों में भिन्नता रखते थे। पश्चिमी देशों के प्रशासन में रहने से वहां के लोगों ने पश्चिम का अनुकरण किया। उपनिवेशों में आधुनिकीकरण का आधार पश्चिम की बुर्जुआ धारणा रही है। पश्चिम के संघात के कारण उपनिवेशों में विकास की प्रक्रिया में अनेक पाश्चात्य सांस्कृतिक तत्वों को अपनाया जाने लगा। खान-पान, रहन-सहन, धार्मिक विश्वास, तकनीकी शिक्षा, औद्योगीकरण, नगरीकरण, आर्थिक संगठन, प्रजातंत्र विज्ञान, आदि सभी क्षेत्रों में पाश्चात्य प्रभाव इन देशों में स्पष्टत: देखा जा सकता है। पिछड़े राष्ट्रों ने अपनी आर्थिक, तकनीकी एवं औद्योगिक प्रगति के लिए पश्चिम की व्यवस्था को ही मार्गदर्शक मानकर अपने उद्देश्यों को पाने का प्रयत्न किया हैं पश्चिमी देशों की अर्थव्यवस्था के साथ-साथ तार्किक दृष्टिकोण, विवेक, भौतिकता द्वारा राजनैतिक संगठन, आदि को अपनाया है। वहां के विशेषज्ञों को अपने देश में आमन्त्रित किया गया तथा विद्या अध्ययन हेतु अपने यहां से भी छात्रों को वहां भेजा गया है। कई एशियाई और अफ्रीकी देश; जैसे भारत, बर्मा, श्रीलंका, नेपाल, थाईलैण्ड, मिस्र, क्यूवा, टर्की तथा कोरिया, आदि में पश्चिमी देशों का प्रभाव जीवन के विभिन्न क्षेत्रों में देखा जा सकता है जिसे वहां के लोग आधुनिकीकरण के नाम से पुकारते हैं।

इसके बावजूद भी हम आधुनिकीकरण को पश्चिमीकरण नहीं कह सकते क्योंकि साम्यवादी देश; जैसे रूस व चीन आदि का भी इन पर प्रभाव है। उपनिवेशों के सभी देशों में पश्चिम की नकल नहीं हुई है वरन् कई देशों में साम्यवादी व्यवस्था को रूस व चीन से भी अपनाया गया। साथ ही कई देशों ने अपनी प्राचीन परम्पराओं

को भी संजोये रखा है तथा नवीन मानवीय व भौतिक साधनों से समाज के समुचित विकास का प्रयत्न किया है। वे नये ज्ञान व तकनीकी को ढूंढ़ते हैं और उसका प्रयोग करते हैं जिसका अर्थ पश्चिमीकरण नहीं। अत: **ये दोनों प्रक्रियाएं न तो एक समान हैं और न एकदम पृथक् ही।** कहीं ये घनिष्ठ रूप में एक-दूसरे में मिल गई हैं, तो कहीं ये पृथक् रूप में हें। पश्चिमीकरण का अर्थ पश्चिमी सभ्यता और संस्कृति के भौतिक व अभौतिक तत्व को अपनाने से है। पश्चिमीकरण करने वाले राष्ट्र धीरे-धीरे अपनी परम्पराओं को छोड़ने और पश्चिम के रंग में रंगने लगते हैं, परन्तु आधुनिकीकरण करने के लिए एक सामाज को अपनी संस्थाओं, मूल्यों, आदर्शों तथा भौतिक साधनों को परिमार्जित, परिवर्तित एवं पुनर्व्यस्थित करना होता है। अत: *आधुनिकीकरण के अनेक मॉडल देखने को मिलते हैं, जबकि पश्चिमीकरण का मॉडल केवल पश्चिमी देश हैं*। आधुनिकीकरण के दौरान उस समय समाज में कई सामाजिक, सांस्कृतिक, आर्थिक व राजनैतिक समस्याएं भी पैदा होती हैं जिनके हल के लिए वहां नवीन मूल्यों, आदर्शों, शिक्षा, ज्ञान तथा विज्ञान, आदि का सहारा लेना होता है। इस प्रकार से वे समस्याओं का तार्किक एवं वैज्ञानिक हल ढूंढ़ते हैं।

पश्चिमीकरण का प्रयोग आधुनिकीकरण के स्थान पर उचित नहीं माना गया है, क्योंकि वह स्थानीय **'लेबल'** है जबकि आधुनिकीकरण में किसी भी राष्ट्र का अनुकरण हो सकता है चाहे वह जापान, इजराइल या भारत ही हो। डैनियल लर्नर ने आधुनिकीकरण का प्रयोग पश्चिमीकरण के स्थान पर इसलिए भी स्वीकार किया है कि मध्य-पूर्व के शिक्षित लोग आधुनिकता चाहते हुए भी अमेरिका व रूस में बना 'लेबल' नहीं चाहते तथा उन्हें पश्चिमीकरण शब्द से चिढ़ है। इसके पीछे विदेशी भय, उग्र राष्ट्रवाद या राजनीतिकरण हो सकता है तथा उपनिवेश विरोधी घृणा भी। एक बात और भी है कि गैर-पश्चिमी देशों में साम्यवादी आकर्षण भी देखने को मिलता है जो साम्राज्यवाद एवं पूंजीवाद विरोधी तथा दलितों व मजदूरों का समर्थन करता है और मानवतावाद के सिद्धान्त की पुष्टि करता हें इसलिए साम्यवादी मॉडल गैर-पश्चिमी बुद्धिजीवी को विज्ञान व मानवता के नाम पर न केवल पश्चिम को वरन् अपने समाज व परम्परा को भी अस्वीकार करने को प्रेरित करता है।

आधुनिकीकरण की तुलना में पश्चिमीकरण नैतिक दृष्टि से तटस्थ शब्द है। वह अच्छे-बुरे को सूचित नहीं करता, जबकि आधुनिकीकरण का साधारण अर्थ 'अच्छाई' से है। पश्चिमीकरण के प्रति लोगों का राजनैतिक, सांस्कृतिक विरोध भी हैं यह कहना भी उपयुक्त नहीं है कि अठारहवीं और उन्नीसवी सदी में कई

तत्व तो सुदूर-पूर्व एवं मध्ययुगीन भारत से भी वहां पहुंचे थे। कागज, छापाखाने तथा बारूद का आविष्कार चीन में हुआ था। अंक व दशमलव प्रणाली भारत की देन है। ईसाई धर्म-प्रचारकों ने दुनिया को आधुनिकता से परिचित कराया, परन्तु स्वयं ईसाइ धर्म की उत्पत्ति भी तो एशिया में हुई। इस प्रकार हम कह सकते हैं कि इन दोनों अवधारणाओं में पर्याप्त समानता के बावजूद भी काफी अन्तर विद्यमान है।

भारत में आधुनिकीकरण में कुछ बाधाएं
Some Hinderances to Modernisation in India

परिवर्तन के बिना आधुनिकता संभव नहीं और जब भी कोई परिवर्तन होता है या लाया जाता है तो वह सहज ही स्वीकार नहीं किया जाता, वरन् अनेक आशंकाएं प्रकट की जाती हैं और उसे अनेक विरोधी शक्तियों का मुकाबला करना पड़ता है। अत: परिवर्तन कोई सहज वस्तु नहीं है।

भारत में भी आधुनिकीकरण की विभिन्न प्रक्रियाओं; जैसे नगरीकरण, औद्योगीकरण, पश्चिमीकरण, नवीन शिक्षा प्रणाली, धर्म-सुधार आन्दोलन, आदि क्रियाशील रहे हैं। परन्तु साथ ही उनके मार्ग में परम्परागत सामाजिक व्यवस्था और लोगों के निहित स्वार्थ बाधक भी रहे हैं। प्रजातंत्र और जाति जो कि विरोधी सिद्धान्तों पर आधारित हैं, यहां साथ-साथ चल रहे हैं। आर्थिक प्रगति, सामाजिक गतिशीलता और व्यवसाय की परिवर्तनशीलता में जाति बाधक रही है। प्रजातंत्र को सही अर्थों में लागू करने में भी जाति बाधक रही है। प्रजातंत्र को सही अर्थों में लागू करने में भी जाति अवरोधक रही है और कहीं-कहीं तो प्रजातंत्र (डॉ. नर्मदेश्वर प्रसाद के शब्दों में) जातितंत्र (Castocracy) बनकर रह गया है। वैज्ञानिक विचारों और नवीन खोजों को स्वीकार करने में भाग्यवाद एवं धर्म रोड़े हैं। भारत में सन्तान ईश्वर की देन मानी गई है। और साथ ही परिवार नियोजन के साधनों को भी स्वीकार किया है। विवाह की आयु, विधवा पुनर्विवाह, बाल-विवाह, स्त्री सम्पत्ति अधिकार, उत्तराधिकार, दहेज तथा तलका से संबंधित नवीन कानून बने हैं, परन्तु आज भी विवाह के प्रति धार्मिक दृष्टिकोण में विशेष अन्तर नहीं आया हैं अन्तर्जातीय विवाह गिने-चुने ही हुए हैं। छात्रों, मजदूरों और राज्य कर्मचारियों में असन्तोष बढ़ा है, हिप्पीवाद पनपा है, वैज्ञानिक पद्धति व तर्क को स्वीकारा गया है पर आज भी अन्धविश्वास भारतीयों के मष्तिष्क में छाया हुआ है। हमने अणु विष्फोट भी किये हैं तथा आर्यभट्ट नामक, आदि उपग्रह छोड़कर स्पुतनिक जगत में महत्वपूर्ण सफलता भी प्राप्त की है। लोगों ने नया वेश-विन्यास भी अपनाया है नयी सड़कें और भवन-निर्माण किए हैं, परन्तु इनका प्रयोग करने वाले परम्परा से मुक्त नहीं हैं।

आज भी बिल्ली के रास्ता काटने पर या छींकने पर हम शुभ-अशुभ का हिसाब लगाते हैं। इस प्रकार भारत में आधुनिकीकरण एक नये चाले में स्वीकार किया गया है जिसमें परम्परा एवं आधुनिकता का पर्याप्त सम्मिश्रण देखने को मिलता है जो एकदम परम्परा से हटकर भी नहीं है, तो पूर्णतया नवीन भी नहीं।

संस्कृतीकरण (Sanskritization)

जाति व्यवस्था के अन्तर्गत ब्राह्मण जाति की स्थिति सर्वोच्च या सर्वश्रेष्ठ रही है और हरिजनों एवं अस्पृश्यों की सबेस निम्न। जाति व्यवस्था के इन दो छोरों के मध्य सैकड़ों-हजारों ऐसे जातीय समूह पाये जाते हैं जो अपने आप को देश के विभिन्न भागों में एक-दूसरे से उच्च या निम्न मानते हैं। जातीय-समूह के रूप में अपनी स्थिति को ऊंचा उठाने अथवा किसी उच्च जाति के समान प्रतिष्ठा प्राप्त करने की दृष्टि से यहां निम्न एवं मध्यम स्तर की जातियों में किसी उच्च जाति या जातियों के जीवन के तरीके या सम्पूर्ण जीवन विधि के अनुकरण करने की प्रवृत्ति पायी जाती है। इस स्थिति को व्यक्त करने हेतु **डॉ. एम. एन. श्रीनिवास ने 'संस्कृतीकरण'** (Sanskritization) नामक अवधारणा को प्रोत्साहित किया है।

दक्षिणी भारत के कुर्ग लोगों के सामाजिक व धार्मिक जीवन के विश्लेषण में डॉ. श्रीनिवास ने संस्कृतीकरण शब्द को सर्वप्रथम काम में लिया। एक अवधारणा के रूप में इसका प्रयोग परम्परागत भारतीय सामाजिक संरचना व सांस्कृतिक गतिशीलता की प्रक्रिया का वर्णन करने के लिए किया गया। मैसूर के कुर्ग लोगों का अध्ययन करते समय डॉ. श्रीनिवास ने पाया कि निम्न जातियों के लोग ब्राह्मणों की कुछ प्रथाओं को अपनाने तथा अपनी स्वयं की कुछ प्रथाओं, जैसे मांस खाने, शराब का प्रयोग एवं पशु बलि, आदि छोड़ने में लगे हुए थे।

उनके ऐसा करने का उद्देश्य जातीय संस्तरण की प्रणाली में अपनी स्थिति को ऊंचा उठाया था। वे ब्राह्मणों की भोजन संबंधी आदतों, उनकी वेश-भूषा तथा कर्मकाण्डों की जीवन-पद्धति का अनुकरण करके जातीय संस्तरण की प्रणाली में एक-दो पीढ़ी में उच्च स्थिति की मांग प्रस्तुत कर सके। गतिशीलता की इस प्रक्रिया का वर्णन करने के लिए श्रीनिवास ने प्रारम्भ में ब्राह्मणीकरण शब्द का प्रयोग किया, लेकिन बाद में इसके स्थान पर आपने संस्कृतीकरण शब्द का प्रयोग किया।

संस्कृतीकरण का अर्थ (Meaning of Sanskritization)

डॉ. श्रीनिवास ने अपनी पुस्तक '*Religion and Society among the Coorgs of South India*' में जाति की गतिशीलता की प्रक्रिया को व्यक्त करने हेतु संस्कृतीकरण के प्रत्यय का प्रयोग किया। आपने लिखा है कि जाति प्रथा उस कठोर

प्रणाली से काफी दूर है जिसमें प्रत्येक घटक जाति की स्थिति हमेशा के लिए निश्चित कर दी जाती है। जाति प्रथा में गतिशीलता सदैव संभव रही है और विशेषत: मध्य जातियों में। **श्रीनिवास** ने संस्कृतीकरण को प्रारम्भ में इस प्रकार से परिभाषित किया, ''एक निम्न जाति एक या दो पीढ़ियों में शाकाहारी बनकर मद्यपान को छोड़कर तथा अपने कर्मकाण्ड एवं देवगण का संस्कृतीकरण कर संस्तकरण की प्रणाली में अपनी स्थिति ऊंची उठाने में समर्थ हो जाती, संक्षेप में वह जहां तक संभव था, ब्राह्मणों की प्रथाओं, अनुष्ठानों एवं विश्वासों को अपना लेती। साधारणत: निम्न जातियों के द्वारा ब्राह्मणों की जीवन-प्रणाली को प्राय: अपना लिया जाता है यद्यपि सैद्धान्तिक रूप से वह वर्जित था।''

प्रो. श्रीनिवास ने अपनी इस परिभाषा में बाद में चलकर संशोधन कि और इसे पुन: परिभाषित करते हुए लिखा है, ''संस्कृतीकरण वह प्रयिा है जिसके द्वारा कोई निम्न हिन्दू जाति या कोई जनजाति अथवा कोई अन्य समूह किसी उच्च और प्राय: द्विज जाति की दिशा में अपने रीति-रिवाज, कर्मकाण्ड, विचारधारा और पद्धति को बदलता है। सामान्यत: ऐसे परिवर्तन के बाद निम्न जाति, जातीय संस्तरण की प्रणाली में स्थानीय समुदाय में उसे परम्परागत रूप से जो स्थिति प्राप्त है, उससे उच्च स्थिति का दावा करने लगती है। सामान्यत: बहुत दिनों तक बल्कि वास्तव में एक-दो पीढ़ियों तक दावा किये जोने के बाद ही उसे स्वीकृत मिलती है।

संस्कृतीकरण की पहली परिभाषा की तुलना में दूसरी परिभाषा अधिक व्यापक है क्योंकि इसमें संस्कृतीकरण के केवल ब्राह्मणीय आदर्श को हनी नहीं वरन् अन्य आदर्श को भी सम्मिलित किया गया है।

संस्कृतीकरण की विशेषताएं (Characteristics of Sanskritization)

संस्कृतीकरण की अवधारणा को इसकी विशेषताओं के आधार पर और स्पष्ट रूप से समझा जा सकता है :

(1) **संस्कृतीकरण का संबंध निम्न जातियों से है।** जब निम्न जातियों द्विज जातियों या प्रभु जाति (Dominant Caste) की प्रथाओं, परम्पराओं, देवी-देवताओं एवं जीवन शैली को अपनाकर जाति-संस्तरण में ऊंचा उठने का प्रयत्न करती हैं तो उसे संस्कृतीकरण कहते हैं।

(2) **संस्कृतीकरण सामाजिक गतिशीलता को प्रकट करने वाली प्रक्रिया है।** यह संस्कृतीकरण करने वाली जाति में केवल **पदमूलक परिवर्तन** (Structural Change) को अर्थात् संस्कृतीकरण करने वाली जाति अपने

आस-पास की जातियों से ऊपर उठ जाती है और दूसरी नीचे आती है, परन्तु यह सब एक अलग सोपान में ही होता है, स्वयं व्यवस्था में कोई परिवर्तन नहीं होता है। इससे अलग-अलग जातियां तो ऊपर या नीचे उठीं या गिरीं, परन्तु पूरा ढांचा वैसा ही बना रहा। इस बात को स्पष्ट करने के लिए श्रीनिवास ने इतिहास के अनेक उदाहरण दिये हैं।

(3) **संस्कृतीकरण केवल हिन्दू जातियों तक ही सीमित नहीं है** बल्कि जनजातियों तथा अर्द्ध-जनजातीय समूहों में भी यह प्रक्रिया पायी जाती है। पश्चिमी भारत के भीलों, मध्य भारत के गोंडा तथा ओरांवों तथा हिमालय के पहाड़ी लोगों ने हिन्दुओं की जीवन-पद्धति का अनुकरण करने का प्रयास किया है। जो जनजाति संस्कृतीकरण करती है वह धीरे-धीरे एक जाति होने का दावा करने लगती है और अपने को हिन्दू मानने लगती है। स्पष्ट है कि न केवल निम्न जातियों ने वरन् जनजातियों व अर्द्ध-जनजातीय समूहों ने द्विज जातियों की जीवन-पद्धति को अपनाने का प्रयत्न किया है।

(4) **संस्कृतीकरण की प्रक्रिया का संबंध किसी एक व्यक्ति या परिवार से नहीं है वरन् एक समूह से है।** यदि कोई अकेला व्यक्ति या परिवार ही ऊपर की ओर गतिशील होता है तो उसके लिए अपने बेटों के लिए बहुएं और बेटियों के लिए वर प्राप्त करने की कठिनाई पैदा हो जाती है। अतः संस्कृतीकरण एक व्यक्ति तथा परिवार द्वारा न किया जाकर एक समूह द्वारा किया जाता है।

(5) **संस्कृतीकरण के कई आदर्श हो सकते हैं।** एक निम्न जाति ब्राह्मण, क्षत्रिय, वैश्य अथवा किसी अन्य प्रभु जाति को आदर्श मानकर भी उसके रीति-रिवाजों, प्रथाओं, खान-पान और जीवन-शैली को अपना सकती है। फिर भी एक जाति के लिए अपने ऊपर की वे जातियां आदर्श होती हैं जिनसे उसकी सबसे अधिक समीपता हो।

(6) जब किसी जातीय समूह का संस्कृतीकरण होता है तो वह किसी उच्च जाति की प्रथाओं और जीवन-पद्धति को ही नहीं अपनाता बल्कि **संस्कृत साहित्य में उपलब्ध कुछ नवीन विचारों एवं मूल्यों को भी स्वीकार कर लेता** है। साथ ही संस्कृत के धर्म-ग्रन्थों में पाये जाने वाले शब्दों, जैसे पाप-पुण्य, धर्म-कर्म, माया, संसार और मोक्ष, आदि का प्रयोग भी उस समूह के सदस्यों की बातचीत में होने लगता है।

(7) संस्कृतीकरण की प्रक्रिया **एक सार्वभौमिक प्रक्रिया** है जो भारतीय इतिहास के प्रत्येक काल में दिखायी देती है। श्रीनिवास ने वैदिक काल से लेकर आज के समय में विभिन्न जातियों द्वारा ऊंचा उठने के प्रयासों का अनेक उदाहरणों द्वारा उल्लेख किया है।

(8) संस्कृतीकरण की प्रक्रिया के द्वारा सामाजिक पद में परिवर्तन के लिए एक *निम्न जाति दो या तीन पीढ़ी पहले से अपना संबंध किसी उच्च जाति से जोड़ती है।*

(9) डॉ. योगेन्द्र सिंह संस्कृतीकरण की प्रक्रिया को अग्रिम समाजीकरण (Anticipatory Socialization) कहते हैं, अर्थात् इसमें एक निम्न जाति किसी उच्च जाति की संस्कृति को इस आशा से अपनाती है कि उसे इस जाति में सम्मिलित कर लिया जायेगा।

(10) संस्कृतीकरण की प्रक्रिया **सामाजिक और सांस्कृतिक परिवर्तन की सूचक** है। इस सन्दर्भ में **मिल्टन सिंगर** लिखते हैं, "एम.एन. श्रीनिवास का संस्कृतीकरण का सिद्धांत भारतीय सभ्यता में सामाजिक और सांस्कृतिक परिवर्तन का अत्यन्त विस्तृत और विस्तृत रूप से स्वीकृत मानवशास्त्रीय सिद्धान्त है। फिर भी यह समाज व संस्कृति में होने वाले परिवर्तनों का उल्लेख करता है।"

(11) संस्कृतीकरण की प्रक्रिया **निम्न जातियों की इस महत्वाकांक्षा और प्रयत्न की सूचन** है कि वे उच्च जातियों की जीवन-शैली को अपनाएं और अपनी जातीय स्थिति को ऊंचा उठायें।

(12) श्रीनिवास कहते हैं कि संस्कृतीकरण की प्रक्रिया **एक दो-तरफा प्रक्रिया** (Two-wasy Process) है, अर्थात् इसमें सदैव ही निम्न जातियां ऊंची जातियों की संस्कृति के कुछ तत्वों को ग्रहण करती हैं।

(13) डॉ. योगेन्द्र सिंह इस **विचारधारा को ग्रहण करने वाली प्रक्रिया** (Ideology Borrowing Process) कहते हैं जिसमें निम्न जाति उच्च जाति की पाप-पुण्य, धर्म-कर्म, माया-संसार, मोक्ष आदि की विचारधारा को अपनाती है।

(14) संस्कृतीकरण **अनेक अवधारणाओं का एक गुच्छा** है (It is a bundle of concepts) अर्थात् इसमें ब्राह्मणीकरण, पर-संस्कृतिग्रहण, अग्रिम समाजीकरण, अनुकरण, आदि सभी अवधारणाओं के अंग मौजूद हैं।

संस्कृतीकरण के आदर्श (Model of Sanskritization)

श्रीनिवास ने प्रारम्भ में संस्कृतीकरण के ब्राह्मणी आदर्श का उल्लेख किया। कुछ समाजशास्त्रियों ने इसकी आलोचना की। वास्तिविकता यह है कि संस्कृतीकरण के आदर्श सदैव ब्राह्मण ही नहीं रहे हैं। पोकॉक ने संस्कृतीकरण के क्षत्रिय आदर्श के अस्तित्व की भी चर्चा की है।

मिल्टर सिंगर ने बताया, "संस्कृतीकरण के एक या दो आदर्श नहीं पाये जाते बल्कि चार नहीं तो कम-से-कम तीन आदर्श अवश्य ही मौजूद हैं। प्रथम, तीन वर्ण के लोगों को द्विज कहते हैं क्योंकि इनका उपनयन संस्कार होता है और इन्हें वैदिक कर्मकाण्डों को संपन्न करने का अधिकार होता है जिनमें वेदों के मन्त्रों का उच्चारण किया जाता है। श्रीनिवास के अनुसार द्विज वर्णों के ब्राह्मण इन संस्कारों को पूरा करने के संबंध में सबसे अधिक सावधान व सचेत होते हैं और इसलिए दूसरों की अपेक्षा इन्हें संस्कृतीकरण का उत्तम आदर्श माना जा सकता है। श्रीनिवास ने अवलोकन के आधार पर बताया है कि द्विज की व्यापक श्रेणी में कुछ जातियां ऐसी भी हैं जिनकी जीवन-पद्धति काफी संस्कृतीकरण का उत्तम आदर्श माना जा सकता है।

श्रीनिवास ने अवलोकन के आधार पर बताया है कि द्विज की व्यापक श्रेणी में कुछ जातियां ऐसी भी हैं जिनकी जीवन-पद्धति काफी संस्कृतीकृत है जबकि कुछ अन्य जातियों का संस्कृतीकरण कम या हुआ ही नहीं है। प्रभुत्व-संपन्न कृषक जातियां (Dominant Peasant Castes) अनुकरण के स्थानीय आदर्श प्रस्तुत करती हैं और जैसाकि पोकॉक व सिंगर ने अवलोकित किया है, ऐसी जातियों के माध्यम से ही क्षत्रिय और अनय आदर्श को अपनाया गया है। यदि स्थानीय प्रभु जाति ब्राह्मण है तब संस्कृतीकरण का आदर्श प्राय: ब्राह्मणी होगा और यदि वह राजपूत या वैश्य है तब आदर्श राजपूती या वैश्यी प्रकार का होगा। इस प्रकार हमें संस्कृतीकरण के प्रमुख चार आदर्श देखने को मिलते हैं—ब्राह्मणीय आदर्श, वैश्य आदर्श, क्षत्रिय आदर्श तथा स्थानीय प्रभु जाति आदर्श।

संस्कृतीकरण के स्रोत एवं कारक (सहायक दशाएं) (Sources and factors of Sanskritization)

श्रीनिवास ने संस्कृतीकरण की प्रक्रिया को प्रोत्साहन देने वाले कुछ स्रोतों या कारकों का उल्लेख किया है। वे निम्नांकित है:

(1) **राजनीतिक व्यवस्था–** संस्कृतीकरण के एक प्रमुख स्रोत के रूप में राजनीतिक व्यवस्था का उल्लेख किया जा सकता है। इव व्यवस्था में

विशेषत: नीचे के स्तरों पर अनिश्चितता पायी जाती थी। ऐतिहासिक दृष्टि से विचार करने पर हम पाते हैं कि क्षत्रिय वर्ण एक ऐसा वर्ण रहा है जिसमें सभी किस्म के समूह सम्मिलित होते हैं। इस संबंध में एक प्रमुख आवश्यकता यह रही है कि ऐसे समूह के पास राजनीतिक शक्ति होनी चाहिए। यही वह परिस्थिति है जिसमें संस्कृतीकरण का विशेष रूप से महत्व था। जो भी व्यक्ति राजा या राज्य के प्रधान के रूप में स्थिति प्राप्त करने में सफल हो सका, उसके लिए क्षत्रिय बनना आवश्यक था, चाहे जन्म से उसकी जाति कोई भी क्यों न हो।

चारण या भाट जाति ऐसे राजा के क्षत्रिय बनने में सहायक होती थी जो उसका संबंध किसी क्षत्रिय वंशावली से जोड़ देती थी। ऐसे राजा को अपने जीवन का तरीका परम्परागत क्षत्रियों के समान बदलना पड़ता था। उन्हीं के समान धार्मिक अनुष्ठान भी करने पड़ते थे। ऐसा करने के लिए उसे ब्राह्मणों का समर्थन प्राप्त करना पड़ता था। राजा या शासक और उसकी जाति संस्कृतीकरण के प्रभावशली स्रोत रहे और अन्य जातियों के लिए संस्कृतिकृति जीवन-पद्धति का एक विशिष्ट प्रतिमान प्रस्तुत करते रहे।

(2) **बड़े नगर, मन्दिर तथा तीर्थस्थान**–ये भी संस्कृतीकरण के अन्य स्रोत रहे हैं। ऐसे स्थानों पर एकत्रित जन-समुदाय में सांस्कृतिक विचार तथा विश्वासों के प्रचार हेतु उचित अवसर उपलब्ध होते रहे हैं। भजन-मण्डलियों, हरिकथा तथा पुराने व नये संन्यासियों ने संस्कृतीकरण के प्रसार में विशेष रूप से योग दिया है। बड़े नगरों में प्रशिक्षित पुजारियों, संस्कृत स्कूलों व महाविद्यालयों, छापेखानों तथा धार्मिक संगठनों ने इस प्रक्रिया में सहायक पहुंचायी है।

(3) **संचार तथा यातायात के साधान**–संचार तथा यातायात के साधनों ने भी संस्कृतीकरण को देश के विभन्न भागों तथा विविध समूहों में फैलाने में येग दिया है। संस्कृतीकरण के फलस्वरूप यद्यपि निम्न जातीय समूहों ने उच्च जातियों की जीवन-पद्धति और सांस्कृतिक विचारों एवं विश्वासों को अपनाया अवश्य है, परन्तु साथ ही इसके फलस्वरूप परम्परागत संस्कृति में महत्वपूर्ण परिवर्तन भी आये हैं। निम्न जातीय समूह और उच्च जातियों में सांस्कृतिक धरातल पर कुछ आदान-प्रदान भी हुआ है, लघु व दीर्घ परम्पराओं को आपस में एक-दूसरे से घुलने-मिलने का अवसर मिला है। फलस्वरूप एक ऐसी सरलीकृत तथा एकरूप संस्कृति का

विकास हो सका है जो अशिक्षित लोगों की आवश्यकताओं के अनुरूप भी है।

(4) **आर्थिक सुधार**–देश के विभिन्न भागों में निम्न जातियों ने नवीन आर्थिक सुविधाओं का लाभ उठाकर जीवन के तरीके को उच्च जातियों के समान बनाया और किसी द्विज वर्ण समूह में अपने को सम्मिलित करने का प्रयत्न किया है।

(5) **शिक्षा**–निम्न जातियों में शिक्षा का प्रचार होने पर भी शिक्षित व्यक्तियों में उच्च जातियों की जीवन-शैली को अपनाने की लालसा जाग्रत हो जाती है।

(6) **सामाजिक सुधार आन्दोलन**–देश के विभन्न भागों में निम्न जातियों की स्थिति सुधारने एवं उनकी सामाजिक प्रतिष्ठा को ऊंचा उठाने के लिए अनेक सुधार आन्दोलन हुए हैं। आर्य समाज, प्रार्थन समाज और गांधीजी के अछूताद्धार प्रयत्नों के परिणामस्वरूप निम्न जातियों की सामाजिक स्थिति में परिवर्तन हुआ है और उन्होंने अपना संस्कृतीकरण किया है।

(7) **नगरीकरण**–भारत में औद्योगीकरण के कारण बड़े-बड़े नगरों का निर्माण हुआ है। बड़ नगरों में जातीय भेदभाव में कमी आयी है और प्रभु-जाति तथा उच्च जाति का निम्न जातियों पर नियन्त्रण भी शिथिल हुआ है। वहां अपनी असली जाति को छिपाकर उच्च जाति में सम्मिलित होना तथा नया नाम रख लेना सरल है। फिर नगरों में निम्न जाति द्वारा उच्च जाति के खान-पान, रहन-सहन, विश्वास, कर्मकाण्ड व जीवन शैली को अपनाने पर कोई विरोध नहीं करता।

(8) **नवीन संविधान एवं कानून**–स्वतंत्रता प्राप्ति के बाद देश में नवीन संविधान अपनाया गया जिसमें जाति, धर्म, रंग, लिंग, प्रजाति व जन्म के आधार पर किसी के साथ किसी भी प्रकार का भेदभाव न बरतने की बात कही गयी है। 1955 में अस्पृश्यता निवारण अधिनियम ने जातीय छुआछूत को समाप्त कर दिया है और उसे दण्डनीय अपराध घोषित किया है।

1954 का विशेष विवाह अधिनियम अन्तर्जातीय विवाहों की स्वीकृति देता है। इन अधिनियमों ने भी संस्कृतीकरण करने के लिए निम्न जातियों को प्रोत्साहन किया है।

प्रो. श्रीनिवास के अनुसार, "आर्थिक स्थिति में सुधार, राजनीतिक शक्ति की

प्राप्ति, शिक्षा, नेतृत्व तथा संस्तरण की प्रणाली में ऊपर उठने की अभिलाषा, आदि संस्कृतीकरण क लिए संगत कारक हैं।''

संस्कृतीकरण की प्रक्रिया तथा सामाजिक सांस्कृतिक परिवर्तन (Process of Sanskritization and Socio-Cultural Change)

संस्कृतीकरण की अवधारणा भारतीय समाज में और विशेष रूप से जाति व्यवस्था में होने वाले सामाजिक-सांस्कृतिक परिवर्तनों को समझने में काफी सहायक सिद्ध हुई है। इसके द्वारा हम जाति व्यवस्था में होने वाले निम्नांकित परिवर्तनों का उल्लेख कर सकते हैं :

(1) संस्कृतीकरण यह प्रक्रिया है जिसमें एक निम्न जाति या जनजाति ब्राह्मण, क्षत्रिय, वैश्य या प्रभु जाति के खान-पान, रीति-रिवाजों, कर्मकाण्डों, विश्वासों, भाषा, साहित्य, अर्थव्यवस्था और जीवन-शैली को ग्रहण करती है। इस प्रकार यह प्रक्रिया निम्न जाति में होने वाले विभिन्न सामाजिक-संसकृतिक परिवर्तनों को स्पष्ट करती है।

(2) संस्कृतीकरण की प्रक्रिया द्वारा एक निम्न जाति की स्थिति में पदमूलक परिवर्तन (Positional Change) आता है। इससे उसकी सामाजिक प्रतिष्ठा बढ़ जाती है तथा उसकी स्थिति उसके आस-पास की जातियों से ऊंची हो जाती है।

(3) संस्कृतीकरण की प्रक्रिया जाति प्रथा में गतिशीलता की द्योतक है। सामान्यत: ऐसा माना जाता है कि जाति प्रथा एक कठोर व्यवस्था है और इसकी सदस्यता जन्मजात होती हैं व्यक्ति एक बार जिस जाति में जन्म ले लेता है, जीवन-पर्यन्त उसी जाति का सदस्य बना रहता है, किन्तु यह धारणा सदैव ही सही नहीं है। संस्कृतीकरण द्वारा जाति बदलना संभव है।

(4) संस्कृतीकरण की प्रक्रिया व्यक्ति या परिवार की नहीं वरन् एक जाति-समूह की गतिशीलता की द्योतक है।

(5) संस्कृतीकरण उस प्रक्रिया को भी प्रकट करता है जिसके द्वारा जनजातियां हिन्दू जाति व्यवस्था में सम्मिलित होती हैं। ऐसा करने के लिए जनजातियां हिन्दू जाति व्यवस्था में सम्मिलित होती हैं। ऐसा करने के लिए जनजातियां हिन्दुओं की किसी जाति की जीवन-विधि को ग्रहण करती हैं।

(6) संस्कृतीकरण की प्रक्रिया भूतकाल एवं वर्तमान समय में जाति व्यवस्था में होने वाले परिवर्तनों को भी प्रकट करती है।

(7) संस्कृतीकरण की प्रक्रिया निम्न जातियों को भी व्यक्त एवं परिवार प्रतिमानों में होने वाले परिवर्तनों को भी व्यक्त करती है। संस्कृतीकरण करने वाली जाति बाल-विवाह करने लगती है, विधवा निषेध का पालन करती तथा संयुक्त परिवार प्रणाली को उच्च जातियों की तरह अपनाती है।

संस्कृतीकरण और पश्चिमीकरण (Sanskritization and Westernization)

डॉ. श्रीनिवास ने संस्कृतीकरण व पश्चिमीकरण के संबंध में एवं इनमें पाये जाने वाले भेद का उल्लेख किया है। वर्तमान में संस्कृतीकरण के प्रसार में पश्चिमी प्रौद्योगिकी, जैसे रेल, डाक, तार रेडियो, टेलीविजन, प्रेस अखबार एवं पश्चिमी शिक्षा ने महत्वपूर्ण भूमिका अदा की है। वास्तव में, संस्कृतीकरण की प्रक्रिया को प्रोत्साहन देने में पश्चिमीकरण ने योग दयिा है। श्रीनिवास का मत है कि *भारतीय समाज का कोई भी विश्लेषण, पश्चिमीकरण और संस्कृतीकरण की अन्त:क्रिया के उल्लेख के बिना पूर्ण नहीं होगा। फिर भी इन दोनों अवधारणाओं में निम्नांकित अन्तर पाये जाते हैं।*

(1) संस्कृतीकरण में मांस-मदिरा के सेवन पर रोक लगायी जाती है, जबकि पश्चिमीकरण में मांस-मदिरा के प्रयोग को प्रोत्साहन दिया जाता है।

(2) विवाह और तलाक के आधार पर भी दोनों प्रक्रियाओं में अन्तर है। निम्न जातियों में विधवा पुनर्विवाह व तलाक की मनाही नहीं है। उनमें पति परमेश्वर की अवधारणा भी प्रचलित नहीं है। ये सभी बातें पश्चिमीकरण के अनुरूप हैं। संस्कृतीकरण करने वाली जाति विवाह के मामलों में ब्राह्मणों के प्रतिमानों को अपनाती हैं।

(3) संस्कृतीकरण में धार्मिक दृष्टिकोण (Religious outlook) को प्रोत्साहन दिया जाता है अर्थात् प्रत्येक चीज की व्याख्या धर्म के आधार पर की जाती, जबकि पश्चिमीकरण लौकिक दृष्टिकोण (Secular outlook) को प्रोत्साहन देता है।

(4) संस्कृतीकरण की प्रक्रिया भारतीय इतिहास में निरन्तर चलती रही है। और आज भी चल रही है। दूसरी ओर पश्चिमीकरण की प्रक्रिया का प्रारम्भ अंग्रेजों के शासनकाल से हुआ और कुछ क्षेत्रों में अधिक वेग के साथ स्वाधीन भारत में भी हो रहा है।

(5) संस्कृतीकरण की प्रक्रिया भारतीय समाज के एक विशिष्ट अंग अर्थात् जनजातियों व निम्न जातियों तक ही सीमित है। वे ही ब्राह्मणों, क्षत्रियों

और प्रभु जातियों या अपने से ऊंची जातियों की जीवन-शैली को अपनाने में लगी हुई हैं, जबकि पश्चिमीकरण का संबंध भारतीय समाज के सभी अंगों व जातियों से है। वर्तमान में पश्चिमीकरण के प्रभाव, उससे प्रभावित होने वाल संख्या और प्रभावित होने वाले प्रकार सभी में वृद्धि हो रही है।

(6) पश्चिमीकरण की प्रक्रिया विदेशी और बाह्य है, जबकि संस्कृतीकरण की प्रक्रिया आन्तरिक व स्वदेशी है।

(7) संस्कृतीकरण का आदर्श सभी जगह एक-सा नहीं है। भारत के भिन्न-भिन्न जातियों संस्कृतीकरण का आदर्श हैं। इसके विपरीत, सारे भारत में पश्चिमीकरण का एक ही अंग्रेजी आदर्श पाया जाता है।

(8) संस्कृतीकरण की प्रक्रिया रूढ़िवादी है जबकि पश्चिमीकरण की प्रकृति तार्किक है।

(9) संस्कृतीकरण करने वाली जाति ऊपर की ओर गतिशील होती है और उसकी पदमूलक स्थिति में परिवर्तन आ जाता है, जबकि पश्चिमीकरण करने वाली जाति की गतिशीलता में परिवर्तन नहीं आता है।

संस्कृतीकरण की अवधारणा : एक आलोचनात्मक दृष्टिकोण (Concept of Sanskritization : A Critical View)

यद्यपि संस्कृतीकरण की अवधारणा ने जाति प्रथा में घटित होने वाले सामाजिक-सांस्कृतिक परिवर्तन के विश्लेषण में महत्वपूर्ण योग दिया है फिर भी इस अवधारणा में अनेक दोष हैं। कई विद्वानों ने इसकी कटु आलोचना की है। हम यहां संस्कृतीकरण की अवधारणा की कुछ कमियों पर विचार करेंगे।

(1) **विषम एवं जटिल अवधारणा**–प्रो. श्रीनिवास स्वयं स्वीकार करते हैं कि संस्कृतीकरण एक विषम एवं जटिल अवधारणा है। यह भी संभव है कि इसे एक अवधारणा माने की अपेक्षा अनेक अवधारणाओं का गुच्छा (योग) (Bundle of Concepts) मानना अधिक लाभदायक है। यहां याद रखने योग्य बात यह है कि व्यापक सामाजिक और संस्कृतिक प्रक्रिया के लिए यह केवल एक नाम है और हमारा प्रमुख कार्य इन प्रक्रियाओं की प्रकृति को समझना है। जैसे ही यह पता चले कि संस्कृतीकरण शब्द विश्लेषण में सहायता पहुंचाने की अपेक्षा बाधक है, उसे तुरन्त छोड़ देना चाहिए।

(2) **स्पष्टता, सुनिश्चिता व तर्कसंगतता का अभाव**–संस्कृतीकरण की अवधारणा में स्पष्टता, सुनिश्चितता व तर्कसंगतता का अभाव पाया जाता

है। इसीलिए यह तथ्यों के विश्लेषण व सिद्धान्त निर्माण में उपयोगी नहीं कही जा सकती। श्रीनिवास ने लिखा है, ''इसमें कोई सन्देह नहीं कि संस्कृतीकरण की उपयोगिता एक अवधारणा की जटिलता और साथ ही साथ इसके ढीलेपन के कारण सीमित है, संस्कृतीकरण एक अति जटिल विभिन्न तत्वीय अवधारणा है। श्रीनिवास आगे लिखते हैं कि ''इस अवधारणा के बेढंगा व अस्पष्ट होने के बावजूद भी, वे इसका प्रयोग करते रहेंगे और वह भी बिना पश्चाताप के।''

(3) **परस्पर विरोधी बातें**—कुछ स्थानों पर श्रीनिवास ने संस्कृतीकरण की अवधारणा कं संबंध में परस्पर विरोधी बातें बतलायी हैं। एक स्थान पर आपने लिखा है, ''किसी समूह के आर्थिक उन्नयन के बिना भी संस्कृतीकरण हो सकता है तथा एक अन्य स्थान पर आप लिखते हैं, ''आर्थिक उन्नयन, राजनीतिक शक्ति का संचयन, शिक्षा, नेतृत्व तथा संस्तरण की प्रणाली में ऊपर उठने की अभिलाषा, आदि संस्कृतीकरण के परिणामस्वरूप स्वयं ही किसी समूह को उच्च स्थिति प्राप्त नहीं हो जाती, ''जातियों के निरन्तर संस्कृतीकरण का संभवत: यह परिणाम निकले कि कालान्तर में पूरे हिन्दू समाज में सांस्कृतीकरण क्यों न हो जाए, वह अस्पृश्यता की बाधा को पार करने में असमर्थ रहेगा।'' उपर्युक्त कथनों से स्पष्ट है कि संस्कृतीकरण की अवधारणा में अनेक असंगतियां रह गयी हैं।

(4) **श्रीनिवास** मानते हैं कि संस्कृतीकरण की प्रक्रिया द्वारा लम्बवत् सामाजिक गतिशीलता (Vertical social mobility) सम्भव हें इस प्रक्रिया के द्वारा एक जाति जातीय संस्तरण में अपनी स्थिति को ऊंचा उठाने में समर्थ हो जाती है। परन्तु यह सन्देहजनक है कि क्या वास्तव में ऐसा होता है। इस संबंध में **डॉ. डी.एन.मजूमदार** ने लिखा है कि सैद्धान्तिक और केवल ''सैद्धान्तिक रूप में ही ऐसी स्थिति की कल्पना की जा सकती है जब हम विशिष्ट मामलों पर ध्यान देते हैं, तो जाति गतिशीलता संबंधी हमारा ध्यान और अनुभव ऐसी सैद्धान्तिक मान्यता की दृष्टि से सही नहीं उतरता। जाटव अपनी मूल सामाजिक स्थिति में अवश्य कुछ आगे बढ़ पाए हैं—चाहे वे सम्प्रदाय के रूप में संगठित हो गए हों, चाहे उन्होंने शराब पीना, विधवा विवाह, विवाह-विच्छेद, यहां तक कि मांस खाना भी बन्द क्यों न कर दिया हो, लेकिन क्या सामाजिक संस्तरण की प्रणाली में लम्बवत् ऊपर उठाने का कोई भी उदाहरण है, क्या जाटव अथवा हरिजन उच्च जातियों

के सदृश हो गए हैं?....चमारों का फैलाव क्षैतिज (Horizontal) प्रकार का है और यही बात अन्य निम्न जातियों के संदर्भ में सही हैं निम्न जातियां जाति गतिशीलता को एक क्षैतिज गति के रूप में देखती हैं, जबकि ब्राह्मणों और अन्य जातियों ने ऐसी गतिशीलता को ऊपर की ओर चढ़ने के रूप में माना है (ऊर्ध्व आराहण) *जाति गतिशीलता के संबंध में जो कुछ तथ्य प्राप्त हो रहे हैं वे लम्बवत् गतिशीलता को नहीं वरन् क्षैतिज गतिशीलता को व्यक्त करते हैं।''* डॉ. मजूमदार के उपर्युक्त तथ्यपूर्ण विचारों से स्पष्ट है कि संस्कृतीकरण की प्रक्रिया के माध्यम से कोई निम्न जाति लम्बवत् रूप से ऊपर नहीं उठ पाती, उच्च जातियों के सदृश नहीं बन जाती वरन् अपने ही समान स्तर की अन्य जातियों में अथवा अपनी ही जाति की विभिन्न शाखाओं में कुछ ऊपर उठ जाती है। इसे निम्न चित्र द्वारा प्रकट किया जा सकता है :

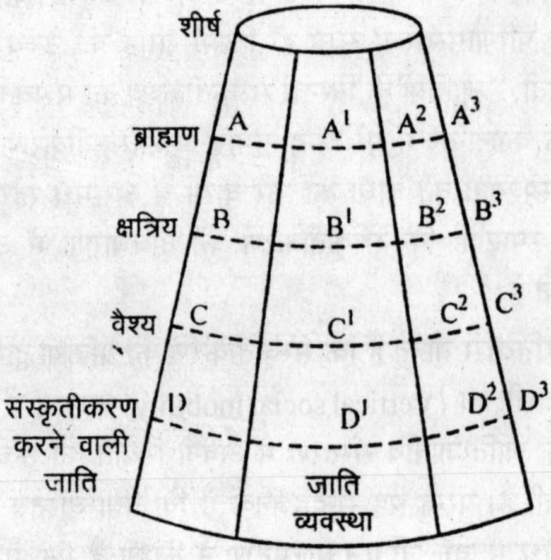

चित्र 3.1

उपर्युक्त चित्र से स्पष्ट है कि संस्कृतीकरण करने वाली जाति 'D' का संस्कृतीकरण करने से पद परिवर्तित हो जाता है वह D^1, D^2, D^3 पर पहुंचती है जो कि क्षैतिज (Horizontal) परिवर्ततन है; किन्तु वह जाति संस्तरण में ऊपर नहीं चढ़ती है उसकी दूरी ब्राह्मण, क्षत्रिय एवं वैश्य जातियों से उतनी ही बनी रहती है। दूसरे शब्दों में उसकी लम्बवत् दूरी परवर्तित नहीं

होती और वह कभी भी C, B या A श्रेणी की जाति नहीं बन सकती।

(5) *डॉ. योगेन्द्र सिंह संस्कृतीकरण को सांस्कृतिक और सामाजिक गतिशीलता की एक प्रक्रिया मानते हैं।* आप लिखते हैं, ''संस्कृतीकरण सापेक्ष रूप से बन्द हिन्दू सामाजिक व्यवस्था में सांस्कृतिक और सामाजिक गतिशीलता की एक प्रक्रिया है। यह सामाजिक परिवर्तन का एक अन्तराल (Indogenous) स्रोत है। एक सामाजिक मनोवैज्ञानिक दृष्टिकोण से संस्कृतीकरण भविष्य में अपनी प्रस्थिति में सुधार लाने की आशा में उच्च समूह की संस्कृति की ओर अग्रिम समाजीकरण के लिए सार्वभौमिक प्रेरणा का एक सांस्कृतिक विशिष्ट मामला है।''

(6) संस्कृतीकरण एक अग्रिम समाजीकरण की प्रक्रिया भी है, किन्तु इस प्रकार का समाजीकरण व्यक्ति के लिए अपकार्यात्मक (Dysfunctional) होगा, क्योंकि वह जिस समूह का सदस्य बनने की आकांक्षा रखता है, गतिशीलता के अभाव में वह उसका सदस्य नहीं है जिसके द्वारा हिन्दू समाज में संरचनात्मक परिवर्तन संभव हो सके।

(7) डॉ. योगेन्द्रसिंह के अनुसार संस्कृतीकरण की प्रक्रिया भारत में भूतकाल में सत्ता के उत्थान और पतन द्वारा, संघर्षों और युद्ध द्वारा, राजनीतिक दांव-पेच द्वारा प्रभुत्व-सम्पन्न समूहों के पद प्राप्ति को व्यक्त करती है। ऐतिहासिक उदाहरण संरचनात्मक परिवर्तनों के उदहारण हैं जिनका संस्कृतीकरण जैसी अवधारणा के द्वारा पूर्णत: पता नहीं चलता है।

(8) श्रीनिवास ने **संस्कृतीकरण की इकाई का स्पष्टता से उल्लेख नहीं किया है** अर्थात् संस्कृतीकरण एक वर्ण, जाति, उपजाति अथवा गोत्र, आदि में से किसके द्वारा किया जाता है। सांस्कृतिक दृष्टि से भी एक जाति में कई भिन्न समूह पाये जाते हैं, तब वे किस संस्कृति का अनुकरण करते हैं।

(9) संस्कृतीकरण की अवधारणा **एक संकुचित अवधारणा** है जिसका जन्म भारत के छोटे से भाग कुर्ग के अध्ययन के दौरान हुआ। इसके आधार पर जाति व्यवस्था में होने वाले केवल पदमूलक परिवर्तन को समझा जा सकता है। यह अवधारणा भारतीय समाज में घटित होने वाले अन्य परिवर्तनों को व्यक्त नहीं करती।

(10) कुछ समाजशास्त्रियों का मत है कि संस्कृतीकरण **पर-संस्कृतीकरण** (Acculturation) **का ही एक विशिष्ट रूप** है। अत: एक जाति द्वारा

दूसरी जाति की संस्कृति को अपनाने के लिए नया नाम गढ़ने की कोई आवश्यकता नहीं है। पर-संस्कृतीकरण ही उसके लिए उपयुक्त शब्द है।

(11) डॉ. मजूमदार कहते हैं कि श्रीनिवास ने यह भी स्पष्ट नहीं किया है कि संस्कृतीकरण की प्रक्रिया द्वारा हम किन बातों को प्रकट करना चाहते हैं तथा इस प्रक्रिया का विकास कहां तक होगा और वह कहां जाकर रुकेगी और क्यों?

उपरोक्त विश्लेषण के आधार पर हम कह सकते हैं कि सांस्कृतिक परिवर्तन की प्रक्रिया का वर्णन करने के लिए यह बहुत उपयुक्त अवधारणा नहीं है।

4

लौकिकीकरण व पश्चिमीकरण
(Secularization and Westernization)

प्रस्तावना (Introduction)

भारत में सामाजिक परिवर्तन लाने में लौकिकीकरण (धर्म निरपेक्षीकरण) की प्रक्रिया ने भी महत्वपूर्ण भूमिका निभाई है। लौकिकीकरण का अर्थ है पहले जिन वस्तुओं को धार्मिक दृष्टि से देखा जाता था उसके स्थान पर उन्हें तार्किक, बौद्धिक एवं लौकिक दृष्टिकोण से देखा जाता है। लौकिकीकरण की प्रक्रिया के परिणामस्वरूप भारतीय समाज में धर्म का महत्व एवं प्रभाव क्षीण हुआ है और विज्ञान तथा वैज्ञानिक विचारों का महत्व बढ़ा है। अब लोग किसी भी सामाजिक, सांस्कृतिक, आर्थिक, राजनीतिक व नैतिक घटना व वस्तु की व्याख्या ईश्वर, परलोक एवं धर्म के सन्दर्भ में न कर वैज्ञानिकता एवं तार्किकता के आधार पर करने लगे हैं। किसी भी घटना की धार्मिक व्याख्या में आत्मगतता (Subjectivity) तथा भावुकता (Emotionality) का पुट पाया जाता है जबकि लौकिकीकरण में वस्तुनिष्ठ (Objectivity) व वैज्ञानिकता पाई जाती है इस प्रकार लौकिक दृष्टिकोण वैज्ञानिक दृष्टिकोण ही है। वैसे तो लौकिकीकरण की प्रक्रिया ने सभी भारतीयों को प्रभावित किया है फिर भी नगरीय और शिक्षित लोगों पर इसका प्रभाव अधिक पड़ा है। आज लौकिकीकरण के कारण हिन्दू धर्म की पुनर्व्याख्या की गई है। आज धार्मिक प्रथाओं, कर्मकाण्डों व रीति-रिवाजों का पालन पारलौकिक उद्देश्यों की पूर्ति या ईश्वर को पसन्न रखने के लिए ही नहीं किया जाता वरन् उनके द्वारा व्यावहारिक एवं लौकिक लाभ उठाने के लिए भी।

भारत में लौकिकीकरण अंग्रेजों की देन है। उन्होंने ही भारतीयों को पश्चिमीकरण, आधुनिकीकरण तथा लौकिकीकरण से परिच्चित कराया। यातायात के साधनों का विकास, कस्बों एवं नगरों की वृद्धि, औद्योगीकरण, गतिशीलता में वृद्धि, शिक्षा का

प्रसार, दोनों महायुद्धों तथा महात्मा गांधी द्वारा चलाए गए आन्दोलनों, आदि ने भारत में लौकिकीकरण की प्रक्रिया के विकास एवं विस्तार में योग दिया है। स्वतंत्रता प्राप्ति के बाद प्रजातंत्र की स्थापना, नवीन संविधान द्वारा नागरिकों को दिए गए मौलिक अधिकार, वयस्क मताधिकार, नवीन एवं योजनाबद्ध विकास ने इस प्रक्रिया को और भी तीव्र कर दिया। लौकिकीकरण की प्रक्रिया के फलस्वरूप भारतीय समाज में अनेक परिवर्तन हुए हैं। इसने भारतीय समाज की पवित्रता और अपवित्रता की धारणा, जीवन चक्र, कर्मकाण्ड, जाति, परिवार, सामाजिक संस्थाओं, ग्रामीण समुदाय एवं धर्म, आदि सभी को प्रभावित किया है। लौकिकीकरण द्वारा भारतीय समाज में उत्पन्न परिवर्तनों का उल्लेख करने से पूर्व यहां इसके अर्थ, परिभाषा व विशेषताओं को जान लेना आवश्यक है।

लौकिकीरण का अर्थ एवं परिभाषा (Meaning and Definition of Secularization)

लौकिकीरण वह प्रक्रिया है जिसमें धार्मिक व परम्परात्मक व्यवहारों के स्थान पर तार्किक दृष्टिकोण अपनाया जाता है और तर्कहीन व्यवहारों को त्याग दिया जाता है। इसे परिभाषित करते हुए **बिलवर्ट मूर** लिखते हैं, "मानवीय कार्यों में धर्म की भूमिका के संबंध में तार्किक भाव द्वारा स्थान ग्रहण करना अर्थात् धार्मिक विश्वासों तथा क्रियाओं का स्थान गैर-धार्मिक विश्वासों और क्रियाओं द्वारा ले लेना ही लौकिकीकरण है।

मूर ने अपनी क अन्य कृति 'The Impact of Industry' में लौकिकीकरण के दो अर्थों का उल्लेख किया है :

(i) परम्परागत धर्म को सक्रिय रूप से रद्द करना, तथा (Active rejection of tradiional religion),

(ii) दैनिक जीवन में धार्मिक नियंत्रण कम होना,

धार्मिक सिद्धान्त के प्रति विरोध बढ़ना तथा सांस्कारिक क्रियाओं का स्थान तार्किक क्रियाओं द्वारा लेना।

डॉ. एम. एन. श्रीनिवास ने लौकिकीकरण को परिभाषित करते हुए लिखा है, "लौकिकीकरण शब्द में यह बात निहित है कि जिसे पहले धार्मिक माना जाता था वह अब वैसा नहीं माना जाता है और उसमें विभेदीकरण की एक प्रक्रिया निहित है जिसके परिणामस्वरूप समाज के विभिन्न राजनीतिक, आर्थिक कानूनी और नैतिक पक्ष एक दूसरे के मामले में अधिकाधिक सावधान होते जाते हैं।" वे पुनः लिखते हैं, "लौकिकीकरण का दूसरा आवश्यक तत्व है बुद्धिवाद। बुद्धिवाद

में पारस्परिक विश्वासों और धारणाओं के स्थान पर आधुनिक ज्ञान की स्थापना निहित है।''

उपर्युक्त परिभाषाओं से स्पष्ट है कि *लौकिकीकरण एक ऐसी प्रक्रिया है जिसमें मानवीय व्यवहार की व्याख्या धर्म के आधार पर नहीं वरन् तार्किक आधार पर की जाती है, घटनाओं को कार्यकारण संबंध के आधार पर समझा जाता है और दैनिक जीवन में धर्म का प्रभाव कम होता जाता है, भावात्मकता एवं आत्मगतता का स्थान वैज्ञानिकता व वस्तुनिष्ठता लेती जाती है।*

लौकिकीकरण की विशेषताएं या प्रमुख तत्व
(Characteristics or Essentila Elements of Secularization)

लौकिकीकरण की अवधारणा को इसकी विशेषताओं या प्रमुख तत्वों के आधार पर और अधिक स्पष्ट रूप से समझा जा सकता है। इसकी प्रमुख विशेषताएं निम्न प्रकार हैं :

(1) **धार्मिकता का ह्रास**–लौकिकीकरण की वृद्धि होने पर धर्म का प्रभाव क्षीण होता जाता है और मानवीय व्यवहार तथा सामाजिक घटनाओं की व्याख्या करने में धर्म के हस्तक्षेप को उचित नहीं माना जाता है। धर्म के आधार पर व्यक्ति की सामाजिक प्रतिष्ठा का निर्धारण नहीं होता वरन् जो व्यक्ति जितना अधिक धार्मिक कर्मकाण्डों में विश्वास करता है उसे उतना ही अधिक पिछड़ा हुआ माना जाता है।

(2) **बुद्धिवाद का महत्व**–लौकिकीकरण में तर्क को अधिक महत्व दिया जाता है और प्रत्येक सांसारिक घटना की व्याख्या तर्क तथा कार्यकरण (Cause and effect) के आधार पर की जाती है। प्रत्येक मानवीय व्यवहार एवं समस्या पर तर्क के आधार पर विचार किया जाता है न कि धार्मिक और ईश्वरीय आधार पर। वर्तमान वैज्ञानिक ज्ञान के आधार पर ही समस्याओं का समाधान किया जाता है और उनके पीछे धार्मिक और अलौकिक कारणों को अस्वीकार किया जाता है।

(3) **विभेदीकरण**–लौकिकीकरण में विभेदीकरण (Differentiation) बढ़ता जाता है अर्थात् सामाजिक, धार्मिक, आर्थिक, राजनीतिक व नैतिक पक्ष एक-दूसरे से अलग कर दिए जाते हैं। इन कार्यों को करने वाले लोग अलग-अलग होते हैं। जीवन से संबंधित विभिन्न पक्षों की व्याख्या धर्म के आधार पर नहीं की जाती। उदाहरण के लिए प्राचीन समय में राजा धर्म और राज्य दोनों का ही प्रधान तथा संरक्षक होता था। किन्तु विभेदीकरण

में धार्मिक व राजनीतिक कार्यों का सम्पादन अलग-अलग व्यक्तियों द्वारा किया जाता है।

(4) **वैज्ञानिक अवधारणा**–लौकिकीकरण एक वैज्ञानिक अवधारणा है जिसमें किसी भी घटना की व्याख्या कार्यकरण के आधार पर वैज्ञानिक नियमों और सिद्धान्तों के आधार पर की जाती है न कि भावुकता और धार्मिक आधार पर।

(5) **तटस्थ अवधारणा**–लौकिकीकरण की अवधारणा चूंकि तर्क एवं वैज्ञानिकता पर आधारित है, अत: यह मूल्यों पर जोर नहीं देती। यह दुराग्राही एवं संवेदनशील नहीं है।

(6) लौकिकीरण में आत्मगतता (Subjectivity) के स्थान पर वस्तुनिष्ठता (objectivity) पर जोर दिया जाता है।

(7) इसमें मानवीय व्यवहार एवं सामाजिक घटनाओं की व्याख्या पारलौकिक के स्थान पर इहलौकिक (This Worldly) उपयोगिता के आधार पर की जाती है।

(8) लौकिकीकरण में भावुकता को महत्व नहीं दिया जाता है।

लौकिकीकरण को प्रोत्साहित करने वाले कारक (Factors Promoting Secularization)

लौकिकीकरण की प्रक्रिया को प्रोत्साहित करने एवं उसका विस्तार व प्रसार करने में निम्नांकित कारकों ने योग दिया है :

(1) **पश्चिमीकरण** (Westernization)— भारत में लौकिकीरण की प्रक्रिया को बढ़ावा देने में पश्चिमीकरण का विशेश योगदान रहा है। भारत को पश्चिमी सभ्यता से परिचित कराने का कार्य अंग्रेजों ने किया। डेढ़ सौ वर्षों के अंग्रेजी शासन काल में भारत में नई प्रौद्योगिकी, यातायात, संचार, डाक, तार, रेल, शिक्षा, व्यवस्था, नवीन ज्ञान, विश्वास और मूल्यों का सूत्रपात हुआ जिनके परिणामस्वरूप भोगवाद, व्यक्तिवाद एवं भौतिकवाद को बढ़ावा मिला और धर्म का प्रभाव क्षीण हुआ। डॉ. योगेन्द्रसिंह ने लिखा है कि मानवतावाद तथा बुद्धिवाद पर जोर पश्चिमीकरण का एक अंग है, जिसने भारत में संस्थागत एवं सामाजिक सुधारों का सिलसिला प्रारम्भ कर दिया। वैज्ञानिक, औद्योगिक तथा शिक्षण संस्थाओं की स्थापना, राष्ट्रीयता का उदय, देश में नवीन राजनीतिक सांस्कृतिक और नेतृत्व सब के सब पश्चिमीकरण के उपात्पाद (By products) है। स्पष्ट है कि पश्मीकरण

की प्रक्रिया ने भारतीयों को मानवतावाद एवं तार्किकता से परिचित कराया जिसके फलस्वरूप लौकिकीकरण में सहायता मिली।

(2) **नगरीकरण तथा औद्योगीकरण** (Urbanization and Industrialization)—लौकिकीकरण की प्रक्रिया नगरों में ही अधिक प्रभावी रही है, क्योंकि यातायात, संचार व शिक्षा, आदि की सुविधा नगरों में अधिक पाई जाती है। नगरों में ही विभिन्न प्रकार के उद्योग-धन्धे एवं व्यवसाय पाए जाते हैं जिनमें विभिन्न जातियों, प्रजातियों, धर्मों, सम्प्रदायों व भाषा से संबंधित व्यक्ति साथ-साथ काम करते हैं। इससे उनमें धार्मिक सहिष्णुता एवं सह-अस्तित्व के भाव पनपते हैं, धार्मिक कट्टरता समाप्त होत है और तार्किकता तथा वैज्ञानिकता का विकास होता है।

(3) **यातयात एवं संचार के साधन** (Means of Transportation and Communication)—प्राचीन समय में यातायात एवं संचार के साधनों का अभाव था। फलस्वरूप लोगों में गतिशीलता का अभाव था और वे कूपमण्डूक बने रहे। वे अन्य धर्मों के सम्पर्क में नहीं आ पाए, अत: उन्होंने अपने ही धर्म को श्रेष्ठ समझा। इससे धार्मिक कट्टरता एवं अन्धविश्वासों ने जन्म लिया। किन्तु जब यातायात एवं संचार के साधनों का विकास हुआ तो लोगों की गतिशीलता बड़ी, विभिन्न धर्मों, जातियों, प्रजातियों व धर्मों के व्यक्ति परस्पर सम्पर्क में आए, छुआछूत एवं भेदभाव कम हुआ, उनमें समानता के विचार पनपे, धार्मिक संकीर्णता समाप्त हुई तथा पवित्रता व अपवित्रता संबंधी विचारों में भी परिवर्तन हुआ।

(4) **आधुनिक शिक्षा प्रणाली** (Modern Education System)—आधुनिक शिक्षा ने भी लाकिकीकरण को बढ़ावा दिया। प्राचीन शिक्षा में धर्म की प्रधानता थी और वह केवल द्विज जातियों तक ही सीमित थी। किन्तु वर्तमान समय में शिक्षा में वैज्ञानिक ज्ञन प्रदान किया जाले लगा जिससे तर्क एवं बौद्धिक गुणों का विकास हुआ। वर्तमान में शिक्षा किसी जाति एवं वर्ग विशेष तक ही सीमित न होकर सभी लोगों को प्रदान की जाने लगी। भारत में आधुनिक शिक्षा अंग्रेजों की ही देन है जिसने भारतीयों को पाश्चात्य मूल्यों, विचारों एवं विश्वासों से परिचित कराया। इसके परिणामस्वरूप भारत में स्वतंत्रता, समानता एवं तार्किकता का विकास हुआ। पाश्चात्य शिक्षा ने हिन्दू धर्म एवं विचारों को प्रभावित किया। धार्मिक अन्धविश्वासों एवं रूढ़िवादिता पर पश्चिमी शिक्षा ने सीधा प्रहार किया। नवीन शिक्षा प्रणाली ने सह-शिक्षा व सार्वभौमिक शिक्षा पर जोर दिया। इससे विभिन्न

जातियों व धर्मों के छात्र-छात्राएं एक ही शिक्षण संस्था में साथ-साथ पढ़ने लगे। इससे छुआछूत समाप्त हुआ, अन्तर्जातीय संपर्क एवं विवाह बढ़े और पवित्रता-अपवित्रता संबंधी विचारों में परिवर्तन हुआ।

(5) **धार्मिक एवं सामाजिक सुधार आन्दोलन** (Religious and Social Reform Movements)—भारतीय धर्म एवं समाज की बुराइयों को समाप्त करने के लिए स्वामी विवेकानन्द, दयानन्द सरस्वती, रामकृष्ण परमहंस, ऐनिबेसेण्ट, राजा राममोहनराय, ईश्वरचन्द्र विद्यासागर, महात्मा गांधी, केशवचन्द्र सेन, सैय्यद अहमदखां रानाडे, आदि के नेतृत्व में अनेक सुधार कार्यक्रम एवं आन्दोलन चले। ब्रह्म समाज, प्रार्थना समाज, आर्य समाज, रामकृष्ण मिशन तथा थियोसोफिकल सोसायटी, आदि संगठनों की स्थापना हुई। इन सभी के सद्प्रयत्नों से भारतीय समाज में छुआछूत, पवित्रता, जाति-पांति का भेदभाव एवं कट्टरता, धार्मिक अन्धविश्वासों, आदि में परिवर्तन हुए तथा भारतीयों को पाश्चात्य दर्शन, स्वतंत्रता, समानता, भाइचारे की भावना एवं प्रजातंत्रीय मूल्यों का ज्ञान हुआ और लौकिकीकरण की प्रक्रिया को प्रोत्साहन मिला।

(6) **सरकारी प्रयत्न** (Government Efforts)—भारत में लौकिकीकरण की प्रक्रिया को बढ़ावा देने में सरकार द्वारा बनाए गए विभिन्न सामाजिक विधानों ने भी महत्वपूर्ण भूमिका अदा कीं जाति निर्योग्यता उन्मूलन अधिनियम, 1850; हिन्दू विधवा पुनर्विवाह अधिनियम, 1856; विशेष विवाह अधिनियम, 1954; हिन्दू विवाह अधिनियम, 1955; अस्पृश्यता अपराध अधिनियम, 1955; आदि के द्वारा हिन्दुओं के परम्परात्मक धर्म, विवाह एवं छुआछूत संबंधी विचारों में अनेक परिवर्तन हुए। अन्तर्जातीय विवाहों एवं तलाक को स्वीकृति मिली तथा जातीय भेदभाव को समाप्त कर दिया गया। नवीन संविधान द्वारा देश के सभी नागरिकों को समान मौलिक अधिकार प्रदान किए गए। भारतीय संविधान के 15वें अनुच्छेद में उल्लेख है कि राज्य किसी भी नागरिक के साथ लिंग, रंग, जाति, प्रजाति, धर्म, मूल वंश एवं जन्म, आदि के आधार पर भेद नहीं बरतेगा। साथ ही भारत को धर्म-निरपेक्ष राज्य घोषित किया गया जिसका अर्थ है राज्य अपनी ओर से किसी भी धर्म को बढ़ावा नहीं देगा। यही नहीं सरकार ने अनेक विधानों एवं समाज-कल्याण के प्रयत्नों द्वारा निम्न एवं पिछड़ी जातियों के उत्थान के लिए अनेक प्रयास भी किए हैं जिससे कि समतावादी समाज की स्थापना

हो सके। इन सभी सरकारी प्रयत्नों से भी भारत में लौकिकीकरण को बढ़ावा मिला।

(7) **राजनीतिक दल** (Political Parties)–विभिन्न राजनीतिक दलों ने भी लौकिकीकरण की प्रक्रिया में सहयोग किदया। कांग्रेस पार्टी में प्रारम्भ से ही सभी धर्मों एवं जातियों के व्यक्ति सदस्य रहे हैं। इस दल के नेताओं ने लौकिकीकरण को दल की नीति के रूप में स्वीकार किया। स्वयं पं. नेहरू लौकिकीकरण के प्रबल समर्थक थे। महात्मा गांधी, डॉ. राधाकृष्णन, जाकिर हुसैन एवं श्रीमती इन्दिरा गांधी लौकिकीकरण की प्रक्रिया आगे बढ़ सके। समाजवादी नेताओं ने भी अपने दलों में धर्म-निरपेक्षता को बढ़ावा दिया।

(8) **स्वतंत्रता आन्दोलन** (Freedom Movement)–स्वतंत्रता आन्दोलन के दौरान विभन्नि धर्मों एवं जातियों के लोगों के साथ-साथ कार्य किया। हिन्दू, मुसलमान, सिख, जैन, आदि सभी धर्मों के अनुयायियों ने धार्मिक एवं जातीय भेद-भावों को भुलाकर कन्धे से कन्धा मिलाकर आजादी की लड़ाई में योग दिया और उनके प्रयत्नों से देश स्वतंत्र हुआ। स्वतंत्रता के बाद नवीन संविधान में भारत को धर्म-निरपेक्ष राज्य घोषित किया गया जिसका उद्देश्य विभिन्न धर्मों के लोगों को देश की प्रगति में समाज रूप से भागीदार बनाना और उनका सहयोग प्राप्त करना था। इस प्रकार स्वतंत्रता आन्दोलन ने भी लौकिकीकरण की प्रक्रिया को बढ़ावा दिया।

(9) **धार्मिक भिन्नता**–भारत में विभिन्न धर्मों का पाया जाना भी लौकिकीकरण में सहायक कारक रहा है। यहां हिन्दू, इस्लाम, ईसाई, बौद्ध, जैन, सिख तथा पारसी धर्मों के अनुयायी साथ-साथ रहते हैं। ऐसी दशा में राज्य के लिए यह आवश्यक हो जाता है कि वह विभिन्न धर्मों के मानने वालों के प्रति समानता का भाव रखे, धार्मिक आधार पर किसी के साथ कोई भेदभाव नहीं बरते और सबको विकास के समान अवसर प्रदान करे। इसीलिए भारत सरकार ने धर्म-निरपेक्षता को स्वीकार किया। इसके परिणामस्वरूप विभिन्न धर्म के लोगों में सद्भाव पनपे। वे परस्पर सम्पर्क में आए, धर्म एवं संस्कृति के क्षेत्र में सहिष्णुता पनपी, जिसके फलस्वरूप लौकिकीकरण को बढ़ावा मिला।

(10) **हिन्दू-धर्म में व्याप्त रूढ़िवादिता** (Traditionalism in Hinduism)–हिन्दू समाज में सैकड़ों वर्ष से अनेक कुरीतियों एवं रूढ़ियों ने अपना साम्राज्य

जमा रखा है। इन्हें धर्म का समर्थन प्राप्त होने के कारण बड़ी श्रद्धा से देखा जाता रहा है। समाज के विचारकों तथा कुछ जागरूक प्रकृति के लोगों एवं नेताओं ने इनके प्रभाव को कम करने का प्रयास किया। परिणामस्वरूप विभिन्न धर्मों के अनुयायी और बुराइयों से परिचित हुए। उनमें धार्मिक सहिष्णुता पैदा हुई। इससे भी लौकिकीकरण को बढ़ावा मिला।

उपर्युक्त कारकों के अतिरिक्त नई न्याय व्यवस्था, प्रजातंत्र की स्थापना, प्रेस एवं अखबार, संस्कृतीकरण की प्रक्रिया, आदि ने भी लौकिकीकरण की प्रक्रिया को बढ़ावा और भारत में तार्किकता, बुद्धिवाद, वैज्ञानिकता एवं धर्म-निरपेक्ष मूल्यों की स्थापना में योग दिया।

लौकिकीकरण के फलस्वरूप भारतीय समाज में होने वाले सामाजिक परिवर्तन (Social Changes Occurring in Indian Society Due to Secularization)

डॉ. एम. एन. श्रीनिवास ने लौकिकीकरण के प्रभावों एवं उनके परिणामस्वरूप भरतीय समाज में होने वाले निम्नांकित परिवर्तनों का उल्लेख किया है :

(1). **अपवित्रता एवं पवित्रता की धारणा में परिवर्तन**–हिन्दू धर्म में अपवित्रता और पवित्रता की धारणा का विशेष महत्व है। प्रत्येक भारतीय भाषा में अपवित्रता और पवित्रता के लिए कोई-न-कोई शब्दावली का प्रयोग अवश्य ही पाया जाता है। अपवित्रता व पवित्रता के अर्थ को स्पष्ट करते हुए **डॉ. श्रीनिवास** लिखते हैं, "अपवित्रता से अभिप्राय मलिनता, कलंक, दूषण और परोक्ष रूप से पाप भी हो सकता है और पवित्रता का अर्थ स्वच्छता, पुण्यशीलता और परोक्ष रूप से धार्मिककता तक हो सकता है।"

भारतवर्ष में विभिन्न जातियों के बीच संरचनात्मक दूरी का निर्धारण अपवित्रता व पवित्रता की धारणा के आधार पर होता रहा है। उच्च जातियों निम्न जातियों से पवित्र मानी जाती हैं और वे अपनी इस पवित्रता को बनाए रखने के लिए निम्न जातियों से कुछ प्रकार के सम्पर्कों से बचती हैं। उदाहरण के रूप में, उच्च जातियां निम्न जातियों के हाथ का बना भोजन तथा पानी ग्रहण नहीं करतीं और न उनसे वैवाहिक संबंध ही रखती हैं। कुछ निम्न जातियों को तो स्पर्श करने की भी मनाही है। पवित्रता व अपवित्रता के आधार पर विभिन्न जातियों में भोजन, व्यवसाय एवं

जीवन-शैली के आधार पर भी संस्तरण पाया जाता है। उच्च जातियां मांस और मदिरा का सेवन नहीं करतीं, जबकि निम्न जातियां मांस-भक्षी एवं मदिरा-सेवी हैं। उच्च जातियां उन व्यवसायों को नहीं करतीं जिन्हें गन्दा समझा जाता है और जिनमें शारीरिक श्रम की आवश्यकता होती है। निम्न जातियां निम्न एवं अपवित्र समझे जाने वाले तथा शारीरिक श्रम वाले व्यवसायों में लगी होती हैं। मल-मूत्र व मरे हुए पशुओं को उठाना व चमड़े का कार्य अपवित्र माना जाता हैं ऐसे कार्यों को सबसे निम्न श्रेणी की जातियां करती हैं।

रक्त संबंधों के साथ भी पवित्रता व अपवित्रता की धारणा जुड़ी हुई है। जन्म-मृत्यु और मासिक धर्म के समय किए जाने वाले कार्य अपवित्र माने जाते हैं। जन्म एवं मृत्यु के समय संगोत्रीय समूह के सदस्य एक निश्चित समय तक अपवित्र हो जाते हैं और उन्हें कई कार्यों को करने की मनाही होती है। मासिक धर्म के समय भी परम्परात्मक रूप से तीन दिन तक स्त्रियों को अपवित्र माना जाता है। दैनिक जीवन में भी पवित्रता व अपवित्रता की धारणा का प्रमुख स्थान है। भोजन, उपासना व पूजा-पाठ से पूर्व व्यक्ति को स्नान करना चाहिए एवं पवित्र वस्त्र धारण करने चाहिए। कुछ अवसरों जैसे श्राद्ध, आदि के स्थान पर तो व्यक्ति को जल भी नहीं पाना चाहिए। बाल कटाने के दौरान नाई के स्पर्श से व्यक्ति अपवित्र हो जाता है अत: उसे स्नान करना चाहिए और हजामत के स्थान को गोबर से लीपकर पवित्र करना चाहिए। स्नान एवं कुल्ला किए बिना उसे घर के वर्तनों को भी नहीं छूना चाहिए। स्त्रियां विशेषकर विधवाएं और वयोवृद्ध पुरुष अन्य लोगों की अपेक्षा अपवित्रता संबंधी नियमों को कठोरता से पालन करते हैं। इसी प्रकार से उच्च जातियां नीची जातियों की तुलना में कट्टर होती हैं। जिस प्रकार से मलितना और पाप की धारणा अपवित्रता के समीप है, उसी प्रकार धार्मिकता पवित्रता के समीप है। स्नान करने से पाप का नाश होता है और पुण्य मिलता है। पुण्य स्नान, मन्दिर पूजा, हरि-कथा, भजन, सत्संग, उपवास, प्रार्थना और ध्यान, आदि को धार्मिक जीवन का सार एवं लौकिक कार्यों से ऊंचा माना जाता है।

किन्तु पिछले कुछ वर्षों में पवित्रता व अपवित्रता की धारणा में परिवर्तन हुआ है और उनकी व्यापकता घटी है। जाति, व्यवसाय, विवाह, खान-पान एवं पूजा-पाठ संबंधी धारणाओं में धर्म का प्रभाव शिथिल हुआ है और अपवित्रता संबंधी कट्टरता कम हुई है। अब अन्तर्जातीय विवाह होने लगे

हैं, विभिन्न जातियों के व्यक्ति साथ-साथ यात्रा करने लगे और होटलों, रेस्टोरेन्टों में साथ-साथ यात्रा करने लगे और होटलों, रेस्टोरेन्टों में साथ-साथ खाने-पीने लगे हैं। एक जाति के व्यक्ति दूसरी जाति के व्यवसाय को भी करने लगे हैं, निम्न जातियों ने राजकीय सेवाओं में उच्च पद ग्रहण किए हैं जिससे उनकी सामाजिक प्रतिष्ठा में वृद्धि हुई है। संस्कृतीकरण की प्रक्रिया द्वारा निम्न जातियों ने अपने को उच्च जातियों में सम्मिलित करने का प्रयास किया है। ऐसी जातियां जनेऊ पहनने और अपने यहां विवाह एवं धार्मिक कर्मकाण्डों में ब्राह्मणों की सेवाओं का उपयोग करने लगी हैं। उन्होंने मांस व मदिरा का सेवन त्यागा है और ब्राह्मणों तथा उच्च जातियों की जीवन-शैली को अपनाया है। शहरों में तो जाति के नियमों में और भी ढिलाई देखने को मिलेगी। फिर भी हम यह नहीं कह सकते कि शहरों में पारस्परिक जीवन पद्धति बिल्कुल छूट गई है। वहां आचरण संबंधी असंगतियां देखी जा सकती हैं। अपने दक्षिणी भारत के अध्ययन के दौरान एक नायर सूचनादाता ने **कैथलीन गफ** से कहा था, ''जब मैं दफ्तर जाने के लिए अपनी कमीज पहनता हूं तो जाति को उतारकर रख देता हूं और जब दफ्तर से लौटकर कमीज उतारता हूं तो जाति को पहल लेता हूं।'' शिक्षा के प्रसार के कारण पवित्रता की परम्परात्मक धारणा का स्थान आज स्वास्थ्य के नियम लेते जा रहे हैं। यदि कोई ब्राह्मण गन्दे वस्त्र हपनकर भेजन बनाता है तो उसे अधिक पसन्द नहीं किया जाता। मासिक धर्म के समय स्त्रियों द्वारा रसोईघर में बरती जाने वाली पवित्रता में भी परिवर्तन हुआ है। वे ऐसे नियमों का पालन केवल अपने माता-पिता एवं सास-ससुर के साथ रहने पर ही करती हैं, अलग गृहस्थी बसाने पर नहीं। इसी प्रकार से रसोईघर में जूते व चप्पल ले जाना व मेज-कुर्सी पर बैठकर भोजन करना अब पहले जितना अपवित्र नहीं माना जाता। अब स्वास्थ्य की दृष्टि से ब्राह्मण एवं उच्च जातियां भी अण्डे, मांस, प्याज, लहसुन, टमाटर, चुकन्दर, शलजम, आदि का सेवन करने लगी हैं जो पहले निषिद्ध था। इसी प्रकार से वे अब चीनी मिट्टी के बर्तनों में भी भोजन करने लगे हैं। वे अब होटलों में भोजन, चाय व कॉफी लेने लगे हैं जहां अस्पृश्य या निम्न समझी जाने वाली जातियों तक के व्यक्तियों द्वारा भोजन पकाया जाता है। स्पष्ट है कि वर्तमान समय में परम्परागत पवित्रता और अपवित्रता संबंधी विचारों में परिवर्तन आया है और लोग तार्किकता एवं स्वास्थ्य के नियमों के आधार पर किसी चीज को स्वीकार

एवं अस्वीकार करने लगे हैं। यह स्थिति लौकिकीकरण की बढ़ती प्रवृत्ति की पोषक है।

(2) **जीवन-चक्र और संस्कार में परिवर्तन** (Change in Life-cycle and Rituals)–हिन्दुओं को अपने जीवनकाल में एवं दैनिक जीवन में अनेक धार्मिक कर्मकाण्डों एवं संस्कार संपन्न करने होते हैं। लौकिकीकरण के प्रभाव के कारण इन संस्थाओं का संक्षिप्तीकरण के प्रभाव के कारण इन संस्थाओं का संक्षिप्तीकरण हुआ है। कुछ संस्कार जैसे नामकरण, चौल एवं उपाकर्म, आदि तो अब संपन्न ही नहीं किए जाते हैं। कुछ समय पूर्व लड़कियों के यौवनारम्भ पर भी कुछ कर्मकाण्ड किए जाते थे जो अब नहीं किए जाते। इसी प्रकार ब्राह्मणों एवं उच्च जातियों में विधवा का मुण्डन किया जाता था जिसे अब लगभग त्याग दिया गया है। कुछ संस्कारों को तो एक साथ मिला दिया गया है, जैसे विवाह संस्कार के प्रारम्भ में उपनयन संस्कार और बाद में गर्भाधान संस्कार साथ-साथ ही संपन्न करा दिए जाते हैं।

विवाह संस्कार को तो बहुत ही संक्षिप्त कर दिया गया है। प्राचीन समय में विवाह संस्कार के संपन्न करने में पांच से सात दिन लगते थे। उसे अब कुछ घण्टों में ही पूरा करवा दिया जाता है। कन्यादान और सप्तपदी जैसे महत्वपूर्ण धार्मिक कृत्यों के समय कुछ निकट के रिश्तेदार ही उपस्थित रहते हैं और अन्य अतिथिगण केवल स्वागत समारोह में ही भाग लेते हैं। इस अवसर पर स्त्रियों के गान के स्थान पर बैण्ड बजाया जाता है और पुरुष लोग पश्चिमी शैली के नृत्य करते हैं। विवाह स्थल को रोशनी एवं आधुनिक प्रकार से सजाया जाता है। विवाह में भाग लेने के लिए मित्रों, अधिकारियों, राजनीतिज्ञों, मंत्रियों और स्थानीय नेताओं को आमंत्रित किया जाता है। विवाह का स्वागत-समारोह नई प्रणाली से किया जाता है। श्रीनिवास कहते हैं कि यह सब लौकिकीकरण की वृद्धि के सूचक हैं। लौकिकीकरण का एक प्रमाण वर्तमान में दहेज प्रथा का बढ़ता महत्व भी है। दहेज निरोधक अधिनियम के पारित हो जाने के बाद भी दहेज का महत्व कम नहीं हुआ है। आज अधिक दहेज देना व लेना सामाजिक प्रतिष्ठा का सूचक माना जाता है।

अब दैनिक कर्मकाण्डों जैसे संध्या, स्नान, पूजा, आहुति, वेदपाठ एवं ईश्वर पूजा, आदि में भी कम समय दिया जाने लगा है। अब इन कार्यों को संपन्न करने के लिए लोगों के पास समय का अभाव हो गया है। स्त्री शिक्षा

के प्रसार के कारण धर्म के प्रति स्त्रियों के दृष्टिकोण में परिवर्तन आया है। वे अब कर्मकाण्ड एवं पवित्रता-अपवित्रता संबंधी नियमों के प्रति अधिक कट्टर नहीं रही हैं। पहले लड़कियों से यह अपेक्षा की जाती थी कि वे रसोई एवं अन्य घरेलू काम-काज में दक्ष हों, जाति व अपवित्रता के नियमों की जानकार हों, अपने पति, सास-ससु एवं गुरुजनों का सम्मान करें, किन्तु अब इस धारणा में परिवर्तन आया हैं। स्त्रियां पढ़-लिखकर सरकारी और गैर-सरकारी व्यवसाय एवं नौरियां करने और अपनी आजीविका स्वयं कमाने लगी हैं जो कि परम्परागत समाज की दृष्टि से एक क्रान्तिकारी कदम है। शिक्षा के कारण स्त्रियां पुरानी परम्परा और जाति संबंधी रीजि-रिवाजों की सबल रीढ़ नहीं हैं। आज शिक्षा को स्त्रियों के लिए भी आवश्यक माना जाने लगा है। कई बार तो माता-पिता लड़की को तब तक पढ़ाते रहते हैं जब तक कि कोई अच्छा वर प्राप्त नहीं हो जाता।

नगरों में धार्मिक समारोहों, त्योहारों एवं संस्कारों के समय पुरोहितों एवं धार्मिक पुरुषों के स्थान पर नेताओं को आमंत्रित किया जाने लगा हैं धार्मिक संगीत अब फिल्मी धुनों के आधार पर रचे एवं गाये जाने लगे हैं। अब ध्वनि विस्तारक यंत्र पर हरि-कथा एवं भजन गाये जाने लगे हैं। सूत्रा समाप्त करने एवं लोक-कल्याण के लिए यज्ञ एवं जाप किए जाते हैं जिनमें सभी जातियों के लोगों से चन्दा एकत्रित किया जाता है। वर्तमान में धार्मिक तीर्थ-यात्राएं केवल धार्मिक भावनाओं के कारण ही नहीं की जातीं वरन् देश भ्रमण एवं दर्शनीय स्थानों की सैर करने के उद्देश्य से भी। इससे लोगों के धार्मिक एवं सामाजिक क्षितिज में भी विस्तार हुआ है। अब विदेश यात्रा को बुरा नहीं माना जाता और न ही उसके लिए प्रायश्चित्त ही करना होता है। हाल के वर्षों में भूमि सुधार एवं अन्य कानूनों के कारण मठों की आर्थिक स्थिति पर भी प्रभाव पड़ा है, उनकी धार्मिक स्वायत्तता कम कर दी गई है। सरकार ने स्कूलों की पाठ्य-पुस्तकों में हिन्दू पुराणों और महाकाव्यों के प्रसंगों एवं सन्तों के जीवन-चरित्र, आदि को सम्मिलित किया है। आकाशवाणी से प्रतिदिन प्रातः काल भक्ति-संगीत और कभी-कभी हरि-कथा का प्रसारण भी होता है। बड़े-बड़े त्योहारों के अवसर पर विशेष कार्यक्रम प्रसारित किए जाते हैं जिनकी सामग्री परम्परात्मक संस्कृति से ही जुटाई जाती है। बहुत-सी फिल्मों की कथा-वस्तु भी धार्मिक ग्रन्थों से ली जाती है। कई ऐसी पत्र-पत्रिकाएं,

जैसे सरिता आदि हैं जो धार्मिक अन्धविश्वासों एवं रूढ़िवादिता का विरोध करती हैं।

आधुनिक समय में पुरोहितों एवं ब्राह्मणों की प्रतिष्ठ का ह्रास हुआ है, क्योंकि अब संस्कृत भाषा पर उनका एकाधिकार समाप्त हुआ है। अब स्कूलों में भी संस्कृत पढ़ाई जाने लगी है जिससे संस्कृत भाषा, जिसे देववाणी समझा जाता है का ज्ञान सभी धर्मों एवं जातियों के लिए खुल गया है। पिछले कुछ वर्षों में प्रौद्योगिकी, इन्जीनियरी, चिकित्सा-विज्ञान, आदि की प्रतिष्ठा बढ़ी है और मानविकी विद्याओं की प्रतिष्ठा कम हुई हैं जिससे वे पाश्चात्य सभ्यता, संस्कृति और ज्ञान-विज्ञान से परिचित हुए हैं। फलस्वरूप उनके दृष्टिकोण में व्यापकता आई। वे धार्मिक अन्धविश्वासों एवं बुराइयों से परिचित हुए। कई ब्राह्मणों ने अपने पुरोहिताई के परम्परागत व्यवसाय को त्यागकर डॉक्टर, प्राध्यापक, इन्जीनियक, प्रशासक एवं अन्य प्रतिष्ठासूचक पदों को ग्रहण किया है। वे पश्चिमी ढंग के वस्त्र पहनने लगे हैं और परम्परात्मक दैनिक जीवन के कृत्यों का कठोरता से पालन नहीं करते हैं। वे अब चोटी नहीं रखते, स्वयं ही सेफ्टी रेजन से रोज हजामत बनाते हैं और मस्तक पर तिलक नहीं लगाते। ईसाइयों की तरह हिन्दुओं में ऐसा कोई सर्वव्यापी संगठन भी नहीं है जो बदलते समय के साथ हिन्दू धर्म की नई व्याख्या करे। इन सभी स्थितियों ने भारत में लौकिकीकरण को बढ़ावा दिया है।

(3) **सामाजिक ढांचे में परिवर्तन** (Change in Social) Structure)–लौकिकीकरण के कारण भारतीय समाज कीं संरचना में भी परिवर्तन हुआ है। भारतीय समाज की संरचना के मुख्य तत्व हैं–जाति, ग्रामीण समुदाय और परिवार। इन तीनों पर भी लौकिकीकरण का प्रभाव पड़ा है।

(अ) **जाति संरचना पर प्रभाव** (Impact on Caste Structure)–पश्चिमीकरण, यातायात एवं संचार के साधनों, नगरीकरण एवं औद्योगीकरण के कारण परम्परात्मक जाति व्यवस्था में अनेक परिवर्तन हुए हैं और उसमें धर्म-निरपेक्षता के तत्वों का प्रवेश हुआ है। पहले जाति संस्तरण में ब्राह्मणों की सर्वोच्च स्थिति थी, किन्तु अब संविधान द्वारा सभी जातियों को समान अधिकार प्रदान किए गए हैं। अब निम्न जातियों की निर्योग्यताएं समाप्त हुईं अस्पृश्यता लगभग समाप्त हो रही है। जातिगत व्यवसायों की भी समाप्ति हो रही है और अन्तर्जातीय विवाह होने लगे हैं। नवीन व्यवसाय पनपे

हैं जिनमें सभी जातियों के व्यक्ति कार्य करने लगे हैं। खान-पान संबंधी जातीय निषेधों में शिथिलता आई है। विभिन्न समाज सुधार आन्दोलनों के कारण भी निम्न जातियों की स्थिति में सुधार हुआ है। अब व्यक्ति का मूल्यांकन जाति के स्थान पर उसके गुणों के आधार पर किया जाने लगा है। इस प्रकार लौकिकीकरण ने जाति को नई दिशा दी है और उसके परम्परात्मक स्वरूप को बल दिया है।

(ब) **ग्रामीण समुदाय पर प्रभाव** (Impact on Village Community)– लौकिकीकरण के कारण ग्रामीण समुदाय की आर्थिक, सामाजिक, राजनीतिक, धार्मिक एवं शैक्षणिक व्यवस्था में क्रान्तिकारी परिवर्तन हुए हैं। पिछले कुछ दशकों में विशेष कार दूसरे महायुद्ध के बाद से ही ग्रामीण समुदायों में यातायात एवं संचार क साधनों, वयस्क मताधिकार, स्वायत्त शासन, अस्पृश्यता उन्मूलन, शिक्षा एवं सामुदायिक विकास योजना के कारण गांव वालों की आकांक्षाओं एवं धारणाओं में परिवर्तन हुआ। वे अब शिक्षा और जीवन व्यतीत करने की कामना करने लगे हैं, किन्तु दूसरी ओर गांव उच्च जातियों एवं अछूतों, जमींदारों और काश्तकारों, दकियानूसियों और प्रगतिशील तत्वों एवं विभिन्न प्रतिद्वन्द्वी गुटों के बीच संघर्ष की रंगभूमि भी बने हुए हैं। आज गांवों का जीवन पहले की अपेक्षा अधिक उन्मुक्त है, क्योंकि अपवित्रता की धारणा पर जोर दिया जाता है। गांवों में लौकिकीकरण एवं राजनीतिकरण बढ़ रहा है। गांव वाले अब कुओं, सड़कों, अस्पतालों, स्कूलों, नल, बिजली, आदि की मांग करने लगे हैं। पंचायत राज की स्थापना ने भी उन्हें नई राजनीतिक व्यवस्था से परिचित कराया है।

(स) **परिवार पर प्रभाव** (Impact on Family)–लौकिकीकरण की प्रक्रिया का प्रभाव परिवार पर भी पड़ा है। प्राचीन समय में भारत में संयुक्त परिवार व्यवस्था का अधिक प्रचलन था जिसमें वयोवृद्ध व्यक्ति को सर्वोच्च सत्ता और अधिकार प्राप्त थे, किन्तु वर्तमान में संयुक्त परिवार के स्थान पर एकाकी परिवारों की संख्या बढ़ रही है, परिवार में निकट के रिश्तेदारों के अतिरिक्त अन्य रिश्तेदारों का महत्व कम हुआ है छोटे एवं नगरीय परिवारों में वयोवृद्ध व्यक्ति नहीं होते जो नई पीढ़ी के लोगों को धार्मिक कृत्य करने व पवित्रता

के नियमों का पालन करने के लिए दबाव डालते हैं स्त्री शिक्षा के कारण छोटी लड़कियां स्कूल जाती हैं और उन्हें मां या दादी के पास बैठकर धर्म संबंधी बातें सीखने का समय नहीं मिलता है। आधुनिक शिक्षित स्त्रियों के पास परंपरात्मक संस्कृति का वह ज्ञान भी नहीं है जिसे वे अपने बच्चों को दे सकें। स्थानमूलक गतिशीलता के कारण संयुक्त परिवार के सदस्य नगरों और औद्योगिक केन्दों में काम करने चले जाते हैं जिसके परिणामस्वरूप संयुक्त परिवारों का विघटन हो जाता है जिसके परिणामस्वरूप संयुक्त परिवारों का विघटन हो जाता है, किन्तु बड़े-बड़े नगरों में कुछ ऐसे संगठन भी हैं जो परंपरात्मक रूप से परिवार किया करते थे। इस प्रकार वर्तमान में परिवार के धार्मिक कार्यों में कमी हुई है और उसने धर्म-निरपेक्ष और लौकिक विश्वासों को ग्रहण किया है।

(4) **परम्परात्मक धर्म में परिवर्तन** (Change in Traditional Religion)–लौकिकीकरण ने मठों और मठाधिपतियों को भी प्रभावित किया है। राज्न ने मठों के प्रबन्ध में हस्तक्षेप किया है और इस सन्दर्भ में कई नए कानून भी बनाए हैं। भूमि संबंधी अधिनियमों ने मठों की भूमि छीन ली है। शिक्षित हिन्दुओं में यह भावना बढ़ी है कि धार्मिक संस्थाओं की सम्पत्ति का उपयोग शिक्षा एवं सामाजिक कल्याण के लिए किया जाना चाहिए। मठों की आय में कमी होने से मठाधिपति धन संग्रह के लिए सम्पर्क बढ़ाने व यात्रा करने लगे हैं। कई राजनीतिज्ञ भी मठाधिपतियों से सम्पर्क रखने लगे हैं ताकि उन्हें जन-समर्थन प्राप्त हो जाए। कुछ राज्यों ने मन्दिरों में दी जाने वाली पशु-बलि को भी अपराध घोषित कर दिया है। लौकिकीकरण की प्रक्रिया के कारण धार्मिक कुरीतियों, रूढ़ियों, अन्धविश्वासों एवं संकीर्ण मनोवृत्तियों के प्रति विरोध बढ़ रहा है और उनके स्थान पर उदारता एवं सहिष्णुता पनप रही है।

उपर्युक्त सम्पूर्ण विवेचन से स्पष्ट है कि लौकिकीकरण की प्रक्रिया के परिणामस्वरूप भारतीय समाज में अनेक परिवर्तन हुए हैं। परिवार, जाति, ग्रामीण, समुदाय, धर्म, पवित्रता-अपवित्रता की धारणा, कर्मकाण्ड तथा आर्थिक, सामाजिक, राजनीतिक, नैतिक एवं मनोरंजनात्मक सभी संस्थाओं में अनेक परिवर्तन घटित हो रहे हैं और वे परिवर्तन के नए आयाम ग्रहण कर रहे हैं जो अधिक वैज्ञानिक, तार्किक, मानवतावादी एवं बौद्धिक हैं।

पश्चिमीकरण (Westernization)

डॉ. एम. एन. श्रीनिवास ने भारतीय समाज में परिवर्तन की प्रक्रियाओं का अध्ययन करने हेतु संस्कृतीकरण एवं पश्चिमीकरण की अवधारणाओं को प्रस्तुत किया। इसे इस दिशा में प्रथम व्यवस्थित प्रयत्न माना जा सकता है। सामाजिक एवं सांस्कृतिक परिवर्तन का सिद्धान्त यह मानकर चलता है कि परिवर्तन के स्रोत व्यवस्था के भीतर भी पाए जाते हैं तथा बाहर भी। संस्कृतीकरण की अवधारणा जाति-व्यवस्था के अन्तर्गत वास्तिविक तथा आकांक्षिक, सांस्कृतिक एवं सामाजिक गतिशीलता को व्यक्त करती है, जबकि पश्चिमीकरण की अवधारणा उन परिवर्तनों से परिचित कराती है जो पश्चिम व विशेषत: ग्रेट ब्रिटेन के साथ सांस्कृतिक सम्पर्क का परिणाम है। डॉ. श्रीनिवास ने पश्चिमीकरण शब्द का प्रयोग उन परिवर्तनों को प्रकट करने के लिए किया है जो भारत में 19वीं व 20वीं शताब्दी में अंग्रेजी शासन काल की अवधि में हुए।

पश्चिमीकरण की विशेषताएं (लक्षण)
Characteristics of Westernization

श्रीनिवास ने पश्चिमीकरण की निम्नांकित विशेषताओं का उल्लेख किया है:

(1) **नैतिक रूप से तटस्थ**–पश्चिमीकरण नैतिक रूप से तटस्थ अवधारणा है, अर्थात् यह धारणा यह नहीं बताती कि पश्चिम के प्रभाव के कारण भारत में होने वाले परिवर्तन अच्छे हैं या बुरे। यह तो केवल परिवर्तनों को बतलाती है, अच्छाई व बुराई के मूल्यों से यह अवधारणा स्वतंत्र है।

(2) **एक व्यापक अवधारणा**–पश्चिमीकरण एक व्यापक अवधारणा है जिसमें भौतिक और अभौतिक संस्कृति से संबंधित सभी परिवर्तन आ जाते हैं। इसके अन्तर्गत पश्चिम के प्रभाव के कारण उत्पन्न होने वाले वे सभी परिवर्तन आ जाते हैं। इसके अन्तर्गत पश्चिम के प्रभाव के कारण उत्पन्न होने वाले वे सभी परिवर्तन आ जाते हैं जो प्रौद्योगिकी, धर्म, परिवार व जाति, राजनीति, प्रथाओं, आदर्शों, विश्वासों, मूल्यों, फैशन, खान-पान, रहन-सहन, यातायात एवं संचार, कला साहित्य, शिक्षा, न्याय, प्रशासन एवं अन्य संस्थाओं में घटित हुए हैं। बी. कुप्पूस्वामी कहते हैं कि श्रीनिवास द्वारा काम में ली गयी पश्चिमीकरण की अवधारणा में निम्नलिखित बातें सम्मिलित हैं:

(अ) व्यवहार संबंधी पक्ष, जैसे साहित्य, विज्ञांन आदि

(ब) मूल्य संबंधी पक्ष, जैसे मानवतावाद, समतावाद, लौकिकीकरण।

(3) **एक वैज्ञानिक अवधारणा**–पश्चिमीकरण की अवधारणा चूंकि मूल्य की दृष्टि से एक तटस्थ अवधारणा है, अत: यह वैज्ञानिक अवधारणा है। इसके द्वारा हम किसी भी समाज में घटित होने वाले परिवर्तनों का विश्लेषण कर सकते हैं।

(4) **अनेक प्रारूप**–पश्चिमीकरण के हमें अंग्रेजी, अमरीकी, रूसी और विभिन्न यूरोपीय देशों के प्रारूपों या आदर्श देखने को मिलेंगे। सभी प्रारूपों में कुछ तत्व तो समान रूप से पाये जाते हैं। चूंकि अंग्रेजों ने ही भारतीयों को पश्चिमी संस्कृति के विभिन्न सामाजिक, आर्थिक, राजनीतिक, धार्मिक एवं भौतिक पक्षों से परिचित कराया, अत: भारत में अंग्रेजी आदर्श ही विद्यमान हैं, यद्यपि वर्तमान में अमरीकी और रूसी प्रारूप भी प्रभावशाली होते जा रहे हैं।

(5) **जटिल तथा-बहुस्तरीय प्रक्रिया**–श्रीनिवास कहते हैं कि पश्चिमीकरण की प्रक्रिया एक जटिल प्रक्रिया है जिसका प्रभाव सामाजिक, आर्थिक, राजनीतिक, धार्मिक, प्रौद्योगिकी एवं अन्य स्तरों पर देखा जा सकता है। एक समाज के विभिन्न पक्षों पर पश्चिमीकरण का प्रभाव भिन्न-भिन्न रहा हैय कोई पक्ष अधिक प्रभावित व परिवर्तित हुआ है तो कोई कम। कुछ लोगों ने पश्चिमी खान-पान तथा वस्त्रों को अपनाया है तो कुछ लोगों ने पश्चिमी खान-पान तथा वस्त्रों को अपनाया है तो कुछ ने पश्चिमी आदर्शों, मूल्यों और विश्वासों को तो कुछ ने पश्चिमी प्रौद्योगिकी को। समाज के सभी पक्षों पर पश्चिमीकरण का प्रभाव समान रूप से नहीं पड़ा है। भारत में पश्चिमीकरण की गति सर्वत्र ही समान नहीं है। मैसूर में पश्चिमीकरण की दौड़ में ब्राह्मण सबसे आगे रहे हैं।

(6) **चेतन और अचेतन प्रक्रिया**–पश्चिमीकरण का प्रभाव भारतीय समाज पर चेतन और अचेतन दोनों ही प्रकार से पड़ा है। कई पश्चिमी तत्वों को तो हम जान-बूझकर प्रयत्लपूर्वक ग्रहण करते हैं और कई हमें अप्रत्यक्ष तथा अचेतन रूप से प्रभावित करते हें और वे हमारे व्यवहार तथा दैनिक जीवन के अंग बन जाते हैं।

पश्चिमीकरण का अर्थ (Meaning of Westernization)

डॉ. श्रीनिवास ने पश्चिमीकरण का अर्थ स्पष्ट करते हुए लिखा है, ''मैंने 'पश्चिमीकरण' शब्द का प्रयोग भारतीय समाज व संस्कृति में उन परिवर्तनों के लिए किया है जो एक सौ पचास वर्षों से अधिक समय के अंग्रेजी राज के परिणामस्वरूप उत्पन्न हुए हैं और यह शब्द प्रौद्यागिकी, संस्थाओं, वैचारिक मूल्यों,

आदि विभिनन स्तरों पर होने वाले परिवर्तनों का समावेश करता है।''

लिंच (Lynch) ने श्रीनिवास को उद्धृत करते हुए लिखा है, ''पश्चिमीकरण में पश्चिमी पोशाक, खान-पान, तौर-तरीके, शिक्षा, विधियां और खेल, मूल्यों, आदि को सम्मिलित किया जाता है।''

इन परिभाषाओं से स्पष्ट है कि पश्चिमीकरण की अवधारणा के अन्तर्गत भारत में होने वाले वे सभी सांस्कृतिक परिवर्तन और संस्थात्मक नवीनताएं आ जाती हैं जो इस देश में पश्चिमी देशों प्रमुखतः इंगलैण्ड के साथ राजनीतिक एवं सांस्कृतिक सम्पर्क के कारण आयी हैं। पश्चिमीकरण का तात्पर्य विविध प्रकार के परिवर्तनों से है, जैसे वस्त्र, भोजन खाने के तरीके, रहन-सहन के ढंग, आदि के परिवर्तन से। डॉ. योगेन्द्र सिंह ने लिखा है कि ''मानवतावाद (Humanitarianism) तथा बुद्धिवाद (Rationalism) पर जोर पश्चिमीकरण का एक अंग है जिसने भारत में संस्थागत या सामाजिक सुधारों का सिलसिला प्रारम्भ कर दिया। वैज्ञानिक, औद्योगिक एवं शिक्षण संस्थाओं की स्थापना, राष्ट्रीयता का उदय, देश में नवीन राजनीतिक संस्कृति और नेतृत्व सबके सब पश्चिमीकरण के उपोत्पाद (By-products) हैं।

स्पष्ट है कि पश्चिमीकरण ने भारत में मानवतावादी दृष्टिकोण को अपनाने तथा तार्किक ढंग से विचार करने के लिए लोगों को प्रेरित किया। पश्चिमीकरण का तात्पर्य केवल पाश्चात्य रीति-रिवाजों व ढंगों को अपनाना मात्र ही नहीं है। यह एक जटिल एवं सर्वव्यापक अवधारणा है। इसके अर्न्तगत विज्ञान, तकनीकी, प्रयोग-सिद्ध पद्धति, इत्यादि आते हैं। पश्चिमीकरण ने समतावादी और लौकिक (Equalitarian and Secular) दृष्टिकोण के विकास में सहायता प्रदान की। लोग विभिन्न समस्याओं के प्रति अब तार्किक दृष्टिकोण अपनाने लगे हैं। पश्चिमीकरण में कुछ मूल्य वरीयताएं (Value of Preferences) भी सम्मिलित हैं। इस प्रकार का मूल्य जिसमें अनेक ममूल्य सम्मिलित हैं, मानवतावाद है जिसका अभिप्राय जाति, आर्थिक स्थिति, धर्म आयु एवं लिंग को ध्यान में नहीं रखते हुए सभी मनुष्यों के कल्याण में सक्रिय रुचि से है। समतावाद एवं लौकिकीकरण दोनों ही मानवतावाद में शामिल हैं।

पश्चिमीकरण : एक आलोचनात्मक दृष्टिकोण (Westernization : A Critical View)

अनेक समाजशास्त्रियों एवं सामाजिक मानवशास्त्रियों ने पशिमीकरण की अवधारणा की आलोचना की है। **लर्नर** की मान्यता है कि पश्चिमीकरण अनुपयुक्त एवं संकुचित अवधारणा है क्योंकि रूसी साम्यवाद भी एक शक्तिशाली

आधुनिकीकरण करने वाला प्रारूप है। डॉ. श्रीनिवास का पश्चिमीकरण से तात्पर्य भारत पर ब्रिटिश प्रभाव से है, लेकिन यह बहुत संकुचित प्रारूप है। इसका कारण यह है कि स्वतंत्रता प्राप्ति के पश्चात् भारत पर रूसी और अमरीकी प्रारूपों का प्रभाव भी स्पष्टतः पड़ रहा है।

डॉ. योगेन्द्रसिंह ने बताया है कि भारत में नवीन अभिजात-वर्ग के बहुत-से लोगों के लिए और साथ ही एशिया के भी नये राज्यों में पश्चिमीकरण एक निदानात्मक अर्थ लिए हुए हैं, क्योंकि यह पश्चिम के द्वारा इन देशों के पूर्ववर्ती औपनिवेशिक शासन से संबंधित रहा है। यह, इसीलिए आधुनिकीकरण की बजाय अधिक मूल्य-भारयुक्त (Value-loaded) है और यही कारण है कि आधुनिकीकरण हमें अधिक उत्तम विकल्प प्रतीत होता है।

देवराज चेन्ना पश्चिमीकरण को एक सरल प्रक्रिया नहीं मानते हैं आपका कथन है कि वर्तमान में (पंजाब की स्थिति) यह कहना अधिक उपयुक्त है कि भारतीयकरण की प्रक्रिया चालू है, इससे हमारा तात्पर्य बाह्य बातों में काफी सीमा तक पश्चिमीकरण से तथा अधिकांशतः भारतीय मूल्यों, जो पश्चिम में मानवतावादी मूल्यों के साथ मिश्रित हैं, पर पुनः जोर देने से है।

डॉ. योगेन्द्रसिंह का कथन है कि "*संस्कृतीकरण और पश्चिमीकरण ऐसी अवधारणाएं हैं जिनमें सैद्धांतिक दृष्टि से निश्चितता का अभाव है, लेकिन सत्यता पर जोर देने वाली अवधारणाओं के रूप में उनमें काफी उपयुक्तता और व्यवहार्यता है।*"

ये अवधारणाओं आनुभविक अवलोकनों पर आधारित हैं और सांस्कृतिक परविर्तनों के कई पक्षों के संबंध में अन्तर्दृष्टि प्रदान करती हैं। ये अवधारणाएं सांस्कृतिक परिवर्तन का ही विश्लेषण कर पाती हैं, परन्तु सामाजिक संरचना में होने वाले परिवर्ती की व्याख्या नहीं।

स्वयं **डॉ. श्रीनिवास** ने माना है कि संस्कृतीकरण तथा पश्चिमीकरण के माध्यम से आधुनिक भारत में होने वाले सामाजिक परिवर्तनों का वर्णन सांस्कृतिक दृष्टि से ही किया जा सकता है न कि संरचनात्मक दृष्टि से। हम **बी. कुप्पूस्वामी** के इन विचारों से सहमत हैं कि संस्कृतीकरण ओर पश्चिमीकरण की अवधारणाएं हमें उन्नीसवीं शताब्दी के बाद वाले पचास वर्षों और बीसवीं शताब्दी के प्रथम दो दशकों में सतही परिवर्तन प्रक्रियाओं को समझने में मदद करती हैं। भारतीय समाज में चल रही परिवर्तन-प्रक्रियाओं का विश्लेषण करने में सहायता प्रदान करने की दृष्टि से इन अवधारणाओं की उपयुक्तता काफी सीमित है।

पश्चिमीकरण एवं सामाजिक परिवर्तन : कुछ प्रभाव (Westernization and Social Change : Few Effects)

भारत में अंग्रेजों के लगभग 190 वर्षों के शासन के कारण भारतीय समाज एवं संस्कृति में अनेक परिवर्तन हुए। भारतीयों के खान-पान, रहन-सहन, प्रथाओं, आर्थिक, धार्मिक, राजनीतिक एवं सामाजिक संस्थाओं तथा संस्कृति के क्षेत्र में घटित होने वाले परिवर्तनों का हम यहां उल्लेख करेंगे :

(1) **खान-पान व रहन-सहन परिवर्तन** (Change in food and living habits)—अंग्रेजों के सम्पर्क के कारण भारतीयों के खान-पान एवं रहन-सहन में कई परिवर्तन हुए। परम्परात्मक व्यवस्था में ब्राह्मण एवं उच्च वर्ग के व्यक्ति शाकाहारी थे, वे मांस एवं मदिरा का सेवन नहीं करते थे। कई प्रकार के कन्दमूलों, जैसे आलू, लहसुन, प्याज, चुकन्दर, आदि का भी प्रयोग वे नहीं करते थे। भोजन करने से पूर्व स्नान किया जाता और आंगन को लीपकर शुद्ध करके, शुद्ध वस्त्र पहनकर भोजन किया जाता था, किन्तु अंग्रेजी प्रभाव के कारण अब सभी जातियों के व्यक्ति मांस, मदिरा व अण्डे, आदि का सेवन करने लगे और सभी प्रकार के जमींकन्द, जैसे आलू, लहसुन, प्याज, चुकन्दर, आदि का भी प्रयोग करने लगे। अब भोजन से पूर्व स्नान करना और शुद्ध वस्त्र धारण करना आवश्यक नहीं समझा जाता।

अब भोजन करते समय जूते उतारना आवश्यक नहीं माना जाता। होटलों व जलपान गृहों में बना भोजन, चाय, कॉफी, बिस्कुट, केक, आइसक्रीम, मिठाई, नमकीन, आदि का भी अब लोग सेवन करने लगे जिनसे पहले परहेज रखा जाता था। सिगरेट व चुरुट, आदि पीने का प्रचलन भी बढ़ा। अब लोग धोती व कुर्ते के स्थान पर पेण्ट, कोट, शर्ट, टाई व हैट का प्रयोग करने लगे व बाल रखने का प्रचलन बढ़ा। स्त्रियां लहंगा व साड़ी के स्थान पर जीन्स, मैक्सी, गाउन, 'टापलेस वस्त्र' धारण करने लगीं, जूड़े एवं बॉब कट बाल रखने का प्रचलन बढ़ा। सौन्दर्य प्रसाधनों का भी अधिकाधिक प्रयोग किया जाने लगा।

(2) **सामाजिक जीवन एवं संस्थाओं में परिवर्तन** (Change in Social Life and Institutions)—पश्चिमीकरण के कारण भारतीयों के सामाजिक जीवन एवं संस्थाओं में भी अनेक परिवर्तन घटित हुए। जाति-प्रथा, संयुक्त परिवार प्रणाली, विवाह तथा स्त्रियों की सामाजिक प्रस्थिति में परिवर्तन आया।

(i) **जाति-प्रथा में परिवर्तन**–अंग्रेजों के आने से पूर्व भारत में जाति-प्रथा का कठोर रूप पाया जाता था। व्यक्ति के जन्म से लेकर मृत्यु तक के कार्यकलापों का निर्धारण जाति ही करती थी, किन्तु जब अंग्रेज भारत में आये तो उन्होंने यहां बड़े-बड़े उद्योगों की स्थापना की, औद्योगीकरण व नगरीकरण की नींव रखी, यातायात एवं संचार के नवीन साधनों जैसे रेल, बस, रिक्शा, ट्राम, जहाज, वायुयान, सड़कें, डाक, तार टेलीविजन, प्रेस, अखबारों, आदि से भारतीयों केा परिचित कराया। अब विभिन्न जातियों के व्यक्ति एक ही कारखाने में साथ-साथ काम करने लगे, साथ-साथ यात्रा करने लगे, इससे छुआछूत कम हुई तथा जातीय उच्चता व निम्नता की भावना शिथिल हुई। एक जाति के व्यक्ति दूसरी जाति के व्यवसाय को भी करने लगे। अन्तर्जातीय विवाहों का प्रचलन बढ़ा, जजमानी संबंध समाप्त हुए और पैसा देकर दूसरी जातियों की सेवाएं खरीदी जाने लगीं। व्यक्ति का मूल्यांकन अब जाति के आधार पर नहीं वरन् उसके गुणों के आधार पर होने लगा। खान-पान संबंधी जातीय निषेधों में कमी आयी तथा जाति पंचायतों का महत्व घटा। पश्चिम के वैधानिक एवं समानता के मूल्यों ने जातीय भेदभाव कम और समानता के विचारों का प्रसार अधिक किया।

(ii) **विवाह में परिवर्तन**–परम्परागत हिन्दू समाज में एक व्यक्ति को अपनीृ ही जाति में विवाह करना होता था, विधवाओं को पुनर्विवाह की स्वीकृति नहीं थी तथा बाल-विवाह का अधिक प्रचलन था, बहुविवाह, कुलीन विवाह तथा कन्यादान की प्रथा थी और विवाह को एक धार्मिक संस्कार माना जाता था तथा तलाक का प्रचलन नहीं था। विवाह में सपिण्ड, सप्रवर और सगोत्र के नियमों का पालन किया जाता था, किन्तु पश्चिम के विचारों, मूल्यों और आदर्शों ने विवाह के नियमों में कई परिवर्तन किये, बाल-विवाह कम हुए, विलम्ब-विवाह होने लगे, विधवाओं को पुनर्विवाह की छूट मिल, अन्तर्जातीय विवाह, प्रेम-विवाह और कोर्ट मैरिज होने लगे। प्रवर, सपिण्डता और सगोत्र के नियम भी ढीले हुए। विवाह को धार्मिक संस्कार के स्थान पर समझौता मानने की प्रवृत्ति बढ़ी। पत्नी पति को परमेश्वर न मानकर एक मित्र व सहयोगी समझने लगी। लताकों का प्रचलन बढ़ा, कुलीन विवाह तथा बहुविवाह समाप्त हुए और

एक विवाह को भी उत्तम माना जाने लगा। इस प्रकार भारत में विवाह संस्था परिवर्तित हुई।

(iii) **परिवार में परिवर्तन**–भारत में अंग्रेजों के आने से पूर्व संयुक्त परिवार ही परिवार का प्रमुख स्वरूप था जिसमें तीन-चार पीढ़ियों के व्यक्ति एक साथ रहते भोजन व पूजन करते था जिनकी सम्पत्ति सामूहिक होती थी और जिसका संचालन परिवार का वयोवृद्ध व्यक्ति करता था, किन्तु पश्चिमीकरण के प्रभाव के कारण परम्परात्मक संयुक्त परिवार प्रणाली में परिवर्तित हुआ। पश्चिम ने भारतीयों को व्यक्तिवाद, भौतिकवाद, अस्त्विवाद और समानता के विचारों से परिचित कराया। फलस्वरूप परिवार के सदस्यों ने व्यक्तिगत अधिकारों एवं कर्ता के नियंत्रण से स्वतंत्रता की मांग की। दूसरों के लिए त्याग व बलिदान के स्थान पर लोगों में व्यक्तिगत स्वार्थ की भावना पनपी। इन सभी के सामूहिक प्रभाव के कारण संयुक्त परिवार पर विपरीत प्रभाव पड़ा और वे टूटने लगे तथा पति-पत्नी व बच्चों से निर्मित छोटे परिवार में रहने की प्रवृत्ति बढ़ी।

(iv) **स्त्रियों की स्थिति में परिवर्तन**–पश्चिम के प्रभाव के कारण स्त्रियों को भी शिक्षा दी जाने लगी, इससे उनका मानसिक विकास हुआ, वे पश्चिम के साहित्य के द्वारा मूल्यों और आदर्शों से परिचित हुई तथा नमें जागृति आयी। स्त्रियों की स्थिति को सुधारने के भी अनेक प्रयास हुए। सती प्रथा का अन्त हुआ व बाल-विवाह कम हुए तथा विधवा-विवाह प्रारम्भ हुए। स्त्रियों का कार्य-क्षेत्र अब केवल घर ही नहीं रहा वरन वे पुरुषों के समान सामाजिक, आर्थिक, राजनीतिक, सांस्कृतिक सभी क्षेत्रों में कार्य करने लगीं और स्त्री-पुरुष की समानता के विचार पनपे।

(3) **धार्मिक जीवन में परिवर्तन** (Change in Religious Life)—अंग्रेजी शासन से पूर्व भारत में अनेक धार्मिक अन्धविश्वास, कर्मकाण्ड, पाखण्ड, ढोंग, आदि का प्रचलन था और धर्म के नाम पर यहां अनेक बुराइयां पनप रही थीं। सती-प्रथा, बाल-विवाह, जाति-प्रथा, देवदासी-प्रथा, छुआछूत, विधवा-पुनर्विवाह निषेध, मानव-बलि, पर्दा-प्रथा, मुत्युभोज, आदि बुराइयों का सम्पूर्ण भारत में बोलबाला था और इन सभी की पुष्टि धार्मिक

आधार पर की गयी थी। पाश्चात्य शिक्षा के प्रभाव एवं ईसाई धर्म के प्रचार के कारण इन धार्मिक बुराइयों की समाप्ति के लिए प्रयत्न किय गये और अनेक धार्मिक व सुधारवादी आन्दोलन भी हुए जिनके परिणामस्वरूप बहुत कुछ सीमा तक धार्मिक बुराइयां भी समाप्त हुईं और धर्म में रूढ़िवाद का अन्त हुआ।

(4) **राजनीतिक ज़ीवन में परिवर्तन** (Change in Political Life)—अंग्रेजों के आने से पूर्व भारत में रियासतें तथा राजे-रजवाड़े थे और छोटे-छोटे भू-क्षेत्रों पर सामन्तों का शासन था। प्रत्येक गांव में एक ग्राम-पंचायत होती थी जो गांव का शासन संबंधी कार्य करती थी। शासन कार्य में धार्मिक नियमों का पालन किया जाता था। प्रत्येक सामन्त के शासन के अपने-अपने नियम थे। इस प्रकार अंग्रेजों से पूर्व भारत प्रशासनिक दृष्टि से कई टुकड़ों में बंटा हुआ था और सामन्त लोग परस्पर युद्ध किया करते थे, किन्तु जब भारत में अंग्रेजों का राज्य स्थापित हुआ तो उन्होंने पंचायतों के अधिकार छीन लिए, शासन में धार्मिक सिद्धान्तों का बहिष्कार किया तथ सम्पूर्ण भारत को एक राजनीतिक सत्ता के अधीन संगठित किया। देश के विभिन्न भागों में प्रचलित कानूनों को संहिताबद्ध करवाया और एकसमान न्याय-व्यवस्था लागू की। सारे देश के लिए पुलिस एवं फौज की व्यवस्था की गयीं यातायात एवं संचार के नवीन साधनों के कारण प्रशासन का कार्य सल हो गया। सन्देशवाहन व यातायात के नवीन साधनों, नयी शिक्षा प्रणाली, प्रेस व अखबार एवं विदेशों से सम्पर्क के कारण भारतीयों में राष्ट्रीयता की भावना एवं राजनीतिक जागृति पैदा हुई। भारत के विभिन्न क्षेत्रों में निवास करने वाले लोग अपने धर्म, जाति, प्रजातीय एवं प्रान्तीय भेदभाव भुलाकर संगठित हुए और भारत से अंग्रेजों को खदेड़ दिया। अंग्रेजों ने ही भारतीयों को आधुनिक प्रजातंत्र और संसदीय प्रणाली से परिचित कराया तथा वर्तमान नौकरशाही भी भारत का उन्हीं की देन है। राजनीतिक क्षेत्र में अंग्रेजों के कारण भारत को कई उपलब्धियां हुईं। साथ ही भाषावाद, प्रान्तवाद, क्षेत्रवाद, साम्प्रदायिकता एवं जातिवाद की भावनाओं ने भी यहां जोर पकड़ा।

(5) **साहित्य के क्षेत्र में परिवर्तन** (Change in the field of Literature)—पश्चिमीकरण का भारतीय साहित्य पर भी प्रभाव पड़ा क्योंकि अंग्रेजी साहित्य विश्व-प्रसिद्ध समृद्ध साहित्य हैं अंग्रेजी भाषा के द्वारा भारतीय विद्वान विश्व के अन्य साहित्यकारों के बारे में जानकारी प्राप्त करने में

समर्थ हुए और हिन्दी तथा अन्य प्रान्तीय भाषाओं के साहित्य भी समृद्ध हुए। अंग्रेजी भाषा के अनेक शब्दों का प्रयोग भारतीयों द्वारा किया जाने लगा। हिन्दी में कहानियों, उपन्यासों, लेखों तथा गद्य-साहित्य का प्रयोग बढ़ा।

(6) **ललित कला में परिवर्तन** (Change in Fine Arts)—ललित कला के क्षेत्र में भी पाश्चात्य संस्कृति का प्रभाव पड़ा।

स्थापत्य कला—अंग्रेजों द्वारा भारत के प्रमुख नगरों में भवन-निर्माण का कार्य करवाया गया जिसमें गॉथिक, रोमन तथा विक्टोरिया युग की स्थापत्य कला का सम्मिश्रण पाया जाता है। कोलकाता का विक्टोरिया मेमोरियल पाश्चात्य स्थापत्य कला का एक जीता-जागता उत्कृष्ट नमूना है। उदयपुर, बीकानेर, मैसूर, दिल्ली, आदि में निर्मित कई इमारतों व मन्दिरों में भारतीय और पाश्चात्य कला दोनों का अभिनव मिश्रण देखने को मिलता है। मुम्बई तथा कोलकाता में ऐसे केन्द्रों की स्थापना की गयी जिनमें नवीन ढंग के भवनों के चित्रों व नमूनों को प्रस्तुत किया गया।

चित्रकला—ब्रिटिश शासकों ने भारत में शिक्षा के साथ-साथ कला-केन्द्रों की भी स्थापना की जहां पाश्चात्य परम्पराओं के अनुसार ड्राइंग, मॉडल व चित्र, आदि बनाने का प्रशिक्षण दिया जाने लगा। इसका प्रभाव भारतीय चित्रकला पर भी पड़ा और चित्रकला के क्षेत्र में भारतीयों में जागृति पैदा हुई है। ई.बी. हैवेल ने भारतीय चित्रकला का पुनर्निमाण किया। 1903-04 में रवीन्द्रनाथ टैगोर ने पाश्चात्य एवं भारतीय कला शैली के मिश्रण से एक नवीन शैली तैयार की जिसे 'बंगाल-शैली' कहा जाता है। गुजरात व अहमदाबाद में भी कई चित्रकार उत्पन्न हुए। नन्दलाल बोस, रविशंकर रावल, कनु देसाई, हल्डनकर तथा गंगोली, आदि ऐसे चित्रकार हैं जो पश्चिमी शैली से प्रभावित थे।

नृत्य तथा संगीत कला में परिवर्तन—अंग्रेजों के भारत में आने से पूर्व नृत्य एवं संगीत का क्षेत्र संकुचित हो गया था और यह कुछ राजघरानों तक ही सीमित रह गया था, किन्तु पश्चिमी प्रभाव के कारण नृत्य एवं संगीत के क्षेत्र में जागृति आयी। इस क्षेत्र में रबीन्द्रनाथ टैगोर प्रमुख व्यक्ति थे जिनके संगीत को 'रबीन्द्र संगीत' के नाम से जाना जाता है। पाश्चात्य संगीत से भारतीय शास्त्रीय संगीत तो अप्रभावित रहा, किन्तु सामान्य संगीत पर इसका बहुत अधिक प्रभाव पड़ा। फिल्मों में पाश्चात्य धुन, यन्त्रों एवं

नृत्यों का प्रचलन बढ़ा। पार्टियों, क्लबों तथा संगीत पर इसका बहुत अधिक प्रभाव पड़ा। फिल्मों में पाश्चात्य धुन, यन्त्रों एवं नृत्यों का प्रचलन बढ़ा। पार्टियों, क्लबों तथा संगीत सभाओं में हमें पाश्चात्य धुनें अधिक सुनने को मिलेंगी।

(7) **शिक्षा के क्षेत्र में परिवर्तन** (Changes in Educational Field)—परम्परागत भारत में शिक्षा की गुरुकुल प्रणाली प्रचलित थी। शिक्षा सभी लोगों के लिए उपलब्ध नहीं थी वरन् एक विशेष जाति (ब्राह्मणों) तक ही सीमित थी। अन्य लोग अपने जातीय व्यवसाय की ही शिक्षा ग्रहण करते थे और वह भी अपने परिवार में ही, किन्तु जब अंग्रेज भारत में आये तो उन्हें राजकाज चलाने के लिए अंग्रेजी पढ़े-लिखे बाबुओं की आवश्यकता महसूस हुई और उन्होंने अंग्रेजी शिक्षण संस्थाएं स्थापित कीं अंग्रेजों ने यहां सार्वभौमिक शिक्षा प्रणाली प्रारम्भ की। अब सभी वर्गों एवं जातियों के व्यक्ति अंग्रेजी शिक्षा प्राप्त करने लगे। इससे शिक्षा का प्रसार हुआ। अंग्रेजी शिक्षा प्राप्त करने लगे। इससे शिक्षा का प्रसार हुआ। अंग्रेजी शिक्षा प्राप्त व्यक्तियों को राजकीय सेवा में प्राथमिकता दी गयी। इस शिक्षा में उदारवाद, धर्म-निरपेक्षवाद, विज्ञानवाद, प्रजातंत्र, समानता व स्वतंत्रता के आदर्श निहित थे। अत: इस शिक्षा को ग्रहण करने के बाद भारतीयों के विचारों, आदर्शों, मूल्यों एवं जीवन-शैली में परिवर्तन आया। अंग्रेजी शिक्षा के कारण अनेक धार्मिक एवं सामाजिक कुरीतियों, अन्धविश्वासों एवं आडम्बरों का अन्त हुआ क्योंकि पाश्चात्य शिक्षा प्राप्त विद्वानों ने धार्मिक एवं सामाजिक सुधार के आन्दोलन चलाये। वर्तमान में की जाने वाली कृषि, विज्ञान, चिकित्सा, इंजीनियरिंग, कानून, आदि की शिक्षा और विभिन्न प्रकार का प्रशिक्षण भी अंग्रेजों की ही देन है।

(8) **आर्थिक क्षेत्र में परिवर्तन** (Change in Economic Field)—अंग्रेजों के भारत में आने से पूर्व भारतीय अर्थव्यवस्था एक ग्रामीण अर्थव्यवस्था थी जो कृषि एवं कुटीर व्यवसायों पर आधारित थी। प्रत्येक गांव लगभग एक स्वतंत्र आत्मनिर्भर इकाई था। गांवों में उत्पादन स्थानीय आवश्यकताओं के अनुसार ही होता था। साप्ताहिक हाट एवं बाजारें या मेलों के अवसर पर आस-पास के लोग अपने द्वारा उत्पादित वस्तुओं को बेचने आ जाते थे। उत्पादन मानव व पशु शक्ति के द्वारा छोटे पैमाने पर होता था, किन्तु अंग्रेजों ने भारत भारत में बड़े-बड़े कारखाने स्थापित किये जिनमें उत्पादन

जड़ शक्ति द्वारा मशीनों की सहायता से तीव्र गति व बड़े पैमाने पर होने लगा। अब स्थानीय, प्रान्तीय व राष्ट्रीय ही नहीं वरन् अन्तर्राष्ट्रीय बाजारों के लिए उत्पादन होने लगा। यातायात एवं संचार के साधनों ने औद्योगीकरण में सहायता प्रदान की और कच्चे माल को कारखानों तक तथा बने माल को मण्डियों तक पहुंचाने में सहायता की। औद्योगीकरण के कारण कुटीर व्यवसाय नष्ट हो गये क्योंकि गृह-उद्योगों में बना माल मशीन से बने माल का मुकाबला नहीं कर सका। औद्योगीकरण के कारण अन्तर्राष्ट्रीय व्यापार में वृद्धि हुई। कृषि में भी आधुनिक यन्त्रों, खाद व बीजों का प्रयोग होने लगा जिससे उत्पादन बढ़ा। किसान आर्थिक फसलें, जैसे तिहहन, गन्ना, कपास, जूट, तम्बाकू, आदि की अधिकाधिक खेती करने लगे। ब्रिटिश शासन ने भूमि व्यवस्था में परिवर्तन किया और जमींदारी प्रथा लागू की जिसके परिणामस्वरूप किसानों की आर्थिक दशा गिरती गयी। औद्योगीकरण के कारण व्यापार में वृद्धि हुई, बैंकों की स्थापना हुई, श्रम-विभाजन और विशेषीकरण पनपा तथा पूंजीवादी व्यवस्था ने जन्म लिया।

(9) **मानवतावाद** (Humanitarianism)—डॉ. श्रीनिवास का मत है कि पश्चिमीकरण ने भारत को मानवतावादी मूल्य प्रदान किया। मानवतावाद का अर्थ है किसी धर्म, जाति, लिंग, आयु तथा आर्थिक स्थिति को ध्यान में रखे बिना सभी लोगों के कल्याण में समान रुचि रखना। प्राचीन भारत में प्रचलित कानूनों में समान अपराध के लिए समान दण्ड की व्यवस्था नहीं थी वरन् धर्म, जाति एवं पद के आधार पर अलग-अलग प्रकार का दण्ड दिया जाता था। अंग्रेजों ने विषमता को समाप्त कर सारे देश में समान कानून लागू किया और उसे मानवतावादी आधार प्रदान किया। मानवतावाद में दो ततव सम्मिलित हैं-समतावाद एवं लौकिकीकरण। मानवतावाद के अन्तर्गत भारत में अंग्रेजों के द्वारा उन्नीसवीं सदी के पूर्वार्द्ध में किय गये अनेक सुधार सम्मिलित हैं। उन्होंने सभी धर्मों, जातियों व प्रजातियों के लिए समान शिक्षा की व्यवस्था की। स्कूल, अस्पताल एवं अनाथालयों की स्थापना की गयी।

इस प्रकार हम देखते हैं कि पश्चिमीकरण के प्रभाव के कारण भारतीय समाज और संस्कृति में अनेक परिवर्तन हुए और उनका परम्परागत स्वरूप बदला।

5

सामाजिक प्रक्रियाएं
(Social Processes)

प्रस्तावना (Introduction)

एक व्यक्ति के दूसरे व्यक्ति व समूह से तथा एक समूह के दूसरे समूह से अनेक प्रकार के संबंध पाये जाते हैं। इन संबंधों में पिता और पुत्र का, पति और पत्नी का, भाई का, मित्र और मित्र का, शत्रु और शत्रु का तथा इसी प्रकार के अन्य असंख्य संबंध आते हैं। इन विभिन्न प्रकार के संबंधों के अभाव में समाज की कल्पना नहीं की जा सकती, लेकिन संबंधों के लिए अन्त:क्रिया का होना आवश्यक है। अन्त:क्रिया के आधार पर ही व्यक्ति और व्यक्ति के बीच समूह के बीच तथा समूह व समूह के बीच सामाजिक संबंध स्थापित होते हैं। अन्त:क्रिया का आधार व्यक्ति की विभिन्न प्रकार की आवश्यकताओं की पूर्ति नहीं कर सकता है। अत: उसे इस हेतु दूसरों पर निर्भर रहना पड़ता है। वह अन्य लोगों के साथ सम्पर्क स्थापित करता है, उनके साथ विचारों का आदान-प्रदान करता है, उनसे कुछ लेता और देता है। उनको कम या अधिक मात्रा में प्रभावित करता है और स्वयं भी उनसे प्रभावित होता है और उसके प्रत्युत्तर में दूसरा व्यक्ति भी क्रिया करता है। यहाँ दोनों एक-दूसरे से कुछ प्रभावित होते हैं। पारस्परिक रूप से प्रभावित करने की इसी क्रिया को अन्त:क्रिया कहते हैं। एक व्यक्ति कुछ खरीदने के लिए किसी दुकानदार के यहाँ जाता है, उससे कुछ कोई वस्तु दिखाने को कहता है, दुकानदार के यहाँ जाता है, उससे कोई वस्तु दिखाने को कहता है, दुकानदार वस्तु दिखाता है, उसकी कीमत बताता है, दोनों में कुछ भाव-मोल होता है और खरीद ली जाती है। यही अन्त:क्रिया है। विभिन्न व्यक्तियों और समूहों के बीच संबंधों का आधार अन्त:क्रिया ही है। एक व्यक्ति या समूह की दूसरे के साथ अन्त:क्रिया के इन विभिन्न स्वरूपों को ही सामाजिक प्रक्रिया के नाम से पुकारा गया है। सामाजिक

संबंधों, सामाजिक व्यवस्था और स्वयं समाज को भली-भांति समझने के लिए अंत:क्रिया के इन प्रमुख स्वरूपों को समझने के लिए अन्त:क्रिया के इन प्रमुख स्वरूपों को समझना आवश्यक है। सर्वप्रथम हम यहाँ सामाजिक अन्त:क्रिया को समझने का प्रयास करेंगे।

सामाजिक अन्त:क्रिया (Social Interaction)

दो या दो से अधिक व्यक्तियों के एक-दूसरे के संपर्क में आने पर अन्त:क्रिया शुरू हो जाती है। मिलने पर वे एक-दूसरे से नमस्ते करते हैं, हाथ जोड़ते हैं या हाथ मिलाते हैं, कुशलता के समाचार पूछते हैं। भाषा, हाव-भाव, मुख-मुद्रा, प्रतीक, आदि के माध्यम से विचारों या भावों करते हैं। इससे दोनों के व्यवहार में थोड़ा-बहुत परिवर्तन हो जाता है। इससे दोनों के व्यवहार में थोड़ा-बहुत परिवर्तन हो जाता है। इसे अन्त:क्रिया कहा जाता है। एक व्यक्ति द्वारा की जाने वाली क्रिया दूसरे के लिए उत्तेजना के रूप में (Stimuli) के रूप में कार्य करती है और दूसरा उस क्रिया का विशेष अर्थ लगाकर प्रत्युत्तर के रूप में जो क्रिया करता है, उसे अनुक्रिया (Response) कहते हैं। *अन्त:क्रिया के लिए उत्तेजना और अनुक्रिया दोनों का होना आवश्यक है।* सामाजिक अन्त:क्रिया के लिए दो या अधिक व्यक्तियों का होना भी आवश्यक है। इसका कारण यह है कि सामाजिक अन्त:क्रिया व्यक्तियों या समूहों के बीच ही हो सकती है। अन्त:क्रिया दो पक्षीय प्रक्रिया है जिसमें दोनों पक्षों का कम या अधिक मात्रा में एक-दूसरे को प्रभावित करना आवश्यक है।

एलड्रिग तथा **मैरिल** ने लिखा है, "सामाजिक अन्त:क्रिया वह सामान्य प्रक्रिया है जिसके द्वारा दो या दो से अधिक व्यक्तियों में अर्थपूर्ण संपर्क स्थापित होता है, जिनके फलस्वरूप उनका व्यवहार परिवर्तित हो जाता है, चाहे वह कितना ही कम क्यों न हो।"

प्रो. ग्रीन के अनुसार, 'व्यक्ति और समूह अपनी समस्याओं के समाधान तथा अपने उद्देश्यों की प्राप्ति के लिए एक-दूसरे पर जो पारस्परिक प्रभाव डालते हैं, उन्हीं पारस्परिक प्रभावों को सामाजिक अन्त:क्रिया कहते हैं।"

डासन तथा **गेटिस** के अनुसार, "सामाजिक अन्त:क्रिया एक प्रक्रिया है जिसके द्वारा मनुष्य एक-दूसरे के मस्तिष्क में प्रविष्ट होते हैं।"

विद्वानों ने पारस्परिक प्रभाव के रूप में सामाजिक अन्त:क्रिया को समझाने का प्रयत्न किया है। सामाजिक अन्त:क्रिया का तात्पर्य व्यक्तियों या समूहों के बीच पाये जाने वाले प्रकार्यात्मक या कार्यशील सामाजिक संबंधों से है। विभिन्न व्यक्ति

या समूह जब एक-दूसरे के संपर्क में आते हैं और उनमें अर्थपूर्ण क्रिया होती है तो वे कम या अधिक मात्रा में एक-दूसरे को प्रभावित करते है तो वे कम या अधिक मात्रा में एक-दूसरे को प्रभावित करते हैं जिससे उनके व्यवहार में कुछ संशोधन हो जाता है। इसी पारस्परिक रूप से प्रभावित करने की क्रिया को सामाजिक अन्त:क्रिया कहा जाता है। **किम्बाल यंग** ने सामाजिक अन्त:क्रिया के तीन प्रकार बताये हैं :

(1) व्यक्ति और व्यक्ति के बीच अन्त:क्रिया,

(2) व्यक्ति और समूह के बीच अन्त:क्रिया,

(3) समूह और समूह के बीच अन्त:क्रिया।

सामाजिक अन्त:क्रिया का महत्व स्पष्ट करते हुए **सदरलैण्ड** तथा **अन्य** ने लिखा है कि यद्यपि समाजशास्त्रीय विश्लेषण प्रमुख रूप से संस्कृति, व्यक्तित्व, सामाजिक संबंधों, सामाजिक संरचना और इसी प्रकार के मुख्य विषयों से संबंधित है, परन्तु समाजशास्त्र का सबसे आधारभूत संबंध सामाजिक अन्त:क्रियाओं से है। सामाजिक अन्त-क्रिया का महत्व इसी बात से स्पष्ट है कि समाज का जन्म इन्हीं के फलस्वरूप होता है। वास्तव में, समाज की जड़ें (Roots of Society) सामाजिक अन्त:क्रिया में ही गढ़ी होती हैं। समाज के बने रहने और एक कार्यशील इकाई के रूप में कार्य करते रहने की दृष्टि से आवश्यक है कि मनुष्यों में अन्त:क्रियाएं होती रहें।

सामाजिक प्रक्रियाएं (Social Processes)

अर्थ एवं परिभाषा (Meaning and Definition)

एक व्यक्ति या समूह की दूसरे के साथ अंत:क्रिया होती है और वह अंत:क्रिया सहयोग, संघर्ष, प्रतिस्पर्धा, आदि किसी भी रूप में हो सकती है। *अंत:क्रिया के विभिन्न स्वरूपों को ही सामाजिक प्रक्रिया (Social Process) के नाम से पुकार गया है।* जब अंत:क्रिया में निरन्तरता पायी जाती है ओर साथ ही जब वह किसी निश्चित परिणाम की ओर बढ़ती है तो ऐसी अंत:क्रिया सामाजिक प्रक्रिया के नाम से जानी जाती है। यदि दो व्यक्ति समय-समय पर एक-दूसरे से मिलते रहते हैं, आवश्यकता पड़ने पर एक-दूसरे की सहायता करते रहते हैं, एक-दूसरे के सुख-दुख में हाथ बंटाते रहते हैं तो उनकी इस अंत:क्रिया में निरन्तरता पायी जाती है। धीरे-धीरे उनके संबंध घनिष्ठ और मधुर होते जाते हैं और इसका परिणाम मित्रता के रूप में निकलता है, उनमें सहयोग पनपता है। यही सामाजिक प्रक्रिया है। सामाजिक प्रक्रियाएं व्यक्ति,

समूह और समाज के जीवन में अत्यंत महत्वपूर्ण भूमिका अदा करती हैं।

सामाजिक प्रक्रिया का अर्थ स्पष्ट करते हुए **गिलिन** ओर **गिलिन** ने लिखा है, "सामाजिक प्रक्रियाओं से हमारा तात्पर्य अंत:क्रिया करने के उन तरीकों से है जिन्हें हम, जब व्यक्ति और समूह मिलते हैं और संबंधों की व्यवस्था स्थापित करते हैं या जब परिवर्तन जीवन के प्रचलित तरीकों को अव्यवस्थित कर देते हैं, देख सकते हैं।"

बीसंज तथा **बीसंज** ने लिखा है, "प्रक्रिया का अर्थ एक अपेक्षाकृत विशिष्ट तथा पूर्वानुमानित परिणामाके की ओर ले जाने वाली संबंधित घटनाओं के अनुक्रम (Sequence) से है।"

लुण्डबर्ग तथा **अन्य** ने लिखा है, "प्रक्रिया का अर्थ एक अपेक्षाकृत विशिष्ट तथा पूर्वानुमानित परिणामों की ओर ले जाने वाली संबंधित घटनाओं के अनुक्रम (Sequence) से है।"

मैकाइवर तथा **पेज** के अनुसार, "एक प्रक्रिया का अर्थ परिस्थिति में पहले से ही मौजूद शक्तियों की क्रियाशीलता के माध्यम से एक निश्चित तरीके से होने वाले निरन्तर परिवर्तन से है।"

उपर्युक्त परिभाषाओं से स्पष्ट है कि *सामाजिक प्रक्रिया सामाजिक जीवन में सदैव बनी रहने वाली और साथ ही परस्पर संबंधित घटनाओं का वह क्रम है जो एक विशिष्ट परिणाम या परिवर्तन को जन्म देने के लिए उत्तरदायी हैं।*

सामाजिक प्रक्रिया के आवश्यक तत्व (विशेषताएं)

सामाजिक प्रक्रिया के निम्नलिखित आवश्यक तत्व या विशेषताएं हैं :

(1) **घटनाओं का एक क्रम** (Sequence of Events) –किसी एक घटना को चाहे वह कितनी ही कम या अधिक महत्वपूर्ण क्यों न हो सामाजिक प्रक्रिया नहीं कहा जा सकता। सामाजिक प्रक्रिया के लिए यह आवश्यक है उसमें विभिन्न घटनाओं का एक क्रम (Sequence) हो।

(2) **घटनाओं की पुनरावृत्ति** (Repetition of Events) –सामाजिक प्रक्रिया के अन्तर्गत कुछ घटनाओं का बार-बार घटित होना आवश्यक है। यदि कोई घटना एक बार घटित हो जाये तो उसे सामाजिक प्रक्रिया नहीं माना जायेगा। यहाँ तो घटनाओं की पुनरावृत्ति आवश्यक है।

(3) **घटनाओं के बीच संबंध होना** (Relationship between the Events)– सामाजिक प्रक्रिया के अन्तर्गत विभिनन घटनाओं की प्रकृति अलग- अलग

हो सकती है, उसका क्षेत्र पृथक-पृथक हो सकता है, परन्तु उन सभी घटनाओं के बीच संबंध का होना अत्यन्त आवश्यक है। इस संबंध के अभाव में केवल घटनाएं मात्र सामाजिक प्रक्रिया नहीं कहला सकतीं।

(4) **निरन्तरता** (Continuity)–सामाजिक प्रक्रिया के लिए घटनाओं की पुनरावृत्ति या बार-बार होना ही काफी नहीं है। इसके लिए घटनाओं का निरन्तर बने रहना आवश्यक है। उदाहरण के रूप में, सहयोग एक सामाजिक प्रक्रिया है। इसका कारण यह है कि समाजिक जीवन में सहयोग की आवश्यकता सदैव बनी रहती है। सहयोग को व्यक्त करने वाली घटनाएं समाज में घटित होती ही रहती हैं, उनमें निरन्तरता पायी जाती है। इतना अवश्य है कि किसी समय सहयोग की मात्रा कम और किसी समय अधिक हो कसती है।

(5) **विशिष्ट परिणाम** (Specific result)–परिणाम सामाजिक घटना का एक परम आवश्यक तत्व है। सामाजिक प्रक्रिया तो घटनाओं का ऐसा क्रम है जिसमें निरन्तरता का गुण पाया जाता है और जिसके कुछ निश्चित परिणाम अवश्य निकलने हैं। उदाहरण के रूप में, सहयोग एक ऐसी सामाजिक प्रक्रिया है जो व्यक्तियों और समूहों का एकता के सूत्र में बांधती है, जो संगठभ्न पनपाती है, जो प्रगति में योग देती है।

सामाजिक प्रक्रियाओं के प्रकार (स्वरूप) (Kinid of Social Processes)

गिलिन और **गिलिन** ने सामाजिक प्रक्रिया के तीन प्रकारों का उल्लेख किया है–

(1) सामान्य सामाजिक प्रक्रिया (General Social Process),

(2) सहयोगी या सहगामी सामाजिक प्रक्रिया (Associative Social Process),

(3) असहयोगी या असहगामी सामाजिक प्रक्रिया (Disssociative Social Process)।

सभी प्रकार की सामाजिक प्रक्रियाओं को मूलतः दो भागों में बांटा गया है:

(1) *सहयोगी, सहगामी, संगठनात्मक या एकीकरण करने वाली सामाजिक प्रक्रियाएं*, तथा

(2) *असहयोगी, असहगामी, विघटनात्मक या पृथक्करण करने वाली सामाजिक प्रक्रियाएं।* सहयोगी या एकीकरण करने वाली सामाजिक प्रक्रियाओं के अन्तर्गत सहयोग, व्यवस्थापन (समायोजन) तथा सात्मीकरण आते हैं।

असहयोगी या पृथक्करण करने वाली सामाजिक प्रक्रियाओं के अन्तर्गत प्रतिस्पर्द्धा, प्रतिकूलन तथा संघर्ष आते हैं। यहां हम सर्वप्रथम सहयोगी सामाजिक प्रक्रिया के अन्तर्गत सहयोग, सहयोग, व्यवस्थापन एवं सात्मीकरण की और तत्पश्चात् असहयोगी सामाजिक प्रक्रिया के अन्तर्गत प्रतिस्पर्धा एवं संघर्ष की विवेचना करेंगे। ये प्रक्रियाएं जीवन के विभिन्न क्षेत्रों में स्पष्टत: दिखायी पड़ती हैं तथा व्यक्ति और समाज के जीवन को अनेक रूपों में प्रभावित करती हैं।

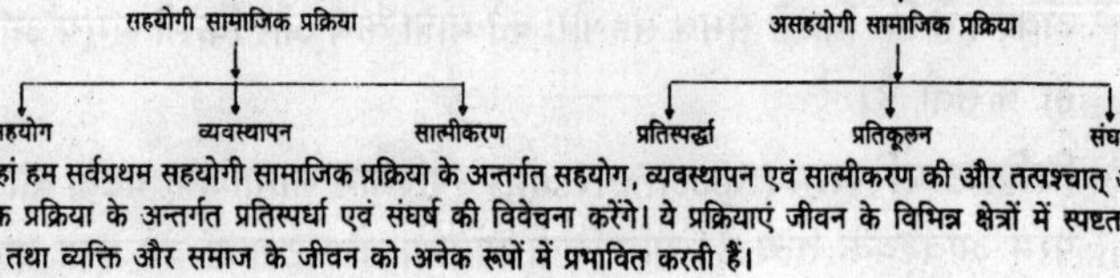

यहां हम सर्वप्रथम सहयोगी सामाजिक प्रक्रिया के अन्तर्गत सहयोग, व्यवस्थापन एवं सात्मीकरण की और तत्पश्चात् असहयोगी सामाजिक प्रक्रिया के अन्तर्गत प्रतिस्पर्धा एवं संघर्ष की विवेचना करेंगे। ये प्रक्रियाएं जीवन के विभिन्न क्षेत्रों में स्पष्टत: दिखायी पड़ती हैं तथा व्यक्ति और समाज के जीवन को अनेक रूपों में प्रभावित करती हैं।

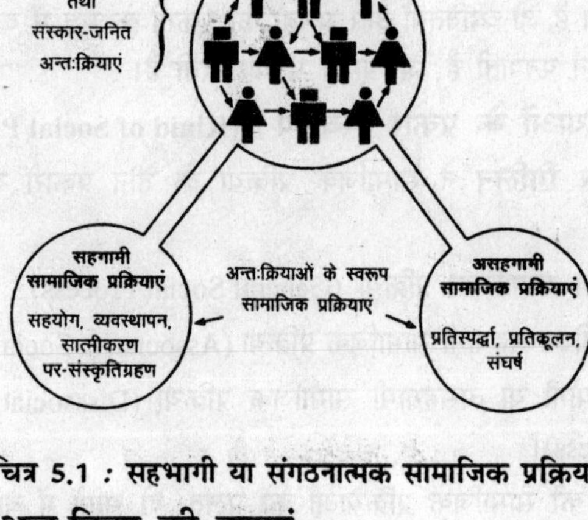

चित्र 5.1 : सहभागी या संगठनात्मक सामाजिक प्रक्रियाएं।

सामाजिक अन्त:क्रिया की दशाएं
(Conditions of Social Interaction)

सामाजिक अन्त:क्रिया के लिए दो आधारभूत दशाओं का होना आवश्यक है। इनके अभाव में सामाजिक अन्त:क्रिया नहीं हो सकती। ये दो दशाएं हैं :

(1) सामाजिक संपर्क (Social Contact) तथा

(2) संचार (Communication)।

(1) **सामाजिक संपर्क (Social Contact)**

'संपर्क' शब्द अंग्रेजी भाषा के 'कॉण्टेक्ट' (Contact) शब्द का हिन्दी रूपान्तरण है। 'कॉण्टेक्ट' (Contact) लैटिन भाषा के दो शब्दों 'कॉन' (Con) या कॅम' (Cum) और 'टेन्गो' (Tango) से मिलकर बना है। 'कॉन' या कॅम का अर्थ (Together) साथ-साथ और 'टेन्गो' का स्पर्श या छूने (Touch) से है। इस प्रकार, 'कॉण्टेक्ट' (Contact) का अर्थ परस्पर स्पर्श करने या एक-दूसरे को छूने से है। इसका तात्पर्य निकट संपर्क में आने से है। सामाजिक घटनाओं के क्षेत्र में संपर्क का तात्पर्य 'एक-दूसरे से छूने संबंध या 'एक-दूसरे के संसर्ग में रहने' से है। सामाजिक संपर्क के लिए शीरीरिक निकटता आवश्यक नहीं है। मनुष्यों में शारीरिक रूप से एक-दूसरे से दूर होने पर ही संपर्क स्थापित हो सकता है। इतना अवश्य है कि शारीरिक संपर्क–जैसे एक-दूसरे से व्यक्तिगत रूप से मिलने, हाथ मिलाने, चरण छूने, आंख से या हाथ से इशारा करने, गर्दन हिलाने, आदि से अधिक अन्तर-उत्तेजना (Inter-stimulation) मिलती है, परन्तु बिना शारीरिक संपर्क के भी व्यक्ति हजारों मील दूर बैठे तार, टेलीफोन, रेडियो, टेलीविजन, पत्र, आदि उपकरणों या साधनों के माध्यम से भी एक-दूसरे से संपर्क स्थापित कर सकते हैं। अत: सामाजिक संपर्क में होना आवश्यक नहीं है। सामाजिक संपर्क के लिए महत्वपूर्ण बात तो प्रतीकात्मक संपर्क के वलिए व्यक्तियों में क्रिया और उसका अर्थ समझकर प्रत्युत्तर के रूप में अनुक्रिया का होना होना आवश्यक है। जब तक व्यक्तियों या समूहों का एक-दूसरे से सामाजिक संपर्क स्थापित नहीं होगा, तब तक उनमें अन्त:क्रिया नहीं हो सकती। **गिलिन** और **गिलिन** ने सामाजिक संपर्क को सामाजिक अन्त:क्रिया का प्रथम चरण माना है।

· उपर्युक्त विवरण से स्पष्ट है कि सामाजिक अत:क्रिया के लिए सामाजिक संपर्क अत्यंत आवश्यक है। *संपर्क के दो प्रकार बताये गये हैं :*

(1) प्रत्यक्ष संपर्क, तथा

(2) अप्रत्यक्ष सपर्क।

प्रत्यक्ष संपर्क (Direct Contact) में शारीरिक संपर्क पाया जाता है। यहां अंत:क्रिया करने वाले एक-दूसरे से आमने-सामने मिलते हैं, नमस्ते करते हैं, बातचीत करते हैं।

इसके विपरीत, **अप्रत्यक्ष संपर्क** (Indirect Contact) में व्यक्ति एक-दूसरे के आमने-सामने नहीं होते। वे पत्र, तार, टेलीफोन या संचार के किसी अन्य साधन के माध्यम से एक-दूसरे के साथ संपर्क स्थापित करते हैं। संपर्क में एक-दूसरे

से कुछ अपेक्षाएं या आशाएं की जाती हैं और शारीरिक संपर्क में इनका विशेषत: ध्यान रखा जाता है। यह बात प्रत्यक्ष संपर्क के लिए विशेष रूप से कही जात सकती है। संपर्क के लिए इन्द्रिय-बोध अत्यंत आवश्यक है। इसका तात्पर्य यही है कि जब दोनों परक्ष एक-दूसरे ाक प्रति जागरूक हों, तभी उनके बीच संपर्क माना जायेगा।

गिलिन और **गिलिन** ने संपर्क के दो प्रकार–

(1) सकारात्मक, और

(2) नकारात्मक बताये हैं।

सकारात्मक संपर्क (Positive Contact) वह संपर्क है जिसके परिणामस्वरूप सहयोगी या एकीकरण करने वाली अंत:क्रिया प्रारंभ हो, जैसे समझौता, सहयोग एवं सात्मीकरण, आदि। यदि कोई बीमा एजेण्ट किसी व्यापारी से संपर्क करता है और वह उस व्यापारी को बीमा पॉलिसी लेने को तैयार कर लेता है तो ऐसे संपर्क को सकारात्मक संपर्क कहा जायेगा।

नकारात्मक संपर्क (Negative Contact) वह संपर्क है जिसके परिणामस्वरूप असहयोगी या पृथक्करण करने वाली अंत:क्रिया प्रारंभ हो, जैसे प्रतिस्पर्धा, प्रतिकूलता (विरोध) तथा संघर्ष, आदि। नकारात्मक संपर्क के कारण अंत:क्रिया समाप्त भी हो सकती है।

सामाजिक संपर्क के दो अन्य प्रकार हैं :

(1) प्राथमिक संपर्क, तथा

(2) द्वितीयक संपर्क।

प्राथमिक संपर्क (Primary Contact) वह संपर्क है जिसमें अंत:क्रिया करने वाले व्यक्तियों या समूहों में आमने-सामने के संबंध हों, दोनों शारीरिक दृष्टि से या भौतिक समीपता की दृष्टि से एक-दूसरे के निकट हों। इस प्रकार के संपर्क में व्यक्तियों की इन्द्रियों पर प्रत्यक्ष रूप से प्रभाव पड़ता है। व्यक्ति एक-दूसरे को देखते हैं, छूते हैं, सुनते हैं, मुस्कराते हैं। प्राथमिक संपर्क में घनिष्ठता एवं निकटता अधिक पायी जाती है।

द्वितीयक संपर्क (Secondary Contact) वह संपर्क है जिसमें कोई तीसरा व्यक्ति, समूह या उपकरण (तार, टेलीफोन, रेडियो, पत्र, आदि) मध्यस्थ साधन के रूप में कार्य करता है। दो भिन्न देशों में रहने वाले 'पेन-मित्र' या 'पत्र-मित्रता' (Pen-Friends) के बीच पाया जाने वाला संपर्क द्वितीयक संपर्क की श्रेणी में ही आता है। इनमें संपर्क का माध्यम पत्र-व्यवहार हैं आज के आधुनिक जटिल समाजों

में द्वितीयक संपर्क की मात्रा और महत्व बढ़ता जा रहा है। इस प्रकार के संपर्क में प्रमुखत: श्रवणेन्द्रियों (कानों) पर निर्भर रहना पड़ता है। ऐसे संपर्क में प्राथमिक संपर्क की तुलना में कम घनिष्ठता और निकटता पायी जाती है। इस प्रकार के संपर्क को अवैयक्तिक संपर्क भी कहा जाता है। कुछ सामाजिक संपर्क स्थायी प्रकृति के होते हैं, जैसे परिवार के सदमे के बीच पाये जाने वाले संपर्क। कुछ संपर्क अस्थायी प्रकृति के होते हैं जो किसी विशेष उद्देश्य की पूर्ति के बाद समाप्त हो जाते हैं। उपर्युक्त संपूर्ण विवेचन से स्पष्ट है कि सामाजिक अंत:क्रिया के लिए सामाजिक संपर्क आवश्यक है।

(2) संचार (Communication)

सामाजिक अंत:क्रिया के लिए संचार अत्यंत आवश्यक है। संचार का अर्थ है–अपने विचारों, भावनाओं, उद्देश्यों, विश्वासों, आदि को दूसरों तक पहुंचाना। जब एक प्राध्यापक कक्षा में 'संस्कृति' (Culture) की अवधारणा को समझाने की दृष्टि से व्याख्यान या लेक्चर देता है और यदि विद्यार्थी यह समझ जाते हैं कि संस्कृति क्या है तो इसे संचार कहा जायेगा। साधारण अर्थ में संचार का तात्पर्य अपनी बात, विचार या भावना को दूसरों तक पहुंचाने से है। यदि मैं जो कुछ कहता हूं, बोलता हूं, समझाता हूं, हाव-भाव, इशारे या किसी अन्य संकेत से व्यक्त करता हूं, यदि दूसरा व्यक्ति या समूह उसे समझ लेता है या उसका मैं जो अर्थ लगाता हूं, वही दूसरा भी लगा लेता है तो यह संचार कहलायेगा। संचार में शब्दों, प्रतीकों, संकेतों, मुख-मुद्रा या हाव-भावों का विशेष महत्व होता है और इनकी सहायता से यह अनुमान लगा लिया जाता है कि इनको काम में लेने वाला व्यक्ति दूसरे व्यक्ति को क्या संचारित करना चाहता है, उसे क्या बताना चाहता है। दूसरा व्यक्ति पहले व्यक्ति के विचारों, भावनाओं, आदि का विशेष अर्थ लगाकर ही प्रतिक्रिया या अनुक्रिया करेगा। जब तक दो व्यक्तियों, व्यक्ति और समूह, समूह और समूह के बीच किसी प्रकार का कोई संचार नहीं होगा, तब तक उनमें सामाजिक अंत:क्रिया होना आवश्यक है और यह अर्थपूर्ण उसी समय हो सकता है जब अंत:क्रिया करने वाले दोनों पक्ष एक-दूसरे के प्रति जागरूक हों तथा साथ ही वे दोनों एक-दूसरे के द्वारा व्यक्त किये गये विचारों य भावों को समझ रहे हों।

भाषा ने संचार के काम में काफी योग दिया है। अधिकतर संचार मौखिक रूप से ही होता है। हम शब्दों के माध्यम से कुछ बोलकर अपनी बात दूसरों तक पहुंचाते हैं। मौखिक प्रतीकों के अलावा संकेत, शारीरिक हाव-भाव, मुख-मुद्रा, मुस्कराहट, वस्त्र एवं आभूषण, आदि भी संचार में सहायता पहुंचाते हैं। इनके माध्यम

से भी कोई अपनी बात या भाव दूसरों तक पहुंचा पाता है। इन सब प्रतीकों का एक समाज के लोग एक विशेष अर्थ लगाते हें और इस अर्थ को समझकर ही दूसरा व्यक्ति अनुक्रिया या प्रतिक्रिया करता है। संचार का मुख्य आधार प्रतीकों का समान अर्थ लगाना है। यदि एक व्यक्ति अंग्रेजी भाषा में बोल रहा है और दूसरा व्यक्ति अंग्रेजी बिल्कुल नहीं जानता है तो उनमें संचार नहीं होगा। कारण स्पष्ट है–एक व्यक्ति जिस प्रतीक को काम में लेता हुआ अपनी बात दूसरों तक पहुंचाना चाहता है, दूसरा उसके अर्थ लगाना आवश्यक है। यहां हमें यह बात स्पष्टत: समझ लेती चाहिए कि अंत:क्रिया के लिए केवल सामाजिक संपर्क काफी नहीं है। यदि दो व्यक्ति या समूह एक दूसरे के संपर्क में हैं, परंतु संपर्क के बावजूद भी यदि उनमें किसी प्रकार का कोई संचार नहीं होता तो अंत:क्रिया नहीं होगी।

कुछ विद्वानों ने अंत:क्रिया के लिए व्यक्तियों में **संवेदन-शक्ति** (Sensibility) का होना भी आवश्यक माना है। संवेदन शक्ति का तात्पर्य शारीरिक और मानसिक संबंधों को महसूस या अनुभव करने की क्षमता से है। संवेदना शक्ति के अभाव में कोई व्यक्ति किसी दूसरे के द्वारा कही हुई बात को नहीं समझ जायेगा, उसका ठीक अर्थ नहीं लगा पायेगा और उनमें संचार नहीं हो सकेगा। संचार के अभाव में अंत:क्रिया भी असंभव है। संवेदन-शक्ति किसी प्रतीक का सही अर्थ लगाने या उसे ठीक से समझने और उसके अनुरूप प्रतिक्रिया करने में योग देती है।

पृथक्ता (Isolation)–सामाजिक अंत:क्रिया में सामाजिक संपर्क और संचार के महत्व को भली-भांति समझने के लिए यहां पृथक्ता पर विचार करना भी आवश्यक है। **किंग्सले डेविस** ने पृथक्ता के तीन प्रकारों का उल्लेख किया है :

(1) पूर्ण पृथक्ता,

(2) अर्थपूर्ण या उद्देश्यपूर्ण पृथक्ता, और

(3) पृथक्ता। पृथक्ता व्यक्ति को समूह या समाज से अलग कर उसे सामाजिक अंत:क्रिया का अवसर प्रदान नहीं करती। ऐसी दशा में व्यक्ति का न तो ठीक से समाजीकरण और न ही व्यक्तित्व का विकास हो पाता है।

सहगामी या संगठनात्मक सामाजिक प्रक्रियाएं
(Consensual or Integrative or Associative Social Processes)

जहाँ समाज में कुछ सामाजिक प्रक्रियाएं विघटन उत्पन्न करती हैं या पृथक्करण में योग देती हैं, वहीं कुछ सामाजिक प्रक्रियाएं ऐसी हैं जो समाज में एकीकरण, संगठन और सहयोग बढ़ाने में योग देती हैं। प्रथम प्रकार की सामाजिक प्रक्रियाओं को असहगामी और दूसरे प्रकार की प्रक्रियाओं को सहगामी सामाजिक प्रक्रियाओं

के नाम से पुकारते हैं। सहगामी, संगठनात्मक या एकीकरण करने वाली सामाजिक प्रक्रियाओं में सहयोग, व्यवस्थापन तथा सात्मीकरण, पर-संस्कृतिग्रहण एवं एकीकरण आते हैं।

सहयोग (Co-operation)

सहगामी सामाजिक प्रक्रियाओं में सहयोग एक अत्यंत महत्वपूर्ण सामाजिक प्रक्रिया है। सहयोग सामाजिक जीवन का एक मूलभूत आधार है। इसके अभाव में सामूहिक जीवन, समाज और राष्ट्र की कल्पना तक नहीं की जा सकती। मनुष्य अपनी विभिन्न प्रकार की आवश्यकताओं की पूर्ति स्वयं के एकाकी प्रयत्नों से नहीं कर सकता। इस सहयोग के अभाव में न तो बालक का ढ़ीका से पालन-पोषण हो सकता और न ही समुचित ढंग से उसके व्यक्तित्व का विकास। पारिवारिक जीवन में पाया जाने वाला सहयोग ही सदस्यों को अच्छा नागरिक बनाने में योग देता है। यह कहा जा सकता है कि जन्म से लेकर मृत्यु तक व्यक्ति को अनेक अन्य व्यक्तियों और समूहों के सहयोग पर निर्भर रहना पड़ता है। यह सहयोग ही है जो व्यक्तियों को एक साथ मिलकर काम करने और समाज को संगठित बनाने में योग देता है। अब तो सहयोग न केवल स्थानीय स्तर पर बल्कि, राष्ट्रीय एवं अंतर्राष्ट्रीय स्तर पर भी देखने को मिलता है।

कुछ लोग सहयोग और प्रतिस्पर्धा को एक-दूसरे का विरोधी या विलोम मानते हैं, परंतु वास्तव में ऐसा नहीं है। प्रतिस्पर्धा में सफल होने के लिए भी व्यक्तियों को एक-दूसरे के साथ सहयोग करना पड़ता है। कई बार प्रतिस्पर्धा भी सहयोग को बढाने के उद्देश्य से की जाती है। रूस में वस्तुओं का उत्पादन बढ़ाने के उद्देश्य से की जाती है। रूस में वस्तुओं का उत्पादन बढ़ाने के उद्देश्य से न केवल सहयोग का बल्कि प्रतिस्पर्धा का भी सहारा लिया गया। वहां विभिन्न कारखानों में प्रतिस्पर्धा को प्रोत्साहित किया गया ताकि उत्पादन को बढ़ाया जा सके। इस प्रकार रूस में समाजवादी प्रतिस्पर्धा को काफी महत्व दिया गया ताकि देश को आर्थिक दृष्टि से समृद्धिशाली बनाया जा सके। खेल के मैदान में युद्ध के क्षेत्र में सफलता प्राप्त करने हेतु प्रत्येक व्यक्ति के लिए अपने-अपने समूह के सदस्यों के साथ सहयोग करना आवश्यक है। अतः सहयोग और प्रतिस्पर्धा को एक-दूसरे के विरोधी अवश्य हैं।

सहयोग का अर्थ एवं परिभाषा (Meaning and Definition of Co-operation)

सहयोग के अर्थ को भली-भांति समझने के लिए इसकी कुछ परिभाषाओं पर विचार करना आवश्यक है। सहयोग का अर्थ स्पष्ट करते हुए **प्रो. ग्रीन** ने लिखा

है "सहयोग दो या दो से अधिक व्यक्तियों द्वारा किसी कार्य को करने या किसी समान इच्छित उद्देश्यों को प्राप्त करने के लिए किया जाने वाला निरन्तर एवं सामूहिक प्रयत्न है।"

प्रो. डेविस के अनुसार, "एक सहयोगी समूह वह है जो एक ऐसे उद्देश्य की प्राप्ति के लिए मिल-जुलकर कार्य करता है जिसको सभी चाहते हैं।"

सदरलैण्ड तथा **वुडवर्ड** के अनुसार, "किसी समान लक्ष्य के लिए विभिन्न व्यक्तियों या समूहों का परस्पर मिलकर कार्य करना ही सहयोग है।"

लुण्डबर्ग तथा **अन्य** के अनुसार, "सहयोग दो या अधिक व्यक्तियों या समूहों द्वारा लक्ष्य प्राप्ति के लिए इस प्रकार साथ-साथ कार्य करने को व्यक्त करता है, जहां एक व्यक्ति या समूह द्वारा लक्ष्य-प्राप्ति दूसरों के लक्ष्य-प्राप्ति में सहायक हो।"

फेयरचाइल्ड द्वारा संपादित समाजशास्त्र के शब्दकोश के अनुसार, "सहयोग व ह प्रक्रिया है जिसके द्वारा व्यक्ति या समूह कम या अधिक संगठित रूप से सामान्य उद्देश्यों की प्राप्ति के लिए अपने प्रयत्नों को संयुक्त करते हैं।"

मैरिल तथा **एलड्रिज** सामाजिक अंत:क्रिया के उस स्वरूप को सहयोग कहते हैं जिसमें दो या दो से अधिक व्यक्ति एक सामान्य लक्ष्य की पूर्ति के लिए साथ-साथ कार्य करते हैं।

उपर्युक्त परिभाषाओं से स्पष्ट है कि *सहयोग सामाजिक अंत:क्रिया का वह स्वरूप है जिसमें दो या अधिक व्यक्ति अथवा समूह किसी सामान्य रूप से इच्छित लक्ष्य की प्राप्ति के लिए संगठित रूप से मिलकर प्रयत्न करते हैं।*

इन परिभाषाओं के आधार पर **सहयोग की कुछ विशेषताएं** भी उभरकर सामने आती हैं जो निम्न हैं :

(1) दो या दो से अधिक व्यक्तियों अथवा समूहों का होना।

(2) एक सामान्य उद्देश्य का होना।

(3) 'हम की भावना' का पाया जाना।

(4) सहयोग करने वालों का एक-दूसरे के प्रति जागरूक होना (चेतन प्रक्रिया)।

(5) पारस्परिक सहायता एवं साथ-साथ मिलकर काम करने की भावना का पाया जाना।

(6) लक्ष्य प्राप्ति के लिए निरंतर और संगठित प्रयत्न करना।

सहयोग के स्वरूप (Forms of Co-operation)

विभिन्न समूहों, संगठनों, समितियों एवं संस्थाओं में अलग-अलग अवसरों पर सहयोग के भिन्न-भिन्न स्वरूप देखने को मिलते हैं। इतना अवश्य है कि जीवन के सभी क्षेत्र में कम या अधिक मात्रा में सहयोग पाया जाता है। युद्ध-काल और शान्ति-काल के सहयोग में अंतर दिखायी पड़ता है। इसी प्रकार सामाजिक, आर्थिक, राजनीतिक तथा सांस्कृतिक क्षेत्रों में भी सहयोग के भिन्न-भिन्न रूप देखने को मिलते हैं। यहां हम कुछ विद्वानों द्वारा प्रस्तुत सहयोग के विभिन्न स्वरूपों का उल्लेख करेंगे :

मैकाइवर तथा पेज ने सहयोग के निम्नलिखित दो प्रकार बताये हैं :

(1) प्रत्यक्ष सहयोग, तथा

(2) अप्रत्यक्ष सहयोग।

(1) **प्रत्यक्ष सहयोग** (Direct Co-operation)–जब दो या दो से अधिक व्यक्ति अथवा समूह समान उद्देश्य के लिए एक-दूसरे के साथ मिलकर समान कार्य करें, तो इसे प्रत्यक्ष सहयोग कहा जायेगा। इसमें व्यक्तियों के बीच आमने-सामने के संबंध पाये जाते हैं। खेल के मैदान में विरोधी टीम को हराने के उद्देश्य से जब किसी टीम के सदस्यों में सहयोग पाया जाय और मिलकर कार्य करें तो इसे प्रत्यक्ष सहयोग कहा जायेगा। चुनाव में किसी प्रत्याशी को विजयी बनाने के लिए कुछ लोगों के द्वारा मिलकर प्रचार करना प्रत्यक्ष सहयोग का ही उदाहरण है। इस प्रकार के सहयोग में सदस्यों को एक-दूसरे से अंत:करण प्राप्त होता है।

(2) **अप्रत्यक्ष सहयोग** (Indirect Co-operation) –जब किसी समान की पूर्ति के लिए सहयोग करने वाले लोग असमान या भिन्न-भिन्न प्रकार के कार्य करते हैं तो इसे अप्रत्यक्ष सहयोग कराते हें। इसमें उद्देश्य तो समाज होता है, परंतु कार्य भिन्न-भिन्न होते हैं। किसी महाविद्यालय या विश्वविद्यालय के विभिन्न कर्मचारियों के बीच पाया जाने वाला सहयोग अप्रत्यक्ष सहयोग का ही उदाहरण है। यहाँ कर्मचारी अलग-अलग कार्य करते हुए समान उद्देश्य की पूर्ति में सहयोग देते हैं। श्रम-विभाजन भी अप्रत्यक्ष सहयोग का ही उदाहरण है। एक कपड़ा बनाने वाली फैक्ट्री में लोग अलग-अलग कार्यों में लगे होते हैं, परन्तु उन सबका उद्देश्य एक ही है और वह है–कपड़ा बनाना। आज के आधुनिक जटिल समाजों में जहाँ द्वैतीयक

संबंधों और समूहों की प्रधानता है, अप्रत्यक्ष सहयोग का महत्व दिन-प्रतिदिन बढ़ता ही जा रहा है।

प्रो. ग्रीन ने संबंधों की प्रकृति के आधार पर सहयोग के निम्नलिखित तीन प्रकार बताये हैं:

(1) प्राथमिक सहयोग,

(2) द्वैतीयक सहयोग, तथा

(3) तृतीयक सहयोग।

(1) **प्राथमिक सहयोग** (Primary Co-operation)–इस प्रकार का सहयोग सामान्यतः प्राथमिक समूहों में पाया जाता है जहाँ घनिष्ठ व आमने-सामने के संबंध होते हैं। इसमें व्यक्ति और समूह के स्वार्थ में कोई अन्तर नहीं रह जाता। व्यक्ति समूह के हित और कल्याण को ही अपना हित और कल्याण समझता है। परिवार, पड़ोस, मित्र-मण्डली, छोटे, आदिम और ग्रामीण समुदायों में प्रायः इसी प्रकार का सहयोग पाया जाता है।

(2) **द्वितीयक सहयोग** (Secondary Co-operation) –इस प्रकार का सहयोग आधुनिक जटिल समाजों की प्रमुख विशेषता है। ऐसे समाजों में द्वितीयक समूह विशेषतः पाये जाते हैं। इन समूहों में पाया जाने वाला औपचारिक सहयोग द्वितीयक सहयोग के अन्तर्गत आता है। इसमें व्यक्ति समूह से सहयोग करता है, परन्तु अपने व्यक्तिगत स्वार्थ या हित को ध्यान में रखकर। इसमें समूह-कल्याण की प्रधानता नहीं होकर व्यक्ति-कल्याण की प्रधानता होती है।

(3) **तृतीयक सहयोग** (Tertiary Co-operation)–जब व्यक्ति अथवा समूह अपने हित को ध्यान में रखकर एक समय विशेष में परिस्थितियों के साथ अनुकूलन करना चाहते हैं तो उसे तृतीयक सहयोग कहते हैं। व्यवस्थापन (Accommodation) इस प्रकार के सहयोग का ही उदाहरण है। जब दो समूह या राष्ट्र एक-दूसरे के साथ संघर्ष करते-करते थक जाते हैं और बदली हुई परिस्थितियों में परस्पर अनुकूलन कर लेते हैं तो उनमें पाये जाने वाले सहयोग को तृतीयक सहयोग कहा जायेगा।

ऑगबर्न और निमकॉफ ने सहयोग के निम्नलिखित तीन प्रकार बताये हैं:

(1) सामान्य,

(2) मित्रवत् सहयोग, तथा

(3) विभेदीकृत सहयोग।

(1) **सामान्य सहयोग** (Common Co-operation)–इस प्रकार के सहयोग में कुछ लोग मिलकर समान या एक-सा कार्य करते हैं। ऐसा किसी समान लक्ष्य को प्राप्त करने के लिए किया जाता है। इस प्रकार के सहयोग में सभी व्यक्तियों के विचारों एवं व्यवहारों में सामान्यत: समानता पायी जाती है। बाढ़ में फंसे लोगों को सुरक्षित स्थानों पर पहुँचाना या दलदल में फंसी किसी गाड़ी को बाहर निकालना सामान्य सहयोग ही है।

(2) **मित्रवत् सहयोग** (Friendly Co-operation)–जब आनन्द या सुख की प्राप्ति के लिए एक-दूसरे के साथ सहयोग किया जाता है तो उसे मित्रवत् सहयोग कहते हैं। परिवारजनों, पड़ोसियों, मित्रों, साथियों एवं रिश्तेदारों के साथ सामान्य सुख के लिए मिल-जुलकर काम करना मित्रवत् सहयोग का ही उदाहरण है। आनन्द के लिए साथ-साथ गाना या नृत्य करना मित्रवत् सहयोग ही है।

(3) **विभेदीकृत सहयोग** (Differentiated Co-operation)–इसे विभिन्न श्रमों के एकीकरण के नाम से भी पुकारा जाता है। जब समान उद्देश्य की प्राप्ति के लिए व्यक्ति असमान कार्य करते हैं तो इसे विभेदीकृत सहयोग कहते हैं। इसमें पारस्परिक सहायता पर जोर दिया जाता है। श्रमदान के आधार पर बनाये जाने वाले पंचायत भवन या विद्यालय के लिए विभिन्न व्यक्ति अलग-अलग कार्य करते हुए अपना सहयोग प्रदान करते हैं। यहाँ प्रत्येक के द्वारा किया जाने वाला कार्य तो असमान है, परन्तु उद्देश्य समान है। बाढ़ या अकाल के समय भिन्न-भिन्न प्रकार के कार्य करते लोगों की सहायता करना विभेदीकृत सहयोग का उदाहरण है।

सहयोग के प्रकार्य, लाभ एवं महत्व

सामाजिक जीवन के सभी क्षेत्रों में सहयोग का काफी महत्व है। आर्थिक, राजनीतिक, धार्मिक, शैक्षणिक, सांस्कृतिक, पारिवारिक, आदि क्षेत्रों में सहयोग का अत्यन्त महत्वपूर्ण स्थान है। सहयोग सामाजिक जीवन का स्थायी आधार है। सहयोग के बिना समाज की कल्पना तक नहीं की जा सकती।

(1) व्यक्ति की दृष्टि से विचार करने पर हम पाते हैं कि *सहयोग समाजीकरण और व्यक्तित्व के विकास के लिए अत्यन्त आवश्यक है।* यदि बालक को अपने माता-पिता, परिवारजनों, पड़ोसियों, मित्रों, गुरुजनों, आदि का सहयोग प्राप्त नहीं हो तो उसका पालन-पोषण, विभिन्न प्रकार की

आवश्यकताओं की पूर्ति, मानवोचित गुणों एवं के एकाकी प्रयत्नों से अपनी सभी प्रकार की आवश्यकताओं की पूर्ति कर सकता है, कदापि नहीं। उसे पग-पग पर दूसरों के सहयोग की आवश्यकता पड़ती है। सहयोग के अभाव में तो उसकी स्थिति वन्य-बालक के (Feral child) समान ही हो जायेगी।

(2) सामूहिकता का विकास, हम की भावना, समूह-कल्याण का दृष्टिकोण, आदि सहयोग पर ही निर्भर करते हैं। यदि किसी समाज विशेष के व्यक्तियों में व्यक्तिवादिता अधिक हो, यदि वे अपने स्वयं के स्वार्थों या लक्ष्यों की पूर्ति के दृष्टिकोण से ही सोचते हों, तो ऐसी स्थिति में सम्पूर्ण समूह, समाज या राष्ट्र के कल्याण और प्रगति की कल्पना नहीं की जा सकती। जहाँ व्यक्तियों और विभिन्न समूहों में आपस में सहयोग पाया जाता है। वहाँ समूह अथवा समाज एकता के दृढ़ सूत्र में बंध रहता है, समाज-व्यवस्था बनी रहती है और विभिन्न व्यक्ति अपनी-अपनी प्रस्थितियों के अनुरूप भूमिका निभाते रहते हैं। परिणामस्वरूप सामाजिक संगठन बना रहता है, प्रत्येक के उद्देश्य की पूर्ति होती है। स्पष्ट है कि *समूह-कल्याण, सामाजिक एकता और दृढ़ता तथा संपूर्ण राष्ट्र की प्रगति की दृष्टि से सहयोग अत्यन्त महत्वपूर्ण है।* जिस समाज के व्यक्तियों और समूहों में सहयोग का अभाव पाया जाता है, वह समाज विघटन की दिशा में आगे बढ़ता है, वहाँ अनेक समस्याएं उठ खड़ी होती हैं जो सामाजिक जीवन को अस्त-व्यस्त कर देती हैं।

(3) **आर्थिक क्षेत्र में** सहयोग का महत्व स्पष्टत: दिखायी पड़ता है। *श्रम विभाजन और विशेषीकरण का आधार सहयोग ही है।* आज के जटिल आर्थिक संगठनों में प्रमुखत: द्वितीयक प्रकार का या अप्रत्यक्ष सहयोग पाया जाता है। एक ही वस्तु के निर्माण में विभिन्न व्यक्तियों के श्रम का योग आवश्यक है। कारखानों में श्रमिकों और अधिकारियों के बीच सहयोग अनिवार्य है जिसके अभाव में उत्पादन को नहीं बढ़ाया जा सकता, कम लागत पर अच्छी वस्तुएं नहीं बनायी जा सकती और देश को आर्थिक दृष्टि से सशक्त नहीं बनाया जा सकता। आज भारत जैसे विकासशील देश में जहाँ निर्धनता और बेकारी पायी जाती है, विभिन्न विकास-योजनाओं के माध्यम से देश की प्रगति के पथ पर आगे बढ़ाने के लिए जनता और विकास कार्यों में लगे लोगों के बीच सहयोगात्मक संबंध का होना नितान्त आवश्यक है।

(4) *मानव सभ्यता और संस्कृति के विकास, प्रसार एवं प्रचार, आदि के दृष्टिकोण से भी सहयोग काफी महत्वपूर्ण है।* विभिन्न व्यक्तियों के बीच *सहयोग के परिणामस्वरूप ही अनेक आविष्कार* हो पाते हैं जो मानव-जीवन को सुखी बनाने में योग देते हैं। आज ज्ञान, कला साहित्य और संगीत के क्षेत्र में जो कुछ प्रगति हुई है, वह किसी एक या कुछ व्यक्तियों के प्रयत्नों का परिणाम नहीं होकर कई पीढ़ियों के अनेक लोगों के लगातार प्रयत्नों और उनके बीच पाये जाने वाले सहयोग का परिणाम है।

(5) **अन्तर्राष्ट्रीय क्षेत्र में भी शान्ति की स्थापना में सहयोग का विशेष योगदान रहा है।**

विभिन्न राष्ट्रों के बीच पाये जाने वाले सहयोग के फलस्वरूप ही 'संयुक्त राष्ट्र संघ (United Nations Organization) एक विश्व संगठन के रूप में शान्ति स्थापना और मानव-मात्र के कल्याण दृष्टि से महत्वपूर्ण भूमिका निभा रहा है। एक राष्ट्र को अपनी आवश्यकताओं की पूर्ति के लिए अन्य राष्ट्रों पर निर्भर रहना पड़ता है।

(6) अन्य सामाजिक प्रक्रियाओं जैसे *प्रतिस्पर्धा, संघर्ष, आदि की सफलता के लिए भी सहयोग आवश्यक है।* वास्तव में, *समाज के किसी भी कार्य को सहयोग के अभाव में पूर्ण नहीं किया जा सकता।* व्यवसाय, व्यापार, दफ्तर, शिक्षण-संस्था, कारखाने, बाजार, परिवार, धार्मिक संगठन, राजनीतिक दल, आदि में सहयोग का महत्व सर्वत्र दिखायी देता है। सहयोग के अभाव में किसी भी प्रकार की व्यवस्था नहीं रह सकती। यही कारण है कि आदिम से आधुनिक समाजों तक में किसी न किसी रूप में सहयोग अवश्य देखने को मिलता है।

व्यवस्थापन (समायोजन) (Accommodation)

व्यवस्थापन या समायोजन भी सहयोगी प्रक्रिया है। यह संघर्ष से सहयोग की ओर बढ़ने का प्रथम चरण है। जब भी दो विरोधी पक्ष प्रतिस्पर्द्धा या संघर्ष समाप्त करके सहयोग करना चाहते हैं तो पहले वे एक-दूसरे से व्यवस्थापन स्थापित करते हैं। व्यक्ति या समूह निरन्तर प्रतिस्पर्द्धा या संघर्ष नहीं कर सकते। प्रतिस्पर्द्धा व संघर्ष की स्थिति को टालने के लिए जो समझौता किया जाता है, उसे ही व्यवस्थापना कहते हैं। संघर्षरत व्यक्ति या समूह कभी तो स्वयं ही परस्पर व्यवस्थापन कर लेते हैं और कभी किसी मध्यस्थ की सहायता से। व्यवस्थापन हो जाने का यह तात्पर्य नहीं है कि व्यवस्थापन करने वाले आगे कभी संघर्ष नहीं करेंगे और वे सदैव सहयोग

की ओर ही बढ़ेंगे। व्यवस्थापन में संघर्ष के बीज मौजूद रहते हैं। इस प्रकार व्यवस्थापन संघर्ष को कुछ समय के लिए टालने की स्थिति भी है। इसलिए ही **जोन्स** लिखते हैं, "एक अर्थ में व्यवस्थापन असहमत रहने के लिए समझौता कहा जा सकता है।" **समनर** (Sumner) इसे 'विरोधी सहयोग' (Antagonistic Co-operation) की संज्ञा देते हैं।

किन्तु व्यवस्थापन का उद्‌देश्य नकारात्मक ही नहीं होता है वरन् यह इस बात का भी सूचक है कि संघर्षकारी समूह अब शान्ति से रहना चाहते हैं। इनमें दोनों पक्षों में लेन-देन होता है और प्रत्येक पक्ष में अपने व्यवहार में परिवर्तन लाता है। प्रजातीय एवं धार्मिक संघर्षों को कम करने या समाप्त करने की दृष्टि से भी व्यवस्थापन महत्वपूर्ण है। व्यवस्थापन संघर्षकारी समूहों में सन्तुलन कायम करने की एक व्यवस्था भी है। व्यवस्थापन में दोनों पक्षों में सहिष्णुता पैदा हो जाती है और वे अपनी सच्ची न्यायपूर्ण मांगों का प्रतिनिधित्व करने लगते हैं। व्यवस्थापन संघर्षकारियों को सहयोग एवं निर्माण की ओर अग्रसर करता है तथा उन्हें पूर्ण विनाश से भी रोकता है। प्रजातन्त्र में कई विरोधी दल कभी-कभी साझे की सरकार बनाते हैं जो व्यवस्थापन का ही एक उदाहरण है।

व्यवस्थापन का अर्थ एवं परिभाषा

व्यवस्थापन को परिभाषित करते हुए **रयूटर** एवं **हार्ट** लिखते है, "एक प्रक्रिया के रूप में व्यवस्थापन प्रयत्नों का वह अनुक्रम है जिनके द्वारा मनुष्य परिवर्तित अवस्थाओं द्वारा आवश्यक बनायी गयी आदतों एवं मनोवृत्तियों का निर्माण करके जीवन की परिवर्तित अवस्थाओं से एकता स्थापित करता है।"

आगबर्न एवं **निमकॉफ** (Ogburn and Nimkoff) के अनुसार, "व्यवस्थापन वह शब्द है जिसका प्रयोग समाजशास्त्री आक्रामक व्यक्तियों या समूह द्वारा किये जाने वाले सामंजस्य के लिए करते हैं।"

बोगार्डस (Bogardus) के अनुसार, "व्यवस्थापन मित्रतापूर्ण आदान-प्रदान की प्रक्रिया है जिसमें सहिष्णुता, पंच निर्णय एवं समझौते के द्वारा चेतन रूप से सामंजस्य किया जाता है।"

फिचर (Fitcher) के अनुसार, "व्यवस्थापन सामाजिक प्रक्रिया के उस स्वरूप के रूप में परिभाषित किया जा सकता है जिसमें दो या अधिक व्यक्ति या समूह संघर्ष को रोकने, कम करने या समाप्त करने के लिए अन्तःक्रिया करते हैं।"

गिलिन एवं **गिलिन** के अनुसार, "व्यवस्थापन वह प्रक्रिया है जिसके द्वारा प्रतियोगी एवं संघर्षरत व्यक्ति एवं समूह प्रतिस्पर्द्धा, विरोध या संघर्ष के कारण

उत्पन्न कठिनाइयों को दूर करने के लिए एक दूसरे के साथ अपने संबंधों का सामंजस्य कर लेते हैं।"

उपर्युक्त परिभाषाओं से स्पष्ट है कि *व्यवस्थापन संघर्ष से सहयोग की ओर अग्रसर होने का प्रयत्न है। इसमें संघर्षरत व्यक्ति या समूह एक-दूसरे के प्रति अपने विचारों एवं दृष्टिकोण में परिवर्तन लाने और परस्पर सहयोग करने लगते हैं।* व्यवस्थापन एक प्रक्रिया (Process) तथा अवस्था (Condition) दोनों ही है। एक प्रक्रिया के रूप में व्यवस्थापन में व्यक्ति या समूह परस्पर सामंजस्य स्थापित करने के लिए निरन्तर प्रयत्न करते हैं। उदाहरण के लिए, एक नवविवाहित वधू ससुराल में आकर वहाँ के वातावरण से धीरे-धीरे सामंजस्य करती है। इसी प्रकार गाँव से आकर शहर में पढ़ने वाले छात्र भी शहरी वातावरण के साथ अपना सामंजस्य करके व्यवस्थापन करते हैं।

व्यवस्थापन एक अवस्था भी है। अवस्था के रूप में इसे परिभाषित करते हुए **र्यूटर** एवं **हार्ट** लिखते हैं, "एक अवस्था के रूप में व्यवस्थापन संबंधों की एक व्यवस्था है जो समूह में व्यक्ति की स्थिति या संपूर्ण सामाजिक संगठन में समूह की स्थिति को परिभाषित करती है। इसे मानना या स्वीकार करना ही व्यवस्थापन है। इस प्रकार अवस्था के रूप में व्यवस्थांपन में एक व्यक्ति या समूह को समाज में जो स्थिति प्रदान कर दी जाती है, उसे स्वीकार कर लिया जाता है। उदाहरण के लिए, हिन्दू जाति व्यवस्था में प्रत्येक जाति एवं व्यक्ति की एक निश्चित स्थिति है जिसे जाति एवं व्यक्ति स्वीकार करते हैं तथा उसी के अनुरूप आचरण करते हैं।

व्यवस्थापन की प्रकृति (Nature of Accommodation)

व्यवस्थापन की विभिन्न परिभाषाओं के आधार पर इसकी प्रकृति का उल्लेख निम्न प्रकार कर सकते हैं :

(1) **अधिकांशतः अचेतन प्रक्रिया**–व्यवस्थापन की प्रक्रिया अधिकांशत : अचेतन रूप से चलती है। कई बार जब व्यवस्थापन जान-बूझकर किया जाता है तो वह एक चेतन प्रक्रिया होती है, किन्तु हम जीवन में अचेतन रूप से कई परिस्थितियों एवं व्यक्तियों से व्यवस्थापन करते रहते हैं।

(2) **निरन्तरता**–व्यवस्थापन की प्रक्रिया निरंतर चलती रहती है।

(3) **सार्वभौमिक**–यह प्रक्रिया धार्मिक, आर्थिक, राजनीतिक, सामाजिक सभी क्षेत्रों में देखी जाती है। यह एक सार्वभौमिक प्रक्रिया है।

(4) **प्रेम व घृणा का मिश्रण**–व्यवस्थापन में प्रेम एवं घृणा का मिश्रण पाया जाता है। जब व्यवस्थापन करने वाले व्यक्ति एवं समूह अपनी पुरानी बातों

को याद करते हैं तो एक-दूसरे के प्रति उनमें घृणा पैदा होती है, किन्तु वर्तमान में वे सहयोग चाहते हैं, अतः प्रेम का प्रदर्शन भी करते हैं।

(5) **संघर्ष का परिणाम**–व्यवस्थापन संघर्ष का परिणाम है। कोई भी संघर्षकारी पक्ष अधिक समय तक संघर्ष नहीं कर सकता, उसे सामंजस्य और आवश्यकतानुसार सहयोग करना ही होता है। इसीलए व्यवस्थापन को सहयोग की ओर बढ़ने का प्रथम चरण कहा गया है।

व्यवस्थापन के प्रकार (Types of Accommodation)

गिलिन एवं **गिलिन** ने व्यवस्थापन के दो प्रकारों का उल्लेख किया है : समन्वयात्मक व्यवस्थापन तथा अधिष्ठापदीय एवं अधीनस्थीय व्यवस्थापन।

(1) **समन्वयात्मक व्यवस्थापन** (Co-ordinative Accommodation)–यह समान पक्षों के बीच होता है। दो समान शक्ति वाले व्यक्ति, समूह या राष्ट्र संघष्र को टालने के लिए जो समझौता करते हैं, उसे समन्वयात्मक व्यवस्थापन कहते हैं। इस प्रकार के व्यवस्थापन में दोनों पक्ष परस्पर लेन-देन करते हैं। इस प्रकार का व्यवस्थापन परिवार के सदस्यों, दो व्यापारियों एवं दो राष्ट्रों के बीच देखा जा सकता है। इस व्यवस्थापन में दोनों ही पक्ष एक-दूसरे के लिए कुछ रियायतों करते हैं, त्याग करते हैं। पति-पत्नी में संघर्ष के बाद व्यवस्थापन होता है जिसका उद्देश्य परिवार को विघटन से बचाना होता है। यह व्यवस्थापन कभी-कभी तीसरे पक्ष की सहायता से भी करते हैं, जैसे पति-पत्नी जब परस्पर समझौता नहीं कर पाते तो न्यांयालय अथवा विवाह सलाहकार का सहयोग लिया जाता है।

(2) **अधिष्ठापदीय एवं अधीनस्थ व्यवस्थापन** (Super-ordinative and Sub-ordinative Accommodation)–यह व्यवस्थापन उन पक्षों के बीच होता है जिनमें एक पक्ष शक्तिशाली एवं दूसरा कमजोर होता है। उदाहरण के लिए, युद्ध में शक्तिशाली राष्ट्र की विजय होने के बाद वह हारे हुए राष्ट्र पर अपनी शर्तें थोपता है और हारे हुए राष्ट्र को मजबूरन उन्हें मानना पड़ता है अन्यथा उसके नष्ट होने का डर रहता है इसी प्रकार से छोटे व्यापारिक संस्थानों को कई बार बड़े व्यापारिक संस्थानों एवं फर्मोंणकी शर्तों के अनुसार व्यापारिक समझौता करना पड़ता है। व्यवस्थापन में कमजोर पक्ष अपनी स्थिति मजबूत करने का प्रयत्न करता है जिससे कि भविष्य में वह शक्ति-परीक्षण कर सके।

व्यवस्थापन की पद्धतियां (Method of Accommodation)

गिलिन एवं **गिलिन** ने व्यवस्थापन की निम्नांकित पद्धतियों का उल्लेख किया है :

(1) **बल प्रयोग** (Coercion)–बल प्रयोग मानसिक एवं शारीरिक दोनों प्रकार से हो सकता है। इसमें कमजोर पक्ष शक्तिशाली पक्ष के सामने झुकता है। शक्तिशाली पक्ष कहीं कमजोर को नष्ट न कर दे, अत: वह शक्तिशाली की इच्छा एवं शर्तों के अनुसार कार्य करने को तैयार हो जाता है।

(2) **समझौता** (Compromise)–समझौता दो समान पक्षों में होता है। इसमें दोनों पक्ष परस्पर आदान-प्रदान करते हैं, एक-दूसरे के लिए रियायतें एवं त्याग करते हैं। दो समान शक्ति वाले राष्ट्रों, व्यक्तियों, समूहों एवं व्यापारिक संस्थानों में समझौते के आधार पर ही व्यवस्थापन किया जाता है। श्रम विवादों का निपटारा भी इसी रूप में होता है। यह व्यवस्थापन का स्वस्थ एवं सर्वोत्तम रूप है।

(3) **सहिष्णुता** (Toleration)–इसमें दोनों पक्ष एक-दूसरे की बातों को सहन करते हैं। इसमें कोई भी पक्ष एक-दूसरे को न तो अपने व्यवहार को बदलने को और नही स्वीकार करने को कहता है। इसमें दोनों पक्ष स्वयं ही पने व्यवहार में परिवर्तन लाकर स्थिति से सामंजस्य करने का प्रयत्न करते हैं। सहिष्णुता एकपक्षीय भी हो सकती है और पारस्परिक भी। यह टालने की प्रकृति कही जा सकती है। भारत में विभिन्न धर्मों के प्रति धार्मिक सहिष्णुता व्यवस्थापन का उत्तम उदाहरण है।

(4) **स्थिति परिवर्तन** (Conversion)–इस शब्द का प्रयोग सामान्यत: एक व्यक्ति द्वारा अपनी निजी संस्कृति के स्थान पर दूसरी संस्कृति को अपनाने के लिए किया जाता है। धर्म के क्षेत्र में इस प्रक्रिया का अध्ययन किया गया है। एक हिन्दू द्वारा मुसलमान या ईसाई बन जाना स्थिति परिवर्तन ही हे। इसी प्रकार से राजनीतिक दल-बदल भी स्थिति परिवर्तन ही है।

(5) **निर्मलीकरण या शोधन** (Sublimation)–इसके अंतर्गत व्यक्ति या समूह पुराने स्वीकृत कार्यों के स्थान पर नवीन कार्यों को प्रस्तुत करता है जिसे विरोधी पक्ष स्वीकृति दे देता है। इस प्रकार यह पुरानी बातों में संशोधन है। इसमें पुराने मूल्यों के स्थान पर नवीन मूल्य स्थापित किये जाते हैं।

(6) **युक्तिकरण** (Rationalization)–युक्तिकरण में व्यक्ति बाह्य परिस्थितियों

से तर्क के आधार पर सामंजस्य करता है। इसमें व्यक्ति अपनी मनोवृत्ति तथा व्यवहार का समर्थन करता है। वह सोचता है कि उन परिस्थितियों में ऐसा करना ही उचित था। उदाहरण के लिए, एक व्यक्ति संघर्ष में हारने के बाद जीतने वाले पक्ष की बात मानता है तो उस दौरान वह देखता है कि शक्ति एवं साधनों के अभाव में उसे हारना ही था और हारने के बाद दूसरे पक्ष की बात मानने के अलावा उसके पास कोई अन्य चारा ही क्या था ? चुनाव में हारने वाला उम्मीदवार भी युक्तिकरण द्वारा व्यवस्थापन कर लेता है।

(7) **पंचनिर्णय** (Arbitration)–पंचनिर्णय भी व्यवस्थापन की एक विधि है। इसमें दोनों पक्षों के बीच एक मध्यस्थ या मंच होता है। जो उनमें समझौता कराता हैं जब दोनों पक्ष परस्पर मिलकर प्रत्यक्ष रूप से समझौता करने में असफल हो जाते हैं तो पंचनिर्णय या मध्यस्थ के द्वारा समझौता कराया जाता है। मजदूरों के विवादों को निपटाने एवं अंतर्राष्ट्रीय संघर्ष को टालने के लिए पंच-निर्णय का सहारा लिया जाता है।

पंचनिर्णय में दोनों पक्ष तीसरे पक्ष के पास जाते हैं और उसका निर्णय उन्हें स्वीकार्य होता है। मजदूरों के काम के घण्टे, वेतन, बोनस, भत्ता, अवकाश, आदि के विवादों को निपटाने के लिए पंच फैसले के लिए मजूदर लोग न्यायालय या ट्रिब्यूनल का सहारा लेते हैं। इससे हड़ताल एवं कामरोको जैसी स्थिति से छुटकारा प्राप्त कर पुनः उत्पादन कार्य शुय किया जा सकता है। संयुक्त राष्ट्र संघ विभिन्न राष्ट्रों के बीच होने वाले युद्धों के समय इसी प्रकार की भूमिका निभाता है। भारत-पाक संघर्ष के दौरान रूस द्वारा यही भूमिका निभायी गयी थी और ताशकंद समझौता उसी का परिणाम है।

व्यवस्थापन के परिणाम (Results of Accommodation)

व्यवस्थापन के निम्नांकित परिणाम निकलते हैं :

(1) **संघर्ष एवं प्रतिस्पर्द्धा पर नियंत्रण**–व्यवस्थापन प्रतिस्पर्धा, प्रतिरोध एवं संघर्ष जैसी विघटनकारी प्रक्रियाओं पर नियंत्रण रखता है और समाज में एकता तथा संगठन बनाये रखने में योग देता है। उदाहरण के लिए, यदि व्यवस्थापन द्वारा मजदूर विवादों का निपटारा न किया जाय तो अर्थव्यवस्था ठप्प हो जायेगी। इसी प्रकार से पति-पत्नी के विवादों का निपटारा न हो तो परिवार विघटित हो जायेगा।

(2) **प्रस्थिति में परिवर्तत**–व्यवस्थापन समूह में व्यक्ति की प्रस्थिति का पुनर्निर्धारण करता है। संघर्ष अथवा विरोध के द्वारा स्थापित प्रस्थितियां छिन्न-छिन्न हो जाती हैं जिन्हें व्यवस्थापन द्वारा पुनः व्यवस्थित एवं स्थापित किया जाता है।

(3) **आत्मसात् के लिए तैयार करना**–संघर्ष, विरोध एवं प्रतिस्पर्द्धा के समाप्त होने के बाद दोनों पक्षों में पहले व्यवस्थापन होता है और उसके बाद आत्मसात्। दोनों पक्ष एक-दूसरे के मूल्यों, विचारों एवं संस्कृति से परिचित होते हैं तथा एक-दूसरे के प्रति सहिष्णु दृष्टिकोण अपनाते हैं। इससे आत्मसात् का मार्ग प्रशस्त होता है।

(4) व्यवस्थापन नयी परिस्थितियों से सामंजस्य करने के लिए संस्थाओं एवं व्यक्तियों में सुधार लाता है।

(5) व्यवस्थापन विभिन्न प्रकार के व्यक्तियों में ताल-मेल बैठाता है।

(6) व्यवस्थापन प्रतियोगिताओं के बीच होने वाले व्यर्थ खर्च को रोकता है तथा उपभोक्ताओं को सस्ते मूल्य पर वस्तुएं दिलाने में सहायक होता है।

सात्मीकरण (आत्मसात्) (Assimilation)

सात्मीकरण या आत्मसात् को स्पष्ट करते हुए **गिलिन** एवं **गिलिन** लिखते हैं कि सात्मीकरण या आत्मसात् एक प्रगतिशाली प्रक्रिया है जिसमें व्यक्तियों और समूहों के बीच मतभेद कम होते हैं तथा क्रिया, मनोवृत्ति और मानसिक क्रिया में सामान्य हित के प्रति आदर के साथ समानता में वृद्धि होती है।

जब व्यक्तियों एवं समूहों में आत्मसात हो जाता है तो उनके बीच पाये जाने वाले मतभेद समाप्त हो जाते हैं और उद्देश्यों और हितों में समानता आ जाती है। आत्मसात् सामाजिक एवं सांस्कृतिक एकीकरण की प्रक्रिया है। संघर्ष से एकीकरण की ओर बढ़ने का प्रथम चरण व्यवस्थापन है और आत्मसात् अंतिम चरण। लंबे समय तक व्यवस्थापन करने पर आत्मसात् का मार्ग प्रशस्त होता है।

आत्मसात् धीमी गति से एवं अचेतन रूप से होता है। व्यक्ति धीरे-धीरे ही नये मूल्य सीखता है। आत्मसात में मनोवृत्तियों, प्रस्थितियों, भूमिकाओं एवं प्रतीकों में परिवर्तन होता है, किन्तु ऐसा एकदम नहीं होता है। आत्मसात् खुले एवं गतिशील समाजों की विशेषता है जहां लोगों को विभिन्न सांस्कृतिक मूल्यों एवं तत्वों को अपनाने की स्वतंत्रता होती है। यही कारण है कि आदिम एवं ग्रामीण समाजों की

तुलना में औद्योगिक एवं नगरीय समाजों में आत्मसात् की प्रक्रिया अधिक तीव्र रूप में पायी जाती है।

सात्मीकरण (आत्मसात्) का अर्थ एवं परिभाषा
(Meaning and Definition of Assimilation)

आत्मसात् को परिभाषित करते हुए **ऑगबर्न** एवं **निमकॉफ** लिखते हैं, "आत्मसात् वह प्रक्रिया है जिसमें किसी समय असमान व्यक्ति या समूह अपने स्वार्थ और दृष्टिकोणों में समान हो जाते हैं।"

बोगार्डस (Bogardus) के अनुसार, "सात्मीकरण (आत्मसात्) वह प्रक्रिया है जिसके द्वारा अनेक व्यक्तियों की मनोवृत्तियां एकीकृत हो जाती हैं और इसके फलस्वरूप, वे एक संयुक्त समूह के रूप में विकसित हो जाते हैं।

बीसेन्ज और **बीसेन्ज** के अनुसार, "आत्मसात् एक सामाजिक प्रक्रिया है जिसके द्वारा व्यक्ति तथा समूह समान भावनाओं, मूल्यों और उद्‌देश्यों में भाग लेते हुए एक-दूसरे के निकट आ जाते हैं।"

फिचर (Fitcher) के अनुसार, "आत्मसात् एक सामाजिक प्रक्रिया के रूप में परिभाषित किया गया है जिसमें विभिन्न संस्कृतियों के व्यक्ति या समूह एक समान इकाई के रूप में मिल जाते हैं।" इस अर्थ में आत्मसात् संस्कृतिकरण की एक प्रक्रिया है जिसमें विभिन्न संस्कृतियां एक संस्कृति में संयुक्त हो जाती हैं, जैसे भारतीय संस्कृति में अनेक बाह्य संस्कृतियां घुल-मिल गयी हैं। आत्मसात् शब्द का प्रयोग सर्वप्रथम इसी अर्थ में किया गया था। जब अपना देश छोड़कर कोई समूह दूसरे देश में बस जाता है और वहां की भाषा, प्रथाओं, रीति-रिवाजों एवं संस्कृति को अपना लेता है तो इसे आत्मसात् कहा जाता है। आत्मसात् को इसी रूप में परिभाषित करते हुए **डॉसन** एवं **गटिस** लिखते हैं, "सांस्कृतिक रूप से समान एवं अभिन्न होना ही आत्मसात् कहलाता है।" पति-पत्नी भी लंबे समय तक सह-निवास के कारण एक-दूसरे से आत्मसात् कर लेते हैं। उनके विचारों, उद्‌देश्यों, दृष्टिकोणों एवं मनोवृत्तियों में समानता आ जाती है।

सात्मीकरण (आत्मसात्) की विशेषताएं (Characteristies of Assimilation)

(1) आत्मसात् एक सामाजिक एवं सांस्कृतिक प्रक्रिया है। सामाजिक प्रक्रिया के तप में आत्मसात् में दो व्यक्तियों या समूहों के विचारों, उद्‌देश्यों, दृष्टिकोणों एवं मनोवृत्तियों में समानता आ जाती है। सांस्कृतिक प्रक्रिया के रूप में आत्मसात् में दो भिन्न सांस्कृतिक समूह परस्पर घुल-मिल जाते

हैं। वे एक-दूसरे के रीति-रिवाजों, प्रथाओं, मूल्यों, आदर्शों एवं सांस्कृतिक प्रतिमानों केा अपना लेते हैं।

(2) आत्मसात् एक प्रक्रिया एवं अवस्था दोनों ही है। प्रक्रिया के रूप में आत्मसात् में दो व्यक्ति या समूह परस्पर समान हो जाते हैं। अवस्था के रूप में एक व्यक्ति जिस संस्कृति के मध्य जन्म लेता है, धीरे-धीरे उसे अपना लेता है।

(3) आत्मसात् की प्रक्रिया मंदगति से चलती है।

(4) आत्मसात् उन समाजों में अधिक होता है जिनमें विभिन्न संस्कृतियों को फलने-फूलने की स्वतंत्रता होती है। यह खुले या मुक्त समाजों में अधिक संभव है।

(5) आत्मसात् एक वैयक्तिक एवं सामाजिक प्रक्रिया है। वैयक्तिक प्रक्रिया के रूप में दो भिन्न एवं असमान व्यक्ति और सामाजिक प्रक्रिया के रूप में दो भिन्न एवं असमान समूह समान हो जाते हैं।

(6) आत्मसात् की प्रक्रिया एकीकरण को बढ़ावा देती है।

(7) आत्मसात् एक संगठनकारी प्रक्रिया है।

सात्मीकरण (आत्मसात्) एवं व्यवस्थापन (Assimilation and Accommodation)

आत्मसात् एवं व्यवस्थापन दोनों में यह समानता है कि दोनों ही संगठनकारी प्रक्रियाएं हैं। फिर भी इन दोनों में मात्रा का अंतर है। संघर्ष व प्रतिस्पर्धा के बाद सहयोग तथा एकीकरण की ओर बढ़ने का प्रथम चरण व्यवस्थापन है और दूसरा चरण आत्मसात्। व्यवस्थापन में एक व्यक्ति अपने को सामाजिक वातावरण के अनुकूल बनाने का प्रयत्न करता है जबकि आत्मसात में दो असमान संस्कृति के व्यक्ति या समूह अपने विचारों, दृष्टिकोण एवं भावनाओं में समान हो जाते हैं। इस प्रकार आत्मसात् में व्यक्ति अपने दृष्टिकोण में मौलिक अंतर लाता है जबकि व्यवस्थापन में यह अंतर ऊपरी होता है। व्यवस्थापन की तुलना में आत्मसात् अधिक संगठनकारी प्रक्रिया है।

सात्मीकरण (आत्मसात) में सहायक कारक (Conditions or Factors Favouring Assimilation)

अग्रांकित कारक आत्मसात की प्रक्रिया को प्रोत्साहन देते हैं :

(1) **सहिष्णुता** (Toleration)–जब विभिन्न व्यक्तियों एवं समूहों में धार्मिक, आर्थिक एवं राजनीतिक क्षेत्र में सहिष्णुता होती है तो आत्मसात् के अधिक

अवसर होते हैं। सहिष्णुता के कारण उनमें संचार एवं मिलना-जुलना संभव हो पाता है। सहिष्णुता के अभाव में नीग्रो एवं श्वेत प्रजाति के लोग वर्षों के साथ-साथ रहने पर भी एक-दूसरे के निकट नहीं आ पाये।

(2) **समीपता एवं सामाजिक संपर्क** (Association and Social Contact)–आत्मसात् उसी दशा में अधिक होता है जब व्यक्ति या समूह एक-दूसरे के समीप निवास करते हों तथा उनमें निरंतर प्रत्यक्ष सामाजिक संपर्क बना हुआ हो। छात्रावासों में विभिन्न संस्कृतियों के छात्रों में समीपता एवं प्रत्यक्ष संपर्क की निरंतरता के कारण सात्मीकरण के अधिक अवसर रहते हैं।

(3) **समान आर्थिक अवसर** (Equal Economic Opportunity)–यदि दो व्यक्तियों एवं समूहों की आर्थिक स्थिति एवं उद्देश्यों में समानता हो तो उनमें आत्मसात् शीघ्र होगा। इसके विपरीत, जिनके आर्थिक हित टकराते हों, उनमें आत्मसात् के बजाय संघर्ष की संभावना अधिक रहेगी। मजदूरों में परस्पर आत्मसात् के अवसर इसी कारण से अधिक होते हैं कि उनके आर्थिक हितों में समानता पायी जाती है।

(4) **सांस्कृतिक समानता** (Cultural Similarity)–जिन संस्कृतियों में समानता के तत्व अधिक होते हैं, उनमें भी आत्मसात् के अवसर मौजूद रहते हैं, अर्थात् जिन संस्कृतियों की प्रथाओं, खान-पान, वेश-भूषा, धर्म, भाषा, आदि में समानता पायी जाती है, उनसे संबंधित लोगों में संपर्क होने पर आत्मसात् शीघ्र हो जाता है।

(5) **मिश्रण** (Amalgamation)–मिश्रण से तात्पर्य यहां रक्त मिश्रण से है। जब विभिन्न प्रजातियों एवं रक्त समूहों से संबंधित व्यक्तियों में परस्पर विवाह हो जाता है तो रक्त मिश्रण हो जाता है। परदेश-गमन और विजय के बाद दो भिन्न संस्कृतियों के व्यक्ति संपर्क में आते हैं, उनमें परस्पर विवाह होने लगते हैं जिसके परिणामस्वरूप, उनकी संस्कृतियां भी परस्पर घुलने-मिलने लगती हैं। समान प्रजाति के लोगोकं में भिन्न प्रजातियों की तुलना में आत्मसात् अधिक होता है। प्रजाति मिश्रण संस्कृतियों के मिश्रण को बढ़ावा देता है।

(6) **समान समस्याएं** (Common Problems)–जिन लोगों या समूहों की समान आर्थिक, धार्मिक, राजनीतिक एवं सामाजिक समस्याएं होती हैं, वे उन्हें हल करने के लिए परस्पर सहयोग करते हैं। उनमें समान विचार एवं भावनाएं पैदा होती हैं जो आत्मसात् में सहायक हैं।

(7) **उन्नत संचार** (Advanced Communication)–भौगोलिक रूप से दूर स्थित सांस्कृतिक समूहों में आत्मसात् कम हो जाता है, किन्तु जब उनमें यातायात एवं संचार की उन्नत व्यवस्था होती है तो उनका आपस में निरंतर एवं प्रत्यक्ष संपर्क बना रहता है जो आत्मसात को प्रोत्साहन देता है।

(8) **समान भाषा** (Common Language)–एक ही भाषा का प्रयोग करने वाले लोगों में भी विभिन्न भाषा बोलने वालों की तुलना में आत्मसात् अधिक होता है।

(9) परिवर्तन के प्रति अनुकूल दृष्टिकोण भी आत्मसात् को प्रोत्साहित करता है।

(10) विशेष संस्कृति के प्रति सहानुभूतिपूर्ण रुख अपनाने एवं उसे मान्यता प्रदान करने पर भी आत्मसात् को बढ़ावा मिलता है।

(11) प्राथमिक संबंधों की बहुतलता भी आत्मसात में सहायक है।

(12) नेतृत्व करने वाले समूह का विस्तृत एवं उदार दृष्टिकोण भी आत्मसात् में योग देता है।

सात्मीकरण (आत्मसात्) को निरुत्साहित करने वाले कारक (Factors Hindering Assimilation)

जिस प्रकार से कुछ कारक आत्मसात् को बढ़ावा देते हैं, उसी प्रकार से कुछ कारक उसमें बाधा भी पैदा करते हैं। आत्मसात् में बाधक कारक निम्नांकित हैं :

(1) **पृथक्करण** (Isolation)–जब दो व्यक्ति या सांस्कृतिक समूह दूर-दूर रहते हों और उनमें संचार एवं संपर्क नहीं हो पाता हो तो उनमें आत्मसात् की संभावना नहीं पायी जाती है। उनमें अंत:क्रिया एवं सामाजिक संबंध स्थापित नहीं हो पाते।

(2) **उच्चता की भावना** (Feeling of Superiority)–जब संपर्क में आने वाले व्यक्तियों एवं सांस्कृतिक समूहों में से किसी में उच्चता की भावना हो और वह दूसरे को हीन समझता हो तो उनमें आत्मसात् नहीं हो पाता। उदाहरण के लिए, श्वेत प्रजाति के लोग नीग्रो प्रजाति से अपने को श्रेष्ठ समझते हैं, अत: उनमें आत्मसात नहीं हो पाता।

(3) **शारीरिक एवं सांस्कृतिक भिन्नता** (Physical and Cultural Differences)–जिन लोगों में शारीरिक एवं सांस्कृतिक भिन्नता पायी जाती है, उनमें भी आत्मसात नहीं हो पाता क्योंकि वे एक-दूसरे को भिन्न समझते हैं।

(4) **संपीडन** (Persecution)–जब एक शक्तिशाली एवं बहुमत संस्कृति के

लोग कमजोर एवं अल्पसंख्यक संस्कृति के लोगों को पीड़ा पहुंचाते या कष्ट देते हे। तो दोनों में घृणा एवं संघर्ष पैदा हो जाते हैं। यह स्थिति आत्मसात् में बाधक है। उदाहरण के लिए, जर्मनी में जर्मन लोगों ने यहूदियों को दो हजार वर्षों तक कष्ट दिया, अत: उनमें आत्मसात् नहीं हो सका।

पर-संस्कृतिग्रहण (Acculturation)

पर-संस्कृतिग्रहण एवं सात्मीकरण दोनों ही संगठनकारी प्रक्रियाएं हैं। प्र्र-संस्कृतिग्रहण सात्मीकरण या आत्मसात् का ही अंग है। दो संस्कृतियां जब परस्पर संपर्क में आती हैं तो वे एक-दूसरे को प्रभावित करती हैं। जब एक संस्कृति को मानने वाले लोगों द्वारा कुछ सांस्कृतिक तत्वों के स्थान पर बहुत सारे सांस्कृतिक तत्व अपना लिए जाते हैं तो उसे पर-संस्कृतिग्रहण कहते हैं। सात्मीकरण एक ऐसी प्रक्रिया है जिसमें व्यक्ति अथवा समूह एक-दूसरे के व्यवहार प्रतिमानों, भावनाओं, मूल्यों एवं उद्देश्यों को स्वीकार करते हैं। इसमें विभिन्नता रखने वाले व्यक्ति एवं समूह अपने स्वार्थ एवं दृष्टिकोण में समान हो जाते हैं।

पर-संस्कृतिग्रहण की परिभाषा एवं अर्थ (Definition and Meaning of Acculturation)

संस्कृतिकरण या पर-संस्कृतिग्रहण को परिभाषित करते हुए **डॉ. दुबे** लिखते हैं, ‘‘दो संस्कृतियों के संपर्क की स्थिति में यदि एक संस्कृति दूसरी संस्कृति के तत्वों को अपनी इच्छा से या किसी दबाव से ग्रहण करे तो इस प्रक्रिया को पर-संस्कृतिग्रहण कहेंगे।’’

मजूमदार एवं **मदान** के अनुसार, ‘‘जब एक संस्कृति के प्रभाव से दूसरी संस्कृति की संपूर्ण जीवन पद्धति परिवर्तन-प्रक्रिया के दौर में होती है, तब इस प्रक्रिया को पर-संस्कृतिग्रहण कहा जाता है।’’

गिलिन एवं **गिलिन** लिखते हैं, ‘‘पर-संस्कृतिग्रहण से हमारा तात्पर्य उस प्रक्रिया से है जिसमें विभिन्न संस्कृतियों वाले समाज निकट एवं लंबे संपर्क के कारण परिवर्तित होते हैं, किन्तु इसमें दोनों संस्कृतियों का पूर्ण मिश्रण नहीं होता है।’’

सन् 1936 में रेडफील्ड, लिंटन और हरस्कोविट्स ने पर-संस्कृतिग्रहण पर शोध के लिए मार्गदर्शन देने वाली एक परिषद के स्मृति-पत्र में इसकी परिभाषा इस प्रकार से दी है—पर संस्कृतिग्रहण में उन घटनाओं का समावेश होता है जो कि भिन्न संस्कृतियों वाले व्यक्तियों के समूह के निरंतर प्रत्यक्ष संपर्क में आने से होती हैं और जिनके परिणामस्वरूप उनमें से एक या दो समूहों के मौलिक सांस्कृतिक प्रतिमानों में परिवर्तन घटित होते हैं।

पर-संस्कृतिग्रहण की उपर्युक्त परिभाषाओं से इसकी निम्नांकित विशेषताएं प्रकट होती हैं :

(1) पर-संस्कृतिग्रहण में दो संस्कृतियों में सांस्कृतिक तत्वों का परस्पर आदान-प्रदान होता है। इस प्रकार यह एक दो-तरफा प्रक्रिया (Two-way Process) है।

(2) पर-संस्कृतिग्रहण स्वेच्छा या दबाव दोनों ही प्रकार से हो सकता है। जब शासक दल के दबाव के कारण पर-संस्कृतिग्रहण किया जाता है तो सांस्कृतिक तत्व अपनाने वाले समूह की इच्छा या अनिच्छा का प्रश्न ही पैदा नहीं होता। स्वेच्छा से पर-संस्कृतिग्रहण भी कई कारणों से किया जाय सकता है, जैसे कई बार व्यक्ति नवीनता के लिए ही नए सांस्कृतिक तत्वों को अपनाता है, तो कभी सुविधा एवं लाभ के लिए। अपनी प्रतिष्ठा वृद्धि के लिए भी व्यक्ति कई बार पर-संस्कृतिग्रहण करता है।

(3) पर-संस्कृतिग्रहण सांस्कृतिक संप्रेषण अर्थात् एक समूह से दूसरे समूह में संस्कृति हस्तातंरण की एक प्रक्रिया है।

(4) पर-संस्कृतिग्रहण में संपर्क में आने वाली दोनों संस्कृतियों का संपूर्ण मिश्रण नहीं होता वरन् वे अपनी विशेषताएं बनाए रखती हैं।

स्पष्ट है कि दो संस्कृतियां जब लम्बे समय तक एक-दूसरे के प्रत्यक्ष संपर्क में आती हैं तो उनमें कोई एक-दूसरी से या दोनों परस्पर दबाव या स्वेच्छा से सांस्कृतिक तत्वों का आदान-प्रदान कर सकती हैं।

संस्कृति हस्तांतरण की इस प्रक्रिया को ही पर-सस्कृतिग्रहण के नाम से जाना जाता है। पर-संस्कृतिग्रहण की प्रक्रिया के दौरान एक संस्कृति अपने सभी मूल तत्वों को नहीं खोती हैं, किन्तु उसकी जीवन-विधि में परिवर्तन अवश्य आ जाता है।

पर-संस्कृतिग्रहण के लिए गिलिन एवं गिलिन ने तीन स्थितियों को आवश्यक माना है–

(1) लोगों का निकट एवं निरंतर संपर्क होना चाहिए जिससे कि वे एक-दूसरे के सांस्कृतिक तत्वों से परिचित हो सकें।

(2) परदेश जाकर रहने वाला समूह भिन्न सांस्कृतिक समूह में जाकर रहता है।

(3) विजेता हारे हुए लोगों पर अपनी संस्कृति को थोपता है।

पर-संस्कृतिग्रहण की दशाएं (Conditions of Acculturation)

दो भिन्न सांस्कृतिक समूहों में संपर्क होने मात्र से ही पर-संस्कृतिग्रहण नहीं होता है, यद्यपि यह पर-संस्कृतिग्रहण की एक आवश्यक दशा है। इसके अतिरिक्त, कुछ अन्य दशाएं भी आवश्यक हैं जो निम्न हैं :

(1) दोनों सांस्कृतिक समूहों में संपर्क हो और दोनों समूह एक-दूसरे को प्रेरणा दें।

(2) संपर्क में आने वाले व्यक्तियों की सामाजिक स्थिति भी महत्वपूर्ण है क्योंकि व्यक्ति तथ्यों का हस्तातंरण कर सकता है जिससे वह परिचित हो। प्रत्येक व्यक्ति अपनी संस्कृति का प्रतिनिधित्व एक सीमा तक ही करता है, संपूर्ण संस्कृति का नहीं।

(3) पर-संस्कृतिग्रहण में परिवर्तन की इच्छा (Desire for change) भी एक महत्वपूर्ण पक्ष है। परिवर्तन करने की इच्छा होने पर पर-संस्कृतिग्रहण शीघ्र एवं तीव्रगति से होगा। परिवर्तन के प्रति उदासीन होने पर पर-संस्कृतिग्रहण में बाधा उत्पन्न होती है।

(4) पर-संस्कृतिग्रहण उन संस्कृतियों में अधिक एवं शीघ्र होगा जिसमें परस्पर समानता अधिक एवं अंतर कम होते हैं। दो संस्कृतियों के उद्देश्यों में समानता होने पर भी पर-संस्कृतिग्रहण के अधिक अवसर रहते हैं।

पर-संस्कृतिग्रहण के परिणाम (Results of Acculturation)

पर-संस्कृतिग्रहण के परिणामस्वरूप संस्कृतियों में परिवर्तन, परिवर्द्धन एवं परिमार्जन होता है, संस्कृति का प्रसार होता है, एक संस्कृति दूसरी संस्कृति के तत्व ग्रहण कर लाभान्वित होती है; परस्पर सहयोग एवं भाई-चारे की भावना में वृद्धि होती है, किन्तु पर-संस्कृतिग्रहण सदैव ही लाभप्रद नहीं होता वरन् अनेक बार तो अनियंत्रित रूप से दूसरी संस्कृति के तत्वों को अपनाना घातक भी सिद्ध होता है। दबाव से स्वीकार कराए गए सांस्कृतिक परिवर्तन भी विनाशकारी प्रभाव पैदा करते हैं और ऐसी स्थिति में विद्रोह की संभावना रहती है। पर-संस्कृतिग्रहण के प्रभावों का उल्लेख हम दो रूपों में कर सकते हैं-

(1) व्यक्ति पर प्रभाव, एवं

(2) संपर्क में आने वाली संस्कृतियों पर प्रभाव।

पर-संस्कृतिग्रहण के कारण व्यक्ति पर भी अनेक प्रभाव पड़ते हैं। व्यक्ति को नवीन संस्कृति से अनुकूलन करना पड़ता है। इस दौरान उसे मानसिक तनाव

का सामना करना होता है। युवा व्यक्ति पहले ही किसी संस्कृति के अनुरूप ढल चुके होते हैं, अपने मूल्य एवं जीवन विधियां तय कर चुके होते हैं। अतः नवीन संस्कृति से संपर्क उनके लिए मानसिक तनाव का कारण होता है। नवजात शिशु के सम्मुख भी वफादारी में संघर्ष की स्थिति पैदा हो जाती है।

कई बार व्यक्ति हतोत्साहित हो जाते हैं, अपनी आकांक्षाओं को त्याग देते हैं और अपना दायित्व निभाने में असमर्थ रहते हैं। व्यक्ति अपनी परिचित भाषा, संस्कृति के संपर्क का खतरा मोल नहीं लेना चाहता, किन्तु जो लोग नयी संस्कृति से सफलतापूर्वक अनुकूलन कर लेते हैं, वे अपने सांस्कृतिक समूह में अन्य लोगों के नेता बन जाते हैं तथा प्रतिष्ठा भी प्राप्त कर लेते हैं।

पर-संस्कृतिग्रहण का संस्कृति पर भी प्रभाव पड़ता है। दोनों संस्कृतियों में सांस्कृतिक तत्वों का आदान-प्रदान होता है तथा आगे चलकर सात्मीकरण भी हो जाता है। यदि संपर्क में आने वाली संस्कृतियों में भिन्नता अधिक है तो परस्पर कम सांस्कृतिक तत्व ही अपनाए जाएंगे।

यदि दूसरे सांस्कृतिक समूह में जाकर बसने वाला समूह छोटा है तो वह अपनी संस्कृति के तत्व अधिक खोएगा और संपर्क में आने वाली संस्कृति से अधिक ग्रहण करेगा तथा बदले में उसे कम दे पाएगा। पर-संस्कृतिग्रहण में आश्रित समझी जाने वाली संस्कृति धीरे-धीरे नष्ट ड़ोने लगती है। यह स्थिति असम की नागा जनजाति की संस्कृति की हो रही है। ईसाई मिशनरियों के संपर्क के कारण नागा संस्कृति पश्चिमीकृत हुई है।

संस्कृति के संवर्द्धन एवं विकास के लिए पर-संस्कृतिग्रहण करना अनिवार्य भी होता है, किन्तु अनियंत्रित पर-संस्कृतिग्रहण कई समस्याएं भी पैदा कर देता है और घातक भी हो सकता है। यदि अन्य संस्कृति से ग्रहण किए गए सांस्कृतिक तत्व अपनाने वाले समूह की संस्कृति के गठन और मूल्यों से मेल नहीं रखते हैं तो उनका प्रभाव हानिकारक होता है। बलपूर्वक स्वीकार कराए गए सांस्कृतिक तत्व विनाशकारी प्रभावों को पैदा कर संस्कृति की जीवन शक्ति को नष्ट कर सकते हैं।

पर-संस्कृतिग्रहण के प्रमुख आधर (कारण) : सांस्कृतिक संपर्क तथा संस्कृति हस्तातंरण

पर-संस्कृतिग्रहण के लिए अन्य दशाएं जिनका हमने पूर्व में उल्लेख किया है, आवश्यक हैं ही किन्तु सांस्कृतिक संपर्क और संस्कृति हस्तातंरण इसके प्रमुख आधार हैं। अतः इनका यहां पृथक् से उल्लेख किया जा रहा है।

(1) सांस्कृतिक संपर्क (Cultural Contact)

'संपर्क' शब्द अंग्रेजी भाषा के कॉण्टेक्ट (Contact) शब्द का हिन्दी रूपान्तरण है। 'कॉण्टेक्ट' भी लैटिन भाषा के दो शब्दों 'कॉन' (Con) या 'कॅम' (Cum) और 'टेन्गो' (Tango) से मिलकर बना है। 'कॉन' या 'कॅम' का अर्थ साथ-साथ (Together) और 'टेंगो' का स्पर्श या छूने (Touch) से है। इस प्रकार 'कॉण्टेक्ट' का अर्थ परस्पर स्पर्श करने या छूने से है। इसका तात्पर्य निकट संपर्क में आने से है। सांस्कृतिक क्षेत्र में संपर्क का अर्थ है दो या दो से अधिक संस्कृतियों का निकट संपर्क स्थापित होना। पर-संस्कृतिग्रहण के लिए विभिन्न संस्कृतियों का परस्पर संपर्क में आना आवश्यक है। इसके अभाव में पर-संस्कृतिग्रहण संभव ही नहीं है। यह संपर्क **प्रत्यक्ष** भी हो सकता है और **अप्रत्यक्ष** भी।

प्रत्यक्ष संपर्क में दो संस्कृतियों से संबंधित व्यक्ति आमने-सामने मिलते हैं, एक-दूसरे से बातचीत करते हैं। इस स्थिति में वे एक-दूसरे के रीति-रिवाजों, प्रथाओं, व्यवहारें, मूल्यों एवं भौतिक संस्कृति के तत्वों को ग्रहण करते हैं। इसके विपरीत, **अप्रत्यक्ष संपर्क** में दोनों संस्कृतियों से संबंधित व्यक्ति या समूह आमने-सामने नहीं होते। अप्रत्यक्ष संपर्क में एक तीसरा माध्यम भी होता है। पत्र, डाक, तार, टेलीफोन या संचार के किसी अन्य साधन द्वारा अथवा किसी मध्यस्थ व्यक्ति द्वारा भी सांस्कृतिक संपर्क हो सकता है। सांस्कृतिक संपर्क के दौरान परस्पर कुछ अपेक्षाएं या आशाएं की जाती हैं जिनकी पूर्ति होने पर पर-संस्कृतिग्रहण के अवसर बढ़ जाते हैं। अप्रत्यक्ष संपर्क की अपेक्षा प्रत्यक्ष संपर्क में सांस्कृतिक आदान-प्रदान की संभावनाएं बहुत बढ़ जाती हैं।

संपर्क **सकारात्मक** और **नकारात्मक** भी हो सकता है। सकारात्मक सांस्कृतिक संपर्क वह है जिसमें दोनों संस्कृतियों में सहयोग, समझौता, एकीकरण या सात्मीकरण की प्रक्रिया प्रारंभ हो जाती है। **नकारात्मक संपर्क** के परिणामस्वरूप दोनों संस्कृतियों में असहयोग, प्रतिस्पर्द्धा, विरोध एवं संघर्ष प्रारंभ हो जाता है और कभी-कभी पर-संस्कृतिग्रहण की प्रक्रिया समाप्त भी हो जाती है।

संपर्क **प्राथमिक और द्वैतीयक** भी हो सकता है। प्राथमिक सांस्कृतिक संपर्क में दो सांस्कृतिक समूहों में आमने-सामने के निकट एवं घनिष्ठ संबंध पाए जाते हैं। पारस्परिक निकटता एवं घनिष्ठता संस्कृतियों के आदान-प्रदान को सरल एवं सहज बना देती है। **द्वैतीयक सांस्कृतिक संपर्क** में दो संस्कृतियों में अप्रत्यक्ष संपर्क पाया जाता है और दोनों सांस्कृतिक समूहों में घनिष्ठता एवं निकटता नहीं होती। वे किसी तीसरे व्यक्ति, समूह या उपकरण (तार, पत्र, टेलीफोन, रेडियो, आदि)

के माध्यम से संपर्क में आते हैं। आज के युग में रहने वाले पत्र-मित्र (Pen-Friends) के बीच पाया जाने वाला संपर्क द्वैतीयक संपर्क ही है। इसके द्वारा भी वे परस्पर एक-दूसरे की भाषा, लेखन शैली एवं संस्कृति से परिचित होते हैं और उन्हें ग्रहण करते हैं।

(2) संस्कृति हस्तातंरण (Transmission of Culture)

पर-संस्कृतिग्रहण के लिए दो संस्कृतियों का संपर्क होना ही पर्याप्त नहीं है वरन् यह भी आवश्यक है कि वे एक-दूसरे को अपनी संस्कृति हस्तातंरित करें। यदि एक समूह अपनी संस्कृति को श्रेष्ठ मानकर दूसरे समूह को अपनी संस्कृति हस्तातंरण न करे या उसे इससे परिचित न कराए तो पर-संस्कृतिग्रहण अवरुद्ध हो जाता है। इसी प्रकार से एक समूह दूसरे समूह पर अपनी संस्कृति को अपनाने पर रोक लगा दे, या ऐसा करने पर उसे दण्डित करे तब भी पर-संस्कृतिग्रहण रुक जाता है। उदाहरण के लिए, प्राचीन भारत में सामन्त, राजा-महाराजा और शाही परिवारों के लोग अपनी प्रथाओं, पहनावे, आभूषण, आदि को अन्य लोगों द्वारा अपनाने से मना करते रहे हैं। उच्च जातियों के व्यवहार प्रतिमान को निम्न जातियों द्वारा अपनाने का प्रतिबंध रहा है। फलस्वंरूप प्रत्येक जाति की एक विशिष्ट संस्कृति पनपी और उनमें बहुत कम पर-संस्कृतिग्रहण हो पाया।

संस्कृति हस्तातंरण का घनिष्ठ संबंध संस्कृतिग्रहण से है। जब कोई समूह दूसरे की संस्कृति ग्रहण करने को तैयार न हो तो संस्कृति का हस्तातंरण नहीं हो सकता। संस्कृव्रिहण करने का कार्य कभी स्वेच्छा से तो कभी दबाव से भी हो सकता है। जब व्यक्ति में नवीनता की चाह होती है, पुरातन के प्रति असन्तोष, विरोध या उदासीनता होती है या स्वयं की संस्कृति अपेक्षाओं को पूरा नहीं करती है तो ऐसी स्थिति में पर-संस्कृतिग्रहण के अवसर बढ़ जाते हैं। कभी-कभी शासन या अधिकारियों की ओर से उनकी संस्कृति को ग्रहण करने के लिए दबाव डाला जाता है। कई मुस्लिम शासकों ने अपने धर्म के प्रचार के लिए बल प्रयोग किया था। दबाव की स्थिति में नवीन संस्कृति को अपनाना अनिवार्य हो जाता है। "कुछ नवीन तत्व केवल उनकी नवीनता के लिए स्वीकार किए जाते हैं, कुछ सुविधा के लिए और कुछ लाभ के लिए। ऐसे तत्व जिनमें लाभ की आशा हो, सुविधापूर्वक अपनाए या सीखे जा सकें और जो व्यक्तिगत तथा सामूहिक आवश्यकताओं की पूर्ति में उपयोगी हों, शीघ्र ही अपना लिए जाते हैं। प्रतिष्ठा के लिए भी नवीन सांस्कृतिक तत्व ग्रहण किए जाते हैं।" इस प्रकार संस्कृति हस्तातंरण संस्कृतिग्रहण पर निर्भर है और पर-संस्कृतिग्रहण सांस्कृतिक संपर्क एवं सांस्कृतिक हस्तातंरण पर।

लगभग सभी मानवशास्त्री जिनकी रुचि आदिम संस्कृतियों के अध्ययन में थी, यह जानना चाहते थे कि संस्कृति का उद्‌भव, विकास एवं संवर्धन किस प्रकार हुआ और वह किन-किन चरणों से गुजरी है। विश्व की सभी संस्कृतियां समान स्तरों से गुजरी हैं? क्या उनके विकास एवं संवर्धन की प्रक्रिया एक-सी रही है, तथा सांस्कृतिक विकास एवं संवर्धन की प्रक्रिया एक-सी रही है, तथा सांस्कृतिक विकास में किन कारकों का योगदान रहा है? इन प्रश्नों का उत्तर उद्‌विकासवादी एवं प्रसारवादी मानवशास्त्रियों ने अलग-अलग प्रकार से दिया है। उद्‌विकासवादियों का मत है कि सावयव (Organism) की भांति ही संस्कृतियों का उद्‌विकास हुआ। यदि दो स्थानों पर समान सांस्कृतिक तत्व पाए जाते हैं तो इसका अर्थ है कि दोनों स्थानों पर उनका जन्म स्वतंत्र रूप से हुआ। इसका कारण यह है कि सभी मानव समान परिस्थितियों में समान रूप से सोचते एवं कार्य करते हैं।

दूसरी और प्रसारवादियों ने कहा है कि संस्कृति का विकास एवं संवर्द्धन सांस्कृतिक तत्वों के एक स्थान से दूसरे स्थान पर प्रसार के कारण हुआ है। सांस्कृतिक प्रसार के लिए दो भिन्न समूहों का संपर्क तथा संस्कृतियों का हस्तातंरण आवश्यक है। संस्कृति की एक विशेषता यह है कि वह सीखी जा सकती है। अतः जब दो संस्कृतियां संपर्क में आती हैं और एक-दूसरे को सांस्कृतिक तत्वों का हस्तातंरण करती हैं तो उतना ही प्रसार होता है। सांस्कृतिक हस्तातंरण का एक कारण यह भी है कि सामान्यतः व्यक्ति आराम-पसंद है। साथ ही नवीन आविष्कार करने के बजाय अन्य संस्कृति के तत्वों को अपनाना सरल है। यातायात एवं संदेशवाहन के साधनों की सुगम उपलब्ध्धि भी सांस्कृतिक हस्तातंरण में सहायक है, किन्तु भौतिक दूरी, दलदल, नदी, पहाड़, रेगिस्तान, जंगल, आदि सांस्कृतिक हस्तातंरण में बाधा उत्पन्न करते हैं।

संस्कृति हस्तातंरण के संदर्भ में कुछ बातें महत्वपूर्ण हैं जैसे–सांस्कृतिक हस्तातंरण उन्हीं तत्वों का होता है जो तत्व अपनाने वाले समूह की संस्कृति से समानता रखते हों और उसके लिए लाभप्रद हों। सांस्कृतिक हस्तातंरण के दौरान सांस्कृतिक तत्वों के मूल स्वरूप में परिवर्तन आ जाता है क्योंकि ग्रहण करने वाला समूह अपनी आवश्यकता के अनुरूप उसे बदल देता है। सामान्यतः संस्कृति का हस्तातंरण उच्च संस्कृति से निम्न संस्कृति की दिशा में होता है फिर भी संपर्क में आने वाली संस्कृतियां परस्पर एक-दूसरे से कोई न कोई सांस्कृतिक तत्व अवश्य ही ग्रहण करती हैं।

इस प्रकार हम देखते हैं कि पर-संस्कृतिग्रहण, सांस्कृतिक संपर्क और संस्कृति हस्तातंरण परस्पर संबंधित और सहयोगी प्रक्रियाएं हैं।

एकीकरण (Integration)

एकीकरण भी संगठनात्मक प्रक्रिया है। सामाजिक संरचना और प्रकार्यों के सुचारू रूप से संचालन के लिए यह आवश्यक है कि सामाजिक व्यवस्था की विभिन्न इकाइयों में एकीकरण हो। एकीकरण के अभाव में समान व्यवस्था में तनाव बढ़ता है, इसके प्रबंध में शिथिलता आती है, एकता में कमी होती है तथा समाज में अव्यवस्था और विघटन जन्म लेते हैं। एक प्रक्रिया के रूप में एकीकरण समाज में समूह की दृढ़ता एवं व्यवस्था को बनाए रखने में सहायक है।

सामाजिक एकीकरण एवं दृढ़ता के बारे में सुस्पष्ट विचार व्यक्त करने वाले विद्वानों में दुर्खीम का नाम सर्वोपरि है। उन्होंने श्रम-विभाजन और आत्महत्या के सिद्धांतों में इन पर विचार किया है। दुर्खीम ने अपने उदाहरणों द्वारा यह प्रकट किया है कि आत्महत्या की दर उन समूहों में अधिक है जिनमें समूह की एकता और दृढ़ता में कमी पाई जाती है।

एकीकरण की परिभाषा एवं अर्थ (Definition and Meaning of Integration)

एकीकरण का संबंध संपूर्णता और उसके अंगों से है। यदि हम सारे समाज को एक संपूर्णता मान लें तो अर्थव्यवस्था, धर्म, राजनीति, परिवार, आदि उसकी उप-व्यवस्थाएं हैं, इन सभी में एकजुटता अर्थात् एकीकरण है। एकीकरण का तात्पर्य है–समग्र की इकाइयों का संयुक्त होना या मिलना। एकीकरण का अर्थ है कई इकाइयों द्वारा एक संपूर्णता का निर्माण। इसमें विभिन्नता की धारणा निहित है तथा यह विचार भी निहित है कि विभिन्न इकाइयों को साथ रखा जाए। इसका अर्थ यह भी हुआ कि जो इकाइयां अलग-अलग हैं वे एक-दूसरे की सहायता करने और पूरक बनने की इच्छा रखती हैं, इसके अभाव में एकीकरण में संपूर्णता का निर्माण करने वाली विभिन्न इकाइयों को लाभ होता है, और इसी कारण वे एकता बनाए रखना चाहती हैं।

एकीकरण में समाज के विभिन्न समूहों के बीच प्रथाओं, भावनाओं, मनोवृत्तियों और व्यवहारों के क्षेत्र में संगठन की स्थिति उत्पन्न हो जाती है। उदाहरण के लिए, भारत में हिन्दू, मुसलमान, सिख, ईसाई, पारसी, आदि विभिन्न धर्मावलम्बी निवस करते हैं। यदि इनके विचारों, भावनाओं एवं मनोवृत्तियों में समानता उत्पन्न हो जाए तो यही एकीकरण की स्थिति कहलाएगी, किन्तु एकीकरण का तात्पर्य विभिन्न समूहों का बिल्कुल एक हो जाना नहीं है क्योंकि ऐसा तो संभव भी नहीं है। **गिलिन** एवं **गिलिन** के अनुसार, एकीकरण का तात्पर्य समरूपता (Homogeneity) नहीं वरन् संगठन है। लक्ष्यों की प्राप्ति के लिए एक समाज की विभिन्न इकाइयों की

भावनाओं, मनोवृत्तियों एवं व्यवहारों में संगठन उत्पन्न हो जाना ही एकीकरण है। एकीकरण में इकाइयों के बीच मतभेद समाप्त हो जाते हैं।

एकीकरण का अर्थ स्पष्ट करते हुए **के. सी. पाण्डे** ने लिखा है कि इस प्रक्रिया के अंतर्गत कई इकाइयों द्वारा एक संपूर्णता का निर्माण किया जाता है। इसमें विभिन्नता की धारणा निहित है तथा साथ ही यह विचार भी मौजूद है कि विभिन्न इकाइयों को साथ रखा जाय। इसका अर्थ यह भी हुआ कि जो इकाइयां अलग-अलग हैं, वे एक-दूसरे की सहायता करने एवं पूरक बनने की इच्छा रखती हैं। इसके अभाव में एकीकरण संभव नहीं होगा, अतः एकीकरण में संपूर्णता का निर्माण करने वाली विभिन्न इकाइयों का लाभ निहित होता है और इस कारण वे एकता बनाये रखना चाहते हैं।

ऑगबर्न और **निमकॉफ** के अनुसार, पृथक अंगों को मिलाकर एकाकी इकाई निर्मिम करने की प्रक्रिया ही एकीकरण है। इस प्रकार से एकीकरण की प्रक्रिया में अंगों से मिलकर एक समग्र इकाई या संपूर्णता का निर्माण होता है, अतः एकीकरण संगठन की भी एक प्रक्रिया है।

एकीकरण एक प्रक्रिया और एक दशा दोनों ही है। एक प्रक्रिया के रूप में एकीकरण समाज में निरंतर चलता रहता है। समाज व्यवस्था में परिवर्तन होता रहता है और उसी के अनुरूप इकाइयां भी अपना सामंजस्य स्थापित करती रहती हैं। कभी-कभी एक इकाई मं परिवर्तन होने पर भी वह समस्त व्यवस्था को बदल देती है।

एकीकरण एक दशा भी है। जब एकीकरण को प्राप्त कर लिया जाता है तथा इकाइयों और समग्र के बीच संतुलन कायम हो जाता है तब यह स्थिति या दशा एकीकरण कहलाती है। जब यह संतुलन टूटने लगता है तो व्यवस्था में विघटन प्रारंभ हो जाता है।

इस प्रकार एकीकरण का तात्पर्य उन बंधनों से है जो सदस्यों (इकाइयों) में एक-दूसरे के प्रति पाए जाते हैं।

एकीकरण के कारक (Factors of Integration)

ऑगबर्न एवं निमकॉफ ने उन कारकों का उल्लेख किया है जो एकीकरण की मात्रा को प्रभावित करते हैं। वे कारक तीन हैं–समूह का आकार, सजातीयता या समरूपता तथा भौतिक (भौगोलिक) गतिशीलता।

(1) **समूह का आकार**–बड़े और द्वैतीयक समूहों की तुलना में छोटे और प्राथमिक समूहों में एकीकरण की मात्रा अधिक पायी जाती है क्योंकि छोटे

समूहों में ही सदस्यों की भावनाओं और विचारों को अच्छी तरह समझकर संगठन बनाया जा सकता है।

(2) **सजातीयता या समरूपता**–समूह के आकार और सजातीयता में घनिष्ठ संबंध है। छोटे समूह प्राय: सजातीय होते हैं जबकि बड़े समूहों में धर्म, भाषा, जाति, प्रजाति, शिक्षा एवं पारिवारिक पृष्ठभूमि के आधार पर अनेक भिन्नताएं पायी जाती हैं। सजातीयता का अर्थ है किसी संपूर्णता की विभिन्न इकाइयो का एक समान होना। शारीरिक और मानसिक समरूपता भी एकीकरण को बढ़ावा देती है। भारत जैसे देश में जहां धर्म, भाषा, जाति, प्रजाति को लेकर अनेक विविधता पायी जाती है, एकीकरण की समस्या भी अधिक जटिल है।

(3) **भौतिक (भौगोलिक) गतिशीलता**–भौतिक या भौगोलिक गतिशीलता का अर्थ है लागों द्वारा एक सांस्कृतिक एंव भौगोलिक क्षेत्र को छोड़कर निवास के लिए दूसरे क्षेत्र में जाना। भौतिक गतिशीलता एवं प्रवास के कारण भी एकीकरण में बाधा उत्पन्न होती है क्योंकि इससे व्यक्ति का समूह बदल जाता है तथा उसे नए समूह से एकीकरण करना पड़ता है।

सामाजिक एकीकरण के रूप (Forms of Social Integration)

सामाजिक एकीकरण के प्रमुख रूप है–संरचनात्मक, प्रकार्यात्मक, सांस्कृतिक मूल्यात्मक, सामाजिक, मनोवैज्ञानिक तथा द्वन्द्वात्मक भौतिकवादी।

(1) **सामाजिक प्रकार्यात्मक एकीकरण**–मानव की अनेक मूलभूत आवश्यकताएं हैं जिनमें से शारीरिक, आर्थिक, भावात्मक, व्यवस्थात्मक एवं मूल्यात्मक आवश्यकताएं प्रमुख हैं। इन आवश्यकताओं की पूर्ति के लिए समाज में कई संरचनाएं विकसित हुई हैं जो अनेक प्रकार्यों को करती हैं। पारसंस ने सामाजिक संरचना के कुछ मुख्य तत्वों का उल्लेख किया है, वे हैं–नातेदारी व्यवस्था, सत्ता एवं धर्म। सामाजिक संरचना के ये संभी तत्व किसी न किसी रूप में सामाजिक एकीकरण में योगदान करते हैं। नातेदारी व्यवस्था रिश्तेदारों को परस्पर जैविकीय एवं भावात्मक आधार पर जोड़ती है। परिवारों, गोत्र और विवाह के संबंध में समाज एवं समूह के अस्तित्व को बनाए रखने एवं सदस्यों को भावात्मक आधार पर जोड़ने में प्रमुख भूमिक निभाते हैं, किन्तु नातेदारी द्वारा एक सीमित समूह में ही एकीकरण किया जाता है। श्रम-विभाजन, राज्य तथा धर्म का एकीकरण का दायरा विस्तृत होता है। दुर्खीम ने सामाजिक एकीकरण का दायरा विस्तृत

होता है। दुर्खीम ने सामाजिक एकीकरण एवं दृढ़ता में श्रम-विभाजन के योगदान की विस्तृत चर्चा की है। सरल समाजों, छोटे समूहों तथा परिवार एवं नातेदारी पर आधारित संगठनों में श्रम-विभाजन लिंग और आयु भेद पर आधारित होते हैं। इस प्राकर के समाजों को दुर्खीम यांत्रिक दृढ़ता वाले समाज कहता है। जब जनसंख्या बढ़ती है और समूह का आकार बढ़ जाता है तो श्रम-विभाजन का रूप बदल जाता है। तब लिंग और आयु भेद के स्थान पर व्यवसाय, प्रशिक्षण, शिक्षा एवं योग्यता के आधार पर श्रम-विभाजन किया जाता है तथा सदस्यों में पारस्परिक निर्भरता बढ़ जाती है जो एकीकरण को जन्म देती है। दुर्खीम जटिल समाजों में पायी जाने वाली इस प्रकार की दृढ़ता को सावयवी दृढ़ता या एकता कहता है। राज्य और धर्म भी समाज में एकता उत्पन्न करते हैं। कृषक और जनजातीय समाजों को संगठित एवं एकीकृत करने तथा आधुनिक औद्योगिक लोकतांत्रिक राज्यों में समन्वय स्थापित कर एकता पैदा करने में शक्ति और राज्य की भूमिका महत्वपूर्ण रही है। इसी प्रकार से धर्म भी अपने अनुयायियों में एकता उत्पन्न करता है। ईसाई धर्म में एकता पैदा करने में चर्च की भूमिका महत्वपूर्ण रही है।

(2) **सांस्कृतिक मूल्यात्मक एकीकरण**—प्रत्येक समाज और समूह की अपनी एक संस्कृति भी एकीकरण में सहायक होती है सांस्कृतिक प्रतिमान और मूल्य लोगों के व्यवहारों का नियमन व नियंत्रण करने, समाज में सही और गलत का निर्धारण करने एवं विचारों में एकता तथा सहमति पैदा करने में सहायक होते हैं। इस कार्य में समान भाषा, धर्म, प्रथाएं, रीति-रिवाज, परम्पराएं, खान-पान, वेश-भूषा, प्रतीक और चिन्ह, विश्वास, विचारधारा और कर्मकाण्ड भी योगदान देते हैं।

(3) **सामाजिक मनोवैज्ञानिक एकीकरण**—समाज और व्यक्ति के एकीकरण में मनोवैज्ञानिक कारकों का भी महत्वपूर्ण हाथ होता है। मानव की अनेक जैविकीय, आर्थिक एवं सामाजिक आवश्यकताएं होती हैं। इन आवश्यकताओं की पूर्ति के लिए समाज की अनेक उप-व्यवस्थाएं हैं जैसे, परिवार, गोत्र, नातेदारी, धर्म, सत्ता, अर्थव्यवस्था आदि। जब इन उप-व्यवस्थाओं के द्वारा व्यक्तियों को सन्तुष्टि प्राप्त होती है तो समाज में एकीकरण की प्रक्रिया तीव्र होती है। विभिन्न उप-व्यवस्थाओं से संबंधित व्यक्तियों में पारस्परिक निर्भरता के भाव एवं आन्तरिक उत्साह भी समाज में एकीकरण पैदा करते हैं।

(4) **द्वन्द्वात्मक भौतिकवादी एकीकरण**—इस प्रकार के एकीकरण का उल्लेख संघर्षवादी विचारधारा के लोग प्रमुखत: मार्क्स करते हैं। उनका मत है कि वर्गों पर आधारित समाज व्यवस्था में विभिन्न वर्गों में अपने-अपने हितों को लेकर संघर्ष पाया जाता है। संघर्ष के दौरान विभिन्न वर्गों में एकीकरण पैदा होता है जिसका आधार अपनी हित रक्षा करना होता है। वर्ग संघर्ष की समाप्ति पर जब वर्ग समाप्त हो जाते हैं तथा समाजवाद की स्थापना हो जाती है तब भी समाज में एकीकरण उत्पन्न होता है।

एकीकरण तथा सात्मीकरण (Integration and Assimilation)

एकीकरण तथा सात्मीकरण एक ही नहीं है, इन दोनों में निम्नांकित अन्तर है :

(1) एकीकरण एक लक्ष्य है जिसे सात्मीकरण की प्रक्रिया के माध्यम से प्राप्त किया जाता है।

(2) सात्मीकरण में विभिन्न सांस्कृतिक समूहों में समानता उत्पन्न हो जाती है जबकि एकीकरण में सामाजिक संगठन की इकाइयों में एकजुटता उत्पन्न हो जाती है।

(3) एकीकरण में इकाइयों की पृथक्ता बनी रहती है, वे कुछ मुद्दों पर समान रूप से प्रयास करते हैं। सात्मीकरण में एक सांस्कृतिक समूह दूसरे सांस्कृतिक समूह के मूल्यों, उद्देश्यों और विचारों को अपना लेता है।

(4) एकीकरण में इकाइयों में एकरूपता की मात्रा कम या अधिक हो सकती है जबकि सात्मीकरण में इकाइयों में पूर्ण समरूपता पायी जाती है।

सामाजिक प्रक्रियाएं : असहयोगी (असहगामी) (Social Processes : Dissociative)

असहगामी सामाजिक प्रक्रिया के अन्तर्गत वे प्रक्रिया आती हैं जो व्यक्ति और समाज के जीवन को विघटित करने में योग देती हैं। यहां हम प्रतिस्पर्द्धा एवं संघर्ष पर विस्तारपूर्वक विचार करेंगे। यद्यपि ये विघटनात्मक प्रक्रियाओं के अन्तर्गत आती हैं, परन्तु साथ ही इनका लाभप्रद पक्ष भी है जिन पर आगे विचार किया गया है।

प्रतिस्पर्द्धा (Competition)

प्रतिस्पर्द्धा या प्रतियोगिता को एक असहगामी सामाजिक प्रक्रिया माना गया है। इसका कारण यह है कि प्रतिस्पर्द्धियों में कम या अधिक मात्रा में एक-दूसरे

के प्रति कुछ ईर्ष्या-द्वेष के भाव पाये जाते हैं। प्रत्येक दूसरों को पीछे रक्षाकर स्वयं आगे बढ़ना चाहता है, अपने उद्देश्य को प्राप्त करना चाहता है। अत्यधिक या अनियन्त्रित प्रतिस्पर्द्धा समाज में संगठन को ठेस पहुंचती है और उसे विघटन की ओर ले जाती है, परन्तु साथ ही प्रतिस्पर्द्धा व्यक्तियों, समूहों और राष्ट्रों को प्रगति करने, आगे बढ़ने तथा अपनी स्थिति को ऊंचा उठाने की प्रेरणा भी देती है, कुशलतापूर्वक निरन्त़र प्रयत्न करते रहने को प्रोत्साहित करती है, कार्य को उत्तमता के साथ पूरा करने में मदद देती है। आधुनिक समय में प्रतिस्पर्द्धा जीवन के प्रत्येक क्षेत्र में पायी जाती हें खिलाड़ी, विद्यार्थी, व्यापारी, उद्योगपति, वकील, डॉक्टर, राजीतिज्ञ, कवि, साहित्यकार आदि हर समय एक-दूसरे से प्रतिस्पर्द्धा करते हैं। जहां मांग पूर्ति से अधिक होती है, वहां सीमित वस्तु को प्राप्त करने के इच्छुक व्यक्ति एक-दूसरे से होड़ करते हैं उसकी प्राप्ति का प्रयत्न करते हैं जहां दो या दो से अधिक व्यक्ति या समूह किसी ऐसे लक्ष्य की प्राप्ति का नियमों के अन्तर्गत प्रयत्न करते हैं जो मांग की तुलना में कम है, वहां इसे प्रतिस्पर्द्धा कहते हैं। प्रतिस्पर्द्धा में लक्ष्य की प्राप्ति के लिए नियम, प्रथा या परम्परा के अनुसार प्रयत्न करना होता है, इसमें हिंसा का सहारा नहीं लिया जाता। जब बल प्रयोग, हिंसा या छल-कपट को काम में लेते हुए लक्ष्य प्राप्ति का प्रयत्न यिका जाता है, तो वहां इसे प्रतिस्पर्द्धा नहीं कहकर संघर्ष कहते हैं। प्रतिस्पर्द्धा के अर्थ को ठीक से समझने के लिए यहां कुछ परिभाषाओं पर विचार करना आवश्यक है।

गिलिन और **गिलिन** के अनुसार, "प्रतिस्पर्द्धा वह सामाजिक प्रक्रिया है जिसमें प्रतिद्वन्द्वी व्यक्ति या समूह किसी जनता के समर्थन तथा प्राथमिकता के माध्यम से लाभ प्राप्त करने का प्रयत्न करते हैं और उस व्यक्ति या समूह को अपने हितों के समर्थन में अनुरोध करते हैं न कि अपने लक्ष्यों को प्राप्त करने के लिए हिंसा या इसके भय का प्रयोग।"

बीसंज और **बीसंज** के अनुसार, "प्रतिस्पर्द्धा दो या दो से अधिक व्यक्तियों के समान उद्देश्य जो इतना सीमित है कि सब उसके भागीदार नहीं बन सकते, को पाने के प्रयत्न को कहते हैं।

बागार्डस ने लिखा है, "प्रतिस्पर्द्धा किसी ऐसी वस्तु को प्राप्त करने के लिए होड़ है जो कि इतनी मात्रा में नहीं पायी जाती है कि उसकी मांग को पर्याप्त रूप से पूरा किया जा सके।"

ग्रीन ने लिखा है, प्रतिस्पर्द्धा में दो या अधिक व्यक्ति या समूह समान लक्ष्य को प्राप्त करने को प्रयत्न करते हैं जिसको कोई भी दूसरों के साथ बांटने के लिए न तो तैयार होता और न ही इसकी अपेक्षा निरन्तर प्रयास है।"

सदरलैण्ड एवं **अन्य** के अनुसार, ''प्रतिस्पर्द्धा व्यक्तियों या समूहों के बीच उन सन्तुष्टियों, जिन्हें उनके सीमित होने के कारण सब प्राप्त नहीं कर सकते, की प्राप्ति हेतु एक अवैयक्तिक, अचेतन तथा निरन्तर प्रयास है।''

अकोलकर ने प्रतिस्पर्द्धा का अर्थ स्पष्ट करते हुए लिखा है कि वह (प्रतिस्पर्द्धा) दो या अधिक व्यक्तियों अथवा समूहों के मध्य धन, प्रस्थिति, सम्मान, लोकप्रियता, शक्ति या प्रभाव को दूसरे के बजाय, अधिक प्राप्त करने के लिए होने वाली एक दौड़ है। प्रतिस्पर्द्धा उस समय होती है जब इच्छित वस्तु की मात्रा सीमित होती है।

उपर्युक्त सभी विद्वानों ने अपने-अपने तरीके से प्रतिस्पर्द्धा का अर्थ स्पष्ट करने का प्रयत्न किया है। इन परिभाषाओं से ज्ञात होता है कि *प्रतिस्पर्द्धा दो या दो से अधिक व्यक्तियों या समूहों के बीच किसी सीमित वस्तु, अधिकार या सेवा को प्राप्त करने के लिए प्रथा या नियम के अन्तर्गत किया गया प्रयत्न है।*

उपर्युक्त परिभाषाओं के आधार पर प्रतिस्पर्द्धा की निम्न विशेषताएं भी उभरकर सामने आती हैं :

(1) प्रतिस्पर्द्धा *दो या दो से अधिक व्यक्तियों या समूहों के बीच* किसी सीमित वस्तु, अधिकार या सेवा, जिसकी पूर्ति मांग की तुलना में कम है, की प्राप्ति का प्रयत्न है।

(2) प्रतिस्पर्द्धा में **किसी तीसरे पक्ष का होना आवश्यक** है जिसके समर्थन को प्राप्त करने का प्रयत्न दोनों पक्षों के द्वारा किया जाता है। दो व्यक्तियों के लिए तीसरा पक्ष ग्राहक, दो प्रमियों के लिए वह युवती जिसका प्रेम पाने के लिए दोनों लालायित हैं और परीक्षार्थियों के लिए परीक्षक है।

(3) प्रतिस्पर्द्धा सामान्यत : एक **अवैयक्तिक क्रिया** (Impersonal Process) है। आई.ए.आर.ए. या आर.ए.एस. या माध्यमिक बोर्ड की परीक्षाओं में बैठने वाले परीक्षार्थियों की संख्या हजारों-लाखों में होती है, जो अपने-अपने तरीके से परीक्षा की तैयारी करते हैं और जिन्हें एक-दूसरे के बारे में कुछ भी जानकारी साधारणत: नहीं होती। प्रतिस्पर्द्धा करने वाले एक-दूसरे से अपरिचित होनते हुए भी नियमों के अनुसार लक्ष्य-प्राप्ति की कोशिश करते रहते हैं, परन्तु कई बार प्रतिस्पर्द्धा करने वाले व्यक्तियों में सीधा तथा वैयक्तिक सम्पर्क भी होता है, उदाहरण के रूप में, एक ही स्थान या नगर के दो व्यापारियों या उद्योगपतियों के बीच पायी जाने वाली प्रतिस्पर्द्धा।

(4) प्रतिस्पर्द्धा की एक अत्यन्त महत्वपूर्ण विशेषता **अहिंसात्मक तरीके से लक्ष्य-प्राप्ति का प्रयत्न है।** जहां संघर्ष में हिंसा या हिंसा की धमकी का सहारा लिया जाता है, वहां प्रतिस्पर्द्धा में अहिंसात्मक तरीकों पर जोर दिया

जाता है। जहां प्रतिस्पर्द्धियों का ध्यान लक्ष्य से हटकर एक-दूसरे पर केन्द्रित हो जाता है ओर जहां वे नियमों की परवाह किए बिना लक्ष्य प्राप्ति के लिए हिंसा, भय, आतंक, आदि का प्रयोग करते हैं वहीं प्रतिस्पर्द्धा संघर्ष का रूप ग्रहण कर लेती है।

(5) प्रतिस्पर्द्धा सामान्यत: एक **अचेतन प्रक्रिया** (Unconscious Process) है। इसका तात्पर्य यह है कि प्रतिस्पर्द्धी एक-दूसरे के प्रयत्नों के प्रति अजागरूक होते हैं। वे तो अपने स्वयं के उद्देश्यों और प्रयत्नों के प्रति ही जागरूक होते हैं। उन्हें सामान्यत: दूसरे प्रतिस्पर्द्धियों के सम्बन्ध में जानकारी नहीं होती, परन्तु कभी-कभी प्रतिस्पर्द्धा चेतन प्रक्रिया भी होती है, जैसे खेल के मैदान में आमने-सामने खड़ी दो फुटबॉल की टीमों के बीच पायी जाने वाली प्रातिस्पर्द्धा।

(6) प्रतिस्पर्द्धा एक **निरन्तर प्रक्रिया** (Continuous Process) है। जीवन के प्रत्येक क्षेत्र में प्रतिस्पर्द्धा हर समय पायी जाती है। आर्थिक, राजनीतिक, सामाजिक एवं सांस्कृतिक क्षेत्रों में आगे बढ़ने या उन्नति करने के लिए व्यक्ति को सदैव प्रतिस्पर्द्धा करनी पड़ती है। आधुनिक, जटिल और गत्यात्मक समाजों में सापेक्ष रूप से स्थित समाजों की तुलना में प्रतिस्पर्द्धा अधिक पायी जाती है।

(7) प्रतिस्पर्द्धा एक **सार्वभौमिक प्रक्रिया** (Universal Process) है, इसका तात्पर्य यही है कि प्रतिस्पर्द्धा प्रत्येक समाज, स्थान एवं काल में मौजूद रहती है, यहा तक कि समाजवादी देशों में भी प्रतिस्पर्द्धा पायी जाती है। प्रतिस्पर्द्धा उन्हीं समाजों में नहीं होगी, जहां प्रत्येक वस्तु की बहुतायत हो और पूर्ति मांग से कम नहीं हो, परन्तु ऐसी स्थिति आज किसी भी समाज में साधारणत: देखने को नहीं मिलती।

प्रतिस्पर्द्धा के प्रकार (Types of Competition)

प्रतिस्पर्द्धा के दो प्रमुख प्रकार हैं :

(1) वैयक्तिक प्रतिस्पर्द्धा, और

(2) अवैयक्तिक प्रतिस्पर्द्धा।

(1) **वैयक्तिक प्रतिस्पर्द्धा** (Personal Competition)—**गिलिन** और **गिलिन** ने इसे **चेतन प्रतिस्द्धा** (Conscious Competition) के नाम से पुकारा है। इसमें प्रतिस्पर्द्धा करने वाले एक-दूसरे को व्यक्तिगत रूप से भली-भांति जानते हैं। यह प्रतिस्पर्द्धा चेतन रूप में होती है, प्रतिस्पर्द्धी केवल एक-दूसरे

को नहीं जानते बल्कि एक-दूसरे के प्रयत्नों के प्रति भी जागरूक होते हैं। दो प्रतिद्वन्द्वी प्रेमियों में किसी युवती के प्रेम को प्राप्त करने के लिए होने वाली प्रतिस्पर्द्धा वैयक्तिक या चेतन प्रतिस्पर्द्धा का ही उदाहरण है, अन्य उदाहरणों में किसी महाविद्यालय में होने वाली 'वाद-विवाद प्रतियोगिता' या अखाड़े में दो पहलवालों के बीच होने वाली कुश्ती प्रतियोगिता या कक्षा में प्रथम स्थान प्राप्त करने के लिए विद्यार्थियों में होने वाली, अथवा चुनाव में खड़े प्रत्याशियों के बीच मुकाबला आदि प्रमुख हैं।

(2) **अवैयक्तिक प्रतिस्पर्द्धा** (Impersonal Competition)—गिलिन और गिलिन ने इसे **अचेतन प्रतिस्पर्द्धा** (Unconscious Competition) का नाम दिया है, इसमें प्रतियोगी एक-दूसरे को जानते-पहचानते नहीं हैं। वे अपने लक्ष्य एवं प्रयत्नों के प्रति ही जागरूक होते हैं, न कि अन्य प्रतियोगियों के प्रति। भारतीय प्रशासनिक सेवा (I.A.S.) एवं अन्य प्रतियोगी परीक्षाओं में प्रति वर्ष हजारों की संख्या में परीक्षार्थी बैठते हैं, परन्तु वे न तो एक-दूसरे को ही जानते हैं और न ही एक-दूसरे के प्रयत्नों को। वे तो अपने-अपने तरीके से परीक्षा की तैयारी करते रहते हैं। अवैयक्तिक प्रतिस्पर्द्धा में प्रतियोगी एक-दूसरे को जानते नहीं, परन्तु वे अन्य की तुलना में आगे बढ़ने या प्रतियोगिता में सफल हाने का प्रयत्न करते हैं। अवैयक्तिक प्रतिस्पर्द्धा प्रमुखत: विभिन्न समूहों जैसे—राजनीतिक दलों, आर्थिक संगठनों एवं धार्मिक समूहों या राष्ट्रों के बीच पायी जाती है। आजकल के जटिल समाजों में अवैयक्तिक प्रतिस्पर्द्धा सभी क्षेत्रों में दिखायी पड़ती है।

प्रतिस्पर्द्धा के स्वरूप (Forms of Competition)

गिलिन और **गिलिन** ने प्रतिस्पर्द्धा के चार स्वरूपों का उल्लेख किया है जो इस प्रकार हैं :

(1) आर्थिक,

(2) सांस्कृतिक,

(3) भूमिका या प्रस्थिति के लिए,

(4) प्रजातीय।

(1) **आर्थिक प्रतिस्पर्द्धा** (Economic Competition)—व्यापारियों और उद्योगपतियों के बीच आर्थिक प्रतिस्पर्द्धा पयाी जाती है। वे अधिक लाभ कमाने के लिए एक-दूसरे से प्रतिस्पर्द्धा करते हैं। उद्योगपति कम लागत

पर अच्छे-से-अच्छा माल बनाकर उसे अन्य की तुलना में कम कीमत पर बेचकर मुनाफा कमाना चाहते हैं इसके लिए वह अन्य उद्योगपतियों के साथ प्रतिस्पर्द्धा करता है। अर्थशास्त्रियों के अनुसार लोगों द्वारा इच्छित वस्तुओं की कमी के कारण आर्थिक क्षेत्र में प्रतिस्पर्द्धा पनपती है, सभी उत्तम से उत्तम वस्तुएं, सुविधाएं और सेवाएं प्राप्त करना चाहते हैं, परन्तु मांग की तुलना में इसकी पूर्ति के सीमित होने के कारण लोगों में प्रतिस्पर्द्धा पायी जाती है। उत्पादन, विनिमय, वितरण तथा उपभोग के क्षेत्र में विभिन्न व्यक्तियों एवं समूहों के बीच पायी जाने वाली प्रतिस्पर्द्धा आर्थिक प्रतिस्पर्द्धा के अन्तर्गत ही आती है।

(2) **सांस्कृतिक प्रतिस्पर्द्धा** (Cultural Competition)—जब दो संस्कृतियों के लोग एक-दूसरे के सम्पर्क में आते हैं तो सांस्कृतिक प्रतिस्पर्द्धा प्रारम्भ होती है। इसका कारण यह है कि प्रत्येक व्यक्ति अपनी संस्कृति को श्रेष्ठ समझकर उसे दूसरों पर थोपने का प्रयत्न करता है। जब यह प्रयत्न प्रतिस्पर्द्धा के नियमों को लांघकर हिंसा या बल प्रयोग का सहारा ले लेता है तो उस समय सांस्कृतिक प्रतिस्पर्द्धा सांस्कृतिक संघर्ष में बदल जाती है। भारत में जब अंग्रेज व्यापारी, धर्म-प्रचारक और प्रशासकीय अधिकारी के रूप में आये तो पाश्चात्य संस्कृति और भारतीय संस्कृति में प्रतिस्पर्द्धा प्रारम्भ हुई, अंग्रेजों और भारतीयों की परम्पराओं, मूल्यों, विश्वासों, दृष्टिकोणों, व्यवहार के तरीकों, आदर्शों वं संस्थाओं में पायी जाने वाली प्रतिस्पर्द्धा सांस्कृतिक प्रतिस्पर्द्धा के अन्तर्गत ही आती है। स्वयं भारत में हिन्दुओं, मुलसमानों एवं ईसाइयों में सांस्कृतिक प्रतिस्पर्द्धा पायी जाती है।

(3) **भूमिका या प्रस्थिति के लिए प्रतिस्पर्द्धा** (Competition for Role or Status)—समाज में कुछ भूमिकाओं और प्रस्थितियां अन्य की तुलना में अधिक महत्वपूर्ण होती हैं। व्यक्ति और समूह उन भूमिकाओं को अदा करना या उन प्रस्थितियों को प्राप्त करना चाहते हैं जो उनकी स्वयं की, साथियों की और अन्य समूहों की दृष्टि में उच्च मानी जाती हैं। इसके लिए उन्हें अन्य के साथ प्रतिस्पर्द्धा करनी पड़ती है। ऐसे प्रयत्न को **मेलोक 'प्रभुत्व के लिए संघर्ष** (The struggle for domination) तथा मनोवैज्ञानिक 'अहम् की तुष्टि' (The Satisfaction of the ego) मानते हैं। अन्य शब्दों में इसे प्रतिष्ठा का सूचक भी माना जा सकता है। व्यक्ति आर्थिक, सामाजिक, सांस्कृतिक, धार्मिक, राजनीतिक, आदि क्षेत्रों मे उच्च

प्रस्थिति प्राप्त करने या महत्वपूर्ण मानी जाने वाली भूमिका निभाने के लिए एक-दूसरे के साथ प्रतिस्पर्द्धा करते रहते हैं।

(4) **प्रजातीय प्रतिस्पर्द्धा** (Racial Competition)—एक प्रजाति और दूसरी प्रजाति में शारीरिक विशेषताओं जैसे चमड़ी का रंग, कद, मुंह की आकृति, बालों की विशेष बनावट, आदि के आधार पर अन्तर पाये जाते हैं। साथ ही एक प्रजाति अपने आपको अन्य प्रजातियों से श्रेष्ठ होने का दावा भी करती है। यद्यपि यह एक भ्रामक धारणा है जिसे आज तक प्रमाणित नहीं किया जा सका है। इसी धारणा के आधार पर विभिन्न प्रजातियों में प्रतिस्पर्द्धा पायी जाती है। अमरीका में श्वेत और नीग्रो लोगो तथा अफ्रीका में अंग्रेजों तथा मूल-निवासियों के बीच पायी जाने वाली प्रतिस्पर्द्धा प्रजातीय प्रतिस्पर्द्धा के अन्तर्गत ही आती है। यह प्रतिस्पर्द्धा कई बार संघर्ष का रूप ग्रहण कर लेती है। गिलिन और गिलिन द्वारा बताय गए प्रतिस्पर्द्धा के उपर्युक्त चार स्वरूपों के अतिरिक्त भारत में एक अन्य स्वरूप–**जातीय प्रतिस्पर्द्धा** भी देखने को मिलती है। वर्तमान में तो **अन्तर्राष्ट्रीय क्षेत्र में प्रतिस्पर्द्धा** अनेक रूपों में दिखायी पड़ती है। एक राष्ट्र दूसरे राष्ट्रों की तुलना में आर्थिक और औद्योगिक क्षेत्र में आगे बढ़ने या उन्नति करने के लिए प्रयत्न करता है। यही बात सैनिक तैयारियों के क्षेत्र में भी पायी जाती है। प्रत्येक राष्ट्र अन्य की तुलना में शस्त्रीकरण की दृष्टि से काफी आगे बढ़ जाना चाहता है। विभिन्न राष्ट्रों में अधिक शक्ति और साधन प्राप्त करने के लिए प्रतिस्पर्द्धा चलती ही रहती है।

प्रतिस्पर्द्धा के परिणाम एवं महत्व
(Result and Importance of Competition)

गिलिन और **गिलिन** ने प्रतिस्पर्द्धा के सहचारी (सहयोगात्मक), असहचारी (असहयोगात्मक), व्यक्तित्व संबंधी, प्रगति संबंधी, समूह-दृढ़ता संबंधी तथा सामाजिक विघटन से संबंधित परिणामों का उल्लेख किया है। यहां हम इन पर संक्षेप में विचार करेंगे :

(1) **सहचारी (सहयोगात्मक) परिणाम** (Associative Results)—स्वस्थ प्रतिस्पर्द्धा का सहचारी या संगठनात्मक परिणाम निकलता है। वकील, डॉक्टर, इन्जीनियर, विद्यार्थी, अध्यापक, नेता, अभिनेता, साहित्यकार, उद्योगपति, मजदूर, आदि प्रतिस्पर्द्धा के माध्यम से आगे बढ़ने और अपने लक्ष्यों को प्राप्त करने का प्रयत्न करते हैं, परन्तु साथ ही अपने-अपने

व्यवसाय और वर्ग के हित में संगठन और समितियां भी बना लेते हैं। ये संगठन अपने सदस्यों के हित की रक्षा की दृष्टि से महत्वपूर्ण कार्य करते हैं। प्रतिस्पर्द्धा का यह परिणाम समाज के लिए हितकर है।

(2) **असहचारी (असहयोगात्मक) परिणाम** (Dissociative Results)—प्रतिस्पर्द्धा के असहचारी परिणाम उस समय सामने आते हैं जब यह अत्यन्त कटु रूप धारण कर लेती है। ऐसी स्थिति में विभिन्न प्रतियोगी प्रतिस्पर्द्धा के नियमों की चिन्ता नहीं करते हुए अपने लक्ष्यों की प्राप्ति पर जोर देते हैं।

(3) **व्यक्तित्व संबंधी परिणाम** (Results with reference to Personality)—**कूले** के अनुसार, ''स्वस्थ प्रतिस्पर्द्धा विस्तृत सामाजिक अनुभव या ज्ञान को बढ़ाने में योग देती है।'' जो व्यक्ति अन्य के साथ प्रतिस्पर्द्धा करता है, उसे उनके बारे में कुछ जानकारी प्राप्त करनी होती है, उनके उद्देश्यों, विचारों, व्यवहारों और विधियों को समझना होता है। जैसे-जैसे व्यक्ति दूसरों को समझता है, वैसे-वैसे उसके व्यक्तित्व का विकास होता है। इस संबंध में **गिलिन** और **गिलिन** ने लिखा है कि इस प्रकार प्रतिस्पर्द्धा व्यक्ति के दृष्टिकोण को व्यापक बनाती है, बोध शक्ति को विस्तृत करती है और उसकी सहानुभूति को गहरा करती है। उस समाज में प्रतिस्पर्द्धा का प्रभाव होता है जिसमें प्रतिस्पर्द्धा के नियम ठीक से स्थापित और साधारणतः मान्य होते हैं।

(4) **प्रगति संबंधी परिणाम** (Results with reference to Progress)—प्रतिस्पर्द्धा भौतिक व सामाजिक प्रगति में काफी योग देती है, प्रतिस्पर्द्धा तेजी से बदलते हुए समाज में पुनः समायोजन में सहायता प्रदान करती है। वह व्यक्ति को उत्तम तरीके से कार्य करने को प्रेरित करती है, चाहे व्यक्ति ऐसा आर्थिक लाभ, उच्च पद, प्रतिष्ठा, आदि प्राप्त करने के लिए ही करे। व्यक्ति के इस प्रकार के श्रेष्ठ प्रयत्न का लाभ समाज को निश्चित रूप से मिलता है। प्रतिस्पर्द्धा व्यक्ति और समूह को नवीन प्रविधियों को खोज निकालने और अन्य की तुलना में अधिक उत्तमता से कार्य सम्पन्न करने को प्रोत्साहित करती है। उसके इस प्रकार के प्रयत्नों से आविष्कार भी होते हैं और सामाजिक प्रगति भी।

(5) **सामूहिक दृढ़ता संबंधी परिणाम** (Results with reference to Group Solidarity)—जहां व्यक्तियों ओर समूहों में नियमानुसार स्वस्थ प्रतिस्पर्द्धा चलती है, वहां समूह की दृढ़ता (एकता) बनी रहती हैं जब प्रतिस्पर्द्धा

स्वतन्त्र और उचित ढंग से चलती है तो प्रत्येक को अपनी योग्यतानुसार अपना कार्य सर्वोत्तम ढंग से करने का अवसर मिलता है। इससे समूह संबंध व्यवस्थित बने रहते हैं और समूह एकता के सूत्र में बंधा रहता है।

(6) **सामाजिक विघटन संबंधी परिणाम** (Results with reference to Social Disorganization)—प्रतिस्पर्द्धा सदैव प्रगति और सामाजिक दृढ़ता में ही योग नहीं देती। जब नवीन आविष्कारों के कारण समाज में तेजी से परिवर्तन होते हैं तो सामाजिक विघटन की स्थिति उत्पन्न होती हें यहां हमें यह नहीं भूलना चाहिए कि सामाजिक विघटन के लिए उत्तरदायी कारक प्रमुखत: तेजी से होने वाले परिवर्तन हैं और प्रतिस्पर्द्धा तो केवल सहायक कारक है।

प्रतिस्पर्द्धा के उपर्युक्त कार्यों और परिणामों में इसका महत्व स्वत: ही स्पष्ट हो जाता है। प्रतिस्पर्द्धा व्यक्ति, समूह और समाज के लिए प्रकार्यात्मक है। अत: इसे एक सहचारी या संगठनात्मक प्रक्रिया माना जा सकता है, न कि असहचारी या विघटनात्मक प्रक्रिया। प्रतिस्पर्द्धा में सफल होने के लिए व्यक्ति और समूह को परिश्रमपूर्वक उत्तम से उत्तम तरीके से काम करने की प्रेरणा मिलती है। इससे कार्य-कुशलता में वृद्धि होती है, जो सम्पूर्ण समाज और राष्ट्र के लिए लाभप्रद है। **बीसंज** और **बीसंज** ने लिखा है, "*हमें विश्वास है कि सहयोग कार्यों को पूर्ण करवाता है तो प्रतिस्पर्द्धा आश्वासन देती है कि ये कार्य अच्छी प्रकार से किए जायेंगे।*" आज आधुनिक समाजों में अर्जित प्रस्थितियों के महत्व के बढ़ने से व्यक्ति को कदम-कदम पर अन्य के साथ प्रतिस्पर्द्धा करनी पड़ती है। इसके महत्व के सम्बन्ध में रॉस ने लिखा है, "*प्रतिस्पर्द्धा प्रत्येक व्यक्ति को उसके सामाजिक जगत में स्थन प्रदान करने का प्रमुख कार्य करती है।*

प्रतिस्पर्द्धा एक प्रगतिशील शक्ति है जो निर्माण करती है न कि आवश्यक रूप से विनाश।" उचित व्यक्ति को उचित स्थान प्रदान करना सम्पूर्ण राष्ट्र की समृद्धि की दृष्टि से अत्यन्त आवश्यक है और प्रतिस्पर्द्धा यह महत्वपूर्ण कार्य करती है। **किंग्सले डेविस** ने लिखा है, "*प्रतिस्पर्द्धा अत्यधिक गतिशील है। यह महत्वाकांक्षाओं में वृद्धि करके, असफलता की चुनौती देकर और साथ ही सफलता का विश्वास दिलवाकर तथा प्रतिद्वन्द्विता के तत्व को सम्मिलित करके इच्छित वस्तु (उच्च प्रास्थतियों) को प्राप्त करने के लिए प्रोत्साहित करती है। इसी कारण प्रतिस्पर्द्धा जटिल और परिवर्तनशील समाजों में विशेष रूप से इतनी महत्वपूर्ण प्रक्रिया बन जाती हे। वास्तव में प्रगति के साथ स्पष्ट रूप से सम्बन्धित होने के कारण यह पाश्चात्य*

समाजों में आधुनिक सभ्यता का एक अनिवार्य लक्षण बन गयी है।" आज जीवन के सभी क्षेत्रों में प्रतिस्पर्द्धा का काफी महत्व बढ़ गया है।

स्वस्थ व नियन्त्रित प्रतिस्पर्द्धा को किसी भी दृष्टि से असहयोगी या विघटनात्मक प्रक्रिया नहीं माना जा सकता। आज हजारों-लाखों व्यक्ति विभिन्न प्रतियोगी परीक्षाओं में प्रतिवर्ष बैठते हैं इसमें सफल होने वाले असफल परीक्षार्थियों की तुलना में अधिक योग्य होते हैं। इससे योग्य व्यक्तियों के चुनाव की सम्भावना रहती है और उनकी योग्यता का लाभ समाज को मिलता है। इससे पक्षपात को रोक और योग्यता को महत्व दिया जाता है इस दृष्टि से प्रतिस्पर्द्धा का आधार तार्किक है। *इतना अवश्य है कि अनियन्त्रित और असीमित प्रतिस्पर्द्धा विघटनात्मक है, समाज के लिए अपकार्यात्मक या हानिप्रद है।*

संघर्ष (Conflict)

संघर्ष को एक मौलिक और सार्वभौमिक सामाजिक प्रक्रिया माना गया है जो प्रत्येक समाज और काल में कम या अधिक मात्रा में पाया जाता है। पूर्णत: संघर्षरहित समाज को पाया जाना असम्भव है। संघर्ष सामाजिक सम्बन्धों में हर समय मौजूद रहता है। यह जीवन की एक वास्तिविकता है, इसे अस्वाभविक नहीं माना जा सकता। व्यक्तियों और समूहों के बीच शारीरिक, भावात्मक, सांस्कृतिक तथा व्यवहार सम्बन्धी अन्तर पाये जाते है। ये भेद विरोध, वैमनस्य और संघर्ष तक के लिए उत्तरदायी हैं। व्यक्ति या समूह विरोधी से घृणा करने लगता है, उसके प्रति रोष व्यक्त करता है, क्रोध प्रकट करता है जो कभी भी संघर्ष के रूप में बदल सकता है। जब कोई व्यक्ति या समूह अपने लक्ष्यों की प्राप्ति के लिए प्रतिस्पर्द्धा का मार्ग छोड़कर हिंसा या हिंसा की धमकी का सहारा लेता है, विरोधी के प्रति घृणा और क्रोध के भाव बहुत तीव्र हो जाते हैं तो उस पर आक्रमण करने और उसे हानि पहुंचाने की इच्छा बलवती हो जाती है। परिणामस्वरूप संघर्ष होता है। संघर्ष में साधनों पर उतना ध्यान नहीं दिया जाता जितना साध्य (लक्ष्य प्राप्ति) पर। इसमें हिंसा के भय या बल-प्रयोग का सहारा लक्ष्य को प्राप्त करना चाहते हैं और उनका मुख्य ध्यान लक्ष्य पर ही रहता है, चाहे उन्हें कैसे ही साधन क्यों न अपनाने पड़ें तो ऐसी स्थिति में संघर्ष प्रारम्भ हो जाता है। संघर्ष के पीछे व्यक्तिगत कारण भी पाये जा सकते हैं और समूहगत कारण भी।

संघर्ष का अर्थ एवं परिभाषा (Meaning and Definition of Conflict)

जब कोई व्यक्ति या समेह अपने किसी लक्ष्य की प्राप्ति के लिए विरोधी

को नुकसान पहुंचाने, नष्ट करने, उसके हितों को चोट पहुंचाने या उसके कार्य में बाधा डालने का प्रयत्न करता है तो इसे संघर्ष के नाम से पुकारा जाता है। ऐसे प्रयत्न में शक्ति, हिंसा प्रतिकार या विरोध का सहारा लिया जाता है। इनकी सहायता से अन्य व्यक्तियों या समूहों के लक्ष्य प्राप्ति के मार्ग में बाधा उत्पन्न की जाती है।

संघर्ष का अर्थ स्पष्ट करते हुए **मैकाइवर** तथा **पेज** (MacIver and Page) ने लिखा है, ''सामाजिक संघर्ष में वे सभी क्रिया-कलाप सम्मिलित हैं जिनमें मनुष्य किसी भी उद्देश्य के लिए एक-दूसरे के विरुद्ध लड़ते या विवाद करते हैं।''

ए.डब्लू.ग्रीन (A. W. Green) के अनुसार, ''संघर्ष दूसरे या दूसरों की इच्छा के विरोध, प्रतिकार या बलपूर्वक रोकने के विचारपूर्वक प्रयत्न को कहते हैं।''

गिलिन तथा **गिलिन** (Gillin and Gillin) ने लिखा है, ''संघर्ष वह सामाजिक प्रक्रिया है जिसमें व्यक्ति अथवा समूह अपने लक्ष्यों की प्राप्ति विरोधी को प्रत्यक्ष हिंसा या हिंसा की चुनौती देकर करते हैं।''

स्पष्ट है कि *अपने उद्देश्यों की प्राप्ति के लिए बल-प्रयोग या हिसा की धमकी द्वारा दूसरों की इच्छाओं को दबाना या उनके उद्देश्यों की प्राप्ति के मार्ग में बाधा उपस्थित करना ही संघर्ष है।* विभिन्न विद्वानों ने संघर्ष में हिंसा, आक्रमण एवं उत्पीड़न को साधारणत: आवश्यक माना है। किंग्सले डेविस के अनुसार जहां प्रतिस्पर्द्धियों का ध्यान प्रतिस्पर्द्धा से हटकर प्रतिद्वन्द्वियों पर केन्द्रित हो जाता है, वहीं संघर्ष प्रारम्भ हो जाता है।

संघर्ष की विशेषताएं (Characteristic of Conflict)

उपर्युक्त परिभाषाओं के आधार पर संघर्ष की निम्नलिखित विशेषताएं सामने आती हैं जो संघर्ष की प्रकृति को स्पष्ट करने में योग देती हैं :

(1) संघर्ष के लिए दो या दो से अधिक व्यक्तियों अथवा समूहों का होना आवश्यक है जो *एक-दूसरे के हितों को हिंसा की धमकी, आक्रमण विरोध या उत्पीड़न के माध्यम से चोट पहुंचाने की कोशिश करते हैं।*

(2) संघर्ष एक **चेतन प्रक्रिया** (Conscious Process) है जिसमें संघर्षरत व्यक्तियों या समूहों को एक-दूसरे की गतिविधियों का ध्यान रहता है। वे अपने लक्ष्य की प्राप्ति के साथ-साथ विरोधी को मार्ग से हटाने का प्रयत्न भी करते हैं।

(3) संघर्ष एक **वैयक्तिक प्रक्रिया** (Personal Procerss) है। इसका तात्पर्य यह है कि संघर्ष में ध्यान लक्ष्य पर केन्द्रित न होकर प्रतिद्वन्द्वियों पर केन्द्रित

हो जाता है। यहां सामान्य व्यक्तियों या समूहों के साथ संघर्ष नहीं किया जाता बल्कि व्यक्ति विशेष या समूह विशेष के साथ संघर्ष किया जाता है। परिणामस्वरूप प्रतिद्वन्द्वी एक-दूसरे को भली-भांति जानते हैं और इसीलिए इसे वैयक्तिक प्रक्रिया माना गया है।

(4) संघर्ष एक **अनिरन्तर प्रक्रिया** (Intermitent Process) है। इसका अर्थ यही है कि संघर्ष सदैव नहीं चलता रहता बल्कि रुक-रुक कर चलता है। इसका कारण यह है कि संघर्ष के लिए शक्ति और अन्य साधन जुटाने पड़ते हैं जो किसी भी व्यक्ति या समूह के पास असीमित मात्रा में नहीं पाये जाते। परिणामस्वरूप कोई भी व्यक्ति या समूह सदैव संघर्षरत नहीं रह सकता। इतिहास बताता है कि मानव ने युद्ध में जितना समय बितया उससे कई गुना अधिक समय शान्ति में बिताया है।

(5) संघर्ष एक **सार्वभौमिक प्रक्रिया** (Universal Process) है। इसका तात्पर्य यह है कि संघर्ष किसी न किसी रूप में प्रत्येक समाज और प्रत्येक काल में कम या अधिक मात्रा में अवश्य पाया जाता है। जहां व्यक्तियों औ समूहों के स्वार्थ एक-दूसरे से टकराते हैं, वहीं संघर्ष उत्पन्न हो जाता है।

संघर्ष के स्वरूप (Forms of Conflict)

संघर्ष के विभिन्न स्वरूपों में गिलिन तथा गिलिन द्वारा बताये हुए निम्नलिखित पांच स्वरूप प्रमुख हैं :

(1) **वैयक्तिक स्वरूप** (Personal Conflict)—आपसी हितों के टकराने से व्यक्ति-व्यक्ति के बीच होने वाला संघर्ष वैयक्तिक संघर्ष के अन्तर्गत आता है। ऐसे संघर्ष में विरोधियों में एक-दूसरे के प्रति घृणा, वैमनस्य या शत्रुता के भाव पाये जाते हैं। व्यक्ति प्रारम्भ में अपने विरोधी से घृणा करता है, उसे नीचा दिखाने का प्रयत्न करता है, डराता या धमकाता है, गाली-गलौज और मौका आने पर मारपीट तक करता है। व्यक्तिगत संघर्ष प्रमुखतः धन, स्त्री और जमीन को लेकर होते हैं। इस प्रकार के संघर्षों को देखने का मौका साधारणतः प्रत्येक को मिलता रहता हैं इस प्रकार के संघर्ष को समूह प्रोत्साहित नहीं करता।

(2) **प्रजातीय संघर्ष** (Racial Conflict)—यह समूहगत संघर्ष में आता है। एक प्रजाति और दूसरी प्रजाति में शारीरिक अन्तर स्पष्टतः दिखायी पड़ते हैं और जब दो भिन्न प्रजातियां एक-दूसरे के सम्पर्क में आती हैं तो कई बार उनमें संघर्ष भड़क उठता है। इसे ही प्रजातीय संघर्ष कहते हैं इस प्रकार

के संघर्ष अमरीका में श्वेत और नीग्रो प्रजातियों और अफ्रीका में श्वेत और श्याम प्रजातियों के लोगों के बीच पाये जाते हैं। प्रजातीय संघर्ष का एक प्रमुख कारण अपनी प्रजाति को अन्य प्रजातियों की तुलना में श्रेष्ठ समझने की अवैज्ञानिक धारणा है। यद्यपि प्रजातीय संघर्ष के लिए शारीरिक अन्तरों को उत्तरदायी माना जाता है, परन्तु वास्तव में इसके लिए सांस्कृतिक भिन्नता और विशेषत: आर्थिक हितों का टकराव प्रमुख रूप से उत्तरदायी है।

(3) **वर्ग संघर्ष** (Class Conflict)—आज वर्ग संघर्ष विश्व के अनेक देशों में भीषण रूप धारण करता जा रहा है। जब एक समूह अपने को श्रेष्ठ और अन्य को हीन समझकर अपने स्वार्थ या हितों के लिए उसे अपने अधिकार में रखने का प्रयत्न करता है तो वर्ग-संघर्ष देखने को मिलता है। इसक प्रकार के हितों में आर्थिक लाभ, राजनीतिक शक्ति या सामाजिक प्रतिष्ठा, आदि आते हैं। औद्योगीकरण के परिणामस्वरूप बढ़ते हुए पूंजीवाद ने वर्ग संघर्ष को बढ़ाने में योग दिया है। पूंजीवाद के विकास के कारण उद्योगपतियों और मजदूरों में आर्थिक विषमताएं या अंतर बढ़ते गये। मिल-मालिक अधिक से अधिक लाभ कमाने हेतु मजदूरों का शोषण करने लगे। पूंजीपति वर्ग या उच्च वर्ग के पास प्रतिष्ठा एवं धन की जबकि श्रमिक या निम्न वर्ग के पास संख्या, संगठन एवं श्रम की शक्ति है। इन दोनों वर्गों के हितों के टकराने से हड़ताल, घेराव, तालाबन्दी, तोड़-फोड़ और मारपीट तक की घटनाएं होती हैं।

(4) **राजनीति संघर्ष** (Political Conflict)—राजनीतिक संघर्ष के दो रूप देखने को मिलते हैं, **प्रथम**, एक ही राष्ट्र के विभिन्न राजनीतिक दलों के बीच होने वाला संघर्ष और **द्वितीय**, विश्व के विभिन्न राष्ट्रों के बीच होने वाला संघर्ष; जिसे अन्तर्राष्ट्रीय संघर्ष कहा जाता है। जिन राष्ट्रों में विचार व्यक्ति करने और संगठन बनाने की स्वतंत्रता होती है और प्रजातंत्रात्मक प्रकार की शासन-व्यवस्था पायी जाती है, वहां अनेक राजनीति दल बन जाते हैं। ये दल अपने सिद्धान्तों, नीतियों और कार्यक्रमों के आधार पर शान्तिमय तरीके से जनता का समर्थन प्राप्त कर अपनी-अपनी सरकार बनाने का प्रयत्न करते हैं। इसे राजनीतिक दलों के बीच पायी जाने वाली प्रतिस्पर्द्धा कहा जायेगा, लेकिन कई बार एक राजनीकि दल दूसरे दल या विरोधी नेताओं के विरुद्ध घृणा फैलाता है, भ्रामक प्रचार करता है, चरित्र-हनन का प्रयत्न करता है और जब ये बातें

बढ़ जाती हैं तो टकराव होता है, मारपीट होती है, हत्या तक का सहारा लिया जाता है। यह राजनीतिक संघर्ष ही है।

(5) **अन्तर्राष्ट्रीय संघर्ष** (International Conflict)—इस प्रकार का संघर्ष सामूहिक संघर्ष का ही एक प्रकार है। विभिन्न राष्ट्रों के बीच समय-समय पर होने वाले युद्ध अन्तर्राष्ट्रीय संघर्ष के ही उदाहरण हैं। भारत और पाकिस्तान तथा भारत और चीन के बीच होने वाले युद्ध अन्तर्राष्ट्रीय संघर्ष के अन्तर्गत ही आते हैं। आज संसार के प्रमुख राष्ट्र दो विरोधी गुटों में विभक्त हैं, जो एक-दूसरे के विरुद्ध घृणा फैलाते हैं, विषैला प्रचार करते हैं जिससे आपसी तनाव और संघर्ष की सम्भावना बढ़ती जाती है।

मैकाइवर और **पेज** ने संघर्ष के दो कार–प्रत्यक्ष संघर्ष और अप्रत्यक्ष संघर्ष बताये हैं :

(1) **प्रत्यक्ष संघर्ष** (Direct Conflict)—व्यक्ति-व्यक्ति और समूह-समूह के बीच होने वाले आमने-सामने के संघर्ष प्रत्यक्ष संघर्ष ही हैं। इस प्रकार के संघर्ष में रत व्यक्तियों या समूहों को प्रत्यक्ष रूप से देखा जा सकता हैं। दो या कुछ व्यक्तियों, जातियों, साम्प्रदायों तथा राष्ट्रों के बीच होने वाली मारपीट, हत्या, झगड़े, दंगे, युद्ध, क्रान्ति, आदि इसी श्रेणी में आते हैं। यहां दो पक्ष एक-दूसरे के प्रत्यक्ष सम्पर्क में आकर लड़ाई-झगड़ा या संघर्ष शुरू कर देते हैं।

(2) **अप्रत्यक्ष संघर्ष** (Indirect Conflict)—इसमें दो विरोधी प्रत्यक्ष रूप से एक-दूसरे के सम्पर्क में नहीं आकर इस प्रकार से कार्य करते हैं कि एक-दूसरे के हितों या लक्ष्यों की पूर्ति में बाधा बड़ती है।

अनियन्त्रित प्रतिस्पर्द्धा और विभिन्न राष्ट्रों के बीच चलने वाला शीत-युद्ध (Cold War) अप्रत्यक्ष संघर्ष के ही उदाहरण हैं इस प्रकार के संघर्ष में विरोधी प्रति घृणा, अविश्वास एवं शत्रुता के भाव पाये जाते हैं, हिंसा के प्रयोग और नुकसान पहुंचाने की बलवती इच्छा पायी जाती है, परन्तु इन सबकी प्रत्यक्ष अभिव्यक्ति होती है। दो उद्योगपति एक-दूसरे का प्रत्यक्ष रूप से नहीं जानते हुए भी एक-दूसरे का अपना शत्रु मानकर अपनी क्रियाओं का संचालन इस प्रकार से कर सकते हैं कि दूसरे के उद्देश्य प्राप्ति के मार्ग में बाधा उपस्थित हो जाय। यह अप्रत्यक्ष संघर्ष ही है जिसमें संघर्ष के सभी लक्षण मौजूद रहते हैं।

संघर्ष के उपर्युक्त स्वरूपों के अलावा उच्च प्रस्थिति और भूमिका प्राप्त करने

की इच्छा, धार्मिक मतभेद तथा शैक्षणिक हितों के टकराव को लेकर भी संघर्ष के कई स्वरूप सामने आ सकते हैं।

संघर्ष के कारण (संघर्ष क्यों)
(Causes of Conflict—Why Conflicts)

अपने गौरव को बढ़ाने तथा दूसरों पर आधिपत्य जमाने की इच्छा ने अनेक वैयक्तिक एवं समूहगत संघर्षों को जन्म दिया है। अपने देश के लोगों के लिए साधन जुटाने के प्रयत्न भी अनेक संघर्षों के लिए उत्तरदायी हैं। धार्मिक और सांस्कृतिक अन्तरों ने भी संघर्ष भड़काने में योग दिया है। आधुनिक समय में संघर्षों को जन्म देने में आर्थिक कारकों ने विशेष भूमिका निभायी हैं **गिलिन** और **गिलिन** ने बताया है कि अन्तर्राष्ट्रीय संघर्ष गौरव बढ़ाने या श्रेष्ठ समझी जाने वाली संस्कृति के प्रसार या नवीन प्राकृतिक स्रोतों और नये बाजारों को प्राप्त करने की इच्छा का परिणाम है। शक्ति और सम्मान प्राप्त करने की लालसा और सांस्कृतिक आदर्शों का टकराव भी संघर्ष उत्पन्न करने में अपनी भूमिका निभाते हैं। विभिन समूहों के मध्य संघर्षों की ये जड़ें (कारण समूहों के भीतर होने वाले संघर्षों में भी अपनी भूमिका निभाती हैं। इन विद्वानों ने बताया है कि जब लोग एक-दूसरे के सम्पर्क में आते हैं और उनमें संचार होता है तो निम्नलिखित कारणों की बजह से उनमें संघर्ष होता है :

(1) व्यक्तिगत भिन्नताएं,
(2) सांस्कृतिक भिन्नताएं,
(3) परस्पर-विरोधी स्वार्थों का टकराव तथा
(4) सामाजिक पविर्तन।

(1) **व्यक्तिगत भिन्नताएं** (Individual Differences)—व्यक्ति-व्यक्ति में शारीरिक गठन, बौद्धिक क्षमता, आदतों, अभिवृत्तियों, मूल्यों, दृष्टिकोणों, स्वभाव आदि के आधार पर अनेक अन्तर पाये जाते हैं किसी में क्रोध अधिक पाया जाता है तो किसी में सहनशीलता। जब भिन्न-भिन्न क्षमताओं और विशेषताओं वाले व्यक्ति एक-दूसरे के सम्पर्क में आते हैं तो वे सुगमता से समायोजन नहीं कर पाते, प्रत्येक अपने तरीके से सोचता है और व्यवहार करता है। यह स्थिति संघर्ष का कारण बन जाती है।

(2) **सांस्कृतिक भिन्नताएं** (Cultural Differences)—प्रत्येक व्यक्ति का व्यक्तित्व उस संस्कृति की देन होता है जिसमें उसका समाजीकरण होता है, जिसमें उसका पालन-पोषण होता है। अन्य शब्दों में व्यक्ति के विचारों,

मूल्यों, दृष्टिकोणों तथा अभिवृत्तियों पर उसके समूह की संस्कृति का काफी प्रभाव होता है। जब दो भिन्न संस्कृतिों वाले लोग एक-दूसरे के सम्पर्क में आते हैं तो सांस्कृतिक भिन्नता उनके सहयोगी सम्बन्धों के मार्गों में कई बार बाधक बन जाती है और संघर्ष की स्थित उत्पन्न हो जाती है। साथ ही प्रत्येक समूह अपनी संस्कृति को श्रेष्ठ और अन्य को अपने से हीन मानकर चलता है। संस्कृति-क्षेत्र में श्रेष्ठता और हीनता की यह धारणा अनेक समूहों के बीच संघर्षों का प्रमुख कारण है। इतिहास बताता है कि विश्व में धार्मिक या सांस्कृतिक भिन्नताओं के कारण अनेक संघर्ष हुए हैं जिनमें हजारों-लाखों लोग मौत के घाट उतार दिये गये। साधारणतया विरोधी संस्कृति वाले लोगों के बीच संघर्ष की सम्भावना अधिक रहती है।

(3) **परस्पर विरोधी स्वार्थ या स्वार्थों का टकराव** (Clashing Interests)—व्यक्ति-व्यक्ति के और समूह-समूह के स्वार्थ एक-दूसरे से भिन्न हो सकते हैं। स्वार्थों की भिन्नता या परस्पर विरोधी स्वार्थ अक्सर संघर्ष का प्रमुख कारण होता है। विभिन्न नेताओं और राजनीतिक दलों में स्वार्थों के टकराने से संघर्ष होते हैं। इसी प्रकार समय-समय पर संघर्ष होते हैं। मिल-मालिक स्वयं अधिक मुनाफा कमाना और श्रमिकों को कम वेतन देना चाहते हैं। मजदूर अधिक वेतन और सुविधाएं चाहते हैं जो कि मिल-मालिक अपने हित को ध्यान में रखकर नहीं देना चाहते। परिणामस्वरूप, उद्योगपतियों, मिल-मालिकों और पूंजीपतियों का श्रमिक वर्ग के साथ संघर्ष होता है। जो हड़ताल, तालेबन्दी, घेराव, तोड़-फोड़, आदि के रूप में व्यक्त होता है। इसी प्रकार सरकारी कर्मचारी अधिक वेतन की मांग करते हैं और सरकार कम वेतन देना चाहती है। परिणामस्वरूप संघर्ष होता है, हड़ताल, गिरफ्तारियां, लाठीचार्ज और पुलिस से मुठभेड़ तक होती हैं। वर्तमान में आर्थिक विषमताओं (अन्तरों) का बढ़ना संघर्ष का एक प्रमुख कारण है। भारत में जातीय संघर्षों के पीछे भी स्वार्थों का टकराव ही मुख्यत: उत्तरदायी है।

(4) **सामाजिक परिवर्तन** (Social Change)—जब किसी समाज में तेजी से परिवर्तन आते हैं तो सम्बन्धों की पुरानी व्यवस्था अस्त-व्यस्त हो जाती है और समाज पृथक्-पृथक् समूहों में बंट जाता है। इनमें से प्रत्येक समूह अपने-अपने विशिष्ट सामाजिक मूल्यों और आदर्शों को महत्व देता है। यह भिन्नता एवं पृथकता संघर्ष के लिए उत्तरदायी है। नये आविष्कारों के फलस्वरूप उत्पादन और वितरण के क्षेत्र में पुराने तरीकों को छोड़कर

नये तरीके अपनाये जाते है। औद्योगीकरण और नगरीकरण की प्रक्रिय तेज हो जाती है और नगरों में जनसंख्या तेजी से बढ़ती है। परणिामस्वरूप विभिन्न संस्कृतियों, धर्मों, मूल्यों और हितों वाले लोग एक-दूसरे के सम्पर्क में आते हैं। इन भिन्नताओं ने संघर्ष को बढ़ाने में योग दिया है। अब उत्पादन घर के बजाय फैक्ट्रियों में होने लगा है और इसके अनेक दूरगामी परिणाम निकले, वर्ग-भेद बढ़ा, सामाजिक नियन्त्रण के अनौपचारिक साधनों का प्रभाव कमजोर पड़ा, माता-पिता और सन्ताओं तथा भाई-बहनों के सम्बन्धों में शिथिलता आने लगी, सम्बन्धों की दृढ़ता और घनिष्ठता पहले की तुलना में कम होने लगी। परणिामस्वरूप संयुक्त परिवार के सदस्यों में संघर्ष बढ़ने लगे और एकाकी परिवारों (Nuclear Families) की संख्या बढ़ने लगी। आज पुरानी और नयी पीढ़ी के बीच पाया जाने वाला संघर्ष मूल्यों की भिन्नता का ही परिणाम है। पुरानी पीढ़ी परम्परावादी मूल्यों से चिपकी रहना चाहती है जबकि नयी पीढ़ी नये मूल्यों के अनुसार अपने जीवन को चलाना चाहती है।

उपर्युक्त कारणों के अलावा और भी अन्य कारण हैं-

(1) **संकीर्ण निष्ठाएं भी संघर्ष का एक प्रमुख कारण हैं।** जहां राष्ट्रवाद अपने उग्र रूप में पाया जाता है, वहां विभिन्न राष्टों के बीच संघर्ष होता है। संकीर्ण निष्ठाओं के कारण जातिवाद, भाई-भतीजावाद, दलगत राजनीति और क्षुद्र स्वार्थ पनपते हैं जो विभिन्न प्रकार के संघर्षों के लिए उत्तरदायी हैं।

(2) **साधनों की सीमितता** भी संघर्ष का एक अन्य प्रमुख कारण हैं अपने स्वयं के लक्ष्यों को प्रापत करने के लिए व्यक्तियों और समूहों को कई बार अन्य व्यक्तियों और समूहों से संघर्ष करना पड़ता है। इसका कारण यह है कि साधनों के सीमित होने से सभी व्यक्ति आवश्यकता और इच्छानुसार धन, सुख-सुविधाएं, पद, प्रतिष्ठा, मनोरंजन, आदि प्राप्त नहीं कर सकते हैं। ऐसी स्थिति में सीमित वस्तुओं या साधनों को प्राप्त करने के लिए व्यक्ति-व्यक्ति और समूह-समूह के बीच संघर्ष होते हैं।

(3) **जाति केन्द्रीयता** (Ethnocentrism) भी संघर्ष का एक मुख्य कारण है। अपनी जाति, प्रजाति, संस्कृति, धर्म, भाषा, मूल्य, रीति-रिवाज या जीवन विधि को सर्वश्रेष्ठ मानना ही जाति केन्द्रीयता है। इसी के परिणामस्वरूप अन्य को हीन समझा जाता है और परिणामस्वरूप संघर्ष होते हैं।

संघर्ष के *उपर्युक्त कारणो के सन्दर्भ में मानव समाज में संघर्षों की व्यापकता स्पष्ट हो जाती है।* संघर्ष सभी समाजों में देखने को मिलते हैं। **प्रो. किंग्सले डेविस** ने ठीक ही लिखा है कि सभी परिस्थितियों में संघर्ष के तत्व मौजूद हैं, क्योंकि विभिन्न व्यक्तियों के लक्ष्य सदैव कुछ मात्रा में पारस्परिक रूप में बाधक होते हैं संघर्ष मानव समाज का एक अंग है क्योंकि मानव समाज कुछ इसी किस्म की वस्तु है। इतिहास की अनेक घटनाओं और दिन-प्रतिदिन के जीवन के अनुभवों से यह स्पष्ट पता चलता है कि जहां लक्ष्यों की प्राप्ति में सहयोग (Co-operation) से सफलता नहीं मिलती, वहां सदैव संघर्ष (Conflict) का सहारा लिया जाता है। **मैकाइवर** एवं **पेज** का यह कथन पूर्णत: सही है कि **समाज संघर्ष से काटा हुआ सहयोग है।** यद्यपि समाज में प्रधानता सहयोग की पायी जाती है, परन्तु जहां सहयोग से काम नहीं चलता वहां संघर्ष के माध्यम से लक्ष्यों की पूर्ति का प्रयत्न किया जाता है। इसी कारण सहयोग के साथ-साथ समाज में संघर्ष भी देखने को मिलता है। केवल सहयोग से ही समाज का काम नहीं चलता है, आवश्यकतानुसार संघर्ष का आश्रय भी लिया जाता है।

संघर्ष के परिणाम (Results of Conflict)

संघर्ष के, व्यक्ति और समाज की दृष्टि से अनेक परिणाम निकलते हैं। **गिलिन** और **गिलिन** ने इसके पांच परिणामों का उल्लेख किया है :

(1) अन्त: समूह की दृढ़ता,

(2) समूह दृढ़ता में कमी,

(3) व्यक्तित्व में बदलाव,

(4) जन और धन की हानि तथा

(5) व्यवस्थापन, प्रभुत्व, अधीनता।

(1) **अन्त:समूह की दृढ़ता** (Solidarity of the Ingroup)—जब संघर्ष दो समूहों के बीच होता है तो प्रत्येक समूह में एकता और दृढ़ता बढ़ जाती है। प्रत्येक समूह अपने सदस्यों के लिए अन्त: समूह (In-group) और किसी अन्य समूह के सदस्यों के लिए बाह्य-समूह (Out-group) होता है। किसी अन्य अर्थात् बाह्य-समूह से संघर्ष होने पर उसका डटकर मुकाबला करने और विजय प्राप्त करने के लिए समूह के सदस्य आपसी मतभेदों को भुलाकर एकता के दृढ़ सूत्र में बंध जाते हैं जब दो राष्ट्रों में संघर्ष होता है तो प्रत्येक राष्ट्र में अभूतपूर्व आन्तरिक एकता देखने को

मिलती है। भारत और पाकिस्तान के बीच संघर्ष के समय सम्पूर्ण राष्ट्र आपसी छोटे-मोटे मतभेदों को भुलाकर एक इकाई के रूप में उठ खड़ा हुआ था। **प्रो. डेविस** ने बताया है कि राष्ट्र में आन्तरिक संघर्ष उस समय कम से कम होता है जब वह शत्रु के साथ बाह्य-संघर्ष में उलझा हो। आन्तरिक एकता और बाह्य-संघर्ष इसलिए एक ही ढाल के दो विराधी पहलू हैं।

(2) **समूह दृढ़ता में कमी** (Lessening of group Solidarity)—एक ही समूह के सदस्यों के बीच होने वाले संघर्ष से समूह की दृढ़ता में कमी आ जाती है, विरोध बढ़ जाते हैं और एकता को खतरा पैदा हो जाता है। समूह के भीतर संघर्ष होने पर सदस्य छोटे-छोटे समूह में बंट जाते हैं जो कई बार एक-दूसरे का काफी विरोध करते हैं। ऐसे संघर्ष में सदस्यों के आपसी सम्बन्ध छिन्न-भिन्न हो जाते हैं और वे एक-दूसरे की कमियों को बढ़ा-चढ़ाकर लोगों के सामने रखते हैं। ऐसी स्थिति में कई बार लोग गाली-गलौज और मारपीट पर उतारू हो जाते हैं। आपसी संघर्ष के बढ़ जाने से ही कांग्रेस और जनता पार्टी की एकता समाप्त हुई और दोनों छोटे-छोटे दलों में बंट गये।

(3) **व्यक्तित्व में बदलाव या परिवर्तन** (Alteration of Personality)—समूह के भीतर चलने वाले संघर्ष और विभिन्न समूहों के मध्य चलने वाले संघर्ष के दौरान कुछ व्यक्तियों की बफादारी एक ही समूह के दो विरोधी उप-समूहों या दो भिन्न विरोधी समेहों के प्रति होती है। ये व्यक्ति एक ही समूह के दो उपसमूहों या धड़ों (Factions) या दो भिन्न समूहों के आदर्शों, मूल्यों, विश्वासों एवं लक्ष्यों को अपने में संजोये होते हैं। परिणामस्वरूप ये किसी भी उप-समूह (धड़े) या समूह के प्रति पूर्ण वफादारी नहीं रख पाते। ऐसी स्थिति में इनका व्यक्तित्व अनेक चिन्ताओं से ग्रसित रहता है जो इनके मानसिक स्वास्थ्य की दृष्टि से हानिप्रद है। ऐसे लोगों का व्यक्तित्व अपूर्ण होता है। दूसरी ओर संघर्ष के दौरान जिन लोगों की अपने समूह के प्रति पूर्ण निष्ठा, वफादारी, बड़े से बड़ा त्याग करने की बलवती अच्छा होती है, उनके व्यक्तित्व का अधिक स्वस्थ विकास हो पाता है।

(4) **जन-धन की हानि** (Loss of Lives and Property)—संघर्ष में जन (Lives) और धन (Property) की कितनी हानि होती है, इसकी कल्पना

उस समय तक नहीं की जा सकती जब तक कि किसी संघर्ष से सम्बन्धित हानि सम्बन्धी आंकड़े उठाकर नहीं देखे जायें। संघर्ष से सम्बन्धित हानि सम्बन्धी आंकड़े उठाकर नहीं देखे जायें। संघर्ष के कारण अनेक परिवार टूट जाते हैं, भाई-भाई, माता-पिता और सन्तानें एक-दूसरे से अलग-अलग हो जाती हैं, पति-पत्नी में विवाह-विच्छेद तक की नौबत आ जाती है। संघर्ष उत्पाद में कमी, तोड़-फोड़, आगजनी, मारपीट और हत्याओं तक के लिए उत्तरदायी है। कई बार पुलिस और छात्रों, तो कई बार मिल-मालिकों और मजदूरों और कभी-कभी कर्मचारियों और अधिकारियों के बीच संघर्ष छिड़ जाता है। परिणामस्वरूप सार्वजनिक सम्पत्ति को नुकसान पहुंचाया जाता है और कई संघर्षों में लोगों की जानें तक चली जाती हैं।

(5) **व्यवस्थापन, प्रभुत्व, अधीनता** (Accommodation, Domination and Subjection)—जब संघर्ष में लगे दो दल या समूह शक्ति की दृष्टि से करीब-करीब समान होते हैं तो परिणामस्वरूप कोई भी दल दूसरे को नष्ट करने या उस पर प्रभुत्व स्थापित करने में सफल नहीं हो पाता। ऐसी दशा में उन दोनों में व्यवस्थापन या समायोजन हो जाता है, दोनों एक-दूसरे से अनुकूलन कर लेते हैं। जब दोनों में से एक दल शक्तिशाली होता है तो वह दूसरे को अपने अधीन कर लेता है, उस पर अपना प्रभुत्व स्थापित कर लेता है। परिणामस्वरूप विजेता समूह पराजित या अधीनस्थ समूह को अपनी शर्तों के अनुसार चलने को बाध्य कर देता है, उसका शोषण करता है।

प्रतिस्पर्द्धा और संघर्ष में अन्तर
(Distinction Between Competition and Conflict)

(1) **प्रतिस्पर्द्धा एक अचेतन क्रिया है।** साधारणत: प्रतियोगियों को एक-दूसरे की क्रियाओं या गतिविधियों का ज्ञान नहीं होता। वे तो अपने-अपने प्रयत्न में लगे रहते हैं। **संघर्ष एक चेतन प्रक्रिया है** जिसमें विरोधी पक्ष एक-दूसरे के बारे में पूर्ण जानकारी रखने का प्रयत्न करते हैं।

(2) **प्रतिस्पर्द्धा अधिकतर अवैयक्तिक प्रक्रिया है।** इसमें प्रतियोगी उन सब लोगों को नहीं जानते जो प्रतिस्पर्द्धा में भाग ले रहे हैं। **संघर्ष एक वैयक्तिक प्रक्रिया है।** संघर्ष में लगे व्यक्ति या समूह एक-दूसरे के सम्बन्ध में विस्तृत जानकारी रखते हैं, एक-दूसरे को भली-भांति जानते हैं।

(3) **प्रतिस्पर्द्धा एक निरन्तर प्रक्रिया है** जो प्रत्येक समाज में हर समय चलती रहती है। *संघर्ष एक अनिरन्तर या रुक-रुककर चलने वाली प्रक्रिया* **है** जो कभी चलती है और कभी रुक जाती है।

(4) *प्रतिस्पर्द्धा में अहिंसात्मक उपायों का सहारा लिया जाता है। संघर्ष में हिंसात्मक तरीके भी अपनाये जा सकते और अपनाये जाते हैं।*

(5) **प्रतिस्पर्द्धा कुछ नियमों के अनुसार चलती है।** इसमें भाग लेने वाले सभी प्रतियोगियों को प्रतिस्पर्द्धा के नियमों का ध्यान रखना पड़ता है। **संघर्ष में किसी प्रकार के कोई नियम नहीं होते।** इनमें तो व्यक्ति या समूह येन-केन प्रकारेण अपने लक्ष्य को प्राप्त करना चाहते हैं।

(6) प्रतिस्पर्द्धा में अपने लक्ष्य की प्राप्ति पर विशेष जोर दिया जाता है। अन्य शब्दों में, *प्रतिस्पर्द्धा में ध्यान लक्ष्य पर केन्द्रित होता है, न कि प्रतियोगियों पर। संघर्ष में विरोधी को हानि पहुँचाने या उसे नष्ट करके लक्ष्य प्राप्ति पर जोर दिया जाता है।*

(7) प्रतिस्पर्द्धा में साधारणतः कटुता, तनाव, घृणा, प्रतिकार, आदि बातें नहीं पायी जातीं। संघर्ष में ये सब बातें स्पष्टतः पायी जाती हैं।

(8) **प्रतिस्पर्द्धा में प्रतियोगियों के अलावा एक तीसरा पक्ष भी होता है** जो इस बात का निर्णय करता है कि कौन पक्ष प्रतिस्पर्द्धा में सफल या विजयी रहा और कौन असफल। **संघर्ष में दो पक्ष ही होते हैं** जो हार-जीत का फैसला स्वयं ही कर लेते हैं।

(9) *प्रतिस्पर्द्धा में एक-दूसरे से प्रतिस्पर्द्धा करते हैं न कि आपस में समझौते का प्रयत्न। संघर्ष में या तो दोनों पक्ष एक-दूसरे के साथ समझौता कर लेते हैं* या एक पक्ष अपनी बात या शर्तों को दूसरे पर थोपने का प्रयत्न करता है।

(10) *प्रतिस्पर्द्धा से अक्सर सभी पक्षों को लाभ होता है। संघर्ष से अधिकतर दोनों ही पक्षों को हानि ही होती है*, चाहे संघर्ष में रत व्यक्ति हों या समूह हों।

(11) प्रतस्पर्द्धा को व्यक्ति और समाज की दृष्टि से **प्रकार्यात्मक या वांछनीय माना जाता है।** संघर्ष को दोनों की दृष्टि से ही **अपकार्यात्मक या अवांछनीय समझा जाता है**, यद्यपि कुछ विद्वानों ने संघर्ष के प्रकार्यात्मक पक्ष को भी महत्वपूर्ण बताया है।

प्रतिस्पर्द्धा और संघर्ष के अन्तर को दर्शाते हुए पार्क एवं बर्गेस ने लिखा है, *"प्रतिस्पर्द्धा निरन्तर और अवैवक्तिक है, संघर्ष अनिरन्तर तथा वैयक्तिक है।"*

संघर्ष का महत्व (Importance of Conflict)

उपर्युक्त विवेचन से स्पष्ट है कि संघर्ष से हानि अधिक और लाभ कम हैं। फिर भी कुछ विद्वानों ने संघर्ष को एक महत्वपूर्ण सामाजिक प्रक्रिया माना है और इसके प्रकार्यात्मक पक्ष पर जोर दिया है।

समाज में संघर्ष का क्या महत्व है अथवा यह कहां तक प्रकार्यात्मक (लाभप्रद) और कहां तक अपकार्यात्मक (हानिप्रद) है–इस सम्बन्ध में दो विचारधाराएं प्रमुख हैं। *प्रथम संघर्षवादी विचारधारा या रेडीकल अथवा आमूलचूल परिवर्तनवादी विचारधारा और द्वितीय सन्तुलनवादी विचारधारा या संरचनात्मक-प्रकार्यात्मक विचारधारा है।* प्रथम विचारधारा (संघर्षवादी) की जानकारी अरस्तू, हाब्स, हीगल, मार्क्स और वर्तमान समय के समाजशास्त्रियों–लॉकवुड तथा डहरनडोर्फ, आदि लेखकों की रचनाओं से मिलती है। इस विचारधारा से सम्बन्धित विद्वानों के अनुसार संघर्ष स्वाभाविक सामाजिक प्रघटना है, न कि कोई अस्थायी या असामान्य घटना। इनकी मान्यता है कि समाजों में पायी जाने वाली अभाव की स्थिति के कारण संघर्ष उत्पन्न होता है। एक वर्ग के पास शक्ति और अधिकार होते हैं और दूसरा वर्ग जो इनसे वंचित होता है। इन्हें प्राप्त करने के लिए संघर्ष करता है। प्रथम वर्ग (शक्तिशाली वर्ग) दूसरे वर्ग (कमजोर वर्ग) पर आधिपत्य रखता है ओर उसका शोषण करता है। यह शोषण संघर्ष का प्रमुख कारण बन जाता है। *इस विचारधारा के अनुसार संघर्ष इसलिए महत्वपूर्ण है कि वह परिवर्तन लाने में विशेष योग देता है।* शक्ति-सम्पन्न लोग यथास्थिति (Status-quo) बनाये रखना चाहते हैं ताकि उनके हित सुरक्षित रहें।

समन्यवादी या संरचनात्मक-प्रकार्यात्मक विचारधारा के समर्थक–प्लेटो, रूसो, कॉम्टे, दुर्खीम, आदि ने समाज में व्यवस्था या यथास्थित के बने रहने की बात पर विशेष जोर दिया है। ये विद्वान संघर्ष को समाज-व्यवस्था के लिए बाधक मानते हैं। दूसरी ओर संघर्ष को समाज-व्यवस्था के लिए बाधक मानते हैं। दूसरी ओर संघर्षवादी विचारधारा के समर्थक डहरनडार्फ का कहना है कि लोग जितनी ज्यादा निष्ठा और दृढ़ निश्चय के साथ संघर्ष में शामिल होंगे, उतने ही अधिक व महत्वपूर्ण परिवर्तन हो सकेंगे। **कोजर** ने समूह की आन्तरिक एकता व संगठन को बनाये रखने की दृष्टि से संघर्ष को आवश्यक माना है। संघर्ष से समूह के टूटने या विघटित होने की सम्भावना समाप्त हो जाती है। उसके विपरीत, **गोल्ड थोर्प** की मान्यता है कि संघर्ष से समूह विशेष में तो एकता पनपती है और वह भी कुछ समय के लिए, परन्तु सम्पूर्ण समाज-व्यवस्था को इससे हानि उठानी पड़ती है, उसकी

एकता और जनजीवन अस्त-व्यस्त हो जाता है, सम्पत्ति और जीवन को काफी हानि होती है। दो विश्व-युद्ध इसके प्रत्यक्ष प्रमाण हैं, युद्ध या किसी अन्य प्रकार के संघर्ष से यदि एक पक्ष को लाभ होता है तो दूसरे पक्ष को अक्सर काफी हानि भी होती है।

आज ऐसे समाज की कल्पना करना सम्भव नहीं है जो पूर्णत: संघर्ष से मुक्ति हो। आंशिक संघर्ष तो समाज में सदैव होते रहे हैं और इन्हें समाप्त करना न तो सम्भव है और न ही आवश्यक। इतना अवश्य है कि पूर्ण या खुले संघर्षों का विरोध किया जाना चाहिए। जिनमें हिंसा का प्रयोग किया जाता है तथा धन व जन की हानि होती है। *प्रो. डेविस ने कुछ ऐसे सामाजिक तरीकों जैसे–परिहास या हंसी-मजाक, सामाजिक दूरी या अलगाव, उत्तम मनोभावों का निर्माण, सामाजिक परिवर्तन, संगठित प्रतिस्पर्द्धा, आदि का उल्लेख किया है जिनकी सहायता से संघर्ष को कम या नम्र किया जा सकता है यद्यपि ये कभी-कभी संघर्ष को रोकने की बजाय भड़काने में भी योग देते हैं।*

कुछ विद्वान सीमित मात्रा में संघर्ष को उचित ठहराते हैं। उनकी मान्यता है कि संघर्ष से लोगों में जागरूकता और अपने-अपने अधिकारों के प्रति चंतना आती हे। इसके अभाव में एक वर्ग द्वारा दूसरे वर्ग का शोषण होता रहेगा, शक्तिशाली सदैव निर्बल को बदाता रहेगा। संघर्ष के नहीं होने पर जीवन में अनाचार, अत्याचार, भ्रष्टाचार, आदि बने रहेंगे। इन बुराइयों को समाप्त करने के लिए आंशिक संघर्ष तो निश्चित रूप से लाभप्रद हैं, परन्तु जहां खुलकर हिंसा का प्रयोग और दूसरे करे लरूट करने का प्रयत्न किया जाता है, वहां संघर्ष से लाभ के बजाय हानि अधिक होती है। संघर्ष के महत्व पर प्रकाश डालते हुए **मैकाइवर** एवं **पेज** ने लिखा है, सहयोग और संघर्ष मानव जीवन में सार्वभौमिक तत्व है। वे कार्यों के एक विस्तृत क्षेत्र में साथ-साथ मौजूद रहते हैं। जिस प्रकार भौतिक जगत में आकर्षण और विकर्षण की शक्तियां हैं जो किसी स्थान में पदार्थों की स्थिति को साथ-साथ संचालित एवं निश्चित करती हैं, वैसे ही समाजिक जगत में सहयोग व संघर्ष दोनों के महत्व को स्वीकार किया है। संघर्ष के महत्व को बताते हुए **र्‍यूटर** एवं **हार्ट** (Reuter and Hart) ने लिखा है, ''यह (संघर्ष) समस्त चेतन जीवन के आधार और उत्पत्ति के मूल में है। आत्म-चेतना और समूह-चेतना दोनों संघर्ष के ही परिणाम हैं।'' स्पष्ट है कि जहां संघर्ष कुछ दृष्टियों से अपकार्यात्मक या हानिप्रद है, वहां इसका प्रकार्यात्मक या लाभप्रद पक्ष भी है।

6

सामाजिक आन्दोलन
(Social Movements)

प्रस्तावना (Introduction)

सामाजिक आन्दोलन सामूहिक व्यवहार का एक स्वरूप है। यह सामाजिक उद्विकास, प्रगति और विकास की भांति ही परिवर्तन का एक ढंग भी है। मानव अपने व्यवहार की अभिव्यक्ति दो प्रकार से कर सकता है, व्यक्तिगत तौर पर और सामूहिक तौर पर। सामूहिक तौर पर व्यक्त किया गया व्यवहार या तो समाज व्यवस्था का पोषक होता है या उसका विरोधी। सामाजिक आन्दोलनों का संचालन समाज तथा संस्कृति में नवीन परिवर्तन लाने अथवा नवीन परिवर्तनों का विरोध करने के लिए होता है। सामाजिक आन्दोलन का उद्देश्य, सामाजिक, धार्मिक, आर्थिक व राजनीतिक क्षेत्रों में आंशिक अथवा आमूल-चूल परिवर्तन लाना हो सकता है। अन्य शताब्दियों की तुलना में 20वीं शताब्दी में सर्वाधिक आन्दोलन हुए हैं। इसी सदी में रूस और चीन में बड़े पैमाने पर क्रान्तियां हुईं, इटली में फासीवाद तथा जर्मनी में नाजीवाद का उदय हुआ, कई राष्ट्रों ने साम्राज्यवाद से मुक्ति पाने व स्वतन्त्र होने के लिए आन्दोलन किये। आधुनिक समाज अधिक चेतन व गतिशील होने के कारण आन्दोलन की ओर अधिक आकृष्ट होते हें वर्तमान समय में अनेक मजदूर आन्दोलन भी हुए हैं। फ्रांस, रूस व चीन की क्रान्तियों का उद्देश्य राजनीतिक सत्ता में परिवर्तन लाना था। भारत में ब्रह्म समाज, आर्य समाज, थियोसोफिकल सोसायटी, रामकृष्ण मिशन, आदि द्वारा चलाये गए आन्दोलनों का उद्देश्य धार्मिक एवं सामाजिक क्षेत्रों में परिवर्तन एवं सुधार लाना था। असम में छात्रों द्वारा संचालित आन्दोलनों का उद्देश्य वहां से विदेशियों को निकालना है। मध्य प्रदेश की जनजातियों में हुए बिरसा आन्दोलन, तना भगत आन्दोलन, बीरसिंह आन्दोलन तथा राजस्थान के भीलों

में हुए भगत आन्दोलन का उद्देश्य जनजातियों के सामजिक, धार्मिक व सांस्कृतिक जीवन में परिवर्तन लाना एवं कुप्रथाओं से मुक्ति पाना था। भारतीय राष्ट्रीय आन्दोलन ने भारतीयों में राष्ट्रीय एकता का संचार किया और देश को गुलामी की जंजीरों से मुक्ति कराने के लिए देशवासियों में चेलना जाग्रत की। इसी के परिणामस्वरूप, 15 अगस्त, 1947 को भारत स्वतन्त्र हुआ। कबीर, नानक, तुकराम, राजा राममोहनराय एवं गांधीजी द्वारा चलाये गऐ आन्दोलनों का उद्देश्य भारतीय समाज में प्रचलित अन्धविश्वासों, रूढ़ियों एवं बुराइयों को दूर कर एक स्वस्थ एवं सुदृढ़ समाज की स्थापना करना था।

सामाजिक आन्दोलन का अर्थ एवं परिभाषा
(Meaning and Definition of Social Movement)

किसी समाज में सामाजिक आन्दोलन तब पैदा होता है जब वहां के लोग वर्तमान स्थिति से असन्तुष्ट हों और उसमें परिवर्तन का विरोध करने के लिए भी आयोजित किये जाते हैं। सामाजिक आन्दोलनों के पीछे कोई विचारधारा (Ideology) अवश्य होती है। किसी आन्दोलन का प्रारम्भ पहले असंगठित रूप में होता है। और धीरे-धीरे उनमें व्यवस्था व संगठन पैदा हो जाता है। सामाजिक आन्दोलन के एक सामूहिक व्यवहार होने के कारण कॉम्टे, दुर्खीम, लीबा, टार्डे, आदि की इसमें काफी रुचि रही है। सामाजिक आन्दोलनों में प्रारम्भिक समाजशास्त्रियों की रुचि परिवर्तन के एक प्रयास के रूप में रही जबकि वर्तमान समाजशास्त्री सामाजिक आन्दोलनों में प्रारम्भि समाजशास्त्रियों की रुचि परिवर्तन के एक प्रयास के रूप में रही जबकि वर्तमान समाजशास्त्री सामाजिक आन्दोलनों को परिवर्तन उत्पन्न करने या उसे रोकने के प्रयास के रूप में देखते है। सामाजिक आन्दोलन को इसी अर्थ में परिभाषित करते हुए **टर्नर** एवं **किलियन** लिखते हैं, ''एक सामाजिक आन्दोलन को एक समाज अथवा समूह जिसका कि वह एक भाग है, के अन्तर्गत कुछ निरन्तरता से परिवर्तन उत्पन्न करने या एक परिवर्तन को रोकने के लिए सामूहिक व्यवहार के रूप में परिभाषित करते हैं।''

हार्टन एवं **हण्ट** (Hortonand Hunt) भी सामाजिक आन्दोलन में इन्हीं बातों को दोहराते हुए लिखते हैं, "सामाजिक आन्दोलन समाज अथवा उसके सदस्यों में परिवर्तन लाने अथवा उसका विरोध करने का सामूहिक प्रयास है।"

हरबर्ट ब्लूमर (Herbrt Blumer) के अनुसार, "सामाजिक आन्दोलन जीवन को एक नयी व्यवस्था को स्थापित करने के लिए सामूहिक प्रयास कहा जा सकता है।"

मैरिल व **एल्ड्रिज** (Merrill and Eldridge) लिखते हैं, "सामाजिक आन्दोलन रूढ़ियों में परिवर्तन के लिए अधिक या कम मात्रा में चेतन रूप से किये गये प्रयास हैं।"

थियोडोरसन (Thedorson) लिखते हैं, "सामाजिक आन्दोलन सामूहिक व्यवहार का एक महत्वपूर्ण स्वरूप है जिसमें परिवर्तन लाने अथवा उसका विरोध करने में सहयोग देने के लिए लोगों को बहुत बड़ी संख्या में संगठित अथवा जागरूक किया जाता है।"

रोज (Rose) के अनुसार, "सामाजिक आन्दोलन सामाजिक लक्ष्य की प्राप्ति के लिए लोगों के एक बड़ी संख्या के एक औपचारिक संगठन को कहते हैं जो अनेक व्यक्तियों के सामूहिक प्रयास से प्रभुता सम्पन्न संस्कृति संकुलों, संस्थाओं अथवा एक समाज के विशिष्ट वर्गों को संशाधित अथवा स्थानान्तरिक करता है।"

कैमरॉन (Cameron) के अनुसार, "सामाजिक आन्दोलन तब होते हैं जब एक बड़ी संख्या में लोग विद्यमान संस्कृति या सामाजिक व्यवस्था के किसी भाग को परिवर्तित करने अथवा उसके स्थान पर दूसरी को स्थापित करने के लिए एक साथ बंध जाते हैं।"

एण्डरसन और **पार्कर** (Anderson and Parker) लिखते हैं, "हम एक सामाजिक आन्दोलन को गत्यात्मक सामूहिक व्यवहार के एक स्वरूप के रूप में परिभाषित कर सकते हैं जो समय के साथ-साथ एक संरचना विकसित कर लेता है और जिसका उद्देश्य सामाजिक व्यवस्था में आंशिक या पूर्ण संशोधन होता है।"

उपर्युक्त परिभाषाओं से स्पष्ट है कि *सामाजिक आन्दोलन का उद्देश्य समाज अथवा संस्कृति में कोई आंशिक अथवा पूर्ण परिवर्तन लाना अथवा परिवर्तन का विरोध करना होता है।* सामाजिक आन्दोलन में कई व्यक्ति अनौपचारिक रूप से सम्मिलित होते हैं, अतः यह एक सामाजिक क्रिया एवं सामूहिक प्रयास है। प्रत्येक सामाजिक आन्दोलन एक विशिष्ट परिस्थिति की देन होता है।

सामाजिक आन्दोलन की विशेषताएं (तत्व)
(Characteristics or Elements of Social Movement)

सामाजिक आन्दोलन को और अधिक स्पष्टतः समझने के लिए हम यहां विशेषताओं का उल्लेख करेंगे।

(1) **सामाजिक परिवर्तन का एक स्वरूप** (A mode of Social Change)—सामाजिक आन्दोलन सामाजिक परिवर्तन का ही एक ढंग या स्वरूप है। आन्दोलन का उद्देश्य समाज में परिवर्तन लाना या परिवर्तनों का विरोध

करना होता है जब कोई आन्दोलन सफल हो जाता है तो वह आने लक्ष्यों के अनुरूप समाज में परिवर्तन लाता है। इस प्रकार आन्दोलन के द्वारा समाज में वांछित परिवर्तन लाने का प्रयत्न किया जाता है।

(2) **निश्चित उद्देश्य** (Definite end)—प्रत्येक सामाजिक आन्दोलन का कोई नक कोई निश्चित उद्देश्य होता हे। इस उद्देश्य की प्राप्ति के लिए ही लोग संगठित एवं जागरूक होकर प्रयत्न करते हैं। उद्देश्यविहीन आन्दोलन और कुछ हो सकता है, किन्तु आन्दोलन नहीं।

(3) **संकट अथवा समस्या** (A Crisis of a Problem)—प्रत्येक सामाजिक आन्दोलन का जन्म किसी-न-किसी संकट एवं समस्या के कारण ही होता है। तब समाज में कोई ऐसी स्थिति पैदा हो जाती है जिसे लोग और अधिक सहन नहीं कर सकते तो उसे हटा देने तथा उसके स्थान पर नयी व्यवस्था लाने के लिए सामाजिक आन्दोलन किया जाता है। कई बार समाज एवं संस्कृति में पूर्ण अथवा आंशिक परिवर्तन लाने अथवा परिवर्तन का विरोध करने के लिए भी सामाजिक आन्दोलन किया जाता है।

(4) **सामूहिक प्रयत्न** (Collective Efforts)—किसी भी आन्दोलन को सामाजिक आन्दोलन उसी समय कहा जायेगा जब उसमें समाज के अनेक व्यक्ति सम्मिलित हों। एक, दो या कुछ व्यक्तियों द्वारा समाज में सुधार लाने के प्रयासों को सामाजिक आन्दोलन नहीं कहा जा सकता। सामाजिक आन्दोलन में अधिकाधिक लोगों का सहयोग प्राप्त करने के लिए असंतुष्ट लोगों को एकत्रित किया जाता है। उन्हें आन्दोलन के उद्देश्यों से परिचित कराने के लिए प्रचार एवं संचार के साधनों का अधिकाधिक प्रयोग किया जाता है। सामाजिक आन्दोलन भी एक सामूहिक व्यवहार है, किन्तु यह भीड़ एवं श्रोता समूह की अपेक्षा अधिक स्थायी है।

(5) **अनौपचाकि संगठन** (Informal Organization)—प्रत्येक सामाजिक आदोलन का एक अनौचारिक संगठन होता है। इस संगठन के द्वारा ही आन्दोलन के लक्ष्यों को प्राप्त करने की योजना बनायी जाती है, साधन जुटाये जाते हैं, धन एकतित्रत किया जाता है तथा लोगों को समय-समय पर दिशा निर्देश दिये जाते हैं।

(6) **नियोजित प्रयत्न** (Planned Efforts)—सामाजिक आन्दोलन के लिए निश्चित योजना बनायी जाती है और विभिन्न चरणों में उसे पूरा करने का सामूहिक प्रयास किया जाता है। अनियोजित प्रयत्नों के आधार पर

सामाजिक आन्दोलन को अधिक समय तक संचालित नहीं किया जा सकता।

(7) **अवैधता या समाज-विरोधी प्रकृति** (Illegitimacy or Anti-social Nature)—चूंकि अधिकांशत: सामाजिक आन्दोलनों का उद्देश्य वर्तमान समाज-व्यवस्था में आंशिक या पूर्ण परिवर्तन लाना होता है जिसे प्रचलित व्यवस्था अथवा सत्ता मान्यता नहीं देती, अत: सामाजिक आन्दोलन अवैध माने जाते हैं और उन्हें समाज विरोधी करार दे दिया जाता है। यही कारण है कि सभी सामाजिक आन्दोलनों को अपने प्रारम्भिक चरण में बहुत कम जन-सहयोग मिल पाता है। और उनकी घोर निन्दा की जाती है। कई बार तो आन्दोलनकारियों को सिर-फिरे एवं असमाजिक होने की संज्ञा दे दी जाती है।

(8) **वैचारिकी** (Ideology)—प्रत्येक सामाजिक आन्दोलन के पीछे कोई-न-कोई वैचारिकी या विचारधारा अवश्य होती है। वैचारिकी विश्वासों, मूल्यों मतों एवं प्रवृत्तियों का एक संगठन होता है जिसमें मानव के भूतकाल के अनुभव निहित होते हैं और इसका प्रयोग वह वर्तमान की किसी घटना की व्याख्या करने अथवा उसे उचित साबित करने के लिए करता है। वैचारिकी ही लोगों के सामने आदर्श भविष्य का चित्र पेश करती है। उदाहरण के लिए, कम्युनिष्ट आन्दोलन के पीछे समानता की विचारधारा निहित है। वैचारिकी ही सामाजिक आन्दोलन के लक्ष्य एवं साधन निर्धारित करती हैं तथा उसके औचित्य को सिद्ध करती हैं वैचारिकी ही आन्दोलन को प्रेरित करती है और लोगों में आशा का संचार करती है। विचारधारा ही वह केन्द्र बिन्दु है। जिसके इर्द-गिर्द सम्पूर्ण आन्दोलन का संचालन किया जाता है। वैचारिकी के आधार पर ही सामाजिक आन्दोलन के अनुयायियों को संगठित किया जाता है। संचार के साधनों एवं साहित्य के द्वारा वैचारिकी का सामान्य लोगों में प्रचार किया जाता है।

(9) **सुधारात्मक प्रवृत्ति** (Ameliorative Nature)—सामाजिक आन्दोलन की प्रकृति प्रचलित समाज-व्यवस्था अथवा संस्कृति में पूर्ण या आंशिक सुधार लाना होता है। जब पुरानी व्यवस्था में दोष उत्पन्न हो जाते हैं, जब सामाजिक मूल्य, आदर्श एवं संगठन लोगों की आवश्यकताओं एवं आकांक्षाओं को पूरा नहीं कर पाते तो उनमें परिवर्तन एवं सुधार लाना अवश्यम्भावी हो जाता है, तब सामाजिक आन्दोलन का मार्ग चुना जाता है। इस प्रकार सामाजिक आन्दोलन का उद्देश्य प्राचीन रूढ़ियों एवं अन्धविश्वासों को

समाप्त करना होता है जो समाज-व्यवस्था के लिए हानिकारक समझे जाते हैं।

(10) **विकास** (Emergence)—कोई भी सामाजिक आन्दोलन एक निर्मित वस्तु नहीं होता वरन् उसका धीरे-धीरे विकास होता है। उदारहरण के लिए, भारतीय राष्ट्रीय आन्दोलन एक दिन या एक घटना की ही देन नहीं है, वरन् उसका एक लम्बा इतिहास है और समय-समय पर उसमें अनेक प्रकार के कारकों ने योग दिया है। अंग्रेजों द्वारा किया जाने वाला शोषण एवं अत्याचार तथा स्वतंत्रता पाने की लालसा ने राष्ट्रीय आन्दोलन की उग्र एवं संगठित बनाया। असन्तोष के बढ़ने और संचित होने के साथ-साथ सामाजिक आन्दोलन भी विकसित होता है। और उग्र रूप धारण करता जाता है। कभी-कभी आन्दोलन को दबाने का प्रयास भी किया जाता है। तब कई प्राप्ति वह छिन्न-भिन्न भी हो जाता है और कभी-कभी तो लक्ष्य प्राप्ति के बाद स्वयं ही समाप्त भी हो जाता है।

ब्रूम तथा सेल्जनिक ने सामाजिक आन्दोलन की निम्नलिखित तीन विशेषताएं बताई हैं:

(1) **एक विशिष्ट दृष्टिकोण तथा विचारधारा** (A Distinctive Perspective and Ideology)—किसी भी सामाजिक आन्दोलन के पीछे कोई-न -कोई विशिष्ट दृष्टिकोण और विचारधारा अवश्य होती है। उदाहरण के लिए, अमरीका मेकं स्त्री मुक्ति आन्दोलन तथा स्त्री मताधिकार आन्दोलन का प्रारम्भ समाज में स्त्रियों को दी गयी नवीन प्रस्थिति के कारण ही हुआ। सामाजिक आन्दोलन विचारधारा पर हीं अधिक जोर देता है, विशेष रूप से उस समय जब इसके कोई अन्य स्रोत नहीं होते हैं।

(2) **दृढ़ता एवं आदर्शवाद की गहन भावना** (A Strong Sense of Solidarity and Idealism)—किसी भी आन्दोलन से व्यक्ति का लगाव वैयक्तिक आधार पर हीं होता है। व्यक्ति ही उसके प्रति समर्पित होता है, वह अपने को आन्दोलन के आदर्श का एक सक्रिय अंग मानता है। आन्दोलन के आरम्भिक चरण में आदर्शवाद की महत्वपूर्ण भूमिका होती है। आन्दोलन के आदर्शों में विश्वास करने वाले लोग ही उसमें सम्मिलित हाते हैं।

(3) **क्रियात्मक साद्देश्यता** (An Orientation twoards Action)—आन्दोलन शब्द का अर्थ लोगोकं को गैर-परम्परात्मक विधि द्वारा प्रार्थना करना है।

इसके लिए सभाओं का आयोजन किया जाता है तथा पेम्फलेट बांटे जाते हैं–कई बार छोटे-छोटे आन्दोलनों की ओर लोगों का ध्यान नाटकीय घटनाओं के कारण जाता है, विशेष रूप से हिंसा की घटना होने पर। असम आन्दोलन की ओर लोगों का ध्यान उस समय गया जब आन्दोलकारियों ने तेलशोधक कारखानों पर धरना दिया तथा राज्य से तेल, बांस, प्लाइवुड व लकड़ियों, आदि की निकासी बन्द कर दी। आन्दोलन में क्रिया या किसी-न-किसी गतिविधि का चलते रहना बहुत आवश्यक है। लोगों को कुछ-न-कुछ करने के लिए व्यस्त रखे बिना उनकी रुचि आन्दोलन में बनायी नहीं रखी जा सकती।

सामाजिक आन्दोलन की सहायक दशाएं (उत्पत्ति)
Conditions (Origin) Favouring Social Movement

सामाजिक आन्दोलन वैसे ही जन्म नहीं लेते। वे वहीं जन्म लेते हैं जहां सामाजिक परिस्थितियां इनके अनुकूल होती हैं। ये परिस्थितियां ही आन्दोलन को प्रेरित करती हैं एवं आन्दोलन के लिए लोगों में इच्छा जाग्रत करती हैं। **हॉर्टन** एवं **हण्ट** ने सामाजिक आन्दोलन में सहायक परिस्थितियों का उल्लेख इस प्रकार किया :

(1) **सांस्कृतिक स्रोत** (Cultural Drift)—'सांस्कृतिक स्रोत' अवधारणा का सर्वप्रथम प्रयोग अमेरिकन मानवशास्त्री हर्षकोविट्स ने किया था। वे इसे एक ऐसी प्रक्रिया के रूप में परिभाषित करते है। जो एक जीवन विधि (Way of life) के चरित्र एवं स्वरूप को बदल देती है। हॉर्टन एवं हण्ट कहते हैं कि वर्तमान में आदिम एवं आधुनिक सभी समाजों के मूल्यों में धीमे, विस्तृत एवं महान् परिवर्तन आ रहे हैं। इन्हें ही सांस्कृतिक स्रोत या बहाव कहा जाता है। सांस्कृतिक स्रोत या बहाव के दौरान समाज के नये मूल्यों का जन्म होता है। भारत में प्रजातन्त्रीय मूल्यों का उदय सांस्कृतिक स्रोत का ही एक उदाहरण हैं इसी प्रकार से मुक्ति आन्दोलन तथा गोरे व नीग्रो लोगों को समान अधिकार दिलाने के विचारों का उदय भी सांस्कृतिक स्रोत ही है। इस प्रकार जब संस्कृति में नये मूल्य जन्म लेते हैं और लोगों की जीवन-विधि में परिवर्तन या संशोधन होता है तब भी सामाजिक आन्दोलन के जन्म लेने के अवसर मौजूद रहते हैं।

(2) **सामाजिक विघटन** (Social Disorganization) जब समाज में विघटन की स्थिति होती है तब भी सामाजिक आन्दोलन जन्म लेते हैं। संगठित समाजों में आन्दोलन नहीं होते हैं क्योंकि वहां लोग सुरक्षित होते है। अतः

वे असन्तोष महसूस नहीं करते और परिवर्तन में रुचि नहीं रखते। ऐसे समाजों में लोग अपवाद रूप में ही सामाजिक आन्दोलनों में भाग लेते हैं। परिवर्तनशील समाजों में आन्दोलन अधिक होते हैं क्योंकि ऐसे समाजों में विघटन की संभावना अधिक होती है। सामाजिक विघटन के कारण लोगों में विभिन्न प्रकार के भ्रम व अनिश्चितता पैदा हो जाती है। बदली हुई परिस्थितियों में पुराने मूल्य लोगों को दिशा-निर्देश नहीं दे सकते। जब समाज में असुरक्षा, भ्रम एवं बेचैनी बढ़ जाती है और निराशा पैदा हो जाती है तो सामाजिक आन्दोलन जन्म लेते हैं। इसी प्रकार जब गरीबी, भ्रष्टाचार, सामाजिक अन्याय एवं सामाजिक असमानता बढ़ती है तब भी सामाजिक अन्याय एवं सामाजिक असमानता बढ़ती है तब भी सामाजिक आन्दोलन होते हैं।

(3) **गतिशीलता** (Mobility)—गतिशीलता के कारण केवल सामुदायिक नियन्त्रण ही कमजोर नहीं होता वरन् भूतकाल में जिस समूह से मानसिक लगाव था वह भी समाप्त हो जाता है। यह स्थिति भी सामाजिक आन्दोलन में सहायक होती है। कैलिफोर्निया में गतिशीलता की दर अधिक रही है और वह कई आन्दोलनों की जन्मभूमि भी है।

(4) **सामाजिक अन्याय** (Social Injustice)—जब किसी सनाज में लोगों को प्रगति के अवसर उपलब्ध न हों, न्याय महंगा हो, लोगों पर अन्याय और अत्याचार किया जाता हो, उनका शोषण होता हो, उन्हें अधिकारों से वंचित किया जाता हो, समाज में अत्यधिक असमानता व्याप्त हो, गरीब व अमीर के बीच बहुत बड़ी खाई हो तो ऐसी स्थिति भी समस्याओं से मुक्ति पाने के लिए लोगों को सामाजिक आन्दोलन के लिए प्रेरित करती है।

(5) **सीमान्तता** (Marginality)—सीमान्त व्यक्ति (Marginal man) ऐसे व्यक्ति को कहा जाता है जिसे किसी समूह में पूरी तरह से स्वीकार नहीं किया गया हो और जो स्वयं भी समूह से एकीकृत नहीं हुआ हो। ऐस व्यक्ति भी सामाजिक आन्दोलनों को जन्म देते हैं। कई बार शरणार्थी और दूसरे स्थान से आकर बस जाने वाले लोग नयी संस्कृति से पूरी तरह सात्मीकरण (assimilation) नहीं कर पाते तथा अपने आपको असुरक्षित महसूस करते हैं। ऐसे व्यक्ति आन्दोलनों में भाग लेते हैं क्योंकि आन्दोलनों में उनका व्यक्तिगत महत्व बढ़ जाता है। वे ऐसे समाज के मूल्यों को बनाय रखने व पालन करने में रुचि नहीं रखते जिसमें उनको आंशिक रूप से

स्वीकार किया गया हो। लासवेल, ब्लूमैन, स्टोक, लिप्सेट, आदि ने अपने अध्ययनों में उपुर्यक्त बात की पुष्टि की है।

(6) **सामाजिक पृथक्करण** (Social Isolation)—अनेक अध्यन इस बात की पुष्टि करते हैं कि वे व्यक्ति या समूह जो कि समुदाय से पृथक कर दिये जाते हैं, आन्दोलनों में अधिक भाग लेते हैं। वे बुद्धिजीवी जो स्वतंत्र होते हैं, उन बुद्धिजीवियों की तुलना में आन्दोलनों में सक्रिय सहयोग देते हैं, जो कि किसी संगठन अथवा संस्था से संबंधित होते हैं। क्रान्तिकारी आन्दोलनों में तो अधिकांशतः ऐसे व्यक्ति ही भाग लेते हैं जो समाज द्वारा पृथक कर दिये गये हों पृथक्करण के कारण वे समुदाय के औपचारिक व अनौपचारिक जीवन में बहुत ही कम भाग पाते हैं और उनके सामाजिक संबंध भी शिथिल हो जाते हैं। अतः उन्हें सामाजिक व्यवस्था को उखाड़ फेंकने के लिए शीघ्र ही प्रेरित किया जा सकता है।

(7) **परिवर्तनशील सामाजिक प्रस्थिति** (Changing Social Status)—जब व्यक्ति की सामाजिक प्रस्थिति में जल्दी-जल्दी परिवर्तन होता हो, तब भी वह सामाजिक आन्दोलन की ओर अधिक आकृष्ट होता है क्योंकि ऐसी स्थिति में उसका किसी प्रस्थिति एवं व्यवस्था के प्रति लगाव पैदा नहीं हो पाता।

(8) **पारिवारिक संबंधों का अभाव** (Lack of Family Ties)—जब व्यक्ति का परिवार से लगाव न हो, पत्नी व बच्चों की जिम्मेदाी न हो तो वह सामाजिक आन्दोलनों के लिए अधिक उपयुक्त होता है। इसका कारण यह है कि सार्वजनिक कार्यों के लिए अधिक समय देना होता है। विभिन्न अध्ययन इस बात की पुष्टि करते हैं कि जो व्यक्ति आन्दोलनकारी थे, उनके संबंध परिवार से या तो बहुत कम थे या टूट चुके थे। हिप्पी तथा कम्युनिस्ट आन्दोलनों में ऐसे ही व्यक्ति अधिक हैं।

(9) **वैयक्तिक कुसमायोजन** (Personal Maladjustment)—ऐसे व्यक्ति, जो समाज में पूरी तरह समायोजिक नहीं हो पाये हैं, जो सामाजिक जीवन में असन्तुष्ट हैं, जिन्हें उचित पद प्राप्त नहीं हो पाये हैं, भी आन्दोलनकारी होते हैं। अनेक व्यक्ति तो अपनी भावात्मक सन्तुष्टि के लिए ही आन्दोलनों के सदस्य बनते हैं।

उपर्युक्त सभी दशाएं सामाजिक आन्दोलन में सहायक हैं, किन्तु मात्र सहायक दशाओं से ही आन्दोलन नहीं हो जब तक कि समाज में व्यापक पैमाने पर असन्तोष व्याप्त न हो।

सामाजिक आन्दोलनों के विकास के स्तर
(Stages of Development of Social Movement)

कोई भी आन्दोलन निर्मित नहीं होता है वरन् उसका शनैःशनैः कई स्तरों में विकास होता है। यद्यपि आन्दोलन एक ही स्तर से विकसित नहीं होते फिर भी उनके विकास के चरणों में पर्याप्त समानता पायी जाती है। **हार्टन** तथा *हण्ट ने सभी समाजिक आन्दोलनो के विकास के निम्नांकित चरणों का उल्लेख किया है:*

(1) **असन्तोष की स्थिति** (The Unrest Stage)—जब कोई भी समाज व्यवस्था लोगों की आवश्यकताओं की पूर्ति करने में असमर्थ हो, समाज में विघटन,परिवर्तन एवं असन्तोष की मात्रा अधिक हो तो आन्दोलन का जन्म होता है। यह स्थिति बहुत लम्बी चल सकती है।

(2) **उत्तेजनापूर्ण स्थिति** (The Excitement Stage)—प्रारम्भ में असन्तोष सामान्य प्रकृति का होता है, धीरे-धीरे वह किसी एक समय के इर्द-गिर्द केन्द्रित हो जाता है और असन्तोष के कारण स्पष्ट होने लगते हैं। ऐसी स्थिति में नेतृत्व का विकास भी होता है जो लोगों को उत्तेजना देता है और आन्दोलन के लिए अपील करता है। चतुर और चमत्कारी नेता लोगों की भावनाओं को भड़काने एवं उन्हें आन्दोलन के लिए उकसाने में अधिक सफल होते हैं।

(3) **औपचारिकीकरण की स्थिति** (The Formalization Stage)—नेतृत्व आन्दोलनकारियों को एक औपचारिक संगठन में बांधता है, इसके अभाव में लोग आन्दोलन से अपना संबंध विच्छेद भी कर सकते हैं। इस स्तर पर आन्दोलन के पदाधिकारी एवं कार्य-विधि तय किये जाते हैं, आन्दोलन के लिए रुपया एकत्रित किया जाता है तथा आन्दोलन की विचारधारा स्पष्ट की जाती है। इस प्रकार तीसरे चरण में आन्दोलन व्यवस्थित, संगठित एवं अनुशासित रूप ग्रहण कर लेता है।

(4) **संस्थाकरण की स्थिति** (The Institutionalization Stage)—जब कोई आन्दोलन लम्बे समय तक चलता है तो उसका कोई-न-कोई संस्थात्मक रूप विकसित हो जाता है। उसके नियम, संविधान, भवन, अधिकारीगण, प्रतीक, झण्डा एवं साहित्य, आदि तय हो जाते हैं।

(5) **समापन की स्थिति** (The Dissolution Stage)—कुछ आंदोलन तो अपने लक्ष्य की प्राप्ति के बाद और कुछ बीच में ही समाप्त हो जाते हैं कुछ आन्दोलन लम्बे समय तक चलते रहते हैं और एक संस्था की स्थिति ग्रहण कर लेते हैं।

जे.एस. हाइम्स (J.S. Himes) *ने सामाजिक आन्दोलन के विकास के चार चरण माने हैं –*

(i) **जन प्रतिक्रिया का स्तर**–प्रथम स्तर में किसी समस्या या असन्तोष के कारण लोग उत्तेजित होते हैं।

(ii) **भीड़ व्यवहार का स्तर**–असन्तोष व उत्तेजना को व्यक्त करने के लिए प्रदर्शन, हड़ताल, तोड़-फोड़, घेराव एवं सभाओं का आयोजन करते हैं।

(iii) **औपचारिक आन्दोलन का स्तर**–अब आन्दोलन का उद्देश्य एवं वैचारिकी स्पष्ट हो जाती है, उसके नियम, संविधान एवं संरचना तय हो जाती है और वह औपचारिक रूप ग्रहण कर लेता है।

(iv) **क्रान्ति**–यद्यपि सभी आन्दोलन क्रान्ति के स्तर तक नहीं पहुंचते हैं फिर भी कई आन्दोलन अपने उद्देश्यों की पूर्ति के लिए क्रान्ति का रूप ग्रहण कर लेते हैं।

सामाजिक आन्दोलन की प्रकृति (Nature of Social Movement)

हॉर्टन तथा **हण्ट** ने आन्दोलन को स्पष्ट करने के लिए उसकी प्रकृति का उल्लेख किया है जो निम्न प्रकार है :

(1) **सामाजिक आन्दोलन संस्थाएं नहीं हैं** (Social Movements are not Institutions)—सामाजिक संस्थाएं एवं सामाजिक आन्दोलन दोनों ही हमारी सामूहिक क्रियाओं के अंग हैं, फिर भी इन दोनों में पर्याप्त भिन्नता है। संस्थाएं हमारी संस्कृति का तुलनात्मक रूप से स्थायी तत्व हैं। वे समाज में लम्बे समय से स्थापित होने के कारण स्थिर व रूढ़िवादी होती हैं। संस्थाओं को संस्कृति का आवश्यकता एवं मूल्यवान पक्ष माना जाता है, उसकी समाज में संस्थागत प्रस्थिति होती है। आन्दोलन का जीवनकाल छोटा होता है, अत: वे समाज में स्थिर व स्थायी नहीं होते हैं वरन् उद्देश्य पूर्ति के बाद समाप्त हो जाते हैं। उनकी कोई संस्थागत प्रस्थिति नहीं होती है। आन्दोलन अनेक बार संस्थाओं के विरोधी एवं उन्हें बदलने के पक्षधर होते हैं। इस दृष्टि से दोनों मं विरोध भी पाया जाता है। संस्थाएं यथास्थिति बनाये रखना चाहती हैं, किन्तु आन्दोलन वर्तमान स्थिति में संशोधन या आमूल-चूल परिवर्तन चाहता है। यही कारण है कि आन्दोलनों को अवैधानिक भी घोषित कर दिया जाता है, किन्तु संस्थाओं को नहीं। कई बार जब आन्दोलन को व्यापक जन-सहयोग मिल जाता है तो वे संस्थाओं

से भी अधिक शक्तिशाली हो जाते हैं।

(2) **सामाजिक आन्दोलन समितियां नहीं हैं** (Social Movements are not Association)—समिति एवं सामाजिक आन्दोलन में यह समानता भी है कि दोनों का ही कोई-न-कोई उद्देश्य होता है और दोनों ही उद्देश्य प्राप्ति के बाद समाप्त हो जाते हें। फिर दोनों एक ही नहीं हैं। एक समिति का औपचारिक संगठन होता है, उसका एक लिखित विधान होता है और उसमें विभिन्न पदाधिकारी होते हैं। जबकि सामाजिक आन्दोलन लगभग असंगठित होता है। जब सामाजिक आन्दोलन औपचारिक संगठन के स्तर तक पहुंच जाता है तो वह भी समिति बन जाता है। समितियों का संबंध समाज के परम्परागत व्यवहार से होता है। वे समाज द्वारा मान्य विधियों से अपने उद्देश्य की पूर्ति करती हैं। सामाजिक आन्दोलन परम्परा विरोधी एवं विद्रोही स्वभाव के होते हैं। समितियों का निर्माण किया जाता है जबकि आन्दोलन विकसित होते हैं। आन्दोलन के पीछे कोई-न-कोई विचारधारा होती है जबकि समितियों के पीछे विशिष्ट हित। इस प्रकार सामाजिक आन्दोलन समितियां नहीं कहे जा सकते।

(3) **सामाजिक आन्दोलन दबाव समूह एवं स्वार्थ समूह नहीं होते** (Social Movements are not Pressure Groups or Interest Groups)—कभी-कभी सामाजिक आन्दोलन दबाव समूह के रूप में कार्य करते हैं किन्तु अधिकांश दबाव समूह सामाजिक आन्दोलन नहीं होते। अधिकांश स्वार्थ एवं दबाव समूह समाज में प्रचलित प्रतिमानों एवं मूल्यों की व्याख्या अपने हित में करते हैं। किन्तु सामाजिक आन्दोलन प्राथमिक एवं सचेत रूप से सामाजिक प्रतिमानों एवं मूल्यों में परिवर्तन चाहते हैं। यदा-कदा ही सामाजिक आन्दोलन दबाव समूह एवं स्वार्थ समूह के रूप में कार्य करते हैं, अक्सर नहीं।

सामाजिक आन्दोलनों के प्रकार (Types of Social Movements)

विभिन्न विद्वानों ने सामाजिक आन्दोलन का वर्गीकरण अलग-अलग प्रकार से किया है। **हॉर्टन** एवं **हण्ट** कहते हैं कि ''सामाजिक आन्दोलन का वर्गीकरण सरल नहीं है क्योंकि कभी-कभी कोई आन्दोलनों के बीच की स्थिति का होता है अथवा आने विकास के विभिन्न स्तरों पर एक ही आन्दोलन विभिन्न प्रकृति का होता है।'' हम यहां कुछ विद्वानों द्वारा प्रस्तुत आन्दोलन के प्रकारों का उल्लेख करेंगे।

हार्टन एंव हण्ट द्वारा प्रस्तुत वर्गीकरण (Clasification by Horton and Hunt)

हार्टन एवं हण्ट ने सामाज़िक आन्दोलन को निम्नांकित भागों में बांटा है :

(1) **देशान्तर आन्दोलन** (Migratory Movements)—इस प्रकार के आन्दोलन में जनसंख्या का एक स्थान से दूसरे स्थान पर हस्तान्तरण होता है। लोग सिकी स्थान या देश में व्याप्त असन्तोष के कारण सामूहिक रूप से दूसरे देश या स्थान पर जाकर रहने का निण्रय करते हैं। युद्ध, बाढ़, अकाल एवं महामारी के समय इस प्रकार का आन्दोलन होता है। भारत विभाजन एवं बंगलादेश के निर्माण के समय इसी प्रकार की स्थिति थी।

(2) **अभिव्यक्ति आन्दोलन** (Expressive Movements)—अभिव्यक्ति मूलक आन्दोलन में व्यति अपने असन्तोष को परिवर्तित करके दूसरे माध्यम से प्रकट करता है। वह अपनी भावनाओं को दिवास्वप्नों, संस्कार, नृत्य, खेल-कूद, आदि के रूप में प्रकट करता है जिससे कि जीवन जीनें योग्य हो जाता है। अमरीका का **'हिप्पी आन्दोलन'** इसका उदाहरण है। हिप्पी लोग परम्परागत मूल्यों को नकारते हैं, गन्दे वस्त्र पहनते हैं, दाढ़ी रखते हैं, स्नान नहीं करते हैं, जमीन पर बैठते हैं आधौर विभिन्न प्रकार की नशील वस्तुओं का सेवन करते हैं 1960 के दशक में अमेरिकन विश्वविद्यालयों के छात्रों द्वारा संचालित नव वामपन्थी आन्दोलन (New Left Movement) भी अभिव्यक्ति आन्दोलन की है। कुछ विद्वान फैशन एवं धुन (Fad) को भी अभिव्यक्ति आन्दोलन कहते हैं किन्तु हार्टन एवं हण्ट इसे सामूहिक व्यवहार मानते हैं, आन्दोलन नहीं।

(3) **काल्पनिक आन्दोलन** (Utopian Movements)—इस प्रकार के आन्दोलन महान् विचारकों द्वारा अपने काल्पनिक एवं आदर्श समाज की रचना के लिए किये जाते हैं। विनोबा भावे द्वारा संचालित ग्राम-दान व भू-दान आन्दोलन और मार्क्स का साम्यवादी आन्दोलन इसी श्रेणी में आते हैं।

(4) **सुधार आन्दोलन** (Reform Movements)—इस प्रकार के आन्दोलनों का उद्देश्य प्रचलित समाज-व्यवस्था की बुराइयों को दूर कर उसमें सुधार लाना होता है न कि सम्पूर्ण व्यवस्था को बदलना। इस प्रकार के आन्दोलन प्रजातंत्र में ही पनप सकते हैं जहां सरकार स्वयं नवीन परिवर्तन एवं सुधार में रुचि रखती है। वहां लोगों को सत्ता की आलोचना करने का अधिकार होता है और बहमत की इच्छा से परिवर्तन किये जाते हैं। ब्रह्म समाज,

आर्य समाज, रामकृष्ण मिशन, प्रार्थना समाज, राजा राममोहन राय और ईश्वरचन्द विद्यासागर द्वारा भारत में चलाये गये आन्दोलन सुधारवादी आन्दोलन की श्रेणी में ही आते हैं।

(5) **क्रान्तिकारी आन्दोलन** (Revolutionary Movements)—क्रान्तिकारी आन्दोलन का जन्म भी सामाजिक असन्तोष के कारण होता है। इनका उद्देश्य प्रचलित समाज-व्यवस्था को उखाड़कर उसके स्थान पर नयी व्यवस्था की स्थापना करना होता है। कई बार क्रान्ति के लिए हिंसा का सहारा भी लिया जाता है। फ्रांस और रूस की राज्यक्रान्तिकारी आन्दोलन को परिभाषित करते हुए, **हार्टन** एवं **हण्ट** लिखते हैं, 'क्रान्तिकारी आन्दोलन वर्तमान सामाजिक व्यवस्था को उखाड़कर उसके स्थान पर ऐ भिन्न व्यवस्था को प्रतिस्थापित करना चाहता है।'' **किम्बाल यंग** के अनुसार ''किसी राज्य की सत्ता या शक्ति के स्वरूप में आकस्मिक परिवर्तन को क्रान्ति कहते हैं।'' इस प्रकार क्रान्तिकारी आन्दोलन की प्रकृति में उग्रता, तीव्रता तथा कभी-कभी हिंसा भी पायी जाती है।

सुधारवादी एवं क्रान्तिकारी आन्दोलन में अन्तर पाया जाता है–

(1) सुधारवादी आन्दोलन प्रचलित समाज व्यवस्था में सुधार चाहते हैं जबकि क्रान्तिकारी आन्दोलन उस व्यवस्था को उखाड़कर उसके स्थान पर नयी व्यवस्था की स्थापना करना चाहते हैं।

(2) सुधारवादी आन्दोलनों में लक्ष्यों की पूर्ति के लिए शान्तिपूर्ण तरीकों का उपयोग किया जाता है जबकि क्रान्ति में हिंसात्मक एवं दबावपूर्ण तरीकों का।

(3) क्रान्तिकारी आन्दोलन की प्रकृति में उग्रता एवं तीव्रता पायी जाती है जबकि सुधारवादी आन्दोलनों की गति धीमी होती है।

(4) अधिकांशतः क्रांतिकारी आन्दोलनों का उद्देश्य समाजिक बुराइयों को दूर करना होता है।

(5) सुधारवादी आन्दोलन प्रजातान्त्रिक देशों में अधिक जन्म लेते हैं जबकि क्रान्तिकारी आन्दोलन निरंकुश शासनों में।

(6) क्रान्तिकारी सुधारवादियों को अपना शत्रु समझते हैं, क्योंकि वे छोटे-मोटे सुधार लाकर क्रान्ति की गति को मन्द या हतोत्साहित कर देते हैं।

(6) **अवरोधक आन्दोलन** (Resistance Movements)—क्रान्किारी आन्दोलन सामाजिक परिवर्तन की धीमी गति के कारण होते हैं, वे परिवर्तन की तीव्रता

चाहते हैं जबकि अवरोधक आन्दोलन का उद्देश्य परविर्तन की तीव्रता को रोकना अथवा समाप्त करना होता है। भारत में भी इस प्रकार के अनेक आन्दोलन हुए हैं। जब उद्योगों में अभिनवीकरण (Rationalization) किया जाता है तो मजदूर लोग उसका विरोध करते हैं क्योंकि इससे श्रमिकों की छंटनी होती है। इसी प्रकार से जब हिन्दूं कोड बिल विभिन्न अधिनियमों के रूप में पारित किया गया तो देशव्यापी आन्दोलन हुए।

हरबर्ट ब्लूमर का वर्गीकरण (Classification by Herbert Blumer)

ब्लूमर ने सामाजिक आन्दोलनों को तीन भागों में विभक्त किया है:

(1) **सामान्य सामाजिक आन्दोलन** (General Social Movements)—सांस्कृतिक मूल्यों में धीरे-धीरे परिवर्तन के फलस्वरूप इस प्रकार के आन्दोलन पैदा होते हैं। ऐसे आन्दोलनों के नवीन मूल्य, विचार तथा विश्वास प्रारम्भ में अस्पष्ट होते है।, परिणामस्वरूप इनके आधार पर विकसित आन्दोलन भी अस्पष्ट एवं असंगठित होते हैं जिनमें अनुभवी नेताओं की कमी होती है। युवक आन्दोलन, महिला आन्दोलन एवं श्रमिक आन्दोलन है। युवक आन्दोलन, महिला आन्दोलन एवं श्रमिक आन्दोलन इस प्रकार के आन्दोलनों के उदाहरण हैं।

(2) **विशिष्ट सामाजिक आन्दोलन** (Specific Social Movements)—ऐसे आन्दोलनों के निश्चित उद्देश्य होते हैं तथा संगठित प्रकार के होते है। एसे आन्दोलनों से संबंधित विचारधारा तथा मान्यताओं का पालन सदस्यों को करना पड़ता है। ऐसे आन्दोलन अनुभवी नेताओं द्वारा संचालित किये जाते हैं सुधार आन्दोलन तथा क्रान्तिकारी आन्दोलन इस प्रकार के आन्दोलन की श्रेणी में आते हैं।

(3) **अभिव्यक्तात्मक सामाजिक आन्दोलन** (Expressive Social Movements)—इस प्रकार के आन्दोलनों का उद्देश्य किसी भी विषय में सामूहिक असहमति को प्रतीक रूप में प्रकट करना होता है। इस प्रकार के आन्दोलनों को ब्लूमर दो भागों में बांटता है :

(i) धार्मिक आन्दोलन,

(ii) फैशन आन्दोलन।

रश तथा डैनीसोफ (Rush and Denisoff) ने सामाजिक आन्दोलन को चार भागों में बांटा गया है :

(1) क्रान्तिकारी आन्दोलन,

(2) प्रतिक्रियावादी आन्दोलन (Regressive Movement)—इसका उद्देश्य नवीन परिवर्तन का विरोध करना वर्तमान स्थिति या भूतकाल की स्थित को बनाये रखना होता है। इन्हें हम रूढ़िवादी या दक्षिण-पन्थी आन्दोलन भी कह सकते हैं।

(3) सुधारवादी आन्दोलन, तथा

(4) अभिव्यक्तिमूलक आन्दोलन।

उद्देश्य के आधार पर हम आन्दोलन को धार्मिक, राजनीतिक, आर्थिक एवं सामाजिक आन्दोलन में बांट सकते हैं।

भारत में सामाजिक सुधार आन्दोलन (Socila Reform Movements in India)

भारत में सामाजिक सुधार एवं परिवर्तन लाने में सामाजिक आन्दोलन ने महत्वपूर्ण भूमिका निभायी है। यहां जितने भी आन्दोलन हुए उनका उद्देश्य सामाजिक और धार्मिक कुरीतियों, अन्धविश्वासों, रूढ़ियों, अस्पृश्यता, बाल-विवाह, विधवा-विवाह निषेध, दहेज, जाति-प्रथा, सती-प्रथा, आदि बुराइयों को समाप्त कर एक स्वस्थ एवं सुदृढ़ समाज की स्थपना करना था। भारत में सुधार आन्दोलन का इतिहास बहुत प्राचीन है। जैन धर्म, बौद्ध धर्म एवं सिख धर्म का उदय जाति-प्रथा की बुराइयों के कारण ही हुआ है। अनेक सन्तों जैसे, तुलसी, कबीर, नामदेव, तुकराम, गुरुनानक, दादूदयाल, रैदास, आदि ने भारतीय समाज में व्याप्त बुराइयों पर कठोर प्रहार किये और समाज को नयी दिशा दी। मुस्लिमकाल में भक्त कवियों ने सामाजिक बुराइयों की ओर लोगों का ध्यान आकर्षित किया। अंग्रेजों के समय में विवेकानन्द, स्वामी दयानन्द सरस्वती, राजा राममोहन राय, ईश्वरचन्द्र विद्यासागर, श्रीमती ऐनीबीसेण्ट, रामकृष्ण परमहंस, डॉ. आत्माराम केशवचन्द्र सेन, रानाडे, महात्मा गांधी, विनोबा भावे तथा बाबू जयप्रकाश नारायण, आदि ने समाज-सुधार के अनेक प्रयत्न किये और कई संस्थाओं की स्थापना की। हम यहां भारत में हुए प्रमुख सुधार आन्दोलनों का उल्लेख करेंगे :

(1) **ब्रह्म समाज**—सन् 1824 में राजा राममोहन राय ने ब्रह्म समाज की स्थापना की। उस समय देश में अस्पृश्यता, बाल-विवाह, सती-प्रथा, दहेज, जाति-पांति का भेद-भाव, विधवा-विवाह जर्जरित हो रहा था। राजा राममोहन राय ने देश को संकट से बचने का बीड़ा उठाया। उन्होंने इन बुराइयों को समाप्त करने का अभियान चलाया, सार्वजनिक सभाओं में भाषण दिये तथा लेखों और समाचारपत्रों द्वारा जन-जागरण किया। उनके प्रयत्नों के फलस्वरूप ही सन् 1827 में सती-प्रथा निरोधक अधिनियम

पारित हुआ उन्होंने विधवाओं की दशा को सुधारने के लिए भी व्यापक प्रयत्न किये। 1856 का विधवा पुनर्विवाह अधिनियम की उन्हीं के प्रयत्नों का फल है। इसके अतिरिक्त स्त्रियों की शिक्षा के लिए भी उन्होंने शिक्षण संस्थाएं खुलवायीं तथा बाल-विवाह को रोकने के लिए भी प्रयास किये। ब्रह्म समाज का उद्देश्य छुआछूत, जाति भेदभाव, सती-प्रथा, परथा-प्रथा, बाल-विवाह, विधवा-विवाह निषेध, आदि की बुराइयों को समाप्त करना था। साथ ही स्त्री शिक्षा व अन्तर्जातीय विवाहों को समाप्त करना था। साथ ही स्त्री शिक्षा व अन्तर्जातीय विवाहों को प्रोत्साहन देना ब्रह्म समाह का प्रमुख लक्ष्य था। ब्रह्म समाज के कार्यों को आगे बढ़ाने का कार्य किया द्वारकानाथ टैगोर, देवेन्द्रनाथ टैगोर, केशवचन्द्र सेन, शशिपाद बनर्जी, ईश्वरचन्द्र विद्यासागर, सीताराम तत्वभूषण, शिवनाथ शास्त्री, आदि समाज सुधारकों ने।

(2) **प्रार्थना समाज**–जिन सुधारों के लिए बंगाल में ब्रह्म समाज की स्थापना की गयी, उन्हीं सुधारों के लिए सन् 1867 में डॉ. आत्माराव एंव उनके परिवार के सदस्यों ने प्रार्थना समाज की स्थापना की। रानाडे, भण्डारकर, तेलंग और चन्द्रावरकर, आदि इस आन्दोलन से प्रमुख रूप से संबंधित थे। इन सभी ने छुआछूत, जाति-पांति भेदभाव, बाल-विवाह, विधवा-विवाह निषेध, सती-प्रथा, आदि की बुराइयों को समाप्त करने का प्रयास किया और स्त्री शिक्षा के लिए प्रयत्न किये। प्रार्थना समाज के प्रमुखतः छः सिद्धान्त हैं–

(1) भगवान एक है और उसने इस संसार को बनाया है,

(2) उसकी उपासना से ही इस लोक और परलोक में सुख मिल सकता है,

(3) उसकी उपासना प्रेम और श्रद्धा से उसका भजन करना है,

(4) मूर्ति पूजा उसकी सच्ची उपासना नहीं है,

(5) भगवान कभी अवतार नहीं लेता न उसकी श्रुति किसी धर्मग्रन्थ में मिलती है और न कोई पुस्तक अपौरुषेय है, तथा

(6) सब मनुष्य भगवान की सन्तान हैं, अतः एक-दूसरे के साथ बिना भेद-भाव के भाइयों की तरह रहना चाहिए। इस आन्दोलन के नेता पाश्चात्य आदर्शों तथा प्राचीन भारतीय परम्परा दोनों से ही प्रभावित थे। प्रार्थना समाज के द्वारा अनाथालय, विधवा आश्रम तथा

कन्याशालाएं भी खोली गयीं और कुछ ने तो मजदूर आन्दोलनों में भी हिस्सा लिया।

(3) **आर्य समाज**–सन् 1877 में स्वामी दयानन्द सरस्वती ने बंबई में आर्य समाज की स्थापना की। आन्दोलन को पंजाब, उत्तर प्रदेश, राजस्थान और गुजरात में बहुत कुछ सफलता मिली। इसने ब्रह्म समाज और प्रार्थना समाज की तुलना में समाज-सुधार का अधिक कार्य किया। स्वामी दयानन्द पश्चिम के विज्ञान एवं भारतीय वैदिक धर्म दोनों से प्रभावित थे। उन्होंने वैदिक धर्म को ही वास्तविक हिन्दू धर्म माना। आर्य समाजी मूर्तिपूजा, बाल-विवाह, विधवा पुनर्विवाह निषेध एवं गौ-वध के विरोधी हैं, वे धार्मिक पाखण्ड, अन्धविश्वासों एवं पुरोहितों के आडम्बरों के आलोचक रहे हैं। वे लोग जो हिन्दुओं से ईसाई या मुसलमान बन गये, उनका शुद्धिकरण कर उन्हें पुनः हिन्दू बनाने के लिए भी आर्य समाज ने प्रयत्न किये। आर्य समाजियों ने अनाथालय, विधवाश्रम एवं कन्या पाठशालाएं भी खुलवायीं तथा अन्तर्जातीय विवाहों को भी प्रोत्साहन दिया।

(4) **रामकृष्ण मिशन**–स्वामी विवेकानन्द ने अपने गुरू रामकृष्ण परमहंस की स्मृति में सन् 1897 में रामकृष्ण मिशन नामक संस्था की स्थापना की। इस संस्था के लोगों ने बाढ़, अकाल, महामारियों एवं प्राकृतिक प्रकापों से त्रस्त लोगों की सेवा की तथा कई स्कूल, कॉलेज, शिशु गृह, अनाथालय एवं छात्रावास, आदि भी खोले यह संस्था वेदान्त आदर्शों पर आधारित थी।

इसने धार्मिक अन्धविश्वासों, जातीय भेदभाव, छुआछूत, आदि का विरोध किया तथा समानता, विश्वबन्धुत्व, जन सेवा, आदि आदर्शों का प्रचार किया। हिन्दू धर्म के प्रचार-प्रसार के लिए विवेकानन्द विदेशों में भी गये और अमरीका में होने वाले विश्वधर्म सम्मेलन में अपने भाषण द्वारा दुनिया के लोगों पर अमिट छाप छोड़ी। स्वामी ब्रह्मानन्द, शिवानन्द, अखण्डानन्द, शुद्धानन्द तथा विरजानन्द ने इस संगठन को आगे बढ़ाया।

(5) **थियोसोफिकल सोसायटी**–सन् 1882 में न्यूयार्क की थियोसोफिकल सोसायटी की शाखा चेन्नई में खोली गयी। श्रीमती एनीबीसेण्ट ने इस संस्था के कार्यों में सहयोग दिया। इस संस्था का उद्देश्य बाल-विवाह का विरोध, अन्तर्जातीय विवाहों को प्रोत्साहन देना, जातीय भेदभाव, अशिक्षा, गरीबी, गन्दगी, आदि को समाप्त करना था। इस संस्था ने हरिजनों के कल्याण के लिए भी कार्य किये तथा स्त्रियों, प्रौढ़ों एंव दलित वर्ग के लोगों के

लिए पाठशालाएं भी खोलीं और मानवीय मूल्यों और आदर्शों को प्रोत्साहन दिया।

(6) **नामधारी आन्दोलन**–पंजाब में सिख बाबा रामसिंह ने नामधारी आन्दोलन के द्वारा समाज में व्याप्त बाल-विवाह, कन्या-वध, परदा-प्रथा, भोज, शराबवृत्ति, विधवा-विवाह निषेध, आदि बुराइयों को समाप्त करने का प्रयत्न किया। वे जातीय भेदभाव, विवाह पर दावत देने, दहेज, सजावट एंव रौनक के विरुद्ध थे। इन सुधारों के कारण लोगों को विवाह खर्च हेतु उधार लिए जाने वाले ऋण से मुक्ति मिली।

(7) **मुस्लिम सुधार आन्दोलन**–सर सैय्यद अहमद खां ने मुस्लिम समाज में व्याप्त बुराइयों, रूढ़िवादिता तथा अन्धविश्वासों को समाप्त करने का प्रयास किया। उन्होंने 'तहजीबुल अखलाक' नामक एक उर्दू पत्रिका भी निकाली जिसका उद्देश्य मुसलमानों को विज्ञान व प्रौद्योगिकी से अवगत कराना तथा उनकी सामाजिक बुराइयों को दूर करना था। वे बहु-पत्नी प्रथा के विरोधी थे। उन्हीं के प्रयत्नों से 1875 में अलीगढ़ में मुस्लिम विश्वविद्यालय की स्थापना हुई।

(8) **गांधीजी का सुधार आन्दोलन**–गांधीजी ने भारतीय समाज में व्याप्त जातिगत बुराइयों तथा अस्पृश्यता का अन्त करने के लिए आन्दोलन किया। उन्हों ने 'हरिजन सेवक संघ' की स्थापना की जिसका उद्देश्य दलित वर्ग एवं हरिजनों की सेवा करना तथा उन्हें सामाजिक, धार्मिक, आर्थिक एवं राजनीतिक अधिकार दिलाना था। गांधीजी बाल-विवाह, वेश्यावृत्ति, नशाखोरी, दहेज-प्रथा, देवदासी-प्रथा, परदा-प्रथा तथा विधवा-विवाह निषेध के विरोधी थे। उन्होंने हरिजनों की दशा को सुधारने के लिए कुटीर व्यवसायों को बढ़ावा देने, व्यावसायिक प्रशिक्षण देने, स्कूल, छात्रावास, चिकित्सालय, आदि खोलने और हरिजन बस्तियों की सफाई करे पर भी जोर दिया।

(9) **जनजातीय सुधार आन्दोलन**–भारतीय जनजातियों की दशा सुधारने के लिए भी कई सामाजिक सुधार आन्दोलन हुए हैं जिनमें बिरसा आन्दोल, तनाभगत आन्दोलन, बीरसिंह आन्दोलन, आदि प्रमुख हैं। मुण्डा जनजाति के बिरसा तथा ओराव जनजाति के तनाभगत आन्दोलन का उद्देश्य धार्मिक बुराइयों तथा जादू-टोने व भूत-प्रेत के विश्वासों को समाप्त करना था। तनाभगत ने शराब व मांस के प्रयोग पर रोक लगायी व खादी पहनने पर

जोर दिया। बीरसिंह आन्दोलन गांधीजी के आदर्शों पर आधारित था। भीलों में भी 'भगत आन्दोलन' चला। मोतीलाल तेजावत तथा मामा बोलश्वर दयाल ने भीलों में व्याप्त सामाजिक बुराइयों को समाप्त करने का प्रयास किया। इसी प्रकार के सुधार आन्दोलन मध्य प्रदेश की जनजातियों में भी भाऊसिंग, राजनेगी तथा राजमोहिनी देवी के नेतृत्व में चले।

(10) **सर्वोदय आन्दोलन**–यह आन्दोलन भी गांधी के आदर्शों पर आधारित था। यह गरीब एवं अमीर की समानता पर जोर देता है तथा सभी के कल्याण की कामना करता है। यह आन्दोलन परदा-प्रथा का विरोधी है तथा स्त्रियों को जीवन के सभी क्षेत्रों में पुरुषों के समकक्ष दर्जा दिलाने का पक्षपाती है। यह आन्दोलन सेवा द्वारा सामाजिक कुप्रथाओं एवं बुराइयों को समाप्त करना चाहता है। सर्वोदय के कर्मठ कार्यकर्ताओं में बाबू जयप्रकाश नारायण एवं विनोबा भावे प्रमुख हैं।

भारत में सामाजिक सुधार आन्दोलनों के प्रभाव (परिवर्तन)
Effects(Changes) of Social Reform Movements in India

भारत में हुए विभिन्न सामाजिक आन्दोलनों के कई अच्छे परिणाम सामने आये। इन्होंने देश में सामाजिक परिवर्तन लाने में भी योग दिया। भारत में सामाजिक आन्दोलन के प्रमुख परिणाम इस प्रकार हैं :

(1) **सती-प्रथा का अन्त**–भारत में हुए सामाजिक सुधार आन्दोलनों के परिणामस्वरूप ही सती-प्रथा का अन्त हुआ और स्त्रियों को इस अमानवीय अत्याचार से मुक्ति मिली।

(2) **बाल-विवाह की समाप्ति**–सामाजिक आन्दोलनों के परिणामस्वरूप भारत में बाल-विवाह धीरे-धीरे समाप्त होते जा रहे हैं और अब अधिक आयु में विवाह होने लगे हैं। बाल-विवाह पर कानूनी प्रतिबन्ध भी लगा दिये गये हैं।

(3) **विधवा पुनर्विवाह**–हिन्दू धर्म में विधवाओं को पुनर्विवाह करने की मनाही थी, किन्तु अब उन्हें पुन: विवाह करने की कानूनी स्वीकृति प्राप्त है ओ पुनर्विवाह करने वाली विधवा को नये घर में वे ही अधिकार प्राप्त हैं जो पहली बार विवाह करने पर प्राप्त होते हैं। इस प्रकार के विवाह के कारण उन स्त्रियों की रक्षा हो सकी है जो वैधव्य से तंग आकर धर्म परिवर्तन कर लेतीं या वेश्यावृत्ति स्वीकार कर लेती थीं। अब इन्हें आर्थिक सुरक्षा भी प्राप्त है।

(4) **परदा-प्रथा की समाप्ति**–परदा-प्रथा, जो मुस्लिम काल में प्रारम्भ हुई, धीरे-धीरे सारे भारत में फैल गयी। इस प्रथा के कारण स्त्रियां घर की चहारदीवारी तक ही सीमित रहती थीं और उनके व्यक्तित्व का विकास नहीं हो पाता था। घर में बन्द रहने से उनका स्वास्थ्य भी खराब हो जाता था, किन्तु इस प्रथा की समाप्ति के बाद उन्हें प्रगति के पूरे अवसर प्राप्त हुए और अब वे जीवन के सभी क्षेत्रों में पुरुषों के समकक्ष कार्य करने लगी हैं।

(5) **दहेज-प्रथा में परिवर्तन**–दहेज-प्रथा को कानूनन समाप्त कर दिया गया है। इससे उन लड़कियों की रक्षा हुई है जो दहेज के अभाव में आत्महत्या कर लिया करती थीं। सुधार आन्दोलनों ने लड़कियों तथा उनके माता-पिता में इस बुराई को समाप्त करने के प्रति जागरूकता पैदा की, किन्तु आज भी इस बुराई का पूरी तरह अन्त नहीं हुआ है।

(6) सुधार आन्दोलनों के कारण **अस्पृश्यता के विरुद्ध वातावरण** बना है।

(7) **जातिवाद एवं जातीय भेदभाव की समाप्ति** हुई है।

(8) सुधार आन्दोलनों के कारण अन्तर्जातीय विवाह होने लगे हैं। इससे विभिन्न जातियों के व्यक्ति निकट आये हैं और उनमें पारस्परिक समझ बढ़ी है।

(9) धार्मिक अन्धविश्वासों, रूढ़िवादिता एवं पाखण्डों की समाप्ति हुई है।

(10) **स्त्री शिक्षा में वृद्धि** हुई है। वे पढ़-लिखकर स्वयं धनोपार्जन करने लगी हैं। इससे उनकी पुरुषों पर निर्भरता कम हुई और स्त्री स्वतंत्रता बढ़ी है।

(11) सामाजिक सुधार आन्दोलनों के परिणामस्वरूप सामाजिक बुराइयों को समाप्त करने के लिए कई कानून बनाये गये जिनमें बाल-विवाह निषेध अधिनियम, विधवा पुनर्विवाह अधिनियम, सती-प्रथा निरोध अधिनियम, अस्पृश्यता निवारण अधिनियम, हिन्दू विवाह अधिनियम, दहेज निरोधक अधिनियम, स्त्रियों व कन्याओं का अनैतिक व्यापार निरोध अधिनियम, आदि प्रमुख हैं। स्पष्ट है कि विभन्न सामाजिक आन्दोलनों ने भारत में समाजिक सुधार एवं परिवर्तन लाने में महत्वपूर्ण भूमिका निभायी है।

कृषक आन्दोलन (Peasant Movements)

कृषक आन्दोलनों का मूल आधार वर्गसंघर्ष की अवधारणा रही है, किन्तु यह श्रमिकों के आन्दोलनों से भिन्न होता है। मार्क्स ने तो कृषक वर्ग को एक निष्क्रिय वर्ग माना था। किन्तु लेनिन, माओत्से तुंग ने इन्हें क्रान्ति का केन्द्र माना। विनोबा

एवं जयप्रकाश नारायण के सर्वोदय एवं भूदान आन्दोलनों का केन्द्र भी कृषक समुदाय ही रहा। कृषक आन्दोलनों की विस्तृत चर्चा करने से पूर्व कृषक आन्दोलन किसे कहा गया है, यह जान लेना आवश्यक है।

कृषक आन्दोलन का अर्थ एवं परिभाषा

पी. सुराना के शब्दों में, "कृषक आन्दोलन, ऐसे आन्दोलनों की ओर लक्ष्य करते हैं जिनका मूलाधार कृषि की आवश्यकताओं से संबंधित होता है, जो मूलत: अपने सत्तापरक स्वामियें के अवरोध से मुक्ति होने के लिए किए जाते हैं।"

श्री रामविचार पाण्डेय के अनुसार, "कोई भी आन्दोलन कृषक आन्दोलन बन सकता है, बशर्ते उसका मूल उद्देश्य कृषकों के अधिकार की लड़ाई हो, चाहे वह कृषकों द्वारा गठित हो अथवा अन्य समूहों द्वारा।"

डॉ. तरुण मजूमदार के एक लेख में कृषक-आन्दोलन को इस तरह परिभाषित किया गया कि "कृषि-कार्यों से संबंधित प्रत्येक वर्ग के उत्थान तथा शोषण-मुक्ति के लिए किए गए साहसी प्रयासों को कृषक-आन्दोलन की श्रेणी में रखा जा सकता है।"

प्रो. आर. सिंह के अनुसार, "हिंसा अथवा हिंसा का भय दिखाकर, अन्यथा कृषि कार्यों से निरपेक्ष भाव दिखाकर जब खेतिहार मजदूर, भू-स्वामियों अथवा संबंधित सरकार को झुकाने का प्रयास करता है तो कृषि आन्दोलन जन्म लेते हैं।"

संक्षप में कहा जाए तो कृषक आन्दोलन वस्तुत: खेतिहार मजदूरों अथवा किसानों से संबंधित वे आन्दोलन हैं जो उनके शोषण, पतन तथा आर्थिक परतन्त्रता के खिलाफ उत्पन्न होते हैं। किसान अथवा उससे संबंधित अन्य समूहों का ही सहभाग इन आन्दोलनों का एक आवश्यक अंग हो सकता है। खेती करने वाला किसान, मजदूरी करने वाला मजदूर, केवल हल जोतने वाला हलवाहा, धन रोपने वाली गामीण औरतें तथा अनाज से भूसी अलग करने वाला सामान्य श्रमिक भी इन आन्दोलनों का समान सहभागी होता है।

कृषक आन्दोलन के कारण

बैरिंग्टन मूर ने कृषक आन्दोलनों के मुख्यत: चार कारण बताए हैं।

(अ) उद्योग तथा वाणिज्य व्यापार के प्रभावों से कृषकों की बिगड़ती हुई स्थिति,

(ब) भौतिक स्थितियों में कमी

(स) विद्रोहियों में जमीन-हीनों की संख्या में वृद्धि,

(द) धार्मिक अंश-भूतों की उपस्थिति।

इसके विपरीत **एरिक वुल्क** ने कृषक आन्दोलनों के कारण को मुख्यत: तीन भागों में बांटा।

(अ) मजदूरी की कीमत (कम मिलना),

(ब) जमीन या खेत का किराया (अधिक होना) तथा

(स) धन दौलत से सम्पत्ति का आंकलन होना।

वास्तव में कृषक आन्दोलन मूलत: तब ही घटित होते हैं जब किसानों तथा कृषि कार्यों के मध्य कोई असामंजस्य की स्थिति उत्पन्न हो जाए। औद्योगीकरण की वृद्धि के कारण जब खेत-खलिहानों के व्यवसाय तथा खेतिहार कुटीर उद्योगों के बल पर जीवन-यापन करने वालों की जीविका पर प्रहार होता है तो आन्दोलन के माध्यम से विरोध या संघर्ष की स्थिति का उत्पन्न होना अवश्यम्भावी हो जाता है। वे विद्रोही किसान या श्रमिक, जो दी जा रही श्रम-मूल्य की नीति का विरोध करते हैं और प्रतिफल में बेरोजगार हो जाते हैं, उनकी भी विरोध तथा विद्रोह की आग भड़कती है। धार्मिक निषेधों अथवा मान्यताओं के कारण जिन्हें भूमिहीन से भूस्वामी में परिवर्तित होने का अधिकार नहीं मिल पाता वे भी कभी विद्रोह पर अमाता हो जाते हैं। इसी प्रकार कम मजदूरी, अधिक लगान, महाजनों द्वारा शोषण, भू-स्वामियों द्वारा बन्धक बनाए जाने के विरोध में भी कृषक आन्दोलन प्रतिफल होते हैं। ये समस्त कृषक आन्दोलन कृषि तथा उसके विभिन्न उपांगों पर केन्द्रित होते हैं।

भारतीय समाज में कृषक आन्दोलन के निम्नलिखित छ: आधार रहे जिनसे उत्पन्न स्थितियों ने आन्दोलनों की आधारशिला रखी।

(1) खेती से संबंधित वस्तुओं के दाम बढ़ने,

(2) फसल नष्ट हो जाने अथवा प्राकृतिक प्रकोपों से उत्पन्न स्थितियों,

(3) जब भू-स्वामियों द्वारा किसी विशेष फसल की खेती (कृषक की इच्छा न होने के बावजूद या उचित लाभांश प्राप्त न होने के कारण) जबरदस्ती करवाई जाती है,

(4) महाजनों द्वारा किया जाने वाला शोषण,

(5) कृषि व्यवसाय से संबंधित अधिकारियों की नीतियां अथवा शोषण की प्रवृत्तियां

(6) खेतिहार मजदूरों को बंधक बनाकर उन्हें पुश्त दर पुश्त बंधुआ-मजदूरी

करने पर विवश करना, आदि सभी कृषक आन्दोलन के कारण माने जाते हैं।

भारतीय कृषक आन्दोलन मुख्यत: दो विचारधाराओं में विभाजित दिखाई पढ़ते हैं। **एम.एस.राव** ने इस मान्यता को उदाहरण देते हुए समझाया कि भूदान, सर्वोदय तथा अन्य अहिंसक आन्दोलन मूलत: गांधीवादी विचारधारा से प्रेरित रहे। इसके विपरीत तेभागा, तेलंगाना, नक्सलवादी तथा अन्य भूमि हथियाओ आन्दोलन कम्युनिस्ट विचारधारा से प्रभावित रहे तथा तत्कालीन क्षेत्रीय कम्युनिस्ट राजनैतिक दलों ने उन्हें भरपूर समर्थन दिया। इसी प्रकार उत्तरी भारत का प्रसिद्ध निजाई बोल आन्दोलन (1946) कांग्रेसी विचारधारा से प्रभावित रहा, जबकि 1970 का भूमि हथियाओ आन्दोलन कम्युनिस्ट विचारधारा पर आधारित था।

प्रामाणिक तथ्यों के अभाव में भारत में कृषि-श्रमिक आन्दोलनों के संबंध में निश्चित रूप से कुछ कहना कठिन है। फिर भी हम ऐतिहासिक परिप्रेक्ष्य में इस पर विचार करेंगे। ऐतिहासिक दृष्टि से विचार करने पर हम पाते हैं कि भारत में कृषि-श्रमिक आन्दोलनों को प्रमुखत: तीन स्तरों में बांटा जा सकता है :

(1) **प्रारम्भिक स्तर** (Initial Phase)—इस अवधि में एक ओर जमींदारों के अत्याचार बढ़ गए और दूसरी ओर ब्रिटिश सरकार द्वारा भूमि-कर काफी बढ़ा दिया गया। परिणामस्वरूप छोटे किसानों और कृषि श्रमिकों में काफी असन्तोष फैला। 19वीं शताब्दी के अन्तिम वर्षों में न केवल कई अकाल पड़े बल्कि भयंकर आर्थिक मन्दी भी आयी। इससे ग्रामीण क्षेत्रों में समस्याएं और भी बढ़ गईं। ऐसी स्थिति में कृषि-श्रमिक आन्दोलन का होना स्वाभाविक ही था। इस अवधि में प्रमुख आन्दोलन इस प्रकार हुए:

(i) ब्रिटिश सकरार के जुल्म के विरुद्ध 1855 में सनथाल विद्रोह हुआ।

(ii) साहूकारों के विरुद्ध 1875 में दक्षिण में दंगे हुए।

(iii) 1870-85 की अवधि में जमींदारों के अत्याचारों के खिलाफ बंगाल में किराए पर भूमि जोतने वालों के संघर्ष हुए।

(iv) अवधि विद्रोह

(v) 19वीं शताब्दी के अन्तिम वर्षों में साहूकारों के विरुद्ध पंजाब में किसान संघर्ष हुए।

सन् 1905 से 1911 की अवधि में किसानों व कृषि श्रमिकों के लिए भारतीय राष्ट्रीय कांग्रेस द्वारा कोई विशेष प्रयास नहीं किए गए। 1917-18

से महात्मा गांधी द्वारा इन लोगों के लिए सत्याग्रह किया गया, अहिंसात्मक संघर्ष का मार्ग अपनाया गया। अनेक स्थानों पर गांधीजी ने फसल के नष्ट हो जाने की स्थिति में भूमिकर वसूल किए जाने के विरुद्ध आन्दोलन किए। इसी समय गांधीजी द्वारा असहयोग आन्दोलन चलाया गया जिसमें प्रथम बार किसानों व कृषि श्रमिकों ने यह सोचकर भाग लिया कि इससे भूमिकर कम हो सकेगा और हमारी आर्थिक स्थिति सुधार सकेगी। इस समय राष्ट्रीय कांग्रेस के अन्तर्गत दो प्रमुख कृषिक आन्दोलन हुए। एक आन्दोलन बिहार में चम्पारन के किसानों द्वारा यूरोपीय भू-स्वामियों के विरुद्ध किया गया। दूसरा आन्दोलन 'केरां' में भूमिकर वसूली के विरुद्ध था जिसको चुकाने में फसल नष्ट हो जाने से किसान असमर्थ थे।

प्रारम्भ में कांगेस ने भारतीय औद्योगिक वर्ग की आवश्यकताओं पर जोर दिया लेकिन कृषिक क्षेत्र में व्याप्त समस्याओं की अपेक्षा की। यह बात कांग्रेज के घोषणा-पत्र से भी स्पष्ट होती है। आन्दोलन के प्रारम्भिक स्तर पर कांग्रेस किराए पर भूमि जोतने वालों और कृषि-श्रमिकों की समस्याओं के प्रति अधिकांशत: उदासीन ही रही। महात्मा गांधी के कांग्रेस में सम्मिलित हो जाने पर कांग्रेज का प्रभाव-क्षेत्र काफी बढ़ गया। कांग्रेस ने ग्रामीण क्षेत्रों में कृषक समितियां बनाईं तथा कृषकों और कृषि संबंधी समस्याओं की ओर ध्यान दिया। कांग्रेस द्वारा चलाए गए ये आन्दोलन भूमिकर की बढ़ी हुई दरों को कम कराने से संबंधित थे और किसी भी रूप में जमींदारों के विरुद्ध नहीं थे।

(2) **द्वितीय स्तर : वर्ग-चेतना पर आधारित संगठनों का उदय**—कांग्रेस ने जमींदारों तथा भू-स्वामियों के हितों की रक्षा की नीति अपना रखी थी। इसका परिणाम यह हुआ कि ग्रामीण भारत में किसानों के स्वयं के संगठन निर्मित हुए। किसाना आन्दोलनों के माध्यम से तीव्र परिवर्तन में विश्वास करने वाले लोग यह अनुभव करने लगे कि कांग्रेस बड़े-बड़े भू-पतियों और पूंजीपतियों के हितों की रक्षा करती है। उन्होंने यह महसूस किया कि किसानों और कृषि श्रमिकों की रक्षा के लिए उनके स्वयं के संगठन होने चाहिए और उन्हीं में से नेतृत्व विकसित होना चाहिए। परिणाम यह हुआ कि कृषकों और कृषि श्रमिकों के स्वयं के संगठन देश के विभिन्न भागों में निर्मित हुए। सन् 1923 में सर्वप्रथम किसान संगठनों तथा कृषक श्रम संघों का निर्माण हुआ। सन् 1926-27 में पंजाब, बंगाल तथा उत्तर प्रदेश के कुछ भागों में किसान सभाएं बनाई गईं। गुजरात में बारदोली नामक

जिले में किसानों व कृषि श्रमिकों के दो संघर्ष हुए, प्रथम, 1928-29 में, द्वितीय, 1930-31 में। प्रथम संघर्ष का नेतृत्व सरदार वल्लभ भाई पटेल द्वारा किया गया और इस संघर्ष के परिणामस्वरूप सरकार को इनकी अनेक मांगों को मानना पड़ा। इससे इन लोगों के आन्दोलन को काफी बल मिला।

1935 में प्रथम किसान कांग्रेस की लखनऊ में स्थापना हुई जिसके प्रयत्नों से अखिल भारतवर्षीय किसान सभा का संगठन किया गया। यह किसान सभा कृषिक भारत की आकांक्षाओं तथा आवश्यकताओं का केन्द्र बन गई। इस किसान सभा को कांग्रेस समाजवादी दल और बाद में साम्यवादी दल का समर्थन और शक्ति प्राप्त हुई। देश के विभिन्न भागों में किसान सभा के द्वारा जो प्रमुख आन्दोलन चलाए गए, वे इस प्रकार हैं : आन्ध्र प्रदेश में जमींदारों के जुर्ग के खिलाफ आन्दोलन चलाए गए। स्वामी सहजानन्द जो कि अखिल भारतीय किसान सभा के प्रमुख नेता और प्रणेता थे, ने बिहार में जमींदारी उन्मूलन से संबंधित आन्दोलन चलाया। दमनकारी जंगल कानूनों के विरुद्ध दक्षिण भारत में 1927 मं शक्तिशाली संघर्ष छेड़ दिया गया। इसी प्रकार के आन्दोलन उत्तर प्रदेश तथा देश के अन्य भागों में जमींदारों के अत्याचारों के खिलाफ चलाए गए।

बढ़ते हुए कृषक आन्दोलनों का कांग्रेस पर दबाव पड़ता जा रहा था। किसान सभा का राजनीतिक दबाव फैजपुर कांग्रेस में सफल हुआ और आखिर कांग्रेस में कृषक कार्यक्रम के लिए वातावरण तैयार हुआ। फिर भी जीमंदारों के हितों की बलि देने और छोटे कृषकों एवं कृषि श्रमिकों के हितों की रक्षा करने की स्थिति में कांग्रेस अपने को नहीं ला सकी। सन् 1937 में देश के विभिन्न भागों में कांग्रेस सरकारों की स्थापना हुई लेकिन ये कृषि-क्षेत्र में कार्यरत निचले स्तर के लोगों की आकांक्षाओं की पूर्ति नहीं कर सकीं। बिहार में कांग्रेस जमींदार, सांठ-गांठ के कारण मन्त्रिमण्डल कृषक व कृषि-श्रमिकों के हित में कोई महत्वपूर्ण परिवर्तन नहीं ला सका। मध्य प्रान्तों तथा मुम्बई में भी कांग्रेस मन्त्रिमण्डल कृषि-श्रमिकों के हित में कुछ नहीं कर सके। बंगाल में मन्त्रिमण्डल के द्वारा कृषकों के हित में अनेक कानून बनाए गए परन्तु उनका परिणाम यह हुआ कि किराए पर भूमि जोतने वालों को स्थान-स्थान पर भूमि से बेदखल किया गया। स्पष्ट है कि विभिन्न राज्यों में बने कांग्रेस मन्त्रिण्डल कृषकां एवं कृषि-श्रमकों की स्थिति सुधारने की दृष्टि से कुछ नहीं कर सके। परिणाम यह हुआ कि छोटे किसानों व भूमिहीन श्रमिकों में असन्तोष बढ़ता गया

तथा उन्होंने विरोध-सभाओं, सम्मेलन तथा प्रदर्शनों के माध्यम से अपना रोष व्यक्त किया जो देशव्यापी था।

बिहार के किसानों ने कांग्रेस मन्त्रिमण्डल के विश्वासघात के विरुद्ध बड़े पैमाने पर आन्दोलन चलाया, यू.पी. में भूमि बन्दोबस्त विरोधी आन्दोलन हुआ, कर्जों से मुक्ति दिलाने हेतु बंगाल में आन्दोलन हुआ। कोया विद्रोह तथा मयूरभंज में भील आन्दोलन कृषक संघर्षों के कुछ उदाहरण हैं। इन सबका परिणाम यह हुआ कि 1937 से 1946 की अवधि में जीगीरदार, जमींदार एवं बड़े भू-स्वामियों के जुल्मों के खिलाफ अनेक आन्दोलन हुए। भारतीय कृषक आन्दोलन के इतिहास में मैसूर व ट्रावनकोर के किसान आन्दोलन, राजा-महाराजाओं व स्थानीय ठाकुरों के विरुद्ध उड़ीसा, जयपुर, उदयपुर तथा ग्वालियर में हुए विद्रोह कुछ प्रसिद्ध उदाहरण हैं इतना सब कुछ होते हुए भी किसान सभा सीमान्त किसानों तथा कृषि-श्रमिकों की समस्याओं को हल करने के लिए कोई प्रभावशाली संघर्ष नहीं चला सकी। सन् 1942 में कांग्रेस के अवज्ञा आन्दोलन में किसान सम्मिलित हो गए। उत्तर प्रदेश, बिहार, बंगाल, महाराष्ट्र तथा तिमलनाडु में किसानों ने समानान्तर सरकारों की स्थापना की। बंगाल में मिदनापुर में किसानों को महत्वपूर्ण सफलता मिली जहां अंग्रेज शासक अपना नियन्त्रण पुनः प्राप्त करने में असफल रहे। यदि कृषक आन्दोलन को परिपक्व नेतृत्व मिला होता तो इसमें कोई सन्देह नहीं है कि भारतीय इतिहास कुछ और ही होता।

(3) **स्वतन्त्रता-प्राप्ति के बाद स्तर** (Post Independence Era)—आज इस बात को लोग स्वीकार करते हैं कि सरकार अनेक प्रयन्तों के बाजजूद भी कृषकों एवं कृषि-श्रमिकों की समस्याओं को हल नहीं कर पाई है। भूमि सुधारों और सामुदायिक विकास कार्यक्रमों ने कृषि क्षेत्र में संकट को और भी बढ़ा दिया है। छोटे अभावग्रस्त किसानों एवं कृषि-श्रमिकों को कांग्रेस सरकार कोई राहत नहीं पहुंचा पाई है बल्कि इसकी कृषि संबंधी नीति ने उनके कष्टों को बढ़ाया ही है। यह बात सरकार द्वारा प्रकाशित अनेक मूल्यांकन प्रतिवेदनों से स्पष्ट है। स्वतन्त्रता-प्राप्ति के इतने वर्षों पश्चात् भी भारतीय किसानों एवं कृषि श्रमिकों में असन्तोष व्याप्त है। इस असन्तोष के परिणामस्वरूप देश के विभिन्न भागों में कृषक आन्दोलन एवं संघर्ष हुए।

अखिल भारतवर्षीय किसान सभा में साम्यवादी दल के नेतृत्व में किसानों व कृषि-श्रमिकों की समस्याओं को हल करने के उद्देश्य से अनेक आन्दोलन चलाए।

ट्रावनकोर में किसानों व कृषि-श्रमिकों में सेना से अलग हुए व्यक्ति भी सम्मिलि हो गए। इन सब लोगों ने मिलकर भू-स्वामी वर्ग के विरुद्ध संघर्ष छेड़ दिया और महाराजा की सेना के साथ सशस्त्र झड़पें कीं, परिणामस्वरूप असंख्य व्यक्ति मारे गए। मालावार में भी किसान संघर्ष शक्तिशाली हो गया तथा वहां कई किसान संघर्ष हुए। किसान संघर्षों में सबसे अधिक हिंसात्मक संघर्ष तेलंगाना, त्रिपुरा तथा मनिपुर में हुए। *स्वतंत्रता-प्राप्ति के अवसर पर हैदराबाद राज्य के तेलंगाना जिले में अखिल भारतवर्षीय किसान सभा ने साहसिक संघर्ष किया।* वहां करीब 2,000 गांवों में स्वयं लोगों ने अपनी समितियों बना लीं, सारी भूमि अपने अधिकार में ले ली, स्वयं का प्रशासन चलाया और करीब 15,000 वर्ग मील क्षेत्र में अपनी सुरक्षा व्यवस्था की। इन सब प्रयत्नों से किसान लोग काफी समय तक अपने को निजाम के अत्याचारों से बचा सके। लेकिन इसका अन्तिम परिणाम यह हुआ कि इस आन्दोलन को सम्पूर्ण भारत के स्तर पर समर्थन नहीं मिलने के कारण इसमें भाग लेने वाले निर्दोष भूमि जोतने वालों को मौत के घाट उतार दिया गया।

तेलंगाना आन्दोलन के नाम से जाना जाने वाला यह आन्दोलन सम्पूर्ण कृषक समाज की मांगों के समर्थन में था जिसे नवाब तथा उसके लोगों ने दबा रखा था। इस आन्दोलन का एक प्रमुख नारा यह था कि सभी किसानों व कृषि-श्रमिकों के कर्जों को पूर्णताया माफ किया जाए। जागीरदारों, जमींदारों, नवाबों और उनकी सरकारों ने दृढ़ता से इसका मुकाबला किया और उनके विरुद्ध हथियार भी उठाए। स्थानीय साम्यवादियों ने भी इस आन्दोलन में सक्रिय रूप से भाग लिया। 1948 के आसपास तेलंगाना आन्दोलन क्रान्तिकारी स्तर पर पहुंच गया था। 1947 में तेलंगाना आन्दोलन के पास करीब पांच हजार लोगों की गुरिल्ला सेना थी। किसानों ने भू-स्वामियों को या तो मार दिया या भूमि से खदेड़ दिया तथा उनकी जमीनें छीनकर गरीबों में बांट दीं। उन्होंने स्थान-स्थान पर कृषकों की सरकारों की स्थापना की और उन सबका एक समन्वित संगठन बनाया। करीब डेढ़ लाख वर्ग मील जमीन पर रहने वाले 40 लाख लोगों पर कृषक राज्य की स्थापना की गई। कृषकों का यह आन्दोलन और उनकी सरकार 1950 तक चली। छोटे किसान एवं कृषि-श्रमिकों का यह आन्दोलन यद्यपि क्रान्तिकारी अवश्य था परन्तु यह देश के विभिन्न भागों में सफल नहीं हो सका।

स्वतन्त्रता-प्राप्ति के पश्चात् किसान सभा द्वारा चलाए गए कुछ प्रमुख आन्दोलन इस प्रकार हैं—महाराष्ट्र में जंगल के ठेकेदारों व साहूकारों के विरुद्ध वरली विद्रोह हुआ, पंजाब में सिंचाई की बढ़ी हुई दरों के विरुद्ध आन्दोलन हुआ, बिहार में बहुत अधिक मात्रा में खाद्य-सामग्री संग्रहित करने वालों और उसकी कीमतें चढ़ाने

वालों के विरोध में आन्दोलन हुआ, बंगाल में भूमि की अधिकतम सीमा संबंधी कानूनों को उचित रूप में लागू करने के संबंध में आन्दोलन हुए, गन्ने की कीमतों को निर्धारित करने के संबंध में भी आन्दोलन हुए। तमिलनाडु, बिहार, महाराष्ट्र में किसान सभा ने कृषि-श्रमिकों के लिए दैनिक मजदूरी बढ़ाने के लिए आन्दोलन किए, केरल में भूमि सुधार के लिए अनेक आन्दोलन हुए, आन्ध्र में किसान सभा ने भूमिहीन श्रमिकों को बेकार पड़ी भूमि पर बसाने के लिए आन्दोलन चलाया।

साम्यवादी दल के अतिरिक्त प्रजा समाजवादी दल और समाजवादी दल के द्वारा भी किसानों और कृषि-श्रमिकों के लिए अनेक आन्दोलन चलाए गए 1958 में प्रजा समाजवादी दल ने उत्तर प्रदेश में अकाल पीड़ित क्षेत्रों में राहत कार्य चलाने की मांग को लेकर सत्याग्रह किया। साथ ही इस बात के लिए भी आन्दोलन किया कि किसानों से सिंचाई के लिए पैसा नहीं लिया जाए।

बिहार में भूमि की अधिकतम सीमा कानून के उचित क्रियान्वयन के लिए एवं राजस्थान में बहुत अधिक पानी कर लिए जाने के विरोध में आन्दोलन हुआ। मध्य प्रदेश में भूमिहीन श्रमिकों को पुनः बसाने और खाद्य-सामग्री के अभाव को समाप्त करने के लिए संघर्ष हुए। राजस्थान में जंगल विरोधी नीति के विरोध में भीलों के द्वारा आन्दोलन किया गया। इनके अलावा प्रजा समाजवादी दल ने गुजरात राज्य के पराढ़ी तालुके में भूमिहीन श्रमिकों को बसाने के लिए सत्याग्रह संगठित किया।

साम्यवादी और प्रजा समाजवादी दल की तुलना में समाजवादी दल ने देश के विभिन्न भागों में अवज्ञा आन्दोलन चलाने के लिए एक विस्तृत योजना तैयार की। इसे "घेरा डालो" आन्दोलन के नाम से जाना जाता है जो उत्तर प्रदेश में 1975 में प्रारम्भ हुआ। यह संघर्ष अनाजों की बढ़ी हुई कीमतों और उत्तर प्रदेश के अकाल पीड़ित क्षेत्रों में राहत कार्य प्रारम्भ करने से संबंधित था। समाजवादी दल की प्रमुख मागें इस प्रकार थीं–

(अ) मुफ्त भोजन तथा सस्ते दाम पर अनाज,

(ब) सरकार द्वारा उचित कीमतों का निर्धारण और बहुत अधिक अनाज इकट्ठा करने वालों व लाभ कमाने वालों के विरुद्ध कानूनी कार्यवाही,

(स) कर, लेवी तथा किराए आदि अकाल पीड़ित क्षेत्रों में माफ करना,

(द) भूमि की अधिकतम सीमा निर्धारित करना तथा निश्चित अवधि में भूमि के पुनःवितरण कार्यक्रम को पूरा करना और साथ ही सिंचाई की दरों को कम करना,

(य) अलाभकारी कृषि पर कर की समाप्ति। समाजवादी लद का कहना है कि साम्यवादी दल तथा प्रजा-समाजवादी दल द्वादा चलाए गए समाजवादी आन्दोलन सरकार की कृषि नीति के विरुद्ध केवल सांकेतिक प्रदर्शन मात्र हैं जबकि समाजवादी दल द्वारा चलाए गए "घेरा डालो" आन्दोलन तथा अन्य संघर्षों में भूखे किसानों के स्वयं के द्वारा प्रत्यक्ष क्रिया की जाती है।

साम्यवादी और प्रजा समाजवादी दलों द्वारा चलाए गए संघर्ष कृषि संबंधी कानूनों को प्रभावशाली और तेज गति से लागू करने के संबंध में थे। साम्यवादी दल अखिल भारतीय स्तर पर स्वयं भूमि जोतने वालो का कोई सशक्त आन्दोलन संगठित नहीं कर सका। इसका मुख्य प्रयास गांव की एकता बनाए रखने का ही रहा, चाहे इससे सीमान्त किसानों तथा कृषि-श्रमिकों की समस्याएं यथावत् ही क्यों न बनी रहें। कहने का तात्पर्य यह है कि अनार्थिक जोतों पर से भूमिकर समाप्त कराने और सीमान्त किसानों व कृषि-श्रमिकों को उनके अभावों व कष्टों से मुक्त कराने के लिए साम्यवादी दल कोई शक्तिशाली कृषक आन्दोलन नहीं चला सका।

संक्षेप में हम कह सकते हैं कि किसान सभा ने आन्दोलनों को घटाने और लाभों को बढ़ाने का प्रयत्न किया। किसान सभा ने इस बात का सरकारों पर विशेष जोर डाला कि ग्रामीण क्षेत्रों में कृषि कार्यों के लिए अधिकाधिक खर्चा किया जाए। पश्चिमी बंगाला की किसान सभा का मुख्य मुद्दा ग्रीमीण एकता बनाए रखना था न कि वर्ग संघर्ष। यहां यह कहना भी उचित ही होगा कि कृषि आन्दोलनों के प्रति समाजवादी दल का दृष्टिकोण साम्यवादी तथा प्रजा समाजवादी दल से अधिक गतिशील रहा। आज आवश्यकता स बात की है कि भूमि स्वयं जोतने वाले छोटे किसानों, सीमान्त किसानों, किराए पर भूमि जोतने वालों और कृषि-श्रमिकों के स्वयं के संगठन बनाए जाएं और उनके अपने स्वयं के नेता हों। ऐसा होने पर ही आन्दोलन को सही दिशा में चलाया जा सकेगा और लक्ष्यों की प्राप्ति हो सकेगी।

स्वतंत्र भारत में सरकार द्वारा भी छोटे-छोटे किसानों और कृषि-श्रमिकों की दशा को सुधारने के काफी प्रयास किए गए हैं। फिर भी उन प्रयासों से उनकी स्थिति में कोई उल्लेखनीय परिवर्तन नहीं हुए हैं, उनमें से अधिकांश के पास राजनीतिक शक्ति के साथ-साथ आर्थिक शक्ति भी है, उसमें से कई भू-स्वामी भी हैं और कई भू-स्वामियों से निकट रूप से संबंधित हैं। ऐसी स्थिति में किसानों और कृषि-श्रमिकों की दशा को सुधारने में वे कोई भूमिका नहीं निभा सके हैं। निहित स्वार्थ उन्हें ऐसा करने से रोकते हैं। वर्तमान सन्दर्भ में आवश्यकता इस बात की है कि व्यक्ति अपने स्वयं के स्वार्थों से ऊपर उठकर छोटे किसानों, सीमान्त

किसानों तथा कृषि-श्रमिकों के लिए सही दृष्टिकोण अपनाते हुए काम करें। कृषि-श्रमिकों की समस्या का मूल कारण उनका असंगठित होना ही है।

सरकार द्वारा बीस सूत्रीय कार्यक्रम के अन्तर्गत किसानों के लिए न्यूनतम कृषि मजदूरी अथवा फसल में जमींदार के अधिकतम हिस्से की सीमा निर्धारित करके या भूमिहीनों को भूमि का वितरण करने संबंधी नियम बनाकर विधानसभाएं और संसद कृषि-श्रमिकों एवं किसानों के प्रति अपनी उदारता का परिचय देती है किन्तु उन्हें सच्चे अर्थों में कभी लागू नहीं किया जाता। मिर्डल कहते हैं कि,

"सारी राजनीतिक, कानूनी और प्रशासकीय प्रणाली गरीब लोगों के व्यापक जनसमूदाय के विरुद्ध इस प्रकार खड़ी दिखाई देती है कि ऐसे कानूनों को व्यावहारिक रूप से लागू ही नहीं कर सकते।"

हम यहां भारत के विभिन्न प्रान्तों में हुए प्रमुख कृषक आन्दोलनों का उल्लेख करेंगे।

बिहार में कृषक आन्दोलन

बिहार में जमींदारी समाप्ति के लिए किसानों ने 1935 से आवाज उठा रखी थी। बिहार में इस आन्दोलन की शुरूआत स्वामी सहजानन्द सरस्वती ने की थी। छोटे-बड़े जमींदारों के तमाम विरोधों के बावजूद यह आन्दोलन लगभग 12 वर्षों तक चला था और इसे पूर्ण सफलता तब प्राप्त हुई जब 1947 में बिहार सरकार ने जमींदारी उन्मूलन विधेयक, विधानसभा में पेश कर दिया। श्री श्यामानन्दन सहाय, चन्द्रेश्वर प्रसाल नारायण सिन्हा, राजा कामाख्या नारायण सिंह तथा स्वामी सहजानन्द जैसे जन नेताओं ने इस आन्दोलन की गति प्रदान की।

चम्पारण के किसानों ने 1917 में नील की जबरन खेती के खिलाफ आन्दोलन चलाया। इस आन्दोलन की शुरुआत इस कारण हुई कि नील की जबरन खेती के कारण उस नील के किसी भी अंश से किसानों की अपनी भोजन-संबंधी आवश्यकता पूरी नहीं होती थी अतएव वह किसान जो बंटाई पर खेती करके साल भर का अनाज येन-केन-प्रकारेण बटोर ही लेता था, दाने-दाने को मोहताज रहने लगा।

दूसरी ओर अच्छी फसल न होने पर भी भूपतियों द्वारा खेत के किराये में कमी न किए जाने पर किसानों में आक्रोष का उठना स्वाभाविक था और फलस्वरूप आन्दोलन उठ खड़े होते थे। इस आन्दोलन में कृषकों का नेतृत्व समाज सुधारकों तथा गांधी जैसे नेताओं के हाथ में था। अतऐव यह आन्दोलन पूर्णत: सफल हुआ था और अंग्रेज सरकार ने हथियार डाल दिया थे।

उत्तर प्रदेश में कृषक आन्दोलन

उत्तर पदेश में प्रथम महत्वपूर्ण कृषक आन्दोलन 1920 **में आगरा तथा अवध क्षेत्र के किसानों ने किया था।** इस आन्दोलन में स्थानीय कृषकों सहित अन्य कई सामाजिक कार्यकर्ताओं का भी सहयोगा था। महात्मा गांधी के असहयोग को इस आन्दोलन की मुख्य नीति बनाकर, कृषकों ने मूल्य वृद्धि, कर, बेगार, जुर्माना, नजराना तथा बेदखली के खिलाफ मुहिम छेड़ी थी। जाति भेद को भुलाकर समस्त कृषकों ने अपने आपको संगठित किया था और प्रदर्शनों के माध्यम से अपने विरोध को अधिक प्रखर किया था। यह आन्दोलन भी आंशिक रूप से सफल रहा था। इस आन्दोलन का मुख्य गढ़ प्रतापगढ़ था।

इसी समय के आसपास सन् 1921-22 में उत्तर प्रदेश का प्रसिद्ध **एका कृषक आन्दोलन** हुआ। एक तरफ गोरखपुर के पास चौरी-चौरा में जहां ब्रिटिश सरकार के विरुद्ध कर-विरोधी आन्दोलनों में जमींदारों तथा कृषकों ने सम्मिलि रूप से संगठन खडा कर दिया था, वहीं दूसरी ओर एका आन्दोलन केवल कृषकों का आन्दोलन था। यह आन्दोलन भी अवध के कृषक आन्दोलन की भांति ही बेदखली, नजराना तथा बेगार के विरोध में किया गया था।

उत्तर प्रदेश के बस्ती जिले में **निजाई-बोल आन्दोलन** प्रारम्भ हुआ था। मालिकों के विरुद्ध कृषक मजदूरों का यह आन्दोलन भूमि के स्वामित्व की घोषणा से संबंधित था। बस्ती का यह आन्दोलन कालान्तर में तीव्र हिंसा से ओत-प्रोत हो गया था और अनेक जमींदार तथा कृषक हत्या, लूटमार तथा आगजनी के शिकार हुए थे। बस्ती में 970 में भूमि हथियाओ आन्दोलन का जन्म हुआ। इस आन्दोलन में मुस्लिम समाज तथा अस्पृश्य कहे जाने वाले हिन्दू समाज के लोगों ने सम्मिलित होकर सवर्ण हिन्दुओं की जमीन हथियानो का प्रयास किया था।

आश्चर्यजनक रूप से इस आन्दोलन का प्रारम्भ तो बस्ती में हुआ, किन्तु सर्वाधिक कम सहभाग बस्ती के ही निवासियों का रहा। इस आन्दोलन का नेतृत्व भी बस्ती के बाहर के लोगों के हाथ में रहा। इस आन्दोलन के दौरान बस्ती में जमीन पर आक्रमण की उन्नीस घटनाएं हुईं। सात घटनाओं में भू-पतियों से आन्दोलनकारियों का आमना-सामना हुआ। इस आन्दोलन का मुख्य नारा था 'मुस्लिम हरिजन भाई-भाई हिन्दू जाति कहां से आई।' धार्मिक संगठनों तथा शासकीय हस्तक्षेप ने इस आन्दोलन को पूरी तरह दबा दिया और यह आन्दोलन शत-प्रतिशत असफल रहा।

दक्षिण भारत में कृषक आन्दोलन

दक्षिण भारत में भी दो महत्वपूर्ण आन्दोलन हुए। **मोपलाह आन्दोलन** तथा **तेलंगाना आन्दोलन।** 1836 से 1896 के बीच केरल के मालाबार क्षेत्र में प्रसिद्ध मोपलाह आन्दोलन घटित हुआ था। इस दौरान लगभग पचास साम्प्रदायिक दंगे-फसाद हुए जो मोपलाह मुसलमानें तथा हिन्दू भू-पतियों के आपसी संघर्ष का परिणाम थे। मोपलाहों का उद्देश्य हिन्दू भू-पतियों को समाप्त करना था। तेलंगाना आन्दोलन 1930-51 के मध्य हैदराबाद के निजाम तथा उनके रजाकारों के विरुद्ध जो कृषक संघर्ष हुए उन्हें तेलंगाना कृषक आन्दोलन के नाम से जाना जाता है।

द्वितीय विश्वयुद्ध के दौरान जब महंगाई में वृद्धि हुई तो जागीदारों, भूपतियों तथा सरकारी अफसरों ने ग्रामीण कृषकों का भरपूर शोषण किया। बेगार एवं जोर-जबरदस्ती से श्रम कार्यों की धारणा पूरे हैदराबाद तथा विशेषकर तेलंगाना में अधिक तेजी से फैी। जागीरदारी प्रथा के अन्तर्गत सेवक जातियों को खेती करने के लिए कम दामों पर किराए की जमीन दी जाती थी,

किन्तु इस एवज में उनसे यह अपेक्षा की जाती थी कि जब कोई रजाकार संबंधित गांव का दौरा करेगा तो उसके रहने तथा खाने-पीने का प्रबन्ध वही खेतिहार परिवार करेगा। गांव के चमार, धोबी, कुम्हार, नाई, बढ़ई तथा लुहार जाति के लोग इसी कारण देशमुखों तथा देशपाण्डों के सेवा-कार्यों में बेगार करने पर मजबूर हुए। हरिजनों तथा ब्राह्मण पुरोहितों को भी बेगारी से बचने के उपाय ढूंढ़ने कठिन हो गए। इन समस्त कारणों ने ग्रामीण कृषक समाज को जागीदारी तथा विशेषकर अंग्रेज सरकार समर्थित निजाम के विरुद्ध संघर्ष करने पर बाध्य किया।

सरदार पटेल के सहयोग से जब सितम्बर 1984 में निजाम का आत्मसमर्पण संभव हुआ तब जाकर यह आन्दोलन कुछ धीमा पड़ा। निजाम के समर्पण के बाद सैनिक शासन को स्थानीय कृषकों का भरपूर सहयोग मिला। कम्युनिस्ट समर्थकों ने आन्दोलन की पकड़ ढीली नहीं करनी चाही अतः गुरिल्ला युद्ध के स्तर पर पुनः इस आन्दोलन की नींव डाली और गांवों से बढ़ते हुए सुदूर वन्यजातीय इलाकों में भी फैल गए।

महाराष्ट्र में कृषक आन्दोलन

महाराष्ट्र भी भारतीय कृषक आन्दोलन का महत्वपूर्ण गढ़ रहा है। 1875-76 का प्रसिद्ध पूना-अहमदनगर का कृषक आन्दोलन इसकी पहली कड़ी था। इस आन्दोलन में कृषक तथा खेतिहार मजदूरों ने मारवाड़ी तथा गुजराती वैश्यों (बनियों) के शोषण के विरुद्ध आवाज उठाई थी।

महाराष्ट्र में दूसरा कृषक आन्दोलन 1919–21 में सतारा में हुआ। यह आन्दोलन भारतीय कृषक समाज का सर्वाधिक असफल आंदोलन माना जाता है। कृषक मजदूरों, बंटाईदारें तथा किराये की खेती करने वाले गरीब किसानों ने इस आन्दोलन के माध्यम से सवर्ण उच्चवर्गीय ब्राह्मणों की आर्थिक नीति का विरोध किया। सभी जातियां यह अनुभव करती थीं कि समान कार्य के बावजूद शेठ तथा भाट (महाजन, अमीर-जन तथा भूपति) लोग ब्राह्मणों तथा शूद्रों के प्रति ब्याज की दर, जमीन की कीमत तथा बीजों के दामों में फर्क करते थे।

राजस्थान में कृषक आन्दोलन

यह आन्दोलन 1913–14 में बिजोलिया में हुआ। यह आन्दोलन मुख्यत: धाकड़ नामक जाति के किसानों द्वारा किया गया। धाकड़ों ने एकजुट होकर तत्कालीन महाराणा तथा अन्य रावों एवं जागीदारों के आर्थिक शोषण का विरोध किया। इस आन्दोलन में लगान, बेगार, ऋण, रसद, खेतिहार सुविधाएं तथा जागीदारी से संबंधित विभिनन आर्थिक अधिकारों की मांग तथा आर्थिक आतंक का विरोध था। **नारायण पटेल** तथा **साधु सीतराम दास** के नेतृत्व में यह आन्दोलन धीमी तथा सुदृढ़ गति से आगे बढ़ा। किसान सभा तथा विद्या प्रचारिणी सभा के माध्यम से एक ओर नेतृत्व की बेहतर तलाश जारी रही तथा दूसरी ओर साक्षरता अभियान शुरू हुआ। इसी साक्षरता अभियान के दौरान विजय सिंह पथिक नामक शिक्षक ने नेतृत्व की बागडोर संभाली और बिजोलिया आन्दोलन को सशक्त मोड़ दिया। जंगलों में जाकर उसने युवकों को सैनिक शिक्षा दी। अचछा वक्ता हाने के साथ वह एक अच्छा कवि तथा गायक भी था, अत: उसने जनमानस को शीघ्र ही आकर्षित करके मनचाहे रूप से ढाल लिया। गांधी, तिलक, गोखले, महादेव देसाई का भी मार्ग दर्शन पथिक को मिला और आन्दोलन की गति तीव्र हुई। एक लम्मे अन्तराल के बाद 1941 में हरिभाऊ उपाध्याय, गुलाब सिंह बख्शी, जमना लाल बजाज तथा माणिक्य लाल वर्मा के सहयोग से जब महारणा ने कृषक को उसकी भूमि का असली मालिक मानकर भूमि लौटाई तो यह आन्दोलन समाप्त हो गया।

गुजरात में कृषक आन्दोलन

गुजरात का खेड़ा आन्दोलन सफल कृषक आन्दोलन की श्रेणी में आता है। 1918 में इस आन्दोलन की नींव पड़ी थी। यह वह समय था जब पहले विश्वयुद्ध की कगार पर खड़ी दुनियां में महंगाई की सुरसा मुंह खोले खड़ी थी, दूसरी ओर अकाल ने गरीब किसानों की कमर तोड़ दी थी। अंग्रेज सरकार ने तो लगान-वसूली में कोई नरमी बरत रही थी और न ही करों में कोई कमी कर रही थी। गरीब

किसान तथा खेतिहार मजूदर की आर्थिक दशा काफी शोचनीय थी। अकाल ने फसल बरबाद कर दी थी। पानी के अभाव ने आगामी फसल की आशा भी धूमिल कर दी थी। उपजाऊ माने जाने वाले खेतों पर फसल न होने की स्थिति में भी लगान चुकाना जरूरी था। फसल की पैदावार कम होने के कारण किसानों ने कुछ छूट की मांग की, किन्तु यह मांग ठुकरा दी गई। जबरन वसूली का दौर चला तो समाज के प्रबुद्ध लोगों ने अकाल राहत व्यवस्था के अन्तर्गत सरकार से पुनर्विचार की मांग की, किन्तु सरकार नहीं चेती। समाज के सभी वर्गों ने सम्मिलित रूप से किसानों का आन्दोलन छेड़ा। असहयोग की नतिी अपनाई गई। शासकीय कारिन्दों को किसी भी प्रकार की जानकारी या सूचना देने के नाम पर ग्रामवासियों ने निरपेक्षता का रुख अपनाया। किसानों तथा समाज सुधारकों ने सभाएं कीं, प्रदर्शन किए तथा किसी भी प्रकार की ज्यादती के विरुद्ध हिंसक तरीके नहीं अपनाए। किसानों की जायज मांगों के समर्थन में समाचारपत्रों में अनेक लेख तथा सम्पादकीय छपे। महात्मा गांधी ने भी इस आन्दोलन को निर्देश दिए तथा राजस्व अधिकारियों एवं अन्य प्रशासनिक अधिकारियों ने अन्ततः कृषकों की मांगों को जायज मानते हुए अकाल की विशेष स्थिति को ध्यान में रखते हुए समझौता कर लिया।

बारडोली कृषक आन्दोलन

स्वराज्य आन्दोलन के अन्तर्गत 1920 से ही बारडोली के किसानों ने कर-बन्दी आन्दोलन चलाने की योजना बनाई थी। बारडोली ही वह स्थान था जहां अहमदाबाद कांग्रेस के तत्काल बाद कार्यसमिति की बैठक में साल भर के अन्दर स्वतंत्रता प्राप्ति का प्रस्ताव पारित किया था।

सरदार पटेल के सहयोग से 12 अगस्त, 1929 को बारडोली का कृषक आन्दोलन अपनी पूर्ण सफलता के साथ समाप्त हो गया।

बंगाल में कृषक आन्दोलन

बंगाल में कृषक आन्दोलनों में तिभागा तथा नक्सलवादी आन्दोलन प्रमुख हैं। इस सदी के चौथे दशक में तिभागा आन्दोलन की नींव पड़ी थी। सितम्बर 1946 से मई 1947 के बीच उत्तरी बंगाल के अधिकांश क्षेत्रों के किसानों ने लूट-खसोट की लगान नीति का विरोध किया। मौजूदा स्थितियों में किसानों तथा चाय बागान के खेतिहार मजदूरों को किराए के रूप में फसल का 50 प्रतिशत भाग केवल लगान के रूप में देना पड़ता था। शेष बचे 50 प्रतिशत में से बीजों की खरीद, ऋणों पर ब्याज, आदि काटकर मजदूर किसान के हिस्से में बड़ी कठिनाई के बाद

30 या 32 प्रतिशत फसल हाथ लगती थी। किसानों ने इस नीति के खिलाफ विद्रोह किया। अखिल भारतीय किसान सभा के सहयोग से क्षेत्रीय बंगाल किसान सभा का संगठन हुआ और व्यापक स्तर पर विद्रोह फूट पड़ा। 1947 की गर्मियों में यह आन्दोलन समाप्त हो गया। भोवानी सेन जो कि इस आन्दोलन को चलाने की दृष्टि से कोई प्रत्यक्ष क्रिया इस वर्ष नहीं करनी चाहिए क्योंकि हाल ही में स्वतंत्र हुए देश की नवीन सरकार को शासन चलाने का समुचित अवसर दिया जाना चाहिए। उनकी इस बात को ध्यान में रखते हुए इस सबसे बड़े जन-आन्दोलन को समाप्त कर दिया गया। यह आन्दोलन प्रमुखत: इसलिए असफल रहा क्योंकि इस मध्यम वर्ग और श्रमिक वर्ग का सही अर्थों में समर्थन नहीं मिला।

नक्सलवादी आन्दोलन

किसान आन्दोलन के इतिहास में बंगाल का नक्सलवादी आन्दोलन अत्यधिक प्रसिद्ध है। यह आन्दोलन उग्रवादी मार्क्सवाद का स्पष्ट प्रदर्शन है। यह आन्दोलन बिहार और आन्ध्र प्रदेश में फैल गया। इस आन्दोलन का नेतृत्व मार्क्सवादी कम्यूनिस्ट पार्टी की उग्रवादी शाखा, जिसे मार्क्सवादी लेनिनवादी कम्युनिस्ट पार्टी कहा जाता है, के हाथ में रहा है। इस आन्दोलन में लगभग सभी वामपंथी उग्रवादी सहयोगी थे। नक्सलवादी आन्दोलन का मुख्य उद्देश्य जमींदारी प्रथा को समाप्त करना था। नक्सलवादी आन्दोलन के पीछे जमींदारों के द्वारा किसानों के शोषण की लम्बी कहानी थी।

तिभागा आन्दोलन से प्रेरणा लेकर कुछ साम्यवादी तत्व जो उग्रवाद के समर्थक थे और किसी अंश तक चीन की कम्युनिस्ट पार्टी से निर्देशित थे, योजनाबद्ध ढंग से पूंजी और श्रम के विरोध का निरन्तर प्रचार कर रहे थे और किसानों को शोषण और अत्याचार के विरुद्ध, वास्तव में जमींदारों के विरुद्ध भड़का रहे थे, उनका भी बहुत शोषण होता था। कृषक सभा के कार्यकर्ताओं ने इन बागों के मजदूरों को भी आन्दोलन की प्रेरणा दी। इस प्रकार किसानों और मजदूरों की शक्ति परस्पर मिल गई और नक्सलवादी आन्दोलन को बल मिल गया।

उपर्युक्त आन्दोलनों के अतिरिक्त महाराष्ट्र में 'शेतकारी आन्दोलन' तथा अल्मोड़ा जिले के एक गांव खीराकोट में भी कृषक आन्दोलन चले जिनका उद्देश्य किसानों के हितों की रक्षा करना था। संक्षेप में हम कह सकते हैं कि भारत में कृषक आन्दोलन का प्रारम्भ सामन्ती व्यवस्था एवं किसानों के शोषण और दमन के विरोधस्वरूप उत्पन्न हुआ जिनाक उद्देश्य सामाजिक व आर्थिक न्याय प्राप्त करना था।

महिला आन्दोलन (Women Movement)

संसार के अधिकांश समाज पुरुष-प्रधान होने के कारण समय-समय पर महिलाओं ने अपने शोषण, उत्पीड़न तथा संत्रास के खिलाफ आवाज उठाई है। समानाधिकार, आर्थिक स्वतंत्रता, धार्मिक संस्तुति, तलाक के अधिकार, मताधिकार, स्वतंत्रता, पर्दे के विरोध शिक्षा के अधिकार, आदि मांगों को लेकर आन्दोलन चलाए हैं। इस सदी के सातवें दशक में प्रारम्भ हुआ 'विमेल लिब' का आन्दोलन संसार का प्रसिद्ध महिला आन्दोलन माना जाता है। महिला आन्दोलन सदैव ही केवल महिलाओं द्वारा ही किए जाएं, यह आवश्यक नहीं होता क्योंकि भारत में ऐसे अनेक आन्दोलन हुए हैं जो मूलत: स्त्रियों के अधिकार से संबंधित थे तथापि उन आन्दोलनों के जनक पुरुष ही रहे।

19वीं शताब्दी के प्रारम्भ से ही कुछ चिन्तनशील व्यक्तियों जैरे **राजा राममोहन राय,** ईश्वरचन्द्र विद्यासागर, दयानन्द सरस्वती, केशवचन्द्र सेन, एनीबेसेण्ट, महर्षि कर्वे, आदि ने भारतीय समाज में स्त्रियों की दयनीय स्थिति पर विचार करना प्रारम्भ कर दिया था। कई महापुरुषों ने समाज-सुधार के आन्दोलनो का संचालन कर स्त्रियों की स्थिति को ऊंचा उठाने का प्रयत्न किया। राजा राममोहन राय ने 1828 में ब्रह्म समाज की स्थापना की और आपके प्रयत्नों से ही 1929 में सती-प्रथा निरोधक अधिनियम बना। आपने बाल-विवाह को समाप्त तथा विधवा-पुनर्विवाह को प्रचलित कराने के पक्ष में जनमत तैयार किया। **स्वामी दयानन्द सरस्वती** ने स्त्री शिक्षा को प्रोत्साहन करने तथा बाल-विवाह और परदा-प्रथा को समाप्त करने के लिए प्रयास किए। **ईश्वरचन्द्र विद्यासागर** ने बहुपत्नी विवाह एवं विधवा-पुनर्विवाह निषेध का विरोध किया और आपके प्रयत्नों से 1856 में विधवा-पुनर्विवाह अधिनियम बना। **महर्षि कर्वे** ने भी विधवा-पुनर्विवाह एवं स्त्री-शिक्षा के लिए प्रयास किए। **केशवचन्द्र सेन** के प्रयासों से 1872 में 'विशेष विवाह अधिनियम' बना जिसने विधवा पुनर्विवाह एवं अन्तर्जाजीय विवाह को मान्यता प्रदान की। इस शताब्दी में कई महिलाओं एवं स्त्री संगठनों ने स्त्रियों को अधिकार दिलाने एवं उनमें जागृति लाने के प्रयन्त किए। रमाबाई रानाडे, मेडम कामा, तोरदत्त, मारग्रेट नोबल तथा एनीबेसेण्ट, आदि महिलाओं तथा अखिल भारतीय महिला सम्मेलन, भारतीय महिला समिति, विश्वविद्यालय महिला संघ, अखिल भारतीय स्त्री-शिक्षा संस्था, कस्तूरबा गांधी स्मारक ट्रस्ट, आदि स्त्री संगठनों ने भी स्त्रियों की निर्योग्यताओं को कम करने एवं उनकी स्थिति को सुधारने के प्रयत्न किए। **महात्मा गांधी** स्त्री-पुरुषों की समानता के समर्थक थे। उन्होंने स्त्रियों की राष्ट्रीय आन्दोलन में भाग लेने के लिए प्रेरित किया।

इन आन्दोलनों के कारण समय-समय पर अनेक ऐसे अधिनियम पारित किए जिन्होंने स्त्रियों की दशा को सुधारने में योग दिया। 1955 के हिन्दू विवाह अधिनियम में स्त्री-पुरुषों को विवाह के संबंध में समान अधिकार दिए गए, बाल-विवाह समाप्त कर दिए गए और स्त्रियों को पृथक्करण तथा विवाह-विच्छेद एवं विधवाओं को पुनर्विवाह की स्वीकृति दी गयी। 1956 के हिन्दू उत्तराधिकार अधिनियम, स्त्रियों एवं कन्याओं का अनैतिक व्यापार निरोधक अधिनियम, दहेज निरोधक अधिनियम, 1961, आदि ने स्त्रियों को सुधारने की दृष्टि से महत्वपूर्ण भूमिका निभायी।

महिलाओं को संगठिन करने के प्रयास तथा उस संगठन के माध्यम से अधिकारों की लड़ाई का साहस दिखा सकने का प्रारम्भ अहिल्याबाई, आदि से शुरू होता है। स्वातंत्रय पूर्व भारत में पहला आन्दोलन कर्नाटक की पण्डिता रामबाई ने 1878 में शुरू किया था और महिलाओं की धार्मिक अशुद्धता एवं अन्य अस्पृश्य मान्यओं के खिलाफ आवाज उठाई। 1932 में दक्षिण भारत के कोलार क्षेत्र में येलम्मा नामक महिला ने हजारों ग्रामीण महिलाओं को एकत्रित करके धार्मिक निषेधों तथा सामाजिक शोषण के विरुद्ध आवाज उठाई। नागरिक अधिकारों के प्रति भी महिलाओं ने सजग होकर आन्दोलन किये हैं। फ्रांस में महिलाओं ने बच्चे के आगे मां का नाम लिखे जाने का लम्बा अभियान चलाया। भारत, पाकिस्तान तथा बंगलादेश में महंगाई के खिलाफ प्रदर्श तथा आन्दोलन करने वालों में महिलाएं ही आगे आई हैं। 1975 का प्रसिद्ध महंगाई विरोधी आन्दोलन, जो मुम्बई की सड़कों पर कई दिनों तक चला था उसमें महिलाएं बेलन थाली, चिमटा लेकर लम्बे समय तक आन्दोलन करती रहीं। गांधीजी के निर्देश तथा संरक्षण में भारतीय महिलाओं ने मद्यपान निषेध के आन्दोलन चलाए, आंशिक सफलता भी मिली। असम में भी प्रान्तीय स्तर पर शराबबन्दी आन्दोलनों को केवल महिलाओं के बल पर आंशिक सफलता मिली।

1857 में रानी लक्ष्मीबाई ने अपनी सहेलियों के साथ मिलकर पहली बार जो नारी-सेना गठित की थी, स्वतंत्रता आन्दोलन में उसे महिला आन्दोलन का पहला प्रामाणिक स्वरूप माना जा सकता है। 1884 में रामाबाई रानाडे ने भी पहली बार हिन्दुस्तानी महिलाओं की आर्थिक स्वतंत्रता के लिए उन्हें नर्स की ट्रेनिंग देने के लिए, अशिक्षित तथा विधवा महिलाओं का एक संगठन खड़ा किया। तमाम विरोध के बावजूद उन्होंने अपने पति महादेव गोविन्द रानाडे के साथ मिलकर यह लम्बी लड़ाई लड़ी और महाराष्ट्र में पूना सेवा सदन की स्थापना करके महिला-आन्दोलन की नींव मजबूत की। 1917 में श्रीमती ऐनीबेसेण्ट के नेतृत्व में महिलाओं ने होमरूल के विरुद्ध आन्दोलन चलाया और संस्थाओं में प्रतिनिधित्व तथा चुनाव के लिए समानाधिकारों की माग की।

सन् 1910 में सरला देवी चौधरानी ने राष्ट्रीय स्तर पर **'भारत स्त्री महामण्डल'** नामक महिलाओं का पृथक संगठन खड़ा किया। 1917 में मद्रास की महिलाओं ने महिलाओं का भारतीय संघ (Women's Indian Association) बनाया। 1925 में भारतीय महिलाओं के हितों की रक्षा के लिए अखिल भारतीय स्तर पर **भारतीय महिलाओं की राष्ट्रीय समिति** तथा 1926 में **अखिल भारतीय महिला सम्मेलन** का गठन किया गया।

भारत में महिला आन्दोलन का नेतृत्व करने में सरोज नलिनी दत्त तथा सरोजनी नायडू दोनों प्रमुख नारियां हैं। सरोज नलिनी दत्त ने अनेक महिला समतियां गठित कीं, जिनमें दस्तकारी, प्रसूति विद्या, शिशु-पालन एवं गृह विज्ञान की शिक्षा की व्यवस्था की गयी। सरोजनी नायडू जिसे भारत की बुलबुल कहा जाता था, ने सार्वजनिक मंचों से भाषणों द्वारा महिलाओं को आगे बढ़ने की प्रेरणा दी। वे 1925 में राष्ट्रीय कांग्रेस की प्रथम महिला अध्यक्ष चुनी गईं। 1930 में वे अखिल भारतीय महिला सम्मेलन की अध्यक्ष भी चुनी गईं उनके निर्देशन में महिला आन्दोलन राजनीतिक व सामाजिक क्षेत्र में सक्रिय बना।

आधुनिक युग में नानी ने पुरुषों के समकक्ष स्थान एवं अधिकार पाने के लिए कई स्त्री आंन्दोलनों एवं संगठनों ने जन्म दिया है। दुनि के दूसरे देशों में स्त्री स्वातंत्र्य आन्दोलन चले और स्त्रियों को अपने अधिकार पाने के लिए लम्बा संघर्ष करना पड़ा। भारतीय समाज भी एक पुरुष प्रधान एवं पितृसत्तात्मक परिवार व्यवस्था को मानने वाला समाज है जिसमें स्त्रियों का कार्य-क्षेत्र घर की चहारदीवारी तक ही सीमित रहा है। आर्थिक रूप से वे सदैव पुरुषों पर निर्भर रही हैं तथा उन्हें शिक्षा एवं बाह्य जगत में भी दूर रखा गया है, किन्तु पिछले कुछ वर्षों से भारत में कई महिला संगठन बने हैं, प्रमुख रूप से नगरों में। इन संगठनों ने कई मुद्दे उठाए हैं तथा उनको लेकर आन्दोलन एवं प्रदर्शन भी किए गए हैं। इन मुद्दों में से प्रमुख हैं–बढ़ती हुई महंगाई, पुरुषों के समान स्त्रियों को अधिकार देने तथा दहेज के कारण महिलाओं को जला देना या प्रताड़ित करना, बलात्कार, शोषण, हत्या, स्त्रियों के साथ अमानवीय व्यवहार एवं उन्हें बेइज्जत करना तथा पुलिस की ज्यादतियां, आदि। इन मांगों के समर्थन में प्रदर्शनों, संगठनों एवं कार्यक्रमों में भाग लेने वाली अधिकांश महिलाएं मध्यमवर्गीय ही हैं। इनमें से कई कामकाजी महिलाएं हैं। महिलाओं ने बाहर ही नहीं परिवार में भी समानता एवं अपने अधिकारों की मांग की है। शिक्षित एवं स्वयं अर्जन करने वाली महिलाएं अब पहले की अपेक्षा अधिक स्वतंत्र हैं, वे क्लबों में जाने लगी हैं तथा विवाह-साथी के चयन में अपनी पसन्द या नापसन्त को अधिक महत्व देती हैं, पहले की तरह इन पर कोई भी व्यक्ति

जीवन-साथी के रूप में थोपा नहीं जाता। पारिवारिक निर्णयों में उनकी सलाह ली जाती है। इस प्रकार अब महिलाएं धीरे-धीरे सास-ससुर एवं परिवार की दासता से मुक्त हो रही हैं। यद्यपि अब भी कई बार स्त्री अपनी कमाई सास-ससुर के हाथों में ही देती है।

राजनेताओं, सामाजिक कार्यकर्ताओं एवं महिला संगठनों ने नारी चेतना पैदा करने एवं उन्हें अपने अधिकारों से अवगत कराने में महत्वपूर्ण भूमिका निभायी है। इसी के परिणामस्वरूप सन् 1975 को अन्तर्राष्ट्रीय महिला वर्ष घोषित किया गया। सन् 1971 में भारत सरकार ने स्त्रियों की प्रस्थिति के बारे में एक समिति गठित की जिसने 1974 में स्त्रियों की उन्नति के बारे में कई महत्वपूर्ण सुझाव दिए जिनाक सर्वत्र सवागत किया गया। स्त्रियों की समस्याओं एवं उनके समाधान हेतु एक अखिल भारतीय संगठन भी हे। अनेक राज्यों में महिला विकास निगम (W.D.C.) स्थापित किए गए हैं जो महिलाओं को तकनीकी परामर्श देने तथा बैंक तथा अन्य संस्थाओं से ऋण दिलाने एवं बाजार की सुविधा दिलाने का प्रयत्न करते हैं। भारत में महिला उद्यमिता में भी प्रगति हुई है और आज अनेक महिलाएं अपने स्वयं के कारखाने एवं उद्योग चला रही हैं। आज अनेक महिलाएं सरकारी एवं गैर-सरकारी नौकरियों में कार्यरत हैं, वे प्रशासक, राजनेता एवं उच्च राजकीय सेवाओं में पुरुषों के समकक्ष ही कार्य कर रही हैं।

बड़े-बड़े नगरों जैसे-मुम्बई, पुणे, दिल्ली, आदि में चार उद्देश्यों को लेकर महिला आन्दोलन चलाए गए हैं। वे हैं-

(1) स्त्रियों में जागरूकता पैदा करना, उन्हें अपने राजनीतिक अधिकारों के प्रति संवेदनशील बनाना तथा परिवार में दमन और अश्लील साहित्य एवं पोस्टरों का विरोध कराना,

(2) महिलाओं के जीवन-स्तर और कार्य-दशाओं में परिवर्तन लाना, वेतन-वृद्धि, प्रसूताओं को अवकाश एवं चिकित्सा की सुविधाएं देना, आदि,

(3) अपने काम के लिए गृहणियों को सामाजिक प्रतिष्ठा के साथ-साथ प्रतिफल प्रदान करना,

(4) राजनीतिक दमन, मकानों की समस्या तथा कीमतों में वृद्धि के विरुद्ध महिलाओं को संगठित करना, किन्तु ये सभी प्रश्न नगरीय महिलाओं से ही संबंधित हैं, ग्रामीण महिलाओं के संदर्भ में बहुत कम ही प्रयास हुए हैं।

महिला आन्दोलन का संगठन एवं संचालन प्रमुखतः नगरीय सफेदपोश

मध्यवर्गीय महिलाओं एवं कामकाजी महिलाओं द्वारा किया गया है। इनके द्वारा महिला पत्र-पत्रिकाएं प्रकाशित की जाती हैं तथा महिला सभाओं एवं गोष्ठियों का आयोजन भी किया जाता है। स्त्रियों की प्रस्थिति, परिवार में उनकी भूमिका, शिक्षा, उनकी आर्थिक व कानूनी प्रस्थिति एवं राजनीतिक भागीदारी, स्त्रियों की अधीनता के कारण, कार्य सहभागिता, आन्दोलनों में भूमिका, पितृसत्तात्मक व्यवस्था में स्त्रियां, आदि विषयों के बारे में जानकारी प्राप्त की गई है।

कुछ प्रमुख दलित आन्दोलन (Principal Movement)

दलित जातियों के आन्दोलन के कर्नाटक की वड्डार जाति तथा तमिलनाडु की नाडार जाति के आन्दोलन प्रमुख हैं :

1. वड्डार जाति का सुधार आन्दोलन

कर्नाटक की वड्डार जाति के सामाजिक सुधार आन्दोलन का विवरण चन्द्रशेखर भट्ट ने प्रस्तुत किया है जो एम.एस.ए. राव के द्वारा संपादित पुस्तक **'भारत में सामाजिक आन्दोलन'** में संकलित है। कर्नाटक प्रदेश की वड्डार जाति एक घुमक्कड़ अनुसूचित जाति हे। यह जाति मिट्टी तथा पत्थर की वस्तुएं बनाती है। चूंकि वड्डार जाति की एक उपजाति मैला साफ करने का काम करती है, अत: इस जाति को मैसूर राज्य की अनुसूचित जातियों की सूची में स्थान दिया गया है।

वड्डार जाति के कुल लोगों ने घुमक्कड़ जीवन छोड़कर गांवों और कस्बों में बसना शुरू कर दिया और वे जाति व्यवस्था के स्थिति सोपान में एक निश्चित स्थान प्राप्त करने का प्रयत्न करने लगे। इनमें से जो लोग बड़े कस्बों और शहरों में बस गये थे, उन्हें आधुनिक शिक्षा प्राप्त करने के अवसर प्राप्त हुए और उन्होंने अपने परम्परागत व्यवसाय को छोड़कर अन्य व्यवसाय अपना लिए। उनमें नवीन आकांक्षाएं जाग्रत ही गईं। शिक्षा और व्यावसायिक सफलता से प्रेरित होकर कुछ शिक्षित वड्डार व्यक्तियों ने सन् 1930 के पश्चात् अपने जाति-समुदाय को संगठित करना प्रारम्भ कर दिया। वड्डार जाति के लोगों ने कुछ पौराणिक गाथाओं के आधार पर यह दावा करना शुरू कर दिया कि वे क्षत्रिय वर्ण से संबंधित हैं। इसी दावे के आधार पर वड्डार जाति का आन्दोलन शुरू और आगे बढ़ा।

1950 और 1960 के दशकों में वड्डार जाति राजनीतिक दृष्टि से जागरूक हो गयी। जैसा कि पहले कहा गया है वड्डार जाति का केवल एक छोटा-सा भाग ही मैसूर प्रांत में अनुसूचित जातियों की लिस्ट में था। अखिल कर्नाटक वड्डार संघ के तत्वाधान में इस जाति ने इस मांग को लेकर आन्दोलन किया कि सम्पूर्ण कर्नाटक प्रदेश में रहने वाली वड्डार जाति को अनुसूचित जाति घोषित किया जाए।

मैसूर राज्य में वड्डार जाति पहले से ही अनुसूचित जाति की सूची में थीं। इस जाति ने वहां विधानसभा की सुरक्षित सीटों पर चुनाव लड़ा और बड़े-बड़े हरिजनों नेताओं को हराकर चुनाव जीत गये। इस घटना से हरिजन लोग इनके विरुद्ध हो गये तथा इन्हें अनुसूचित जाति की सूची में रखने का विरोध किया। हरिजनों के विरोध से वड्डार लोग और अधिक संगठित हुए और वे अब संस्कृतकरण करने की दिशा में अग्रसर होने लगे और अपनी जाति में कई सुधार करने के लिए आन्दोलन किया।

2. तमिलनाडु के नाडारों का आन्दोलन

पिछले 150 वर्षों में दक्षिण भारत में जितने आन्दोलन हुए हैं उनमें से नाडार समुदाय में हुआ आन्दोलन सर्वाधिक चर्चित है। इसका अध्ययन करने वाले विद्वानों में हार्डग्रेव (Hardgrave) प्रमुख विद्वान हैं जिनकी पुस्तक का नाम *The Nadars of Tamilnadu* है। हार्डग्रेव ने 1964-65 में नाडारों का अध्ययन किया तथा इनमें हुए आन्दोलन का समाजशास्त्रीय विश्लेषण प्रस्तुत किया है।

नाडार लोग दक्षिण भारत के तमिलनाडु राज्य के दक्षिणी जिलों में बसे हुए हैं। 19वीं शताब्दी के प्रारम्भ में इन्हें शनार (Shanars) कहा जाता था तथा सम्पूर्ण समुदाय कृषि करता था तथा ताड़ी के पेड़ों से ताड़ी खींचता था और अधिकांश लोग मद्रास के दक्षिण-पूर्व की ओर स्थित पलमईरा (Palmyra) जंगल के आस-पास रहते हैं। यद्यपि ये अछूत नहीं थे, परन्तु फिर भी इनकी परम्परागत स्थिति अछूतों तथा शूद्रों के मध्य की थी तथा इनका अछूतों की तरह ही बहिष्कार किया जाता था तथा अछूतों जैसा व्यवहार किया जाता था।

भारत में अंग्रेजी शासन की स्थापना के पश्चात् अनेक नाडार (विशेष रूप से निम्न आर्थिक स्थिति वाले) ईसाई धर्म को ग्रहण करने लगे। ईसाई धर्म अपनाने के कारण इन लोगों में एकता आने लगी तथा साथ ही ईसाई मिशनरियों द्वारा खोली गई शिक्षा संस्थाओं में शिक्षा प्राप्त कर लेने के पश्चात् इनमें एक नवीन जागृति उत्पन्न हुई शिक्षा एवं व्यवसाय के नवीन अवसरों के कारण अधिक से अधिक नाडार अपने परम्परागत व्यवसायों एवं रीति-रिवाजों को छोड़ने लगे। नाडारों ने अन्य क्षेत्रों, विशेष रूप से रामनाड तथा मदुरई नगरों में, व्यापार करना शुय कर दिया। इससे कुछ ही वर्षों में नाडारों की आर्थिक स्थिति में काफी सुधार हो गया।

नाडारों की आर्थिक स्थिति में सुधार होने के कारण उनमें अपनी सामाजिक प्रस्थिति के प्रति असन्तोष की भावनाएं बढ़ने लगीं तथा अपनी आर्थिक एवं सामाजिक प्रस्थिति में सामंजस्य स्थापित करने के लिए उन्होंने संस्कृतिकरण का मार्ग अपनाया।

नाडारों ने प्रक्रिया में उच्च जातियों के रीति-रिवाजों, कर्मकाण्डों तथा प्रथाओं को अपनाना शुरू कर दिया तथा अपने परम्परागत व्यवसाय एवं रीति-रिवाजों को छोड़ना शुरू कर दिया। नाडार स्त्रियों ने अपने शरीर के ऊपरी भाग पर वस्त्र पहनना शुरू कर दिया, जिसका परम्परागत रूप में निषेध था, और अससे छाती-वस्त्र विवाद (Breast-cloth controversy) शुरू हो गया तथा इससे हिंसक दंगे भी शुरू हो गए। नाडारों द्वारा किए जाने वाले संस्कृतिकरण का उच्च जातियों द्वारा विरोध किया गया तथा 19वीं शताब्दी के अन्त में ये संघर्ष शिवकासी उपद्रवों के रूप में सामने आये।

नाडारों ने अपना सामाजिक स्तर ऊंचा करने के लिए कुछ अन्य कदम उठाने का निर्णय लिया। उन्होंने 'महाजन संगम' नामक एक संगठन की स्थापना की। संगम द्वारा इन लोगों में अपनी जाति के प्रति और अधिक जागरूकता बढ़ी और उन्होंने संगठित होकर राजनीतिक व्यवस्था में प्रवेश कियां अपने लड़ाई-झगड़ों का स्वयं निपटारा करने के लिए जाति पंचायत का भी निर्माण किया गया। स्कूलों, विद्यालयों तथा सहकारी बैंकों की भी स्थापना की गई तथा अपना परम्परागत नाम शनार (जो कि अवत्रिता से संबंधित था) पूरी तरह से त्याग दिया तथा सभी लोग अपने आपको नाडार (शाब्दिक अर्थ भू-स्वामी) कहने लगे। अतः महाजन संगम ने नाडारों को संगठित करने और उन्हें विविध सुविधाएं दिलवाने में विशेष योगदान दिया।

नाडारों ने आर्थिक, व्यावसायिक तथा शैक्षणिक क्षेत्र में उल्लेखनीय प्रगति करने के पश्चात् राजनीति में प्रवेश कर राजनीति शक्ति द्वारा अपनी सामाजिक प्रतिष्ठा को ऊंचा करने के प्रयास किए। इस प्रकार से लगभग 150 वर्षों के आन्दोलन द्वारा नाडारों ने अपनी सामाजिक, आर्थिक व राजनीतिक स्थिति को सुधारने में सफलता प्राप्त की।

पिछड़े वर्गों के आन्दोलन (Backward Classes Movement)

अपनी सामाजिक, सांस्कृतिक एवं आर्थिक स्थिति को सुधारने एवं जातीय सोपान में अपनी स्थिति को ऊंचा उठाने की दृष्टि से तथा राजनीतिक लाभ प्राप्त करने के उद्देश्य से देश के विभिन्न भागों में पिछड़े वर्गों के आन्दोलन हुए। इन आन्दोलनों का प्रमुख केन्द्र दक्षिणी भारत ही रहा। इन आन्दोलनों में दो आन्दोलन विशेष रूप से उल्लेखनीय हैं–सत्यशोधक समाज आन्दोलन तथा श्री नारायण धर्म परिपालन आन्दोलन।

सत्य शोधक समाज आन्दोलन

एक समाज सुधारक ज्योतिराव फुले (ज्योतिबा फुले) जो माली जाति के थे, ने 1873 में मुम्बई में **सत्य शोधक समाज** की स्थापना की। इस आन्दोलन में भाग लेने वाली मध्यम श्रेणी की जातियां जैसे–तेली, कुनबी, सती और माली थीं। प्रारम्भ में यह एक कृषक आन्दोलन था, किन्तु जब इसने ब्राह्मण विरोधी रूप ग्रहण कर लिया और मूलतः यह पिछड़े वर्गों का ही आन्दोलन बनकर रह गया। इसने ब्राह्मणों की श्रेष्ठता को अस्वीकार किया। अतः यह एक ब्राह्मण विरोधी आन्दोलन था।

फुले ने **'सार्वजनिक सत्य धर्म'** और **'गुलामगिरी'** नामक दो पुस्तकें भी लिखीं जो लोगों में सामाजिक चेतना उत्पन्न करने में सफल रहीं। ये पुस्तकें पिछड़े वर्गों के लिए प्रेरणा स्रोत बन गईं। फुले तथा उनके समाज द्वारा स्त्री-शिक्षा और स्वतंत्रता तथा उनकी आर्थिक प्रगति के लिए कई कार्य किए गए। उन्होंने लड़कियों के लिए स्कूल, विधवाओं के लिए अनाथालय एवं हरिजनों के लिए स्कूल खोले। स्त्री मुक्ति एवं शिक्षा, समाज सेवा, महिला सुधार, आदि क्षेत्रों में इस समाज ने महत्वपूर्ण कार्य किए। फुले ने सांस्कृतिक हिन्दूवाद का विरोध किया। अतः उनके आन्दोलन को सांस्कृतिक क्रांति भी कहा जाता है। चूंकि फुले का आन्दोलन ब्राह्मण विरोधी था, अतः ब्राह्मणों ने इस आन्दोलन का जमकर विरोध किया। इस आन्दोलन में फुले ने राम के बजाय राजा बाली को आराध्य देव माना। इस आन्दोलन में सम्मिलित होने वाली गैर-ब्राह्मण जातियां जैसे, माली, कुनबी और धंगर प्रमुख थीं जो महाराष्ट्र की मध्यम श्रेणी की जातियां हैं। कोल्हापुर के महाराजा ने भी 1900 में गैर-ब्राह्मण आन्दोलन को प्रोत्साहित किया। धीरे-धीरे यह आन्दोलन दक्षिण के अन्य राज्यों में भी फैल गया और कामा, रेड्डी, वेलाला जैसी मध्यम श्रेणी की जातियों ने संगठित होकर ब्राह्मणों का विरोध किया। ई.बी. रामास्वामी नायकर ने ब्राह्मण विरोधी आन्दोलन का नेतृत्व किया। 1949 में अन्नादुराई ने द्रविड़ मुनेत्र कड़गम की तथा 1970 में एम.जी रामचन्द्रन ने अखिल भारतीय द्रविड़ मुनेत्र कड़गम की स्थापना की। ये दोनों ही राजनीतिक दल ब्राह्मण विरोधी थे।

श्री नारायण धर्म परिपालन आन्दोलन

भारत में ब्राह्मण विरोधी आन्दोलन समय-समय पर होते रहे हैं। जैन और बौद्ध धर्म का उदय भी इसी के विरुद्ध था। महाराष्ट्र में सत्य शोधक समाज आन्दोलन की भांति ही केरल में श्री नारायण धर्म परिपालन चला जो ब्राह्मण विरोधी था।

यह आन्दोलन एक क्षेत्रीय आन्दोलन था जिसका संबंध ताड़ी बनाने वाली केरल की इजावाह जाति से है। इजावाह लोगों की संख्या केरल में लगभग 20 प्रतिशत है, फिर भी उनहें भारत के अन्य भागों की भांति ही अछूत होने के कारण सामाजिक, धार्मिक एवं राजनीतिक अधिकारों से वंचित रखा गया और उनका शोषण होता रहा। चूंकि ब्राह्मण शिक्षित और उच्च वर्ग के थे, अत: आधुनिक शिक्षा एवं रोजनगार के अवसरों का लाभ भी उन्होंने ही उठाया और गैर-ब्राह्मण तथा विशेष रूप से निम्न एवं अछूत जातियां इससे वंचित रहीं। इसी स्थिति ने उनमें असन्तोष पैदा किया जो ब्राह्मण विरोधी आन्दोलन के रूप में फूट पड़ा। केरल में श्री नारायण गुरु स्वामी नामक सन्त ने श्री नारायण धर्म परिपालन योगम नामक आन्दोलन चलाया। इस आन्दोलन के प्रमुख कार्यक्रम थे–पब्लिक स्कूलों में। निम्न जातियों को प्रवेश का अधिकार दिलाना, सरकारी सेवा में भर्ती, मन्दिरों एवं देवालयों में प्रवेश, सार्वजनिक स्थानों एवं सड़कों के उपयोग का अधिकार तथा राजनीतिक प्रतिनिधित्व का अधिकार प्राप्त करना। इस आन्दोलन को बहुत कुछ सफलता भी मिली और इसके द्वारा कई संरचनात्मक परिवर्तन भी हुए। इससे निम्न जातियों में ऊंचा उठने की लालसा पैदा हुई और उनमें उच्च गतिशीलता आयी, शक्ति के विकास में परिवर्तन हुआ और पिछड़ी जातियों के बड़े-बड़े संघ बनने लगे।

अंग्रेजों के समय भारत में जितने भी समाज-सुधार आन्दोलन हुए उन सभी में यह बात सामान्य थी कि वे जाति के विरुद्ध और सामाजिक गतिशीलता की मांग को लेकर हुए। इस आन्दोलन की प्रमुख चार विशेषताएं थीं–

(1) ये आन्दोलन उच्च जातियों और विशेष रूप में ब्राह्मणों के विरुद्ध विरोध प्रकट करने से संबंधित थे।

(2) इन आन्दोलनों का उद्देश्य जातीय सोपान में ऊंचा उठना था जिससे कि निम्न जातियां भी उच्च जातियों की भांति शिक्षा ग्रहण कर सकें एवं राजकीय सेवा में नौकरी प्राप्त कर सकें।

(3) इन आन्दोलनों ने निम्न जातियों में जातीय चेतना उत्पन्न की, फलस्वरूप जातीय संघों का निर्माण हुआ।

(4) इन आन्दोलनों ने निम्न जातियों में राजनीतिक चेतना पैदा की और वे अपने अधिकारों के प्रति सजग हुईं।

दक्षिण में पिछड़े वर्गों के आन्दोलनों के प्रमुख उद्देश्य थे–

(1) ब्राह्मणवाद का विरोध,

(2) पिछड़े वर्गों में सामाजिक-सांस्कृतिक सुधार,

(3) जातीय सोपान में उच्च स्थिति प्राप्त करना।

इन आन्दोलनों के कारण पिछड़े वर्गों में चेतना पैदा हुई और उनका राजनीतिकरण हुआ।

पिछड़े वर्गों के आन्दोलन ब्राह्मण विरोधी क्यों रहे, इसके कारणों को समझना आवश्यक है। जाति सोपान में सदैव ही ब्राह्मणों की स्थिति उच्च रही है। अंग्रेजों के समय में भी उन्होंने पश्चिमी शिक्षा ग्रहण कर सरकार के उच्च पदों को प्राप्त कर लिया। साथ ही उन्हें सामाजिक, आर्थिक एवं राजनीतिक शक्ति और विशेषाधिकार भी प्राप्त रहे हैं। उन्होंने अन्य वर्गों को कई सुविधाओं से वंचित ही नहीं किया वरन् उन पर अनेक निर्योग्यताएं भी लाद दीं। अत: पिछड़े वर्ग के जिन लोगों ने पाश्चात्य शिक्षा ग्रहण कर अपनी स्थिति ऊंची कर दी, उन्होंने ब्राह्मणों के समाजिक एवं राजनीतिक आधिपत्य को समाप्त करने एवं पिछड़े वर्गों के आन्दोलन मध्यम श्रेणी की जातियों की आकांक्षाओं एवं कण्ठाओं के प्रतीक भी हैं।

शैक्षणि एवं सरकारी नौकरियों में किए गए सर्वेक्षणों से भी ब्राह्मणों का वर्चस्व ज्ञात होता है। मद्रास राज्य में 1886-1910 के बीच जितने स्नातक थे उनमें से 71 प्रतिशत ब्राह्मण जाति के थे। 1921 में राज्य में ब्राह्मणों में शिक्षा का प्रतिशत 18 था जबकि पिछड़े वर्ग की जाति वेलाला में 2 प्रतिशत ही। 1913 में 478 हिन्दू सरकारी अधिकारियों में से 350 ब्राह्मण थे। इसी प्रकार से राष्ट्रीय आन्दोलन में भी ब्राह्मण ही अगुआ थे। इन तथ्यों के आधार पर पिछड़े वर्गों के असन्तोष, उनकी ब्राह्मण विरोधी भावना और उनके आन्दोलन की पृष्ठभूमि को समझा जा सकता है।

एक तथ्य यह है कि पिछड़े वर्गों में अधिकांशत: कृषक जातियां हैं जो संख्या में अधिक होने के कारण ग्रामीण क्षेत्र में राजनीतिक दृष्टि से प्रभु जातियां कही जा सकती हैं। इन जातियों ने सामुदायिक विकास योजनाओं, एकीकृत ग्रामीण विकास कार्यक्रमों, हरित क्रान्ति, पंचायती राज एवं वयस्क मताधिकार का अधिकतम फायदा उठाया है। इससे उनकी आर्थिक स्थिति में सुधार हुआ है, उनमें राजनीतिक चेतना पैदा हुई है तथा उन्होंने राज्य स्तर एवं अखिल भारतीय स्तर के संगठन भी बनाये हैं और उनका राजनीतिक लाभ भी उठाया है। यह बात बिहार की कुर्मी एवं यादव जातियों तथा उत्तर प्रदेश की अहीर, जाट और गूजर जातियों के लिए खरी उतरती है। इस प्रकार से पिछड़े वर्गों की जातियों की सामाजिक और आर्थिक स्थितियों में सुधार होने पर उन्होंने पिछड़े वर्गों के आन्दोलन को जन्म दिया।

वर्तमान में सामुदायिक विकास योजना, हरित क्रान्ति, पंचायती राज, जागीदारी उन्मूलन, एकीकृत ग्रामीण विकास कार्यक्रम एवं वयस्क मताधिकार के कारण पिछड़े वर्गों की मध्यम श्रेणियों का आर्थिक एवं राजनीतिक महतव बढ़ गया हे। सरकार की विभिन्न योजनाओं से लाभ उठाकर वे अब सम्पन्न हुइ ईं और अब वे उन निर्योग्यताओं की शिकार नहीं हैं। मण्डल आयोग के आधार पर इन्हें सरकारी नौकरियों, शिक्षा के क्षेत्र आदि में आरक्षण भी प्रदान किया गया है।

दलित आन्दोलन (Dalit Movement)

विगत वर्षों में दलित जातियों ने अपनी समाजिक-आर्थिक दशाओं को सुधारने तथा देश के अन्य समूहों के द्वारा उन पर किए जाने वाले अन्यायों और अत्याचारों के विरुद्ध आवाज उठाने की दृष्टि से अनेक आन्दोलन किए हैं। इन आन्दोलनों के आधार धार्मिक तथा लौकिक, दोनों रहे हैं। ये आन्दोलन सुधार और कल्याण की भावना से प्रेरित रहे हें और सामाजिक संबंधों तथा मूल्यों की प्रचलित व्यवस्था को बदलने की आकांक्षा ने भी इन आन्दोलनों को जन्म दिया है। स्वतंत्रता के पश्चात् सामाजिक और शैक्षिक दृष्टि से जागरूक दलित जातियों में राजनैतिक संगठन तथा भावात्मक और सांस्कृतिक एकीकरण की वृद्धि हुई है। प्रारम्भिक काल में आर्य समाज के माध्यम से दलित जातियों के लोगों ने उत्तर भारत में (विशेष रूप से) उच्च जातियों के साथ उठना-बैठना तथा धार्मिक कृत्यों में भाग लेना शुरू कर दिया था। महात्मा गांधी के नेतृत्व में कोग्रेस दलितोद्धार का काम भी करती रह। इस काल में अनुसूचित जातियों में सुधार आन्दोलन का ही श्रीगणेश हुआ था विरोध की प्रक्रिया नहीं थी। महाराष्ट्र और तमिलनाडु की कुछ दलित जातियों ने अवश्य यदा-कदा विरोध और संघर्ष का मार्ग अपनाया था।

दलित आन्दोलन के कारण

(1) दलित जातियों ने ऐसी मान्यताओं के विरुद्ध आन्दोलन किए हैं जो **धार्मिक या सामाजिक आधार पर** उनके शोषण और दमन को समर्थन देती हैं।

(2) दलितों ने उन व्यक्तियों और समूहों के विरुद्ध भी आन्दोलन किए हैं जो उन्हें **संवैधानिक अधिकारों एवं सुविधाओं** से वंचित करते हैं अथवा जो उन्हें **स्वतंत्रता व समानता** के आधार पर उन्नति करने में बाधा पैदा करते हैं।

(3) दलित आन्दोलन का एक कारण उन पर होने वाले **अत्याचार एवं शोषण** का परिणाम है।

(4) **आरक्षण** के कारण भी सवर्णों एवं दलित जातियों के बीच संघर्ष हुए हैं। 1980-81 में अहमदाबाद में इसी बात को लेकर हरिजनों पर अनेक हमले हुए। महाराष्ट्र में हरिजनों ने मराठवाड़ा विश्वविद्यालय का नाम बदल कर डॉ. अम्बेडकर विश्वविद्यालय रखने की मांग की। नाम बदलने पर सैकड़ों हरिजनों के मकानों पर हमले किए गए।

(5) दलित आन्दोलन का एक कारण उनमें जन्म लेने वाली सामाजिक *स्वतंत्रता और आर्थिक आत्मनिर्भरता की प्रबल आकांक्षाएं* हैं। उनकी ये आकांक्षाएं शिक्षा ग्रहण कर लेने एवं राजनैतिक संरक्षण पा लेने पर और बढ़ जाती हैं तथा उनके आन्दोलन को गति मिलती है।

(6) दलित आन्दोलन का एक कारण **सरकार की ढीली नीति** है। सरकार उनके लिए सुविधाओं की घोषणा करती है, किन्तु जब उन्हें व्यावहारिक रूप नहीं दिया जाता है तो से आन्दोलन करते हैं।

7

सामाजिक नियंत्रण का सिद्धांत
(Theory of Social Control)

सामाजिक नियंत्रण की अवधारणा का समाजशास्त्रीय साहित्य में महत्वपूर्ण स्थान है। सामाजिक संरचना में दृढ़ता एवं समन्वय रखने वाली शक्तियों के संदर्भ में जितना साहित्य रचना गया, उसे 'सामाजिक नियंत्रण' शीर्षक के अंतर्गत रखा गया है। **मैकाइवर** कहते हैं कि समाजशास्त्रीय साहित्य का एक बहुत बड़ा भाग सामाजक नियंत्रण का विवेचन करता है। अमेरिकन समाजशास्त्रीय **ई. ए. रॉस** पहला व्यक्ति था जिसने सामाजिक नियंत्रण विषय पर 1901 में अपनी कृति '*Social Control*' में व्यवस्थित विचार व्यक्त किये।

सामाजिक नियन्त्रण के द्वारा व्यक्तियों के व्यवहारों को समाज के स्थापित प्रतिमानों के अनुरूप ढालने का प्रयत्न किया जाता है। इस प्रकार सामाजिक नियन्त्रण वह विधि है जिसके द्वारा एक समाज अपने सदस्यों के व्यवहारों का नियमन करता है। सामाजिक नियन्त्रण के द्वारा एक समाज अपने सदस्यों को उनकी निर्धारित भूमिकाएं निभाने, नियमों का पालन करने एवं व्यवस्था बनाये रखने के लिए प्रेरित करता है। प्रत्येक समाज अपने सदस्यों से यह अपेक्षा करता है कि वे एक निर्धारित तरीके से समाज में आचरण करें, उचित रूप से अपनी भूमिकाओं एवं कर्त्तव्यों का निर्वाह करें अन्यथा समाज में व्यवस्था बनाये रखना एवं लोगों की आवश्यकताओं की पूर्ति करना कठिन हो जायेगा। प्रत्येक समाज अपने सदस्यों से यह अपेक्षा करता है कि वे उसकी संस्कृति के अनुरूप व्यवहार-प्रतिमानों, प्रथाओं, रीति-रिवाजों, मूल्यों, आदर्शों एवं कानूनों के अनुरूप आचरण कर समाज को स्थायित्व एवं व्यवस्था प्रदान करें। इसलिए वह अपने सदस्यों पर कुछ नियन्त्रण लगाता है। इसी प्रकार समाज में जब नयी परिस्थितियाँ उत्पन्न होती हैं तब भी समाज अपने सदस्यों के व्यवहारों पर अंकुश रखता है जिससे कि नयी परिस्थितियों से प्रभावित होकर लोग

सामाजिक ढांचे को तोड़ न दें। सामाजिक नियंत्रण एक अन्य दृष्टि से भी आवश्यक है—मानव अपनी प्रकृति से स्वार्थी, व्यक्तिवादी, अराजक, लड़ाकू हिंसक एवं संघर्षकारी है। यदि उसकी इन प्रवृत्तियों पर अंकुश नही रखा जाय और उसे पूरी तरह स्वच्छन्द छोड़ दिया जाये तो समाज युद्ध-स्थल बन जायेगा व मानव का जीना कठिन हो जायेगा। इस क्लेशकारी, अराजक एवं अव्यवस्थित स्थिति से बचने के लिए ही प्रत्येक समाज नियन्त्रण की व्यवस्था करता है, नियमों एवं कानूनों का निर्माण करता है व आवश्यकतानुसार बल प्रयोग करता है। सामाजिक नियन्त्रन के अभाव में मानवीय सम्बन्धों की व्यवस्था एवं सम्पूर्ण मानव जीवन ही अस्त-व्यस्त हो जायेगा। **डेविस** ने उचित ही लिखा है कि समाज का निर्माण ही 'सामाजिक सम्बन्धों' एवं, नियन्त्रण की व्यवस्था' द्वारा होता है, एक की अनुपस्थिति में दूसरे का अस्तित्व कदापि सुरक्षित नहीं है। सामाजिक नियन्त्रण के द्वारा ही समाज में संन्तुलन, दृढ़ता एवं एकरूपता कायाम की जाती है। इसके अभाव में सामाजिक मूल्य एवं आदर्श चकनाचूर हो जायेंगे एवं सामाजिक प्रगति सम्भव नहीं हो सकेगी।

सामाजिक नियंत्रण की अवधारणा (Concept of Social Control)

सामाजिक नियंत्रण का अर्थ एवं परिभाषा
(Meaning and Definition of Social Control)

सामाजिक नियंत्रण का प्रयोग विभिन्न अर्थों में किया जाता रहा है। एक सामान्य धारणा यह है कि लोगों को समूह द्वारा स्वीकृत नियमों के अनुसार आचरण करने के लिए बाध्य करना ही सामाजिक नियन्त्रण है, किन्तु यह एक संकुचित धारणा है। प्रारम्भ में सामाजिक नियन्त्रण का अर्थ केवल दूसरे समूहों से अपने समूह की रक्षा करना और मुखिया के आदेशों का पालन करना मात्र था। बाद में धार्मिक और नैतिक नियमों के अनुसार व्यवहार करने को सामाजिक नियंत्रण माना गया, किन्तु वर्तमान समय में सामाजिक नियन्त्रण का तात्पर्य सम्पूर्ण समाज व्यवस्था के नियमन से लिया जाता है जिसका उद्देश्य सामाजिक आदर्शों एवं उद्देश्यों को प्राप्त करना है।

मैकाइवर एवं **पेज** के अनुसार, "सामाजिक नियन्त्रण का अर्थ उस तरीके से है जिससे सम्पूर्ण सामाजिक व्यवस्था की एकता और उसका स्थायित्व बना रहता है। इसके द्वारा यह समस्त व्यवस्था एक परिवर्तनशील सन्तुलन के रूप में क्रियाशील रहती है।"

रॉस (Ross) के अनुसार, "सामाजिक नियन्त्रण का तात्पर्य उन सभी शक्तियों से है जिनके द्वारा समुदाय व्यक्ति को अपने अनुरूप बनाता है।"

गिलिन और **गिलिन** के अनुसार, "सामाजिक नियन्त्रण सुझाव, अनुनय, प्रतिशोध, उत्पीड़न तथा बल-प्रयोग जैसे साधनों की वह व्यवस्था है जिसके द्वारा समाज किसी समूह के व्यवहार को मान्यता-प्राप्त प्रतिमानों के अनुरूप बनाता है अथवा जिसके द्वारा समूह सभी सदस्यों को अपने अनुरूप बना लेता है।"

ऑगबर्न तथा **निमकॉफ** लिखते हैं, "दबाव का वह प्रतिमान, जिसे समाज के द्वारा समाज के द्वारा व्यवस्था बनाये रखने और नियमों को स्थापित रखने के द्वारा व्यवस्था बनाये रखने और नियमों को स्थापित रखने के उपयोग में लाया जाता है, सामाजिक नियन्त्रण कहा जाता है।"

पी. एच. लैण्डिस के अनुसार, "सामाजिक नियन्त्रण एक प्रक्रिया है जिसके द्वारा सामाजिक व्यवस्था स्थापित की जाती है और बनाये रखी जाती है।"

गुरविच एवं **मूर** के अनुसार, "सामाजिक नियन्त्रण का सम्बन्ध उन सभी प्रक्रियाओं और प्रयत्नों से है जिनके द्वारा समूह अपने आन्तरिक तनावों और संघर्षों पर नियन्त्रण रखता है और इस प्रकार रचनात्मक कार्यों की ओर बढ़ता है।" स्पष्ट है कि सामाजिक नियन्त्रण का उद्देश्य समाज में पैदा होने वाले तनावों एवं संघर्षों को दूर करना एवं सामाजिक व्यवस्था को बनाये रखना है।

ब्रियरली के अनुसार, 'सामाजिक नियन्त्रण नियोजित अथवा अनियोजित प्रक्रियाओं और अभिकरणों (Agencies) के लिए एक सामूहिक शब्द है जिनके द्वारा व्यक्तियों को यह सिखाया जाता है, उनसे आग्रह किया जाता है अथवा बाध्य किया जाता है कि वे अपने अपने समूह की रीतियों तथा सामाजिक मूल्यों के अनुसार कार्य करें।"

पारसन्स (Parsons) का मत है कि सामाजिक नियन्त्रण के द्वारा सामाजिक प्रतिमानों के अनुरूप व्यवहार एवं वास्तवित व्यवहार के बीच पाये जाने अन्तर को कम किया जाता है। वे लिखते हैं, "सामाजिक नियन्त्रण प्रक्रिया है जिसके द्वारा अपेक्षित व्यवहार एवं किये गये व्यवहार के बीच अन्तर को कम-से-कम किया जाता है।" पारसन्स के अनुसार, "विपथगामी प्रवृत्तियों की कली को फूल बनने से पहले ही कुचल देना सामाजिक नियन्त्रण है।" **जॉनसन** कहते हैं कि व्यक्ति कई बार तो स्वयं ही अपनी अन्तरात्मा के द्वारा नियन्त्रण करता है, जब यह **आत्म-नियन्त्रण** अचेतन एवं अनौपचारिक रूप से ही होता है तो उसे कुचल दिया जाता है। किन्तु कई बार विपथगामी प्रवृत्तियाँ जब तक कली के रूप में विकसित नहीं होती, तब तक रोकी नहीं जाती। इस सन्दर्भ में एक बात उल्लेखनीय है कि **आत्म-नियन्त्रण एवं सामाजिक नियन्त्रण में अन्तर है।** आत्म-नियन्त्रण का संबंध

व्यक्ति से है, इसकी प्रकृति वैयक्तिक है जबकि सामाजिक नियन्त्रण का संबंध संपूर्ण समाज से है और इसकी प्रकृति संस्थात्मक है, यद्यपि कई बार ये एक-दूसरे के पूरक भी होते हैं। आत्म-नियन्त्रण सामाजिक नियन्त्रण का एक छोटा भाग माना जा सकता है।

विभिन्न परिभाषाओं के आधार पर हम सामाजिक नियन्त्रण के बारे में निम्न निष्कर्ष निकाल सकते हैं :

(1) सामाजिक नियन्त्रण में व्यक्ति से यह अपेक्षा की जाती है कि वह सामाजिक प्रतिमानों के अनुरूप आचरण करे।

(2) सामाजिक नियन्त्रण समाज में संगठन एवं एकरूपता पैदा करता है।

(3) सामाजिक नियन्त्रण तीन स्तरों पर होता है—समूह का समूह पर नियन्त्रण समूह का व्यक्तियों पर नियन्त्रण तथा व्यक्तियों का व्यक्तियों पर नियन्त्रण।

(4) सामाजिक नियन्त्रण से सामाजिक संबंधों में स्थिरता एवं एकरूपता आती है।

(5) सामाजिक नियन्त्रण से तनाव एवं संघर्षों को कम तथा सहयोग स्थापित किया जाता है।

(6) सामाजिक नियन्त्रण उन साधनों एवं विधियों की ओर संकेत करता है जिनपके द्वारा व्यक्तियों के व्यवहारों को एक आवश्यक सांचे में ढाला जाता है।

(7) सामाजिक नियन्त्रण द्वारा विपथगामी प्रवृत्तियों पर अंकुश रखा जाता तथा उन्हें कुचल दिया जाता है।

(8) सामाजिक नियन्त्रण के लिए दण्ड एवं पुरस्कार दोनों विधियों का प्रयोग किया जाता है।

इस प्रकार सम्पूर्ण समाज में एकता एवं व्यवस्था बनाये रखने के लिए लोगों के व्यवहार का नियमन करना ही सामाजिक नियन्त्रण है।

समाजीकरण एवं सामाजिक नियन्त्रण
(Socialization and Social Control)

समाजीकरण एवं सामाजिक नियन्त्रण परस्पर घनिष्ठ रूप से संबंधित हैं। समाजीकरण सामाजिक नियन्त्रण बनाये रखने में और सामाजिक नियन्त्रण समाजीकरण करने में एक-दूसरे के सहयोगी हैं। समाजीकरण के द्वारा व्यक्ति को सामाजिक मूल्यों, आदर्शों एवं प्रतिमानों के अनुरूप आचरण करना सिखाया जाता

है जिससे कि वह समूह का क्रियाशील सदस्य बन सके। समाजीकरण का उद्देश्य भी सामाजिक नियन्त्रण की पुष्टि करना है। समाजीकरण सामाजिक नियन्त्रण का एक सशक्त साधन है। व्यक्ति का समाजीकरण इस प्रकार से किया जाता है कि वह अपनी भूमिकाओं को निर्वाह समाज की अपेक्षाओं के अनुरूप करे। समाजीकरण के दौरान सामाजिक नियन्त्रण की प्रक्रिया भी चलती रहती है और सामाजिक नियन्त्रण स्वत: होता रहता है। समाजीकरण की प्रक्रिया जन्म से मृत्यु तक चलती है, व्यक्ति समाज की प्रथाओं, मूल्यों एवं आदर्शों को आत्मसात् कर स्वत: ही उनके अनुरूप आचरण करता है। हम क्या खायें, कैसे वस्त्र पहनें, क्या व्यवसाय करें, किन से विवाह करें, आदि से संबंधित अनेक नियम समाज में प्रचलित हैं। समाज में व्यवस्था बनाये रखने एवं कार्य करने की सुनिश्चित प्रणालियाँ पायी जाती हैं। समाजीकरण के दौरान धीरे-धीरे इन सभी को सीखा एवं आत्मसात् किया जााता है। क्योंकि ये अभी तरीके समाज द्वारा मान्य और स्वीकृत होते हैं, अत: इनके द्वारा व्यक्ति शीघ्र ही समाज से अपना अनुकूलन कर लेता है। समाजीकरण के कारण ही समाज में लोग बिना सोचे-विचारे स्वाभाविक एवं अचेतन रूप से सामाजिक प्रत्याशाओं के अनुसार आचरण करते हैं। **ऑगबर्न** तथा **निमकॉफ** का मत है कि सामाजिक प्रतिमानों का व्यक्तियों द्वारा आन्तरीकरण करने से ही समाज-व्यवस्था बनी रहती है। पुरानी पीढ़ी नयी पीढ़ी का समाजीकरण कर उन्हें भी एक निश्चित प्रकार से व्यवहार करना सिखाती है। **फ्रायड** का मत है कि समाजीकरण के द्वारा ही 'परा अहम्' (Super ego) मानव की 'इड' (Id) प्रवृत्तियों पर नियन्त्रण रखता है और व्यक्तियों को समाज द्वारा स्वीकृत व्यवहार करने को प्रेरित करता है। समाजीकरण के विभिन्न अभिकरण जैसे, परिवार, पड़ौस, मित्रमण्डली, स्कूल एवं द्वैतीयक संस्थाएं सामाजिक नियन्त्रण बनाये रखने का कार्य भी करते हैं।

दूसरी ओर सामाजिक नियन्त्रण द्वारा भी सामाजीकरण का कार्य किया जाता है। सामाजीकरण की प्रक्रिया में सामाजिक नियन्त्रण एक साधन एवं विधि का कार्य करना है। **फिचर** का मत है, "सामाजिक नियन्त्रण वह यन्त्र है जिसके द्वारा समाजीकरण की प्रक्रिया का ही विस्तार है।" सामाजिक नियन्त्रण वह यन्त्र है जिसके द्वारा समाजीकरण की प्रक्रिया को निरन्तरता प्रदान की जाती है और लोगों को सामाजिक नियमों का पालन करने लिए पर इस बात के लिए दबाव डालता है कि वे अपनी भूमिकाओं का निर्वाह सामाजिक प्रत्याशाओं के अनुरूप करें और साथ ही नियमों का पालन करें। **ऑगबर्न** तथा **निमकॉफ** का मत है कि सामाजिक नियन्त्रण, समाजीकरण की असफलता को रोकता है तथा जिन लोगों ने सफल समाजीकरण किया है उन्हें सहायता देता है । सामाजिक नियन्त्रण के साधन जैसे,

परिवार, राज्य, जनमत, कानून एवं द्वैतीयक समूह तथा नेता, आदि नियन्त्रण द्वारा समाजीकरण में भी योग कम देते हैं। समाजीकरण के कारण की प्रथाओं का पालन करना व्यक्ति की आदत बन जाती है। और सत्ता को स्वीकार करना व्यक्तित्व का अंग बन जाता है। जब कभी कोई व्यक्ति सामाजिक प्रतिमानों की अवहेलना करता है और विपथगामी व्यवहार (Deviant behaviour) करता है तो समाज द्वारा उसके प्रति कठोर साधनों एवं दण्ड का प्रयोग किया जाता है, किन्तु कई बार कठोर सामाजिक नियन्त्रण समाजीकरण की प्रक्रिया को रोक भी देता है।

इस प्रकार हम देखते हैं कि समाजीकरण एवं सामाजिक नियन्त्रण में घनिष्ठता पायी जाती है। उनमें कई **समानताएं** भी हैं। **ऑगबर्न** एवं **निमकॉफ** कहते हैं, समाजीकरण एवं सामाजिक नियन्त्रण की प्रक्रिया की मौलिक शक्ति एक ही है, जैसे स्वीकृत एवं अस्वीकृत व्यवहार करने वालों की प्रशंसा एवं निन्दा, पुरस्कार एवं दण्ड दोनों में ही दिया जाता है, यद्यपि, उनकी मात्रा में दोनों में अन्तर पाया जाता है। उदाहरणार्थ, सामाजिक नियन्त्रण की अवज्ञा करने वालों को मृत्यु-दण्ड भी दिया जा सकता है, किन्तु असफल समाजीकरण करने वालों को नहीं। समाजीकरण एवं सामाजिक करने वालों को नहीं। समाजीकरण एवं सामाजिक नियन्त्रण के साधनों एवं अभिकरणों में भी पर्याप्त समानता है, जैसे, परिवार, पड़ौस, मित्र-समूह, स्कूल, कानून, प्रथाएं, राज्य एवं द्वैतीयक संस्थाएं समाजीकरण एवं सामाजिक नियन्त्रण दोनों का कार्य करते हैं। फिर भी *इन दोनों में निम्नांकित अन्तर हैं:*

(1) समाजीकरण का संबंध व्यक्ति से है, इसमें व्यक्ति को समाज एवं संस्कृति के अनुरूप ढाला जाता है, जबकि सामाजिक नियन्त्रण का संबंध व्यक्ति, समूह तथा सम्पूर्ण समाज को व्यवस्थित रखने से है। इस अर्थ में सामाजिक नियन्त्रण समाजीकरण से अधिक व्यापक है।

(2) समाजीकरण को सफल एवं असफल बनाने में प्राथमिक समूहों की भूमिका अधिक महत्वपूर्ण है, जबकि सामाजिक नियन्त्रण की स्थापना में राज्य एवं द्वैतीयक समूहों की भूमिका मुख्य है।

(3) **गोल्डनर** का मत है कि समाजीकरण का संबंध व्यक्ति के आन्तरिक पक्ष अर्थात् 'आत्मा' के विकास से अधिक है जबकि सामाजिक नियन्त्रण का संबंध उसके बाह्य पक्ष एवं व्यवहार से है। उसका उद्देश्य बाह्य व्यवहार को संयमित रखना है चाहे आन्तरिक रूप से व्यक्ति ऐसा न चाहता हो।

(4) समाजीकरण की प्रक्रिया अनौपचारिक एवं अचेतन अधिक है जिसमें व्यक्ति स्वत: ही कई बातें सीखता है, जबकि सामाजिक नियन्त्रण जागरूक एवं औपचारिक प्रयत्नों द्वारा अधिक किया जाता है, जैसे, राज्य कानून

बनाता है और उसके पालन के लिए न्याय व दण्ड की व्यवस्था करता है।

(5) समाजीकरण सदैव एक समाज के सामाजिक-सांस्कृतिक मूल्यों के अनुरूप होता है जबकि सामाजिक नियन्त्रण उससे भिन्न एवं नवीनता लिये हुए भी हो सकता है। उदाहरण के लिए, छुआछूत की समाप्ति के नये कानून परम्परागत जाति-भेद के नियमों से भिन्न हैं।

(6) दोनों साधनों में भी पर्याप्त भिन्नता पायी जाती है। समाजीकरण के लिए प्रशंसा, अनुनय, शिक्षा, व्यंग्य, हास्य, पुरस्कार एंव हल्का दण्ड, आदि साधनों का प्रयोग किया जाता है जबकि सामाजिक नियन्त्रण के लिए कठोर कारावास एवं मृत्यु-दण्ड तक की सजा दी जाती है।

(7) समाजीकरण का प्रभाव व्यक्ति पर शिशु अवस्था से ही प्रारम्भ हो जाता है और किशोर अवस्था तक चलता है जबकि सामाजिक नियन्त्रण का प्रभाव यद्यपि सभी स्तरों पर देखा जा सकता है फिर भी युवा अवस्था में अधिक होता है।

इस प्रकार ये दोनों प्रक्रियाएं एक-दूसरे की पूरक हैं। सामाजिक नियन्त्रण समाजीकरण को सफल बनाता है तो समाजीकरण सामाजिक नियन्त्रण का विस्तार करता है। किसी समाज के सामाजिक जीवन में समाजीकरण के अनुरूप कितना व्यवहार होता है, यह उस समय के सामाजिक नियन्त्रण पर निर्भर है। जितना अधिक समाजीकरण के अनुरूप व्यवहार होता है उतना ही उस समाज में नियन्त्रण पाया जाता है। तथा उतनी ही नियमहीनता (Anoie) में कमी आती है। समाजीकरण की अनुरूपता में कमी होने पर समाज में सामाजिक नियन्त्रण की समस्या पैदा होती है और विघटन की प्रवृत्ति प्रबल होती है।

सामाजिक नियन्त्रण की आवश्यकता एवं महत्व
(Need and Importance of Social Control)

किसी भी समाज का अस्तित्व एवं निरन्तरता बनाये रखने के लिए समाज में दृढ़ता, संगठन, एकरूपता एवं नियंत्रण होना अति आवश्यक है। मानव की अराजक और व्यक्तिवादी प्रवृत्ति पर नियंत्रण लगाये बिना समाज में संतुलन बनाये रखना कठिन हो जायेगा। सामूहिक एवं व्यक्तिगत उद्देश्यों की पूर्ति के लिए भी समूह एवं समाज के सदस्यों पर नियंत्रण रखना आवश्यक है। समाज को व्यवस्थित एवं संगठित रखकर ही हम सामाजिक मूल्यों को प्राप्त कर सकते हैं और इसके लिए नियंत्रण होना आवश्यक हे। सामाजिक ढांचे को नवीन परिवर्तनों के कारण विघटित

होने से बचाने एवं लोगों में पारस्परिक सहयोग उत्पन्न करने के लिए भी समाज में नियंत्रण आवश्यक है। इसी संदर्भ में सामाजिक नियंत्रण के उद्देश्यों, आवश्यकता एवं महत्व का हम यहां उल्लेख करेंगे :

(1) **सामाजिक संगठन की स्थिरता**–सामाजिक नियंत्रण के द्वारा व्यक्ति की निरंकुश एवं अराजक प्रवृत्तियों पर नियंत्रण रखा जाता है और उसे मनमानी नहीं करने दी जाती, उसे समाज द्वारा मान्य व्यवहारों के अनुरूप ढालने का प्रयास किया जाता है। फलस्वरूप समाज में अनिश्चितता एवं अस्थिरता समाप्त होती है एवं सामाजिक संगठन की निरंतरता बनी रहती है।

(2) **परंपराओं की रक्षा**–सामाजिक नियंत्रण का एक उद्देश्य समाज की व्यवस्था को बनाये रखना एवं परंपराओं का पालन करना भी है। परंपराओं में हमारे पूर्वजों का अनुभव एवं ाान निहित होता है जिसे नयी पीढ़ी पुरानी पीढ़ी के द्वारा सीख लेती है। परंपराओ के अनुसार आचरण करने से समाज में एकरूपता एवं दृढ़ता बनी रहती है। परंपराएं हमारी संस्कृति की धरोहर एवं रक्षक हैं। सामाजिक नियंत्रण द्वारा लोगों को परंपराओं को मानने के लिए बाध्य किया जाता है।

(3) **समूह में एकता**–समाज एवं समूह का सुचारू रूप से संचालन तभी संभव है जब उसमं एकता हो, विघटन एवं विपथगमन की प्रवृत्तियां प्रबल न हों अन्यथा वह समूह या समाज विशृंखलित एवं विघटित हो जायेगा। नियंत्रण के द्वारा समाज-विरोधी शक्तियों पर अंकुश रखा जाता है और उन्हें समाज के अनुरूप ढाला जाता है।

(4) **समूह में एकरूपता**–समूह के व्यवस्थित रूप से संचालन के लिए यह भी आवश्यक है कि उसके सदस्यों के व्यवहारों में समानता एवं एकरूपता हो। सामाजिक नियंत्रण द्वारा लोगों के विचारों, व्यवहरों, मनोवृत्तियों एवं दृष्टिकोणों में एकरूपता लायी जाती है।

(5) **सहयोग**–समाज के अस्तित्व एवं निरंतरता को बनाये रखने के लिए आवश्यक है कि उसके सदस्यों में परस्पर सहयोग हो। नियंत्रण की सहायता से लोगों से सहयोग प्राप्त किया जाता है। सहयोगा के अभाव में समाज में संघर्ष, अनियंत्रित जीवन एवं विघटन पैदा होगा जो सामूहिक जीवन को खतरे में डाल देंगे। सामाजिक नियंत्रण की उपस्थिति में ही सहयोग एवं सहकारिता संभव है। सहयोग से ही सामूहिक लक्ष्यों की प्राप्ति हो सकती है।

(6) **सामाजिक सुरक्षा**–सामाजिक नियंत्रण लोगों को मानसिक एवं बाह्य सुरक्षा प्रदान करता है। व्यक्ति को जब यह विश्वास होता है कि उसके हितों की रक्षा होगी तो वह मानसिक रूप से संतुष्ट एवं सुरक्षित महसूस करता है। सामाजिक नियंत्रण के द्वारा व्यक्ति की शारीरिक एवं संपत्ति की रक्षा भी की जाती है। इसी प्रकार उसके भरण-पोषण की समुचित व्यवस्था को बनाये रखने में भी समाज नियंत्रण द्वारा सहयोग देता है।

(7) **व्यक्तिगत व्यवहार पर नियंत्रण**–सामाजिक नियंत्रण के द्वारा व्यक्ति के स्वच्छंद व्यवहार एवं मनमानी करने पर भी रोक लगायी जाती है। यदि प्रत्येक व्यक्ति अपनी इच्छानुसार आचरण करने लगेगा तो सामाजिक जीवन का अस्तित्व खतरे में पड़ जायेगा। नियंत्रण के अभाव में मानव-मानव न होकर पशु के समान हो जायेगा। इस संदर्भ में **लैण्डिस** ने उचित ही कहा है, ''मानव नियंत्रण के कारण ही मानव है।''

इस प्रकार हम देखते हैं कि सामाजिक नियंत्रण के कारण ही समाज का संगठन संभव है।

सामाजिक नियंत्रण के स्वरूप (प्रकार) (Forms or Types of Social Control)

प्रत्येक समाज में नियंत्रण की व्यवस्था होती है, किन्तु सभी समाजों में इसके प्रकारों या स्वरूपों में भिन्नता पायी जाती है। इसका कारण यह है कि समाज और सामाजिक संबंधों की प्रकृति, सामाजिक दशाओं एवं व्यक्तिगत व्यवहारों में भिन्नता पायी जाती है। सदस्यों के उद्देश्यों, हितों एवं विचारों के भिन्न-भिन्न होने के कारण एक ही प्रकार के नियंत्रण से सभी के व्यवहारों को नियमित नहीं किया जा सकता। ग्रामीण एवं नगरीय, बंद एवं मुक्त, परम्परात्मक, जनतांत्रिक एवं एकतंत्र समाज में सामाजिक नियंत्रण के स्वरूपों में भिन्नता होना स्वाभाविक ही है। कभी पुरस्कार द्वारा तो कभी दण्ड द्वारा, कभी औपचारिक व संगठित शक्तियों द्वारा, तो कभी अनौपचारिक व असंगठित शक्तियों द्वारा नियंत्रण रखा जाता है। विभिन्न विद्वानों ने सामाजिक नियंत्रण के विभिन्न प्रकारों या स्वरूपों का उल्लेख किया है, जिनका हम यहां वर्णन करेंगे :

(1) **चेतन और अचेतन नियंत्रण** (Conscious and Unconscious Control)–अमेरिकन समाजशास्त्री **कूले** तथा **एल.एल. बर्नार्ड** ने सामाजिक नियंत्रण के दो स्वरूपों–**चेतन** व **अचेतन** का उल्लेख किया है। हम अपने दैनिक जीवन के व्यवहार को मुख्यत: दो भागों में बांट सकते हैं–चेतन एवं

अचेतन। कुछ व्यवहार ऐसे हैं जिनके प्रति हम अधिक सचेत होते हैं और यह ध्यान रखते हैं कि उनके निभाने में कोई त्रुटि न हो जाय। उदाहरण के लिए, एक क्लर्क ऑफिस में अपने बॉस की कुर्सी पर नहीं बैठता है, किन्तु उन्हीं कुर्सियां पर बैठता है जो क्लर्कों के लिए हैं। इस प्रकार वह स्थिति को समझकर कार्य करता है। दूसरी ओर कुछ व्यवहार ऐसे हैं जो हमारे व्यक्तित्व, आदर्श एवं मूल्यों के अंग बन चुके हैं और जिनका हमारे मस्तिष्क में प्रभव स्थायी हो चुका है। उनका पालन करने के लिए हमें अधिक सोचना नही पड़ता वरन् हम स्वत: ही वैसा आचरण करने लगते हैं। उदाहरण के लिए, वस्त्र पहनते समय हमें जिस वस्त्र को जहां धारण करना है, वहीं पहनते समय हमें जिस वस्त्र को जहां धारण करना है, वहीं पहनते हैं, बनियान को कोट पर धारण नहीं करते। यह सब कुछ अचेतन रूप से ही होता है क्योंकि वर्षों से एक निश्चित प्रकार का आचरण करने के कारण हम स्वत: ही वैसा करने लगते हैं। पहली स्थिति में जिसमें हम सचेत एवं जागरूक व्यवहार करते हैं, नियंत्रण करने वाली व्यवस्था को 'चेतन नियंत्रण' और दूसरी स्थिति में जिसमें हम अचेतन एवं स्वाभाविक रूप से आचरण करते हैं, नियंत्रण की व्यवस्था को 'अचेतन नियंत्रण' कहते हैं। जाति व्यवस्था में खान-पान, छुआछूत और विवाह के नियमों का पालन चेतन नियंत्रण का उदाहरण है। प्रथाओं, कानूनों और लोकाचारों द्वारा किया जाने वाला नियंत्रण चेतन नियंत्रण होता है क्योंकि उन्हें लागू करते समय हम उनकी उपयोगिता एवं लाभों को भी ध्यान में रखते हैं। दूसरी ओर परंपराओं, संस्कारों एवं धार्मिक विश्वासों द्वारा समाज में अचेतन नियंत्रण रखा जाता है क्योंकि इनसे संबंधित नियमों का पालन व्यक्ति के व्यक्तित्व का अंग बन चुका है और व्यक्ति स्वत: ही उनका पालन करने लगता है। आधुनिक समय में कानून का महत्व बढ़ने के कारण चेतन नियंत्रण का महत्व भी बढ़ता जा रहा है।

(2) **प्रत्यक्ष और अप्रत्यक्ष नियंत्रण** (Direct and Indirect Control)–*कार्ल मानहीम* ने सामाजिक नियंत्रण के प्रत्यक्षा व अप्रत्यक्ष स्वरूपों का उल्लेख किया है। प्रत्यक्ष नियंत्रण का तात्पर्य ऐसे नियंत्रण से है जो व्यक्ति पर उसके बहुत समीप के व्यक्तियों द्वारा लागू किया जाता है, जैसे, माता-पिता, मित्रों, गुरुजनों अथवा पड़ौसियों द्वारा किया जाने वाला नियंत्रण। यह नियंत्रण प्रशंसा, आलोचना, सम्मान या पुरस्कार के रूप में किया जाता है क्योंकि ये ही व्यक्ति के समाजीकरण के माध्यम होते हैं। व्यक्ति के

शेष सामाजिक व भौतिक पर्यावरण तथा विभिन्न समूहों एवं संस्थाओं द्वारा लागू किया जाने वाला नियंत्रण **अप्रत्यक्ष नियंत्रण** कहलाता है। नियंत्रण का यह स्वरूप अत्यधिक सूक्ष्म और छोटे-छोटे व्यवहारों को नियंत्रित करने वाला होता है। यह व्यक्ति को एक विशेष प्रकार से व्यवहार करने को बाध्य करता है। शुरू में तो हम चेतन रूप में इससे नियंत्रित होते हैं, किन्तु बाद में यह नियंत्रण हमारे व्यवहार एवं मूल्यों का अंग बन जाता है। अप्रत्यक्ष नियंत्रण में तर्क एवं सामूहिक कल्याण को अधिक महत्व दिया जाता है।

(3) **सकारात्मक और नकारात्मक नियंत्रण** (Positive and Negative Control) –*किम्बाल यंग* ने सामाजिक नियंत्रण को सकारात्मक एवं नकारात्मक, दो भागों में बांटा है। सकारात्मक नियंत्रण में व्यक्ति को पुरस्कार देकर सही व्यवहार करने को प्रेरित किया जाता है। उदाहरणार्थ, अच्छे आचरण वाले छात्र को, श्रेष्ठ छात्र को, श्रेष्ठ खिलाड़ी को, वीर सिपाही को पुरस्कार, प्रशंसा-पत्र, धन्यवाद, शाबासी, आदि देना सकारात्मक नियंत्रण में पुरस्कार प्रदान कर अन्य लोगों को भी वैसा ही व्यवहार करने को प्रोत्साहित किया जाता है। नकारात्मक नियंत्रण में समाज विरोधी व्यवहार करने वाले व्यक्ति को दण्डित किया जाता है। दण्ड की मात्रा कितनी होगी–यह इस बात पर निर्भर है कि व्यक्ति ने कितना गंभीर अपराध किया है। दण्ड उपहास, व्यंग्य, आलोचना, बहिष्कार, जेल, जुर्माना और मृत्युदण्ड, आदि कई प्रकार का हो सकता है। आदिम एवं आधुनिक समाजों में नकारात्मक सामाजिक नियंत्रण अधिक प्रभावकारी है।

(4) **संगठित, असंगठित तथा सहज नियंत्रण** (Organised Unorganised and Automatic Control)–*गुरुचिच* तथा *मूर* ने सामाजिक नियंत्रण के तीन स्वरूपों–संगठित, असंगठित एवं सहज नियंत्रण का उल्लेख किया है। **संगठित नियंत्रण** का अर्थ उस नियंत्रण से है जो अनेक छोटी-बड़ी एजेन्सियों और व्यापक नियमों द्वारा व्यक्तियों के व्यवहारों को प्रभावित करता है। इसका विकास नियमित रूप से होता है और इसे स्वेच्छाचारी प्रकृति का कहा जा सकता है। इसमें व्यक्ति के अधिकारों एवं कर्तव्यों को स्पष्ट रूप से परिभाषित किया जाता है। शिक्षण संस्था, परिवार, राज्य, बैंक, आदि द्वारा लागू किये गये नियंत्रण इसी श्रेणी में आते हैं। **असंगठित नियंत्रण** में सांस्कृतिक प्रतीक एवं नियम आते हैं। दैनिक जीवन में इनका प्रभाव सर्वाधिक होता है। संस्कारों, परंपराओं, जनरीतियों व लोकाचारों द्वारा किया जाने वाला नियंत्रण इसी प्रकार का है। **सहज नियंत्रण** का

आधार व्यक्तियों के अनुभव, मूल्य, आदर्श, विचार और आवश्यकताएं हैं। व्यक्ति अपनी आवश्यकताओं की पूर्ति हेतु स्वत: ही कार्य करता है और कुछ व्यवहारों को सीखता है। व्यक्ति स्वयं अपने अनुभव एवं आवश्यकता के कारण कुछ नियंत्रणों को स्वीकार करता है। इस प्रकार का नियंत्रण सहज प्रकृति का होता है और उसका प्रभाव भी अधिक होता हैं कानून की तरह यह व्यक्ति पर थोपा नहीं जाता है। धार्मिक नियमों को हम सहज नियंत्रण के अंतर्गत रख सकते हैं।

(5) **सत्तावादी एवं लोकतांत्रिक/प्रजातांत्रिक नियंत्रण** (Autocratic and Democratic Control)–*लेपियर* ने सामाजिक नियंत्रण को सत्तावादी एवं लोकतांत्रिक दो भागों में बांटा है। लेपियर कहते हैं कि जब कभी कोई प्रशासनिक संस्था अथवा दण्ड देने वाला व्यक्ति समाज द्वारा स्वीकृत संगठनों के अतिरिक्त किसी दूसरे लक्ष्य की प्राप्ति के लिए उत्पीड़न अथवा शक्ति का प्रयोग करता है, तब इस प्रकार से स्थापित किये गये नियंत्रण को सत्तावादी नियंत्रण कहते हैं। सत्तावादी नियंत्रण में शक्ति का उपयोग जन-सामान्य की इच्छाओं के विरुद्ध होता है। यदि सत्ताधारी शक्ति का उपयोग समाज की परंपराओं, सामाजिक मूल्यों और स्वीकृति व्यवहारों के विपरीत करते हें तो इसे सत्तावादी नियंत्रण कहा जायेगा। निरंकुश एवं तानाशाह शासकों द्वारा इसी प्रकार का नियंत्रण रखा जाता है। सत्तावादी नियंत्रण रखने के लिए धमकियों, कूटनीति, अधिकार-प्रदर्शन, गुप्त संगठन, प्रलोभन एवं कूटनीतिक एजेन्सियों, आदि का सहारा लिया जाता है। लोकतांत्रिक नियंत्रण में व्यक्तियों को स्वेच्छा से एक विशेष प्रकार का आचरण करने को प्रेरित किया जाता है। इसमें व्यक्तियों को संतुष्ट करने के लिए आपसी वार्तालाप किया जाता है। सत्तावादी नियंत्रण में धमकी एवं शारीरिक उत्पीड़न का सहारा लिया जाता है जबकि लोकतांत्रिक नियंत्रण में व्यक्तियों को पुरस्कार एवं भावात्मक प्रेरणाओं के द्वारा नियंत्रण में रखा जाता है। ऐच्छिक आज्ञाकारिता, अनुभव, वार्तालाप, सामाजिक प्रोत्साहन, आदि लोकतांत्रिक नियंत्रण के प्रमुख साधन हैं। हिटलर एवं मुसोलिनी का नियंत्रण सत्तावादी था जबकि प्रजातंत्रीय देशों में नियंत्रण लोकतांत्रिक पद्धति से रखा जाता है।

(6) **सामाजिक नियंत्रण के कुछ अन्य स्वरूप** (Some other Forms of Social Control)–कुछ समाजशास्त्रियों ने सामाजिक नियंत्रण के कुछ अन्य स्वरूपों का भी उल्लेख किया है। **गिड़िंग्स** ने सामाजिक नियंत्रण

के दो स्वरूपों का उल्लेख किया है–**पुरस्कार एवं दण्ड।** व्यक्ति को नियंत्रण में रखने के लिए कई बार प्रशंसा, धन्यवाद, पदक और प्रमाण-पत्र, आदि के रूप में उसे पुरस्कार दिया जाता है। *नियंत्रण का दूसरा तरीका दण्ड है।* जुर्माना, शारीरिक श्रम, फांसी एवं अनय प्रकार के उत्पीड़न के द्वारा भी व्यक्ति को नियंत्रित किया जाता है। **गिलिट एवं रीनहार्ट** ने सामाजिक नियंत्रण के दो तरीकों को उल्लेख किया है–एक, **शिक्षा व समाजीकरण** तथा दूसरा, **सामाजिक निर्देश,** जैसे पुरस्कार एवं दण्ड का। **ई. सी. हेज** ने सामाजिक नियंत्रण के दो प्रकारों (1) **पुरस्कार एवं दण्ड** तथा (2) **सुझाव और अनुकरण** का उल्लेख किया है। **फिचर** ने सामाजिक नियंत्रण के दो प्रकारों–*समूह नियंत्रण व संस्थात्मक नियंत्रण* का उल्लेख किया है। *समूह नियंत्रण में नियंत्रणकर्ता एवं नियंत्रित होने वाला*–दोनों नियंत्रिण के प्रति जागरूक होते हैं, वे जान-बूझकर स्वेच्छा से इस नियंत्रण को स्वीकार करते हैं। **संस्थात्मक नियंत्रण** में व्यक्ति का संस्कृति से अचेतन व अतार्किक प्रत्युत्तर होता है। व्यक्ति जब एक सांस्कृतिक पर्यावरण में लम्बे समय तक रहता है तो वह अपनी संस्कृति से संबंधित व्यवहारों को अचेतन रूप से बिना सोचे-विचारे ही अपना लेता है तथा स्वतः ही उनके अनुरूप कार्य करने लगता है।

(7) **औपचारिक एवं अनौपचारिक सामाजिक नियंत्रण** (Formal and Informal Social Control) –कुछ समाजशास्त्रियों ने सामाजिक नियंत्रण को औपचारिक एवं अनौपचारिक दो भागों में बांटा है। गुरविच एवं मूर का संगठित एवं असंगठित नियंत्रण वास्तव में औपचारिक एवं अनौपचारिक नियंत्रण ही है। औपचारिक नियंत्रण लिखित एवं निश्चत कानूनों तथा नियमों द्वारा किया जाता है। उसके पीछे राज्य एवं सरकार की शक्ति होती है। नियमों का पालन कराने के लिए औपचारिक संस्थाओं एवं न्याय की व्यवस्था होती है तथा नियमों का उल्लंघन करने पर न्यायालय अथवा किसी अन्य संस्था द्वारा दण्ड दिया जाता है। उदाहरण के लिए, चोरी, जालसाजी एवं डकैती करने वाले को औपचारिक प्रक्रिया के माध्यम से दण्डित किया जाता है। इस प्रकार कानून, न्यायालय, पुलिस एवं जेल औपचारिक नियंत्रण के माध्यम हैं। दूसरी ओर *आदिम, सरल और ग्रामीण समाजों में प्रथाओं, परंपराओं, लोकाचारों, विश्वासों, हास्य, व्यंग्य, जनमत, आलोचना, संस्कार, धर्म, आदि के द्वारा नियंत्रण रखा जाता है। ये नियंत्रण के अनौपचारिक साधन*

हैं। अनौपचारिक नियंत्रण का संबंध राज्य से न होकर समाज से होता है। आज के आधुनिक जटिल समाजों में सामाजिक नियंत्रण के अनौपचारिक साधनों का प्रभाव कमजोर पड़ता जा रहा है। परिणामस्वरूप वहां सामाजिक नियंत्रण के औपचारिक साधनों की उपयोगिता एवं प्रयोग बढ़ता जा रहा है।

औपचारिक सामाजिक नियंत्रण (Informal Social Control)

अर्थ एवं विशेषताएं (Meaning and Characteristics)

औपचारिक नियंत्रण सामाजिक नियंत्रण का वह प्रकार है जिसकी स्थापना राज्य सरकार एवं किसी औपचारिक संस्था के द्वारा निश्चित नियमों के माध्यम से व्यक्तियों एवं समूहों के व्यवहारों को नियंत्रित करने के लिए की जाती है। सरकारी तथा औपचारिक संगठनों के द्वारा जानबूझकर कुछ नियम अथवा कानून बनाये जाते हैं जिनका पालन करना उन संगठनों से संबंधित व्यक्तियों एवं समूहों के लिए आवश्यक होता है। इन नियमों में बाध्यता का तत्व पाया जाता है। इसका तात्पर्य यह है कि इनका उल्लंघन करने वालों को दण्डित किया जाता है, कुद सजा दी जाती हैं। उदाहरण के रूप में, राज्य सरकार या केन्द्रीय सरकार द्वारा पारित कानूनों का पालन करना व्यक्तियों के लिए आवश्यक होता है। उन कानूनों को तोड़ने अर्थात् उनके विपरीत आचरण करने वालों पर पुलिस कार्यवाही करती है, अदालत में उनके कानून-विरुद्ध आचरण की जांच की जाती है और यदि उन्हें दोषी पाया जाता है तो जुर्माने या कैद या दोनों ही रूपों में सजा सुनायी जाती है। इसी प्रकार यदि कोई विद्यार्थी किसी महाविद्यालय या विश्वविद्यालय के नियमों का उल्लंघन करता है तो उस पर जुर्माना या उसे कक्षा से निलंबित किया जा सकता है और अपराध गंभीर होने पर कॉलेज या विश्वविद्यालय से निकाला भी जा सकता है। इसी प्रकार के नियम आर्थिक संगठनों—औद्योगिक संस्थाओं, बैंकों, राजनीतिक दलों, नगर-पालिकाओं, कॉरपोरेशनों, आदि के होते हैं जिनके माध्यम से इनसे संबंधित व्यक्तियों के व्यवहारों को नियंत्रित किया जाता है।

संक्षिप्त में हम कह सकते हैं कि *औपचारिक सामाजिक नियंत्रण का अर्थ उस नियंत्रण से है जो राज्य, सरकार या किन्हीं औपचारिक संस्थाओं द्वारा अपने सदस्यों के व्यवहारों को नियंत्रित करने हेतु स्पष्टत: परिभाषित नियमों के द्वारा लागू किया जाता है। और इन नियमों का सदस्यों पर बाध्यतामूलक प्रभाव होता है।* इन नियमों के पीछे इन्हें पारित करने वाली संस्था या संगठन की शक्ति होती है और साथ ही जो व्यक्ति इनका उल्लंघन करता है, उसे दण्डित करने की व्यवस्था पायी जाती है।

औपचारिक नियंत्रण की निम्नलिखित विशेषताएं हैं :

(1) **राज्य, सरकार या किसी अन्य औपचारिक संस्था द्वारा लागू**–औपचारिक नियंत्रण राज्य, सरकार या किसी औपचारिक संस्था के द्वारा लागू किया जाता है। इनके द्वारा सदस्यों के व्यवहारों को नियंत्रित करने के लिए कुछ कानून या नियम बनाये जाते हैं जो सुस्पष्ट या सुपरिभाषित होते हैं।

(2) **सोच-विचारकर सचेत प्रयत्नों द्वारा लागू**–औपचारिक नियंत्रण की एक प्रमुख विशेषता यह है कि यह योजनाबद्ध तरीके से लागू किया जाता है। काफी विचार के बाद कानून या नियम बनाये जाते हैं और उन्हें लागू करने और न्याय की व्यवस्था हेतु पुलिस, प्रशासनिक अधिनियमों, न्यायालय तथा जेल, आदि की व्यवस्था होती हैं औपचारिक नियंत्रण में स्पष्टता विशेषत: देखने को मिलती है।

(3) **बाध्यतामूलक प्रभाव**–औपचारिक नियंत्रण के अंतर्गत सभी के लिए कानूनों या नियमों का पालन करना आवश्यक होता है। जो इनका उल्लंघन करता है, उसे दण्डित किया जाता है। राज्य या सरकार के पास विशेषत: ऐसी शक्ति एवं सत्ता पायी जाती है जिसके माध्यम से वह सदस्यों से कानूनों का पालन कराती है।

(4) **नियम विरुद्ध आचरण करने पर दण्ड की व्यवस्था**–जो व्यक्ति राज्य, सरकार या किसी औपचारिक संगठन के नियमों को तोड़ता है, उनके विरुद्ध आचरण करता है, उसके लिए दण्ड की निश्चित व्यवस्था पायी जाती है।

(5) **औपचारिक संगठन में अनुकूलनशीलता या परिवर्तनशीलता का गुण**–औपचारिक नियंत्रण सामान्यत: रूढ़िवादी न होकर परिवर्तनशील होता है। इसमें समय और आवश्यकतानुसार परिवर्तन होता रहता है। जैसे-जैसे परिस्थितियां बदलती हैं, उसके साथ-ही-साथ कानूनों और नियमों को भी बदला जाता है।

(6) **औपचारिक नियंत्रण व्यवहार के बाहरी पक्ष से संबंधित**–इसमें कानूनों या नियमों के अनुसार व्यवहार करना व्यक्ति के लिए अनिवार्य होता है। ऐसी स्थिति में वह कई बार दण्ड के भय से कानूनों का पालन करता है। परिणामस्वरूप, औपचारिक नियंत्रण अधिकांशत: व्यवहार या बाह्य क्रियाओं को भी प्रभावित कर पाता है, व्यक्ति के आंतरिक विचारों या भावनाओं को नहीं।

(7) **प्रमुखतः जटिल समस्याओं से संबंधित**–औपचारिक नियंत्रण प्रमुखतः जटिल समाजों की विशेषता है। आज के आधुनिक औद्योगिक जटिल समाजों में जहां द्वैतीयक समूहों की प्रधानता पायी जाती है नियंत्रण के अनौपचारिक साधनों–प्रथा, रूढ़ि, धर्म, नैतिकता द्वारा सामाजिक नियंत्रण बनाये रखना बहुत कठिन है। इन समाजों में तो नियम, पुलिस अधिकारियों न्यायालय, जेल व्यवस्था, आदि के माध्यम से नियंत्रण बनाये रखा जा सकता है।

औपचारिक नियंत्रण के साधन (Means of Formal Control)

जटिल समाजों में व्यवस्था बनाये रखने हेतु औपचारिक नियंत्रण का सहारा लिया जाता है। ऐसे समाजों में औपचारिक नियंत्रण हेतु निम्नलिखित साधनों का प्रमुखतः प्रयोग किया जाता है :

(1) **कानून**–विभिन्न औपचारिक संगठनों के द्वारा समय-समय पर अनेक कानून बनाये जाते हैं ताकि सदस्यों के व्यवहारों पर नियंत्रण किया जा सके। इन कानूनों की सहायता से व्यक्ति के अधिकारों एवं कर्तव्यों को भी निश्चत किया जाता है।

(2) **राज्य**–राज्य या सरकार की अपनी प्रभुसत्ता एवं शासन-व्यवस्था होती है। राज्य नौकरशाही व्यवस्था के माध्यम से लोगों से कानूनों का पालन कराता है और इनका उल्लंघन करने वालों के विरुद्ध आवश्यक कार्यवाही करता है। दण्ड के भय से व्यक्ति कानून को तोड़ने का सामान्यतः साहस नहीं करता।

(3) **पुलिस व अदालत**–पुलिस भी औपचारिक नियंत्रण का प्रमुख साधन है। पुलिस जिन लोगों को कानून-विरुद्ध कार्य करने पर पकड़ती है, उन पर अदालत में मुकदमा चलता है और दोशी पाये जाने पर उन्हें दण्डित किया जाता है। यह दण्ड जुर्माना, कैद और मृत्युदण्ड तक के रूप में हो सकता है। दण्ड के भय से भी व्यक्ति कानूनों को तोड़ने से घबराता है और इस प्रकार उसके व्यवहार पर नियंत्रण रहता है।

(4) **जेल या बन्दीगृह**–अदालत द्वारा सुनाये गये दण्ड को व्यक्ति को जेल या बन्दीगृह में रहकर काटना पड़ता है। जेल में व्यक्ति को अपने परिवार-जनों, रिश्तेदारों, मित्रों, पड़ौसियों, आदि के साथ रहने का अवसर नहीं मिलता। उसे इस सबसे अलग कर दिया जाता है। यह पृथक्करण

व्यक्ति के लिए काफी कष्टदायक होता है। यहां उसे शारीरिक और मानसिक कष्ट तक झेलने पड़ते हैं। जेल के भय से व्यक्ति कानूनों के विरुद्ध आचरण करने से घबराता है।

(5) **स्कूल, कॉलेज तथा विश्वविद्यालय**–ये सब औपचारिक नियंत्रण के साधन हैं। शिक्षण संस्था से संबंधित कुछ नियम होते हैं जिनका पालन करना विद्यार्थियों के लिए आवश्यक होता है। इनके विरुद्ध आचरण करने पर उन्हें शिक्षण-संस्था के प्रधान द्वारा दण्डित किया जाता है। एक ओर वह दण्ड के भय से नियमों के विरुद्ध कार्य नहीं करता है और दूसरी ओर शिक्षण संस्था उसे कर्तव्यों एवं अधिकारों का बोध कराती है, अनुशासन में रहने के लिए प्रोत्साहित और आवश्यकतानुसार बाध्य भी करती है।

औपचारिक नियंत्रण की प्रविधियां (Techniques of Formal Control)

यहां हम कुछ ऐसी प्रविधियों का उल्लेख करेंगे जो औपचारिक नियंत्रण को सफल एवं प्रभावपूर्ण बनाने में विशेष भूमिका अदा करती हैं, ये प्रविधियां निम्नांकित हैं :

(1) **चेतावनी**–यह एक बहुत ही पुरानी और प्रारंभिक प्रविधि है। जहां कानून का मामूली उल्लंघन किया जाता है, वहां दोषी व्यक्ति को विशेष दण्ड नहीं देक माफी मांगने और भविष्य में ऐसा न करने की चेतावनी देकर छोड़ दिया दिया जाता है।

(2) **जुर्माना**–जुर्माना या आर्थिक दण्ड भी औपचारिक नियंत्रण की एक प्रमुख प्रविधि है। यह पहले से निश्चित होता है कि कौन-से कानून या नियम का उल्लंघन करने पर व्यक्ति को कितनी रकम जुर्माने के रूप में चुकानी होगी।

(3) **बन्दीगृह या कारावास**–इसमें व्यक्ति को कारावास में रहना पड़ता है। व्यक्ति को सश्रम कारावास की और बिना श्रम के कारावास की सजा दी जा सकती है। सश्रम कारावास की सजा में व्यक्ति को जेल से कठिन शारीरिक परिश्रम करने के लिए बाध्य होना पड़ता है। बिना श्रम के कारावास की स्थिति में भी व्यक्ति को मानसिक पीड़ा तो भुगतनी ही पड़ती है।

(4) **गुप्तचर व्यवस्था**–यह व्यवस्था सरकारी और गैर-सरकारी दोनों ही प्रकार की हो सकती है। इसके अंतर्गत गुप्तचर या सी.आई.डी. सादी पोशाक

में रहते हैं तथा समाज विरोधी व्यक्तियों, कार्यों, अपराधों, षडयंत्रों तथा कुछ विशिष्ट लोगों की गतिविधियों पर निगरानी रखते हैं। ये अपराधियों और अनय समाज विरोधी व्यक्तियों को पकड़ने में पुलिस की मदद करते हैं। गुप्तचर विभाग के डर से व्यक्तियों के व्यवहार पर नियंत्रण रहता है।

(5) **पुरस्कार**–विभिन्न संगठनों के द्वारा अच्छे कार्यों के लिए व्यक्तियों को समय-समय पर अनेक पुरस्कार भी दिये जाते हैं। इन पुरस्कारों से व्यक्ति को अच्छे कार्य करने की प्रेरणा मिलती है और साथ ही समाज-विरोधी कार्यों से बचने का प्रोत्साहन। पुरस्कार पाने की इच्छा व्यक्ति को गलत कार्य करने से रोकती और अनुशासन में रहने के लिए प्रेरित करती है।

अनौपचारिक सामाजिक नियंत्रण (Informal Social Control)

अर्थ एवं विशेषता (Meaning and Characteristics)

अनौपचारिक सामाजिक नियंत्रण औपचारिक नियंत्रण का विपरीत प्रकार है। इसमें व्यक्तियों एवं समूहों के व्यवहारों को नियंत्रित करने के लिए राज्य, सरकार या किसी संस्था अथवा संगठन के द्वारा कानून एवं नियम नहीं बनाये जाते। साथ ही अनौपचारिक नियंत्रण के पीछे राज्य या सरकार की शक्ति या सत्ता नहीं पायी जाती। यदि कोई व्यक्ति किसी जनराति, प्रथा, रूढ़ि या परंपरा के विपरीत आचरण करता है तो सरकार के द्वारा उसे दण्डित नहीं किया जाता है। इस प्रकार के नियंत्रण को ओल्सन ने आत्म-नियंत्रण (Self-Control) के नाम से पुकारा है। औपचारिक नियंत्रण का समय के साथ-साथ सामाजिक अंत:क्रियाओं के परिणामस्वरूप अपने आप ही विकास होता है। यह सोच-विचारकर या जान-बूझकर विकसित या निर्मित नहीं किया जाता। सामाजिक नियंत्रण का यह प्रकार सामाजिक नियमों के रूप में व्यक्तियों के व्यवहार को नियंत्रित करता है। जनरीतियां, रूढ़ियां, प्रथाएं, विश्वास, धर्म और नैतिकता, आदि अनौपचारिक सामाजिक नियंत्रण के विभिन्न साधनों के अंतर्गत आते हैं। सामाजिक नियंत्रण के इस प्रकार में व्यक्तियों के व्यवहारों को नियंत्रित करने के लिए कोई कानूनी या विधिवत् व्यवस्था को नहीं पायी जाती है। व्यक्ति सामाजिक नियमों को समूह-कल्याण की दृष्टि से उपयोगी एवं आवश्यकता मानता है, अत: उनके अनुरूप आचरण करता है। इन सामाजिक नियमों का आधार सामाजिक मूल्य एवं आदर्श होते हैं। अनौपचारिक नियंत्रण के साधन सामान्यत: रूढ़िवादी होते हैं। सरल और परंपरागत प्रकार के समाजों में *अनौपचारिक नियंत्रण अधिक प्रभावी होता है।* यद्यपि, अनौपचारिक नियंत्रण के पीछे राज्य या सरकार की शक्ति नहीं होती परंतु इसका नियंत्रणकारी प्रभाव औपचारिक नियंत्रण

से भी अधिक होता है। इस प्रकार के नियंत्रण में समूह का प्रत्येक सदस्य सजग प्रहरी होता है जो यह देखता रहता है कि कोई सामाजिक नियमों का उल्लंघन तो नहीं कर रहा है।

उपुर्यक्त विवरण से स्पष्ट है कि *अनौपचारिक सामाजिक नियंत्रण का प्रकार है जिसमं जनरीतियों, प्रथाओं, परंपराओं, रूढ़ियों, आदर्शों, विश्वासों, धर्म एवं नैतिकता, आदि के माध्यम से व्यक्तियों एवं समूहों के व्यवहारों को नियंत्रित किया जाता है। इन सामाजिक नियमों का पालन समूह-कल्याण को ध्यान में रखकर नैतिक कर्तव्य के रूप में किया जाता है।*

अनौपचारिक सामाजिक नियंत्रण की प्रमुख विशेषताएं निम्नलिखित हैं :

(1) **स्रोत स्वयं समाज**–इस प्रकार के सामाजिक नियंत्रण का स्रोत राज्य अथवा सरकार या कोई अन्य सामाजिक संगठन नहीं होता, बल्कि स्वयं समाज होता है। अनौपचारिक नियंत्रण के विभिन्न साधनों या सामाजिक नियमों का विकास सामाजिक अंत:क्रिया के दौरान अपने आप ही होता है। जनरीति, प्रथा, रूढ़ि परंपरा, आदि का विकास होता है और इनका स्रोत कोई औपचारिक संगठन नहीं होकर समूह या समाज ही होता है।

(2) **स्वत: विकास**–इस प्रकार के नियंत्रण के विभिन्न साधनों का समय के साथ-साथ स्वत: ही विकास होता है। इनको जान-बूझकर या चेतन प्रयत्नों द्वारा सामान्यत: विकसित नहीं किया जाता। जैसे-जैसे लोग एक-दूसरे के संपर्क में आते हैं, उनमें सामाजिक अंत:क्रिया होती है, इसके साथ-ही-साथ इस प्रकार के सामाजिक नियंत्रण से जनरीति, प्रथा, रूढ़ि, आदि का विकास होता जाता है।

(3) **अलिखित**–सामाजिक नियंत्रण के ये साधन अलिखित रूप में पाये जाते हैं। जनरीति, प्रथा, परंपरा, रूढ़ि, आदि राज्य के कानूनों के समान लिखित रूप में नहीं पाये जाते। ये तो अलिखित रूप में ही पीढ़ी-दर-पीढ़ी हस्तांतरित होते और लोगों के व्यवहारों को नियंत्रित करते रहते हैं।

(4) **आंतरिक पक्ष से संबंधित**–सामाजिक नियंत्रण के अनौपचारिक साधनों का संबंध प्रमुखत: व्यक्तित्व के आंतरिक पक्ष से होता है। यहां तो व्यक्ति से यह आशा की जाती है कि वह समाज की परंपराओं, प्रथाओं, रूढ़ियों, विश्वासों, आदि को अपने व्यक्तित्व का अंग बना ले और उन्हीं के अनुरूप आचरण करना उसकी आदत बन जाय।

(5) **समूह-कल्याण की भावना की प्रधानता**–अनौपचारिक सामाजिक नियंत्रण समूह-कल्याण की दृढ़ भावना पर टिका होता है। सभी लोग अर्थात् संपूर्ण समूह जनरीतियों, प्रथाओं, आदर्शों, रूढ़ियों, नैतिकता, आदि को अपने हित या कल्याण की दृष्टि से आवश्यक समझते हैं। समूह-कल्याण की इसी बलवती भावना के कारण लोग प्रथाओं एवं परंपराओं को तोड़ते नहीं देखना चाहते।

(6) **सामाजिक मूल्यों एवं आदर्शों पर आधारित**–प्रत्येक समाज के अपने कुछ सामाजिक मूल्य और आदर्श होते हैं। इनकी रक्षा करना समाज के सदस्यों का परम कर्तव्य समझा जाता है। सामजिक नियंत्रण के अनौपचारिक साधन इन्हीं सामाजिक मूल्यों एवं आदर्शों का प्रतिनिधित्व करते हैं। अतः सामाजिक नियंत्रण के इन साधनों के अनुसार आचरण करना लोग अपना नैतिक दायित्व मानते हैं।

(7) **रूढ़िवादिता अथवा अपरिवर्तनशीलता**–अनौपचारिक नियंत्रण के अंतर्गत पाये जाने वाले सामाजिक नियम–प्रथा, रूढ़ि, आदि अपनी प्रकृति से ही रूढ़िवादी होते हैं। ये समय की आवश्यकता के अनुसार शीघ्र परिवर्तित नहीं होते। ये मान्य व्यवहार के विपरीत आचरण की किसी भी रूप में स्वीकृति नहीं देते।

अनौपचारिक सामाजिक नियंत्रण के साधन एवं प्रविधियां

अनौपचारिक सामाजिक नियंत्रण के साधनों में जनरीतियां, प्रथाएं, रूढ़ियां, विश्वास, धर्म और नैतिकता, आदि आते हैं। परिवार अनौपचारिक नियंत्रण का एक प्रमुख माध्यम है जो अपने सदस्यों के व्यवहारों को विभिन्न रूपों में नियंत्रित करता है।

अनौपचारिक नियंत्रण की प्रविधियों में प्रमुख सामाजिक सीख, सुझाव, पुरस्कार, सामाजिक दण्ड, भाषा, हास्य-व्यंग्य एवं कला, फैशन, आदि हैं।

औपचारिक तथा अनौपचारिक नियंत्रण में अंतर

औपचारिक तथा अनौपचारिक सामाजिक नियंत्रण में हम निम्न अंतरों का उल्लेख कर सकते हैं :

(1) औपचारिक सामाजिक नियंत्रण में दण्ड देने का कार्य राज्य अथवा सरकार द्वारा किया जाता है, जबकि अनौपचारिक सामाजिक नियंत्रण में दण्ड का स्रोत स्वयं समाज, समुदाय या समूह होता है।

(2) औपचारिक सामाजिक नियंत्रण में नियमों के जानबूझकर बनाये जाने के कारण वे सुपरिभाषित व लिखित होते हैं जबकि अनौपचारिक सामाजिक नियंत्रण में नियम पूर्णरूप से लिखित नहीं होते अपितु, सामाजिक अंत:क्रियाओं के दौरान अपने आप स्पष्ट होते हैं।

(3) औपचारिक सामाजिक नियंत्रण में नियमों को न मानने पर राज्य या अन्य किसी प्रशासनिक संगठन द्वारा व्यक्ति को निश्चित दण्ड देने की व्यवस्था होती है अर्थात् व्यक्तियों के लिए नियमों का पालन करना अनिवार्य होता है, इसके विपरीत अनौपचारिक सामाजिक नियंत्रण में इस प्रकार दण्ड देने की कोई व्यवस्था नहीं होती है।

(4) औपचारिक सामाजिक नियंत्रण मानव व्यवहार के बाह्य पक्ष को अधिक प्रभावित करता है। दूसरी ओर, अनौपचारिक सामाजिक नियंत्रण का विशेष संबंध व्यक्तित्व के आंतरिक पक्ष से होने के कारण इसे व्यक्ति स्वयं स्वीकार कर लेता है।

(5) औपचारिक सामाजिक नियंत्रण आधुनिक विशाल एवं जटिल समाजों काी विशेषता है क्योंकि ऐसे समाजों में व्यक्ति के अधिकांश व्यवहारों पर नियंत्रण औपचारिक सामाजिक नियंत्रण के साधनों जैसे, दण्ड, भय, उत्पीड़न व शक्ति प्रदर्शन द्वारा संभव है। इसके विपरीत, अनौपचारिक सामाजिक नियंत्रण का विशेष महत्व छोटे एवं सरल समाजों में अधिक होता है क्योंकि इन समाजों के सदस्य अधिकांशत: प्रथा, परंपरा, धार्मिक नियमों एवं रूढ़ियों द्वारा नियंत्रित एवं निर्देशित होते हैं।

(6) औपचारिक सामाजिक नियंत्रण में परिवर्तनशीलता का गुण पाया जाता है अर्थात् इसमें आवश्यकताओं एवं परिस्थितियों के बदलने पर परिवर्तन होता रहता है, जबकि अनौपचारिक सामाजिक नियंत्रण में परंपरागत व्यवहारों को बदलतना असंभव नहीं तो कठिन अवश्य होता है।

(7) औपचारिक सामाजिक नियंत्रण सामाजिक मूल्यों के विपरीत भी हो सकता है। जबकि अनौपचारिक सामाजिक नियंत्रण सदैव परंपरागत सामाजिक मूल्यों के अनुरूप ही होता है।

(8) औपचारिक सामाजिक नियंत्रण से संबंधित व्यवहार संहिताओं (Codes) या नियमों को राज्य या अन्य प्रशासनिक संगठनों द्वारा बनाया जाता है। इसके विपरीत, अनौपचारिक सामाजिक नियंत्रण में इन नियमों को समाज द्वारा निर्मित किया जाता है।

(9) औपचारिक सामाजिक नियंत्रण का स्वरूप पूर्ण निर्धारित योजनाबद्ध रूप में होता है जबकि अनौपचारिक सामाजिक नियंत्रण का विकास लंबी अवधि में धीरे-धीरे स्वत: होता है।

(10) औपचारिक सामाजिक नियंत्रण के प्रभावशाली साधन कानून, न्यायालय व पुलिस हैं जिनके द्वारा नियमों का उल्लंघन करने पर व्यक्ति को निश्चित दण्ड देने की व्यवस्था की जाती हैं। दूसरी ओर, अनौपचारिक सामाजिक नियंत्रण के प्रभावशाली साधन परम्पराएं, धार्मिक नियम, इत्यादि होते हैं जिनके द्वारा निश्चित दण्ड न देकर अधिक-से-अधिक व्यक्ति की सामाजिक निन्दा की जा सकती है अथवा जाति से निष्कासित किया जा सकता है।

सामाजिक नियंत्रण की प्रकृति एवं साधनों के आधार पर दोनों में कुछ मूलभूत भिन्नताओं के होते हुए भी दोनों एक-दूसरे के सहयोगी एवं पूरक हैं। आदिम व परंपरागत समाजों में भी किसी-न-किसी रूप में सरकार व कानून का अस्तित्व होता है। इसी प्रकार आधुनिक जटिल समाजों में व्यक्ति के व्यवहार को नियंत्रित करने के लिए अनेक कानून बनाये गये हैं फिर भी इस वैज्ञानिक युग में आज भी धर्म, प्रथा, परंपरा, आदि का अपना विशिष्ट महत्व है।

सामाजिक नियंत्रण के सिद्धांत (Theories of Social Control)

हम यहां सामाजिक नियंत्रण के कुछ प्रमुख सिद्धांतों का उल्लंघन करेंगे :

(1) **रॉस का सामाजिक नियंत्रण का सिद्धांत** (Ross's Theory of Social Control) –रॉस ने 1901 में '*Social Control*' नामक अपनी पुस्तक में सामाजिक नियंत्रण संबंधी अपना सिद्धांत प्रस्तुत किया। रॉस सामाजिक नियंत्रण में विश्वासों की भूमिका को महत्वपूर्ण मानते हैं। विश्वास चाहे किसी भी रूप में हों, लोगों के व्यवहारों पर नियंत्रण रखते हैं तथा इनका प्रभाव सर्वव्यापी होता है। विश्वास कानूनों से भी अधिक प्रभावी होते हैं।

रॉस ने अपने विचारों को स्पष्ट करने के लिए सभी समाजों को दो भागों में बांटा–

(1) **प्राकृतिक समाज** (Natural Society), और

(2) **वर्गों पर आधारित समाज** (Class-based Society)।

प्राकृतिक समाज से रॉस का तात्पर्य ऐसे समाज से है जहां मानव की नैसर्गिक क्रियाओं पर कोई बाहरी नियंत्रण नहीं होता। दूसरी ओर, वर्गों

पर आधारित समाज में शक्तिशाली एवं साधन-संपन्न वर्ग द्वारा अन्य वर्गों एवं लोगों के व्यवहारों पर नियंत्रण रखा जाता है। साधन-संपन्न वर्ग का यह विश्वास होता है कि वह अपने साधनों एवं शक्ति के द्वारा छोटे एवं प्रारंभिक वर्गों पर नियंत्रण रखकर और शक्तिशाली हो सकता है, छोटे वर्ग भी यह विश्वास करते हें कि नियंत्रण में रहने पर ही उनकी आवश्यकताओं की पूर्ति संभव है। प्राथमिक और सरल समाजों में जो प्राकृतिक समाज के प्रतिनिधि हैं, सामाजिक नियंत्रण की आवश्यकता नहीं होती। ज्यों-ज्यों सामाजिक जटिलता बढ़ती जाती है, समाज में विभिन्न संस्थाएं बढ़ती जाती हैं, त्यों-त्यों वर्ग नियंत्रण की आवश्यकता महसूस होने लगती है। जटिल समाजों में राज्य ही सामाजिक नियंत्रण का प्रमुख साधन होता है, फिर भी विश्वासों का महत्व राज्य से कहीं अधिक है। ये विश्वास धर्म, प्रथाओं, आदर्शों, उत्सवों, आदि के रूप में व्यक्ति होते हैं। विश्वास ही लोगों में सहानुभूति, न्याय, सामाजिक और बदले की भावना पैदा करते हैं। ये भावनाएं ही सामाजिक नियंत्रण के विभिन्न साधनों जैसे, प्रथा, धर्म, कानून, सुझाव, कला, उत्सव, आदि का उल्लेख किया है। रॉस ने इस बात से भी साफ इन्कार किया कि मानवीय व्यवहार पर अलौकिक शक्तियों अथवा भूत-प्रेतों का ही नियंत्रण होता है। रॉस का मत है कि मानवीय व्यवहार वास्तविक सामाजिक परिस्थितियों एवं तात्कालिक दशाओं से ही प्रभावित होते हैं। रॉस के सिद्धांत की कमजोरी बताते हुए लेपियर कहते हैं कि रॉस ने 'मानस जैसा विश्वास करता है, वैसा ही वह करता है' की धारणा को बहुत सरल रूप में प्रकट किया है, जबकि यह धारणा काफी जटिल है।

(2) **हरबर्ट स्पेन्सर का सिद्धांत** (Theory of Herbert Spencer) –**हरबर्ट स्पेन्सर** ने सामाजिक नियंत्रण संबंधी विचार अपनी पुस्तक '*The Principle of Sociology*' में व्यक्त किये हैं। उनका मत है कि समाज की सदस्यता व्यक्ति के लिए अनिवार्य है। समाज से पृथक् व्यक्ति का अस्तित्व संभव नहीं है। मानव को प्रकृति से संघर्ष करने के लिए समाज की सदस्यता ग्रहण करनी पड़ती है तो आजीवन समाज की व्यवस्थाओं के नियंत्रण में रहना पड़ता है। स्पेन्सर ने धर्म, प्रथा, सरकार और नैतिकता को सामाजिक नियंत्रण के प्रमुख साधन माना है जिनके द्वारा एक समाज अपने सदस्यों पर अंकुश एवं नियंत्रण रखता है।

(3) **कूले का सामाजिक नियंत्रण का सिद्धांत** (Cooley's Theory of Social Control)–अमेरिकन समाजशास्त्री कूले ने अपनी पुस्तक '*Human Nature and the Social Order*' में सामाजिक नियंत्रण की अवधारणा, प्रकृति, साधनों, आदि पर अपने विचार व्यकत किये हैं। कूले का मत है कि छोटे व बड़े, आदिम एवं आधुनिक सभी समाजों में सामाजिक नियंत्रण पाया जाता है। कूले ने सामाजिक नियंत्रण संबंधी अपने सिद्धांत की व्याख्या करने के लिए 'आत्म' (Self), सामाजिक सहभागिता (Social Participation), समाजीकरण (Socialization), आदि शब्दों का विशेष प्रयोग किया है।

कूले का मत है कि प्रत्येक व्यक्ति की मौलिक आवश्यकता अपने 'आत्म' का विकास करना है। 'आत्म' के विकास के लिए व्यक्ति की सामाजिक सहभागिता एवं उसका समाजीकरण आवश्यक है। दूसरे शब्दों में, सामाजिक कार्यों में भाग लेकर और सामाजिक सीख के द्वारा व्यक्ति अपने 'आत्म' का विकास करता है। सामाजिक कार्यों में भाग न लेने पर न तो 'आत्म' का विकास होता है और नही समाजीकरण। सामाजिक नियंत्रण के द्वारा व्यक्ति की सामाजिक सहभागिता एवं समाजीकरण में वृद्धि की जाती है। जो समूह एवं संस्थाएं इस कार्य में सहयोग देते हैं, वे सामाजिक नियंत्रण के प्रमुख अभिकरण या साधन कहे जाते हैं।

कूले सामाजिक नियंत्रण के प्राथमिक साधनों जैसे, परिवार, पड़ौस और मित्र-मंडली को सर्वाधिक महत्वपूर्ण मानते हैं क्योंकि इनमें व्यक्ति के संबंध घनिष्ठ एवं आमने-सामने के सहयोग पर आधारित होते हैं। ये व्यक्ति को मिल-जुलकर रहना सिखाते हैं और उसके 'आत्म' के विकास एवं समाजीकरण में योग देते हैं।

लेपियर कहते हैं, "कूले एक महान् प्रतिभाशाली आविष्कारक थे, किन्तु वे अपने सिद्धांतों के प्रचार में सबसे कमजोर निकलें" इसका परिणाम यह हुआ कि प्रारंभ में कूले के सिद्धांत को कोई मान्यता नहीं दी गयी, यद्यपि उसके सिद्धांत को आधार मानकर दूसरे कई विचारक आगे बढ़ गये। सामाजिक नियंत्रण में आज प्राथमिक समूहों के महत्व को स्वीकार किया जाने लगा है क्योंकि ये व्यक्ति के समाजीकरण एवं सामाजिक सहभागिता के प्रमुख आधार हैं। कूले प्राथमिक समूहों से ही समाज में वास्तविक नियंत्रण बनाये रखने की आशा करते हैं।

(4) **दुर्खीम का सामाजिक नियंत्रण का सिद्धांत** (Durkheim's Theory of Social Control)–दुर्खीम ने सामाजिक नियंत्रण के सिद्धांत को व्यवस्थित एवं स्पष्ट रूप से प्रकट किया है। उनकी मान्यता है कि समाज के विभिन्न हितों वाले समूहों का समाजीकरण करने के लिए सामाजिक नियंत्रण आवश्यक है। 'सामूहिक प्रतिनिधान' (Collective representation) जैसे, प्रथाएं, कानून, रीति-रिवाज, धर्म, आदि सभी के प्रभावपूर्ण बनने से समाज में समूह-कल्याण को प्रोत्साहन मिलता है और नियंत्रण बना रहता है।

दुर्खीम परिवार एवं गांवों के बने रहने में ही सामूहिक कल्याण को सुरक्षित मानते हैं। वर्तमान समय में औद्योगिक क्रान्ति के कारण श्रम-विभाजन पैदा हुआ हें श्रम-विभाजन के कारण अने हित-समूहों का निर्माण हुआ है जो परस्पर एक-दूसरे के विरोधी हैं। स्वार्थों, उद्देश्यों, मूल्यों एवं भावनाओं के भिन्न-भिन्न होने के कारण ये समूह अपने को एक-दूसरे से पृथक् समझने लगते हैं। ऐसी दशा में समाज का अनियंत्रित होना स्वाभाविक ही है।

समाज की इस अनियंत्रित स्थिति का समाधान सामूहिक प्रतिनिधानों के माध्यम से किया जा सकता है। सामूहिक प्रतिनिधान उन भावनाओं, विचारों, विश्वासों एवं व्यवहारों को कहते हैं जिन्हें समूह के सभी व्यक्ति मानते हैं। जब समाज में सामूहिक प्रतिनिधानों का प्रभाव पड़ता है तो निजी स्वार्थ की भावना निर्बल होने लगती है और व्यक्ति यह महसूस करने लगता है कि उसके व्यक्तिगत स्वार्थ की तुलना में सामूहिक प्रतिनिधान का प्रभाव व्यक्ति के स्वार्थी एवं समाज-विरोधी व्यवहार पर नियंत्रण रखता हैं अन्य शब्दों में, सामूहिक प्रतिनिधान सामाजिक नियंत्रण के प्रभावशाली साधन हैं जो हित समूहों के प्रभावों को कम करके सामूहिक कल्याण को प्रोत्साहन देते हैं। **लेपियर** ने दुर्खीम के इस सिद्धांत की आलोचना करते हुए कहा कि दुर्खीम ने सामूहिक प्रतिनिधान की धारणा को पूरी तरह स्पष्ट नहीं किया, इसका उपयोग उन्होंने केवल आत्म-संतुष्टि के लिए ही किया है। वे यह भी स्पष्ट करने में असमर्थ रहे हैं कि सामूहिक प्रतिनिधान औद्योगीकरण के दुष्प्रभाओं को कम करने में किस प्रकार से सहायक हो सकते हैं।

(5) **पारसन्स का सामाजिक नियंत्रण का सिद्धांत (Parsons's Theory of Social Control)**–अमेरिकन समाजशास्त्री पारसन्स ने सामाजिक नियंत्रण

संबंधी अपने विचार अपनी कृति '*The Social System*' में प्रस्तुत किये हैं। उन्होंने अपने सिद्धांत में सामाजिक नियंत्रण के उद्‍देश्यों, साधनों एवं प्रक्रियाओं का उल्लेख किया है। उनका मत है कि सामाजिक नियंत्रण का उद्‍देश्य व्यक्ति और समूह के समाजविरोधी व्यवहारों पर रोक लगाना है जिससे कि समाज के संगठन और अखण्डता को नष्ट होने से बचाया जा सके। मनुष्य अपनी आवश्यकताओं की पूर्ति के लिए समाज में एक-दूसरे से अंत:क्रिया करते हैं। इस अंत:क्रिया के दौरान कुछ क्रियाएं और कार्य करने में ढंग अधिकांश लोगों द्वारा स्वीकृत या मान्य हो जाते हैं। ये स्वीकृत व्यवहार ही सामाजिक संस्थाओं का रूप धारण कर लेते हैं। ये संस्थाएं ही समाज में विभिन्न क्रियाओं तथा संबंधों को सुव्यवस्थित बनाये रखती हैं। ये समाज में संतुलन बनाने में सहायक होती हैं और संघर्ष के अवसर को टालती हैं, किन्तु जब इन संस्थाओं का प्रभाव घटने लगता है तो समाज में विघटन की प्रवृत्ति पनपने लगती है। संस्थाएं समाज में दो प्रकार के नियंत्रण रखती हैं–*एक, संस्थागत समय सारणी तय करके* अर्थात् संस्थाएं व्यक्ति को यह निर्देश देती हैं कि कौन-सा कार्य किस समय किया जाना चाहिए। *दूसरा, संस्थागत प्राथमिकताएं बताकर*, अर्थात् संस्थाएं व्यक्ति को यह भी बताती हैं कि कौन-सा कार्य पहले किया जाना चाहिए और कौन-सा बाद में। इस प्रकार पारसंस के अनुसार संस्थाएं, सामाजिक नियंत्रण का आधार हैं और संस्थाओं को प्रभावपूर्ण बनाये रखना सामाजिक नियंत्रण का प्रमुख उद्‍देश्य है। सामाजिक नियंत्रण की यह संस्थागत विधि सामाजिक अंत:क्रिया के दौरान लोगों से यह अपेक्षा की जाती है कि वे संस्थागत तरीकों से आचरण करें। संस्थाओं को ही सामाजिक नियंत्रण का मुख्य साधन मानते हुए पारसंस लिखते हैं, "सामाजिक नियंत्रण के आधारभूत साधन संस्थागत रूप से संगठित सामाजिक व्यवस्था की अंत:क्रियाओं में ही पाये जाते हैं।

किन्तु समाज में संस्थागत साधन नियंत्रण बनाये रखने में सदैव ही सफल नही होते। अत: अन्य प्रकार के साधनों की आवश्यकता महसूस की जाने लगती है। नियंत्रण के अन्य साधनों में पारसंस ने धार्मिक संस्कारों एवं द्वैतीयक संस्थाओं, अवरोधन (Insulation), पृथक्करण (Isolation), दण्ड, उत्पीड़न, विरोध एवं पुरस्कार, आदि का उल्लेख किया है। **अवरोधन** के साधन द्वारा शक्तिशाली समूहों को परस्पर संपर्क में आने से रोका जाता है जिससे कि उनमें खुले रूप में संघर्ष पैदा हो। दूसरे शब्दों में, अवरोधन

के द्वारा संघर्ष के अवसरों को टाला जाता है। पृथक्करण के द्वारा नियंत्रण करने के लिए संघर्षमय तत्वों को पहले से ही समाज में पृथक् रखा जाता है। जिससे कि समाज के सदस्य उसी के अनुरूप अपने व्यवहार को ढाल सकें ताकि समाज का सामान्य संगठन एवं संतुलन बना रह सके। इसके अतिरिक्त संस्थागत व्यवहारों या सामाजिक नियमों के अनुरूप व्यवहार करने वाले को समाज पुरस्कार देता है तथा विपरीत व्यवहार करने पर दण्ड की व्यवस्था करता है। पारसंस का मत है कि प्रत्येक समाज में समाज-विरोधी व्यवहार को रोकने की तीन व्यवस्थाएं पायी जाती हैं–

(1) कुछ ऐसे साधन होते हैं जो समाज-विरोधी प्रवृत्तियों को अधिक बढ़ने से पहले की कुचल देते हैं।

(2) समाज-विरोधी व्यवहार करने वाले व्यक्तियों के प्रभाव से दूसरे व्यक्तियों को बचाया जाता है।

(3) **द्वैतीयक प्रतिरक्षा** द्वारा समाज विरोधी प्रवृत्तियों को विपरीत दिशा में मोड़ दिया जाता है अर्थात् कुप्रवृत्तियों को सुप्रवृत्तियों में बदलने का प्रयास किया जाता है।

8

सामाजिक नियंत्रण के साधन
(Means of Social Control)

प्रस्तावना (Introduction)

सामाजिक नियंत्रण की व्यवस्था को प्रभावी बनाने के लिए अनेक साधनों एवं अभिकरणों का सहारा लिया जाता है। सामान्यत: साधन एवं अभिकरण में कोई भेद नहीं किया जाता है, किन्तु इनमें पर्याप्त अंतर है। **अभिकरण** का तात्पर्य उन समूहों, संगठनों एवं सत्ता से है जो नियंत्रण को समाज पर लागू करते हैं। नियमों को लागू करने का माध्यम अभिकरण कहलाता है। उदहारण के लिए, परिवारों, राज्य, शिक्षण संस्थाएं एवं अनेक संगठन जो प्रथाओं, परंपराओं, नियमों और कानूनों को लागू करने वाले मूर्त माध्यम हैं, अभिकरण कहे जाएंगे। **साधन** (Means) से तात्पर्य किसी विधि या तरीके से है जिसके द्वारा कोई भी अभिकरण या एजेन्सी अपनी नीतियों और आदेशों को लागू करती है। प्रथा, परंपरा, लोकाचार, हास्य, व्यंग्य, प्रचार, जनमत, कानून, पुरस्कार एवं दण्ड, आदि सामाजिक नियंत्रण के साधन हैं। सभी अभिकरण एवं साधन मिलकर सामाजिक नियंत्रण की व्यवस्था को कायम रखते हैं। हम यहां सामाजिक नियंत्रण के विभिन्न साधनों एवं अभिकरणों का उल्लेख करेंगे।

1. परिवार (Family)

नियंत्रण के अनौपचारिक, असंगठित और प्राथमिक साधनों में परिवार का स्थान सर्वोपरि है। परिवार व्यक्ति के समाजीकरण में प्रमुख भूमिका निभाता है। समाजीकरण के द्वारा परिवार व्यक्ति को सामाजिक विश्वासों, मूल्यों, आदर्शों, प्रथाओं एवं नियमों को आत्मसात कर उनके अनुरूप आचरण करने लगता है जिससे कि समाज में नियंत्रण बना रहता है। परिवार ही बच्चों को आदर्श नागरिकता का पाठ पढ़ाता है और उनमें सद्‌गुणों का विकास करता है। प्राथमिक समूह होने के कारण परिवार

के सदस्यों से व्यक्ति का घनिष्ठ संबंध होता है और वह उसके प्रत्यक्ष संपर्क में आता है। परिवार के सदस्य, माता-पिता, भाई-बहन, पति-पत्नी एवं बच्चे प्रेम, प्रशंसा, निन्दा, अपमान, डांट-फटकार और उपेक्षा के द्वारा व्यक्ति के व्यवहार को नियंत्रित करते हैं और उसे सामाजिक नियमों को मानने के लिए बाध्य करते हैं। अपने प्रियजनों एवं रिश्तेदारों की उपेक्षा व्यक्ति सहन नहीं कर सकता क्योंकि वे ही तो दुर्दिन में उसके सहायक होते हैं, उसके अपने होते हैं तथा सबसे अधिक विश्वसनीय एवं उसे प्रेम करने वाले होते हैं। अतः उनकी बात मानना आवश्यक हो जाता है। इस प्रकार परिवार व्यक्ति के व्यवहार पर अंकुश रखकर समाज में नियंत्रण बनाए रखता है।

2. जनरीतियां (Folkways)

समनर कहते हैं कि जनरीतियां प्राकृतिक शक्तियों के समान होती हैं जिनका पालन "व्यक्ति अचेतन रूप से करता है।" **मैकाइवर** के अनुसार, "समाज में व्यवहार करने की स्वीकृत एवं मान्यता-प्राप्त विधियां, जनरीतियां कहलाती हैं।" जनरीतियां भी सामाजिक नियंत्रण में महत्वपूर्ण भूमिका निभाती हैं। इनका जन्म स्वतः होता है और बार-बार दुहराने से ये विकसित होती हैं। इनकी उत्पत्ति जान-बूझकर किए गए प्रयत्नों से ही होती है। चूंकि समाज के सभी लोग उनका पालन कर रहे हैं, अतः दूसरे व्यक्ति भी उन्हें स्वीकार कर लेते हैं। बिना सोचे-विचारे और अचेतन रूप में ही व्यक्ति जनरीतियों का पालन करता है। इनका उल्लंघन करने पर समाज द्वारा निन्दा व आलोचना की जाती है, व्यक्ति की हंसी उड़ायी जाती है और उस पर व्यंग्य किया जाता है। इस प्रकार जनरीतियां अधिक शक्तिशाली होती हैं, अतः इनका उल्लंघन करना सरल नहीं है।

3. लोकाचार या रूढ़ियां (Mores)

जब जनरीतियों में समूह-कल्याण की भावना जुड़ जाती है तो वे लोकाचार का रूप ग्रहण कर लेती हैं। ये जनरीतियों की अपेक्षा अधिक स्थिर होती हैं और उनका उल्लंघन करने पर कठोर दण्ड की व्यवस्था की जाती है। लोकाचार में उचित एवं अनुचित का भाव निहित होता है। लोकाचार **सकारात्मक** एवं **नकारात्मक** दो प्रकार के होते हैं। सकारात्मक लोकाचार हमं कुछ कार्य करने का निर्देश देते हैं, जैसे सदा सच बोलो, सभी पर दया करो, माता-पिता की आज्ञा मानो, ईमानदार बनो, आदि। नकारात्मक लोकाचार हमें कुछ कार्यों को करने से रोकते हैं, जैसे—चोरी मत करो, झूठ मत बोलो, हिंसा मत करो, आदि। लोकाचारों का पालन कराना नैतिक दृष्टि से उचित माना जाता है। लोकाचार अनौपचारिक एवं असंगठित नियन्त्रण का

साधन हैं। इसका उल्लंघन करने पर नियन्त्रण की अनौपचारिक शक्तियों जैसे, हास्य व्यंग्य, आलोचना, आदि का सामना करना पड़ता है। व्यक्ति स्वयं भी इनका उल्लंघन करना अनुचित मानता है क्योंकि ऐसा करने से सामूहिक कल्याण खतरे में पड़ जाता है। लोकाचारों की शक्ति और प्रभाव कानूनों से भी अधिक होता है। **डेविस** कहते हैं, "सामान्य व्यक्तियों के मन में लोकाचारों से बड़ा कोई न्यायालय नहीं है, तथा सामान्य प्रकृति के समाजों में लोकाचारों के अलावा दूसरे नियमों की आवश्यकता ही महसूस नहीं की जाती। इसका कारण यह है कि लोकाचारों को उचित प्रमाणित करने की कोई आवश्यकता नहीं होती वरन् वे अपनी स्वयं की अधिकार शक्ति से ही जीवित रहते हैं।" इस प्रकार लोकाचार नियन्त्रण के महत्वपूर्ण साधन हैं।

4. प्रचार (Propaganda)

वर्तमान समय में प्रचार भी सामाजिक नियन्त्रण का प्रमुख साधन बनता जा रहा है। व्यक्ति एवं समूह के लिए अनेक साधनों का उपयोग किया जाता है, जैसे, अखबार, पत्र-पत्रिकाएं, साहित्य, रेडियो, टेलीविजन, सिनेमा, प्रदर्शनी, मेले, सभा एवं समारोह, आदि। प्रचार के द्वारा अच्छी और बुरी दोनों ही बातों का प्रसार किया जा सकता है। प्रचार के कारण ही हम आज अनेक सामाजिक कुप्रथाओं जैसे, दहेज, बाल-विवाह, छुआछूत, विधवा-विवाह निषेध एवं अन्धविश्वासों से छुटकारा पाने में कुछ सीमा तक सफल हुए हैं। सन्तों, नेताओं एवं महापुरुषों के विचारों का प्रचार कर समाज में एकरूपता एवं महापुरुषों के विचारों का प्रचार कर समाज में एकरूपता एवं नियन्त्रण उत्पन्न किया जाता है। आर्थिक नीतियों का प्रसार करने एवं शिक्षा के प्रति लोगों में जागृति पैदा करने के लिए प्रचार का सहारा लिया जाता है। प्रचार द्वारा लोगों को एक विशेष प्रकार से आचरण करने का सुझाव दिया जाता है।

5. प्रथाएं (Customs)

प्रथाएं भी सामाजिक नियन्त्रण का एक महत्वपूर्ण साधन हैं। जब जनरीतियां व्यवहार में बहुत अधिक आ जाती हैं, पीढ़ी-दर-पीढ़ी हस्तान्तरित होती रहती हैं और सारे समूह अथवा समाज की आदत बन जाती हैं तो वे ही प्रथाओं का रूप ले लेती हैं। **गिसबर्ट** कहते हैं, "प्रथा व्यवहार का वह स्वरूप है, जो आदत का रूप ले लेता है तथा समाज के अधिकांश सदस्यों द्वारा उसका पालन किया जाता है।" **बोगार्डस** कहते हैं, "प्रथाएं समूह के द्वारा स्वीकृत नियन्त्रण की ऐसी विधियां है जो इतनी सुदृढ़ हो जाती हैं कि उन्हें बिना विचारे की मान्यता दे दी जाती है

और इस प्रकार ये एक पीढ़ी से दूसरी पीढ़ी को हस्तान्तरित होती रहती हैं।" **गिन्सबर्ग** ने प्रथा में तीन तत्वों का उल्लेख किया है–

पहला, मनोवैज्ञानिक दृष्टि से प्रथा कुछ बातों में आदत की तरह होती है अर्थात् प्रथा एक ऐसी आदउत है जिसका पालन समाज के अधिकांश लोग करते हैं।

दूसरा, प्रथाएं आदर्शात्मक एवं बाध्यतामूलक होती हैं अर्थात् इनमें अच्छाई-बुराई के भाव छिपे होते हैं तथा इनका पालन करना नैतिक रूप से आवश्यक माना जाता है। अत: प्रथा को हम नैतिक स्वीकृति-प्राप्त कार्य-प्रणाली कह सकते हैं।

तीसरा, प्रथा में सामाजिकता पायी जाती है अर्थात् प्रथाएं व्यक्तिगत व्यवहार नहीं होकर सामूहिक व्यवहार होती हैं, जिसे समाज की स्वीकृति प्राप्त होती है।

सरल एवं जटिल, प्राचीन एवं आधुनिक सभी समाजों में प्रथाएं सामाजिक नियन्त्रण का एक अनौपचारिक, अनियोजित, असंगठित एंव सशक्त साधन हैं। वे व्यक्तिगत व सामूहिक व्यवहारों पर नियन्त्रण करती हैं। वे इतनी शक्तिशाली होती हैं कि सामान्य व्यक्ति इनके उल्लंघन की हिम्मत नहीं कर सकता। **शेक्सपियर** इन्हें **'क्रूर'** बताता है तथा **मॉण्टेन** इन्हें **'गुस्सेबाज'** और **'धूर्त स्कूल मास्टरनी'** (Violent and Treacherous School mistress) कहते हैं। **बेकन** कहते हैं, *"प्रथाएं मनुष्य के जीवन की प्रमुख न्यायाधीश हैं।"* **लॉक** ने इनकी शक्ति को **प्रकृति से भी महान् बतया है। शपेरा** ने कहा है कि आदिम समाजों में प्रथाओं के प्रति समर्पण स्वत: स्फूर्त होता है। प्रथाओं के पालन से व्यक्ति को सामाजिक सम्मान व भौतिक लाभ मिलते हैं। किन्तु **मैलिनावस्की** की मान्यता है कि आधुनिक समाजों की तरह आदिम सामाजों में भी व्यक्ति व्यक्तिगत लाभ के कारण ही प्रथाओं का पालन करता है।

6. जनमत (Public Opinion)

जनमत भी सामाजिक नियन्त्रण का एक महत्वपूर्ण अनौपचारिक साधन है। **बोटोमोर** कहते हैं, "जनमत व्यक्तियों के व्यवहारों को प्रतिबन्धित व निर्देशित करता है।" आदिम एवं आधुनिक सभी समाजों में जनमत लोगों के व्यवहारों पर अंकुश रखता है। सभ्य समाजों में तो जनमत सरकार की नीतियों, संघों, राज्य, सामाजिक व्यवहार एवं समूहों पर अंकुश रखने वाली एक महान् सामाजिक शक्ति है। यदि प्रथाएं **'एक निरंकुश राज्य'** की तरह समाज के अनुकूल आचरण करने की प्रेरणा देता है। दुर्खीम, मैलिनोवस्की एवं अनेक अन्य मानवशास्त्रियों ने आदिम समाजों में सामाजिक नियन्त्रण बनाए रखने में जनमत की महत्वपूर्ण भूमिका का

उल्लेख किया है। प्रजातन्त्र में तो जनमत को राज्य, सरकार, संघों एवं व्यक्तियों पर नियन्त्रण रखने में अत्यधिक महत्वपूर्ण माना जाता है।

7. हास्य तथा व्यंग (Humour and Ridicule)

हास्य और व्यंग्य के द्वारा प्राचीन समय से ही सामाजिक नियन्त्रण रखा जाता रहा है। व्यक्ति के व्यवहारों पर हास्य एवं व्यंग्य द्वारा अप्रत्यक्ष एवं मधुर रूप से नियन्त्रण रखा जाता है। व्यक्ति के समाज-विरोधी व्यवहार पर कविता, साहित्य एवं कला के द्वारा मार्मिक रूप से व्यंग्य किया जाता है, व्यक्ति की मजाक उड़ायी जाती है जिससे दोषी व्यक्ति अपने व्यवहारों के प्रति जागरूक हो जाता है और समाज-विरोधी व्यवहारों को त्यागकर समाज के अनुरूप व्यवहार करने लगता है।

8. दण्ड एवं पुरस्कार (Punishment and Reward)

दण्ड एवं पुरस्कार सामाजिक नियन्त्रण के महत्वपूर्ण साधन है। यदि व्यक्ति समाज-विरोधी कार्य करता है तो समाज उसे दण्ड देता है जिससे कि वह भविष्य में उन गलतियों को न दोहराए। दण्ड के अनेक रूप हैं जो आंखें दिखाने, डराने, धमकाने, डांटने, मार-पीट करने तथा जुर्माने व जेल से लेकर मृत्यु-दण्ड तक हो सकते हैं।

दूसरी ओर यदि मानव समाज द्वारा मान्य व्यवहारों को करता है तो उसे पुरस्कार चुम्बन, प्यार, प्रशंसा, धन्यवाद, पदक उपाधि से लेकर किसी भौतिक वस्तु व सम्पत्ति के रूप में भी हो सकता है। कई बार लोग पुरस्कार पाने के लिए ही सामाजिक नियमों का पालन करते हैं। पुरस्कार के कारण व्यक्ति की कार्यकुशलता में वृद्धि होती है।

9. नेता (Leader)

नेता सामाजिक नियन्त्रण के प्रभावशाली साधन होते हैं। नेतृत्व एवं नेता के अनेक प्रकार भी हो सकते हैं। राजनीतिक सामाजिक, धार्मिक, सैनिक, परम्परावादी, चमत्कारियों एवं प्रजातन्त्रवादी सभी नेता समाज में किसी-न-किसी रूप में नियन्त्रण बनाए रखते हैं। दुर्खीम उन्हें सामुदायिक जीवन के प्रतिनिधि मानना है। इसलिए उनका प्रभाव उनके अनुयायियों पर अधिक होता है। नेता लोग अपने आचरण, चरित्र, आदर्श, बुद्धि, परिश्रम एवं सूझ-बूझ से लोगों के व्यवहारों को एक निश्चित दिशा प्रदान करते हैं। हिटलर, मुसोलिनी, गांधी, नेहरू, सुभाष, भगतसिंह, चन्द्रशेखर, आदि नेताओं ने क्रान्ति एवं शान्ति के समय लोगों को नेतृत्व प्रदान किया। लोगों

ने उनके सुझावों एवं आदेशों का पालन करके अपने दायित्व को निभाया। सामाजिक नियन्त्रण में नेतृत्व के महत्व को बताते हुए **गिलिन** एवं **गिलिन** लिखते हैं, "सामाजिक नियन्त्रण में पहला चरण शायद प्रभावशाली व्यक्तियों द्वारा ही उठाया गया है। नेतृव्त और अधीनता पशु-जीवन में भी देखने को मिलते हैं। 'महापुरुष' सदा की ही भांति आज भी समाज में अपनी भूमिका अदा करता आ रहा है, यद्यपि आधुनिक प्रजातन्त्र ने उसे सेना के निर्देशक के स्थान पर उद्योग, शिक्षा, कला तथा विज्ञान के निर्देशक का नया रूप प्रदान कर दिया है।"

10. सामाजिक नियन्त्रण में कानून की भूमिका (Role of Law in Social Control)

सामाजिक नियन्त्रण में कानून की भूमिका अथवा महत्व को कई विद्वानों ने स्वीकार किया है। **रॉस** लिखते हैं, "कानून सामाजिक नियन्त्रण का सबसे अधिक विशेषीकृत और अत्यधिक स्पष्ट इंजन है जिसको स्वयं समाज क्रियाओं बनाता है।" **गैलिनोवस्की** लिखते हैं कि सामाजिक नियन्त्रण में कानून की शक्ति उसके विभिन्न कार्यों से संबंधित है। उसके अनुसार, "कानून का मौलिक कार्य व्यक्ति के प्राकृतिक उद्वेगों और मूल प्रवृत्तियों के प्रभावों को कम करना अथवा एक समाजीकृत व्यवहार को प्रोत्साहन देना है। कानून का कार्य व्यक्तियों के बीच इस प्रकार सहयोग पैदा करना है जिससे वे सामान्य लक्ष्यों को पाने के लिए अपने स्वयं के स्वार्थों का बलिदान कर सकें।"

रास्की पाउण्ड ने कानून द्वारा सामाजिक नियन्त्रण बनाए रखने में उसकी भूमिका को तीन भागों में बांटा है–

(1) शक्ति के व्यवस्थित प्रयोग द्वारा सामाजिक संबंधों में समायोजन स्थापित करना एवं आचरणों में व्यवस्था बनाए रखना।

(2) समाज के विवादों को सुलझाने के लिए समाज द्वारा स्वीकृत आदर्शों पर आधारित सिद्धान्तों का लागू करना।

(3) प्रशासनिक ढांचे को दृढ़ता प्रदान करना।

कानून समाज में दो प्रकार से नियन्त्रण रखता है–सकारात्मक एवं नकारात्मक तरीके से और ऐसा न करने पर दण्ड की व्यवस्था करता है। सकारात्मक पद्धति में कुछ कार्यों को करने का निर्देश दिया जाता है, व्यवस्था की जाती है, तथा उसके लिए पुरस्कार, पदक, प्रमाण-पत्र, आदि की व्यवस्था की जाती है। सामाजिक नियन्त्रण में कानून की भूमिका को विभिन्न बिन्दुओं के अन्तर्गत हम इस प्रकार प्रकट कर सकते हैं :

(1) **व्यक्ति के व्यवहारों पर नियन्त्रण**–कानून वैयक्तिक एवं सामूहिक दोनों ही स्तरों पर व्यक्ति का नियन्त्रण करता है। व्यक्ति के व्यवहार पर अंकुश रखने के लिए अनेक नियम और अधिनियम राज्य द्वारा बनाए जाते हैं ताकि वह अपने स्वार्थ के कारण अन्य लोगों के हितों को चोट नहीं पहुँचाए एवं समाज से सद्व्यवहार करे। सड़क पर चलने, बस, रेल, वायुयान एवं अन्य वाहनों में यात्रा करने, शिक्षा संस्था में प्रवेश लेने, सामान एवं सम्पत्ति बेचने एवं खरीदने, आदि सभी के संबंध में व्यक्ति को कानूनों का पालन करना होता है। कानून व्यक्ति को कुछ मौलिक अधिकार भी प्रदान करता है। इन अधिकारों का हनन करने वाले व्यक्ति को कानून द्वारा दण्ड देने की भी व्यवस्था होती है।

(2) **पारिवाहिक जीवन पर नियन्त्रण**–परिवार से संबंधित भी अनेक कानून पाए जाते हैं जो पारिवारिक जीवन को नियन्त्रित करते हैं। उदाहरण के लिए, विवाह, सम्पत्ति उत्तराधिकार, गोद लेने से संबंधित कानून, आदि पारिवारिक जीवन को व्यवस्थित एंव नियंत्रित करने के लिए ही बनाए गए हैं। भारत में भी परिवार एवं विवाह से संबंधित अनेक अधिनियम बनाए गए हैं जिनका उद्देश्य सदस्यों पर नियंत्रण रखना ही है। इन अधिनियमों में से कुछ अधिनियम जैसे, हिन्दू विवाह अधिनियम, 1955; बाल-विवाह निरोधक अधिनियम, 1929; विधवा पुनर्विवाह अधिनियम, 1856; हिन्दू स्त्री सम्पत्ति उत्तराधिकार अधिनियम, 1956; दहेह निरोधक अधिनियम, 1961; आदि हैं।

(3) **सामाजिक जीवन पर नियन्त्रण**–कानूनों का कार्य सामाजिक जीवन को नियन्त्रित करना भी है। इस सन्दर्भ में भारत में बने कई कानूनों का उल्लेख किया जा जा सकता है। 1955 में अस्पृश्यता अपराध अधिनियम, 1929 में सती-प्रथा निषेध कानून और 1976 में नागरिक अधिकार संरक्षण कानून पारित कर भारत सरकार से सामाजिक जीवन को नियन्त्रित ही किया कर भारत सरकार ने सामाजिक जीवन को नियन्त्रित ही किया है। इनका उद्देश्य सार्वजनिक जीवन में पायी जाने वाली छुआछूत मिटाना, अमानुषिक अत्याचार को रोकता एवं व्यक्ति के अधिकारों की रक्षा करना है। सभा, उत्सव, मेले एवं सार्वजनिक स्थानों एवं अवसरों पर हम किस प्रकार का आचरण करेंगे, इस सन्दर्भ में कानून हमारा मार्ग-दर्शन करते हैं एवं हम पर नियन्त्रण रखते हैं।

(4) **आर्थिक जीवन पर नियन्त्रण**–कानून हमारे आर्थिक जीवन, आर्थिक

संस्थाओं एवं कार्य-कलापों को भी नियन्त्रित करते हैं। बैंक में लेन-देन, सम्पत्ति बेचने-खरीदने, व्यवसाय करने, उद्योग प्रारम्भ करने, सेवा कार्य करने, पेंशन, बीमा, आदि सभी से संबंधित नियम पाए जाते हैं। सम्पत्ति कर, आय कर, बिक्री कर, मृत्यु कर, आदि के नियमों के अनुसार ही व्यक्ति को भुगतान करना होता है। इस प्रकार हमारा आर्थिक जीवन भी कानूनों से बंधा हुआ है।

(5) **राजनीतिक जीवन पर नियन्त्रण**–कानून व्यक्ति के राजनीतिक जीवन को भी नियन्त्रित करते हैं एवं उसमें राजनीतिक चेतना एवं कर्तव्य बोध की भावना पैदा करते हैं। संविधान द्वारा राज्य के नागरिकों को कुछ मौलिक अधिकार प्रदान किए जाते हैं। साथ ही व्यक्ति से भी यह अपेक्षा की जाती है कि वह राज्य के प्रति अपने दायित्वों का निर्वाह करे। प्रजातन्त्र में तो राज्य लोगों का कानून द्वारा मत देने, चुनाव लड़ने, प्रचार करने, सरकार गठन करने तथा विपक्षी का विरोध करने का अधिकार देता है जिसका पालन एक निश्चित दायरे में रहते हुए किया जाना चाहिए। तानाशाही शासन में व्यक्ति पर अनेक राजनीतिक अंकुश लगा दिये जाते हैं।

(6) **दण्ड व न्याय द्वारा नियन्त्रण**–वैयक्तिक एवं सामूहिक जीवन से संबंधित अनेक कानून पाए जाते हैं जिनका उद्देश्य विवाद के समय मध्यस्थता करना, व्यक्ति को सुरक्षा एवं न्याय प्रदान करना है। अन्याय के कारण समाज में विद्रोह एवं क्रान्ति होती है। न्याय द्वारा लोगों के साथ समानता का व्यवहार किया जाता ह और नियमों की अवहेलना करने वाले को दण्डित किया जाता है। दण्ड के भय से एवं अपराधियों को जेल में समाज से पृथक् रखकर कानून नियन्त्रण बनाए रखने में योग देता है। कानून की इस भूमिका का उल्लेख करते हुए **लैण्डिस** लिखते हैं, "हमारे समाज में शारीरिक और वित्तीय दोनों ही प्रकार के दण्डों के माध्यम से कानून के लिए राजनीतिक आदर प्राप्त करना प्रथा मूलक है। यह कानून और उनके दण्ड ही हैं जो कि आधुनिक राज्यों की सामाजिक संरचना को कायम रखते हैं।"

(7) **प्रथाओं की रक्षा**–यह सच है कि कई कानून प्रथाओं के विरोधी होते हैं फिर भी अनेक कानून प्रथाओं से ही परिवर्तित, संशोधित अथवा विकसित होकर बनते हैं, अतः वे प्रथाओं के रक्षक कहे जा सकते हैं।

(8) **द्वैतीयक समूहों एवं संस्थाओं पर नियन्त्रण**–वर्तमान जटिल औद्योगिक एवं नगरीय समाजों में अनेक प्रकार की धार्मिक, राजनीतिक, सामाजिक,

आर्थिक, मनोरंजन एवं खेलकूद संबंधी द्वैतीयक समूह एवं संस्थाएं पायी जाती हैं। ये कभी-कभी इतनी निरंकुश हो जाती हैं कि अपने हितों की रखा के लिए दूसरे के हितों को कुचलने और अपनी सीमाओं को अतिक्रमण करने लगती है। ऐसी दशा में कानून उनकी सीमाओं एवं क्षेत्रों को पभिाषित करता है तथा उन पर नियन्त्रण रखता है।

(9) **परिवर्तन द्वारा नियन्त्रण**–कई बार समूह एवं समाज में परिवर्तन लाना आवश्यक हो जाता है। कानून इस परिवर्तन की गति, दर मात्रा एवं सीमा, आदि का निर्धारण करता है तथा कई बार व्यक्ति को परिवर्तन के लिए मजबूर भी करता है। उदाहरण के लिए, छुआछूत को दूर करने के लिए अस्पृश्यता निवारण अधिनियम बनाया गया।

इस प्रकार हम देखते हैं कि कानून मानव व्यवहार के सभी पक्षों को नियन्त्रित करता है। ज्यों-ज्यों सामाजिक जटिलता बढ़ती जा रही है, किन्तु जो कानून शासकों द्वारा अपने स्वार्थों की पूर्ति के लिए बनाए जाते हैं और जिनमें सार्वजनिक हित शामिल नहीं होता, वे निरंकुश एवं दमनकारी होते हैं। ऐसे कानून क्रान्ति व विद्रोह को जन्म देते हैं तथा समाज-व्यवस्था को सुचारू रूप से चलाने में असफल सिद्ध होते हैं।

11. सामाजिक नियन्त्रण में राज्य की भूमिका (Role of State in Social Control)

राज्य सामाजिक नियन्त्रण का एक महत्वपूर्ण एंव प्रभावशाली अभिकरण है। उसके पास दमनकारी शक्ति होती है। पुलिस, न्यायालय, जेल एवं कानून के द्वारा वह अपने भू-क्षेत्र में सामाजिक नियन्त्रण को बनाए रखता है, समाज विरोधी तत्वों एवं अपराधियों एवं अपराधियों पर अंकुश रखता है, उन्हें दण्ड देता है और सामाजिक नियम व कानूनों का पालन करने वाले को पुरस्कृत करता है। राज्य सुधार-गृहों की स्थापना करता है जिसमें अपराधियों एंव बाल-अपराधियों को सुधार कर सुयोग्य नागरिक बनाया जाता है। राज्य की नियन्त्रणकारी भूमिका को स्पष्ट करते हुए **फेयरचाइल्ड** लिखते हैं, "राज्य समाज की वह एजेन्सी अथवा संस्था है जो शक्ति का उपयोग करने अथवा दमनकारी नियन्त्रण को लागू करने का अधिकार रखती है। वह इस शक्ति का उपयोग सदस्यों पर नियन्त्रण रखने अथवा किसी अन्य समाज के विरुद्ध कर सकता है।" सामाजिक नियन्त्रण में राज्य द्वारा निभायी जाने वाली भूमिका को हम इस प्रकार व्यक्त कर सकते हैं :

(1) **प्रत्यक्ष कार्यों द्वारा नियन्त्रण**–कुछ कार्य ऐसे हैं जिनका सम्पादन प्रत्यक्ष

रूप से राज्य द्वारा किया जाता है। उदाहरण के लिए, राज्य अनेक उद्योगों की स्थापना करता है, उनका संचालन करता है, खनिज एवं यातायात की व्यवस्था करता है। लोगों को श्रम के शोषण से बचाता है। इस प्रकार राज्य व्यापार, उद्योग, शिक्षा, आदि के द्वारा समाज में प्रत्यक्ष रूप से नियन्त्रण बनाए रखता है।

(2) **पारिवारिक नियन्त्रण**–परिवार स्वयं सामाजिक नियन्त्रण का एक अभिकरण है, किन्तु उसका कार्यक्षेत्र सीमित है। आधुनिक युग में राज्य ने परिवार एवं विवाह से संबंधित अनेक अधिनियम बनाकर परिवार को नियन्त्रित किया है। परिवार समाज की एक मौलिक इकाई है। यदि परिवार विघटित होता है तो उसका प्रभाव समाज पर भी पड़ता है। यही कारण है कि परिवार के आकार, पारिवारिक सम्पत्ति में अधिकार एवं विवाह से संबंधित कानून बनाकर राज्य परिवार पर नियन्त्रण बनाए रखता है। इस सन्दर्भ में भारत में भी अनेक अधिनियम बने हुए हैं, जैसे सन्दर्भ में भारत में भी अनेक अधिनियम, 1955; हिन्दू उत्तराधिकार अधिनियम, 1956; दहेज निरोधक अधिनियम, 1961; आदि। ये सभी रखते हैं जिसके फलस्वरूप समाज में व्यवस्था बनी रहती है।

(3) **मौलिक अधिकारों का संरक्षण**–प्रत्येक राज्य अपने नागरिकों को कुछ मौलिक अधिकार प्रदान करता है। इन अधिकारों की रक्षा करना राज्य का कर्त्तव्य एवं दायित्व है। ये अधिकार ऐसे हैं जो बिना किसी भेद-भाव के राज्य के सभी नागरिकों को चाहे वह किसी धर्म, जाति, प्रजाति, लिंग व रंग के हों, प्रदान किए जाते हैं। भारतीय संविधान में कुछ मौलिक अधिकारों की व्यवस्था की गयी है, वे हैं स्वतन्त्रता का अधिकार, शोषण से मुक्ति का अधिकार, धार्मिक एवं सांस्कृतिक स्वतन्त्रता का अधिकार, भाषण का अधिकार, सम्पत्ति का अधिकार, आदि। अधिकार प्रदान करना उतना महत्वपूर्ण नहीं है जितना कि उनकी रक्षा करना क्योंकि बिना राज्य के सरंक्षण के इन अधिकारों का कोई नही रह जाता है। राज्य स्वार्थी व्यक्तियों एवं समूहों को इन अधिकारों को हनन करने से रोकता है और समाज में प्रत्येक व्यक्ति के सम्मान की रक्षा कर नियन्त्रण बनाए रखता है।

(4) **आन्तरिक सुव्यवस्था एवं शांति**–राज्य समाज में आन्तरिक व्यवस्था एवं शांति बनाए रखता है। वह उपद्रवों का दमन करता है, अपराधियों को दण्ड देता है, उनका सुधार करता है। समाज में विभिन्न धर्मों, जातियों, प्रजातियों एवं सम्प्रदायों से संबंधित लोग होते हैं जिनके हित एवं उद्देश्य कई बार

परस्पर विरोधी होते हैं। राज्य सभी प्रकार के लोगों एवं समूहों के बीच होने वाले संघर्षों को रोकता है। वह नागरिकों के जान-माल की तथा गुण्डों व असामाजिक तत्वों से समाज की रक्षा करता है। घेराव, हड़ताल, आगजनी एवं तोड़-फोड़ की घटनाओं पर नियन्त्रण रखने का कार्य भी राज्य का ही है। आन्तरिक शक्ति एवं व्यवस्था के लिए राज्य जेल, पुलिस, न्यायालय एवं सेना की सहायता लेता है और इस प्रकार समाज में नियंत्रण बनाए रखता है।

(5) **बाह्य आक्रमणों से सुरक्षा**–राज्य अपने नागरिकों की बाह्य एवं पड़ौसी देशों के आक्रमण से रक्षा का कार्य करके भी नियन्त्रण बनाए रखता है। सेना की सहायता से राज्य यह कार्य अन्य संघों की अपेक्षा अधिक अच्छी तरह से कर सकता है। बाह्य खतरों से यदि समाज को सुरक्षित नहीं रखा जाए तो समाज में अव्यवस्था एवं नियमहीनता पैदा हो जाती है और लोगों की जान-माल को खतरा पैदा हो जाता है। इस प्रकार बाह्य आक्रमण से सुरक्षा प्रदान कर राज्य अपने नागरिकों का मनोबल ऊंचा रखता और नियन्त्रण बनाए रखता है।

(6) **सामाजिक क्रियाओं का नियन्त्रण एवं निर्देशन**–राज्य समाज के सदस्यों के कार्यों को नियन्त्रित एवं निर्देशित भी करता है। वह सामाजिक अन्धविश्वासों एवं कुरीतियों पर प्रतिबंध लगाता है तथा लोगों के सामने नवीन मूल्य, आदर्श एवं नैतिकता उपस्थित करता है जिससे कि लोग उनका अनुगमन कर प्रगति एवं सुखी जीवन व्यतीत कर सकें। राज्य समाज की समस्याओं का समाधान करके भी नियन्त्रण व्यवस्था बनाए रखता है। भाषावाद, साम्प्रदायिकता, जातिवाद, क्षेत्रवाद, प्रान्तवाद, आदि समस्याओं का समाधान कर तथा इनके विरोध में प्रचार द्वारा जनमत तैयार करके भी राज्य नियन्त्रण बनाए रखता है। सामाजिक समस्याओं के समाधान के लिए राज्य कई अधिनियम भी पारित करता है। अस्पृश्यता निवारण, विवाह से संबंधित समस्याओं, आर्थिक शोषण से मुक्ति, दास-प्रथा, सती-प्रथा, मजदूरों की समस्याओं को हल करने के लिए राज्य ने कानून बनाए हैं और उनका उचित समाधान किया है। इस प्रकार समस्याओं को हल करके भी राज्य समाज में नियन्त्रण बनाए रखता है।

(7) **कल्याणकारी व्यवस्थाओं का निर्माण**–वर्तमान समय में राज्य केवल आन्तरिक व्यवस्था व शान्ति बनाए रखने तथा बाह्य आक्रमण से रक्षा करने का कार्य ही नहीं करता वरन् वह अपने नागरिकों के लिए अनेक जनहित

एवं कल्याण के कार्य भी करता है। राज्य अपंग, बीमार, वृद्ध, बच्चों तथा स्त्रियों के लिए आवश्यक सहायता का प्रबंध भी करता है। यदि शासक वर्ग अपने हितों की पूर्ति में लगा रहे और समाज हित के कार्य नहीं करे तो समाज में क्रान्ति, विद्रोह एवं गृह-युद्ध की स्थिति पैदा होने की आशंका पैदा हो जाती है तथा असन्तोष पनपता है। ऐसी स्थिति में सामाजिक नियन्त्रण समाप्त हो जाता है। आधुनिक समय में औद्योगिक समाजों में राज्य ने मजदूरों के कार्य करने के समय आयु, बोनस, आवास, शिक्षा, अवकाश, स्वास्थ्य एवं चिकित्सा, आदि से संबंधित समस्याओं के समाधान के लिए अनेक कल्याणकारी प्रावधानों की व्यवस्था की है। इस प्रकार राज्य समाज के सभी वर्गों के हितों की रक्षा करके भी नियन्त्रण बनाए रखता है।

(8) **आर्थिक व्यवस्था पर नियन्त्रण**—आर्थिक आवश्यकताएं मानव की मौलिक आवश्यकताएं है। यदि इनकी पूर्ति उचित ढंग से न हो तो राज्य में विद्रोह होने का डर बना रहता है। अत: राज्य का यह कर्त्तव्य है कि वह अपने नागरिकों के भोजन, वस्त्र तथा निवास, आदि की समुचित व्यवस्था करे। इसलिए प्रत्येक राज्य उत्पादन, उपभोग, वितरण, विनियम, कर, आयात-निर्यात, उद्योग, व्यवसाय, आदि से संबंधित नीति तय करता है, कानून बनाता है और सम्पूर्ण अर्थव्यवस्था को नियन्त्रित करता है।

(9) **कानून द्वारा नियन्त्रण**—कानून राज्य की औपचारिक नियन्त्रण शक्ति है। विभिन्न प्रकार के कानून बनाकर राज्य नागरिकों के व्यवहारों पर नियन्त्रण रखता है और उनमें एकरूपता लाने का प्रयास करता है। कानून के अभाव में स्थार्थी तत्व समाज विरोधी गतिविधियों द्वारा केवल अपने ही हितों की पूर्ति में लग जाएंगे एवं सामूहिक हित खतरे में पड़ जाएगा। कानून के अभाव में 'जंगल का शासन' स्थापित हो जाता है जिसमें शक्तिशाली व्यक्ति ही जीवित रह पाते हैं तथा 'जिसकी लाठी उसकी भैंस' वाली कहावत चरितार्थ होती है और बड़ी मछली छोटी मछली को निगल जाती है अर्थात् शक्तिशाली व सम्पन्न वर्ग कमजोर व गरीब लोगों को जीने नहीं देता है। इस स्थिति से मुक्ति पाने तथा समाज को सुचारु रूप से चलाने के लिए राज्य अनेक प्रकार के कानून बनाता है और नियन्त्रण व्यवस्था लागू करता है। राज्य के कानून इसलिए अधिक कारगर सिद्ध होते हैं कि उनके पीछे सम्पूर्ण राज्य की शक्ति होती है, पुलिस, न्यायालय, जेल एवं सेना की शक्ति होती है।

(10) **दण्ड के द्वारा नियन्त्रण**–राज्य केवल कानून ही नहीं बनाता है वरन् उन्हें प्रभावी ढंग से लागू भी करता है। समाज में कुछ व्यक्ति ऐसे भी होते हैं जो कानूनों की अवहेलना कर गलत तरीकों से अपने हितों की पूर्ति करना चाहते हैं तथा दूसरों के हितों को चोट पहुँचाते हैं। राज्य ऐसे लोगों को दण्ड देता है। दण्ड के लिए राज्य अदालत व जेल की व्यवस्था करता है। राज्य का यह उद्देश्य होता है कि दोषी व्यक्ति बच न पाएं और निर्दोष फंस न जाएं। इसलिए वादी एवं प्रतिवादी दोनों की सुनवाई की जाती है और उसके बाद ही दोष का निर्धारण होता है। राज्य अपराधियों को कई प्रकार से दण्ड दे सकता है, जैसे देश निकाला, फांसी, शारीरिक कष्ट, सश्रम कारावास व आर्थिक जुर्माना, आदि। अपराधियों को दण्डित करने से अन्य व्यक्ति भी भयभीत होते हैं तथा परिणामस्वरूप, वे समाज-विरोधी गतिविधियों से बचने का प्रयत्न करते हैं। दण्ड के द्वारा अपराधियों को भविष्य में अपराध दोहराने से भी रोका जाता है। इस प्रकार अपराधियों, दोषी व्यक्तियों एवं समाज-विरोधी तत्वों को अपराध करने से रोककर तथा डन्हें दण्डित करके भी राज्य सामाजिक नियंत्रण बनाए रखता है।

(11) **शिक्षा के प्रसार द्वारा नियंत्रण**–शिक्षा भी सामाजिक नियंत्रण का प्रभावकारी साधन है। प्रत्येक राज्य अपने नागरिकों के लिए शिक्षा का प्रबंध करता है, विद्यालय, महाविद्यालय एवं विश्वविद्यालय की व्यवस्था करता है। शिक्षा मानव के ज्ञान के द्वार खोलती है, उसे अंधकार से प्रकाश की ओर ले जाती है। यह उसे साम. .क जीवन के महत्व का ज्ञान कराती है तथा तर्क शक्ति प्रदान करती है जिसके परिणामस्वरूप, व्यक्ति स्वयं ही समाज विरोधी कार्यों से बचता रहता है। वह स्वयं ही अच्छाई और बुराई, उचित एवं अनुचित, पाप व पुण्य में भेद कर सकता है और अपना आचरण सामाजिक मूल्यों, आदर्शों एवं नैतिकता का प्रतिपादन किया जाता है जिन्हें पढ़-समझकर व्यक्ति स्वयं सामाजिक हितों की सुरक्षा में लग जाता है।

(12) **अंतर्राष्ट्रीय व्यवस्था के नियमन द्वारा नियंत्रण**–राज्य केवल अपने भौगोलिक क्षेत्र में ही नियंत्रण की व्यवस्था को लागू नहीं करता है वरन् वह अंतर्राष्ट्रीय व्यवहारों एवं संबंधों को भी नियंत्रित करता है। विदेशों में जाने, विदेशी नागरिकों के अपने देश में बसने, आयात-निर्यात करने, अंतर्राष्ट्रीय व्यापार, विदेश यात्रा, आदि के संबंध में राज्य अपनी नीति तय करता है और कानून बनाता है। विदेशों में भाग कर गए हुए अपराधियों

को अपने देश में वापस बुलाने के लिए 'इण्टरपोल' (Interpol) जैसी संस्थाओं के द्वारा कार्यवाही करता है। इसके अतिरिक्त, राज्य दूसरे देशों में आर्थिक, सामाजिक, सांस्कृतिक संबंध स्थापित करता है, सैनिक समझौते एवं संधियां करता है, यातायात, डाक-तार, संचार, उद्योग, अस्त्र-शस्त्र खरीदने व बेचने, आदि के संबंध में निर्णय लेता है और इन कार्यों पर अपना नियंत्रण रखता है। संयुक्त राष्ट्रसंघ के माध्यम से अंतर्राष्ट्रीय संबंधों को नियंत्रित एवं निर्देशित किया जाता है।

इस प्रकार हम देखते हैं कि आधुनिक युग में राज्य सामाजिक नियंत्रण का एक शक्तिशाली अभिकरण बन गया है। राज्य की दमनकारी शक्ति को चुनौती देना कठिन है। अत: वह नियंत्रण के अन्य साधनों की अपेक्षा अधिक कारगर साबित हुआ है। **मैकाइवर** ने भी लिखा है कि "राज्य आवश्यक रूप से व्यवस्था का निर्माण करने वाला संगठन है। राज्य व्यर्थ में ही व्यवस्था को उत्पन्न करना है जिनके लिए एक व्यवस्था की आवश्यकता होती है।"

12. सामाजिक नियंत्रण में धर्म की भूमिका
(Role of Religion in Social Control)

धर्म सामाजिक नियंत्रण का प्रमुख साधन है। ईश्वर, पाप एवं नरक के भय से व्यक्ति समाज विरोधी कार्यों से बचता है। सामाजिक नियंत्रण में धर्म की भूमिका या महत्व को हम इस प्रकार प्रकट कर सकते हैं।

(1) **मानव व्यवहार पर नियंत्रण** (Control over Human Behaviour)–धर्म मानव के व्यवहार पर नियंत्रण रखता है। मानव अलौकिक शक्ति से डरता है, अत: धर्म से संबंधित नियमों का पालन करता है। धर्म-सम्मत आचरण कर मानव ईश्वर को प्रसन्न कर उसकी शक्ति से लाभ उठाना चाहता है। धर्म में पाप-पुण्य एवं स्वर्ग-नरक का भी विचार सम्मिलित है। धर्म द्वारा मान्य व्यवहारों का पालन कर व्यक्ति पुण्य कमाता है और मरने के बाद मोक्ष एवं स्वर्ग को प्राप्त होता है। इसके विपरीत, अधर्मी व्यक्ति पाप का भागी होता है और नरक में जाता है। धर्म की यह धारणा व्यक्ति के विचारों पर अंकुश रखती है।

(2) **मानव में सद्‌गुणों का विकास** (Development of Good Qualities in Man) –धर्म मानव में सद्‌गुणों का विकास करता है। धार्मिक नियमों का आचरण करने से व्यक्ति समाज-विरोधी कार्यों से बचता है। धर्म व्यक्ति में प्रेम, दया, सहानुभूति, ईमानदारी, सत्य, अहिंसा एवं सहयोग के गुणों

का विकास करता है। इन गुणों के कारण मानव व्यवहार स्वत: ही नियंत्रित रहता है।

(3) **सुरक्षा की भावना पैदा करता है** (Development of the Sense of Security) – धर्म को मानने से व्यक्ति में यह भाव पैदा होता है कि वह विश्व में अकेला नहीं है, ईश्वर उसके साथ है और कठिनाई के समय वह उसकी रक्षा करेगा, उसे सहयोग देगा। धर्म के सहारे मानव सभी संकटों को सरलता से पार कर जाता है। सुरक्षा भावना भी व्यक्ति को नियंत्रण में रहने को प्रेरित करती है।

(4) **पवित्रता की भावना का विकास** (Development of the Feeling of Sacredness)–दुर्खीम के अनुसार धर्म पवित्र एवं अपवित्र में अंतर स्पष्ट करता है। धर्म पवित्र कार्यों को करने का निर्देश देता है तथा अपवित्र कार्यों से बचने को कहता है ताकि पाप से दूर रहा जा सके। अधार्मिक कार्य ही पाप है और धार्मिक कार्य पवित्र एवं पुण्य है। धार्मिक एवं पवित्र कार्यों को करने कीी आज्ञा देकर एवं अपवित्र कार्यों (जो कि सामान्यत: समाज विरोधी होते हैं) पर रोक लगाकर भी धर्म समाज में नियंत्रण बनाए रखता है।

(5) **धार्मिक संस्कार** (Religious Sanskar)–व्यक्ति धर्म से संबंधित अनेक संस्कार संपन्न करता है। धार्मिक संस्कार व्यक्ति को भविष्य में उसके साथ अंत:क्रिया करने वाले व्यक्तियों की नयी प्रस्थिति एवं भूमिका तथा अधिकारों एवं दायित्वों का ज्ञान कराते हैं। संस्कारों को संपन्न करने के दौरान कुछ निश्चित आचरण करने होते हैं। अन्य शब्दों में, कुछ नियंत्रणों को स्वीकार करना पड़ता है। हिन्दुओं में विवाह एक पवित्र संस्कार है, विवाह से संबंधित नियमों का पालन कर व्यक्ति सामाजिक नियंत्रण को स्वीकार करता है।

(6) **कर्तव्य एवं कर्म के रूप में नियंत्रण** (Control as an Act or Duty)– हमारे यहां मानव के कर्तव्यों के रूप में अनेक धर्मों की चर्चा की गयी है, जैसे, वर्ण धर्म, आश्रम धर्म, कुल धर्म, देश धर्म, राज धर्म, स्व धर्म एवं मानव धर्म। ये सभी धर्म व्यक्ति को कुछ निश्चित प्रकार से कर्तव्य करने का निर्देश देते हैं और उसके निरंकुश व्यवहार पर नियंत्रण रखते हैं।

(7) **आर्थिक जीवन पर नियंत्रण** (Control over Economic)–धर्म व्यक्ति के आर्थिक जीवन पर भी नियंत्रण रखता है। धर्म में उचित तरीके एवं ईमानदारी से धन कमाने की बात कही गयी है। लगभग सभी धर्मों में

आजीविका कमाने, उपभोग, उत्पादन, वितरण, विनिमय, उधार लेने व लौटाने, राज्य को कर देने, आदि के बारे में नियमों का उल्लेख किया गया है। अनेक धर्म-ग्रन्थों में श्रमिकों के संबंधों, प्रजातियों के बीच संबंधों तथा शहर की परिस्थितियों में रुचि दिखायी गयी है। धार्मिक ग्रन्थ **काद्रागेसियों अनो** तथा **रेरम नोवारन** दोनों ही पूंजीपतियों की परम स्वार्थी प्रकृति के कटु आलोचक थे। ये वर्ग संघर्ष को बुरा मानते हैं तथा वर्गों में सामंजस्य की बात करते हैं। **मैक्स वेबर** ने आधुनिक पूंजीवाद के जन्म के लिए प्रोटेस्टेण्ट धर्म को उत्तरदायी माना है। इसका कारण यह है कि इस धर्म में वे तत्व पाए जाते हैं जो पूंजीवादी व्यवस्था को जन्म देते हैं, जैसे, ब्याज लेना, परिश्रम करना, बचत करना, शराब पीकर काम पर न जाना, आलस्य न करना, आदि। ये धार्मिक मूल्य व्यक्ति के आर्थिक जीवन को नियंत्रित करते हैं।

(8) **व्यक्ति का विकास** (Development of the Personality)–धर्म व्यक्तित्व के विकास में योग देता है। धर्म व्यक्ति के सम्मुख पवित्र लक्ष्य रखता है, कठिनाइयों के समय धैर्य से काम लेने एवं संकटों का मुकाबला साहस से करने की प्रेरणा देता है। अत: निराशाओं के कारण व्यक्ति के व्यक्तित्व का विघटन नहीं हो पाता। वह समस्याओं को ईश्वर की इच्छा मानकर उनका मुकाबला करता है। विघटित व्यक्तित्व समाज के लिए समस्याएं पैदा करते हैं। धर्म संगठित व्यक्तित्व का विकास करके भी सामाजिक नियंत्रण बनाए रखता है।

(9) **मनोवैज्ञानिक संतोष** (Psychological Satisfaction)–धर्म व्यक्ति को मानसिक कष्टों से मुक्ति दिलाकर उसे संतोष प्रदान करता है। प्रत्येक मानव के जीवन में कभी-न-कभी ऐसा समय आता है जब वह अपने को अनिश्चय एवं असहाय स्थिति में पाता है। बेकारी, बीमारी, वृद्धावस्था, आर्थिक कठिनाइयां एवं शारीरिक कष्ट के समय वह ईश्वर को पुकारता है, उसके सम्मुख अपे को समर्पित करता है। ऐसा करने से उसके कष्ट चाहे दूर न हों, पर उसे मानसिक संतोष अवश्य मिलता है। कभी ऐसी स्थिति में व्यक्ति समाज-विरोधी कार्य करने को भी तैयार हो जाता है, किन्तु ईश्वर व धर्म के भय के कारण वह सब कुछ सहन कर लेता है और सामाजिक नियमों के अनुरूप आचरण करता है।

(10) **लोकाचारों की पुष्टि** (Support of Mores)–धर्म लोकाचारों की पुष्टि करता है और उन्हें समाज के कल्याण के लिए आवश्यक मानता है। **मैरिल**

कहते हैं, " लोकाचारों का कार्य सामाजिक कल्याण में वृद्धि करना होता है लेकिन इन लोकाचारों की स्वीकृति धर्म के द्वारा ही होती है।" **जॉनसन** का मत है कि "धर्म सामान्य मूल्यों तथा आदर्श नियमों का निर्माण करता है, उनके रूप को स्पष्ट करता है, प्रतीकों के रूप में उन्हें स्थायी बनाता है और अंत में उन्हें संपूर्ण समाज में लागू करता है।" हमारें अनेक धर्मिक नियम लोकाचार ही होते हैं।

(11) **सामाजिक एकीकरण** (Social Integration)–दुर्खीम कहते हैं–धर्म उन सभी लोगों को एकता के सूत्र में पिरोता है जो इसमें विश्वास करते हैं। एक धर्म के मानने वाले लोगों में 'हम' की भावना का विकास होता है, वे परस्पर सहयोग करते हें, उनमें समान विचार, भावनाएं, विश्वास एवं व्यवहार पाए जाते हैं। धर्म व्यक्ति को कर्तव्य के पालन की प्रेरणा देता है। सभी व्यक्ति अपने कर्तव्यों का पालन करके सामाजिक संगठन एवं एकता को बनाए रखने में योग देते हैं।

(12) **सामाजिक परिवर्तन पर नियंत्रण** (Control over Social Change)–धर्म समाज में होने वाले अनावश्यक परिवर्तनों का विरोध करता है जिससे कि सामाजिक संगठन विश्रृंखलित न हो पाए यद्यपि, सभी परिवर्तन विघटनकारी नहीं होते हैं। धर्म लोगों को परस्परागत नियमों का पालन करने का निर्देश देकर परिवर्तन को हतोत्साहित करता है। यह ऐसे परिवर्तनों को विरोध करता है जो अनैतिक एवं अनुपयोगी हों।

(13) **विभिन्न परिस्थितियों से सामंजस्य में योग** (Helpful in Adjustment with Different Conditions)–धर्म विभिन्न परिस्थितियों से मानव का सामंजस्य कराकर भी सामाजिक नियंत्रण बनाए रखता है। प्रत्येक समाज में ऊंच-नीच का संस्तरण पाया जाता है। निम्न स्तर के लोगों में कभी-कभी अपनी स्थिति के प्रति असंतोष भी होता है, वे विद्रोह की बात भी सोचते हैं, किन्तु धर्म उन्हें अपनी स्थिति को बनाए रखने का निर्देश देता है। **जॉनसन** कहते हें कि "धर्म समाज में ऊंचे पदों पर स्थित लोगों को यह सोचने में सहायता देता है कि उनका सौभाग्य उनकी करनी का फल है और उसका आदर होना चाहिए। साथ ही जैसा कि हम देखेंगे–गरीब और शक्तिविहीन भी धर्म से संतोष प्राप्त करते हैं।

(14) **अपराध व समाज-विरोधी कार्यों पर नियंत्रण** (Control over Crime and Anti-social Activities)–धर्म व्यक्ति की समाज-विरोधी क्रियाओं

एवं अपराध पर नियंत्रण रखता है। धार्मिक नियमों का उल्लंघन करने पर व्यक्ति में अपराधी भावना पैदा होती है, व्यक्ति को ईश्वरीय दण्ड का भय पैदा होता है। इसी प्रकार जब वह निकटतम मित्र या संबंधी की मृत्यु को देखता है तो सोचता है कि उसका अंत भी निकट है। ऐसे विचार उसे अपराध से दूर रहने की प्रेरणा देते हैं। ऐसी स्थिति में व्यक्ति धर्म एवं ईश्वर में गहरी आस्था रखने लगता है तथा सद्कर्मों की ओर प्रवृत्ति होता है।

(15) **स्वस्थ मनोरंजन** (Healthy Recreation)–धर्म व्यक्ति को स्वस्थ मनोरंजन प्रदान करता है जिससे कि वह मानसिक तनावों से मुक्त हो जाता है और दैहिक जीवन में संयत व्यवहार करता है। भजन-कीर्तन, पूजा-पाठ, त्यौहार, उत्सव, अनुष्ठान, यज्ञ, हवन, धार्मिक प्रवचन सुनना, मंदिर-मस्जिद या गुरुद्वारे में जाना, धार्मिक तीर्थयात्रा, मेले, रामलीला, कृष्णलीला, आदि व्यक्ति को मनोरंजन के साथ-साथ मानसिक शान्ति एवं शिक्षा भी प्रदान करते हैं।

(16) **राजनीतिक क्रियाओं पर नियंत्रण** (Control over Political Activities)–धर्म लोगों की राजनीतिक क्रियाओं पर भी नियंत्रण रखता है। प्राचीन समय में धर्म और राजनीति घुले-मिले हुए थे। राजा धर्म एवं राज्य दोनों का प्रधान होता था और पुरोहित उसे धर्मानुसार शासन करने की मंत्रणा देते थे। धार्मिक क्रियाओं को पालन कराने के लिए धर्म का सहारा लिया जाता रहा है। कई धर्म तो राजधर्म के रूप में भी स्वीकार किएं गए हैं। मध्यकाल में, यूरोप में चर्च और राज्य एक ही थे। कई राजा अपने को पृथ्वी पर ईश्वर का प्रतिनिधि बताते रहे हैं। कई जनजातियों में तो आज भी शासन का कार्य धार्मिक विशेषज्ञों के सहारे ही चलाया जाता है। इस प्रकार धर्म समाज में राजनीतिक क्रियाओं का नियमन करके भी नियंत्रण बनाए रखता है।

उपर्युक्त संपूर्ण विवेचन से स्पष्ट है कि धर्म सामाजिक नियंत्रण में महत्वपूर्ण भूमिका निभाता है।

13. नैतिकता एवं सामाजिक नियंत्रण (Morality and Social Control)

धर्म की तरह नैतिकता भी सामाजिक नियंत्रण का एक महत्वपूर्ण साधन है। नैतिकता व्यक्ति को उचित-अनुचित का बोध कराती है और साथ ही उसे अच्छे कार्य करने का निर्देश देती है। नैतिकता अनुचित एवं बुरे कार्यों पर रोक लगाती है। नैतिकता हमें सत्य, ईमानदारी, अहिंसा, न्याय, समानता और प्रेम के गुण सिखाती है

और असत्य, बेईमानी, अनाचार, झूठ, अन्याय, चोरी, आदि दुर्गुणों से बचाती है। नैतिक नियमों को समाज में उचित एवं आदर्श माना जाता है। इनके उल्लंघन पर सामाजिक निन्दा, खिल्ली उड़ने एवं प्रतिष्ठा की हानि का डर रहता है। नैतिकता में समूह-कल्याण की भावना छिपी होती है। धर्म के प्रभाव के कमजोर पड़ जाने के कारण आजकल नैतिकता सामाजिक नियंत्रण में महत्वपूर्ण भूमिका निभा रही है।

इस प्रकार हम देखते हैं कि धर्म एवं नैतिकता दोनों ही सामाजिक नियंत्रण के महत्वपूर्ण साधन हैं और परस्पर घनिष्ठ रूप से संबंधित हैं, किन्तु वर्तमान समय में धर्म का प्रभाव क्षीण होता जा रहा है, अत: नैतिकता को अपना आधार बदलना होगा। इस संदर्भ में **बोटोमोर** कहते हैं, "वर्तमान युग में संस्कार और नैतिक नियमों के बीच एक स्पष्ट भेद किया गया है तथा धार्मिक विश्वास के ह्रास के साथ यह आवश्यक हो गया है कि नैतिक नियमों के लिए एक नए आधार व विषय-वस्तु को ढूंढ़ा जाए।"

14. सामाजिक नियंत्रण के साधन के रूप में शिक्षा की भूमिका
(Role of Education as a Means of Social Control)

शिक्षा के विभिन्न प्रकार्यों में से एक महत्वपूर्ण प्रकार्या समाज में नियंत्रण बनाए रखना भी है। सामाजिक नियंत्रण के अन्य साधन व्यक्ति के प्रति कठोरता बरत सकते हैं, दण्ड, दबाव एवं बदले की भावना से काम ले सकते हैं, किन्तु शिक्षा व्यक्ति में तर्क एवं विवेक पैदा करती है, उसमें आत्म-नियंत्रण की शक्ति पैदा करती है जितससे कि वह स्वयं ही उचित एवं अनुचित को ध्यान में रखकर सामाजिक नियमों, प्रतिमानों एवं कानूनों का पालन करता है। समाज में नियंत्रण बनाए रखने की दृष्टि से शिक्षा अपनी भूमिका निम्नांकित प्रकार से निभाती है :

(1) **समाजीकरण द्वारा**–समाजीकरण का तात्पर्य व्यक्ति को अपनी संस्कृति एवं समाज का ज्ञान प्रदान कर समाज की एक प्रकार्यात्मक इकाई (Functioning unit) बनाना है।

(2) **बौद्धिक विकास द्वारा**–शिक्षा का एक प्रमुख कार्य मानव ज्ञान एवं बुद्धि का विकास करना है। आज की शिक्षा, तर्क एवं विज्ञान पर आधारित है। वह मानव मस्तिष्क का विकास करती है, ज्ञान के द्वार खोलती है, मनुष्य को चिंतनशील बाती है। बुद्धिमान एवं ज्ञानवान व्यक्ति से यह अपेक्षा की जाती है कि व उचित-अनुचित में भेद करे और समाज-सम्मत व्यवहार करे। शिक्षा व्यक्ति में सद्‌गुणों का विकास करती है। ज्ञान सामाजिक प्रगति एवं नियंत्रण दोनों के लिए ही आवश्यक है।

(3) **नैतिकता के विकास द्वारा**–शिक्षा मानव में नैतिक गुणों जैसे, सहयोग, सहिष्णुता, दया, ईमानदारी, आदि का विकास करती है। शिक्षा का एक कार्य चरित्र-निर्माण भी है। शिक्षा मानव में नैतिक गुणों का विकास एवं चरित्र का निर्माण कर सामाजिक नियंत्रण बनाए रखने में योग देती है।

(4) **संस्कृति का हस्तांतरण**–प्रत्येक व्यक्ति समाज का क्रियाशील सदस्य बनने के लिए अपनी संस्कृति को सीखता है, उसे आत्मसात करता है। सांस्कृतिक परंपरा, मूल्यों एवं आदर्शों के अनुरूप आचरण का वह समाज-व्यवस्था को बनाए रखने में योग देता है। शिक्षा व्यक्ति को अपने समाज की आदर्शात्मक व्यवस्था (Normative order) से परिचित कराती है जिसके अनुसार आचरण कर व्यक्ति अपनी संस्कृति के अनुरूप ही आचरण करना सीखता है और सामाजिक नियंत्रण को बनाए रखने में योग देता है।

(5) **मानव को सभ्य बनाकर**–शिक्षा का एक कार्य मानव को सभ्य एवं सुसंस्कृत प्राणी बनाना है। शिक्षा ही मानव को पशु-स्तर से ऊंचा उठाकर श्रेष्ठ मानव बनाती है। अत: शिक्षा मानव को नियंत्रित जीवन व्यतीत करने में सहयोग देती है।

(6) **सामाजिक अनुकूलन में सहयोग देकर**–शिक्षा का एक कार्य व्यक्ति को परिस्थितियों के साथ अनुकूलन करने में सहयोग प्रदान करना है। मनुष्य को अपने जीवनकाल में अनेक नवीन परिस्थितियों एवं संकटों का सामना करना पड़ता है। ऐसी स्थिति में विजयी वही होता है जो सफलतापूर्वक परिस्थितियों के अनुरूप अपने को ढाल ले या परिस्थितियों को अपने अनुरूप बना ले। ऐसा करने में शिक्षा अपनी महत्वपूर्ण भूमिका निभाती है।इस प्रकार व्यापक अर्थ में शिक्षा बचपन से लेकर प्रौढ़ावस्था तक सामाजिक नियंत्रण का एक महत्वपूर्ण साधन है।

उपर्युक्त विवेचन से स्पष्ट है कि समाज में नियंत्रण बनाए रखने में विभिन्न साधन एवं अभिकरण अपनी महत्वूपर्ण भूमिकाएं निभाते हैं।

9

नियोजित परिवर्तन
(Planned Social Change)

प्रस्तावना (Introduction)

परिवर्तन एक शाश्वत् सत्य है, निरन्तर चलने वाली प्रक्रिया है। इतिहास में कोई भी ऐसा समय या काल दिखायी नहीं पड़ता जब समाज स्थिर हो गया हो अथवा परिवर्तन रुक गया हो। समय के साथ-साथ समूह, समाज एवं राष्ट्र बदलते हैं, उनके सोचने-विचारने, कार्य करने एवं मूल्यों, आदर्शों एवं आचार व्यवहार में परिवर्तन आते हैं। उन्नीसवीं शताब्दी तक परिवर्तन के सम्बन्ध में यह धारणा प्रचलित थी कि यह स्वतः ही होता है और जान-बूझकर या चेतन प्रयत्न के द्वारा लाया नहीं जाता। लेकिन बीसवीं शताब्दी में इस धारणा में कुछ बदलाव आया। अब्र यह महसूस किया जाने लगा कि समाज में निश्चित अवधि में परिवर्तन लाने हेतु चेतन रूप में प्रयत्न किया जा सकता है, कोई योजना बनाकर आगे बढ़ा जा सकता है। यदि परिवर्तन को कोई दिशा नहीं दी जाय, यदि उसे ऐतिहासिक, भौतिक एवं प्राकृतिक शक्तियों पर छोड़ दिया जाय, तो सम्भव है कि भविष्य का समाज वैसा नहीं बन पाये जैसा हम बनाना चाहते हैं। ऐसी दशा में यह आवश्यक नहीं है कि परिवर्तन इच्छित या वांछनीय ही हो। ऐसे अनियोजित परिवर्तन के फलस्वरूप सम्भव है कि समाज प्रगति करने क बजाय अवनति की ओर विमुख हो। आज इस बीसवीं शताब्दी में कोई भी देश यह नहीं चाहता कि समाज में मनमाने या अनियोजित तरीके से परिवर्तन आयें। प्रत्येक समाज अपने को आज उन्नत करना चाहता है, विकास की ओर बढ़ना चाहता है। यह सब कुछ उसी समय सम्भव है जब इच्छित लक्ष्यों को प्राप्त करने हेतु योजनाबद्ध तरीके से प्रयास किये जायें।

आज पिछड़े हुए या अविकसित राष्ट्र विकासशील और विकसित राष्ट्रों की श्रेणी में आना चाहते हैं। प्रत्येक राष्ट्र चेतन प्रयत्नों द्वारा एक निश्चित अवधि में

कुछ इच्छित या वांछनीय लक्ष्यों को प्राप्त करने हेतु आगे बढ़ना चाहता है। ऐसा करके वह अपनी समाज-व्यवस्था को इस प्रकार बदलना चाहता है कि लोगों को विभिन्न प्रकार की समस्याओं से छुटकारा मिल सके, अभावों पर विजय प्राप्त की जा सके, जीवन का सर्वांगीण विकास किया जा सके। यह सब कुछ नियोजन या आयोजन (Planning) के द्वारा ही सम्भव है। सन् 1918 की प्रसिद्ध रूसी क्रान्ति के पश्चात् रूस सर्वप्रथम नियोजन की दिशा में आगे बढ़ा। उसने अिपने समाज के समाज के भावी विकास की रूपरेखा तैयार की, विकास सम्बन्धी एक के बाद दूसरी और तीसरी योजनाएं बनायीं, उन्हें क्रियान्वित किया और विश्व की एक महान् शक्ति के रूप में उभरकर सामने आया। नियोजन के फलस्वरूप ही आज रूस विश्व के विकसित राष्ट्रों में एक प्रमुख राष्ट्र है। जहाँ सन् 1947 में स्वतन्त्रता-प्राप्ति के पश्चात् लोगों का ध्यान नियोजित परिवर्तन (Planned Change) की ओर गया। इसका यह तात्पर्य नहीं है कि स्वतन्त्रता-प्राप्ति के पूर्व लोग नियोजित परिवर्तन के सम्बन्ध में कुछ भी नहीं है जानते थे अथवा समाज के पुनर्निर्माण की बात सोचते नहीं थे।

अर्थ (Meaning)

यहाँ हमें प्रारम्भ में ही इस बात को भली-भांति समझ लेना चाहिए कि सामाजिक नियोजन (Social Planning) तथा नियोजित परिवर्तन (Planned Change) दो भिन्न अवधारणाएं नहीं हैं बल्कि, एक-दूसरे की पर्यायवाची हैं। नियोजित परिवर्तन को समझने की दृष्टि से यहाँ नियोजन के सम्बन्ध में यथार्थ जानकारी प्राप्त करना आवश्यक है। **गुन्नार मिर्डल** (G. Myrdal) के अनुसार, "नियोजन का अर्थ एक देश की सरकार द्वारा सामान्यतः अन्य सामूहिक समितियों की सहभागिता सहित सामाजिक नीतियों को अधिक तार्किकता के साथ समन्वित करने का चेतन प्रयत्न है ताकि भावी विकास के इच्छित लक्ष्यों, जिनका निर्धारण राजनीतिक प्रक्रिया के द्वारा होता है, तक अधिक पूर्णतः और तेजी से पहुँचा जा सके।" **ग्रिफिन** तथा **इनोस** (Griffin and Enos) के अनुसार, "नियोजन लक्ष्यों की प्राप्ति के लिए बेहतर साधन है और मानवीय क्रियाओं की उद्देश्यपूर्ण दिशा है।" **लारविन** ने बताया है, "नियोजन साधारणतः मानवीय शक्ति को विवेक-सम्मत तथा वांछनीय लक्ष्य को प्राप्त करने हेतु निर्देशित करने का एक चेतन प्रयास है।" उपर्युक्त परिभाषाओं से ज्ञात होता है कि *नियोजन चेतन प्रयास है जिसके द्वारा वांछनीय या इच्छित लक्ष्यों की प्राप्ति हेतु सामूहिक रूप से कार्य क्रियाओं को एक निश्चित दिशा में मोड़ने का प्रयत्न किया जाता है।* निश्चित दिशा का निर्धारण इच्छित लक्ष्यों के आधार

पर होता है और ये लक्ष्य राजनीतिक प्रक्रिया द्वारा तय होते हैं। *नियोजन या नियोजित परिवर्तन एवं ऐसा प्रयास है जिसमें सीमित साधनों का इस प्रकार विवेकपूर्ण ढंग से उपयोग किया जाता है कि अधिकतम लाभ की प्राप्ति और इच्छित लक्ष्यों की पूर्ति हो सके।*

नियोजन सामान्यत: दो प्रकार के होते हैं–प्रथम **आर्थिक नियोजन** (Economic Planning), तथा द्वितीय, **सामाजिक नियोजन** (Social Planning) आर्थिक नियोजन के अन्तर्गत आर्थिक उद्दशों जैसे, कृषि, उद्योग धन्धे, खनिज पदार्थ, व्यापार, यायातात, संचार तथा रोजगार, आदि की अधिकतम पूर्ति पर ध्यान दिया जाता है। सामाजिक नियोजन के अन्तर्गत आने वाले उद्देश्यों में शराब-बन्दी, मातृत्व तथा बाल-कल्याण, पिछड़ी जातियों एवं जनजातियों का कल्याण, आदि प्रमुख है। वास्तव में, देखा जाय तो *सामाजिक जियोजन एक ऐसी व्यापक अवधारणा है जिसमें आर्थिक नियोजन भी सम्मिलित है।*

भारत में नियोजित परिवर्तन की आवश्यकता अथवा महत्व (Need or Importance of Planned Change in India)

आज भारत तथा अन्य आधुनिक समाजों में परिवर्तन की प्रक्रिया काफी तीव्र हो गयी है। आज के आधुनिक समाज कुछ ही वर्षों में इतने अधिक बदल गये और तेजी से बदल रहे हैं जितने पिछले सैकड़ों वर्षों में नहीं बदले। समाज में परिवर्तन एक सार्वभौमिक तथ्य है और यह परिवर्तन भी तेजी से आता जा रहा है। इसे इच्छित दिशा में मोड़ना या सामाजिक समय में राज्य परिवर्तन का एक सशक्त माध्यम बन गया है। राज्य का अपने नागरिकों की सुख-सुविधा का ध्यान रखने, उनके जीवन स्तर को ऊंचा उठाने, उनकी समस्याओं को हल करने और व्यक्तित्व के सर्वांगीण विकास का परम दायित्व है। आज देश के लाखों-करोड़ों लोगों को कुछ सम्पन्न, शक्तिशाली या पूंजीपतियों की कृपा पर नहीं छोड़ा जा सकता। अत: नियोजित परिवर्तन के माध्यम से समाज को बदलने की अत्यन्त आवश्यकता है।

कॉम्टे (Comte) ने नियोजित परिवर्तन के महत्व पर प्रकाश डालते हुए लिखा है कि यह सामाजिक पुनर्निर्माण की आवश्यक दशा है। इसका कारण स्पष्ट करते हुए आपने बताया है कि व्यक्ति में आगे की ओर देखने की शक्ति मौजूद है और इसी शक्ति की सहायता से वह दशाओं मे इच्छित परिवर्तन ला सकता है। **वार्ड** (Ward) का तो यहाँ तक विश्वास है कि आज के परिवर्तनशील समाजों में नियोजन के बिना सामाजिक नियन्त्रण को बनाये रखना भी सम्भव नहीं है। आज के

परिवर्तनशील युग में नियोजित परिवर्तन के बिना सम्पूर्ण समाज को कल्याण की दिशा में आगे बढ़ाया असम्भव है। आज भारत में अनेक सामाजिक समस्याएं एवं सांस्कृतिक विघटन से सम्बन्धित कई समस्याएं यहाँ मौजूद हैं। इनके निराकरण के बिना समाज को संगठित बनाये रखना असम्भव है। हमारा देश कल्याणकारी राज्य के लक्ष्य को उसी समय प्राप्त कर सकता है जब नियोजित परिवर्तन के माध्यम से समाज के सभी व्यक्तियों के विकास की ओर ध्यान दिया जाय। आर्थिक असमानताओं को दूर करने, सामाजिक तनावों से छुटकारा प्राप्त करने और सांस्कृतिक पिछ्डन पर काबू पाने के लिए नियोजित परिवर्तन अत्यन्त आवश्यक है। भारत में ऐसे लोगों की संख्या भी करोड़ों में है जो निर्धनता-रेखा (Poverty line) के नीचे हैं, जो अभावमय स्थिति में जीवन बिता रहे हैं, जो सामाजिक, सांस्कृतिक और आर्थिक क्षेत्र में समानता के युग में संवैधानिक प्रावधानों के बावजूद भी अनेक निर्योग्यताओं से पीड़ित हैं। जब तक इन पिछड़े वर्गों के उत्थान के लिए योजना बनाकर कार्य नहीं दिया जाता, तब तक समूचे राष्ट्र का कल्याण भी सम्भव नहीं है। *निर्देशित परिवर्तन का महत्व निम्नलिखित क्षेत्रों में विशेषतः पाया जाता है:*

(1) **आर्थिक क्षेत्र** में नियोजित परिवर्तन का काफी महत्व है। *भारत एक कृषि-प्रधान देश होते हुए भी कृषि के क्षेत्र में बहुत पिछड़ा हुआ है।* इसके अलावा औद्योगीकरण ने भी अनेक गम्भीर समस्याओं को उत्पन्न किया जाता है। यहाँ विभिन्न वर्गों में संघर्ष और तनाव की स्थिति पायी जाती है। आर्थिक विषमता अर्थात गरीब और अमीर के बीच बढ़ती खाई, बेकारी, निर्धनता, गन्दी बस्तियाँ औद्योगिक असुरक्षा तथा श्रमिकों एवं स्त्री-बच्चों का शोषण, आदि कुछ ऐसी सम्भव है। आधुनिक भारत में अनेक शक्तिशाली स्वार्थ समूह (Interest Groups) स्वयं के स्वार्थों की पूर्ति में लगे हुए हैं। इन साधन-सम्पन्न समूहों के साथ पिछड़े हुए वर्ग के लोग प्रतियोगिता करने की स्थिति में नहीं हैं। जब तक उन्हें राज्य का संरक्षण प्राप्त नहीं होता, तब तक इन्हें समाज के अन्य लोगों के स्तर तक लाना असम्भव है। स्पष्ट है कि आर्थिक क्षेत्र में पायी जाने वाली विभिन्न समस्याओं के निवारण और देश को आर्थिक दृष्टि से उन्नत करने के लिए नियोजित परिवर्तन आवश्यक है।

(2) **ग्रामीण पुनर्निर्माण** के क्षेत्र में भी नियोजित परिवर्तन का विशेष महत्व पाया जाता है। जिस देश की करीब 70 प्रतिशत जनसंख्या 6,35,588 ग्रामों में निवास करती है वह देश कल्याणकारी राज्य के लक्ष्य को उस समय तक पूरा नहीं कर सकता जब तक कि ग्रामीण पुनर्निर्माण की विभिन्न

योजनाओं को वैज्ञानिक आधार पर तैयार नहीं किया जाता। योजनाओं की सफलता उनके ठीक ढंग से क्रियान्वयन पर ही निर्भर करती है। आज ग्रामीण क्षेत्रों में अशिक्षा, अंधविश्वास, कुरीतियां, अस्वास्थ्यकर परिस्थितियां, चिकित्सा सुविधाओं की कमी तथा आवश्यक भौतिक वस्तुओं का अभाव पाया जाता है। इन सबके रहते हुए ग्रामीण जीवन के विभिन्न पक्षों के समुचित विकास के लिए लोगों के सामाजिक मूल्यों, अभिवृत्तियों एवं व्यवहार के तरीकों में परिवर्तन लाना भी आवश्यक है। यह सब कुछ नियोजित परिवर्तन के द्वारा ही संभव है।

(3) **समाज-कल्याण** की दृष्टि से भी भारत में नियोजित परिवर्तन का महत्व कम नहीं है। यहां अनुसूचित जातियों, अनुसूचित जनजातियों और पिछड़े वर्गों से संबंधित अनेक सामाजिक और आर्थिक समस्याएं पायी जाती हैं। ये समाज के कमजोर वर्ग हैं जिन्हें सदियों से अभावमय स्थिति में जीवन बिताना पड़ा है। इनमें अज्ञानता और अनेक प्रकार के अंधविश्वास पाये जाते हैं। राज्य और विभिन्न स्वयंसेवी संगठनों के सक्रिय प्रयत्नो के बिना समाज के इतने बड़े वर्ग का कल्याण संभव नहीं है। इसके अलावा यहां मातृत्व एवं शिशु-कल्याण, श्रम-कल्याण, शारीरिक आरै मानसिक दृष्टि से असमर्थ लोगों के कल्याण, परिवार-नियोजन तथा शिक्षा और स्वास्थ्य सुविधाओं को बढ़ाने की काफी आवश्यकता है। इन सबके लिए नियोजित परिवर्तन अत्यंत आवश्यक है।

(4) **सामाजिक क्षेत्र** में भी नियोजित परिवर्तन का काफी महत्व पाया जाता है। यहां एक जाति और दूसरी जाति में सामाजिक दूरी (Social distance), जातिवाद और अस्पृश्यता से संबधित समस्याएं पायी जाती हैं। यहां कला और मनोरंजन के क्षेत्र में भी अध:पतन होता जा रहा है। अपराध, बाल-अपराध, श्वेतवसन अपराध, आत्महत्या, वेश्यावृत्ति, साम्प्रदायिकता, क्षेत्रवाद, भाषावाद, बेकारी, निर्धनता, युवा असंतोष एवं सामाजिक जीवन में भ्रष्टाचार, आदि बढ़ते ही जा रहे हैं। इनके अलावा यहां वैयक्तिक, पारिवारिक, सामाजिक, सांस्कृतिक और सामुदायिक विघटन के लक्षण भी स्पष्टत: दिखायी पड़ते हैं। इन सभी समस्याओं को सुलझाने और विघटन से पुनर्गठन की ओर बढ़ने के लिए नियोजित परिवर्तन ही प्रभावपूर्ण तरीका है।

(5) **जनसंख्या नियंत्रण** की दृष्टि से भी सामाजिक नियोजन का काफी महत्व है। भारत में सन् 1951 में कुछ 36 करोड़ जनसख्या थी जो 1981 में

68.5 करोड़, 1991 में 84.63 करोड़ तथा वर्ष 2001 की जनगणना के अनुसार भारत की जनसंख्या 102.87 करोड़ है। तेजी से बढ़ती हुई जनसंख्या को नियंत्रित किये बिना देश को समृद्धि की दिशा में आगे बढ़ाना संभव नहीं है। तीव्र जनसंख्या वृद्धि के कारण ही यहां नौ पंचवर्षीय योजनाओं के पूरा हो जाने के पश्चात् भी देश की उतनी उन्नति नहीं हो सकी जितनी होनी चाहिए थी। अतः देश की खुशहाली की दृष्टि से जनसंख्या को नियंत्रित करना अत्यंत आवश्यक है। इव प्रयत्न में सफलता उसी समय मिल सकती है जब लोगों को तीव्र गति से बढ़ती जनसंख्या के खतरों से परिचित कराया जाय तथा प्रचार, प्रोत्साहन एवं विभिन्न प्रकार के पुरस्कारों द्वारा **परिवार नियोजन कार्यक्रम** (Family Planning Programme) में उनका सक्रिय सहयोग प्राप्त किया जाय। इन सबके लिए नियोजित परविर्तन एक अत्यंत प्रभावशाली साधन है।

(6) **धार्मिक क्षेत्र** में भी नियोजित परिवर्तन का महत्व कम नहीं है। सामाजिक नियंत्रण के एक प्रमुख साधन के रूप में धर्म का विशेष स्थान रहा हें लेकिन मध्यकाल में यहां स्मृतिकालीन धर्म का विकास हुआ जो अनेक धार्मिक रूढ़ियों, अंधविश्वासों और कुरीतियों के लिए उत्तरदायी है। यहां धर्म के नाम पर विधवा पुनर्विवाह पर प्रतिबंध लगाया गया और बाल-विवाहों को प्रोत्साहित किया गया। सती-प्रथा, देवदासी प्रथा, अस्पृश्यता, भिक्षावृत्ति, मृत्युभोज, धार्मिक कर्मकाण्ड तथा सांप्रदायिकता को यहां धर्म के साथ जोड़ा गया। यहां कर्मकाण्डों, धार्मिक रूढ़ियों एवं अंधविश्वासों के कारण ही आज तक व्यक्ति शोषण का शिकार बना रहा और ऋणग्रस्तता के भार में दबा रहा। नियोजित ढंग से कानून बनाकर ही धर्म से संबंधित उपर्युक्त कुरीतियों और समस्याओं से छुटकारा प्राप्त किया जा सकता है।

उपर्युक्त विवरिण से नियाजित परिवर्तन का महत्व स्पष्ट है। *परिवर्तन की प्रक्रिया सभी समाजों में अनिवार्यतः चलती रहती है।* भारतीय समाज भी इसका कोई अपवाद नहीं है, लेकिन जो देश अपनी परिस्थितियों, साधनों एवं आवश्यकताओं को ध्यान में रखकर योजनाबद्ध तरीके से समाज को इच्छित लक्ष्यों की ओर बढ़ाने में सक्रिय भूमिका निभा पाते हैं, वे शीघ्र ही अपने को विकसित कर समृद्धि की ओर अग्रसर हो पाते हैं नियोजित परिवर्तन के द्वारा सभी प्रकार की समस्याओं से छुटकारा प्राप्त कर व्यक्ति-व्यक्ति के जीवन-स्तर को ऊंचा उठाने और इच्छित दिशा में राष्ट्र को आगे बढ़ाने का प्रयत्न किया जाता है। *स्पष्ट है कि परिवर्तन तो आता ही है, लेकिन*

इसे नियोजित ढंग से लाने से व्यक्ति, समाज और राष्ट्र का चहुंमुखी विकास होता है।

भारत में सामाजिक परिवर्तन के विभिन्न क्षेत्र
(Different Areas of Social Change in India)

भारत में विभिन्न क्षेत्रों में अनेक कारकों के फलस्वरूप घटित होने वाले सामाजिक परिवर्तन इस प्रकार हैं :

1. विवाह से संबंधित नवीन प्रवृत्तियां (Recent Trends in Marriage)

समय-समय पर विवाह से संबंधित अनेक अधिनियम पारित किये गये हैं जिनमें हिन्दू विधवा पुनर्विवाह अधिनियम, 1856; बाल-विवाह निरोधक अधिनियम, 1929; हिन्दू विवाह अधिनियम, 1955; दहेज निरोधक अधिनियम, 1961, आदि प्रमुख हैं। इन सामाजिक विधानों ने विवाह संबंधी मान्यताओं को काफी प्रभावित किया है।

2. परिवार में आधुनिक परिवर्तन (Recent Changes in Family)

आधुनिक युग में परिवार में अनेक परिवर्तन घटित हो रहे हैं जिनका उल्लेख **'परिवार'** नामक अध्याय में किया गया है।

संयुक्त परिवार में परिवर्तन (Changes in Joint Family)

परम्परात्मक भारतीय संयुक्त परिवार में अनेक परिवर्तन हुए हैं और वह संक्रमण काल से गुजर रहा है। नवीन परिस्थितियों के कारण संयुक्त परिवार में होने वाले परिवर्तनों को कुछ विद्वानों ने विघटन माना है तो कुछ ने इसे स्वरूप परिवर्तन ही कहा है। **डॉ. आर. एन. सक्सेना** ने संयुक्त परिवार में परिवर्तन लाने वाली शक्तियों को तीन भागों में बांटा है–

(1) **आर्थिक शक्तियां**–जिनमें औद्योगीकरण एवं पूंजीवादी व्यवस्था प्रमुख है;

(2) **भावनात्मक शक्तियां**–जिनमें उदारवाद, व्यक्तिवाद एवं पश्चिमी विचार-धाराएं प्रमुख हैं;

(3) **नये सामाजिक कानून**–इनमें विवाह एवं संपत्ति से संबंधित नवीन कानून आते हैं।'' संयुक्त परिवार को परिवर्तित करने वाले कारकों में औद्योगीकरण व नगरीकरण प्रमुख हैं।

3. जाति-व्यवस्था में परिवर्तन (Change in Caste System)

विभिन्न कारकों के परिणामस्वरूप जाति-व्यवस्था की संरचना एवं कार्यों में

अनेक परिवर्तन आये हैं जो जाति में नवीन प्रवृत्तियों के उदय के लिए उत्तरदायी हैं।

4. स्त्रियों की स्थिति में परिवर्तन (Change in the Status of Women)

स्वतंत्रता-प्राप्ति के बाद पिछले करीब 56 वर्षों में स्त्रियों की स्थिति में क्रांतिकारी परिवर्तन आया हें अब उनकी स्थिति में काफी सुधार हुआ हे। **डॉ. श्रीनिवास** के अनुसार पश्चिमीकरण, लौकिकीकरण तथा जातीय गतिशीलता ने स्त्रियों की सामाजिक-आर्थिक स्थिति को उन्नत करने में काफी योग दिया है। वर्तमान में स्त्री-शिक्षा का प्रसार हुआ है कई स्त्रियां औद्योगिक संस्थानों और विभिन्न क्षेत्रों में नौकरी करने लगी हैं। अब वे आर्थिक दृष्टि से आत्म-निर्भर होती जा रही हैं। उनके पारिवारिक अधिकारों में वृद्धि हुई है। अनेक सामाजिक अधिनियमों ने स्त्रियों की निर्योग्यताओं को समाप्त करने और उन्हें सामाजिक कुरीतियों से छुटकारा दिलाने में योग दिया है। अब स्त्रियों को अपने व्यक्तित्व के विकास हेतु काफी सुविधाएं प्राप्त हैं। *स्त्रियों की स्थिति में निम्नलिखित क्षेत्रों में महत्वपूर्ण परिवर्तन आये हैं।*

(1) **स्त्री-शिक्षा के क्षेत्र में प्रगति**–स्वतंत्रता-प्राप्ति के पश्चात् स्त्री-शिक्षा का व्यापक प्रसार हुआ है। इसके पूर्व न तो माता-पिता लड़कियों को शिक्षा दिलाने के पक्ष में थे और न ही शिक्षा की दृष्टि से समुचित सुविधाएं उपलब्ध थीं। वर्तमान में लड़कियां व्यावसायिक शिक्षा भी ग्रहण कर रही हैं। शिक्षण से संबंधित ट्रेनिंग कॉलेजों एवं मेडिकल कॉलेजों में लड़कियों की संख्या प्रति वर्ष बढ़ती जा रही है। **डॉ. पणिक्कर** ने लिखा है कि स्त्रियों की शिक्षा एवं उनकी राजनीतिक जागृति ने उस कुल्हाड़ी को तेज कर दिया है जिसकी सहायता से हिन्दू सामाजिक जीवन की जंगली झाड़ियों को साफ करना संभव हो गया है।

(2) **आर्थिक क्षेत्र में प्रगति**–ग्रामीण क्षेत्रों में निवास करने वाली 80 प्रतिशत स्त्रियों आर्थिक दृष्टि से कोई-न-कोई कार्य करती रही हैं। नगरों में भी निम्न वर्ग की स्त्रियां घरेलू कार्यों और उद्योगों के माध्यम से कुछ-न-कुछ कमाती रही हैं। साधारणत: मध्यम और उच्च वर्ग की स्त्रियों द्वारा आर्थिक दृष्टि से कोई काम करना बुरा समझा जाता रहा है। लेकिन औद्योगीकरण एवं आधुनिकीकरण ने स्त्रियों की आर्थिक निर्भरता को कम करने और उनकी स्थिति को उन्नत करने में योग दिया है। औद्योगीकरण एवं बाजार वाली अर्थव्यवस्था के कारण परिवार के आर्थिक कार्य विशेषीकृत संस्थाओं द्वारा किये जाने लगे, परिणामस्वरूप स्त्री की आर्थिक दृष्टि से उपयोगिता कम हो गयी। शिक्षा के व्यापक प्रसार, नयी-नयी वस्तुओं के

आकर्षण, उच्च जीवन-स्तर बिताने की बलवती इच्छा तथा बढ़ती कीमतों ने अनेक मध्यम एवं उच्च वर्ग की स्त्रियों को नौकरी या आर्थिक दृष्टि से कोई काम करने के लिए प्रेरित किया। अब मध्यम वर्ग की स्त्रियां उद्योगों, दफ्तरों, शिक्षण-संस्थाओं, अस्पतालों, समाज-कल्याण केन्द्रों एवं व्यापारिक संस्थानों में काम करने लगी हैं।

(3) **राजनीतिक चेतना में वृद्धि**–स्वतंत्रता-प्राप्ति के पश्चात् स्त्रियों की राजनीतिक चेतना में आश्चर्यजनक वृद्धि हुई है। पार्लियामेण्ट और विधानमण्डलों में स्त्री प्रतिनिधियों की संख्या और विभिन्न गतिविधियों में उनकी सहभागिता, राज्यपाल, मंत्री, मुख्यमंत्री और प्रधानमंत्री तक के रूप में उनकी भूमिकाओं से स्पष्ट है कि इस देश में स्त्रियों में राजनीतिक चेतना दिनोंदिन बढ़ती जा रही है।

(4) **सामाजिक जागरूकता में वृद्धि**–पिछले कुछ वर्षों में स्त्रियों की सामाजिक जागरूकता में काफी वृद्धि हुई है। अब स्त्रियों पर्दा-प्रथा को बेकार समझने लगी हैं। अब बहुत-सी स्त्रियां घर की चारदीवारी के बारह खुली हवा में सांस ले रही हैं आजकल कई स्त्रियों के विचारों और दृष्टिकोणों में अतना अधिक परिवर्तन आ चुका है कि अब वे अन्तर्जातीय विवाह, प्रेम-विवाह आरै विलम्ब-विवाह को अच्छा समझने लगी हैं। जातीय नियमों और रूढ़ियों के प्रति महिलाओं की उदासीनता बराबर बढ़ रही है। अब वे रूढ़िवादी सामाजिक बंधनों से मुक्त होने के लिए प्रयत्नशील हैं। आज अनेक स्त्रियों महिला संगठनों और क्लबों की सदस्य हैं। कई स्त्रियों तो समाज-कल्याण के कार्य में लगी हुई हैं। अब तो ग्रामीण क्षेत्रों में भी सामाजिक जागरूकता बढ़ती जा रही है। स्त्रियों की स्थिति में परिवर्तन लाने की दृष्टि से सामाजिक जागरूकता का विशेष महत्व रहा है।

(5) **पारिवारिक क्षेत्र में अधिकारों की प्राप्ति**–वर्तमान में स्त्रियों के पारिवारिक अधिकारों में वृद्धि हुई है। *वर्तमान में स्त्रियों संयुक्त परिवार के बंधनों से मुक्त होकर एकाकी या मूल परिवार (Nuclear Family) में रहना चाहती हैं।* वे मूल या नाभिक परिवारों की स्थापना कर स्वतंत्र जीवन व्यतीत करना और पारिवारिक मामलों में महत्वपूर्ण भमिका निभाना चाहती हैं। अब बच्चों की शिक्षा, परिवार की आय के उपयोग, पारिवारिक अनुष्ठानों की व्यवस्था और घर के प्रबंध में स्त्रियों की इच्छा को विशेष महत्व दिया जाता है। अब तो विवाह-विच्छेद के मामलों में भी स्त्रियों को पुरुषों के समान अधिकार प्राप्त हैं। पारिवारिक क्षेत्र में स्त्रियों के बढ़ते

हुए अधिकारों और स्वतंत्रता को देखते हुए कुछ लोगों को तो पारिवारिक जीवन के विघटित होने का भय है। आज की बदली हुई परिस्थितियों में स्त्रियों को दासी बनाकर नहीं रखा जा सकता। अब तो मित्र और सहयोगी के रूप में उनका महत्व दिनोंदिन बढ़ता ही जा रहा है।

उपर्युक्त संपूर्ण विवेचन से स्पष्ट है कि 19वीं और 20वीं शताब्दी में स्त्रियों की स्थिति में काफी सुधार हुआ है।

5. धर्म एवं नैतिकता के प्रभाव में कमी
(Declining Importance of Religion and Morality)

वर्तमान समय में अनेक कारकों के संयुक्त प्रभाव के परिणामस्वरूप, लोगों की धर्म एवं नैतिकता संबंधी धारणाओं में काफी परिवर्तन आया है। अब लोग धर्म के रूढ़िवादी रूप को मान्यता नहीं देते। आज शिक्षित व्यक्ति यह महसूस करने लगे हैं कि जीवन में सफलता प्राप्त करने के लिए धर्म ही सब कुछ नहीं है। अब पुरोहित वर्ग एवं धार्मिक कर्मकाण्ड का वह महत्व नहीं रहा है जो कुछ समय पहले तक था। आजकल तो धर्म को मानसिक शान्ति प्राप्त करने का एक साधन मात्र समझा जाने लगा है।

नैतिकता का संबंध उचित-अनुचित की धारणा से है। व्यक्ति के व्यवहार को दिशा देने की दृष्टि से कुछ समय पूर्व तक समूह-कल्याण, कर्तव्य-परायणता, ईमानदारी, धर्मानुकूल आचरण, स्त्री-पुरुष के बीच सीमित संपर्क, आदि कुछ महत्वपूर्ण नैतिक धारणाएं थीं। अब इनके प्रति लोगों के दृष्टिकोण में काफी अंतर आया है। अब तो व्यक्तिवादिता का प्रभाव इतना बढ़ा है कि व्यक्तिगत स्वार्थों की पूर्ति में योग देने वाले सभी आचरणों को स्वाभाविक व नैतिक मान लिया जाता है। आज व्यक्ति जो कुछ बाहर है, वह भीतर नहीं है अर्थात् उसकी कथनी और करनी में रात-दिन का अंतर है। आज नैतिकता का दोहरा मापदण्ड अनेक सामाजिक समस्याओं और अपराधों को बढ़ाने में योग दे रहा है।

6. नियंत्रण के साधनों में बदलाव

वर्तमान समय में सामाजिक नियंत्रण के अनौपचारिक साधनों जैसे, धर्म, नैतिकता, प्रथा, परंपरा, आदि का प्रभाव काफी कम हुआ है। परिणामस्वरूप समाज में व्यवस्था बनाये रखने की दृष्टि से औपचारिक साधनों जैसे, पुलिस, अदालत, जेल, कानून, सुधार-गृह, आदि का महत्व बढ़ा है। औपचारिक साधनों में बाहरी-बाध्यता या बल प्रयोग के डर से लोगों के व्यवहार को नियंत्रित-शक्ति उतनी अधिक व प्रभावशाली नहीं होती जितनी अनौपचारिक साधनों की होती है।

परिणाम यह होता है कि लोग मनमाने ढंग से व्यवहार करने लगते हें। यही कारण है कि सामाजिक नियंत्रण के अनौपचारिक साधनों के बढ़ने के साथ-साथ अपराधों की संख्या में दिनों-दिन वृद्धि होती जा रही है, समाज-विरोधी व्यवहार बढ़ता जा रहा है।

7. सामाजिक संबंधों में बदलाव

सामाजिक परिवर्तन की दृष्टि से यह बदलाव काफी महत्वपूर्ण है। आज सामाजिक संबंधों का क्षेत्र तो यद्यपि पहले की तुलना में व्यापक हुआ हैं, परंतु संबंधों में घनिष्ठता के बजाय औपचारिकता अधिक पनपी है। आज सामाजिक संबंधों की स्थापना का आधार अधिकतर संकुचित स्वार्थ होते जा रहे हैं। वर्तमान में व्यक्ति दूसरे व्यक्ति से अपने स्वार्थ को ध्यान में रखकर ही संबंध स्थापित करता है और उसी समय तक इस संबंध को बनाये रखता है जब तक उसके स्वार्थ की पूर्ति होती है। परिणाम यह होता है कि समाज समष्टिवादी से व्यक्तिवादी सामाजिक संगठन की दिशा में आगे बढ़ता है। आज भारतीय समाज में यही बात देखने को मिलती है।

8. अस्पृश्यता में कमी

'**अस्पृश्यता अपराध अधिनियम**, 1955' के पारित होने के बाद और साथ ही सरकारी और गैर-सरकारी प्रयत्नों के फलस्वरूप *अस्पृश्यता धीरे-धीरे कम होती जा रही है।* अब अनुसूचित जातियों के लोग सरकार द्वारा मिलने वाली विभिन्न सुविधाओं का लाभ उठा रहे हैं और उनकी सामाजिक-आर्थिक स्थिति में सुधार होता जा रहा है। अब स्वतंत्रता के पूर्व तक अस्पृश्य समझे जाने वाले लोगों को समाज के अन्य लोगों के समकक्ष आने का अधिकार और सुविधाएं मिली हैं, विशेषत: चुनावों के अवसर पर। अनुसूचित जातियों के अतिरिक्त अनुसूचित जनजातियों तथा अन्य पिछड़े वर्ग के लोगों को प्रदान की गयी सुविधाओं के फलस्वरूप इनकी शैक्षणिक, सामाजिक, आर्थिक एवं राजनीतिक स्थिति में भी पिछले करीब 49 वर्षों में काफी सुधार हुआ है।

9. श्रमिकों की स्थिति में सुधार

विभिन्न श्रम-कल्याण से संबंधित योजनाओं के फलस्वरूप श्रमिकों की स्थिति में भी काफी सुधार हुआ है। इनके लिए समय-समय पर पारित विभिन्न अधिनियमों ने इन्हें मिल-मालिकों या पूंजीपतियों के शोषण से राहत प्रदान की है। श्रम-संगठनों ने भी श्रमिकों की स्थिति को उन्नत करने में योग दिया है। अब श्रमिकों को अधिक स्वास्थ्यकर परिस्थितियों में काम करने की सुविधाएं मिली हैं। इनका वेतन, काम

के घण्टे, छुट्टियां, बोनस, आदि निश्चित हैं। इन्हें अब चिकित्सा सुविधाएं भी उपलब्ध हैं।

10. नियोजित परिवर्तन से संबंधित विभिन्न कार्यक्रमों ने व्यक्ति की योग्यता, गुणों, शिक्षा, प्रशिक्षण, आदि के महत्व को बढ़ाकर *प्रदत्त प्रस्थिति (AscribedStatus) के बजाय अर्जित प्रस्थिति (Achieved Status) के महत्व को बढ़ाने में योग दिया है।* अब उस व्यक्ति का अधिक महत्व है जो किसी उच्च पद पर आसीन है या जो आर्थिक दृष्टि से संपन्न है, चाहे उसकी जाति निम्न से निम्न ही क्यों न हो। भारतीय समाज में जहां सदियों से जन्म को विशेष महत्व दिया गया, प्रदत्त स्थिति को ही सब कुछ माना गया, अब उपलब्धि (Achievement) का महत्व बढ़ता जा रहा है। यह सामाजिक संरचना की दृष्टि से एक महत्वपूर्ण परिवर्तन है।

11. अब भारत में *शक्ति संरचना (Power Structure) में भी परिवर्तन आया है।* अब प्रजातांत्रिक शासन प्रणाली में उच्च जाति के लोगों को निम्न जातियों के लागों के पास चुनावों के अवसर पर वोट मांगने जाना पड़ता है। इससे निम्न जातियों को संगठित होने और चुनावों में अपनी संख्या की शक्ति को पहचानने का अवसर मिला है। विधान-सभाओं और लोकसभा में अनुसूचित जातियों एवं जनजातियों के लिए स्थान सुरक्षित होने से अब उन्हें राजनीति में सक्रिय भूमिका निभाने और नेतृत्व में आने का अवसर मिला है। अब शक्ति संरचना में केवल कुछ उच्च जातियों के लोगों का ही महत्व नहीं रहा है, निम्न समझी जाने वाली जातियों के लोगों को भी शक्ति के पदों को प्राप्त करने का अवसर मिला है।

12. नियोजित परिवर्तन की दृष्टि से प्रारंभ किये गये विभिनन कार्यक्रमों के परिवणामस्वरूप अब *देश परंपरावादिता (Traditionalism) से आधुनिकीकरण (Modernization) की और बढ़ रहा है।* पाश्चात्य सभ्यता और संस्कृति के प्रभाव, शिक्षा, ज्ञान, विज्ञान, तार्किकता, मानवतावादी मूल्यों, आदि के प्रचार-प्रसार के कारण अब लोग पुरानी परंपराओं से चिपके नहीं रहना चाहते। अब वे किसी चीज के गुण-दोषों के विश्लेषण के आधार पर उसे स्वीकार या अस्वीकार करने लगे हैं।

13. **कृषि का विकास हुआ है**, औद्योगीकरण एवं नगरीकरण की प्रक्रिया तेज हुई है, प्रति व्यक्ति आय बढ़ी है, रहन-सहन का स्तर कुछ ऊंचा उठा है।

14. **शिक्षा का प्रचार और प्रसार बढ़ा है**। शिक्षा ने लोगों को अंधविश्वासों और सड़ी-गली कुप्रथाओं से मुक्ति होने में योग दिया है। इसने लोगों में जागरूकता लाने, नयी प्रेरणाओं का संचार करने और आकांक्षाओं के स्तर को ऊंचा उठाने में काफी महत्वपूर्ण भूमिका निभायी है।

15. **जनसंख्या को नियंत्रित करने की दृष्टि से भी देश काफी कुछ किया गया है।** यहां प्रतिवर्ष परिवार-कल्याण (परिवार नियोजन) कार्यक्रम पर करोड़ों रुपया खर्च होता है। अब लोग, विशेषतः शिक्षित लोग छोटे परिवार के महत्व को समझने लगे हैं।

16. परिवर्तन लाने की दृष्टि से प्रारंभ किये गये विभिन्न कार्यक्रमों के फलस्वरूप देश के करोड़ों लोगों को आगे बढ़ने, प्रगति करने तथा अपने जीवन-स्तर को ऊंचा उठाने का अवसर मिला है।

अब उनमें सामाजिक और राजनीतिक चेतना दिखायी पड़ती है, परंतु आज का व्यक्ति विभिन्न कारकों के संयुक्त प्रभाव के फलस्वरूप अपने में सिमटता या संकुचित होता जा रहा है। अब उसे अपने समुदाय, समाज और देश की चिंता कम है। अब वह अपनी ही सुख-सुविधाओं में डूबा रहना चाहता है। आज के इस भौतिकवादी युग में व्यक्तिवादिता विशेषरूप से बढ़ी है। व्यक्तिवादी और भौतिक दृष्टिकोण ने व्यक्ति को अधिक स्वार्थी बना दिया है।

परिणाम यह हुआ है कि सामाजिक परिवर्तन लाने की दृष्टि से प्रारंभ की गयी विभिन्न योजनाओं एवं कार्यक्रमों का जितना लाभ जिन-जिन लोगों, समूहों, वर्गों, संपूर्ण समाज और देश को मिलना चाहिए था, उतना नहीं मिल पाया है। कुछ शक्ति-संपन्न व्यक्ति एवं समूह ही इनका अपने स्वयं के हित में पूरा-पूरा लाभ उठा पाये हैं। फिर भी इतना अवश्य कहना पड़ेगा कि पिछले करीब 56 वर्षों में विभिन्न विकास कार्यक्रमों एवं पंचवर्षीय योजनाओं ने लोगों में प्रेरणा का संचार किया है, उनकी आकांक्षाओं के स्तर को ऊंचा उठाया है, सामाजिक परिवर्तन की गति को तेज किया है।

भारत में सामाजिक परिवर्तन की प्रक्रियाएं
(Processes of Social Change in India)

भारत में सामाजिक परिवर्तन का विश्लेषण समाजशास्त्रियों ने निम्नलिखित प्रक्रियाओं के आधार पर किया है। ये प्रक्रियाएं इस प्रकार हैं :

(1) संस्कृतीकरण,

(2) पश्चिमीकरण एवं आधुनिकीकरण,

(3) लौकिकीकरण,

(4) नगरीकरण एवं औद्योगीकरण, व

(5) सार्वभौमीकरण एवं स्थानीयकरण।

सामाजिक नीति और सामाजिक विकास
(Social Policy and Social Development)

सामाजिक नीति, सामाजिक परिवर्तन और सामाजिक विकास में गहरा संबंध हैं सामाजिक नीति परिवर्तन की दिशा तय करती है और जब परिवर्तन इच्छित दिशा में होते हैं या निर्देशित रूप में होते हैं तो समाज विकास की ओर अग्रसर होता है। आधुनिक समय में विकास शब्द का प्रयोग अधिकांशतः आर्थिक अर्थों में किया गया है। प्रति व्यक्ति आय, श्रम विभाजन विशेषीकरण, पूंजी निर्माण में वृद्धि, प्राकृतिक स्रोतों का अधिकाधिक दोहन, मानवीय ज्ञान द्वारा प्रकृति पर अधिकाधिक नियंत्रण आर्थिक विकास को इंगित करते हैं। विकास शब्द का प्रयोग आर्थिक क्षेत्र तक सीमित रखना उचित नहीं है। यह धर्म, प्रथाओं, परिवार, राजनीति, संस्कृति आदि अनेक क्षेत्रों में प्रयुक्त किया जा सकता है। सामाजिक विकास में सामाजिक संबंधों का विस्तार होता है। सामाजिक विकास में व्यक्ति की स्वतंत्रता, पारस्परिक सहयोग एवं नैतिकता की भावना तथा समुदाय की आय एवं संपत्ति में वृद्धि होती है। आर्थिक विकास सामाजिक विकास का ही अंग है जिसे विभिन्न आधारों पर मापना सरल है।

हॉबहाउस ने सामाजिक विकास के चार मापदण्डों का उल्लेख किया है। वे कहते हैं कि किसी भी समुदाय को तब विकसित कहा जाना चाहिए जब उसकी मात्रा, कार्यक्षमता, स्वतंत्रता और सेवा की पारस्परिकता में वृद्धि होती है। समुदाय की मात्रा में वृद्धि का अर्थ है जनसंख्या में बढ़ोतरी, शक्ति का उत्पादन और क्रियाओं का विस्तार। कार्यक्षमता में वृद्धि का तात्पर्य है किसी उद्देश्य की पूर्ति हेतु कार्यों का विभाजन कर उनमें सहयोग की भावना को प्रोत्साहन देना। स्वतंत्रता का अर्थ है समुदाय के प्रत्येक सदस्य को कार्य करने व विचार व्यक्त करने का अधिकार दिया जाना। सेवा की पारस्परिकता से तात्पर्य है लोगों में पारस्परिक सहयोग एवं सेवा की भावना में वृद्धि होना।

बॉबोमोर कहते हैं कि विकास शब्द का एक प्रयोग ग्रामीण एवं कृषि-प्रधान तथा औद्योगीकृत समाजों में भेद प्रकट करने के लिए किया गया है। विकास शब्द के द्वारा इन दोनों प्रकार के समाजों में पाए जाने वाले आय के अंतर तथा ग्रामीण एवं कृषि प्रधान समाज के औद्योगीकृत हो जाने की प्रक्रिया को प्रकट किया जाता हैं इस प्रकार विकास शब्द का प्रयोग नवीन विचारधारा में दो विशेषताओं को बताने के लिए किया गया है :

(1) वर्तमान समय में देखे जाने वाले विशिष्ट प्रकार के परिवर्तनों की चर्चा के लिए तथा

(2) उन आर्थिक परिवर्तनों के लिए उन्हें नापा एवं पहचाना जा सके।

इस अर्थ में यदि मानव अपने ज्ञान में वृद्धि कर नवीन आविष्कारों द्वारा प्रकृति पर नियंत्रण बढ़ाने में सफल होता है तो निश्चत ही वह विकास कहलाएगा।

उपर्युक्त विवेचन के आधार पर हम कह सकते हैं कि, सामाजिक विकास समाज का विकासोन्मुख परिवर्तन है। जिसमें निश्चित उद्देश्यों की पूर्ति के लिए नियंत्रित एवं जागरूक प्रयत्न किए जाते हैं। स्पष्ट है कि जब समाज में विकासोन्मुख परिवर्तन लाने हेतु सामाजिक नियोजन या नियोजित सामाजिक परिवर्तन का सहारा लिया जाता है तो यह नियोजन निश्चित रूप से सामाजिक नीति की ओर उन्मुख होता है। **सामाजिक नीति** वह नीति है जो राज्य के द्वारा अपने समाज के लोगों, विशेषत: कमजोर वर्ग के लोगों की सामाजिक और आर्थिक स्थिति को ऊंचा उठाने के उद्देश्य से निर्धारित प्रयत्नों के रूप में बनाई जाती है। इसमें उन उपायों की ओर भी ध्यान दिया जाता है जिनकी सहायता से लोगों के जीवन को उन्नत करने का प्रयत्न किया जाता है। स्पष्ट है कि सामाजिक नीति नियोजन और विकास को दिशा प्रदान करती है, यह बताती है कि सामाजिक परिवर्तन को किस दिशा में मोड़ना है। उदाहरण के रूप में, कल्याणकारी राज्य की स्थापना का लक्ष्य रखा गया है। यहां सामाजिक न्याय, समानता, स्वतंत्रता तथा बंधुत्व पर सामाजिक नीति के प्रमुख सिद्धांतों के रूप में जोर दिया गया है। यहां समतावादी समाज की रचना का लक्ष्य रखा गया है। विकास इस दिशा में उन्मुख होगा। नियोजित सामाजिक परिवर्तन या सामाजिक नियोजन इसी दिशा में बढ़ने का प्रयत्न है।

यहां हमें यह विशेषत: ध्यान में रखना है कि समाजशास्त्री तथा अन्य समाज वैज्ञानिक अपने सर्वेक्षणों और अनुसंधानों के परिणामों या निष्कर्षों को प्रकाशित कर सामाजिक नीति के निर्धारण में राज्य की काफी मदद कर सकते हैं। जब तक सरकार को यह पता नहीं चलेगा कि समाज में कमजोर वर्ग के लोग कौन हैं, उनकी क्या-क्या समस्याएं हैं, देश में गरीबी और बेकारी की क्या स्थिति है, अपराध कहां और किन लोगों में अधिक पाए जाते हैं, ग्रामीण पुनर्निर्माण की क्या समस्याएं हैं, देश में औद्योगीकरण व नगरीकरण की क्या स्थिति है और ये लोगों के जीवन को किन-किन रूपों में प्रभावित कर रहे हैं तब तक सरकार ठोस आधार पर सामाजिक नीति का निर्धारण नहीं कर सकती और विकास को ध्यान में रखकर सामाजिक नियोजन को सही दिशा भी नहीं दी जा सकती। अत: समाजशास्त्री और विभिन्न विषयों के विद्वान अपने अध्ययनों तथा बौद्धिक चिंतन के परिणामस्वरूप, सामाजिक नीति के निर्धारण और नियोजित सामाजिक परिवर्तन लाने में महत्वपूर्ण भूमिका निभा सकते हैं।

भारत में सामाजिक परिवर्तन की सीमाएं : कुछ बाधाएं (Limitations : Few Obstacles to Social Change in India)

भारत में पिछले करीब 53 वर्षों से नियोजित परिवर्तन का कार्य विस्तृत पैमाने पर चल रहा हैं इस देश में नियोजित परिवर्तन के लिए अरबों रुपया खर्च किया जा चुका हैं इसके उपरांत भी सामाजिक कल्याण क्षेत्र में जितनी प्रगति होनी चाहिए थी उतनी नहीं हो पायी। इतना अवश्य है कि नियोजित परिवर्तन के अंतर्गत ग्रामीण पुनर्निर्माण, श्रम कल्याण, अनुसूचित जातियों, जनजातियों तथा स्त्रियों की स्थिति में सुधार हेतु कुछ कार्य हुए हैं, लेकिन योजनाओं की प्रगति लक्ष्यों के अनुरूप नहीं रही हैं नियोजित परिवर्तन का अधिकांश लाभ साधारणतः उन लोगों को मिला है जो पहले से संपन्न थे। पिछले 53 वर्षों के नियोजित परिवर्तन के बावजूद भी भारत में विभिन्न क्षेत्रों में अनेक प्रकार की समस्याएं बढ़ती ही गयी हैं। यदि हम नियोजित परिवर्तन का मूल्यांकन विभिन्न कार्यक्रमों पर खर्च की गयी भारी रकम के संदर्भ में करें तो हमें सफलता-असफलता का वास्तविक रूप में पता चल पायेगा। विभिन्न समाजशास्त्रीय अध्ययनों से यह स्पष्ट है कि *निर्देशित परिवर्तन के विभिन्न क्षेत्रों में इच्छित सफलता प्राप्त नहीं की जा सकी है। इसके पीछे कुछ कारण रहे हैं जो इस प्राकर हैं :*

(1) **अशिक्षा**–नियोजित परिवर्तन के लिए सामाजिक जागरूकता एवं विवेक-पूर्ण दृष्टिकोण अत्यंत आवश्यक है। अशिक्षा के कारण हमारे देश के अधिकांश लोग सामाजिक नियोजन के अर्थ, उद्देश्य एवं महत्व को समझने में असमर्थ रहे हैं। यहां पंचवर्षीय योजना के प्रारंभ होने के समय साक्षरता का प्रतिशत 16.7 था जो सन् 2001 में 64.84 हो गया। इन 64.84 प्रतिशत लोगो में काफी लोग ऐसे हैं जो शिक्षित नहीं कहे जा सकते, केवल साक्षर माने जा सकते हैं व्यापक अशिक्षा के कारण ही लोग सामाजिक नियोजन के कार्यक्रम में आवश्यक सहयोग नहीं दे पाते।

(2) **लक्ष्यों एवं साधनों में असंतुलन**–यहां नियोजित परिवर्तन से संबंधित विभिन्न कार्यक्रम बनाते समय लक्ष्य तो काफी ऊंचे रख लिए जाते हैं, लेकिन साधनों पर पूरा ध्यान नहीं दिया जाता। कई बार सरकार ऊंचे–ऊंचे लक्ष्यों को समाचार–पत्रों में छापकर ही अपने कर्तव्य की पूर्ति समझ लेती है। परिणाम यह होता है कि उचित साधनों के अभाव में अनेक लक्ष्यों की प्राप्ति नहीं की जा सकती।

(3) **योजनाओं के व्यावहारिक पक्ष पर कम ध्यान**–नियोजित परिवर्तन के अंतर्गत विभिन्न कार्यक्रम बनाते समय व्यावहारिकता पर उतना ध्यान नहीं

दिया जाता जितना दिया जाना चाहिए। अनेक बार योजनाएं बनाते समय विभिन्न देशों के प्रयोगों का अंधानुकरण किया जाता है। ऐसा करते समय इस बात पर ध्यान नहीं दिया जाता कि कौन-सी योजनाएं भारतीय परिस्थितियों के अनुरूप हैं और कौन-सी नहीं कुछ योजनाओं में दूरदर्शिता का अभाव भी झलकता है।

(4) **प्रशासन की अकुशलता एवं स्वार्थपरता**–नियोजित परिवर्तन से संबंधित विभिन्न कार्यक्रमों का संचालन अधिकारियों के द्वारा किया जाता है। अनेक अधिकारी प्रशासनिक कुशलता के अभाव में अपने दायित्वों को ठीक से नहीं निभा पाते हैं। बहुत-से अधिकारी तो नौकरशाही के पुराने तौर-तरीके ही अपनाये हुए हैं और प्रजातांत्रिक मूल्यों को आत्मसात नहीं कर पाये हैं। बहुत-से अधिकारी भ्रष्ट तरीके अपनाकर स्वयं की स्वार्थ-सिद्धि करते हैं और कार्यक्रमों के सफल संचालन में बाधा उत्पन्न करते हैं।

(5) **गुटबंदी और दलबंदी**–भारतीय राजनीति काफी कुछ मात्रा में गुटबंदी तथा भाई-भतीजावाद पर आधारित हैं राजनीतिक दल किसी भी अच्छी-से-अच्छी योजना की आलोचना करने से नहीं चूकते। अनेक राजनीतिक दलों की योजनाओं की सफलता में उतनी रुचि नहीं है जितनी असफलता में। इसका कारण यह है कि ये राजनीतिक दल सरकार का विरोध करना चाहते हैं और योजनाओं या विकास कार्यक्रमों की असफलता के आधार पर वे यह कार्य अधिक उत्तमता के साथ कर सकते हैं। विभिन्न कार्यक्रमों को सफल बनाने में कुछ राजनीतिक दलों ने सहयोगी भूमिका अदा नहीं की है।

(6) **मानवीय और सांस्कृतिक कारकों की उपेक्षा**–किसी योजना या कार्यक्रम की सफलता बहुत कुछ मात्रा में इस बात पर निर्भर करती है कि उसे बनाते समय लोगों की प्रथाओं, भावनाओं, मूल्यों और विश्वासों का ध्यान रखा गया है अथवा नहीं। जिन योजनाओं में इन बातों की उपेक्षा की गयी है, वे अच्छी होने के उपरांत भी असफल रहीं। ऐसा अनेक समाजशास्त्रीय अध्ययनों से ज्ञात होता है। **डॉ. दुबे** ने सामुदायिक विकास कार्यक्रम के अंतर्गत अनेक अच्छी-से-अच्छी योजनाओं के असफल होने का कारण सामाजिक और सांस्कृतिक कारकों की उपेक्षा माना है।

(7) **रूढ़ियां एवं अंधविश्वासों**–भारतीय समाज एक परंपरावादी समाज का उदाहरण प्रस्तुत करता है। यहां अनेक प्रकार की रूढ़ियां और अंधविश्वास पाये जाते हैं। परिणामस्वरूप लोग सड़ी-गली कुप्रथाओं से चिपके रहना

चाहते हैं और किसी परिवर्तन को शीघ्रता से स्वीकार नहीं करते। जब तक परिवर्तन को स्वीकार करने की इच्छा और आकांक्षा नहीं होगी तब तक नियोजित परिवर्तन के माध्यम से विभिन्न क्षेत्रों में प्रगति नहीं की जा सकती। यही कारण है कि यहां अनेक अधिनियमों के पारित हाने के उपरांत भी दहेज-प्रथा, बाल-विवाह, विधवा-पुनर्विवाह पर प्रतिबंध तथा अस्पृश्यता जैसी सामाजिक कुरीतियों से छुटकारा प्राप्त नहीं किया जा सका।

(8) **राष्ट्रीय चरित्र का अभाव**–किसी भी योजना की सफलता के लिए लोगों में राष्ट्रीय चरित्र का होना अत्यंत आवश्यक है। भारतवर्ष में राष्ट्रीय चरित्र का नितांत अभाव पाया जाता है। यहां तो अधिकांश लोग ऐसे मिल जायेंगे जो अपने छोटे-से स्वार्थ की पूर्ति के लिए राष्ट्र के बड़े-से-बड़े हित की बलि चढ़ाने में भी नहीं चूकेंगे। यदि यह कहा जाय कि इस देश में नियोजित परिवर्तन के उद्देश्य से प्रारंभ किया गये विभिन्न कार्यक्रमों की असफलता का एक प्रमुख कारण लोगों में राष्ट्रीय चरित्र का अभाव है तो कोई अतिशयोक्ति नहीं होगी।

(9) **विश्वसनीय आंकडों का अभाव**–नियोजित परिवर्तन की एक महत्वपूर्ण सीमा या बाधा विश्वसनीय आंकड़ों का अभाव है। यह बात जनगणनाओं तथा अन्य सरकारी एवं गैर-सरकारी सर्वेक्षणों से स्पष्ट है। यहां सर्वेक्षण एवं शोध की दृष्टि से पूर्ण प्रशिक्षित और ईमानदार कार्यकर्ताओं का अभाव पाया जाता है। परिणामस्वरूप, एकत्रित आंकड़े बहुत कुछ अविश्वसनीय होते हैं। ऐसे आंकड़ों पर आधारित योजनाओं के सफल होने की संभावना कम ही रहती है।

(10) **समाज-वैज्ञानिकों एवं प्रशासकों में अभी तक आवश्यक सहयोग का अभाव रहा है** (Lack of Co-operation between Social Scientists and Administrators)–इस देश में आर्थिक नियोजन पर विशेष जोर दिया गया है, न कि सामाजिक नियोजन पर। परिणाम यह हुआ है कि नियोजन में अर्थशास्त्रियों के अलावा अन्य समाज-वैज्ञानिकों के ज्ञान का लाभ सामान्यतः नहीं उठाया गया है। यहां नियोजित परिवर्तन से संबंधित विभिन्न कार्यक्रमों के निर्धारण में प्रशासकों ने विदेशी अनुभवों का लाभ तो उठाया है, परंतु भारत में व्याप्त सामाजिक एवं अन्य समस्याओं को सही परिप्रेक्ष्य में समझने का कोई विशेष प्रयत्न नहीं किया है। साथ ही यह भी कहना पड़ेगा कि समाजशास्त्री और अन्य समाज-वैज्ञानिक अपने अनुसंधानों,

शोधकार्यों और विशेष ज्ञान से नीति निर्धारकों एवं प्रशासकों को विशेष प्रभावित नहीं कर पाये हैं। अभी तक समाजशास्त्री मुख्य रूप से बाहरी आलोचक रहे हैं तथा असफलता के कारणों एवं आर्थिक योजनाओं की उपलब्धि में कठिनाइयों को बताते रहे हैं। यही बात अन्य समाज-वैज्ञानिकों के संबंध में सही है। अत: आवश्यकता इस बात की है कि समाज-वैज्ञानिक सामाजिक नियोजन हेतु प्रशासकों को प्रामाणित सामग्री उपलब्ध करायें और प्रशासक विशेषीकृत ज्ञान का पूरा-पूरा लाभ उठायें।

(11) **सामान्य जनता में आवश्यक उत्साह एवं सहयोग का अभाव** (Lack of Enthusiasm and Co-operation in Public) –प्रजातांत्रिक देश में कोई अच्छी-से-अच्छी योजना या सामाजिक परिवर्तन लाने की दृष्टि से प्रारंभ किया गया कार्यक्रम उस समय तक सफल नहीं हो सकता। जब तक कि वहां की जनता में आवश्यक उत्साह नहीं हो, जब तक कि वह सहयोग देने के लिए पूरी तरह तैयार नहीं हो। **ग्रिफिन** तथा **इनोस** का कहना है कि सहयोग के बिना कोई विकास संभव नहीं हो सकता। निष्क्रिय प्रतिरोध या उत्साह की कमी उत्तम-से-उत्तम योजना को भी नष्ट कर सकती है। यहां सामाजिक परिवर्तन लाने की दृष्टि से प्रारंभ की गयी कई योजनाओं को लोगों ने स्वीकर नहीं किया, कुछ को अधूरे मन से स्वीकार किया औ कुछ का पूरी शक्ति लगाकर विरोध किया। परिणाम यह हुआ कि लोगों के सहयोग और उत्साह के अभाव में वे सब कुछ परिवर्तन यहां नहीं लाये जा सके जो इच्छित या अपेक्षित थे। जनता में आवश्यक सहयोग और उत्साह की कमी के पीछे भी अनेक कारण हैं जिनमें कई प्रशासकों की अदूरदर्शिता और सामाजिक जीवन में भ्रष्टाचार प्रमुख हैं। लोग विभिन्न योजनाओं और कार्यक्रमों को अपनी योजनाएं व कार्यक्रम नहीं समझ पाये, वे इन्हें सरकारी मात्र मान पाये।

भारत में नियोजित सामाजिक परिवर्तन की सफलता के लिए यह आवश्यक है कि उपर्युक्त सीमाओं या बाधाओं को दूर किया जाय और समाज-वैज्ञानिकों का सक्रिय सहयोग प्राप्त किया जाय।